Walden/Mann · Umsatzsteuer

AF566007

Steuer-Seminar

Umsatzsteuer

90 praktische Fälle

von

Prof. Dr. Peter Walden

Lehrbereichsleiter des Lehrbereichs Umsatzsteuer
an der Fachhochschule für Finanzen in NRW,
Nordkirchen

Regierungsdirektor Peter Mann

Dozent an der Fachhochschule für Finanzen
in NRW, Nordkirchen

17. Auflage
2017

efv ERICH FLEISCHER VERLAG · ACHIM

Bibliografische Information Der Deutschen Bibliothek

Die Deutsche Bibliothek verzeichnet diese Publikation in der Deutschen Nationalbibliografie; detaillierte bibliografische Daten sind im Internet über http://dnb.ddb.de abrufbar.

ISBN: 978-3-8168-3437-3

© 2017 Erich Fleischer Verlag, Achim

Das Werk einschließlich aller seiner Teile ist urheberrechtlich geschützt. Jede Verwertung außerhalb der engen Grenzen des Urheberrechtsgesetzes ist ohne schriftliche Zustimmung des Verlages unzulässig und strafbar. Das gilt insbesondere für die Vervielfältigung, Übersetzung, Mikroverfilmung und die Einspeicherung und Verarbeitung in elektronischen Systemen.

Gesamtherstellung: WB Verpackungen GmbH, Bremen

Vorwort

Die Umsatzsteuer ist keine einfache Steuer. Auch die Produktivität des Gesetzgebers, dadurch ausgelöste Anwendungsschreiben der Verwaltung und das Bemühen der Rechtsprechung um eine sachgerechte Umsatzbesteuerung fördern das umsatzsteuerrechtliche Verständnis nur bedingt. Nicht nur Studierende, die sich erstmals mit der Umsatzsteuer beschäftigen, auch Praktiker haben zunehmend Mühe, in diesem Rechtsgebiet verlässliche Strukturen zu erkennen. Der vorliegende Band soll unter Berücksichtigung systematischer Grundlagen und fallbezogen ein Wegweiser durch das derzeitige Umsatzsteuerrecht sein. Die in dem vorliegenden Band bearbeiteten Fälle beruhen auf jahrelanger Lehrerfahrung und sollen helfen, eine schwierige Rechtsmaterie zu erlernen, zu begreifen und praktisch umzusetzen.

Die Fallsammlung umfasst 90 Fälle und lehnt sich in ihrem Aufbau an die Struktur des Umsatzsteuergesetzes an. Die Fälle beziehen sich i. d. R. auf einzelne Rechtsprobleme, die in verschiedenen Sachverhaltsvarianten vorgestellt und gelöst werden. Es hat sich gezeigt, dass das Lernen an Fällen in besonderer Weise geeignet ist, sich in ein Rechtsgebiet einzuarbeiten und Zusammenhänge zu erfassen. Mit diesem Band wird wiederum der Versuch unternommen, das Umsatzsteuerrecht für den Leser anschaulich und verständlich werden zu lassen. Das Buch richtet sich vor allem an Studierende, die sich das Umsatzsteuerrecht systematisch erschließen möchten, und an Praktiker, die Antworten auf umsatzsteuerrechtliche Probleme in ihrer täglichen Arbeit suchen.

Ab dieser Auflage konnte Herr Peter Mann als Mitautor gewonnen werden. Herr Regierungsdirektor Mann ist im Lehrbereich Umsatzsteuer an der Fachhochschule Nordrhein-Westfalen, der von Prof. Dr. Walden geleitet wird, als Dozent tätig.

Den Fällen liegt das Umsatzsteuergesetz, Stand 01.01.2017, und der Umsatzsteuer-Anwendungserlass in der konsolidierten Fassung vom 21.03.2017 zugrunde. Rechtsprechung und Verwaltungsregelungen wurden bis zum 01.04.2017 berücksichtigt. Wegen der umfangreichen Rechtsänderungen waren fast alle in der Vorauflage dargestellten Fälle zu überarbeiten. Auch diese Auflage wird von dem Wunsch begleitet, sowohl dem Lernenden als auch dem Praktiker die zum Verständnis und zur Anwendung des Umsatzsteuerrechts erforderliche Hilfestellung zu geben.

Für Hinweise und kritische Anmerkungen sind die Verfasser dankbar.

Castrop-Rauxel und Lüdinghausen, im April 2017

Peter Mann

Peter Walden

Rechtsgrundlagen:

UStG	i. d. F. der Bekanntmachung vom 21.02.2005 (BStBl I S. 505), zuletzt geändert durch Art. 20 Abs. 7 des Bundesteilhabegesetzes vom 23.12.2016 (BGBl I S. 3234)
UStDV	i. d. F. der Bekanntmachung vom 21.02.2005 (BStBl I S. 550), zuletzt geändert durch Art. 3 der dritten Verordnung zur Änderung steuerlicher Verordnungen vom 18.07.2016 (BGBl I S. 1722)
UStAE	i. d. F. der Bekanntmachung vom 01.10.2010 (BStBl I S. 846), zuletzt geändert durch BMF-Schreiben vom 21.03.2017

Inhaltsübersicht

1. Steuerbare Umsätze

Fall Seite

2. Steuersubjekt (Unternehmer)

3. Steuerfreie Umsätze

4. Bemessungsgrundlage

7. Entstehung der Steuer und Steuerschuldner

8. Ausgewählte Sonderregelungen

1. Steuerbare Umsätze

Fall 1

Die Arten steuerbarer Umsätze – Steuergegenstände

UStG § 1 Abs. 1 Nr. 1, 4 und 5

Die Umsatzsteuer soll den Verbrauch besteuern. Steuertechnisch ist sie als Verkehrsteuer gestaltet. Ihr unterliegen als Steuergegenstand die steuerbaren Umsätze nach § 1 Abs. 1 UStG. Steuerbar können auch Sachverhalte mit Auslandsbezug sein.

Sachverhalt

Apotheker **A** verkauft in seiner Apotheke in Arnsberg/Westf. ein Medikament, das er dem Kunden gegen Barzahlung übergibt.

Taxiunternehmer **B** befördert in Bochum mit seinem Fahrzeug einen Fahrgast von der Wohnung zum Hauptbahnhof gegen Bezahlung des Beförderungspreises.

Lebensmitteleinzelhändler **C** entnimmt den Beständen seines Warenlagers in Celle Lebensmittel für den Verbrauch in seinem Privathaushalt.

Rechtsanwalt **D** in Duisburg verwendet einen PKW seines Unternehmens für eine private Fahrt.

Gartenbauunternehmer **E** in Erlangen setzt Arbeitnehmer seines Unternehmens bei der Pflege des Gartens seines privat genutzten Einfamilienhauses ein.

Großhändler **F** bringt mit dem eigenen LKW in der Schweiz erworbenes Präzisionswerkzeug nach Gießen und lässt das Werkzeug zum zoll- und steuerrechtlich freien Verkehr abfertigen.

Der Baumarkt **G** in Hagen erwirbt von einem Hersteller in Venlo (Niederlande) Klinkersteine. Die Steine werden mit einem LKW des Herstellers von Venlo nach Hagen transportiert.

A bis G sind Unternehmer i. S. des § 2 UStG.

Frage

1. Was ist das Besteuerungsziel der Umsatzsteuer und wie wird es steuertechnisch realisiert?
2. Welche Art steuerbarer Umsätze haben die Unternehmer A bis G bewirkt?

Antwort

1. Die Umsatzsteuer soll den Verbrauch besteuern (allgemeine Verbrauchsteuer). Steuertechnisch ist die Umsatzsteuer eine Allphasen-Netto-Umsatzsteuer mit Vorsteuerabzug (Mehrwertsteuer; Verkehrsteuer).
2. Als steuerbaren Umsatz (Steuergegenstand, Steuerobjekt) hat bewirkt der Unternehmer

   A eine steuerbare entgeltliche Lieferung (§ 1 Abs. 1 Nr. 1 UStG);

   B eine steuerbare entgeltliche sonstige Leistung (§ 1 Abs. 1 Nr. 1 UStG);

   C eine steuerbare unentgeltliche Wertabgabe (§ 3 Abs. 1b Satz 1 Nr. 1 und Satz 2 i. V. m. § 1 Abs. 1 Nr. 1 UStG);

   D eine steuerbare unentgeltliche Wertabgabe (§ 3 Abs. 9a Nr. 1 i. V. m. § 1 Abs. 1 Nr. 1 UStG);

   E eine steuerbare unentgeltliche Wertabgabe (§ 3 Abs. 9a Nr. 2 i. V. m. § 1 Abs. 1 Nr. 1 UStG);

   F eine steuerbare Einfuhr (§ 1 Abs. 1 Nr. 4 UStG);

   G einen steuerbaren innergemeinschaftlichen Erwerb (§ 1 Abs. 1 Nr. 5 UStG).

Begründung

1. Besteuerungsziel (Steuergut) der Umsatzsteuer als allgemeiner Verbrauchsteuer ist die Belastung des (End-)Verbrauchs, d. h. der Einkommensverwendung für konsumtive Zwecke. Der zu besteuernde Verbrauch umfasst im Wesentlichen den Erwerb von Waren, den Gebrauch von Gegenständen und die Inanspruchnahme von Dienstleistungen für konsumtive (hier: private) Zwecke gegen Entgelt (Einkommensverwendung). Aus Praktikabilitätserwägungen werden die Verbraucher jedoch nicht direkt besteuert. Steuertechnisch hält sich das Umsatzsteuergesetz an den Unternehmer (Verbraucherversorger; Fremdversorger). Um den Verbrauch mit Umsatzsteuer zu belasten, werden alle entgeltlichen Leistungen (Umsätze) des Unternehmers besteuert (entgeltliche Leistung als Spiegelbild des Verbrauchs). Beabsichtigt der Leistungsempfänger die an ihn ausgeführte Leistung für sein Unternehmen zu verwenden, kann er sich durch den Vorsteuerabzug grundsätzlich von der gezahlten Umsatzsteuer entlasten. Die Umsatzsteuer wird daher auch als indirekte Verbrauchsteuer bezeichnet.

Die Umsatzsteuer wird auch als Verkehrsteuer bezeichnet, weil sie in ihrem Hauptttatbestand (§ 1 Abs. 1 Nr. 1 UStG) an Akte des Rechts- und Wirtschaftsverkehrs anknüpft. Bei der Umsatzsteuer ist daher zwischen dem Besteuerungsziel (Steuergut = Verbrauchsbesteuerung) und dem durch das Umsatzsteuergesetz (steuertechnisch) vorgegebenen Steuergegenstand (insbesondere § 1 Abs. 1 Nr. 1 UStG) zu unterscheiden. Steuerträger soll nach dem Willen des Gesetzgebers der Verbraucher sein. Steuerschuldner ist nach dem Umsatzsteuergesetz jedoch im Wesentlichen der Unternehmer. Zur Erreichung des gewünschten Besteuerungsziels (Verbrauchsbesteuerung) unterstellt der Gesetzgeber, dass der Unternehmer die von ihm geschuldete Umsatzsteuer als Teil des Preises auf seinen Abnehmer (Verbraucher) überwälzt. Die Berücksichtigung des Doppelcharakters der Umsatzsteuer als Verbrauchsteuer und Verkehrsteuer kann zum besseren Verständnis des Umsatzsteuerrechts beitragen und z. B. bei der Auslegung des Umsatzsteuergesetzes hilfreich sein.

Steuertechnisch ist die Umsatzsteuer als Allphasen-Netto-Umsatzsteuer mit Vorsteuerabzug konzipiert. Der Umsatzsteuer unterliegen steuerbare Umsätze auf allen Produktions- und Wirtschaftsstufen. Um eine mehrfache Belastung mit Umsatzsteuer zu vermeiden, wird auf jeder Besteuerungsstufe grundsätzlich die vorangegangene Umsatzbesteuerung durch Berücksichtigung des Vorsteuerabzugs neutralisiert.[1] Wegen dieser Wirkungsweise wird die Umsatzsteuer (missverständlich) auch als Mehrwertsteuer bezeichnet.

Bei der Rechtsanwendung sind neben dem Besteuerungsziel (Verbrauchsbesteuerung) u. a. auch die Vorgaben durch die sog. Mehrwertsteuersystem-Richtlinie (MwStSystRL) zu beachten.

2. Nach § 1 Abs. 1 UStG sind drei Arten steuerbarer Umsätze zu unterscheiden.

2.1. Haupttatbestand des UStG sind **die steuerbaren entgeltlichen Lieferungen und sonstigen Leistungen** (§ 1 Abs. 1 Nr. 1 UStG). Dieser Tatbestand setzt voraus, dass eine Lieferung oder sonstige Leistung gegen Entgelt durch einen Unternehmer im Rahmen des Unternehmens im Inland ausgeführt wird. Wesentlich ist das Merkmal „gegen Entgelt". Nur eine Lieferung oder sonstige Leistung **gegen Entgelt** führt zur Annahme von Leistungsaustausch und – bei Vorliegen der übrigen Voraussetzungen – zu einem steuerbaren Umsatz nach § 1 Abs. 1 Nr. 1 UStG.

Der Tatbestand des § 1 Abs. 1 Nr. 1 UStG wird ergänzt

a) durch die Gleichstellung bestimmter **unentgeltlicher Wertabgaben** mit entgeltlichen Leistungen. Die Besteuerung der unentgeltlichen Wertabgaben dient der Gleichstellung der unternehmerischen Fremdversorgung mit der unternehmerischen Selbstversorgung. Dazu zählen:

   1. Die Entnahme von Gegenständen zu unternehmensfremden Zwecken und andere unentgeltliche Zuwendungen von Gegenständen (§ 3 Abs. 1b UStG).

---

1 Zur Wirkungsweise der Allphasen-Netto-Umsatzsteuer mit Vorsteuerabzug vgl. auch Übersicht 1.

2. Die Verwendung eines dem Unternehmen zugeordneten Gegenstandes bzw. die unentgeltliche Erbringung anderer unentgeltlicher Leistungen für unternehmensfremde Zwecke (§ 3 Abs. 9a UStG).

b) durch die Fiktion einer Lieferung gegen Entgelt im Fall des unternehmensinternen Verbringens eines Gegenstandes aus dem Inland in das übrige Gemeinschaftsgebiet (vgl. Fall 52). Dadurch soll – zusammen mit der korrespondierenden Erwerbsbesteuerung (vgl. Fall 40) – eine Besteuerung im Bestimmungsland (vgl. Fall 22) sichergestellt werden.

2.2. Mit der Besteuerung der Einfuhr (§ 1 Abs. 1 Nr. 4 UStG) und des innergemeinschaftlichen Erwerbs (§ 1 Abs. 1 Nr. 5 UStG) realisiert das Gesetz das Bestimmungslandprinzip (vgl. Fall 22) und gewährleistet dadurch die Sicherstellung der Verbrauchsbesteuerung und die Wettbewerbsneutralität bei grenzüberschreitenden Umsätzen.

Der **Tatbestand der Einfuhr** (§ 1 Abs. 1 Nr. 4 UStG) unterliegt der Einfuhrumsatzsteuer (EUSt). Ihre Erhebung obliegt der Zollverwaltung. Erfasst wird die Einfuhr von Gegenständen im Inland oder in den österreichischen Gebieten Jungholz und Mittelberg. Die Verwirklichung des Einfuhrtatbestandes setzt voraus, dass ein Gegenstand aus dem Drittlandsgebiet (zu den Gebietsbegriffen vgl. Fall 3) in das Inland verbracht und hier zum zoll- und steuerrechtlich freien Verkehr abgefertigt wird.

2.3. Bei Warenbewegungen aus dem Gebiet eines anderen Mitgliedstaates in das Inland greift der **Tatbestand des innergemeinschaftlichen Erwerbs** (§ 1 Abs. 1 Nr. 5 UStG). Die Voraussetzungen für diesen Tatbestand ergeben sich aus § 1a UStG.

Vor Anwendung anderer Vorschriften des UStG ist der Umsatz stets auf seine Steuerbarkeit nach § 1 Abs. 1 Nr. 1, Nr. 4 oder Nr. 5 UStG zu untersuchen. Es kann nur ein steuerbarer Umsatz steuerfrei (insbesondere nach § 4 UStG) oder steuerpflichtig sein. Ist nur ein gesetzliches Tatbestandsmerkmal nicht erfüllt, so unterliegt der Umsatz nicht der Umsatzsteuer. Es handelt sich insoweit um einen nicht steuerbaren Umsatz (vgl. Fall 2 und Übersicht 2).

Unternehmer **A** hat in Erfüllung eines Kaufvertrages durch Übergabe des Medikaments dem Kunden die Verfügungsmacht (das Eigentum) an dem Medikament verschafft und damit eine Lieferung ausgeführt. Sie wurde im Rahmen des Unternehmens (Apotheke) und im Inland (Arnsberg) bewirkt. Da A als Gegenleistung einen Kaufpreis vereinbart hat, sind sämtliche Tatbestandsmerkmale einer steuerbaren entgeltlichen Lieferung erfüllt (§ 1 Abs. 1 Nr. 1 UStG).

Unternehmer **B** hat in Erfüllung eines Beförderungsvertrages durch Beförderung des Fahrgastes von der Wohnung zum Hauptbahnhof eine sonstige Leistung getätigt. Sie wurde im Rahmen des Unternehmens (Taxigeschäft) und im Inland (Bochum) ausgeführt. Da B als Gegenleistung einen Beförderungspreis vereinbart hat, sind alle Tatbestandsmerkmale einer steuerbaren entgeltlichen sonstigen Leistung erfüllt (§ 1 Abs. 1 Nr. 1 UStG).

Unternehmer **C** hat im Inland (Celle) seinem Unternehmen (Lebensmitteleinzelhandel) Gegenstände (Lebensmittel) entnommen für Zwecke, die außerhalb des Unternehmens liegen (Privathaushalt). Unter der Voraussetzung, dass **C** für die von ihm entnommenen Lebensmittel zum vollen oder teilweisen Vorsteuerabzug berechtigt war, sind alle Tatbestandsmerkmale einer steuerbaren unentgeltlichen Wertabgabe erfüllt (§ 3 Abs. 1b Satz 1 Nr. 1 und Satz 2, § 1 Abs. 1 Nr. 1 UStG).

Unternehmer **D** hat im Inland (Hamburg) einen PKW seines Unternehmens (Rechtsanwaltskanzlei) für Zwecke eingesetzt, die außerhalb des Unternehmens liegen (Privatfahrt). Mit der Verwendung des PKW für unternehmensfremde Zwecke und unter der Voraussetzung, dass der PKW zum Vorsteuerabzug berechtigt hat, bewirkt D eine unentgeltliche Wertabgabe i. S. des § 3 Abs. 9a Nr. 1 i. V. m. § 1 Abs. 1 Nr. 1 UStG.

Unternehmer **E** hat im Inland (Erlangen) Arbeitnehmer seines Unternehmens (Gartenbauunternehmen) für Zwecke eingesetzt, die außerhalb des Unternehmens liegen (Pflege eines von **E** privat genutzten Gartens). Mit dem Einsatz der Arbeitnehmer für private Zwecke hat **E** eine steuerbare unentgeltliche Wertabgabe i. S. des § 3 Abs. 9a Nr. 2 i. V. m. § 1 Abs. 1 Nr. 1 UStG erbracht.

Großhändler **F** hat von der Schweiz (Drittlandsgebiet) nach Gießen Gegenstände (Präzisionswerkzeug) in das Inland verbracht (Einfuhr). Der Tatbestand der Einfuhr kann durch jede Rechtsperson (natürliche oder juristische Person oder Personenvereinigung) bewirkt werden; der Einführende muss nicht Unternehmer sein. Da das Präzisionswerkzeug zum zoll- und steuerrechtlich freien Verkehr abgefertigt wurde, sind alle Tatbestandsmerkmale einer steuerbaren Einfuhr erfüllt (§ 1 Abs. 1 Nr. 4 UStG).

Der Baumarkt **G** hat im Inland einen innergemeinschaftlichen Erwerb gegen Entgelt bewirkt (§ 1 Abs. 1 Nr. 5 UStG). Die Klinkersteine sind aus den Niederlanden, also aus dem Gebiet eines Mitgliedstaates, nach Deutschland, also in das Gebiet eines anderen Mitgliedstaates, gelangt; der Kaufvertrag wurde durch eine Lieferung gegen Entgelt erfüllt. Der Baumarkt F (Erwerber) und der Hersteller (Lieferer) sind beide Unternehmer. Sämtliche Voraussetzungen des § 1a Abs. 1 Nr. 1 bis 3 UStG liegen vor.

Fall 2

Steuerbare und nicht steuerbare Umsätze

UStG § 1 Abs. 1 Nr. 1

Der Umsatzsteuer unterliegen nur steuerbare Umsätze. Ein Umsatz ist steuerbar, wenn er alle Tatbestandsmerkmale der jeweiligen Umsatzart (§ 1 Abs. 1 Nr. 1, 4 oder 5 UStG) erfüllt. Fehlt ein Tatbestandsmerkmal, ist der Umsatz nicht steuerbar. Zu den Tatbestandsmerkmalen des § 1 Abs. 1 Nr. 1 UStG gehören Leistungen, die ein Unternehmer im Rahmen seines Unternehmens im Inland gegen Entgelt ausführt.

Sachverhalt

Angestellter **A** verkauft einen gebrauchten Kinderwagen, den er dem Käufer in Aachen gegen Barzahlung übergibt.

Fahrradhändler **B** verkauft in seinem Geschäftslokal in Brüssel (Belgien) ein Sportrad, das er dem Käufer gegen Barzahlung übergibt.

Kreisarzt Dr. **C** aus Celle behandelt während seines Urlaubs in Venedig (Italien) unentgeltlich einen verunglückten Italiener.

Architekt **D** fertigt in seinem Büro in Darmstadt Bauzeichnungen für einen Bauherrn an, der auf seinem Grundstück in Neustadt an der Weinstraße ein Ferienhaus erstellen möchte. D erhält das Honorar durch Überweisung.

Gastwirt **E** aus Erfurt verkauft sein ausschließlich privat genutztes Fahrzeug, das er dem Käufer gegen Barzahlung übergibt.

Fahrschullehrer **F** führt über die Telefonanlage seines Fahrschulbetriebs in Frankfurt a. M. ein Telefongespräch mit dem Technischen Überwachungsverein, um einen Prüfungstermin für seinen Fahrschulwagen zu vereinbaren.

Frage

Haben A bis F einen steuerbaren Umsatz nach § 1 Abs. 1 Nr. 1 UStG bewirkt?

Antwort

Nur D hat einen steuerbaren Umsatz bewirkt.

Begründung

Allgemeines: Die Steuerbarkeit eines Umsatzes ist nur zu bejahen, wenn alle gesetzlichen Tatbestandsmerkmale der jeweiligen Umsatzart erfüllt sind. Regelmäßig ist zuerst zu prüfen, ob der Haupttatbestand des § 1 Abs. 1 Nr. 1 UStG vorliegt. Ist das zu verneinen, so ist zu untersuchen, ob eine Einfuhr nach § 1 Abs. 1 Nr. 4 UStG oder ein innergemeinschaftlicher Erwerb nach § 1 Abs. 1 Nr. 5 UStG gegeben ist.

Die im Sachverhalt geschilderten Vorgänge beziehen sich auf einzelne natürliche Personen. Eine Einfuhr oder ein innergemeinschaftlicher Erwerb liegen nicht vor. Die Untersuchung des Sachverhalts ist daher zu beschränken auf die Frage, ob eine steuerbare entgeltliche Lieferung oder sonstige Leistung (§ 1 Abs. 1 Nr. 1 UStG) bzw. eine unentgeltliche Wertabgabe bewirkt worden ist.

Tatbestandsmerkmale für einen steuerbaren Umsatz nach § 1 Abs. 1 Nr. 1 Satz 1 UStG sind

- Lieferungen und sonstige Leistungen,
- die ein Unternehmer im Rahmen seines Unternehmens
- im Inland gegen Entgelt erbringt.

Angestellter **A** hat durch Verkauf und Übereignung des gebrauchten Kinderwagens an den Käufer eine Lieferung (§ 3 Abs. 1 UStG) ausgeführt.

Die vom Käufer geleistete Barzahlung ist das Entgelt. Der Ort der Lieferung (Aachen) liegt im Inland (§ 1 Abs. 2 UStG). Als Angestellter ist A nicht Unternehmer (§ 2 Abs. 2 Nr. 1 UStG) und der einmalige Verkauf eines gebrauchten Kinderwagens ist keine nachhaltige Tätigkeit. A konnte daher nicht im Rahmen eines Unternehmens liefern (§ 2 Abs. 1 UStG). Da nicht alle Tatbestandsmerkmale des § 1 Abs. 1 Nr. 1 UStG erfüllt sind, ist der Vorgang nicht steuerbar.

Fahrradhändler **B** hat durch Verkauf und Übereignung des Sportrades an den Käufer eine Lieferung (§ 3 Abs. 1 UStG) ausgeführt. Die vom Käufer geleistete Barzahlung ist das Entgelt. Auch handelte B als Unternehmer (§ 2 Abs. 1 UStG) im Rahmen seines Unternehmens (Fahrradgeschäft). Die Lieferung wurde jedoch in Brüssel (Belgien) und damit nicht im Inland (§ 1 Abs. 2 UStG) ausgeführt. Da nicht alle Tatbestandsmerkmale des § 1 Abs. 1 Nr. 1 UStG erfüllt sind, ist der Vorgang nicht steuerbar.

Kreisarzt Dr. **C** aus Celle hat durch die Behandlung des verunglückten Italieners eine sonstige Leistung (§ 3 Abs. 9 UStG) ausgeführt. Dr. C behandelte den Italiener unentgeltlich. Als Kreisarzt ist Dr. C jedoch Beamter und daher nicht Unternehmer (§ 2 Abs. 2 Nr. 1 UStG). Eine unentgeltliche Wertabgabe i. S. des § 3 Abs. 9a Nr. 2 UStG liegt mangels Unternehmereigenschaft von Dr. C nicht vor. Da nicht alle Tatbestandsmerkmale des § 1 Abs. 1 Nr. 1 UStG erfüllt sind, ist der Vorgang nicht steuerbar.

Architekt **D** hat durch Anfertigung der Bauzeichnungen gegenüber dem Bauherrn eine sonstige Leistung (§ 3 Abs. 9 UStG) ausgeführt. Diese Leistung wird im Leistungsaustausch gegen ein vereinbartes Honorar erbracht. Der Ort der sonstigen Leistung ist Neustadt (§ 3a Abs. 3 Nr. 1 Satz 1 und 2 Buchst. c UStG). Er befindet sich im Inland (§ 1 Abs. 2 UStG). Als Architekt ist D selbständig und nachhaltig tätig und darum Unternehmer (§ 2 Abs. 1 UStG). Das Anfertigen von Bauzeichnungen fällt in den Rahmen seines

Unternehmens. Da alle Tatbestandsmerkmale des § 1 Abs. 1 Nr. 1 UStG erfüllt sind, ist der Umsatz steuerbar.

Gastwirt **E** hat durch Verkauf und Übereignung des Fahrzeugs an den Käufer eine Lieferung (§ 3 Abs. 1 UStG) ausgeführt. Die vom Käufer geleistete Barzahlung ist das Entgelt. Der Ort der Lieferung (Erfurt) liegt im Inland (§ 1 Abs. 2 UStG). E hat das private Fahrzeug jedoch nicht als Unternehmer im Rahmen seines Unternehmens geliefert. Da nicht alle Tatbestandsmerkmale des § 1 Abs. 1 Nr. 1 UStG erfüllt sind, ist die Lieferung des Fahrzeugs nicht steuerbar.

Fahrschullehrer **F** hat durch das Telefongespräch keine sonstige Leistung gegen Entgelt an einen Dritten ausgeführt. F ist Unternehmer (§ 2 UStG) und hat in Frankfurt a. M. (Inland, § 1 Abs. 2 UStG) den Telefonanschluss seines Unternehmens für Zwecke benutzt, die nicht außerhalb seines Unternehmens liegen. Damit ist auch eine unentgeltliche Wertabgabe i. S. des § 3 Abs. 9a Nr. 2 UStG nicht anzunehmen. Ein Tatbestand des § 1 Abs. 1 Nr. 1 UStG liegt nicht vor.

Fall 3

Die Gebietsbegriffe des Umsatzsteuergesetzes

UStG § 1 Abs. 2 und 2a

Umsätze sind nur steuerbar, wenn sie im Inland bewirkt werden. Insbesondere im grenzüberschreitenden Waren- und Dienstleistungsverkehr sind verschiedene Gebietsbegriffe zu unterscheiden.

Sachverhalt

Ort	Inland	Ausland	Gemeinschaftsgebiet	Drittlandsgebiet	Übriges Gemeinschaftsgebiet
a) Stuttgart					
b) Insel Helgoland					
c) Insel Rügen					
d) Freihafen Cuxhaven					
e) Büsingen					
f) Oslo					
g) Amsterdam					
h) Budapest					
i) Monaco					

Nach dem Umsatzsteuergesetz ist es erforderlich, drei Gebietsbegriffe zu unterscheiden: Inland, Gemeinschaftsgebiet und Drittlandsgebiet. Darüber hinaus werden im Umsatzsteuergesetz die Begriffe Ausland und übriges Gemeinschaftsgebiet verwendet.

Frage

1. Welcher Ort in der Tabelle auf dieser Seite gehört zum Inland bzw. zum Ausland?
2. Welcher Ort gehört zum Gemeinschaftsgebiet bzw. zum Drittlandsgebiet?

Antwort

1. und 2.: Die Einordnung der genannten Orte ergibt sich wie folgt:

Ort	Inland	Ausland	Gemeinschaftsgebiet	Drittlandsgebiet	Übriges Gemeinschaftsgebiet
a) Stuttgart	×		×		
b) Insel Helgoland		×		×	
c) Insel Rügen	×		×		
d) Freihafen Cuxhaven (Freizone des Kontrolltyps I)		×		×	
e) Büsingen		×		×	
f) Oslo		×		×	
g) Amsterdam		×	×		×
h) Budapest		×	×		×
i) Monaco		×	×		×

Begründung

Allgemeines: Der Besteuerungszugriff ist bei der Umsatzsteuer territorial begrenzt. Der deutschen Steuerhoheit unterliegen grundsätzlich nur Umsätze, die im deutschen Hoheitsgebiet getätigt werden. Staatsangehörigkeit, Wohnsitz oder Sitz des leistenden Unternehmers sind insoweit unerheblich (§ 1 Abs. 2 Satz 3 UStG).

Die Gebietseinteilung des Umsatzsteuergesetzes hat insbesondere Bedeutung beim grenzüberschreitenden Waren- und Dienstleistungsverkehr. Einfuhren sind nur aus dem Drittlandsgebiet, Ausfuhren sind nur in das Drittlandsgebiet möglich. Innerhalb des Gemeinschaftsgebietes ist zu prüfen, ob ein innergemeinschaftlicher Erwerb oder eine innergemeinschaftliche Lieferung anzunehmen ist.

Die Gebietsbegriffe[1] sind nach § 1 Abs. 2 und 2a UStG wie folgt abzugrenzen:

- Inland ist das Hoheitsgebiet der Bundesrepublik Deutschland mit Ausnahme der in § 1 Abs. 2 Satz 1 UStG bezeichneten Gebiete. Dazu zählen Büsingen, die Insel Helgoland, die Freihäfen[2] (i. S. von Freizonen des Kontrolltyps I nach § 1 Abs. 1 Satz 1 des Zollverwaltungsgesetzes), die Gewässer und Watten zwischen der Hoheitsgrenze und der jeweiligen Strandlinie und deutsche Schiffe und Luftfahrzeuge in Gebieten, die zu keinem Zollgebiet gehören. Bestimmte Umsätze, die in Freihäfen oder in Gewässern und Watten zwischen der Hoheitsgrenze und der jeweiligen Strandlinie bewirkt werden, sind nach § 1 Abs. 3 UStG jedoch wie Umsätze im Inland zu behandeln;
- Ausland ist das Gebiet, das nicht Inland ist; dabei kann es sich um übriges Gemeinschaftsgebiet oder um Drittlandsgebiet handeln;
- Gemeinschaftsgebiet sind das Inland sowie die gemeinschaftsrechtlichen Inlandsgebiete der übrigen Mitgliedstaaten der europäischen Union (übriges Gemeinschaftsgebiet). Das Fürstentum Monaco gilt als Gebiet der Französischen Republik; die Insel Man gilt als Gebiet des Vereinigten Königreichs Großbritannien und Nordirland;
- Drittlandsgebiet ist das Gebiet, das nicht Gemeinschaftsgebiet ist; zu den Gebietsbegriffen vgl. auch Abschn. 1.9 und 1.10 UStAE).

Fall 4

Begriff und Arten der Leistung

UStG § 1 Abs. 1 Nr. 1

Der Umsatzsteuer unterliegen Lieferungen und sonstige Leistungen. Diese Leistungsarten setzen eine Leistung im umsatzsteuerrechtlichen Sinne voraus. Dabei handelt es sich um einen umsatzsteuerspezifischen Begriff, der insbesondere von der Rechtsprechung entwickelt wurde.

Sachverhalt

A liefert aufgrund eines Kaufvertrages eine Maschine an **B** gegen Barzahlung.

C vermietet aufgrund eines Mietvertrages ein Geschäftslokal an **D** gegen Barzahlung.

---

1 Zu den Gebietsbegriffen vgl. Übersicht 3.

2 Nach der Schließung des Freihafens Hamburg sind nur noch die Freihäfen (Freizonen des Kontrolltyps I nach § 1 Abs. 1 Satz 1 des Zollverwaltungsgesetzes) Cuxhaven und Bremerhaven verblieben.

E verzichtet aufgrund vertraglicher Abmachungen gegenüber **F** auf die Herstellung bestimmter Erzeugnisse und erhält eine einmalige Entschädigung in bar.

G tauscht aufgrund eines Tauschvertrages ein 600 m^2 großes unbebautes Grundstück in einer Geschäftsstraße gegen ein gleichwertiges, 1.200 m^2 großes unbebautes Grundstück des **H** in einer bevorzugten Wohngegend am Stadtrand.

A bis H sind sämtlich Unternehmer i. S. des § 2 UStG.

Frage

Haben A bis H eine Leistung im Sinne des Umsatzsteuergesetzes bewirkt, und welcher Art ist ihre Leistung?

Antwort

Als Leistung im Sinne des Umsatzsteuergesetzes haben A, G und H eine Lieferung sowie C und E eine sonstige Leistung bewirkt.

Begründung

Allgemeines: Das Umsatzsteuergesetz gebraucht den Begriff „Leistung" als Oberbegriff für Lieferungen und sonstige Leistungen. Die Lieferung ist eine Leistung, durch die dem Abnehmer oder in dessen Auftrag einem Dritten die Verfügungsmacht über einen Gegenstand verschafft wird (§ 3 Abs. 1 UStG). Leistungen, die nicht in einer Lieferung bestehen, sind sonstige Leistungen (§ 3 Abs. 9 UStG). Die Unterscheidung zwischen Lieferungen und sonstigen Leistungen ist u. a. für die Bestimmung des Umfangs, des Zeitpunkts und des Ortes der Leistung, für die Entstehung und Fälligkeit der Steuerschuld, für den Zeitpunkt des Vorsteuerabzugs sowie für die Anwendung bestimmter Steuerbefreiungen bedeutsam.

Der Begriff „Leistung" wird durch das Umsatzsteuergesetz nicht definiert. Insbesondere die Rechtsprechung hat in der Vergangenheit einen eigenständigen umsatzsteuerrechtlichen Leistungsbegriff entwickelt. Danach ist Leistung als willentliche Zuwendung eines konkreten und verbrauchbaren wirtschaftlichen Vorteils an einen bestimmten Leistungsempfänger zu verstehen. Die Leistung im Sinne des Umsatzsteuergesetzes ist damit durch folgende Merkmale gekennzeichnet:

a) Ein willentliches Verhalten eines Rechtssubjektes im Sinne eines Tuns, Duldens oder Unterlassens (vgl. auch § 241 Abs. 1 BGB; im Fall des § 1 Abs. 1 Nr. 1 Satz 2 UStG ist der Wille der Behörde bzw. des Gesetzgebers entscheidend = rechtmäßiger Zwang, z. B. Enteignung, Zwangsversteigerung; kein willentliches Verhalten z. B. bei Diebstahl oder Raub = unrechtmäßiger Zwang).

Der Leistung liegt regelmäßig ein zivilrechtliches Verpflichtungsgeschäft (z. B. Kaufvertrag, Mietvertrag) zugrunde. Die Umsatzsteuer knüpft jedoch nicht an das Verpflichtungsgeschäft, sondern an die jeweilige Erfüllungshandlung (z. B. Übereignung, Überlassung der Mietsache) an.

b) Eine Leistung setzt mindestens zwei Beteiligte voraus. Der Leistende wendet einem Leistungsempfänger einen wirtschaftlichen Vorteil zu. Von einem wirtschaftlichen Vorteil ist grundsätzlich dann auszugehen, wenn das Leistungsverhalten einen Marktwert hat, also geeignet ist, eine Gegenleistung auszulösen.

c) Der wirtschaftliche Vorteil muss einen Verbrauch im Sinne der Umsatzsteuer ermöglichen (Leistung als Spiegelbild des Verbrauchs). Die Zuwendung von Geld zum Zweck der Bezahlung bewirkt zwar einen wirtschaftlichen Vorteil, aber regelmäßig keinen Konsumguttransfer und stellt damit keine Leistung im umsatzsteuerrechtlichen Sinne dar. Die Hingabe von Geld kann aber Bestandteil einer Leistung (sonstige Leistung) sein, z. B. bei der Darlehensgewährung oder dem Geldumtausch in einer Wechselstube.

Erschöpft sich der wirtschaftliche Vorteil in der Rückgängigmachung einer Leistung, ist eine Leistung im umsatzsteuerrechtlichen Sinne nicht anzunehmen.

A hat gegenüber **B** eine Lieferung (§ 3 Abs. 1 UStG) bewirkt. Seine Leistung besteht in einem Tun, indem A dem Leistungsempfänger B die Maschine übergibt und ihm das Eigentum daran verschafft. Die Barzahlung des B wird üblicherweise als Gegenleistung bezeichnet. Die Entgeltsentrichtung durch Zahlung eines Geldbetrages ist jedoch keine Leistung im Sinne des Umsatzsteuergesetzes. Sie bewirkt keinen verbrauchbaren wirtschaftlichen Vorteil bei A. Die Barzahlung des B ist keine Leistung, sondern nur Gegenleistung für die Lieferung des A.

C hat gegenüber **D** eine sonstige Leistung (§ 3 Abs. 9 UStG) ausgeführt. Sie besteht in einem Dulden. C überlässt das Geschäftslokal dem D zur Nutzung. Die Barzahlung des D ist Gegenleistung für die sonstige Leistung des C.

E hat gegenüber **F** eine sonstige Leistung (§ 3 Abs. 9 UStG) bewirkt. Sie besteht in einem willentlichen Verhalten, einem bewussten Unterlassen zur Herbeiführung eines wirtschaftlichen Vorteils für F, indem E auf die Herstellung bestimmter Erzeugnisse verzichtet. Die Barentschädigung ist Gegenleistung für die sonstige Leistung des E. Schlichtes Nichtstun (Unterlassen) ist dagegen keine Leistung im umsatzsteuerrechtlichen Sinne. Es fehlt insoweit an der Zuwendung eines wirtschaftlichen Vorteils. Ein derartiges passives Verhalten ist nicht geeignet, eine Gegenleistung auszulösen.

G hat gegenüber **H** und H hat gegenüber G eine Lieferung (§ 3 Abs. 1 UStG) durch Übereignung eines Grundstücks erbracht. Es stehen sich zwei Leistungen im Sinne des Umsatzsteuergesetzes gegenüber. Der Vorgang ist ein Tausch (§ 3 Abs. 12 Satz 1 UStG). Bei Tauschvorgängen erschöpft sich das wechselseitige Interesse nicht in einer bloßen Entgeltsentrichtung, sondern zielt gerade auf eine bestimmte Lieferung (oder sonstige Leistung, § 3 Abs. 12 Satz 2 UStG) als Gegenleistung ab. Die Lieferung des H ist Gegenleistung für die Lieferung des G, ebenso ist die Lieferung des G Gegenleistung für die Lieferung des H. Bei einem Tausch (tauschähnlichen Umsatz) können sich zwei steuerbare Umsätze gegenüberstehen.

Fall 5

Leistungsaustausch – Tausch – tauschähnlicher Umsatz – nicht steuerbarer Innenumsatz

UStG § 1 Abs. 1 Nr. 1, § 3 Abs. 12

Lieferungen und sonstige Leistungen sind (u. a.) nur dann steuerbar, wenn sie gegen Entgelt, d. h. im Leistungsaustausch, erbracht werden. Die Gegenleistung kann in Geld oder in einer Leistung bestehen. Wird die Gegenleistung in Form einer Leistung erbracht, liegt ein Tausch oder tauschähnlicher Umsatz vor. Zwischen der Leistung und der Gegenleistung muss ein unmittelbarer Zusammenhang bestehen. Innerhalb eines Unternehmens kann ein Leistungsaustausch nicht zustande kommen. Wertabgaben zwischen verschiedenen Unternehmensanteilen sind grundsätzlich nicht steuerbar und werden als Innenumsätze (Innenleistungen) bezeichnet.

Sachverhalt

Brennstoffhändler Albert Schwarz betreibt in Schwelm einen Handel mit Holzpellets und Heizöl. Er beliefert seine Ehefrau Bettina Schwarz, die am selben Ort ein Theater führt, mit 10.000 Liter Heizöl. Die vom Ehemann erteilte Rechnung über 5.000 € zuzüglich 950 € Umsatzsteuer wird von der Ehefrau durch Überweisung von 5.950 € auf das Bankkonto des Brennstoffhandels beglichen.

Bäckermeister Dieter Braun führt in Bonn eine Bäckerei und in Bad Godesberg eine Gastwirtschaft. Über die Belieferung der Gastwirtschaft mit Backwaren aus seiner Bäckerei erstellt Braun monatlich Abrechnungen, weil die Buchführung für die beiden Betriebe getrennt geführt wird. Die in Rechnung gestellten Beträge werden durch Überweisung auf das Sparkassenkonto der Bäckerei bezahlt.

Malermeister Peter Weiß, Unternehmer in Münster, führt im Einfamilienhaus des Rentners Klaus Helf in Senden Renovierungsarbeiten durch. Als Gegenleistung wird die Übereignung einer nicht mehr benötigten Werkbank aus dem Hobbykeller des Helf vereinbart.

Frage

Liegt ein Leistungsaustausch vor

1. zwischen den Eheleuten Albert und Bettina Schwarz,
2. zwischen den Betrieben des Dieter Braun,
3. zwischen Peter Weiß und Klaus Helf?

Antwort

1. Zwischen den Eheleuten Albert und Bettina Schwarz liegt ein Leistungsaustausch vor.
2. Zwischen den Betrieben des Dieter Braun liegt kein Leistungsaustausch vor.
3. Zwischen Peter Weiß und Klaus Helf liegt ein Leistungsaustausch i. S. des § 3 Abs. 12 UStG vor.

Begründung

Allgemeines: Mit den Worten „Die Lieferungen und sonstigen Leistungen ... gegen Entgelt ...." wird der Leistungsaustausch als wesentlicher Teil des Haupttatbestandes (§ 1 Abs. 1 Nr. 1 UStG) des Umsatzsteuergesetzes umschrieben. Zur Annahme eines Leistungsaustausches müssen vorhanden sein:

a) Mindestens zwei Beteiligte (Leistender und Leistungsempfänger)

Grundvoraussetzung für einen Leistungsaustausch ist das Vorliegen einer Leistung (Lieferung oder sonstige Leistung). Damit sind an einem Leistungsaustausch mindestens ein Leistender und ein Leistungsempfänger beteiligt. Niemand kann an sich selbst leisten, weil eine Leistung voraussetzt, dass ein Leistender und ein Leistungsempfänger vorhanden sind. Wertabgaben zwischen mehreren Unternehmensteilen eines Unternehmens sind keine Leistungen i. S. des § 1 Abs. 1 Nr. 1 UStG. Derartige Wertabgaben werden häufig als Innenumsätze (Innenleistungen) bezeichnet. Sie finden innerhalb **eines** Unternehmens statt, weil ein Unternehmer nur ein Unternehmen haben kann (§ 2 Abs. 1 Satz 2 UStG; Grundsatz der Unternehmenseinheit, vgl. dazu auch die Fälle 45 und 46). Innenumsätze stellen auch keine unentgeltlichen Wertabgaben i. S. des § 3 Abs. 1b bzw. Abs. 9a UStG dar, weil sie innerhalb des Unternehmens erfolgen. Sie sind grundsätzlich nicht steuerbar. Ertragsteuerrechtlich können jedoch steuerwirksame Entnahmen bzw. Einlagen i. S. des § 4 Abs. 1 EStG vorliegen.

Wird ein Gegenstand innerhalb eines Unternehmens bewegt und gelangt er dabei von einem Mitgliedstaat der europäischen Gemeinschaft in einen anderen Mitgliedstaat, kann es jedoch zu einem steuerbaren Umsatz nach § 1 Abs. 1 Nr. 1 UStG kommen (§ 3 Abs. 1a UStG fingiert eine Leistung [Lieferung] gegen Entgelt und korrespondierend dazu § 1a Abs. 2 UStG einen innergemeinschaftlichen Erwerb, vgl. dazu auch die Fälle 40 und 52).

Das nicht steuerbare Verbringen innerhalb eines Unternehmens(teils) wird auch als rechtsgeschäftsloses Verbringen bezeichnet.

Der Innenumsatz ist kein Verwendungsumsatz i. S. des § 15 Abs. 2 UStG (zum Vorsteuerausschluss vgl. Fall 79). Unter Umständen kann sich aus einem Innenumsatz jedoch eine Korrektur des Vorsteuerabzugs (§ 15a UStG) ergeben (zur Vorsteuerberichtigung vgl. Fall 81).

b) Eine Leistung und eine Gegenleistung

Die Verwendung des Begriffs „Leistungsaustausch" ist missverständlich, da die Gegenleistung z. B. in Geld (Bargeld, Scheck, Überweisung) bestehen kann. Insoweit liegt zwar eine Gegenleistung vor, aber keine Leistung i. S. des § 1 Abs. 1 Nr. 1 UStG. Gegenleistung kann auch eine Leistung im umsatzsteuerrechtlichen Sinne sein (Lieferung oder sonstige Leistung). Wenn das Entgelt für eine Lieferung in einer Lieferung besteht, liegt ein Tausch vor (§ 3 Abs. 12 Satz 1 UStG). Ist das Entgelt für eine Lieferung oder sonstige Leistung eine sonstige Leistung, so ist ein tauschähnlicher Umsatz anzunehmen (§ 3 Abs. 12 Satz 2 UStG). Eine Wertdifferenz zwischen diesen Leistungen kann durch eine zusätzliche Geldzahlung ausgeglichen werden. In diesem Fall liegt ein Tausch bzw. tauschähnlicher Umsatz mit Baraufgabe vor (zur Bemessungsgrundlage bei Tauschumsätzen vgl. auch Fall 60). Leistung und Gegenleistung brauchen sich in einem Leistungsaustausch aber nicht gleichwertig gegenüberzustehen.

Aus der Sicht des Leistenden hat das Entgelt eine Doppelfunktion. Es ist Tatbestandsmerkmal für einen steuerbaren Umsatz nach § 1 Abs. 1 Nr. 1 UStG und Bemessungsgrundlage (§ 10 Abs. 1 Satz 1 UStG) für diesen Umsatz.

c) Ein wechselseitiger Zusammenhang zwischen Leistung und Gegenleistung

Für die Annahme eines Leistungsaustausches müssen Leistung und Gegenleistung in einem wechselseitigen (wirtschaftlichen) Zusammenhang stehen. Davon ist auszugehen, wenn Leistung und Gegenleistung im Rahmen eines zwischen dem Leistenden und dem Leistungsempfänger bestehenden Rechtsverhältnisses ausgetauscht werden. Ein Leistungsaustausch ist grundsätzlich anzunehmen, wenn Unternehmer und Leistungsempfänger einen wechselseitigen Vertrag (z. B. Kaufvertrag, Mietvertrag, Werkvertrag) abgeschlossen haben und die vereinbarten Beträge die Gegenleistung für eine bestimmbare Leistung darstellen. Ein Leistungsaustausch kann auch dadurch zustande kommen, dass die erbrachte Gegenleistung zwar nicht vereinbart, aber gewollt bzw. erwartet wurde oder zumindest erwartbar war. Daher liegt bei einem Geschenk auch dann kein Leistungsaustausch vor, wenn der Beschenkte sich mit einem Gegengeschenk revanchiert.

Die Gegenleistung muss nicht dem Unternehmen zufließen. Es ist ohne Belang, wenn die Gegenleistung nur im unternehmensfremden Bereich verwendbar ist (vgl. Abschn. 1.1 Abs. 1 Satz 5 UStAE).

Wird das Entgelt nachträglich uneinbringlich, steht dies der Annahme eines Leistungsaustausches nicht entgegen. Derartige Vorgänge sind nach § 17 UStG zu korrigieren (vgl. Fälle 64 – 66); zum Begriff Leistungsaustausch vgl. auch Abschn. 1.1 UStAE.

1. Brennstoffhändler Albert Schwarz ist Unternehmer i. S. des § 2 UStG. Er hat gegenüber seiner Ehefrau Bettina Schwarz, die gleichfalls Unternehmerin i. S. des § 2 UStG ist, eine entgeltliche Lieferung (§ 3 Abs. 1 UStG) ausgeführt. Die Lieferung besteht in der Veräußerung von 10.000 Liter Heizöl. Sie erfolgt im Leistungsaustausch gegen den mit der Ehefrau vereinbarten Kaufpreis. Es liegt kein Innenumsatz vor, da die Eheleute ihr Unternehmen jeweils selbständig betreiben. Ob leistender Unternehmer und damit Steuerschuldner der Ehemann, die Ehefrau oder eine aus den Eheleuten bestehende Gemeinschaft ist, wird grundsätzlich danach beurteilt, wer als Unternehmer nach außen auftritt.

2. Bäckermeister und Gastwirt Dieter Braun ist Unternehmer i. S. des § 2 UStG. Die Belieferung der Gastwirtschaft mit Backwaren aus seiner eigenen Bäckerei stellt keine Leistung und damit auch keine Lieferung i. S. des § 3 Abs. 1 UStG dar, weil es an einem Dritten als Abnehmer fehlt. Der Vorgang ist umsatzsteuerrechtlich ein nicht steuerbarer Innenumsatz, der sich zwischen zwei Unternehmensteilen eines Unternehmers ergibt. Die Überweisung der Rechnungsbeträge auf das Sparkassenkonto der Bäckerei kann mangels Leistung des Dieter Braun keine Gegenleistung sein. Damit fehlt es an einem Entgelt. Ein Leistungsaustausch liegt nicht vor.

3. Malermeister Peter Weiß erbringt mit den Renovierungsarbeiten eine Leistung an Klaus Helf. Die vereinbarte Gegenleistung besteht in der Lieferung einer Werkbank. Ob Peter Weiß die Werkbank für sein Unternehmen oder im privaten Bereich verwenden will, ist für die Annahme eines Leistungsaustausches unerheblich. Umsatzsteuerrechtlich ist bei der Leistung des Weiß zwischen einer Werklieferung (Sonderform einer Lieferung) und einer Werkleistung (Sonderform einer sonstigen Leistung) zu unterscheiden (vgl. dazu Fall 33). Erbringt Weiß eine Werklieferung, liegt ein Tausch vor (§ 3 Abs. 12 Satz 1 UStG). Handelt es sich um eine Werkleistung, besteht der Leistungsaustausch in einem tauschähnlichen Umsatz (§ 3 Abs. 12 Satz 2 UStG). Auch Klaus Helf erbringt mit der Übereignung der Werkbank an Peter Weiß eine Lieferung im Leistungsaustausch. Dieser tauschähnliche Umsatz ist aber nach § 1 Abs. 1 Nr. 1 UStG nicht steuerbar, weil Helf nicht als Unternehmer i. S. des § 2 Abs. 1 UStG handelt.

Fall 6

Leistungsaustausch – unentgeltliche Leistungen

UStG § 1 Abs. 1 Nr. 1

Leistungen gegen Entgelt werden im Rahmen eines Leistungsaustausches erbracht. Unentgeltlichen Leistungen steht keine Gegenleistung gegenüber. Sie sind nach § 1 Abs. 1 Nr. 1 UStG nur steuerbar, wenn sie als unentgeltliche Wertabgaben Leistungen gegen Entgelt gleichgestellt werden.

Sachverhalt

Die Bausparkasse **A** in Aachen gibt einem Bausparer ein Darlehen von 50.000 €. Der Bausparer zahlt jährlich 6 % (3.000 €) Zinsen und 4 % (2.000 €) Tilgungsbeträge.

Textilgroßhändler **B** in Balingen gewährt dem Textileinzelhändler H in Heidelberg für die Modernisierung seines Ladens einen kurzfristigen, unverzinslichen Kredit von 10.000 €. B verspricht sich von der Kreditgewährung eine Intensivierung der Geschäftsbeziehungen zu H. Der Kredit wird nach drei Monaten an B zurückgezahlt.

Frage

Sind die Leistungen der Unternehmer A und B steuerbar?

Antwort

Nur die Leistung des Unternehmers A ist steuerbar.

Begründung

Die Bausparkasse **A** bewirkt durch die Darlehensgewährung (jährliche Teilleistung, § 13 Abs. 1 Nr. 1 Buchst. a Satz 3 UStG) eine sonstige Leistung an den Bausparer (§ 3 Abs. 9 UStG). Die Leistung der Bausparkasse besteht in der zeitlich befristeten Überlassung des Darlehensbetrages. Entgelt für diese Leistung ist alles, was der Darlehensnehmer für die Nutzung des überlassenen Kapitals aufzuwenden hat, z. B. Zinsen, Provisionen, Abschluss- und Zuteilungsgebühren. Das Entgelt für die von der Bausparkasse bewirkte (jährliche) Leistung sind die Zinsen von 3.000 €. Die Tilgungsbeträge sind kein Entgelt für die Darlehensgewährung. Im Unterschied zur Hingabe von Geld als Darlehen stellt die Bezahlung der Darlehensgewährung in Form von Geld (Zinsen) zwar eine Gegenleistung, aber keine Leistung im Sinne des Umsatzsteuerrechts dar.

Es liegt ein Leistungsaustausch vor, weil für die zeitlich befristete Überlassung des Geldbetrages als Gegenleistung ein Zins vereinbart wurde. Da A die Leistung als Unternehmer (Bausparkasse, § 2 UStG) im Rahmen seines Unternehmens im Inland ausgeführt hat, ist die sonstige Leistung steuerbar

(§ 1 Abs. 1 Nr. 1 UStG). Für Darlehensgewährungen kommt regelmäßig die Steuerbefreiung nach § 4 Nr. 8 Buchst. a UStG in Betracht.

Mit der unentgeltlichen Kreditgewährung erbringt **B** an den Textileinzelhändler H eine sonstige Leistung (§ 3 Abs. 9 UStG). Die Rückzahlung des Kredits ist kein Entgelt für die Darlehenshingabe. Auch die von B erhoffte Verbesserung der Geschäftsbeziehung zu H ist keine Gegenleistung des H i. S. des § 1 Abs. 1 Nr. 1 UStG. Von einer Gegenleistung des H könnte ggf. dann ausgegangen werden, wenn H sich im Zusammenhang mit der Kreditgewährung zu einer ausschließlichen Abnahme von Textilien bei B verpflichtet hätte. Daran fehlt es jedoch im vorliegenden Fall. B erhofft sich lediglich eine Verbesserung der Geschäftsbeziehung mit H. Der Kredit wird dem H durch B deshalb unentgeltlich eingeräumt. Ein Leistungsaustausch liegt nicht vor.

Da die unentgeltliche Kreditgewährung aus unternehmerischen Gründen (Intensivierung der Geschäftsbeziehung) erfolgt, ist auch eine unentgeltliche Wertabgabe i. S. des § 3 Abs. 9a Nr. 2 UStG nicht anzunehmen. Der Vorgang ist nicht steuerbar (§ 1 Abs. 1 Nr. 1 UStG).

Fall 7

Leistungsaustausch – Schadensersatz, Schadensbeseitigung

UStG § 1 Abs. 1 Nr. 1; BGB §§ 249, 251, 252

Muss ein Schädiger Schadensersatz leisten, kann umsatzsteuerrechtlich eine Leistung des Schädigers vorliegen. Diese Leistung wird regelmäßig gegenüber dem Geschädigten nicht im Rahmen eines Leistungsaustausches erbracht. Je nach Gestaltung der Schadensbeseitigung kann jedoch ein umsatzsteuerbarer Vorgang gegeben sein.

Sachverhalt

Der Unternehmer S hat mit seinem Kraftfahrzeug den PKW des Unternehmers G beschädigt. Beide Fahrzeuge befanden sich auf einer Betriebsfahrt. Die Kosten der Schadensbeseitigung bei einer Reparaturwerkstatt in Köln betragen 500 €, die darauf entfallende Umsatzsteuer 95 €. Eine Wertminderung des beschädigten Fahrzeugs ist nicht eingetreten. Die §§ 19 und 20 UStG sind bei sämtlichen Beteiligten – die ausschließlich steuerpflichtige Umsätze erbringen – nicht anzuwenden. Es sind folgende Möglichkeiten der Schadensregulierung denkbar:

1. Der Schädiger S lässt in seinem Auftrag den Schaden durch die Reparaturwerkstatt des Unternehmers R beseitigen.

2. Der Schädiger S zahlt an den Geschädigten G eine Geldentschädigung von 500 €, und G lässt in seinem Auftrag die Reparatur durch die Reparaturwerkstatt des Unternehmers R ausführen.
3. Der Schädiger S zahlt an den Geschädigten G eine Geldentschädigung von 500 €. G lässt den Schaden ohne ausdrücklichen Auftrag des S durch einen Arbeitnehmer seines eigenen Unternehmens beseitigen.
4. Der Schädiger S erteilt dem Geschädigten G ausdrücklich den Auftrag zur Schadensbeseitigung und zahlt den ihm in Rechnung gestellten Betrag von 500 € zuzüglich 95 € Umsatzsteuer an G.
5. Der Schädiger S lässt auf Verlangen des G das Fahrzeug durch Arbeitnehmer seines Unternehmens reparieren.
6. S und G verständigen sich zunächst auf einen Schadensausgleich i. H. von 500 €. Anschließend lässt S im Auftrag des G das Fahrzeug durch Arbeitnehmer seines Unternehmens reparieren. S erteilt G eine Rechnung über 500 € zuzüglich 95 € gesondert ausgewiesener Umsatzsteuer. G zahlt den in Rechnung gestellten Umsatzsteuerbetrag von 95 € an S.

Frage

Wie sind die Vorgänge zwischen S, G und R zu beurteilen?

Antwort

1. Leistungsaustausch zwischen R und S; Schadensersatz zwischen S und G durch Naturalherstellung.
2. Schadensersatz zwischen S und G durch Entschädigung in Geld; Leistungsaustausch zwischen R und G.
3. Schadensersatz zwischen S und G durch Entschädigung in Geld; kein Leistungsaustausch zwischen G und S, sondern nicht steuerbarer Vorgang innerhalb des Unternehmens des G.
4. Leistungsaustausch zwischen G und S.
5. Schadensersatz zwischen S und G durch Naturalherstellung.
6. Leistungsaustausch zwischen S und G.

Begründung

Allgemeines: Schadensersatz ist der Ausgleich eines Nachteils (Schadens), den jemand in seiner Person, an seinem Eigentum oder an seinen sonstigen Rechten durch ein besonderes Ereignis erlitten hat. Der Nachteil kann auch in dem Entgehen eines sonstigen Vorteils liegen, z. B. im Entgehen von Gewinn (§ 252 BGB). Die Pflicht zum Schadensersatz kann vertraglich vereinbart sein oder auf einer gesetzlichen Regelung beruhen. In Betracht kommen insbesondere Schadensersatzansprüche wegen Verletzung von Pflichten aus einem Schuldverhältnis (§ 280 BGB) oder für unerlaubte Handlungen (§§ 823 ff. BGB). Der Schadensausgleich ist durch Naturalherstellung(-restitution) oder durch Entschädigung in Geld zu leisten (§§ 249, 251 BGB). Erbringt der Schädiger Schadensersatz in Geld, liegt in der Geldzahlung keine Leistung im umsatzsteuerrechtlichen Sinne vor. Leistet er Schadensersatz durch Naturalherstellung, erbringt er zwar eine Leistung, dieser Leistung steht jedoch keine Gegenleistung des Geschädigten gegenüber. Zu prüfen ist ggf. eine unentgeltliche Wertabgabe i. S. des § 3 Abs. 1b bzw. § 3 Abs. 9a UStG.

Schadensersatz leistet jemand nicht deshalb, weil er von dem Empfänger der Ersatzleistung eine (Gegen-)Leistung erhalten hat oder erhalten will, sondern weil er gesetzlich oder vertraglich verpflichtet ist, für den eingetretenen Schaden und seine Folgen einzustehen. Ein Leistungsaustausch liegt zwischen dem Schädiger und dem Geschädigten nicht vor (sog. echter Schadensersatz). Je nach Gestaltung der Schadensbeseitigung zwischen den Beteiligten kann der Schadensersatz jedoch durch einen Leistungsaustausch überlagert werden; vgl. auch Abschn. 1.3 UStAE.

1. Die Beseitigung des Schadens durch die Reparaturwerkstatt R stellt eine Leistung (Werklieferung oder Werkleistung) gegenüber dem Auftraggeber S dar. Die Gegenleistung erbringt S durch die vereinbarte Bezahlung der Reparatur im Leistungsaustausch mit R. Die Leistung ist steuerbar (§ 1 Abs. 1 Nr. 1 UStG) und steuerpflichtig mit 19 % (§ 12 Abs. 1 UStG). Die Bemessungsgrundlage (§ 10 Abs. 1 UStG) beträgt 500 €, die Umsatzsteuer 95 €. S kann die ihm von R gesondert in Rechnung gestellte Umsatzsteuer als Vorsteuer abziehen (§ 15 Abs. 1 Satz 1 Nr. 1 UStG), weil der Unfall während einer Betriebsfahrt entstanden ist und damit die Leistung des R für das Unternehmen des G erbracht wird. Im Verhältnis zwischen S und G handelt es sich um (echten) Schadensersatz durch Naturalrestitution.

2. Die Beseitigung des Schadens durch die Reparaturwerkstatt R stellt eine Leistung (Werklieferung oder Werkleistung) gegenüber dem Auftraggeber G dar. Die Gegenleistung erbringt G durch die vereinbarte Bezahlung der Reparatur im Leistungsaustausch mit R. Die Leistung ist steuerbar (§ 1 Abs. 1 Nr. 1 UStG) und steuerpflichtig mit 19 % (§ 12 Abs. 1 UStG). Die Bemessungsgrundlage (§ 10 Abs. 1 UStG) beträgt 500 €, die Umsatzsteuer 95 €. G kann die ihm von R gesondert in Rechnung gestellte Umsatzsteuer als Vorsteuer abziehen (§ 15 Abs. 1 Satz 1 Nr. 1 UStG), weil die Reparaturleistung an einem Fahrzeug seines Unternehmens ausgeführt wurde. Einerseits entstehen G aufgrund der Reparatur Verpflichtungen gegenüber R i. H. von (500 € + 95 € Umsatzsteuer =) 595 €; andererseits erlangt er den Vorteil des Vorsteuerabzugs von 95 €. Für S ergibt sich eine Schadensersatzverpflichtung von 500 €, die er an G als Entschädigung in Geld leistet (Schadensersatz). Einen Ersatz der Umsatzsteuer, die G von R gesondert in Rechnung gestellt worden ist, kann G von S nicht verlangen. Nach dem Sinn und Zweck des Schadensersatzrechts und dem Gedanken des Vorteilsausgleichs – G kann den Betrag von 95 € als Vorsteuer abziehen – soll der Geschädigte keine Bereicherung, sondern nur den Ersatz des tatsächlichen Schadens erhalten.

3. Der Schädiger S zahlt die Geldentschädigung von 500 € allein deshalb, weil er zum Schadensersatz verpflichtet ist. Gegenstand der Vereinbarung zwischen dem Geschädigten G und dem Schädiger S ist nur die Höhe dieser Ersatzleistung. Eine zusätzliche Vereinbarung über die Schadensbeseitigung wird nicht getroffen. Es liegt Schadensersatz vor. Die Schadensbeseitigung liegt im Belieben des Geschädigten G; er kann sie veranlassen, er kann sie auch unterlassen. Eine innere Verknüpfung zwischen der Schadensbeseitigung und der Schadensersatzleistung ist nicht gegeben. Die durch den Arbeitnehmer des G vorgenommene Schadensbeseitigung erfolgt ohne ausdrücklichen Auftrag des Schädigers; sie ist daher keine Leistung gegenüber S. Folglich ist die Zahlung einer Entschädigung in Geld für den Zahlungsempfänger kein Entgelt, sondern Schadensersatz. Die Schadensbeseitigung stellt einen nicht steuerbaren Vorgang innerhalb des Unternehmens des G dar.

In diesem Zusammenhang ist zu bemerken: Bei Schäden, die an Kraftfahrzeugen im öffentlichen Straßenverkehr durch das Verschulden anderer, haftpflichtversicherter Verkehrsteilnehmer, entstehen, sprechen die Umstände dafür, dass ein Auftrag des Schädigers an den Geschädigten zur Schadensbeseitigung nicht vorliegt. Bei einer Auftragserteilung liefe der Schädiger aufgrund der Allgemeinen Bedingungen für die Kfz-Versicherung (AKB) Gefahr, seinen Versicherungsschutz zu verlieren. Dieser Gefahr wird sich der Versicherungsnehmer nicht aussetzen. Der Geschädigte behält es sich i. d. R. vor, die Reparatur durch eine Werkstatt seiner Wahl durchführen zu lassen. Er stellt es nicht in das Belieben des Schädigers, eine Reparaturwerkstatt auszuwählen.

4. Nimmt der Geschädigte die Beseitigung des Schadens selbst vor, z. B. weil er in eigener Reparaturwerkstatt üblicherweise solche Reparaturen ausführt, so ist eine Leistung des Geschädigten an den Schädiger anzunehmen, wenn eine ausdrückliche Auftragserteilung des Schädigers an den Geschädigten vorliegt. Die Schadensbeseitigung durch den Geschädigten G stellt eine Leistung (Werklieferung oder Werkleistung) an den Schädiger S dar. Die Gegenleistung erbringt S durch die vereinbarte Bezahlung des Rechnungsbetrages von 595 € im Leistungsaustausch mit G. Die Leistung ist steuerbar (§ 1 Abs. 1 Nr. 1 UStG) und mit 19 % steuerpflichtig (§ 12 Abs. 1 UStG). Die Bemessungsgrundlage (§ 10 Abs. 1 Satz 1 und 2 UStG) beträgt 500 €, die Umsatzsteuer 95 €. S kann die ihm von G gesondert in Rechnung gestellte Umsatzsteuer als Vorsteuer abziehen (§ 15 Abs. 1 Satz 1 Nr. 1 UStG), weil der Unfall während einer Betriebsfahrt entstanden ist und damit die Reparaturleistung des G für das Unternehmen des S erbracht wurde. Die Verpflichtung zum Schadensausgleich (durch Naturalherstellung) wird durch die Verpflichtung zur Bezahlung der Rechnung für die Schadensbeseitigung überlagert. Entsprechendes gilt, wenn S die Rechnung des G an seine Versicherung weiterleitet. In diesem Fall würde die Versicherung aufgrund des mit S abgeschlossenen Versicherungsvertrages an G den Nettobetrag von 500 € überweisen (nur insoweit ist aufgrund des Vorsteuerabzugs bei S ein Versicherungsschaden eingetreten), während S an G den Differenzbetrag von 95 € zahlt. Die Zahlung der Versicherung an G erfolgt im abgekürzten Zahlungsweg und stellt im Verhältnis zu S Schadensersatz dar. Zwischen S und G ist die Zahlung Entgelt. Die (sonstige) Leistung der Versicherung gegenüber S besteht in der Gewährung von Versicherungsschutz und ist steuerfrei nach § 4 Nr. 10 Buchst. a UStG.

5. Mit der Schadensbeseitigung im eigenen Unternehmen bewirkt S an G eine Leistung (Werklieferung oder Werkleistung). Diese Leistung erfolgt unentgeltlich, denn G erhält diese Leistung nicht, weil er an S eine Gegenleistung erbringt, sondern weil er durch S einen Schaden an seinem Fahrzeug erlitten hat. Die Leistung wird aus unternehmerischen Gründen erbracht (Ausgleich eines Schadens, der während einer Betriebsfahrt entstanden ist). Eine unentgeltliche Wertabgabe i. S. des § 3 Abs. 9a Nr. 2 UStG liegt nicht vor. Die Reparaturleistung ist nicht steuerbar (§ 1 Abs. 1 Nr. 1 UStG). Es liegt zwischen S und G Schadensersatz durch Naturalherstellung vor.

6. Mit der Verständigung auf einen Schadensausgleich i. H. von 500 € verpflichtet sich S zu einer Entschädigung in Geld. Die Reparatur des beschädigten Fahrzeugs im eigenen Unternehmen stellt eine Leistung (Werklieferung oder Werkleistung) von S an G dar. Die Leistung erfolgt im Leistungsaustausch, weil der in Geld bestehende Schadensersatzanspruch des G vereinbarungsgemäß mit der Leistung des S verrechnet wird. Die Leistung des S ist steuerbar (§ 1 Abs. 1 Nr. 1 UStG) und mit 19 % steuerpflichtig (§ 12 Abs. 1 UStG). Die Bemessungsgrundlage (§ 10 Abs. 1 Satz 1 und 2 UStG) beträgt 500 €, die Umsatzsteuer 95 €. G kann die ihm von S gesondert in Rechnung gestellte Umsatzsteuer als Vorsteuer abziehen (§ 15 Abs. 1 Satz 1 Nr. 1 UStG), weil ein Fahrzeug seines Unternehmens repariert wurde.

Fall 8

Leistungsaustausch – Vertragsstrafen

UStG § 1 Abs. 1 Nr. 1; BGB §§ 339, 340, 341

Vertragsstrafen werden vereinbart, wenn die genaue Einhaltung eines Vertrages für die Vertragsparteien wichtig ist. Sie können vom Auftraggeber oder vom Auftragnehmer für den Fall der Nichterfüllung oder der nicht gehörigen Erfüllung gezahlt werden. Wird eine Geldentschädigung gewährt, ist insoweit weder eine Gegenleistung noch eine Entgeltminderung anzunehmen.

Sachverhalt

Unternehmer A in Aachen verkauft im Monat Januar Waren für 1.000 € zuzüglich 190 € Umsatzsteuer an den Unternehmer B in Bonn. Die Ware soll spätestens bis zum 31. März geliefert werden. Im Kaufvertrag ist vereinbart worden, dass wechselseitig bei Leistungs- und bei Annahmeverzug eine Vertragsstrafe von 10 % des vereinbarten Kaufpreises verwirkt sein soll.

Die Vertragsstrafe von 119 € wird von A bzw. B im Juni geleistet wegen

a) Nichterfüllung des Kaufvertrages (keine Lieferung durch A bzw. keine Abnahme durch B);

b) nicht gehöriger Erfüllung des Kaufvertrages (verspätete Lieferung durch A bzw. verspätete Abnahme durch B jeweils im Mai).

Voranmeldungszeitraum ist für A und B jeweils der Kalendermonat. Auf die Umsätze des A und B sind die §§ 19 und 20 UStG nicht anzuwenden.

Frage

1. Was ist das Wesen einer Vertragsstrafe und von welchen Voraussetzungen ist sie abhängig?
2. Welche umsatzsteuerrechtlichen Auswirkungen ergeben sich für A bzw. B?

Antwort

1. Die Vertragsstrafe ist regelmäßig eine Geldentschädigung (§ 339 BGB), die der Schuldner an den Gläubiger für den Fall der Nichterfüllung (§ 340 Abs. 1 BGB) oder der nicht gehörigen Erfüllung (§ 341 Abs. 1 BGB) einer Verbindlichkeit leistet. Sie soll als Druckmittel die Erfüllung der Hauptverbindlichkeit sichern und dem Gläubiger den Schadensbeweis ersparen. Die Vertragsstrafe muss vereinbart sein. Sie ist abhängig vom Bestehen einer Hauptverbindlichkeit.
2. a) Bei Nichterfüllung des Kaufvertrages (keine Lieferung durch A oder keine Abnahme durch B) ist die Zahlung einer Vertragsstrafe statt der Erfüllung durch A oder B Schadensersatz.

   b) Wurde der Kaufvertrag trotz nicht gehöriger Erfüllung eingehalten, so hat A an B im Mai eine Lieferung (§ 3 Abs. 1 UStG) ausgeführt. Hat A verspätet geliefert und die Vertragsstrafe an B zu zahlen, so liegt darin keine Entgeltsminderung. Hat B verspätet abgenommen und die Vertragsstrafe an A zu zahlen, so ist sie kein Teil des Entgelts für die Lieferung. Es liegt jeweils Schadensersatz vor.

Begründung

1. Rechtsbegründend für die Zahlung eines Schadensersatzes ist der Eintritt eines Schadens, der überdies vom Geschädigten nachgewiesen werden muss. Eines solchen Nachweises bedarf es für die Zahlung der **Vertragsstrafe** nicht. Ein Schaden braucht überhaupt nicht eingetreten zu sein. Die Vereinbarung einer Vertragsstrafe soll im Interesse des Gläubigers eine Leistungsstörung verhindern bzw. die Durchsetzung der Ausgleichsinteressen erleichtern. Die Vertragsstrafe muss daher nur vereinbart sein und hängt im Übrigen vom Bestehen einer Hauptverbindlichkeit ab. Besteht keine wirksame Hauptverbindlichkeit, so entfällt auch der Anspruch auf eine Vertragsstrafe.

Vertragsstrafen sind regelmäßig Geldentschädigungen, die wegen Nichterfüllung oder wegen nicht gehöriger Erfüllung von Verträgen verlangt werden (§§ 340, 341 BGB). Sie haben grundsätzlich Schadensersatzcharakter. An die Stelle der Geldzahlung kann eine Lieferung (§ 3 Abs. 1 UStG) oder sonstige Leistung (§ 3 Abs. 9 UStG) treten. Für den Verpflichteten ergibt sich dann unter den Voraussetzungen des § 1 Abs. 1 Nr. 1 UStG ein steuerbarer Umsatz.

2. a) Erfüllt der Schuldner dem Gläubiger gegenüber seine Verbindlichkeit nicht, so kann der Gläubiger die verwirkte Strafe statt der Erfüllung verlangen (§ 340 Abs. 1 BGB). Die Vertragsstrafe ist in diesem Fall nicht Gegenleistung für eine Leistung des Vertragspartners. Sie hat, wirtschaftlich betrachtet, den Charakter einer Schadensersatzleistung. Ein steuerbarer Leistungsaustausch liegt – mangels einer Leistung – nicht vor, vorausgesetzt, die Vertragsstrafe wird als Geldentschädigung geleistet.

2. b) Erfüllt der Schuldner dem Gläubiger gegenüber seine Verbindlichkeit nicht in gehöriger Weise (z. B. verspätete Lieferung durch A bzw. verspätete Abnahme durch B), so kann der Gläubiger die verwirkte Strafe neben der Erfüllung verlangen (§ 341 Abs. 1 BGB). A hat eine Lieferung (§ 3 Abs. 1 UStG) an B ausgeführt. Bei der Besteuerung der Umsätze des A nach vereinbarten Entgelten ist die Steuerschuld mit Ablauf des Voranmeldungszeitraums Mai, in dem die Leistung ausgeführt worden ist, entstanden (§ 13 Abs. 1 Nr. 1 Buchst. a Satz 1 UStG). Maßgebend ist nicht der Zeitpunkt der Vereinbarung der Leistung (Verpflichtungsgeschäft = Kaufvertrag), sondern der Zeitpunkt der Ausführung der Leistung (tatsächliche Lieferung = Erfüllungsgeschäft).

Nicht gehörige Erfüllung des Kaufvertrages durch A:

Liefert A verspätet und ist B daher berechtigt, die verwirkte Vertragsstrafe von 119 € vom vereinbarten Kaufpreis von 1.190 € zu kürzen, so erhält A nur eine Zahlung von 1.071 €. Die Bemessungsgrundlage (§ 10 Abs. 1 Satz 1 und 2 UStG) beträgt jedoch 1.000 €, die Umsatzsteuer 190 €. Ob der Gläubiger B bei verspäteter Lieferung durch A die Zahlung der Vertragsstrafe von ihm verlangen kann oder ob B den vereinbarten Kaufpreis um einen entsprechenden Betrag kürzen darf, läuft wirtschaftlich auf dasselbe Ergebnis hinaus. Für A tritt eine Entgeltsminderung nicht ein. A muss in seiner an B erteilten Rechnung ein Entgelt von 1.000 € und eine Umsatzsteuer von 190 € ausweisen (§ 14 Abs. 4 UStG); B darf eine Umsatzsteuer von 190 € als Vorsteuer abziehen (§ 15 Abs. 1 Satz 1 Nr. 1 UStG).

Hat der Unternehmer A in seiner Rechnung über die Lieferung an B ein zu niedriges Entgelt (900 €) und einen zu niedrigen Steuerbetrag (171 €) ausgewiesen, so schuldet A gleichwohl den zutreffenden Steuerbetrag von 190 €. B kann zunächst nur den in Rechnung gestellten Betrag von 171 € als Vorsteuer abziehen (§ 15 Abs. 1 Satz 1 Nr. 1 UStG). Berichtigt A den Steuerbetrag gegenüber dem Abnehmer B, so hat der Unternehmer B, an den die Lieferung ausgeführt worden ist, den Vorsteuerbetrag um 19 € zu berichtigen; § 17 Abs. 1 Satz 2 UStG ist entsprechend anzuwenden.

Nicht gehörige Erfüllung des Kaufvertrages durch B:

Nimmt B die Ware verspätet ab und ist A daher berechtigt, die verwirkte Vertragsstrafe von 119 € zusätzlich zum Kaufpreis von 1.190 € zu verlangen, so beträgt die Bemessungsgrundlage (§ 10 Abs. 1 Satz 1 und 2 UStG) 1.000 € und die Umsatzsteuer 190 €. Durch verspätete Abnahme der Ware (Annahmeverzug des B) sind A möglicherweise Nachteile, z. B. durch Kosten der Lagerung, entstanden. Die zusätzlich als Vertragsstrafe zu entrichtende Geldsumme von 119 € muss umsatzsteuerrechtlich als Zahlung mit Schadensersatzcharakter angesehen werden, durch die ein Verzugsschaden ausgeglichen wird. Sie gehört nicht zur Gegenleistung. A schuldet eine Umsatzsteuer von 190 € mit Ablauf des Voranmeldungszeitraums Mai (§ 13 Abs. 1 Nr. 1 Buchst. a Satz 1 UStG). B kann von A die Erteilung einer Rechnung verlangen, in der die Bemessungsgrundlage mit 1.000 € und die Umsatzsteuer mit 190 € ausgewiesen ist (§ 14 Abs. 2 und 4 UStG). Der Abnehmer B kann den Betrag von 190 € als Vorsteuer abziehen (§ 15 Abs. 1 Satz 1 Nr. 1 UStG).

Fall 9

Leistungsaustausch – Versicherungszahlungen bei Transportschäden

UStG § 1 Abs. 1 Nr. 1, § 3 Abs. 6; BGB §§ 446, 447

Verkäufer oder Käufer einer Ware können sich gegen Transportgefahren versichern. Ob im Fall des Versicherungseintritts die Versicherungszahlung Schadensersatz oder Entgelt darstellt, hängt von den Beziehungen zwischen den Beteiligten ab.

Sachverhalt

Unternehmer A in Aachen liefert Ware an den Unternehmer B in Bochum zum Preis von 1.000 € zuzüglich 190 € Umsatzsteuer = 1.190 €.

a) B holt die Ware bei A ab. Da B nach § 446 BGB die Gefahr des Untergangs der Ware auf dem Transport trägt, hat er mit einer Versicherungsgesellschaft einen Transportversicherungsvertrag abgeschlossen. Auf dem Transport wird die Ware völlig zerstört. Der entstandene Schaden wird durch die Versicherungsgesellschaft ersetzt. Sie zahlt die Versicherungssumme von 1.000 € unmittelbar an B.

b) A befördert die Ware zu B. Da A nach seinen Lieferbedingungen bis zur Übergabe die Gefahr des Untergangs der Ware auf dem Transport trägt, hat er mit einer Versicherungsgesellschaft einen Transportversicherungsvertrag abgeschlossen. Auf dem Transport wird die Ware völlig zerstört. Der entstandene Schaden wird durch die Versicherungsgesellschaft ersetzt. Sie zahlt die Versicherungssumme von 1.000 € unmittelbar an A.

c) A lässt die Ware auf Verlangen des B durch einen Spediteur zu B befördern. Da B nach § 447 BGB die Gefahr des Untergangs der Ware auf dem Transport trägt, hat A aufgrund besonderer Abmachungen bei einer Versicherungsgesellschaft zugunsten des B einen Transportversicherungsvertrag abgeschlossen. Auf dem Transport wird die Ware völlig zerstört. Die Versicherungsgesellschaft trägt den Schaden und zahlt die Versicherungssumme von 1.000 € zugunsten des B unmittelbar an A. Die Versicherungsgesellschaft hält sich ihrerseits an die Versicherungsgesellschaft des Spediteurs.

Auf die Umsätze des A und B sind die §§ 19 und 20 UStG nicht anzuwenden.

Frage

1. Was gilt bei der Umsatzsteuer grundsätzlich für den Ersatz von Transportschäden durch Versicherungsgesellschaften?
2. Wie ist in den einzelnen Fällen des Sachverhalts die Zahlung der Versicherungssumme an A bzw. B zu beurteilen?

Antwort

1. Wer die Gefahr des Transports trägt und auch den Schaden durch eine Versicherungsgesellschaft unmittelbar ersetzt bekommt, wird mit der Versicherungssumme nicht zur Umsatzsteuer herangezogen, weil es sich um Schadensersatz handelt.
2. a) Die Versicherungssumme ist für B Schadensersatz.

   b) Die Versicherungssumme ist für A Schadensersatz.

c) Die Versicherungssumme ist für A als Entgelt anzusehen. Die Versicherungsgesellschaft zahlt zugunsten des B. Dies ist einer eigenen Zahlung des B an A gleichzusetzen.

Begründung

1. In einer Vielzahl von Fällen muss der Geschädigte den Schaden nicht selbst tragen, sondern eine Versicherungsgesellschaft, bei der er gegen Schadensfälle versichert ist (z. B. Transportversicherung). Der Abschluss einer Versicherung kann auf freiwilligem Entschluss oder auf einer gesetzlichen Verpflichtung beruhen. Bei Versicherungszahlungen wird es sich regelmäßig um Schadensersatz handeln. Es kommen jedoch auch Sachverhalte vor, in denen eine Versicherungszahlung sich als Entgelt für eine bewirkte Leistung darstellt. Das ist dann der Fall, wenn die Versicherungssumme im Auftrag des Abnehmers an den Lieferer gezahlt wird und die Versicherungszahlung an die Stelle des vom Abnehmer der Lieferung geschuldeten Kaufpreises tritt (abgekürzter Zahlungsweg). Nach den gleichen Gesichtspunkten sind zusätzliche Versicherungszahlungen zu beurteilen.

2. a) Mit der Übergabe der verkauften Sache geht die Gefahr des zufälligen Untergangs und einer zufälligen Verschlechterung auf den Käufer über (§ 446 BGB). Der Käufer B trägt ab dem Zeitpunkt der Übergabe die Gefahr des Untergangs der Ware auf dem Transport. Er schuldet dem Verkäufer A den vollen Kaufpreis von 1.190 €. Die Zahlung der Versicherungssumme von 1.000 € stellt für B Schadensersatz dar. Aufgrund der Rechnung des A kann B die gesondert in Rechnung gestellte Umsatzsteuer von 190 € als Vorsteuer abziehen (§ 15 Abs. 1 Satz 1 Nr. 1 UStG), sodass er ohne wirtschaftliche Einbuße den Kaufpreis von insgesamt 1.190 € an den Verkäufer A bezahlen kann. Die Lieferung (§ 3 Abs. 1 UStG) des A wird mit der Übergabe der Ware an B in Aachen (Abgangsort) ausgeführt, weil dort die Beförderung der Ware durch B begann (§ 3 Abs. 6 Satz 1 UStG). Die Umsatzsteuer von 190 € ist mit Ablauf des Voranmeldungszeitraums entstanden, in dem die Lieferung ausgeführt worden ist (§ 13 Abs. 1 Nr. 1 Buchst. a Satz 1 UStG). Der Lieferer A schuldet die Umsatzsteuer von 190 € aufgrund eines steuerbaren und steuerpflichtigen Umsatzes.

2. b) Die Gefahr des Untergangs der Ware geht im Fall der Übernahme des Transportrisikos durch den Verkäufer erst mit der Übergabe der Ware an den Käufer über (§ 446 BGB). Der Käufer B schuldet den Kaufpreis von 1.190 € nicht, weil im Schadenszeitpunkt die Gefahr des Untergangs der Ware auf ihn noch nicht übergegangen war. Der Anspruch auf den Kaufpreis ist wegen Unmöglichkeit der Leistung nach § 275 Abs. 1, § 326 Abs. 1 Satz 1 BGB erloschen. Zwar gilt die Lieferung (§ 3 Abs. 1 UStG) mit dem Beginn der Beförderung durch A in Aachen (Abgangsort) als ausgeführt (§ 3 Abs. 6 Satz 1 UStG), mangels einer Zahlung des Käufers B fehlt es jedoch am Entgelt und damit am Leistungsaustausch. A schuldet keine Umsatzsteuer; B erlangt keinen Vorsteuerabzug. Die von der Versicherungsgesellschaft an A gezahlte Versicherungssumme von 1.000 € ist für A Schadensersatz.

2. c) Versendet der Verkäufer im Fall des Versendungskaufs auf Verlangen des Käufers die verkaufte Sache nach einem anderen Ort als dem Erfüllungsort (regelmäßig = Ort des Lieferers), so geht die Gefahr auf den Käufer über, sobald der Verkäufer die Sache dem Spediteur, dem Frachtführer oder der sonst zur Ausführung der Versendung bestimmten Person oder Anstalt ausgeliefert hat (§ 447 Abs. 1 BGB; § 447 BGB gilt grundsätzlich nicht im Fall eines Verbrauchsgüterkaufs, § 474 Abs. 2 BGB). Der Käufer B trägt die Gefahr des Untergangs der Ware. Die Versicherungsgesellschaft zahlt im Auftrag des B unmittelbar an den Verkäufer A (abgekürzter Zahlungsweg). Die Zahlung der Versicherungsgesellschaft kommt einer eigenen Zahlung durch B gleich. Der Anspruch des Verkäufers A auf Zahlung des Kaufpreises von 1.190 € wird durch Zahlung der Versicherungssumme von 1.000 € seitens der Versicherungsgesellschaft und durch Zahlung des Restkaufpreises von 190 € seitens des Käufers B befriedigt. Im Verhältnis zwischen der Versicherung und B ist die Versicherungszahlung nicht steuerbarer Schadensersatz. Für A hat die Zahlung der Versicherungsgesellschaft Entgeltcharakter. Die Lieferung (§ 3 Abs. 1 UStG) gilt in Aachen (Abgangsort) als ausgeführt, weil dort die Versendung der Ware zu B nach Bochum begann (§ 3 Abs. 6 Satz 1 UStG). Versenden liegt vor, weil A die Beförderung durch einen selbständigen Beauftragten (Spediteur) ausführen ließ (§ 3 Abs. 6 Satz 3 UStG). A schuldet eine Umsatzsteuer von 190 € (§ 13 Abs. 1 Nr. 1 Buchst. a Satz 1 UStG); B kann die gesondert in Rechnung gestellte Umsatzsteuer von 190 € als Vorsteuer abziehen (§ 15 Abs. 1 Satz 1 Nr. 1 UStG).

Fall 10

Sachleistungen an Arbeitnehmer

UStG § 1 Abs. 1 Nr. 1, § 3 Abs. 1, 1b, 9, 9a und 12, § 10 Abs. 1, 2, 4 und 5

Grundsätzlich ist bei Leistungen an Arbeitnehmer zwischen entgeltlichen und unentgeltlichen Leistungen zu unterscheiden. Die unentgeltliche Leistung des Arbeitgebers ist als unentgeltliche Wertabgabe zu versteuern. Eine entgeltliche Leistung kann häufig auch als tauschähnlicher Umsatz auftreten. Die Gegenleistung des Arbeitnehmers ist dabei die Arbeitsleistung. Die Sachleistung des Arbeitgebers wird dann unter Verzicht auf Barlohn erbracht.

Sachverhalt

A betreibt in Aschaffenburg eine Metzgerei. Er beschäftigt den über 18 Jahre alten Gesellen G, der monatlich neben dem Barlohn von 2.500 € Unterkunft in einem Zimmer des Unternehmensgebäudes und Verpflegung im Haushalt seines Meisters als Vergütung erhält. Der Wert der nach Tarifvertrag gewährten Sachbezüge richtet sich für Zwecke der Lohnsteuer und der Sozialversicherung nach der Sozialversicherungsentgeltverordnung

(SvEV). Auf die freie Unterkunft einschließlich Heizung und Beleuchtung entfallen 198 €, auf die freie Verpflegung 205 €.

B ist Bauunternehmer in Bochum. Auf dem zu seinem Unternehmensvermögen gehörenden Grundstück befindet sich in einem Anbau eine Wohnung, die B dem Lagerplatzarbeiter L überlassen hat. Nach dem Mietvertrag hat L eine Monatsmiete von 400 € und einen Heizungskostenzuschlag von 100 € zu zahlen. L erhält auf den ihm zustehenden Tariflohn von 2.000 € jeweils am 15. des Monats einen Abschlag von 1.000 €. Bei der Auszahlung des Restlohns für den Vormonat – jeweils am 5. eines Monats – wird der Betrag von 500 € für Miete und Heizung des laufenden Monats einbehalten. Nach den Feststellungen des Finanzamts ist die ortsübliche Monatsmiete mit 430 € anzunehmen; der Heizungskostenzuschlag ist angemessen.

C führt in Celle einen Textilgroßhandel. Der Prokurist P darf aufgrund arbeitsvertraglicher Vereinbarung einen zum Unternehmensvermögen gehörenden PKW des Unternehmers C für private Fahren sowie für Hin- und Rückfahrten zwischen Wohnung und erster Tätigkeitsstätte (Entfernung 20 km) benutzen. Für die Lohnsteuer rechnet C die Vorteile aus der privaten Nutzung monatlich mit 1%, für die Fahrten zwischen Wohnung und erster Tätigkeitsstätte zusätzlich mit 0,03 % des Listenpreises je Entfernungskilometer dem Gehalt des P hinzu. Der Listenpreis bei Erstzulassung des PKW betrug 30.000 €. C hat bei den Fahrten zwischen Wohnung und erster Tätigkeitsstätte monatlich 15 Arbeitstage unterstellt und den geldwerten Vorteil wie folgt ermittelt:

Private PKW-Nutzung: Bruttolistenpreis 30.000 € × 1% =	300 €
Fahrten zwischen Wohnung und erster Tätigkeitsstätte: 30.000 € × 0,03 % × 20 Entfernungskilometer =	180 €
Geldwerter Vorteil nach § 8 Abs. 2 Satz 2 und 3 EStG	480 €

D betreibt eine Druckerei in Duisburg. Für ein Betriebsfest mietet D einen Saal in Dresden und bestellt eine Musikkapelle. Außerdem trägt D die Kosten für Verpflegung (Speisen, Getränke und Tabakwaren) sowie die Übernachtungskosten der Mitarbeiterinnen und Mitarbeiter. Die Arbeitnehmer können auch ihre Ehepartner bzw. eine weitere Begleitperson ihrer Wahl zu der Veranstaltung mitnehmen. Die dafür von D insgesamt getragenen Kosten betragen 100 € für jeden Teilnehmer; einschließlich der Begleitungen. Im Übrigen tragen die Arbeitnehmer die Kosten des Betriebsfestes selbst (Anreise etc.).

Die §§ 19 und 20 UStG sind auf die Umsätze der Unternehmer A bis D nicht anzuwenden. Voranmeldungszeitraum ist jeweils der Kalendermonat.

Frage

Wie sind die Leistungen der Unternehmer A bis D an ihre Arbeitnehmer umsatzsteuerrechtlich zu beurteilen?

Antwort

Unternehmer **A:** Nach § 4 Nr. 12 Satz 1 Buchst. a UStG steuerfreie sonstige Leistung von 198 € durch Gewährung der Unterkunft. Mit 19 % steuerpflichtige sonstige Leistungen durch Gewährung der Beköstigung; Bemessungsgrundlage 172,27 €, Umsatzsteuer 32,73 €.

Unternehmer **B:** Nach § 4 Nr. 12 Satz 1 Buchst. a UStG steuerfreie sonstige Leistung i. H. von 500 €.

Unternehmer **C:** Mit 19 % steuerpflichtige sonstige Leistung; Bemessungsgrundlage 403,36 €, Umsatzsteuer 76,64 €.

Unternehmer **D:** Es handelt sich um Zuwendungen im überwiegenden eigenbetrieblichen Interesse des Arbeitgebers. Die Steuerbarkeit solcher Zuwendungen ist davon abhängig, ob sie sich im üblichen Rahmen halten.

Begründung

Allgemeines: Erbringt der Unternehmer (Arbeitgeber) aufgrund des Dienstverhältnisses Leistungen (Sachleistungen, Sachzuwendungen) an den Arbeitnehmer, ist zu unterscheiden:

1. **Der Arbeitnehmer erhält die Leistung für seinen privaten Bedarf unentgeltlich.**

Vorausgesetzt, der Gegenstand oder seine Bestandteile haben zum vollen oder teilweisen Vorsteuerabzug berechtigt (§ 3 Abs. 1b Satz 2 UStG), ist die unentgeltliche Sachzuwendung als unentgeltliche Wertabgabe i. S. des § 3 Abs. 1b Satz 1 Nr. 2 UStG zu beurteilen. Wird ein Gegenstand, der zum vollen oder teilweisen Vorsteuerabzug berechtigt hat, einem Arbeitnehmer unentgeltlich zur Nutzung überlassen, ist dies einer entgeltlichen sonstigen Leistung gleichgestellt (§ 3 Abs. 9a Nr. 1 UStG). Handelt es sich um die unentgeltliche Erbringung einer anderen sonstigen Leistung (z. B. Dienstleistung), gilt § 3 Abs. 9a Nr. 2 UStG. Ausgenommen sind jeweils die Zuwendung von Aufmerksamkeiten und Leistungen, die durch das betriebliche Interesse des Arbeitgebers veranlasst sind (Abschn. 1.8 Abs. 2 UStAE).

Aufmerksamkeiten sind Zuwendungen des Arbeitgebers, die nach ihrer Art und nach ihrem Wert Geschenken entsprechen, die im gesellschaftlichen Verkehr üblicherweise ausgetauscht werden und zu keiner ins Gewicht fallenden Bereicherung des Arbeitnehmers führen. Zu den Aufmerksamkeiten gehören gelegentliche Sachzuwendungen bis zu einem Wert von 60 €, z. B. Blumen, Genussmittel, ein Buch oder ein Tonträger, die dem Arbeitnehmer oder seinen Angehörigen aus Anlass eines besonderen **persönlichen Ereignisses** zugewendet werden. Gleiches gilt für Getränke und Genussmittel, die der Arbeitgeber den Arbeitnehmern zum Verzehr im Betrieb unentgeltlich überlässt, sowie für Speisen, die der Arbeitgeber den Arbeitnehmern anlässlich und während eines außergewöhnlichen Arbeitseinsatzes zum Verzehr unentgeltlich überlässt (Abschn. 1.8 Abs. 3 UStAE).

Haben **betrieblich veranlasste Maßnahmen des Arbeitgebers** auch die Befriedigung des privaten Bedarfs der Arbeitnehmer zur Folge, so handelt es sich nicht um steuerbare (Sach-)Leistungen **an** die Arbeitnehmer, wenn diese Folge durch die mit den Maßnahmen angestrebten betrieblichen Zwecke überlagert wird. Dies ist regelmäßig anzunehmen, wenn die Maßnahmen die dem Arbeitgeber obliegende Gestaltung der Dienstausübung betreffen.

Hierzu gehören insbesondere (vgl. Abschn. 1.8 Abs. 4 UStAE):

- Leistungen zur Verbesserung der Arbeitsbedingungen;
- die betriebsärztliche Betreuung sowie die im überwiegenden betrieblichen Interesse des Arbeitgebers liegende Vorsorgeuntersuchung des Arbeitnehmers;
- betriebliche Fort- und Weiterbildungsleistungen;
- die Überlassung von Arbeitsmitteln zur beruflichen Nutzung sowie von Arbeits(schutz)kleidung, deren private Nutzung so gut wie ausgeschlossen ist;
- die Überlassung von Parkplätzen auf dem Betriebsgelände;
- Zuwendungen im Rahmen von Betriebsveranstaltungen, soweit sie sich im üblichen Rahmen halten;
- das Zurverfügungstellen von Betriebskindergärten.

2. Der Arbeitnehmer erhält die Leistung entgeltlich.

Gegen Entgelt erbrachte Leistungen des Arbeitgebers an den Arbeitnehmer erfolgen im Leistungsaustausch und sind steuerbar nach § 1 Abs. 1 Nr. 1 UStG. Dies gilt auch für verbilligt abgegebene Leistungen. Unter bestimmten Voraussetzungen kann auch die Arbeitsleistung des Arbeitnehmers Entgelt sein. In diesem Fall liegt ein tauschähnlicher Umsatz (§ 3 Abs. 12 Satz 2 UStG) vor. Von einem tauschähnlichen Umsatz ist immer dann auszugehen, wenn der Sachlohn arbeitsvertraglich (ausdrücklich oder schlüssig) vereinbart worden ist (Regelfall). Dagegen ist die Arbeitsleistung des Arbeitnehmers auch nicht anteilig als Gegenleistung anzusehen, wenn der Arbeitgeber spontan nicht vertraglich zugesagte Zusatzleistungen erbringt (z. B. kurzfristige Überlassung eines Lieferwagens der Firma für einen Umzug des Arbeitnehmers).

Bei entgeltlichen Sachzuwendungen des Arbeitgebers an seine Arbeitnehmer ist grundsätzlich als Bemessungsgrundlage das Entgelt anzusetzen (§ 10 Abs. 1 UStG). Bei tauschähnlichen Umsätzen gilt der Wert jedes Umsatzes als Entgelt für den anderen Umsatz (§ 10 Abs. 2 Satz 2 und 3 UStG). Weil der Wert der Arbeitsleistung des Arbeitnehmers i. d. R. schwer zu ermitteln ist, wird das Entgelt für die entsprechenden Sachleistungen nach den Werten des § 10 Abs. 4 UStG (einschließlich der nicht zum Vorsteuerabzug berechtigten Ausgaben) bemessen (Abschn. 1.8 Abs. 6 Satz 4 UStAE). Bei verbilligten Leistungen ist jedoch die Mindestbemessungsgrundlage zu beachten (§ 10 Abs. 5 Nr. 2 UStG). Danach ist mindestens der in § 10 Abs. 4 Satz 1 Nr. 1 bis 3 UStG bezeichnete Wert (Einkaufspreis zuzüglich der Nebenkosten, Selbstkosten bzw. Ausgaben) zum Zeitpunkt des Umsatzes anzusetzen, wenn dieser den vom Arbeitnehmer tatsächlich aufgewendeten (gezahlten) Betrag abzüglich der Umsatzsteuer übersteigt. Bei der unentgeltlichen Zuwendung eines Gegenstandes ist vom Einkaufspreis (netto) zuzüglich der Nebenkosten für einen gleichartigen Gegenstand auszugehen. Es handelt sich dabei um einen fiktiven Einkaufspreis. Er entspricht i. d. R. dem auf der Handelsstufe des Unternehmers ermittelbaren Wiederbeschaffungspreis im Zeitpunkt der Entnahme. Auch bei selbst im eigenen Unternehmen hergestellten Gegenständen ist dieser fiktive Einkaufspreis maßgeblich. Lediglich bei einer Sonderanfertigung, für die ein Marktpreis nicht ermittelbar ist oder sich aus anderen Gründen ein Einkaufspreis am Markt für einen gleichartigen Gegenstand nicht ermitteln lässt, sind die Selbstkosten anzusetzen (Abschn. 10.6 Abs. 1 UStAE).

Der Einkaufspreis (netto) im Zeitpunkt des Umsatzes entspricht nach diesen Grundsätzen dem Anschaffungspreis, wenn zwischenzeitlich Preisveränderungen nicht eingetreten sind. Selbstkosten sind alle durch den betrieblichen Leistungsprozess entstandenen Kosten. Bei unentgeltlichen sonstigen Leistungen ist von den Ausgaben einschließlich anteiliger Gemeinkosten auszugehen (§ 10 Abs. 4 Satz 1 Nr. 2 und 3 UStG). Für unentgeltliche sonstige Leistungen i. S. des § 3 Abs. 9a Nr. 1 UStG wird die Bemessungsgrundlage auf Ausgaben mit Vorsteuerabzugsberechtigung beschränkt.

In den Fällen, in denen für Sachzuwendungen bzw. sonstige Leistungen lohnsteuerliche Werte festgesetzt sind, können diese Werte im Interesse der Gleichmäßigkeit der Besteuerung und aus Gründen der Verwaltungsvereinfachung in bestimmten Fällen auch für Zwecke der Umsatzsteuer übernommen werden (Abschn. 1.8 Abs. 8 Satz 2 UStAE). In den übrigen Fällen ist der Wert nach den jeweiligen örtlichen Verhältnissen durch Schätzung zu ermitteln. Auszugehen ist dabei vom üblichen Endpreis am Abgabeort (§ 8 Abs. 2 Satz 1 EStG). Die nach den vorstehenden Grundsätzen anzusetzenden Werte stellen Bruttobeträge dar, aus denen bei steuerpflichtigen Umsätzen zur Ermittlung der Bemessungsgrundlage die Umsatzsteuer herauszurechnen ist. Der Freibetrag nach § 8 Abs. 3 Satz 2 EStG von 1.080 € ist bei der Umsatzsteuer nicht zu berücksichtigen (Abschn. 1.8 Abs. 8 Satz 4 UStAE).

Metzgermeister **A** hat durch die Beherbergung des Gesellen G und durch die Beköstigung sonstige Leistungen (§ 3 Abs. 9 UStG) bewirkt. Die Gegenleistung für diese Leistungen besteht in der erwarteten und erbrachten Arbeitsleistung des Gesellen, soweit sie nicht durch den gezahlten Barlohn abgegolten wird. Es liegt jeweils ein tauschähnlicher Umsatz (§ 3 Abs. 12 Satz 2 UStG) vor, weil das Entgelt jeweils in einer sonstigen Leistung (Arbeitsleistung) des G besteht. Die in Aschaffenburg (§ 3a Abs. 3 Nr. 1 Satz 1 und 2 Buchst. a bzw. Nr. 3 Buchst. b UStG) bewirkten Umsätze sind steuerbar (§ 1 Abs. 1 Nr. 1 UStG).

Sachleistungen an Arbeitnehmer, die als Vergütung für geleistete Dienste gewährt werden, sind regelmäßig umsatzsteuerpflichtig. Ausnahmen ergeben sich aus § 4 Nr. 18, 23, 24 und 25 UStG. Die Gewährung der Unterkunft sowie der Beheizung und Beleuchtung sind steuerfrei nach § 4 Nr. 12 Satz 1 Buchst. a UStG. Beheizung und Beleuchtung stellen sich als übliche Nebenleistungen zur Hauptleistung (Vermietung) dar und teilen deren Schicksal.

Der Wert der (durch Barlohn nicht abgegoltenen) Dienstleistungen des Arbeitnehmers gilt als Gegenleistung für die von A bewirkten sonstigen Leistungen. Dieser Wert ist nach § 10 Abs. 4 UStG zu bemessen (Abschn. 1.8 Abs. 6 Satz 4 UStAE). Für die Berechnung ist von den Werten auszugehen, die in der Sozialversicherungsentgeltverordnung (SvEV) für die entsprechende Beherbergung und Beköstigung festgesetzt sind (Abschn. 1.8 Abs. 9 Satz 1 UStAE). Der nach § 4 Nr. 12 Satz 1 Buchst. a UStG steuerfreie Umsatz ist mit 198 € anzusetzen. Bei der Gewährung der Beköstigung handelt es sich um sonstige Leistungen (§ 3 Abs. 9 UStG). Für die Abgabe von Speisen und Getränken zum Verzehr an Ort und Stelle ist der ermäßigte Steuersatz nicht anwendbar. Die Umsätze sind mit 19 % steuerpflichtig (§ 12 Abs. 1 UStG). Die Bemessungsgrundlage bestimmt sich nach § 10 Abs. 2 Satz 2 und 3 UStG. Die Umsatzsteuer ist aus dem Bruttobetrag herauszurechnen. Die Bemessungsgrundlage beträgt (205 € : 1,19 =) 172,27 €, die Umsatzsteuer 32,73 €. Der Barlohn ist lediglich Entgelt für die durch G erbrachte (übrige) Arbeitsleistung. Vorsteuern, die im Zusammenhang mit der Beköstigung des im Unternehmen beschäftigten G durch außerbetriebliche Zukäufe von Waren (z. B. Backwaren) anfallen, kann A mit 7,32 % des bei der Einkommensteuer anzuerkennenden Werts (= Bruttoaufwendungen für Verpflegungszukäufe) abziehen (Abschn. 15.2d Abs. 2 Satz 2 UStAE).

Bauunternehmer **B** hat durch Vermieten der Wohnung an den Lagerplatzarbeiter L eine sonstige Leistung bewirkt (§ 3 Abs. 9 UStG), die in einem Dulden besteht. Sie wird monatlich als Teilleistung ausgeführt (§ 13 Abs. 1 Nr. 1 Buchst. a Satz 3 UStG). Die Beheizung der Wohnung ist eine übliche Nebenleistung zur Hauptleistung (Vermietung) und teilt deren Schicksal. Der Ort der sonstigen Leistung ist Bochum (§ 3a Abs. 3 Nr. 1 Satz 1 und 2 Buchst. a UStG). Die sonstige Leistung ist steuerbar (§ 1 Abs. 1 Nr. 1 UStG), jedoch steuerfrei (§ 4 Nr. 12 Satz 1 Buchst. a UStG). Ein Verzicht auf die Steuerbefreiung ist nicht möglich; B leistet nicht an einen anderen Unternehmer für dessen Unternehmen (§ 9 Abs. 1 UStG). Das Entgelt für diesen Umsatz beträgt 500 € (§ 10 Abs. 1 UStG). Ein tauschähnlicher Umsatz und damit die Bestimmung der Bemessungsgrundlage nach § 10 Abs. 2 Satz 2 und 3 UStG scheidet aus. Der Arbeitslohn als Entgelt für die von L ausgeführte Arbeitsleistung wird mit der Miete und dem Heizkostenzuschlag als Entgelt für die von B bewirkte Vermietungsleistung bei Restlohnauszahlung lediglich verrechnet. Die Vermietung ist nicht als Vergütung für die Arbeitsleistung des L anzusehen (vgl. zum Begriff der Vergütung auch Abschn. 4.18.1 Abs. 7 UStAE). Der von B gegenüber seinem Arbeitnehmer L eingeräumte Preisnachlass ist nicht als Entgelt für die Arbeitsleistung zu berücksichtigen. Anhaltspunkte für die Anwendung der Mindestbemessungsgrundlage (§ 10 Abs. 5 Nr. 2 UStG) sind nicht ersichtlich.

Textilgroßhändler **C** hat mit der Überlassung des PKW an den Prokuristen P eine sonstige Leistung bewirkt, die in einem Dulden besteht (§ 3 Abs. 9 UStG). Es handelt sich nicht um eine bloße Aufmerksamkeit. Aufgrund der arbeitsvertraglichen Vereinbarung ist die Überlassung des PKW als Vergütung für geleistete Dienste anzusehen. Entgeltlichkeit ist anzunehmen, weil der PKW dem Arbeitnehmer für eine gewisse Dauer und nicht nur gelegentlich zur Privatnutzung überlassen wird. Es liegt ein tauschähnlicher Umsatz vor (§ 3 Abs. 12 Satz 2 UStG). Die sonstige Leistung ist daher nach § 1 Abs. 1 Nr. 1 Satz 1 UStG steuerbar. Der Ort der sonstigen Leistung (Celle) ist – wie bei einer (langfristigen) Vermietung eines Beförderungsmittels – nach § 3a Abs. 1 UStG zu bestimmen. Der Umsatz ist mit 19 % steuerpflichtig (§ 12 Abs. 1 UStG).

Bemessungsgrundlage ist der Wert der nicht durch Barlohn abgegoltenen Arbeitsleistung (§ 10 Abs. 2 Satz 2 und 3 UStG). Er ist anhand der gesamten Ausgaben für den PKW zu schätzen. Dabei dürfen keine Ausgaben ausgeschieden werden, bei denen ein Vorsteuerabzug nicht möglich ist. Aus Vereinfachungsgründen wird es nicht beanstandet, wenn für die Bemessungsgrundlage von den lohnsteuerlichen Werten ausgegangen wird. Diese Werte sind jedoch Bruttogrößen, aus denen die Umsatzsteuer herauszurechnen ist (Abschn. 15.23 Abs. 11 UStAE). Es ergibt sich folgende Berechnung:

Geldwerter Vorteil	480,00 €
Bemessungsgrundlage (480 € : 1,19 =)	403,36 €
Umsatzsteuer 19 % von 403,36 € =	76,64 €

Die Umsatzsteuer ist jeweils mit Ablauf des Voranmeldungszeitraums (Kalendermonat) entstanden (§ 13 Abs. 1 Nr. 1 Buchst. a Satz 1 bis 3 UStG).

Die Gehaltszahlung sowie die Abführung der Lohnsteuer zugunsten des P sind als bloße Entgeltsentrichtung für die Arbeitsleistung des P umsatzsteuerrechtlich bedeutungslos.

Da der PKW durch die entgeltliche Überlassung an den Arbeitnehmer ausschließlich unternehmerisch genutzt wird (u. a. entgeltliche Überlassung an P), kann C unter den Voraussetzungen des § 15 Abs. 1 UStG aus dem Erwerb des PKW und den laufenden PKW-Kosten den Vorsteuerabzug vornehmen.

Druckerei-Inhaber **D** hat an die Arbeitnehmer, die am Betriebsfest teilgenommen haben, Zuwendungen gemacht. Die Arbeitsleistungen der Arbeitnehmer sind dafür jedoch kein Entgelt. Abgesehen von den nicht steuerbaren Aufmerksamkeiten, durch die Leistungen für den privaten Bedarf der Arbeitnehmer von der Besteuerung ausgenommen werden, unterliegen darüber hinaus auch betrieblich veranlasste Maßnahmen des

Arbeitgebers, die eine Befriedigung des privaten Bedarfs der Arbeitnehmer zur Folge haben, nicht der Umsatzsteuer. Es ist nicht zulässig, eine einheitliche Maßnahme in eine steuerbare Leistung an den einzelnen Arbeitnehmer und in eine ausschließlich betrieblichen Zwecken dienende Maßnahme aufzuteilen.

Zuwendungen des Arbeitgebers im Rahmen von Betriebsveranstaltungen sind, soweit sie sich im üblichen Rahmen halten, nicht steuerbar (Abschn. 1.8 Abs. 4 Nr. 6 UStAE). Sie werden vom Arbeitgeber im überwiegenden eigenbetrieblichen Interesse erbracht, um das Betriebsklima und den Kontakt der Arbeitnehmer untereinander zu fördern. Sachzuwendungen von 110 € für jeden Arbeitnehmer übersteigen nicht den üblichen Rahmen. Bei Zuwendungen von bis zu 110 € je Teilnehmer und Veranstaltung ist die Üblichkeit der Zuwendungen nicht weiter zu prüfen (Abschn. 1.8 Abs. 4 Nr. 6 Satz 2 UStAE).

Allerdings gilt die 110 €-Grenze pro teilnehmenden Arbeitnehmer. Die Aufwendungen sind zu gleichen Teilen auf alle bei der Betriebsveranstaltung anwesenden Teilnehmer aufzuteilen (vgl. BMF-Schreiben vom 14.10.2015, BStBl 2015 I S. 832, Tz. 4). Sofern Begleitpersonen (z. B. Ehepartner) an der Veranstaltung teilnehmen, ist für diese kein zusätzlicher Freibetrag zu gewähren. Vielmehr sind die Aufwendungen dem Arbeitnehmer zuzurechnen. Sofern die Mitarbeiter des D eine Begleitperson mitgenommen haben, liegen die Aufwendungen pro Mitarbeiter bei 200 €, sodass die Grenze von 110 € überschritten ist. Es liegen insoweit keine Aufmerksamkeiten vor.

Das Überschreiten der Grenze von 110 € hat zur Folge, dass die Finanzverwaltung eine Mitveranlassung durch die Privatsphäre annimmt (Abschn. 15.15 Abs. 2 Beispiel 3 b) Satz 2 UStAE). D hat daher keinen Vorsteuerabzug aus den Eingangsleistungen für das Betriebsfest, soweit die Verwendung bereits bei Leistungsbezug beabsichtigt ist. Die Besteuerung als unentgeltliche Wertabgabe unterbleibt jedoch auch, sofern der Vorsteuerabzug wegen des Überschreitens der 110 €-Grenze ausgeschlossen war.

Wird die Grenze unterschritten, liegt kein steuerbarer Umsatz bezogen auf den jeweiligen Arbeitnehmer vor. Da es sich dann auch um eine durch das überwiegende betriebliche Interesse des Arbeitgebers veranlasste Veranstaltung handelt, ist der Vorsteuerabzug aus den Eingangsleistungen insoweit möglich. Da kein steuerbarer Ausgangsumsatz mit diesen Eingangsleistungen verknüpft ist, ist für den Vorsteuerabzug die Gesamttätigkeit des D maßgeblich. Da er ausschließlich vorsteuerunschädliche Ausgangsumsätze ausführt, kann die Vorsteuer gem. § 15 Abs. 1 Nr. 1 UStG, sofern eine ordnungsgemäße Rechnung vorliegt, soweit abgezogen werden.

Die dargestellten Grundsätze gelten für maximal zwei Veranstaltungen jährlich. Bei mehr als zwei Betriebsveranstaltungen gelten die allgemeinen Regelungen. Danach wäre ein Vorsteuerabzug aus entsprechenden Eingangsleistungen ausgeschlossen, da von einer privaten Veranlassung der Veranstaltung auszugehen ist.

Fall 11

Leistungen einer OHG an die Gesellschafter

UStG § 1 Abs. 1 Nr. 1, § 3 Abs. 9, 9a, § 10 Abs. 1, 4 und 5

Gesellschaft und Gesellschafter sind umsatzsteuerrechtlich eigenständige Steuersubjekte. Für die Frage, ob eine Gesellschaft an ihren Gesellschafter entgeltliche Leistungen im Leistungsaustausch oder unentgeltliche Leistungen erbringt, gelten die allgemeinen Grundsätze. Im Fall eines unangemessen niedrigen Entgelts kommt die Mindestbemessungsgrundlage in Betracht.

Sachverhalt

Albert, Bernhard und Conrad Müller (M.) betreiben ein Handelsgeschäft in der Rechtsform einer OHG in Dortmund. Jeder Gesellschafter ist am Gesellschaftsvermögen sowie am Gewinn und Verlust zu jeweils 33 ⅓ % beteiligt.

Zum Betriebsvermögen der OHG gehören drei PKW, die in vollem Umfang dem Unternehmen zugeordnet sind und den Gesellschaftern auch für private Fahrten zur Verfügung stehen. Die gesamten Kraftfahrzeugkosten im Jahr 02 sind durch Fahrtenbücher nachgewiesen und für jeden PKW mit 10.000 € anzunehmen; davon entfallen jeweils 8.000 € auf Kosten, bei denen die in Rechnung gestellte Umsatzsteuer als Vorsteuer abgezogen werden konnte. Die Kraftfahrzeugkosten sind niedriger als die marktüblichen Entgelte für gleichwertige Mietfahrzeuge.

Gesellschafter Albert M.: Für private Fahrten ist das Privatkonto des Gesellschafters zutreffend mit (30 % von 10.000 € =) 3.000 € zuzüglich 570 € Umsatzsteuer = insgesamt 3.570 € belastet worden.

Gesellschafter Bernhard M.: Die Nutzung des PKW für private Fahrten hat denselben Umfang wie bei dem Gesellschafter Albert M. Eine Belastung des Privatkontos des Gesellschafters Bernhard M. wurde jedoch nur mit 2.400 € vorgenommen.

Gesellschafter Conrad M.: Im Unterschied zu den Gesellschaftern Albert und Bernhard Müller unterblieb wegen der privaten PKW-Nutzung (ebenfalls 30 %) aus familiären Gründen eine Belastung des Privatkontos des Conrad M. Die PKW-Überlassung sollte nach dem Willen der Beteiligten unentgeltlich erfolgen. Die anteiligen Kosten der privaten PKW-Nutzung wurden gewinnmindernd gebucht. Die §§ 19 und 20 UStG sind nicht anzuwenden.

Frage

1. Welche Umsätze hat die OHG an die Gesellschafter bewirkt?
2. Wie hoch sind die Bemessungsgrundlagen und die Steuer?

Antwort

1. Die OHG hat an ihre Gesellschafter jeweils steuerbare und mit 19 % steuerpflichtige Umsätze bewirkt.
2. Die Bemessungsgrundlage beträgt 3.000 € bzw. jeweils 2.400 €, die Umsatzsteuer 570 € bzw. jeweils 456 €.

Begründung

Allgemeines: Umsatzsteuerrechtlich ist zwischen der Gesellschaft und ihren Gesellschaftern zu unterscheiden. Zwischen diesen aus umsatzsteuerrechtlicher Sicht jeweils selbständigen Rechtsträgern können steuerbare Umsätze in beiderlei Richtungen bewirkt werden. Die Unternehmereigenschaft der Gesellschaft (Personen- oder Kapitalgesellschaft) ist selbst dann gegeben, wenn sie Leistungen ausschließlich gegenüber ihren Gesellschaftern erbringt; Entsprechendes gilt für alle übrigen nach außen auftretenden Personenvereinigungen (§ 2 Abs. 1 Satz 3 UStG). Unterstellt, die Gesellschaft ist Unternehmer i. S. des § 2 UStG, ist im Folgenden zu unterscheiden, ob die Gesellschaft die Leistungen gegenüber den Gesellschaftern entgeltlich oder unentgeltlich erbringt.

Eine Leistung im Leistungsaustausch ist anzunehmen, wenn die OHG ihrem Gesellschafter den zum Unternehmen gehörenden PKW zur privaten Nutzung (Fahrzeugüberlassung) gegen Entgelt überlässt. Die Leistung der OHG besteht im vorliegenden Sachverhalt in der Überlassung des PKW zum privaten Gebrauch und ist als sonstige Leistung (§ 3 Abs. 9 UStG) zu beurteilen. Die Gegenleistung kommt im Allgemeinen in der Belastung des Kapitalkontos zum Ausdruck. Regelmäßig ist auch dann von einem Leistungsaustausch auszugehen, wenn einem Gesellschafter-Geschäftsführer ein PKW zur Verfügung gestellt wird, den er auch für private Zwecke nutzen darf. Die Gegenleistung besteht in der anteiligen Arbeitsleistung des Geschäftsführers.

Es sind folgende Fallgestaltungen zu unterscheiden:

- Das Privatkonto des Gesellschafters wird für die Gebrauchsüberlassung in angemessener Höhe belastet bzw. der Gesellschafter zahlt einen entsprechenden Betrag an die Gesellschaft: Entgelt ist der dem Privatkonto belastete bzw. an die Gesellschaft gezahlte Betrag, jedoch ohne die darin enthaltene Umsatzsteuer (§ 10 Abs. 1 UStG).
- Das Privatkonto des Gesellschafters wird für die Gebrauchsüberlassung nicht in angemessener Höhe belastet bzw. es wird ein nicht angemessener Betrag gezahlt: Als Bemessungsgrundlage ist mindestens der auf die privaten Fahrten entfallende Anteil an den zum Vorsteuerabzug berechtigenden Ausgaben anzusetzen (§ 10 Abs. 5 Nr. 1 i. V. m. Abs. 4 Satz 1 Nr. 2 UStG). Es ist darauf zu achten, dass die Umsatzsteuer für die steuerbare und mit 19 % steuerpflichtige sonstige Leistung bei der Ermittlung des Gewinns nicht als Betriebsausgabe abgezogen werden darf (§ 12 Nr. 3 EStG).

Von einer unentgeltlichen Leistung ist auszugehen, wenn der Leistung der Personengesellschaft an den Gesellschafter keine Gegenleistung gegenübersteht. Soll die Leistung nach den Vorstellungen der Beteiligten unentgeltlich erfolgen, werden die mit diesen Leistungen verbundenen Kosten im Allgemeinen gewinnmindernd gebucht oder es erfolgt eine Belastung der handelsrechtlichen Kapitalanteile aller Gesellschafter in Höhe ihrer jeweiligen Beteiligungsquote bzw. es wird das gesamthänderisch gebundene Rücklagenkonto belastet.

1. Durch Überlassung der PKW für private Fahrten an die Gesellschafter Albert und Bernhard M. tätigte die OHG sonstige Leistungen (§ 3 Abs. 9 UStG) an diese beiden Gesellschafter. Die Leistungen wurden auch gegen Entgelt ausgeführt, weil die Privatkonten der Gesellschafter Albert und Bernhard M. wegen der privaten PKW-Nutzung vereinbarungsgemäß entsprechend belastet wurden. Die Überlassung der PKW an die Gesellschafter ist der (langfristigen) Vermietung eines Beförderungsmittels gleichzusetzen. Der Ort der sonstigen Leistungen bestimmt sich nach § 3a Abs. 1 UStG und ist Dortmund. Die sonstigen Leistungen sind steuerbar (§ 1 Abs. 1 Nr. 1 UStG) und mit 19 % steuerpflichtig (§ 12 Abs. 1 UStG).

Vorausgesetzt, der PKW oder seine Bestandteile haben zum vollen oder teilweisen Vorsteuerabzug berechtigt, ist die unentgeltliche PKW-Überlassung zur privaten Nutzung des Gesellschafters Conrad M. als unentgeltliche Wertabgabe i. S. des § 3 Abs. 9a Nr. 1 UStG zu beurteilen. Der Ort wird nach § 3f UStG bestimmt und ist Dortmund. Die unentgeltliche Wertabgabe ist nach § 1 Abs. 1 Nr. 1 UStG steuerbar und mit 19 % steuerpflichtig (§ 12 Abs. 1 UStG).

2. Die in der Antwort genannten Bemessungsgrundlagen und Steuerbeträge ergeben sich mit folgender Begründung:[1]

Albert M.: Das Privatkonto des Gesellschafters wurde in angemessener Höhe, d. h. mit (30 % der gesamten Kosten von 10.000 € =) 3.000 € und der darauf entfallenden Umsatzsteuer von (19 % von 3.000 € =) 570 € belastet. Der dem Privatkonto insgesamt belastete Betrag, jedoch ohne die darin enthaltene Umsatzsteuer, ist das Entgelt. Die Bemessungsgrundlage wird nach § 10 Abs. 1 UStG bestimmt; die nach § 10 Abs. 5 Nr. 1 UStG als Bemessungsgrundlage mindestens anzusetzenden, zum Vorsteuerabzug berechtigenden Ausgaben von (30 % von 8.000 € =) 2.400 € (§ 10 Abs. 4 Nr. 2 UStG) übersteigen nicht das Entgelt von 3.000 €.

Bernhard M.: Das Privatkonto des Gesellschafters wurde nicht in angemessener Höhe belastet. Der dem Nutzungsumfang entsprechend anzusetzende Anteil an den zum Vorsteuerabzug berechtigenden Ausgaben von (30 % von 8.000 € =) 2.400 € übersteigt das Entgelt i. S. des § 10 Abs. 1

1 Da die Fahrzeugkosten durch Fahrtenbücher nachgewiesen wurden, bestimmt sich die Bemessungsgrundlage nach § 10 Abs. 4 Satz 1 Nr. 2 bzw. Abs. 5 Nr. 1 UStG nach der sog. Fahrtenbuchregelung. Zu den unterschiedlichen Methoden vgl. Fall 63.

UStG von (2.400 € : 1,19 =) 2.016,81 €. Als Bemessungsgrundlage sind mindestens die auf die privaten Fahrten entfallenden maßgeblichen Ausgaben von 2.400 € anzusetzen (§ 10 Abs. 5 Nr. 1 i. V. m. Abs. 4 Satz 1 Nr. 2 UStG). Bei einem Steuersatz von 19 % (§ 12 Abs. 1 UStG) beträgt die Umsatzsteuer 456 €.

Nach dem Sachverhalt sind die Kraftfahrzeugkosten niedriger als die marktüblichen Entgelte für gleichwertige Mietfahrzeuge. Fälle, in denen die Kosten höher sind als das marktübliche Entgelt, sind zwar selten; sie sind aber insbesondere bei Grundstücksvermietungen nicht außergewöhnlich. Ist das vereinbarte Entgelt nach § 10 Abs. 1 UStG marktüblich, aber niedriger als die Ausgaben nach § 10 Abs. 4 Satz 1 Nr. 2 UStG, wird der Umsatz nicht nach § 10 Abs. 5 i. V. m. Abs. 4 Satz 1 Nr. 2 UStG, sondern nach dem marktüblichen Entgelt bemessen (§ 10 Abs. 5 Satz 1 UStG).

Conrad M.: Das Privatkonto des Gesellschafters Conrad M. wurde wegen der privaten PKW-Nutzung nicht belastet. Die anteiligen Kosten der privaten PKW-Nutzung wurden gewinnmindernd gebucht. Da die OHG mit Conrad M. für die PKW-Überlassung auch kein Entgelt in anderer Form vereinbart hat, wird die Bemessungsgrundlage nach § 10 Abs. 4 Satz 1 Nr. 2 UStG bestimmt. Sie umfasst die auf die privaten Fahrten entfallenden Ausgaben, soweit sie zum vollen oder teilweisen Vorsteuerabzug berechtigt haben. Die Bemessungsgrundlage beträgt (30 % von 8.000 € =) 2.400 €. Die Umsatzsteuer beträgt bei einem Steuersatz von 19 % (§ 12 Abs. 1 UStG) 456 €.

Fall 12

Gesellschafterleistungen an eine Gesellschaft bürgerlichen Rechts (GbR)

UStG § 1 Abs. 1 Nr. 1, § 2 Abs. 1, § 3 Abs. 9, § 15 Abs. 1 Satz 1 Nr. 1

Zwischen Gesellschaften und ihren Gesellschaftern ist ein Leistungsaustausch möglich. Entscheidend für einen steuerbaren Umsatz sind insbesondere die Selbständigkeit des Gesellschafters hinsichtlich seiner Leistungserbringung und die Vereinbarung eines gewinnunabhängigen Entgelts (Sonderentgelt). Wird die Leistung des Gesellschafters durch eine Beteiligung am Gewinn abgegolten, liegt kein Leistungsaustausch (keine Gegenleistung) vor. Gegebenenfalls werden unentgeltliche Leistungen des Gesellschafters an die Gesellschaft als unentgeltliche Wertabgabe nach § 3 Abs. 1b bzw. Abs. 9a UStG erfasst.

Sachverhalt

Die Rechtsanwälte Dr. Adam (A) und Dr. Bertram (B) betreiben in Bonn, wo sie beide ansässig sind, gemeinsam eine Anwaltspraxis in der Rechtsform einer GbR. Nach den geschlossenen Verträgen ist das Inventar der Büroräume Eigentum des A. Für die Überlassung des Inventars, das ausschließlich für Zwecke der GbR verwendet wird, hat A im Jahr 02 eine angemessene monatliche Vergütung von (500 € + 95 € Umsatzsteuer =) 595 € erhalten. Anfang des Jahres 02 hat A mehrere Aktenschränke angeschafft und dafür (2.000 € + 380 € Umsatzsteuer =) 2.380 € bezahlt.

Rechtsanwalt B hat der GbR den in seinem Eigentum stehenden PKW anteilig für deren Zwecke überlassen. Der PKW wurde am 05.01.01 für (30.000 € + 5.700 € Umsatzsteuer =) 35.700 € angeschafft. Er ist entsprechend dem ordnungsgemäß geführten Fahrtenbuch seit der Anschaffung zu 75 % für Zwecke der GbR und zu 25 % für private Zwecke des Gesellschafters B ausschließlich im Inland genutzt worden. Fahrten im Interesse der GbR haben A oder B allein und auch gemeinsam ausgeführt. Die Fahrleistung des PKW betrug insgesamt 20.000 km. Im Zusammenhang mit der PKW-Nutzung sind bei B folgende Aufwendungen entstanden: AfA 6.000 €, Kfz-Steuer und Versicherung 2.000 €, für Reparaturen, Kraftstoffe usw. 8.000 € (darauf entfallende und ordnungsgemäß in Rechnung gestellte Umsatzsteuer 1.520 €). Die GbR hat an B eine nach der tatsächlichen Fahrleistung bemessene Vergütung von 0,80 €/km zzgl. USt, insgesamt (12.000 € + 2.280 € Umsatzsteuer =) 14.280 €, gezahlt und monatlich abgerechnet.

A und B sind am Gewinn der GbR zu je 50 % beteiligt. Die AfA und die Betriebskosten der überlassenen Gegenstände werden bei der Gewinnverteilung jedem einzelnen Gesellschafter gesondert zugerechnet. Die Rechnungen über die angeschafften Wirtschaftsgüter (Aktenschränke, PKW) sowie über die PKW-Reparaturen und die erworbenen Kraftstoffe sind – soweit es sich nicht um Kleinbetragsrechnungen mit Angabe des Steuersatzes von 19 % handelt – auf den Namen des A bzw. des B ausgestellt und enthalten den Nettobetrag sowie die gesondert ausgewiesene Umsatzsteuer, die in vollem Umfang als Vorsteuer abgezogen wurde.

Die Kleinunternehmerregelung (§ 19 UStG) ist bei den Beteiligten nicht anzuwenden bzw. sie haben auf die Anwendung verzichtet (§ 19 Abs. 2 UStG).

Frage

1. Wie ist der Sachverhalt
   a) für den Gesellschafter A,
   b) für den Gesellschafter B und
   c) für die Gesellschaft

   umsatzsteuerrechtlich zu beurteilen?

2. Wie ist der Sachverhalt zu beurteilen, wenn die Gesellschafter A und B für die Überlassung der Gegenstände keine besondere Vergütung erhalten haben, ihnen also nur der im Gesellschaftsvertrag festgelegte Gewinnanteil zusteht?

Antwort

1. a) Überlassung des Inventars an die Gesellschaft:

   Steuerbare und steuerpflichtige sonstige Leistung des Gesellschafters A.
   Bemessungsgrundlage: 6.000 €; Umsatzsteuer 1.140 €; Vorsteuerabzug des A: 380 €.

   b) Überlassung des PKW an die Gesellschaft:

   Steuerbare und steuerpflichtige sonstige Leistung des Gesellschafters B.
   Bemessungsgrundlage: 12.000 €; Umsatzsteuer: 2.280 €.
   Steuerbare und steuerpflichtige unentgeltliche Wertabgabe des B.

   Bemessungsgrundlage: 3.500 €; Umsatzsteuer 665 €; Vorsteuerabzug des B: 7.220 €.

   c) Vorsteuerabzug der Gesellschaft: 3.420 €.

2. Steuerbare und steuerpflichtige Umsätze liegen nicht vor; A und B sind nicht als Unternehmer tätig geworden. Kein Vorsteuerabzug der Gesellschafter A und B; ebenso kein Vorsteuerabzug der Gesellschaft.

Begründung

Allgemeines: Der Gesellschafter einer Personengesellschaft, der ertragsteuerrechtlich Mitunternehmer ist (vgl. § 15 Abs. 1 Satz 1 Nr. 2 EStG), wird dadurch nicht ohne weiteres auch zum Unternehmer i. S. des § 2 UStG. Das Umsatzsteuerrecht kennt keine Mitunternehmerschaft. Allein das Halten einer gesellschaftsrechtlichen Beteiligung ist noch keine unternehmerische Tätigkeit, weil Gewinnbeteiligungen nicht als umsatzsteuerrechtliches Entgelt im Rahmen eines Leistungsaustausches angesehen werden (vgl. Abschn. 2.3 Abs. 2 bis 4 UStAE). Der Mitunternehmer kann jedoch Unternehmer sein, wenn er eine eigene, selbständige und nachhaltige Tätigkeit zur Erzielung von Einnahmen entfaltet. Er kann im Rahmen seines Unternehmens auch steuerbare Leistungen gegenüber der Personengesellschaft bewirken, an der er als Mitunternehmer beteiligt ist. Für seine Unternehmereigenschaft ist es unschädlich, wenn er seine entgeltlichen Leistungen ausschließlich gegenüber der Personengesellschaft erbringt. Für die Steuerbarkeit seiner Leistungen ist es auch unerheblich, wenn an die Gesellschaft vermietete Gegenstände ertragsteuerrechtlich zum Sonderbetriebsvermögen und damit zum Betriebsvermögen der Gesellschaft gehören. Umsatzsteuerrechtlich sind diese vermieteten Gegenstände dem Unternehmen des Gesellschafters und nicht dem Unternehmen der Gesellschaft zuzurechnen. Die Leistungen gegenüber der Gesellschaft können auf einem gesellschaftsrechtlichen Vertragsverhältnis beruhen oder im Rahmen eines schuldrechtlichen Austauschverhältnisses erbracht werden. Entscheidend für die Annahme eines Leistungsaustausches ist, ob die Leistung als nichtsteuerbarer Gesellschafterbeitrag durch die Beteiligung am Gewinn und Verlust der Gesellschaft abgegolten ist (kein Leistungsaustausch) oder ob die Leistung gegen Entgelt (Sonderentgelt) ausgeführt wird (Leistungsaustausch); vgl. auch Abschn. 1.6 Abs. 3 bis 7 UStAE.

Der Gesellschafter einer Personengesellschaft kann grundsätzlich frei entscheiden, in welcher Eigenschaft er für die Gesellschaft tätig wird. Dabei kann er die Verhältnisse so gestalten, dass sie zu einer möglichst geringen steuerlichen Belastung führen. Die umsatzsteuerrechtliche Würdigung der Überlassung von Gegenständen an die Gesellschaft richtet sich deshalb danach, ob der Gesellschafter bei der Gegenstandsüberlassung in seiner Eigenschaft als Gesellschafter oder als Unternehmer tätig wird. Zu prüfen ist auch, ob die Überlassung entgeltlich oder unentgeltlich erfolgt.

Bei der umsatzsteuerrechtlichen Beurteilung der Überlassung von Gegenständen durch Gesellschafter an Personengesellschaften sind daher zu unterscheiden:

- Der Gesellschafter, der nur als Gesellschafter tätig ist, überlässt der Gesellschaft einen Gegenstand (z. B. PKW) gegen eine Beteiligung am Gewinn und Verlust.

Der Gesellschafter handelt insoweit nicht als Unternehmer. Ein Vorsteuerabzug aus dem Erwerb des PKW kommt weder für den Gesellschafter (kein Unternehmer) noch für die Personengesellschaft (nicht Erwerber des PKW) in Betracht. Ist der Gesellschafter bereits Unternehmer und überlässt er der Personengesellschaft einen Gegenstand seines Unternehmens gegen eine Beteiligung am Gewinn und Verlust, liegt eine nicht steuerbare unentgeltliche sonstige Leistung vor, wenn die Überlassung aus unternehmerischen Gründen erfolgt. Wird der Gegenstand aus unternehmensfremden Gründen überlassen, ist eine unentgeltliche Wertabgabe i. S. des § 3 Abs. 9a Nr. 1 UStG zu prüfen.

- Die Überlassung des Gegenstandes an die Gesellschaft wird jeweils nach Art und Umfang der Leistung durch ein (Sonder-)Entgelt der Gesellschaft, z. B. eine km-Pauschale, vergütet.

Die Leistungen werden im **Leistungsaustausch** erbracht. Auf die Bezeichnung der Gegenleistung (z. B. Vorwegvergütung, Aufwendungsersatz) kommt es nicht an; ggf. ist die Mindestbemessungsgrundlage (§ 10 Abs. 5 Nr. 1 UStG) zu beachten.

Der Gesellschafter wird mit diesen (selbständig erbrachten) Leistungen entweder erstmals unternehmerisch tätig (insbesondere in diesen Fällen ist die Kleinunternehmerregelung, § 19 UStG, zu beachten) oder er erbringt die Leistungen im Rahmen eines bereits bestehenden Unternehmens. Der Gesellschafter (Unternehmer) ist nach § 15 Abs. 1 Satz 1 Nr. 1 UStG grundsätzlich zum Vorsteuerabzug aus Eingangsleistungen im Zusammenhang mit seiner entgeltlichen Tätigkeit berechtigt (vgl. Abschn. 15.20 UStAE).

1. a) Bei der Überlassung des Inventars an die GbR handelt es sich um einen Leistungsaustausch und nicht um einen (nicht steuerbaren) gesellschaftlichen Beitrag. Der Gesellschafter Dr. Adam (A) ist mit der Vermietung des Inventars selbständig zur Erzielung von Einnahmen tätig geworden und daher Unternehmer i. S. des § 2 Abs. 1 UStG. Der Gesellschafter einer GbR kann allein durch Vermietung eines Gegenstandes an die Gesellschaft Unternehmer werden.

A hat durch die Überlassung des Inventars eine sonstige Leistung (§ 3 Abs. 9 UStG) an die GbR bewirkt; sie besteht in einem Dulden. Es handelt sich um Teilleistungen i. S. des § 13 Abs. 1 Nr. 1 Buchst. a Satz 3 UStG, die jeweils mit Ablauf des monatlichen Abrechnungszeitraums ausgeführt worden sind. Der Ort der sonstigen Leistung ist nach § 3a Abs. 2 Satz 1 UStG zu bestimmen. Die durch A in Bonn gegen eine vereinbarte monatliche Vergütung ausgeführten Umsätze sind steuerbar (§ 1 Abs. 1 Nr. 1 UStG). Voraussetzungen für eine Steuerbefreiung nach § 4 UStG liegen nicht vor. A ist Steuerschuldner (§ 13a Abs. 1 Nr. 1 UStG). Die Umsätze sind daher steuerpflichtig mit 19 % (§ 12 Abs. 1 UStG). Die Bemessungsgrundlage (§ 10 Abs. 1 UStG) beträgt (12 × 500 € =) 6.000 €, die Umsatzsteuer insgesamt 1.140 €.

Die Umsatzsteuer ist jeweils mit Ablauf des Voranmeldungszeitraums entstanden, in dem die Leistung erbracht worden ist (§ 13 Abs. 1 Nr. 1 Buchst. a Satz 1 und 2 UStG). A ist Steuerschuldner (§ 13a Abs. 1 Nr. 1 UStG). Von der nach § 16 Abs. 1 UStG berechneten Steuer sind die in den Besteuerungszeitraum fallenden, nach § 15 UStG abziehbaren Vorsteuerbeträge abzusetzen (§ 16 Abs. 2 UStG).

Die sachlichen Voraussetzungen für den Vorsteuerabzug (§ 15 Abs. 1 Satz 1 Nr. 1 UStG) durch den Unternehmer (Gesellschafter) A – nicht durch die GbR – liegen vor. Die Aktenschränke sind für das Unternehmen des A geliefert, die zutreffende Umsatzsteuer von 380 € ist dem A gesondert in Rechnung gestellt worden. Ein Vorsteuerausschluss nach § 15 Abs. 2 UStG kommt nicht in Betracht.

1. b) Die Überlassung des PKW an die GbR gegen eine nach der tatsächlichen Fahrleistung bemessene Vergütung führt zur Annahme von Leistungsaustausch; ein (nichtsteuerbarer) gesellschaftlicher Beitrag ist nicht gegeben. Der Gesellschafter Dr. Bertram (B) ist selbständig zur Erzielung von Einnahmen tätig geworden und daher Unternehmer i. S. des § 2 Abs. 1 UStG. B hat bei der Anschaffung und für die laufenden Kosten des PKW den vollen Vorsteuerabzug beansprucht. Der PKW gehört daher zu seinem Unternehmen.[1] Insoweit, als B den PKW für eigene unternehmensfremde

1 ZumVorsteuerabzug für teilunternehmerisch genutzte PKW vgl. auch Fall 77.

(private) Zwecke verwendet hat, ist bei ihm eine steuerbare unentgeltliche Wertabgabe i. S. des § 3 Abs. 9a Nr. 1 i. V. m. § 1 Abs. 1 Nr. 1 UStG anzunehmen.

B hat durch die Überlassung des PKW eine sonstige Leistung (§ 3 Abs. 9 UStG) an die GbR bewirkt; sie besteht in der langfristigen Vermietung eines Beförderungsmittels. Es handelt sich um Teilleistungen i. S. des § 13 Abs. 1 Nr. 1 Buchst. a Satz 3 UStG, die jeweils mit Ablauf des monatlichen Abrechnungszeitraums ausgeführt worden sind. Der Ort der sonstigen Leistung ist Bonn (§ 3a Abs. 2 Satz 1 UStG). Da der PKW im Rahmen des Unternehmens des B auch gegen eine vereinbarte Vergütung überlassen wurde, sind die Umsätze steuerbar (§ 1 Abs. 1 Nr. 1 UStG). Voraussetzungen für eine Steuerbefreiung nach § 4 UStG liegen nicht vor. Die Umsätze sind daher steuerpflichtig mit 19 % (§ 12 Abs. 1 UStG). B ist Steuerschuldner (§ 13a Abs. 1 Nr. 1 UStG). Die Bemessungsgrundlage (§ 10 Abs. 1 UStG) beträgt insgesamt 12.000 €, die Umsatzsteuer 2.280 €. Die Mindestbemessungsgrundlage (§ 10 Abs. 5 Nr. 1 UStG) kommt nicht in Betracht (Wert nach § 10 Abs. 4 Nr. 2 UStG: 0,70 €/km; vgl. im Übrigen auch Abschn. 10.7 Abs. 6 UStAE). Die Umsatzsteuer ist jeweils mit Ablauf des Voranmeldungszeitraums der Leistungserbringung entstanden (§ 13 Abs. 1 Nr. 1 Buchst. a Satz 1 und 2 UStG). B ist Steuerschuldner (§ 13a Abs. 1 Nr. 1 UStG). Von der nach § 16 Abs. 1 UStG berechneten Steuer sind die in den Besteuerungszeitraum fallenden, nach § 15 UStG abziehbaren Vorsteuerbeträge abzusetzen (§ 16 Abs. 2 UStG).

Die Nutzung des PKW durch den Unternehmer B für Zwecke, die außerhalb seines eigenen Unternehmens liegen (Privatfahrten im Inland), stellt eine steuerbare unentgeltliche Wertabgabe i. S. des § 3 Abs. 9a Nr. 1, § 3f i. V. m. § 1 Abs. 1 Nr. 1 UStG dar, die mit 19 % steuerpflichtig ist (§ 12 Abs. 1 UStG). B ist Steuerschuldner (§ 13a Abs. 1 Nr. 1 UStG). Bemessungsgrundlage sind die auf diese Fahrten entfallenden Ausgaben, bei denen ein Vorsteuerabzug möglich ist. Sie betragen insgesamt (25 % von 14.000 € =) 3.500 € (§ 10 Abs. 4 Satz 1 Nr. 2 UStG); die Umsatzsteuer beträgt 665 € und entsteht anteilig im jeweiligen Voranmeldungszeitraum der unternehmensfremden Nutzung (§ 13 Abs. 1 Nr. 2 UStG).

Die sachlichen Voraussetzungen für den Vorsteuerabzug (§ 15 Abs. 1 Satz 1 Nr. 1 UStG) durch den Unternehmer (Gesellschafter) B – nicht durch die GbR – liegen vor. Die Lieferung des PKW, die Lieferungen von Kraftstoffen sowie die Reparaturleistungen sind für das Unternehmen des B ausgeführt worden. Auch wurde die zutreffende Umsatzsteuer von (5.700 € + 1.520 € =) 7.220 € dem B gesondert in Rechnung gestellt.

1. c) Die Anwaltsgemeinschaft (GbR) ist Unternehmer i. S. des § 2 UStG und nach § 15 UStG persönlich zum Vorsteuerabzug berechtigt. Die sachlichen Voraussetzungen für einen Vorsteuerabzug nach § 15 Abs. 1 Satz 1 Nr. 1 UStG liegen vor. Die Unternehmer (Gesellschafter) A und B haben ihre sonstigen Leistungen für das Unternehmen der GbR ausgeführt, auch haben sie der GbR für ihre Leistungen die zutreffende Umsatzsteuer von insgesamt (1.140 € + 2.280 € =) 3.420 € gesondert in Rechnung gestellt. Die nach § 14 Abs. 4 UStG erforderlichen Angaben können auch in den zwischen der GbR und A bzw. B abgeschlossenen Mietverträgen enthalten sein (§ 31 Abs. 1 UStDV).

Ist in einem Miet- oder Pachtvertrag z. B. die Vertragsdauer nicht angegeben, so erfüllt er selbst zwar nicht die Voraussetzung des § 14 Abs. 4 Satz 1 Nr. 6 UStG. In diesem Fall kann jedoch der Zeitraum, über den sich die jeweilige Leistung (Teilleistung) erstreckt, durch die einzelnen Zahlungsbelege (z. B. Ausfertigungen der Überweisungsaufträge) nachgewiesen und damit der Forderung des § 14 Abs. 4 Satz 1 Nr. 6 UStG entsprochen werden.

2. Werden die Gegenstände durch die Gesellschafter A und B der GbR unentgeltlich überlassen, so liegen steuerbare und steuerpflichtige Umsätze nicht vor; die Überlassung der Gegenstände stellt sich als nicht steuerbarer gesellschaftlicher Beitrag für die GbR dar. A und B handeln gegenüber der GbR nicht als Unternehmer. Weder die Gesellschafter A und B noch die GbR sind berechtigt, die den Gesellschaftern gesondert in Rechnung gestellte Umsatzsteuer als Vorsteuer abzuziehen.

Fall 13

Abgrenzung der Lieferung von der sonstigen Leistung

UStG § 3 Abs. 4, 6 bis 9, § 3a Abs. 2

Einheitliche Leistungen, die sowohl Lieferelemente als auch Dienstleistungselemente enthalten, sind entweder als Lieferung oder als sonstige Leistung zu beurteilen. Die Unterscheidung zwischen Lieferungen und sonstigen Leistungen ist u. a. für die Bestimmung des Umfangs, des Zeitpunkts und des Ortes der Leistung, für die Entstehung und Fälligkeit der Steuerschuld, für den Zeitpunkt des Vorsteuerabzugs sowie für die Anwendung bestimmter Steuerbefreiungen bedeutsam. Im Rahmen einer Gesamtbetrachtung ist zu ermitteln, ob die Lieferelemente oder die Elemente einer Dienstleistung qualitativ überwiegen.

Sachverhalt

1. Kunstmaler Arazzo (A) hat in seinem Atelier in Aarau (Schweiz) im Auftrag der Hans Biermann Brauerei AG in Bamberg ein Gemälde mit dem Titel „Braukunst vor 100 Jahren" fertiggestellt. Das Kunstwerk ist für die Eingangshalle des Verwaltungsgebäudes der Brauerei bestimmt. A hat das Gemälde nach Bamberg befördert und die bei der Einfuhr zu entrichtende

Einfuhrumsatzsteuer gezahlt. Bei einer Feier aus Anlass des 100-jährigen Geschäftsjubiläums der Brauerei wurde das Gemälde in Bamberg vom Künstler signiert und dem von dem Kunstwerk überzeugten Vorstand der AG übergeben.

2. Modezeichner Bizarro (B) hat in seinem Atelier in Basel (Schweiz) für das in Freiburg ansässige Verlagsunternehmen einer Modezeitschrift Modellskizzen entworfen, nach denen der Verlag Schnittmusterbogen anzufertigen beabsichtigt. B hat die fertigen Skizzen dem Chefredakteur des Verlags bei einem Besuch in Freiburg übergeben.

Frage

Welche Art der Leistung haben A und B ausgeführt, und sind ihre Leistungen steuerbar?

Antwort

Kunstmaler A hat eine steuerbare Werklieferung, Modezeichner B hat eine steuerbare sonstige Leistung ausgeführt.

Begründung

Allgemeines: Die oftmals nicht einfache Abgrenzung der Lieferung von der sonstigen Leistung hat u. a. Bedeutung für die Bestimmung des Ortes und damit für die Steuerbarkeit der Leistung. Liegt der Ort einer Lieferung oder sonstigen Leistung im Inland (§ 1 Abs. 2 UStG), so ist die Leistung bei Vorliegen der übrigen Tatbestandsmerkmale steuerbar (§ 1 Abs. 1 Nr. 1 UStG); liegt der Ort einer Lieferung oder sonstigen Leistung im Ausland, so ist die Leistung (vorbehaltlich des § 1 Abs. 3 UStG) nicht steuerbar.

Bei einer einheitlichen Leistung, die sowohl Elemente einer Lieferung als auch einer sonstigen Leistung aufweist, ist entscheidend, welche Leistungselemente aus der Sicht eines Durchschnittsverbrauchers und unter Berücksichtigung des Willens der Vertragsparteien den wirtschaftlichen Gehalt der Leistung bestimmen. Dabei ist zu ermitteln, ob die Lieferelemente oder die Dienstleistungselemente qualitativ überwiegen (vgl. auch Abschn. 3.5 Abs. 1 bis 4 UStAE). Diese Beurteilung erfolgt im Rahmen einer Gesamtbetrachtung.

Für die Annahme einer Lieferung kommt es darauf an, ob (1.) die Verfügungsmacht an einem Gegenstand verschafft wird und (2.) diese Zuwendung eines Gegenstandes nach der Verkehrsauffassung und nach dem Willen der Beteiligten im Vordergrund steht.

Tritt z. B. mit Zeichnungen versehenes Papier als gegenständlicher Ideenträger hinter die in den Zeichnungen zum Ausdruck kommende geistige Arbeit wesentlich zurück, so steht nach der Verkehrsauffassung und nach dem Willen der Beteiligten die Übertragung des Verwertungsrechts an der geistigen Leistung im Vordergrund. Ist also die Verwertbarkeit einer geistigen Leistung nur in Form ihres stofflichen Niederschlags möglich und macht die Übertragung des Verwertungsrechts den entscheidenden wirtschaftlichen Gehalt aus, so liegt eine sonstige Leistung vor.

1. Kunstmaler Arazzo (A) hat eine Lieferung nach der Unterart einer Werklieferung (§ 3 Abs. 4 UStG)[1] getätigt, denn er hat in Erfüllung des Auftrages durch Eigentumsübertragung (Einigung und Übergabe) und Abnahme die Verfügungsmacht an dem von ihm hergestellten Gegenstand (Gemälde) verschafft. Seine künstlerische Tätigkeit konkretisiert sich in einem – erst durch Anbringen des Signums fertiggestellten – Endprodukt (Gemälde), das als körperlicher Gegenstand ein Liefergegenstand ist. Auf ihn richtet sich das wirtschaftliche Interesse der Brauerei AG. Für die Bestimmung der Art der Leistung als Werklieferung ist die der Übergabe des Gemäldes vorausgehende künstlerische Tätigkeit des A in seinem Atelier in Aarau unerheblich.

Da sich der Gegenstand zur Zeit der Verschaffung der Verfügungsmacht (Übergabe und Abnahme) in Bamberg befand, wurde die Lieferung im Inland ausgeführt (§ 3 Abs. 7 Satz 1 UStG). Sie ist steuerbar (§ 1 Abs. 1 Nr. 1 UStG). Dem Transport von Aarau nach Bamberg kommt für die Bestimmung des Ortes der Lieferung keine Bedeutung zu, weil das Gemälde erst im Inland fertiggestellt wurde. Selbst wenn dem Anbringen des Signums keine entscheidende Bedeutung beizulegen ist, so muss – abweichend vom § 3 Abs. 6 Satz 1 UStG – die Lieferung als im Einfuhrland (Inland) ausgeführt behandelt werden, weil A als Lieferer die geschuldete Einfuhrumsatzsteuer entrichtet hat (§ 3 Abs. 8 UStG; zur Ortsbestimmung bei Einfuhren aus dem Drittlandsgebiet vgl. Fall 21).

2. Modezeichner Bizarro (B) bewirkte mit der Übergabe der fertigen Skizzen in Freiburg eine sonstige Leistung (§ 3 Abs. 9 UStG). Wesentlicher Inhalt der Leistung ist die Überlassung der Modeidee; der Zeichnung als Gegenstand ist keine ausschlaggebende Bedeutung beizumessen. Dem Verlag kommt es darauf an, die Ideen des B für sich nutzbar zu machen. Der Verlag will neue Schnittmusterbogen auf den Markt bringen. Erst diese Schnittmusterbogen sind wegen ihrer Vervielfältigung für eine größere Zahl von Abnehmern als lieferfähige Gegenstände anzusehen. Von dem Verkauf eines Schnittmusterbogens unterscheidet sich jedoch die Anfertigung einer Modellskizze zu deren Herstellung. Ein Schnittmusterbogen ist im Allgemeinen ein verkehrsfähiges Wirtschaftsgut, das wie eine Ware umgesetzt wird. Eine Modellskizze ist dagegen nur Ideenträger. Mit ihrer Übergabe wurde dem Auftraggeber das uneingeschränkte Recht an der geleisteten geistigen Arbeit eingeräumt.

Der Ort der sonstigen Leistung ist nach § 3a Abs. 2 Satz 1 UStG Freiburg, der Sitzort des Verlags. Die Herstellung der Skizzen im Atelier des B in Basel (Schweiz) sowie die Übergabe der Skizzen in Freiburg sind für die

1 Zur Werklieferung vgl. auch Fall 33.

Bestimmung des Ortes der sonstigen Leistung bedeutungslos. Die sonstige Leistung des B ist steuerbar (§ 1 Abs. 1 Nr. 1 UStG) und steuerpflichtig (zum Übergang der Steuerschuld nach § 13b UStG vgl. Fall 86).

Fall 14

Einheitlichkeit der Leistung

UStG § 3 Abs. 1 und 9

Die Frage, ob von einer (ggf. einheitlichen) Leistung oder von mehreren getrennt zu beurteilenden Leistungen auszugehen ist, hat umsatzsteuerrechtlich insbesondere Bedeutung für die Bestimmung des Leistungszeitpunktes, des Leistungsortes sowie für die Anwendung von Befreiungsvorschriften bzw. Steuersatzermäßigungen.

Ein einheitlicher wirtschaftlicher Vorgang darf umsatzsteuerrechtlich nicht (künstlich) in mehrere selbständig zu beurteilende Leistungen aufgeteilt werden.

Nach dem Grundsatz der Einheitlichkeit der Leistung ist dabei zwischen einer Haupt- und ggf. mehreren (unselbständigen) Nebenleistungen zu unterscheiden.

Sachverhalt

1. Die Maschinenfabrik Ackermann (A) in Augsburg liefert an ihren Kunden Gründgens (G) in Genf (Schweiz) „unverzollt und unversteuert" eine serienmäßig hergestellte Maschine zum Kaufpreis von 5.000 €. Die Maschine wird mit eigenem LKW der Maschinenfabrik nach Genf transportiert. Die dem Kunden zusätzlich berechneten Transportkosten von 400 € entfallen zu 30 % auf die inländische Strecke.

2. Hans Baumann (B) ist Eigentümer eines Reihenhauses in Bonn, das er an den Mieter Max Merkel (M) vermietet hat. Zur vermieteten Wohnung gehört ein Kraftfahrzeugabstellplatz auf einem Garagengrundstück am Ende der Reihenhauszeile. Die Miete beträgt monatlich 1.000 € zuzüglich 300 € für die Beheizung der Wohnräume und 60 € für die Garage.

3. Die Schokoladenfabrik Confekt (C) in Celle liefert an einen Supermarkt (S) in Hannover Schokoladenwaren in besonderer Aufmachung für den Kleinverkauf. Die Geschenkpackungen, die keinen dauernden selbständigen Gebrauchswert besitzen, werden dem Kunden besonders berechnet.

Warenpreis	3.000 €
zzgl. Verpackung	400 €
zzgl. Versandkosten	200 €
zusammen	3.600 €
zzgl. Umsatzsteuer 7 %	252 €
insgesamt	3.852 €

4. Möbeleinzelhändler Diwan (D) in Dortmund liefert dem Kunden Neuhaus (N) neue Polstermöbel, deren Kaufpreis (5.000 € + 950 € Umsatzsteuer =) 5.950 € beträgt.

a) D und N vereinbaren, dass der fällige Kaufpreis erst in einem halben Jahr zu entrichten ist. Unter Zugrundelegung eines Jahreszinses von 8 % beträgt die Summe des zu zahlenden Betrages (5.950 € + 238 € Zinsen =) 6.188 €. D hat die Zinsen i. H. von 238 € als Entgelt für einen nach § 4 Nr. 8 Buchst. a UStG steuerfreien Umsatz nicht der Umsatzsteuer unterworfen.

b) D räumt N ein 10-tägiges Zahlungsziel ein und gewährt bei vorzeitiger Zahlung einen Preisnachlass (Skonto) i. H. von 3 % des Kaufpreises. N nimmt den Preisnachlass nicht in Anspruch und zahlt nach Ablauf von 10 Tagen 5.950 €.

Frage

Sind die Beförderung der Ware durch A, die Beheizung der Wohnräume und die Garagenvermietung durch B, die Verpackung und Versendung der Ware durch C sowie die Kreditgewährung bzw. die Einräumung eines Zahlungsziels durch D als selbständige Leistungen oder als unselbständige Nebenleistungen zu beurteilen?

Antwort

Die Beförderung der Ware durch A, die Beheizung der Wohnräume und die Garagenvermietung durch B sowie die Verpackung und Versendung der Ware durch C sind unselbständige Nebenleistungen, die umsatzsteuerrechtlich das Schicksal der jeweiligen Hauptleistung teilen.

Die Kreditgewährung durch D ist als selbständige Leistung anzusehen.

Mit der Einräumung eines Zahlungsziels und eines Preisnachlasses bei vorzeitiger Zahlung bewirkt D keine selbständige (Kredit-)Leistung.

Begründung

Allgemeines: Ein wirtschaftlich einheitlicher Leistungsvorgang darf umsatzsteuerrechtlich nicht (künstlich) in mehrere selbständige Leistungen aufgeteilt werden (Grundsatz der Einheitlichkeit der Leistung; vgl. Abschn. 3.10 UStAE). Besteht ein wirtschaftlicher Vorgang aus mehreren Leistungselementen, stellt sich die Frage, ob diese Leistungselemente für sich gesehen jeweils umsatzsteuerrechtlich eigenständig zu beurteilende Leistungen darstellen, ob insgesamt eine (komplexe) Leistung vorliegt oder ob von einer oder mehreren (Haupt-)Leistungen und einer oder mehreren unselbständigen Nebenleistungen auszugehen ist. Abhängig von dieser Beurteilung sind z. B. Zeitpunkt und Ort der Leistung(en) sowie die Anwendung von Steuerbefreiungsvorschriften und des Steuersatzes zu bestimmen.

Der Grundsatz der Einheitlichkeit der Leistung ist zwar nicht abschließend gesetzlich geregelt; er kommt jedoch in einigen Vorschriften des Umsatzsteuergesetzes zum Ausdruck. So ist z. B. die Werklieferung einheitlich als Lieferung zu behandeln, obwohl sie auch Elemente der sonstigen Leistung enthält (§ 3 Abs. 4 UStG). Entscheidend ist, ob eine Leistung einheitlich ist. Dazu sind im Einzelfall im Rahmen einer Gesamtbetrachtung die charakteristischen Merkmale des wirtschaftlichen Vorgangs (das Wesen des fraglichen Umsatzes) aus der Sicht eines Durchschnittsverbrauchers[1] zu ermitteln (Abschn. 3.10 Abs. 1 Satz 2 und 3 UStAE).

Sind zwei oder mehrere Handlungen oder Einzelleistungen des Unternehmers für den Kunden so eng miteinander verbunden, dass sie objektiv einen einzigen untrennbaren wirtschaftlichen Vorgang bilden (etwas eigenständiges Drittes darstellen), liegt **eine** (komplexe) Leistung vor. Eine in diesem Sinne ermittelte wirtschaftlich einheitliche Leistung darf dann nicht künstlich für umsatzsteuerrechtliche Zwecke aufgeteilt werden. Ihre Aufspaltung in mehrere Leistungen wäre wirklichkeitsfremd.

Enthält eine wirtschaftlich als Einheit zu sehende (komplexe) Leistung sowohl Elemente einer Lieferung als auch einer sonstigen Leistung, ist die einheitliche Leistung entweder eine Lieferung oder eine sonstige Leistung. Entscheidend ist, ob Elemente der Lieferung oder der sonstigen Leistung den wirtschaftlichen Gehalt der Leistung ausmachen (vgl. Abschn. 3.5 Abs. 1 UStAE).[2]

Der Gedanke der Einheitlichkeit der Leistung greift auch, wenn sich ein wirtschaftlicher Vorgang aus einem Leistungsbündel zusammensetzt. In diesem Fall ist zu prüfen, ob die einzelnen Leistungen umsatzsteuerrechtlich als selbständige Leistungen oder neben einer oder mehreren Hauptleistungen als unselbständige Nebenleistungen zu beurteilen sind.

Von einer einheitlichen Leistung (eine komplexe Leistung oder Haupt- und Nebenleistung) anstelle mehrerer selbständiger Leistungen kann nur ausgegangen werden, wenn es sich um Tätigkeiten desselben Unternehmers handelt.

Unselbständige Nebenleistungen sind umsatzsteuerrechtlich wie die ihnen zugehörige Hauptleistung zu beurteilen. Sie teilen das umsatzsteuerrechtliche Schicksal dieser Hauptleistung. Eine Leistung ist umsatzsteuerrechtlich insbesondere dann als unselbständige Nebenleistung zu einer Haupt-

1 Der sog. Durchschnittsverbraucher ist eine von der Rechtsprechung entwickelte Kunstfigur, die bei der Auslegung umsatzsteuerrechtlicher Vorschriften zugrunde gelegt wird.

2 Zur Werklieferung, Werkleistung vgl. Fall 33.

leistung anzusehen, wenn sie für den Leistungsempfänger keinen eigenen Zweck hat, sondern das Mittel darstellt, um die Hauptleistung des Leistenden unter optimalen Bedingungen in Anspruch zu nehmen. Eine Nebenleistung ist im Verhältnis zur Hauptleistung nebensächlich, sie ergänzt bzw. rundet die Hauptleistung wirtschaftlich ab und wird üblicherweise mit der Hauptleistung ausgeführt (vgl. Abschn. 3.10 Abs. 5 UStAE).

Unselbständige Nebenleistungen sind z. B. Befördern und Verpacken der Ware, Überlassen der Warenumschließung, Besorgen der Versendung und Versicherung der Ware auf dem Transport.

1. Die Maschinenfabrik (A) hat gegenüber ihrem Kunden G eine Lieferung (§ 3 Abs. 1 UStG) bewirkt. Die Beförderung der Maschine von Augsburg nach Genf ist als unselbständige Nebenleistung zu beurteilen. Eine selbständige Beförderungsleistung ist nicht anzunehmen. Die Lieferung gilt mit dem Beginn der Beförderung in Augsburg als ausgeführt (§ 3 Abs. 6 Satz 1 und 2 UStG). Sie ist steuerbar (§ 1 Abs. 1 Nr. 1 UStG). Der liefernde Unternehmer A hat die Maschine in das Drittlandsgebiet befördert (§ 6 Abs. 1 Nr. 1 UStG). Sofern auch die übrigen Voraussetzungen des § 6 Abs. 4 UStG erfüllt sind, ist die Lieferung steuerfrei (§ 4 Nr. 1 Buchst. a UStG). Die Bemessungsgrundlage (§ 10 Abs. 1 UStG) beträgt 5.400 €.

2. Der Vermieter (B) hat mit der Vermietung des Reihenhauses an den Mieter M eine sonstige Leistung ausgeführt (§ 3 Abs. 9 UStG). Zum Umfang dieser Leistung gehören die Beheizung der Wohnräume und die Vermietung der Garage. Es handelt sich um monatliche Teilleistungen i. S. des § 13 Abs. 1 Nr. 1 Buchst. a Satz 3 UStG.[1] Der Ort der sonstigen Leistung ist Bonn (§ 3a Abs. 3 Nr. 1 Satz 1 und 2 Buchst. a UStG). Die sonstige Leistung ist steuerbar (§ 1 Abs. 1 Nr. 1 UStG) und i. H. von monatlich 1.360 € steuerfrei (§ 4 Nr. 12 Satz 1 Buchst. a UStG).

Als unselbständige Nebenleistungen einer Vermietung und Verpachtung von Grundstücken oder Teilen eines Grundstücks sind insbesondere die Lieferung von Wärme, die Versorgung mit Wasser, auch mit Warmwasser, die Überlassung von Waschmaschinen, die Flur- und Treppenreinigung sowie die Treppenbeleuchtung anzusehen (Abschn. 4.12.1 Abs. 5 Satz 3 UStAE). Auch die Garagenvermietung ist als unselbständige Nebenleistung zur Wohnungsvermietung nach § 4 Nr. 12 Satz 1 Buchst. a UStG steuerfrei und nicht als nach § 4 Nr. 12 Satz 2 UStG steuerpflichtige Vermietung von Plätzen für das Abstellen von Fahrzeugen zu behandeln. Voraussetzung ist ein räumlicher Zusammenhang mit der vermieteten Wohnung (vgl. Abschn. 4.12.2 Abs. 3 UStAE). Die Bemessungsgrundlage (§ 10 Abs. 1 UStG) beträgt 1.360 €.

3. Die Lieferung (§ 3 Abs. 1 UStG) der Schokoladenfabrik (C) ist steuerbar (§ 1 Abs. 1 Nr. 1 UStG) und steuerpflichtig. Der Steuersatz beträgt 7 % (§ 12 Abs. 2 Nr. 1 UStG, Anlage 2 zu § 12 Abs. 2 Nr. 1 und 2 UStG Nr. 30), die Bemessungsgrundlage (§ 10 Abs. 1 UStG) 3.600 €.

1 Zu Teilleistungen vgl. Fall 85.

Zum Umfang der Schokoladenlieferung gehören die Geschenkverpackung und der Versand der Waren. Das Verpacken einer Ware und die Überlassung der Warenumschließung teilen regelmäßig als unselbständige Nebenleistung das Schicksal der gelieferten Ware. Ist also die Warenlieferung steuerfrei oder unterliegt sie einem ermäßigten Steuersatz, so gilt das auch für das Verpacken und die Warenumschließung.

Eine Warenumschließung ist nur dann als unselbständige Nebenleistung anzusehen, wenn die Umschließung für die in ihr verpackte Ware üblich ist oder unabhängig von der Verwendung als Warenumschließung keinen dauernden selbständigen Gebrauchswert hat. Es kommt nicht darauf an, ob der Gebrauchswert geringfügig ist oder nicht.

4. a) Der Möbeleinzelhändler (D) hat gegenüber seinem Kunden (N) zwei umsatzsteuerrechtlich selbständig zu beurteilende Leistungen bewirkt: die Lieferung der Polstermöbel und die Kreditgewährung gegen jeweils gesondert vereinbartes und berechnetes Entgelt. Diese beiden selbständigen Leistungen können nach dem Grundsatz der Einheitlichkeit der Leistung nicht als Haupt- und unselbständige Nebenleistung so miteinander verschmolzen werden, dass als selbständige Leistung nur noch die Warenlieferung verbleibt mit der Folge, dass auch die Zinsen als Teil des Entgelts für die Warenlieferung anzusehen sind (vgl. Abschn. 3.11 Abs. 1 UStAE).

Die Kreditgewährung ist – wie im zu beurteilenden Fall – nur dann eine gesonderte Leistung, wenn eine eindeutige Trennung zwischen dem Kreditgeschäft und der Lieferung bzw. der sonstigen Leistung vorgenommen wird. Nach Auffassung der Verwaltung ist dazu u. a. die gesonderte Vereinbarung und Abrechnung der Lieferung und der Kreditgewährung mit den dafür jeweils aufzuwendenden Entgelten sowie die Angabe des Jahreszinses erforderlich (vgl. Abschn. 3.11 Abs. 2 UStAE).

Die Lieferung der Polstermöbel (§ 3 Abs. 1 UStG) ist steuerbar (§ 1 Abs. 1 Nr. 1 UStG) und mit 19 % steuerpflichtig (§ 12 Abs. 1 UStG). Die Bemessungsgrundlage (§ 10 Abs. 1 UStG) beträgt (5.950 € : 1,19 =) 5.000 €, die Umsatzsteuer 950 €.

Die Kreditgewährung ist als selbständige sonstige Leistung (§ 3 Abs. 9 UStG) anzusehen. Sie ist steuerbar (§ 1 Abs. 1 Nr. 1 UStG) und nach § 4 Nr. 8 Buchst. a UStG steuerfrei. Unberührt bleibt die Möglichkeit, bei einer selbständigen Kreditgewährung an einen anderen Unternehmer auf die Steuerbefreiung zu verzichten (§ 9 Abs. 1 UStG). Die Bemessungsgrundlage für die steuerfreie Kreditgewährung beträgt 238 €.

b) Die Einräumung eines Zahlungsziels mit einem vereinbarten Preisnachlass bei vorzeitiger Zahlung (Skonto, Barzahlungsrabatt) führt nach Auffassung der Verwaltung nicht zu einer selbständigen sonstigen Leistung in Form einer steuerfreien Kreditgewährung. Zahlt der Leistungsempfänger vorzeitig, kommt es durch den Preisnachlass zu einer Entgeltsminderung.[1] Entrichtet der Leistungsempfänger den Kaufpreis erst nach Ablauf der Zahlungsfrist, bewirkt der Unternehmer in Höhe des angebotenen Preisnachlasses keine Kreditleistung (vgl. Abschn. 3.11 Abs. 5 UStAE).

D hat gegenüber N mit der Lieferung der Polstermöbel und dem Angebot eines Barzahlungsrabattes eine einheitliche Leistung bewirkt. Die steuerbare Lieferung (§ 3 Abs. 1, § 1 Abs. 1 Nr. 1 UStG) ist mit 19 % steuerpflichtig (§ 12 Abs. 1 UStG). Die Bemessungsgrundlage (§ 10 Abs. 1 UStG) beträgt (5.950 € : 1,19 =) 5.000 €, die Umsatzsteuer 950 €.

Fall 15

Gegenstand der Lieferung

UStG § 3 Abs. 1 und 4; BGB §§ 90, 90a

Lieferungen bestehen in der Verschaffung der Verfügungsmacht an einem Gegenstand. Der Gegenstandsbegriff des § 3 Abs. 1 UStG unterscheidet sich sowohl vom allgemeinen Sprachgebrauch als auch von dem des BGB.

Sachverhalt

Manfred Hausmann (H) will in Hamburg-Altona ein Eigenheim errichten. Als Bauherr erhält er u. a. folgende Leistungen:

Architekt **A** fertigt die Baupläne. Pensionär **B** veräußert an ihn ein unbebautes Grundstück. Sparkasse **C** gewährt ihm ein Darlehen zur Restfinanzierung des Bauvorhabens. Bauunternehmer **D** führt den Rohbau mit selbst beschafften Baustoffen aus. Vom Elektrizitätswerk **E** bezieht er den bei den Bauarbeiten erforderlichen Strom. Im Baumarkt **F** erwirbt H einen 130-teiligen Werkzeugkoffer.

Frage

Welche Art der Leistung haben A bis F an H ausgeführt?

Antwort

Es haben an H ausgeführt: A eine sonstige Leistung; B eine Lieferung; C eine sonstige Leistung; D eine Werklieferung; E eine Lieferung; F eine Lieferung.

---

1 Zur Änderung der Bemessungsgrundlage durch Skonto vgl. auch Fall 64.

Begründung

Allgemeines: Der Lieferungsbegriff bezieht sich auf Gegenstände. Das bürgerliche Recht versteht unter dem Begriff „Gegenstände" sowohl Sachen gem. § 90 BGB und Tiere gem. § 90a BGB (= körperliche Gegenstände) als auch Rechte und sonstige nichtkörperlichen Gegenstände (z. B. Unternehmen, Firmenwert, Gas, Strom, Wärme). Der umsatzsteuerrechtliche Gegenstandsbegriff ist jedoch ein eigenständiger Begriff.

Liefergegenstände im Sinne des Umsatzsteuergesetzes sind im Wesentlichen körperliche Gegenstände (bewegliche und unbewegliche Sachen, Tiere) und Wirtschaftsgüter, die im Wirtschaftsverkehr wie Sachen behandelt werden (z. B. Energiearten wie Strom und Gas).

Rechte sind grundsätzlich nicht Gegenstand einer Lieferung. Sie werden im Rahmen einer sonstigen Leistung (§ 3 Abs. 9 UStG) übertragen. Dies gilt auch für die Übertragung von immateriellen Wirtschaftsgütern wie dem Firmenwert oder dem Kundenstamm.

Gegenstand einer Lieferung kann auch eine Sachgesamtheit sein. Eine Sachgesamtheit besteht aus mehreren einzelnen Sachen, deren Zusammenfassung im Wirtschaftsverkehr als ein anderes Verkehrsgut angesehen wird als die Summe der einzelnen Gegenstände (vgl. auch Abschn. 3.1 Abs. 1 und 4 UStAE).

Architekt **A** übergibt seinem Auftraggeber H die von ihm bestellten Bauzeichnungen. Unbestreitbar wird H die Verfügungsmacht an einem Gegenstand (Papier) verschafft. Dennoch liegt keine Lieferung vor. Der wirtschaftliche Gehalt des Vorgangs besteht nicht in der Überlassung des mit Zeichnungen versehenen Papiers, sondern in den damit übermittelten Kenntnissen, Erfahrungen und geistigen Leistungen, für die das Verwertungsrecht übertragen wird. Das Papier ist nur Ideenträger, denn A würde wirtschaftlich dieselbe Leistung erbringen, wenn er dem Auftraggeber H die Zeichnungen nur zur Ablichtung zur Verfügung stellte. A hat damit eine sonstige Leistung (§ 3 Abs. 9 UStG) und keine Lieferung ausgeführt.

Pensionär **B** führt eine Lieferung (§ 3 Abs. 1 UStG) aus, denn er verschafft H die Verfügungsmacht über einen Gegenstand (unbebautes Grundstück = unbeweglicher körperlicher Gegenstand). Auch als Nichtunternehmer kann Pensionär B an H liefern. Die Unternehmereigenschaft ist kein Tatbestandsmerkmal der Lieferung. Die Erwähnung des Unternehmers in § 3 Abs. 1 UStG ist insoweit unbeachtlich. Die Lieferung des B ist jedoch wegen fehlender Unternehmereigenschaft nicht steuerbar.

Die Sparkasse **C** erbringt durch die Darlehensgewährung (Kreditgewährung) eine sonstige Leistung (§ 3 Abs. 9 UStG). Die Dauerleistung „Kreditgewährung" wird eingeleitet durch Auszahlung der Kreditvaluta an den Kreditnehmer; sie endet, wenn der Kreditgeber den vom Kreditnehmer oder einem Dritten zurückgezahlten Kreditbetrag erhält. Die Leistung besteht in einem Dulden. C überlässt H den vereinbarten Geldbetrag zur

Nutzung und H ist verpflichtet, den geschuldeten Zins zu zahlen und bei Fälligkeit das zur Verfügung gestellte Darlehen zurückzuerstatten (§ 488 BGB). Die sonstige Leistung ist steuerbar (§ 1 Abs. 1 Nr. 1 UStG), jedoch nach § 4 Nr. 8 Buchst. a UStG steuerfrei.

Bauunternehmer **D** bewirkt eine Werklieferung,[1] denn er hat die Be- und Verarbeitung (Herstellung) eines Gegenstandes (Rohbau) übernommen und verwendet hierbei (Haupt-)Stoffe (Baumaterial), die er selbst beschafft hat. Bei den Stoffen handelt es sich nicht nur um Zutaten oder sonstige Nebensachen. Die Lieferung eines Bauwerkes ist auch dann anzunehmen, wenn z. B. ein Gebäude auf fremdem Grund und Boden errichtet wird (§ 3 Abs. 4 Satz 2 UStG).

Das Elektrizitätswerk **E** erbringt gegenüber H eine Lieferung (§ 3 Abs. 1 UStG). Strom wird im Wirtschaftsverkehr wie eine körperliche Sache gehandelt und ist deshalb umsatzsteuerrechtlich ein lieferfähiger Gegenstand. Der Ort der Lieferung bestimmt sich nach § 3g Abs. 2 UStG und ist Hamburg-Altona.

Baumarkt **F** liefert den Werkzeugkoffer an H. Es handelt sich um eine Lieferung i. S. des § 3 Abs. 1 UStG. Der 130-teilige Werkzeugkoffer ist als Sachgesamtheit anzusehen. Es ist insoweit unerheblich, dass zivilrechtlich bei einer Sachgesamtheit jede einzelne Sache, die zu einer Sachgesamtheit gehört, einzeln übereignet werden muss.

Fall 16

Verschaffung der Verfügungsmacht

UStG § 3 Abs. 1; BGB §§ 929, 932, 935; AO § 39 Abs. 2 Nr. 1

Im Rahmen einer Lieferung wird dem Leistungsempfänger Verfügungsmacht über einen Gegenstand verschafft. Verfügungsmacht hat regelmäßig der zivilrechtliche Eigentümer. Entscheidend für eine Lieferung ist, dass durch eine Leistung wirtschaftliches Eigentum an einem Gegenstand übertragen wird.

Sachverhalt

Die Firma Fritz Tuchmann (T) in Tiefenbach stellt u. a. Bezugstoffe für Sitzmöbel her. Im letzten Besteuerungszeitraum hat sie an die Möbelfabrik Gustav Stuhlmann (S) in Sulzbach Bezugstoffe für insgesamt 20.000 € zuzüglich 3.800 € Umsatzsteuer verkauft. Die Stoffe wurden von der Firma S in Tiefenbach abgeholt.

1 Zum Begriff der Werklieferung vgl. Fall 33.

Lagerverwalter Otto Klaumann (K) hat in dieser Zeit aus den von ihm verwalteten Lagerbeständen der Firma T laufend wiederholt wertvolle Veloursstoffe entwendet und an den selbständigen Schneidermeister Wilhelm Böckmann (B) verkauft und nach Hehlingen transportiert. Dort hat K die Stoffe dem B in der Schneiderwerkstatt übergeben und dafür insgesamt 17.850 € erhalten. Anfang Januar des laufenden Jahres wurde K von seinem Arbeitgeber T auf frischer Tat ertappt und zum Monatsende entlassen. T erstattete Anzeige und erhielt von K bisher 9.200 € ersetzt. Weitere Beträge sind nicht zu erwarten.

Frage

Liegen steuerbare Lieferungen vor

1. der Firma Tuchmann an die Möbelfabrik Stuhlmann,
2. der Firma Tuchmann an den Lagerverwalter Klaumann,
3. des Lagerverwalters Klaumann an den Schneidermeister Böckmann?

Antwort

Es liegen steuerbare Lieferungen der Firma Tuchmann an die Möbelfabrik Stuhlmann und des Lagerverwalters Klaumann an den Schneidermeister Böckmann vor (§ 1 Abs. 1 Nr. 1 UStG). Die Firma Tuchmann hat an den Lagerverwalter Klaumann keine Lieferungen ausgeführt.

Begründung

Allgemeines: Im allgemeinen Sprachgebrauch wird der Begriff der Lieferung häufig zeitraumbezogen im Sinne einer Warenbewegung, einer Auslieferung an den Kunden verstanden. Umsatzsteuerrechtlich realisiert sich die Lieferung grundsätzlich im Zeitpunkt der Verschaffung der Verfügungsmacht. Dabei ist für die Lieferung (§ 3 Abs. 1 UStG) nicht das formale Verfügungsrecht entscheidend. Die Verschaffung der Verfügungsmacht ist ein Vorgang vorwiegend tatsächlicher Natur (Abschn. 3.1 Abs. 2 Satz 4 UStAE). Verfügungsmacht wird verschafft, wenn der Lieferer den Abnehmer befähigt, über den gelieferten Gegenstand tatsächlich (wie ein Eigentümer) zu verfügen. Es ist gleichgültig, ob die Verschaffung der Verfügungsmacht auf einer rechtlichen Grundlage beruht oder nicht, insbesondere ob gleichzeitig auch das Eigentum verschafft wird oder nicht.

Die Handlung des Lieferers muss den Abnehmer befähigen, braucht ihn aber nicht zu berechtigen, über den Gegenstand zu verfügen. Der Lieferer kann dem Abnehmer die Verfügungsmacht nur verschaffen, wenn er sie selbst zuvor besaß. Die Verfügungsmacht braucht dem Lieferer selbst aber nicht durch eine Lieferung übertragen worden zu sein. Er kann die tatsächliche Verfügungsmacht auch anderweitig erlangt haben, z. B. durch Herstellung, Fund oder Diebstahl. Auch braucht der Liefernde keineswegs Eigentümer des Liefergegenstandes zu sein. Zu beachten ist, dass der Wille der an dem Vorgang Beteiligten auf eine Übertragung der Verfügungsmacht gerichtet sein muss (in den Fällen des § 1 Abs. 1 Nr. 1 Satz 2 UStG ist der Leistungswille des Zuwendenden entbehrlich). Der Lieferer muss dem Abnehmer die Verfügungsmacht im Rahmen einer Leistung verschaffen. Es reicht für die Annahme einer Lieferung nicht aus, dass sich ein rechtlich Nichtverfügungsberechtigter eigenmächtig Verfügungsmacht anmaßt. Der Bestohlene bewirkt keine Lieferung (Leistung); bei ihm fehlt der Wille zu leisten und die Verfügungsmacht zu übertragen. Ein Dieb, der gestohlenes Gut verkauft, tätigt aber eine Lieferung; er kann als Nichteigentümer und widerrechtlicher Besitzer einem Dritten (z. B. Hehler) die tatsächliche Verfügungsmacht verschaffen.

Die Verfügungsmacht kommt dem (zivilrechtlichen) Eigentum verhältnismäßig nahe, obschon einerseits Verfügungsmacht auch ohne Eigentum übertragbar ist (z. B. bei Lieferung unter Eigentumsvorbehalt; vgl. Fall 23) und andererseits nicht jede Eigentumsübertragung eine Lieferung darstellen muss (z. B. bei Sicherungsübereignung; vgl. Fall 87). Der Abnehmer eines Liefergegenstandes muss über den Gegenstand zumindest wirtschaftlich wie ein Eigentümer verfügen können. Entscheidend für eine Lieferung ist der von den Beteiligten gewollte Übergang der wirtschaftlichen Substanz und damit auch von Wert und Ertrag des Gegenstandes. Verschaffung der Verfügungsmacht ist die Zuwendung der körperlichen und wirtschaftlichen Sachherrschaft, d. h. in diesem Sinne die Übertragung des wirtschaftlichen Eigentums (§ 39 Abs. 2 Nr. 1 Satz 1 AO). Regelmäßig wird das wirtschaftliche Eigentum zusammen mit dem zivilrechtlichen Eigentum (§§ 929 ff. BGB) übertragen.

1. Die Firma Fritz Tuchmann (T) hat an die Möbelfabrik Gustav Stuhlmann (S) Lieferungen (§ 3 Abs. 1 UStG) ausgeführt. Durch Abschluss von Kaufverträgen zwischen den Beteiligten T und S wurde die Verpflichtung zum Eigentumswechsel herbeigeführt (Verpflichtungsgeschäft). Durch dingliche Einigung und körperliche Übergabe der Bezugstoffe wurde dem Abnehmer S an den Liefergegenständen das Eigentum und damit die Verfügungsmacht übertragen (Erfüllungsgeschäft; § 929 BGB). Der Ort der Lieferung ist Tiefenbach, der Ort des Beginns der Beförderung der Bezugstoffe durch den Abnehmer S (§ 3 Abs. 6 Satz 1 und 2 UStG). Da T die Lieferungen als Unternehmer im Rahmen seines Unternehmens gegen einen vereinbarten Kaufpreis ausgeführt hat, sind die Lieferungen des T an S steuerbar (§ 1 Abs. 1 Nr. 1 UStG).

2. T hat die von Klaumann (K) entwendeten Stoffe nicht geliefert. K durfte in seiner Eigenschaft als Lagerverwalter über die Stoffe nicht nach seinem Willen verfügen. Er hatte nicht die rechtliche Befugnis, die Stoffe im eigenen Namen zu veräußern. Die widerrechtliche Entwendung der Stoffe aus den Lagerbeständen des T stellt keine Leistung (Lieferung) des T an K dar. Wegen des Fehlens einer Leistung ist auch ein Leistungsaustausch nicht gegeben. Die Zahlungen des K an T von 9.200 € stellen keine Gegenleistung für eine Leistung des T dar. K erbringt insoweit als Schädiger an den T einen Schadensausgleich. Es handelt sich um nichtsteuerbaren Schadensersatz (zum Schadensersatz vgl. auch Fall 7).

3. K hat sich die tatsächliche Verfügungsmacht über die gestohlenen Stoffe widerrechtlich verschafft. Durch Verkauf und Übergabe kann K dem Schneidermeister Böckmann (B) zwar nicht das zivilrechtliche Eigentum verschaffen. B wird auch bei Gutgläubigkeit nicht Eigentümer der Sache (Bezugstoffe), weil sie T abhandengekommen sind (§§ 932, 935 BGB). B kann jedoch durch die Übertragung des wirtschaftlichen Eigentums (§ 39 Abs. 2 Nr. 1 Satz 1 AO) wie ein Eigentümer über die Stoffe verfügen; er kann sie z. B. verarbeiten oder verkaufen. K hat B daher die Verfügungsmacht an den Stoffen verschafft und an ihn Lieferungen (§ 3 Abs. 1 UStG) ausgeführt. Die Lieferungen gelten mit Beginn der Beförderung durch K als bewirkt. Der Ort der Lieferungen ist Tiefenbach, der Ort des Beginns der Beförderung der Bezugstoffe durch den Lieferer K (§ 3 Abs. 6 Satz 1 und 2 UStG). Die Lieferungen wurden gegen einen vereinbarten Kaufpreis ausgeführt. K wurde durch den wiederholten Verkauf zum Unternehmer. Er übte diese Tätigkeit selbständig und nachhaltig zur Erzielung von Einnahmen aus (§ 2 Abs. 1 UStG). Es ist unerheblich, dass er durch seine Tätigkeit gegen gesetzliche Vorschriften verstoßen hat (§ 40 AO). Da alle Tatbestandsmerkmale des § 1 Abs. 1 Nr. 1 UStG vorliegen, sind die Lieferungen des K an B steuerbar (§ 1 Abs. 1 Nr. 1 UStG).

Fall 17

Beförderungs- und Versendungslieferungen

UStG § 3 Abs. 6

Abgesehen von Sonderregelungen ist der Lieferort nach § 3 Abs. 6 bis 8 UStG zu bestimmen. Dabei ist zwischen bewegten und unbewegten (ruhenden) Lieferungen zu unterscheiden. Zu den bewegten Lieferungen zählen die Beförderungs- und Versendungslieferungen. Das entscheidende Abgrenzungsmerkmal zwischen einer Beförderung und einer Versendung ist die Einschaltung eines selbständigen Beauftragten in den Transportvorgang. Für bewegte Lieferungen i. S. des § 3 Abs. 6 UStG bestimmen sich Zeitpunkt und Ort nach dem Transportbeginn.

Sachverhalt

Maschinenfabrikant **M** in Mannheim verkauft im Jahr 02 fünf Holzbearbeitungsmaschinen an fünf verschiedene Kunden im Inland. In Erfüllung der Kaufverträge zwischen M und den Kunden A bis E werden die Maschinen wie folgt ausgeliefert:

Kunde **A** aus Altensteig holt die Maschine am 01.02. mit eigenem LKW in Mannheim ab.

Dem Kunden **B** aus Besenfeld wird die Maschine am 02.02. mit einem LKW der Maschinenfabrik gebracht.

Zum Kunden **C** aus Calw wird die Maschine am 03.02. mit dem LKW eines von M beauftragten Spediteurs transportiert.

Der Kunde **D** aus Dorndorf erhält die Maschine auf folgendem Weg: 04.02. Transport mit eigenem LKW der Maschinenfabrik bis zum Güterbahnhof Mannheim; 05.02. Weitertransport mit der Deutschen Bahn AG von Mannheim nach Dorndorf.

Kunde **E** aus Ellwangen hat M beauftragt, die Maschine zu seinem Kunden F aus Fischbach zu befördern oder befördern zu lassen. Ein Fahrer der Maschinenfabrik führt am 05.02. mit einem gemieteten LKW den Transport von Mannheim nach Fischbach aus.

Frage

Wann und wo hat M die fünf Holzbearbeitungsmaschinen geliefert?

Antwort

M hat die Maschinen sämtlich in Mannheim geliefert und zwar 1. an A am 01.02., 2. an B am 02.02., 3. an C am 03.02., 4. an D am 04.02., 5. an E am 05.02. des Jahres 02.

Begründung

Allgemeines: Zeitpunkt und Ort einer Lieferung haben insbesondere Bedeutung für die Entstehung der Steuerschuld (§ 13 Abs. 1 Nr. 1 Buchst. a Satz 1 UStG) und für die Steuerbarkeit einer Leistung. Eine Lieferung ist (unter weiteren Voraussetzungen) nur steuerbar, wenn sie im Inland ausgeführt wird (§ 1 Abs. 1 Nr. 1 UStG). Der Ort einer Lieferung bestimmt sich vorbehaltlich der §§ 3c, 3e bis 3g UStG nach § 3 Abs. 6 bis 8 UStG.

Im Wirtschaftsleben gelangt ein Liefergegenstand regelmäßig im Rahmen einer Warenbewegung (Beförderung oder Versendung) an den Abnehmer. In diesen Fällen handelt es sich um bewegte Lieferungen (Beförderungs- bzw. Versendungslieferung) und der Lieferort bestimmt sich nach § 3 Abs. 6 Satz 1 UStG. Befördern ist jede Fortbewegung eines Gegenstandes (§ 3 Abs. 6 Satz 2 UStG). Versenden liegt vor, wenn jemand die Beförderung eines Gegenstandes durch einen selbständigen Beauftragten ausführen oder besorgen lässt (§ 3 Abs. 6 Satz 3 UStG). Der selbständige Beauftragte muss nicht selbst Unternehmer i. S. des § 2 UStG sein. Im Regelfall ist der selbständige Beauftragte ein Transportunternehmer, der selbst befördert oder, im Fall eines Spediteurs, die Beförderung besorgt.[1] Die Beförderung oder Versendung kann vom Lieferer oder vom Abnehmer durchgeführt werden. Befördert oder versendet der Lieferer, führt diese Warenbewegung regelmäßig zu einer unselbständigen Nebenleistung zur Lieferung; zum Grundsatz der Einheitlichkeit der Leistung vgl. auch Fall 14. Übernimmt der Abnehmer die Beförderung oder Versendung, wird diese Warenbewegung dem Lieferer zugeordnet, sog. Abholfall.

Voraussetzung einer Beförderungs- oder Versendungslieferung ist, dass ein Liefergegenstand befördert oder versendet wird. Ein Liefergegenstand liegt erst dann vor, wenn es aufgrund eines Umsatzgeschäftes (Verpflichtungsgeschäft) zwischen dem Lieferer und dem Abnehmer zu einer Erfüllungshandlung kommt. Steht z. B. der Abnehmer einer Lieferung noch nicht fest, erfolgt eine Beförderung oder Versendung des Gegenstandes auch nicht im Rahmen einer Beförderungs- oder Versendungslieferung. Entscheidend ist, dass der Gegenstand im zeitlichen und sachlichen Zusammenhang mit der Verschaffung der Verfügungsmacht befördert oder versendet wird. Eine Abweichung von § 3 Abs. 6 UStG ergibt sich durch die Regelung des § 3 Abs. 8 UStG bei Lieferungen aus dem Drittlandsgebiet in das Gebiet eines Mitgliedstaates. Bei einem Reihengeschäft sind § 3 Abs. 6 Satz 5 und 6 bzw. Abs. 7 Satz 2 UStG zu beachten.

Durch den Wortlaut des § 3 Abs. 6 Satz 1 UStG wird (fiktiv) der Ort der Beförderungs- oder Versendungslieferung (= bewegte Lieferung) bestimmt. Für den Zeitpunkt einer Beförderungs- oder Versendungslieferung enthält die Vorschrift keine ausdrückliche Regelung. Der Zeitpunkt einer Lieferung ergibt sich grundsätzlich aus § 3 Abs. 1 UStG mit Verschaffung der Verfügungsmacht an dem Liefergegenstand. Aus praktischen Erwägungen ist § 3 Abs. 6 Satz 1 UStG dahin auszulegen, dass mit dem Ort der Lieferung zugleich auch der Zeitpunkt der Lieferung fingiert wird (vgl. Abschn. 3.12 Abs. 7 UStAE).

Als fiktiver Lieferungszeitpunkt gilt:

- im Fall des Beförderns der Zeitpunkt, in dem die Beförderung des Gegenstandes beginnt;
- im Fall des Versendens der Zeitpunkt, in dem der Gegenstand dem Beförderungsunternehmer übergeben und ihm der Beförderungsauftrag erteilt ist.

Die Beförderungs- oder Versendungslieferung gilt dort als ausgeführt, wo sich der Gegenstand im maßgeblichen Zeitpunkt, d. h. im fiktiven Lieferungszeitpunkt, befindet (Abgangsort; § 3 Abs. 6 Satz 1 UStG).

1. M lieferte die Maschine an A am 01.02. in Mannheim. Zeitpunkt und Ort der Lieferung werden nach § 3 Abs. 6 Satz 1 und 2 UStG bestimmt. Es han-

---

1 Zu Beförderungsleistungen und ihrer Besorgung vgl. Fall 31.

delt sich um ein Befördern durch den Abnehmer und damit um eine Beförderungslieferung des M (Abholfall).

2. Die Lieferung an **B** wurde durch Befördern des Lieferers M von Mannheim nach Besenfeld ausgeführt. Sie gilt mit dem Beginn der Beförderung am 02.02. in Mannheim als bewirkt (§ 3 Abs. 6 Satz 1 und 2 UStG).

3. M lieferte an **C** durch Versenden von Mannheim nach Calw. Die Lieferung gilt mit der Übergabe des Liefergegenstandes und Erteilung des Beförderungsauftrages an den Spediteur am 03.02. in Mannheim als ausgeführt (§ 3 Abs. 6 Satz 1, 3 und 4 UStG).

4. Die Lieferung an **D** wurde durch kombiniertes Befördern und Versenden bewirkt (gemischte Beförderungs- und Versendungslieferung). Sie gilt mit dem Beginn der Beförderung zum Bahnhof am 04.02. in Mannheim als ausgeführt (§ 3 Abs. 6 Satz 1 und 2 UStG). Bei derartigen Transportvorgängen ist stets sorgfältig zu prüfen, ob die anfängliche Beförderung noch ein Transportvorgang innerhalb des Unternehmens des Lieferers ist (rechtsgeschäftsloses Verbringen) oder ob der Transport sich bereits in Erfüllung des Umsatzgeschäfts vollzieht und der Abnehmer schon feststeht.

5. M lieferte an E, E lieferte an **F**. Es liegt ein Reihengeschäft vor (§ 3 Abs. 6 Satz 5 UStG).[1] M erbringt die bewegte Lieferung. Die Lieferung des M an E gilt mit dem Beginn der Beförderung der Maschine, also am 05.02. in Mannheim (Abgangsort), als ausgeführt (§ 3 Abs. 6 Satz 1 und 2 UStG). Für die Beurteilung des Transportvorgangs als ein Befördern ist es unerheblich, dass der Arbeitnehmer des M ein gemietetes Fahrzeug benutzt hat.

Die Lieferung des E an F, die der Beförderungslieferung des M an E folgt, gilt als nachfolgend unbewegte Lieferung am Ankunftsort Fischbach als ausgeführt, wo die Beförderung endet (§ 3 Abs. 7 Satz 2 Nr. 2 UStG).

Fall 18

Lieferungen ohne Beförderung oder Versendung

UStG § 3 Abs. 1, 6 und 7; BGB §§ 873, 925, 929 ff.; HGB §§ 448, 475g, 650

Wird ein Liefergegenstand im Rahmen einer Lieferung nicht befördert oder versendet, handelt es sich um eine sog. unbewegte oder ruhende Lieferung. Typische Anwendungsfälle sind die Lieferungen von Grundstücken, die Übereignung von Liefergegenständen nach § 929 Satz 2 BGB bzw. § 929

1 Zu Reihengeschäften vgl. Fall 19.

Satz 1 i. V. m. § 930 bzw. § 931 BGB und die Eigentumsübertragung mithilfe eines Traditionspapiers. Der Zeitpunkt einer unbewegten Lieferung ergibt sich mit dem zivilrechtlichen oder wirtschaftlichen Eigentumsübergang und Lieferort ist dort, wo sich der Gegenstand zu diesem Zeitpunkt befindet.

Sachverhalt

Buchhändler **A** in Ahaus verkauft dem ortsansässigen Kunden G am 10.04. eine Zeitschrift. G bezahlt den verlangten Kaufpreis in bar und nimmt die Zeitschrift mit.

Bauunternehmer **B** in Bremen hat an den befreundeten Bauunternehmer H in Bremerhaven einen kleinen Turmdrehkran vorübergehend vermietet. Da B selbst einen neuen größeren Turmdrehkran anschaffen will und H bereit ist, den kleinen Kran zu behalten, veräußert B den Kran am 10.05. an H. Der Vertrag wird von B und H in Bremen unterzeichnet. Der Kran befindet sich zu dem Zeitpunkt auf einer Baustelle in Hamburg.

Kunstmaler **C** aus Chemnitz verkauft am 20.10. auf einer Kunstausstellung in Köln an den Kunstfreund I ein Gemälde. C möchte das Gemälde auf der Ausstellung noch zeigen und vereinbart, dass er das Gemälde bis zum Ende der Ausstellung am 05.11. noch leihweise behalten darf.

Büromaschinenhändler **D** aus Darmstadt hat am 20.12. einen gebrauchten Computer an die Lebensmittelgroßhandlung K in Böblingen verkauft. Dieser Computer befindet sich zum Zeitpunkt des Verkaufs bei einem in Leonberg ansässigen Steuerberater, der den Computer von D noch bis zum 31.01. gemietet hat. D hat seinen Herausgabeanspruch als Vermieter an den Erwerber K am 20.12. mit sofortiger Wirkung abgetreten. K holt den erworbenen Computer am 31.01. bei dem Steuerberater ab.

Export-Import-Händler **E** aus Emden hat eine Schiffsladung Apfelsinen aus Jaffa/Israel an einen Großhändler S in Solingen verkauft. Die Ware befindet sich noch auf hoher See. Die über die Schiffsladung ausgestellten Konnossemente sind E per Luftpost zugegangen. Er übergibt sie am 20.07. beim Abschluss des Kaufvertrages in Solingen an den papiermäßig legitimierten Großhändler S. Die Schiffsladung wird am 01.08. mit Fahrzeugen des Großhändlers S, der die Einfuhrumsatzsteuer schuldet, in Emden abgeholt.

Grundstückseigentümer **F** veräußert ein in Frankfurt a. M. belegenes Mietwohngrundstück an den Erwerber M. Der Kaufvertrag wird am 20.11. vor einem Notar in Mannheim abgeschlossen und als Tag des wirtschaftlichen Übergangs wird der 01.12. vereinbart. Die Eintragung im Grundbuch wird am 15.01. vorgenommen.

Frage

1. In welcher Form wird durch A bis F das Eigentum an den veräußerten Gegenständen übertragen?
2. Wann und wo wird durch die Unternehmer A bis F geliefert?

Antwort

1. Es haben das Eigentum an den veräußerten Gegenständen übertragen:

   A durch Einigung und Übergabe;
   B durch Einigung (Übergabe entbehrlich);
   C durch Einigung und Vereinbarung eines Besitzkonstituts;
   D durch Einigung und Abtretung des Herausgabeanspruchs;
   E durch Einigung und Übergabe eines Traditionspapiers;
   F durch Einigung (Auflassung) und Eintragung im Grundbuch.

2. Die Lieferung des Unternehmers A wird am 10.04. in Ahaus ausgeführt (§ 3 Abs. 6 Satz 1, 2 UStG). Es handelt sich um eine bewegte Lieferung. Für die anderen (unbewegten) Lieferungen kommen nach § 3 Abs. 7 Satz 1 UStG in Betracht als

	Lieferungszeitpunkt:	Lieferungsort:
bei Unternehmer B	10.05.	Hamburg
bei Unternehmer C	20.10.	Köln
bei Unternehmer D	20.12.	Leonberg
bei Unternehmer E	20.07.	auf hoher See
bei Unternehmer F	01.12.	Frankfurt a. M.

Begründung

1. Die Veräußerung der Zeitschrift durch **A** entspricht dem Regelfall der Eigentumsübertragung an einer beweglichen Sache. Das bürgerliche Recht setzt dafür voraus: eine Einigung über den Eigentumsübergang und eine Übergabe der Sache (§ 929 Satz 1 BGB). Die Übergabe bedeutet die Einräumung des unmittelbaren Besitzes, also der tatsächlichen Sachherrschaft. Der Kauf der Zeitschrift verschafft dem Kunden G nur einen schuldrechtlichen Anspruch auf die Sache. Das Erfüllungsgeschäft (Übergabe der Zeitschrift gegen Barzahlung) ist vom Kauf rechtlich getrennt. Das gilt auch dann, wenn Kauf und Erfüllungsgeschäft in einen einzigen tatsächlichen Vorgang, beim sog. Handkauf, zusammenfallen.

Bauunternehmer **B** hat das Eigentum an dem verkauften Turmdrehkran durch schlichte Einigung übertragen. Ist der Erwerber bereits im Besitz einer Sache, so genügt die Einigung über den Übergang des Eigentums (§ 929 Satz 2 BGB). Die Übergabe der Sache ist entbehrlich.

Kunstmaler **C** hat durch Einigung (§ 929 Satz 1 BGB) und Vereinbarung eines Besitzmittlungsverhältnisses (Leihe) das Eigentum an dem verkauften Gemälde auf den Erwerber übertragen (§ 930 BGB).

Die Übergabe der Sache kann in bestimmten Fällen ersetzt werden. Ist der Veräußerer im Besitz der Sache und soll er sie weiter in seinem Besitz behalten, so kann die Übergabe der Sache dadurch ersetzt werden, dass zwischen ihm und dem Erwerber ein Rechtsverhältnis vereinbart wird, mittels dessen der Erwerber den mittelbaren Besitz erlangt (§ 930 BGB). Man bezeichnet die Vereinbarung eines solchen Besitzmittlungsverhältnisses auch als Besitzkonstitut. Als Rechtsverhältnisse, die dem Erwerber den mittelbaren Besitz vermitteln, kommen insbesondere die Leihe, Miete oder Pacht in Betracht (vgl. § 868 BGB).

Büromaschinenhändler **D** hat das Eigentum an dem verkauften Computer durch Einigung und Abtretung des Herausgabeanspruchs an K übertragen (§ 929 Satz 1, § 931 BGB). K kann als Erwerber und neuer Eigentümer die Herausgabe des Computers von dem Steuerberater verlangen. Ist ein Dritter im Besitz der Sache, so kann die Übergabe dadurch ersetzt werden, dass der Veräußerer dem Erwerber den Anspruch auf Herausgabe der Sache abtritt (§ 931 BGB). Dies trifft insbesondere zu auf Fälle, in denen die bewegliche Sache an einen Dritten verliehen, vermietet oder verpachtet worden ist.

Export-Import-Händler **E** hat dem Großhändler S das Eigentum an der Schiffsladung Apfelsinen durch Einigung und Übergabe des Konnossements, das S zum Empfang der Apfelsinen legitimiert, übertragen. Statt der Sache können nach Handelsrecht sog. Traditionspapiere (Übergabepapiere) dem Erwerber übergeben werden. Die Übergabe eines Traditionspapiers ersetzt die Übergabe des unmittelbaren Besitzes an der Sache nach § 929 Satz 1 BGB (§§ 448, 475g, 650 HGB).

Als Traditionspapiere kommen in Betracht: ein Orderlagerschein (§ 475g HGB), ein Ladeschein (Wertpapier in der Binnenschifffahrt, § 448 HGB) oder ein Konnossement (Seeladeschein, Wertpapier des Seehandelsrechts; § 650 HGB); Frachtbrief, Frachtbriefdoppel sowie Empfängeranweisung (Bahnavis, Benachrichtigung des Empfängers durch die Bahn vor Ankunft des Frachtguts) sind keine Traditionspapiere, sondern lediglich Legitimationspapiere (Beweispapiere) i. S. der §§ 807, 808 BGB, deren Übergabe die Übergabe der Ware nicht ersetzt. Auch der Zulassungsschein Teil II (Fahrzeugbrief) ist nur Beweisurkunde.

Das bürgerlich-rechtliche Eigentum ist vom Grundstückseigentümer **F** auf den Erwerber M mit der Eintragung im Grundbuch am 15.01. übergegangen. Zur Übertragung des Eigentums an einem Grundstück ist die Einigung über den Eigentumsübergang (Auflassung) und die Eintragung der Rechtsänderung im Grundbuch erforderlich (§ 873 BGB).

Die Verschaffung der Verfügungsmacht i. S. des § 3 Abs. 1 UStG deckt sich im Regelfall mit der zivilrechtlichen Eigentumsübertragung, wenn auch nicht jede Eigentumsübertragung zu einer Lieferung führt (vgl. z. B. zur Lieferung unter Eigentumsvorbehalt Fall 23 und zur Lieferung sicherungsübereigneter Gegenstände Fall 87). Für die Annahme einer Lieferung ist die Form der Eigentumsübertragung unerheblich.

2. Vorbehaltlich der Regelung in § 3 Abs. 8 UStG (vgl. Fall 21) bestimmen sich Zeitpunkt und Ort einer bewegten Lieferung nach dem Transportbeginn (vgl. Fall 17). Eine unbewegte Lieferung wird mit Verschaffung der Verfügungsmacht nach § 3 Abs. 1 UStG, also dem zivilrechtlichen oder wirtschaftlichen Eigentumsübergang, ausgeführt. Der Ort dieser Lieferungen ist dort, wo sich der Liefergegenstand zur Zeit der Verschaffung der Verfügungsmacht befindet (§ 3 Abs. 7 Satz 1 UStG); bei Reihengeschäften (vgl. Fall 19) ist § 3 Abs. 7 Satz 2 UStG zu beachten. Unmaßgeblich ist, wo die Verschaffung der Verfügungsmacht, z. B. die Eigentumsübertragung, erfolgt. Die (bewegten und unbewegten) Lieferungen werden damit in einem bestimmten Zeitpunkt und an einem konkreten Ort ausgeführt. Die für den Lieferzeitpunkt maßgeblichen Vorgänge sind:

- bei der Lieferung durch A: der Beginn der Beförderung nach Übergabe der Zeitschrift an G am 10.04.
- bei der Lieferung durch B: die Einigung der Beteiligten B und H durch Unterzeichnung des Vertrages (Einigung über den Eigentumsübergang am 10.05.)
- bei der Lieferung durch C: die Vereinbarung der Leihe am 20.10.
- bei der Lieferung durch D: die Abtretung des Herausgabeanspruchs am 20.12.
- bei der Lieferung durch E: die Übergabe der Konnossemente am 20.07.
- bei der Lieferung durch F: der 01.12. als Tag des wirtschaftlichen Übergangs, weil der Erwerber M ab diesem Tag die Verfügungsmacht über das Grundstück besitzt und damit Besitz, Gefahr, Nutzungen und Lasten trägt (wirtschaftliches Eigentum, § 39 Abs. 2 Nr. 1 AO).

Der Ort der Lieferung des A ist Ahaus (Abgangsort), weil der Abnehmer G die Beförderung der Zeitschrift an diesem Ort begonnen hat (Abholfall; § 3 Abs. 6 Satz 1 und 2 UStG). In den übrigen Fällen wird der Gegenstand der Lieferung nicht im zeitlichen und sachlichen Zusammenhang mit der Verschaffung der Verfügungsmacht befördert oder versendet. Diese sog. unbewegten (ruhenden) Lieferungen werden jeweils dort ausgeführt, wo sich der Gegenstand zur Zeit der Verschaffung der Verfügungsmacht befindet (§ 3 Abs. 7 Satz 1 UStG). Lieferort für B ist daher Hamburg, für C Köln und für D Leonberg. Der Ort der Lieferung des E liegt nicht im Inland, sondern auf hoher See. Diese Lieferung ist damit nicht steuerbar (§ 1 Abs. 1 Nr. 1 UStG). Der Ort der Lieferung des Grundstücks durch F ist der Ort der Belegenheit des Grundstücks Frankfurt a. M.

Fall 19

Begriff des Reihengeschäfts – Ort der Lieferungen bei auf das Inland beschränkten Warenbewegungen

UStG § 3 Abs. 6 und 7

Im wirtschaftlichen Verkehr ist es häufig erforderlich, Warenbewegungen abzukürzen. Wird eine Ware mehrfach veräußert, kann es aus Geld- und Zeitersparnisgründen sinnvoll sein, den Liefergegenstand nicht von Hand zu Hand zu transportieren. Vielfach werden daher beispielsweise Waren direkt vom Hersteller an einen Endkunden versendet. Die umsatzsteuerrechtlichen Folgen dieser unmittelbaren Warenbewegungen sind in § 3 Abs. 6 Satz 5 und 6 UStG geregelt.

Sachverhalt

Einzelhändler **E** in Essen bestellt bei dem Großhändler **G** in Gelsenkirchen eine Gefriertruhe. Da G den gewünschten Gegenstand nicht auf Lager hat, bestellt er die Gefriertruhe beim Hersteller **H** in Herne.

Frage

1. Unter welchen Voraussetzungen liegt ein Reihengeschäft vor?
2. Wo ist der Ort der Lieferung des H an G bzw. des G an E und wann werden diese Lieferungen ausgeführt, wenn die Gefriertruhe
   a) durch H,
   b) durch E

   mit eigenem LKW von Herne nach Essen befördert wird?
3. Wo ist der Ort der Lieferung des H an G bzw. des G an E und wann werden diese Lieferungen ausgeführt, wenn die Gefriertruhe durch einen von G beauftragten Spediteur von Herne nach Essen befördert wird und G
   a) keine besonderen Nachweise nach § 3 Abs. 6 Satz 6 UStG erbringt,
   b) den Nachweis gem. § 3 Abs. 6 Satz 6 zweiter Halbsatz UStG erbracht hat?

Antwort

1. Ein Reihengeschäft liegt vor, wenn mehrere Unternehmer (Lieferer) über denselben Gegenstand Umsatzgeschäfte (Verpflichtungsgeschäfte) abschließen und dieser Gegenstand bei der Beförderung oder Versendung unmittelbar vom ersten Unternehmer an den letzten Abnehmer gelangt (§ 3 Abs. 6 Satz 5 UStG). Der letzte Abnehmer in der Reihe kann auch ein Nichtunternehmer sein (vgl. Abschn. 3.14 Abs. 18 UStAE).

2. a) Wird die Gefriertruhe durch H befördert, gilt die Beförderungslieferung des H an G mit Beginn der Beförderung am Abgangsort Herne als ausgeführt (§ 3 Abs. 6 Satz 1 und 2 UStG). Die nachfolgende Lieferung des G an E gilt mit Beendigung der Versendung am Ankunftsort Essen als ausgeführt (§ 3 Abs. 7 Satz 2 Nr. 2 UStG).

   b) Wird die Gefriertruhe durch E befördert, ist die Beförderung der Lieferung des G an E zuzuordnen; sie gilt am Abgangsort Herne mit Beginn der Beförderung als ausgeführt (§ 3 Abs. 6 Satz 1 und 2 UStG). Die vorangehende Lieferung des H an G gilt (eine juristische Sekunde vor der Lieferung des G an E) mit Beginn der Beförderung am Abgangsort Herne als ausgeführt (§ 3 Abs. 7 Satz 2 Nr. 1 UStG).

3. Wird die Gefriertruhe durch einen von G beauftragten Spediteur befördert, so liegt ein Versenden durch einen Abnehmer (mittlerer Unternehmer; Zwischenhändler) vor, der zugleich Lieferer ist.

   a) Hat G keinen Nachweis gem. § 3 Abs. 6 Satz 6 erbracht, wird die Versendung der von H an G ausgeführten Lieferung zugeordnet (§ 3 Abs. 6 Satz 6 erster Halbsatz UStG); sie gilt mit Beginn der Versendung ab Abgangsort Herne als ausgeführt (§ 3 Abs. 6 Satz 1, 3 und 4 UStG). Die nachfolgende Lieferung des G an E gilt mit Beendigung der Versendung am Ankunftsort Essen als ausgeführt (§ 3 Abs. 7 Satz 2 Nr. 2 UStG). Diese Lösung entspricht dem Urteil des BFH vom 25.02.2015 XI R 15/14 (BFHE 248 S. 343).

   b) Hat G nach den vereinbarten Lieferklauseln Gefahr und Kosten der Versendung übernommen, wird die Versendung der von G an E ausgeführten Lieferung zugeordnet (§ 3 Abs. 6 Satz 6 zweiter Halbsatz UStG); sie gilt mit Beginn der Versendung am Abgangsort Herne als ausgeführt (§ 3 Abs. 6 Satz 1, 3 und 4 UStG). Die vorangehende Lieferung des H an G gilt eine juristische Sekunde vor der Lieferung des G an E am Abgangsort Herne als ausgeführt (§ 3 Abs. 7 Satz 2 Nr. 1 UStG).

Begründung

1. Umsatzgeschäfte, die von mehreren Unternehmern (Lieferern) über denselben Gegenstand abgeschlossen und dadurch erfüllt werden, dass der Gegenstand im Rahmen einer Beförderung oder Versendung unmittelbar vom ersten Unternehmer an den letzten Abnehmer gelangt, sind Reihengeschäfte i. S. des § 3 Abs. 6 Satz 5 UStG. Die Umsatzgeschäfte (z. B. Kauf- oder Werkverträge) müssen über denselben Gegenstand abgeschlossen werden. In einem Reihengeschäft darf der Liefergegenstand seine Marktgängigkeit nicht ändern. Der Liefergegenstand darf während des Transportvorgangs nicht be- oder verarbeitet oder durch einen Unfall zerstört werden. Umsatzgeschäfte über den Gegenstand einer Werklieferung werden nur dann in einem Reihengeschäft ausgeführt, wenn der fertige Gegenstand unmittelbar vom ersten Werkunternehmer an den letzten

Abnehmer befördert oder versendet wird. Bei Transportbeginn muss der letzte Abnehmer des Reihengeschäfts feststehen.

Jede Lieferung in der Reihe ist in Bezug auf den Lieferzeitpunkt und den Lieferort für sich zu beurteilen. Die Lieferungen in einem Reihengeschäft erfolgen gedanklich sowohl zeitlich als auch räumlich nacheinander. Die Beförderung oder Versendung ist stets nur einer der Lieferungen zuzuordnen. Nur für diese Beförderungs- oder Versendungslieferung kann die Steuerbefreiung für Ausfuhrlieferungen[1] (§ 4 Nr. 1 Buchst. a i. V. m. § 6 UStG) oder für innergemeinschaftliche Lieferungen[2] (§ 4 Nr. 1 Buchst. b i. V. m. § 6a UStG) in Betracht kommen. Bei allen anderen Lieferungen in der Reihe findet keine Beförderung oder Versendung statt; es handelt sich um „unbewegte" bzw. „ruhende" Lieferungen. Sie werden entweder vor oder nach der Beförderungs- oder Versendungslieferung ausgeführt (§ 3 Abs. 7 Satz 2 UStG; vgl. zu Reihengeschäften auch Abschn. 3.14 UStAE mit zahlreichen Beispielen).

Umsatzgeschäfte, die von mehreren Unternehmern über denselben Gegenstand abgeschlossen werden und bei denen **keine** Beförderung oder Versendung des Liefergegenstandes stattfindet, können nicht Gegenstand eines Reihengeschäfts sein. Dazu zählen Grundstückslieferungen, unbewegte Werklieferungen oder Lieferungen, bei denen die Verfügungsmacht durch Vereinbarung eines Besitzmittlungsverhältnisses (§§ 929, 930 BGB) oder durch Abtretung des Herausgabeanspruchs (§§ 929, 931 BGB) verschafft wird.

2. Der Zeitpunkt einer bewegten bzw. unbewegten Lieferung in einem Reihengeschäft bestimmt sich grundsätzlich mit Verschaffung der Verfügungsmacht (§ 3 Abs. 1 UStG). Nach Auffassung der Verwaltung regeln die Ortsbestimmungen nach § 3 Abs. 6 und 7 UStG zugleich auch den Zeitpunkt der Lieferung (vgl. Abschn. 3.12 Abs. 7 UStAE). In § 3 Abs. 6 UStG ist der Ort der Lieferung für den Fall geregelt, dass sie durch eine Warenbewegung ausgeführt wird. Es ist gleichgültig, ob die Beförderung oder Versendung durch den Lieferer (Beförderung oder Versendung als unselbständige Nebenleistung) oder den Abnehmer erfolgt oder veranlasst wird. Das Abholen, also ein Befördern oder Versenden durch den Abnehmer, ist der Beförderung oder Versendung durch den Lieferer gleichgestellt. Für die Beurteilung der Lieferungen in einem Reihengeschäft gelten – vorbehaltlich der Ausführungen zu 3. – folgende Regeln:

a) Wird der Gegenstand durch den ersten Lieferer (z. B. H) befördert oder versendet, hat dieser die Beförderungs- oder Versendungslieferung am **Abgangsort** bewirkt (§ 3 Abs. 6 Satz 1 und 2 bzw. 3 und 4 UStG). Für die **nachfolgenden** Lieferungen gilt der **Ankunftsort** als Lieferort (§ 3 Abs. 7 Satz 2 Nr. 2 UStG).

1 Zum Reihengeschäft bei Ausfuhrlieferungen vgl. Fall 48.
2 Zum Reihengeschäft bei innergemeinschaftlichen Lieferungen vgl. Fall 20.

b) Wird der Gegenstand durch den letzten Abnehmer (z. B. E) befördert oder versendet, hat der ihm vorangehende Lieferer (z. B. G) die Beförderungs- oder Versendungslieferung am **Abgangsort** bewirkt (§ 3 Abs. 6 Satz 1 und 2 bzw. 3 und 4 UStG). Für die **vorangehenden** Lieferungen gilt ebenfalls der **Abgangsort** als Lieferort (§ 3 Abs. 7 Satz 2 Nr. 1 UStG). Allerdings hat der BFH im Urteil von 25.02.2015 XI R 30/13 (BFHE 248 S. 336), entschieden, dass die Zuordnung der Warenbewegung in diesen Fällen von den besonderen Umständen des Einzelfalls abhängig ist. Dabei kommt es darauf an, ob der Vorlieferant des letzten Abnehmers diesem bereits die Verfügungsmacht am Abgangsort der Warenlieferung verschafft hat.

3. Die Zuordnung der Beförderung oder Versendung zu einer der Lieferungen im Reihengeschäft ist davon abhängig, ob der Gegenstand der Lieferung durch den ersten Unternehmer (vgl. 2. a), den letzten Abnehmer (vgl. 2. b) oder einen mittleren Unternehmer in der Reihe (Zwischenhändler), der zugleich Abnehmer ist, befördert oder versendet wird. Die Zuordnung muss einheitlich für alle Beteiligten getroffen werden. Aus den vorhandenen Belegen muss sich eindeutig und leicht nachprüfbar ergeben, wer die Beförderung durchgeführt oder die Versendung veranlasst hat. Im Fall der Versendung ist dabei auf die Auftragserteilung an den selbständigen Beauftragten abzustellen. Sollte sich aus den Geschäftsunterlagen nichts anderes ergeben, ist auf die Frachtzahlerkonditionen abzustellen.

Befördert oder versendet ein mittlerer Unternehmer in der Reihe (wie z. B. G) den Liefergegenstand, ist dieser zugleich Abnehmer der Vorlieferung und Lieferer seiner eigenen Lieferung. In diesem Fall gilt folgende Regelung:

a) Grundsätzlich ist die Beförderung oder Versendung nicht der eigenen Lieferung des mittleren Unternehmers (G), sondern der an ihn ausgeführten Lieferung des vorangehenden Lieferers (H) zuzuordnen (§ 3 Abs. 6 Satz 6 erste Alternative UStG). Diese Vermutung ist jedoch widerlegbar (vgl. BFH Urteil vom 25.02.2015 XI R 15/14, BFHE 248 S. 343). Es gilt dann:

b) Die Beförderung oder Versendung ist der eigenen Lieferung des mittleren Unternehmers (G) zuzuordnen, wenn er nachweisen kann, dass er den Gegenstand als Lieferer befördert oder versendet hat (§ 3 Abs. 6 Satz 6 zweite Alternative UStG).

Hiervon kann regelmäßig ausgegangen werden, wenn der Unternehmer bei auf das Inland beschränkten Warenbewegungen aufgrund der mit seinem Vorlieferanten und seinem Abnehmer vereinbarten Lieferkonditionen Gefahr und Kosten der Beförderung oder Versendung übernommen hat.

Schematische Darstellung des Reihengeschäfts

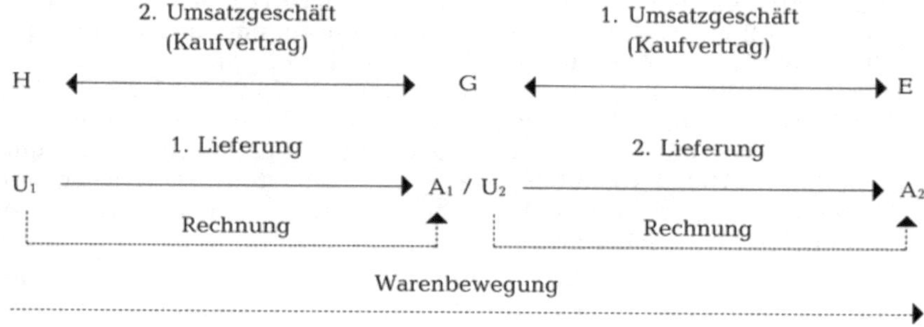

Fall 20

Innergemeinschaftliche Reihengeschäfte und Reihengeschäfte mit Drittlandsbezug

UStG § 1a Abs. 1, § 3 Abs. 6 und 7, § 3d, § 4 Nr. 1 Buchst. b, § 6a

Reihengeschäfte können nicht nur im Inland auftreten. Sie können vielmehr auch grenzüberschreitende Warenbewegungen beinhalten. Im Rahmen der Reihengeschäftsproblematik ist dabei grundlegend zwischen Reihengeschäften innerhalb der Europäischen Union und Reihengeschäften mit Drittlandsbezug zu unterscheiden. Unter innergemeinschaftlichen Reihengeschäften sind Reihengeschäfte zu verstehen, deren Warenbewegung im übrigen Gemeinschaftsgebiet beginnt oder endet. Für ein Reihengeschäft, dessen Warenbewegung im Drittland beginnt bzw. endet, gelten die Regelungen für die Einfuhr bzw. Ausfuhr.

Sachverhalt

Hersteller A aus Antwerpen (Belgien) befördert mit eigenem LKW die vom Großhändler B in Bamberg bestellten Textilien unmittelbar zum Einzelhändler C in Chemnitz (Transportbeginn 10.09.03, Transportende 13.09.03).

Fabrikant F aus Fulda versendet mit der Bahn vom Großhändler G in Gorssel (Niederlande) bestelltes Werkzeug unmittelbar zum Einzelhändler H in Hellendoorn (Niederlande). Das Werkzeug wurde am 12.10.03 der Bahn als Stückgut übergeben und kam bei H am 15.10.03 an.

A und B sowie F und G sind Unternehmer, die nicht zu dem in § 1a Abs. 3 Nr. 1 UStG genannten Personenkreis gehören und die Ware jeweils für ihr Unternehmen erworben haben. Bei der Abwicklung der Kaufverträge haben sie jeweils ihre USt-IdNr. verwendet, die ihnen in dem Mitgliedstaat zugeteilt wurde, in dem sie ansässig sind.

Frage

1. Welche Arten von Reihengeschäften und welche besonderen Regelungen für innergemeinschaftliche Reihengeschäfte sind zu beachten?
2. Welche Auswirkungen hat das Reihengeschäft für B?
3. Welche Auswirkungen hat das Reihengeschäft für F?

Antwort

1. Bei Reihengeschäften ist zwischen folgenden Arten zu unterscheiden:
   - Reihenlieferungen im Inland,
   - Reihenlieferungen aus dem Inland in ein Drittland,
   - Reihenlieferungen aus einem Drittland in das Inland,
   - Reihenlieferungen aus einem anderen Mitgliedstaat in das Inland,
   - Reihenlieferungen aus dem Inland in einen anderen Mitgliedstaat.

Bei innergemeinschaftlichen Reihengeschäften sind die Regelungen für den innergemeinschaftlichen Erwerb und für die innergemeinschaftliche Lieferung zu beachten. Für die Besteuerung von innergemeinschaftlichen Dreiecksgeschäften enthält § 25b UStG eine Vereinfachungsregelung.

2. Für den Unternehmer B ergibt sich ein innergemeinschaftlicher Erwerb (§ 1a Abs. 1 UStG) und eine steuerbare Lieferung im Inland an C.
3. Der Unternehmer F hat eine steuerfreie innergemeinschaftliche Lieferung ausgeführt (§ 4 Nr. 1 Buchst. b i. V. m. § 6a Abs. 1 UStG).

Begründung

1. Bei den unter § 3 Abs. 6 Satz 5 und 6 UStG fallenden Vorgängen handelt es sich um Reihengeschäfte. Lediglich für den Sonderfall des § 25b UStG wird die Bezeichnung „innergemeinschaftliche Dreiecksgeschäfte" verwendet. Bei der Beurteilung von Reihengeschäften, mit Ausnahme von Dreiecksgeschäften,[1] sind folgende Arten zu unterscheiden:

1.1. Reihenlieferungen im Inland: Findet bei Reihengeschäften die Warenbewegung ausschließlich im Inland statt, so finden die im Fall 19 dargestellten Grundsätze Anwendung. Ist an solchen Reihengeschäften ein in einem anderen Mitgliedstaat oder im Drittland ansässiger Unternehmer beteiligt, muss er sich wegen der im Inland steuerbaren Lieferung grundsätzlich in Deutschland bei dem zuständigen Finanzamt registrieren lassen.

1.2. Reihenlieferungen in ein Drittland: Im Rahmen eines Reihengeschäfts, bei dem die Warenbewegung im Inland beginnt und im Drittlandsgebiet endet, kann mit der Beförderung oder Versendung des Liefergegen-

1 Zu innergemeinschaftlichen Dreiecksgeschäften vgl. Fall 92.

standes in das Drittlandsgebiet nur eine Ausfuhrlieferung i. S. des § 6 UStG bewirkt werden. Die Steuerbefreiung nach § 4 Nr. 1 Buchst. a UStG kommt demnach nur bei der Beförderungs- oder Versendungslieferung zur Anwendung.[1]

1.3. Reihenlieferungen aus einem Drittland: Gelangt im Rahmen eines Reihengeschäfts der Gegenstand der Lieferungen aus dem Drittlandsgebiet in das Inland, kann eine Verlagerung des Lieferorts nach § 3 Abs. 8 UStG nur für die Beförderungs- oder Versendungslieferung in Betracht kommen. Dazu muss derjenige Unternehmer, dessen Lieferung im Rahmen des Reihengeschäfts die Beförderung oder Versendung zuzuordnen ist, oder sein Beauftragter zugleich auch Schuldner der Einfuhrumsatzsteuer sein.[2]

1.4. Innergemeinschaftliche Reihengeschäfte sind Reihengeschäfte, bei denen der Gegenstand der Lieferung aus dem Gebiet eines Mitgliedstaates in das Gebiet eines anderen Mitgliedstaates befördert oder versendet wird. Es sind die allgemeinen Regelungen in § 3 Abs. 6 und 7 UStG zu beachten.

1.4.1. Reihenlieferungen aus einem anderen Mitgliedstaat: Im Rahmen eines Reihengeschäfts, bei dem die Warenbewegung in einem anderen Mitgliedstaat beginnt und im Inland endet, ist von den beteiligten Unternehmern nur derjenige Erwerber i. S. des § 1a UStG, an den die Beförderungs- oder Versendungslieferung ausgeführt wird.

1.4.2. Reihenlieferungen in einen anderen Mitgliedstaat: Im Rahmen eines Reihengeschäfts, bei dem die Warenbewegung im Inland beginnt und im Gebiet eines anderen Mitgliedstaates endet, kann mit der Beförderung oder Versendung des Liefergegenstandes nur **eine** innergemeinschaftliche Lieferung i. S. des § 6a UStG bewirkt werden. Die Steuerbefreiung nach § 4 Nr. 1 Buchst. b UStG kommt demnach nur bei der Beförderungs- oder Versendungslieferung zur Anwendung.

2. Da es bei einem Reihengeschäft i. S. des § 3 Abs. 6 Satz 5 UStG aus einem anderen Mitgliedstaat in das Inland mehrere Abnehmer (Erwerber) gibt, muss entschieden werden, welcher Erwerber den innergemeinschaftlichen Erwerb zu versteuern hat. Der Hersteller A (erster Lieferer) hat an den Großhändler B (erster Abnehmer) am 10.09.03 eine Beförderungslieferung am Abgangsort Antwerpen (Belgien) ausgeführt (vgl. § 3 Abs. 6 Satz 1 und 2 UStG). Diese Lieferung ist unter den Voraussetzungen des belgischen Umsatzsteuerrechts in Belgien als innergemeinschaftliche Lieferung steuerfrei. Innergemeinschaftlicher Erwerber ist B (§ 1a Abs. 1 UStG). Der Ort des innergemeinschaftlichen Erwerbs liegt nach § 3d Satz 1 UStG im Inland; § 3d Satz 2 UStG ist in diesem Fall ohne Bedeutung. B hat

1 Zu Ausfuhrlieferungen vgl. Fall 48.
2 Zum Ort der Lieferung bei einer Einfuhr vgl. Fall 21.

gegenüber A seine ihm in Deutschland zugeteilte USt-IdNr. verwendet.[1] Die Voraussetzungen für ein innergemeinschaftliches Dreiecksgeschäft i. S. des § 25b UStG liegen nicht vor, weil die beteiligten Unternehmer nicht in drei verschiedenen Mitgliedstaaten umsatzsteuerlich erfasst werden. Der innergemeinschaftliche Erwerb ist steuerbar (§ 1 Abs. 1 Nr. 5 UStG) und mit 19 % steuerpflichtig (§ 12 Abs. 1 UStG). Die Steuer für den innergemeinschaftlichen Erwerb kann B nach § 15 Abs. 1 Satz 1 Nr. 3 UStG als Vorsteuer abziehen.

Im Anschluss an die von A an B ausgeführte Beförderungslieferung hat B an C am 13.09.03 die zweite (unbewegte) Lieferung in der Reihe am Ankunftsort Chemnitz bewirkt (§ 3 Abs. 7 Satz 2 Nr. 2 UStG). Sie ist steuerbar (§ 1 Abs. 1 Nr. 1 UStG) und mit 19 % steuerpflichtig (§ 12 Abs. 1 UStG).

3. Die Lieferung des F an G gilt am 12.10.03 nach § 3 Abs. 6 Satz 1, 3, 4 und 5 UStG durch Versenden mit der Bahn am Abgangsort Fulda als ausgeführt. Sie ist steuerbar (§ 1 Abs. 1 Nr. 1 UStG) und nach § 4 Nr. 1 Buchst. b i. V. m. § 6a Abs. 1 UStG steuerfrei.[2] Als innergemeinschaftlicher Erwerber kommt der in Gorssel (Niederlande) ansässige G in Betracht. Der innergemeinschaftliche Erwerb wird in den Niederlanden bewirkt, weil die Versendung mit der Bahn durch F dort endet (vgl. § 3d Satz 1 UStG); G hat gegenüber F seine ihm in den Niederlanden zugeteilte USt-IdNr. verwendet.

Die Lieferung des G an den letzten Abnehmer H ist die zweite (unbewegte) Lieferung in der Reihe. Sie gilt am Ankunftsort in den Niederlanden als ausgeführt (vgl. § 3 Abs. 7 Satz 2 Nr. 2 UStG), weil sie auf die Versendungslieferung des F an G folgt. Sie ist nach deutschem Umsatzsteuerrecht nicht steuerbar, sondern unterliegt der Besteuerung nach niederländischem Umsatzsteuerrecht.

Fall 21

Ort der Lieferung bei Einfuhren aus dem Drittlandsgebiet

UStG § 3 Abs. 8

Im Zusammenhang mit der Einfuhr sieht der Gesetzgeber eine besondere Ortsvorschrift vor. Grundsätzlich sind Lieferungen anderer Unternehmer aus dem Drittland nicht steuerbar. Diese Lieferungen sind am Ort des Beginns der Warenbewegung steuerbar und damit im Inland nicht steuerbar. Damit wird eine Registrierungspflicht eines im Drittland ansässigen Unternehmers vermieden. Davon sieht § 3 Abs. 8 UStG eine Ausnahme vor, wenn der Lieferer oder sein Beauftragter Schuldner der Einfuhrumsatz-

1 Zum innergemeinschaftlichen Erwerb vgl. Fall 39.
2 Zur innergemeinschaftlichen Lieferung vgl. Fall 51.

steuer ist. Dann verlagert sich der Ort der eigentlich nicht steuerbaren Lieferung fiktiv in das Inland. Die Frage der Schuldnerschaft bei der Einfuhrumsatzsteuer ist notwendigerweise mit der Zollabfertigung verbunden. Erfolgt daher die Zollabfertigung für das Inland der Bundesrepublik Deutschland durch den Lieferer einer Ware, verlagert sich der Ort dieser Lieferung nach Deutschland. Dies führt im Ergebnis dann zu einer Registrierungspflicht für den im Drittland ansässigen Unternehmer.

Sachverhalt

1. Der in Hamburg ansässige Maschinenhändler H hat von dem Fabrikanten F in Boston (USA) eine Maschine erworben, die F am 25.02.02 auf dem Seewege zur Verfügung des H nach Hamburg in den Freihafen bringen ließ. H hat die Maschine zum Nettopreis von 15.000 € zuzüglich 2.850 € Umsatzsteuer an den Glashersteller G in Goslar geliefert und am 10.03.02 mit eigenem LKW vom Freihafen nach Goslar transportiert. Entsprechend der Preisvereinbarung (Lieferklausel, Lieferkondition) „verzollt und versteuert Goslar" hat H die bei der Einfuhr angefallene Einfuhrumsatzsteuer von 1.800 € entrichtet.

2. Uhrenfabrikant U aus Uttwil (Schweiz) hat an den Großhändler V in Völklingen Armbanduhren veräußert und auf Wunsch des V am 20.04.02 durch einen von U beauftragten Spediteur unmittelbar zum Kunden des V, Kaufhaus K in Kaiserslautern, transportieren lassen (Transportende am 22.04.02). Die Uhren wurden am 21.04.02 bei Grenzübertritt zum freien Verkehr abgefertigt; U war Schuldner der Einfuhrumsatzsteuer von 2.400 €. Der von V an U gezahlte Kaufpreis für die Uhren betrug 18.000 € zuzüglich 3.420 € Umsatzsteuer. Das Kaufhaus K zahlte an V den Rechnungsbetrag von 20.000 € zuzüglich 3.800 € Umsatzsteuer.

Frage

1. Wann und wo haben die Unternehmer F und H sowie die Unternehmer U und V geliefert?
2. Sind ihre Lieferungen steuerbar und steuerpflichtig?
3. Wie hoch ist eine für H bzw. für U und V ggf. entstandene Umsatzsteuer?
4. Welche Beträge können die Unternehmer H und G bzw. U, V und K als Vorsteuer abziehen?

Antwort

1. F hat am 25.02.02 in Boston (USA), H hat am 10.03.02 im Inland geliefert. U hat am 21.04.02 im Inland, V hat am 22.04.02 in Kaiserslautern geliefert.
2. Die Lieferung des F ist nicht steuerbar, die Lieferungen des H sowie des U und des V sind steuerbar und steuerpflichtig.

3. Die für die steuerpflichtige Lieferung des H entstandene Umsatzsteuer beträgt 2.850 €; für die steuerpflichtige Lieferung des U bzw. des V ist eine Umsatzsteuer von 3.420 € bzw. 3.800 € entstanden.
4. H und U können die entrichtete Einfuhrumsatzsteuer von 1.800 € bzw. von 2.400 € als Vorsteuer abziehen (§ 15 Abs. 1 Satz 1 Nr. 2 UStG); G sowie V und K können die ihnen gesondert in Rechnung gestellte Umsatzsteuer von 2.850 € bzw. 3.420 € und 3.800 € als Vorsteuer abziehen (§ 15 Abs. 1 Satz 1 Nr. 1 UStG).

Begründung

Allgemeines: Durch § 3 Abs. 8 UStG hat der Gesetzgeber für die Fälle der Beförderung oder Versendung des Gegenstandes der Lieferung aus dem Drittlandsgebiet in das Inland eine von § 3 Abs. 6 UStG abweichende Regelung getroffen. Sie setzt eine Beförderungs- oder Versendungslieferung voraus. Außerdem muss der Lieferer oder sein Beauftragter Schuldner der bei der Einfuhr zu entrichtenden Einfuhrumsatzsteuer sein. Wer Schuldner der Einfuhrumsatzsteuer ist, bestimmen Lieferer und Abnehmer durch Vereinbarung entsprechender Lieferklauseln (verzollt und versteuert oder z. B. unverzollt und unversteuert). Der Ort der Lieferung gilt in diesen Fällen als im Einfuhrland gelegen. Die Vorschrift des § 3 Abs. 8 UStG ist anzuwenden, wenn der Gegenstand der Lieferung aus dem Drittlandsgebiet in das Inland gelangt. Sie gilt dagegen nicht, wenn das Bestimmungsland ein Drittland ist. Die Finanzverwaltung wendet § 3 Abs. 8 UStG auch entsprechend in bestimmten Sonderfällen des innergemeinschaftlichen Warenverkehrs an (vgl. Abschn. 1a.2 Abs. 14 UStAE).

Mit der Verlagerung des Lieferortes in das Inland wird erreicht, dass der Abnehmer im Inland mit der Umsatzsteuer belastet wird, die bei einer vergleichbaren tatsächlichen Lieferung im Inland anfällt. Die Einfuhrumsatzsteuer wird ggf. nach einem gegenüber dem Entgelt niedrigeren Zollwert bemessen.

1. Fabrikant F hat die Lieferung der Maschine an H am 25.02.02 durch Versenden in Boston (USA) ausgeführt (§ 3 Abs. 1, 6 Satz 1, 3 und 4 UStG).

Maschinenhändler H hat seine Lieferung an G am 10.03.02 durch Befördern bewirkt (§ 3 Abs. 6 Satz 2 UStG). Der Ort der Lieferung gilt – abweichend von § 3 Abs. 6 Satz 1 UStG – als im Inland gelegen, weil der Lieferer H auch Schuldner der Einfuhrumsatzsteuer war (§ 3 Abs. 8 UStG).

Bei den Lieferungen des U an V sowie des V an K handelt es sich um Lieferungen in einem Reihengeschäft (§ 3 Abs. 6 Satz 5 UStG). Die Lieferungen des U wurden durch Versenden ausgeführt (§ 3 Abs. 6 Satz 3 und 4 UStG). Der Ort dieser Lieferungen ist nach § 3 Abs. 8 UStG zu bestimmen, weil der Lieferer U zugleich auch Schuldner der Einfuhrumsatzsteuer ist. Die Lieferungen gelten somit – abweichend von § 3 Abs. 6 Satz 1 UStG – als im Inland ausgeführt. Mit dem Ort dieser Lieferungen wird auch ihre Ausführung fingiert, sodass folgerichtig der 21.04.02 – der Tag der Abfertigung der

Uhren zum freien Verkehr – als Zeitpunkt der Lieferung anzunehmen ist (vgl. Abschn. 15.8 Abs. 6 UStAE).

Die nachfolgenden Lieferungen des V an K wurden am 22.04.02 am Ankunftsort Kaiserslautern bewirkt (§ 3 Abs. 7 Satz 2 Nr. 2 UStG).

2. Die Lieferung des F wurde nicht im Inland bewirkt; sie ist nicht steuerbar. Die Lieferungen des H sowie des U und des V sind steuerbar (§ 1 Abs. 1 Nr. 1 UStG) und mit 19 % steuerpflichtig (§ 12 Abs. 1 UStG).

3. Die Bemessungsgrundlage (§ 10 Abs. 1 UStG) für die Lieferung der Maschine durch H an G beträgt (17.850 € : 1,19 =) 15.000 €. Die Umsatzsteuer von (19 % von 15.000 € =) 2.850 € ist mit Ablauf des Voranmeldungszeitraums März 02 entstanden (§ 13 Abs. 1 Nr. 1 Buchst. a Satz 1 UStG). Für die Lieferung der Uhren von U an V beträgt die Bemessungsgrundlage nach § 10 Abs. 1 UStG (21.420 € : 1,19 =) 18.000 €, für die Lieferung der Uhren durch V an K (23.800 € : 1,19 =) 20.000 €. Die Umsatzsteuer von 3.420 € bzw. 3.800 € ist jeweils mit Ablauf des Voranmeldungszeitraums April 02 entstanden (§ 13 Abs. 1 Nr. 1 Buchst. a Satz 1 UStG).

4. In den Fällen des § 3 Abs. 8 UStG ist davon auszugehen, dass dem Abnehmer die Verfügungsmacht an dem gelieferten Gegenstand erst im Inland verschafft wird (Abschn. 15.8 Abs. 6 UStAE). Dementsprechend konnten die Unternehmer H und U die von ihnen entrichtete Einfuhrumsatzsteuer von 1.800 € bzw. von 2.400 € für den Voranmeldungszeitraum März bzw. April 02 als Vorsteuer abziehen (§ 15 Abs. 1 Satz 1 Nr. 2 UStG).

Der Umsatz wird bei der Einfuhr (§ 1 Abs. 1 Nr. 4 UStG) nach dem Zollwert bemessen (§ 11 Abs. 1 UStG). Soweit im Zollwert die in § 11 Abs. 3 UStG genannten Beträge, z. B. die auf den Gegenstand entfallenden Kosten für die Vermittlung der Lieferung und für die Beförderung bis zum ersten Bestimmungsort im Inland, nicht enthalten sind, sind sie hinzuzurechnen.

Die Lieferung der Maschine bzw. die Lieferungen der Uhren wurden für das Unternehmen des G bzw. des V und des K ausgeführt. Außerdem haben die Unternehmer H, U und V jeweils eine Rechnung mit gesondert ausgewiesener Umsatzsteuer von 2.850 €, 3.420 € und 3.800 € erteilt. G, V und K konnten die Umsatzsteuer als Vorsteuer abziehen, sobald die Voraussetzungen des § 15 Abs. 1 Satz 1 Nr. 1 UStG sämtlich vorlagen.

Fall 22

Ort der Lieferung für den Versandhandel

UStG § 3c

Grundsätzlich ist eine Lieferung dort steuerbar, wo die Warenbewegung beginnt. Die Steuerbefreiung für innergemeinschaftliche Lieferungen gilt nur für die in § 6a Abs. 1 Nr. 2 UStG genannten Abnehmer. Grundsätzlich ist damit der gewerbliche Warenverkehr im Herkunftsland steuerbefreit. Demgegenüber sind die Lieferungen an private Endverbraucher innerhalb der EU nicht steuerfrei im Herkunftsland. Der private Abnehmer muss auch im Regelfall keinen innergemeinschaftlichen Erwerb im Bestimmungsland versteuern. Damit gilt für Warenlieferungen an private Abnehmer eine Besteuerung im Herkunftsland. Problematisch ist diese Grundsatzentscheidung des Gesetzgebers im Versandhandel. Ein Versandhändler könnte unter Ausnutzung besonders niedriger Steuersätze Warenlieferungen aus einem bestimmten Land tätigen. Der Gesetzgeber hat daher eine Versandhandelsregelung in § 3c UStG geschaffen. Befördert oder versendet der Lieferer einer Ware die Ware von einem Mitgliedstaat in einen anderen, verlagert sich der Ort der Lieferung an das Ende der Warenbewegung, sofern der Abnehmer ein Endverbraucher ist bzw. eine gleichgestellte Person (vgl. § 3c Abs. 2 UStG). Die Regelung greift allerdings erst ab einer jeweils durch den betreffenden Bestimmungsmitgliedstaat festgelegten Lieferschwelle. Unterhalb der Lieferschwelle bleibt es bei der Besteuerung im Herkunftsmitgliedstaat.

Sachverhalt

Der in Tübingen ansässige Händler T versendet Tennissportartikel u. a. auch an Kunden im übrigen Gemeinschaftsgebiet.

Am 10.01.04 hat T mit der Post zwei Tennisschläger an den in Rodenbourg (Luxemburg) wohnhaften privaten Kunden R versendet. Die von Luxemburg festgelegte Lieferschwelle von 100.000 € hat T im Jahr 03 nicht überschritten; er hat sie auch am 10.01.04 noch nicht überschritten.

Am 25.02.04 hat T anlässlich einer Geschäftsreise mit dem eigenen PKW (auftragsgemäß) Tennisschuhe und -kleidung zu dem ihm bekannten Freizeitsportler M in Malmedy (Belgien) befördert. T hat im Jahr 03 die von Belgien festgelegte Lieferschwelle von 35.000 € überschritten.

Am 17.05.04 hat T mit der Bahn als Stückgut einen größeren Posten Tennisbälle und -netze an einen Sportverein V in Venlo (Niederlande) versendet. Der Verein ist als Kleinunternehmer von der Besteuerung ausgenommen; die für ihn maßgebliche Erwerbsschwelle hat er weder überschritten noch auf ihre Anwendung verzichtet. In Erwartung auch künftig guter Umsätze hatte T bereits im Jahr 03 auf die Anwendung der von den Niederlanden festgelegten Lieferschwelle von 100.000 € verzichtet.

Die an R, M und V gelieferten Gegenstände hat T im Jahr 03 von verschiedenen inländischen Herstellern geliefert erhalten; Rechnungen über insgesamt 10.000 € zuzüglich 1.900 € Umsatzsteuer liegen vor.

Frage

1. Für welche Liefergegenstände gilt die Regelung des § 3c UStG nicht?
2. Wer muss die Warenbewegung ausgeführt haben?
3. Welche Voraussetzungen müssen beim Abnehmer vorliegen?
4. Welche Bedeutung haben die Lieferschwellen?
5. Wo ist der Ort der von T an R, M und V bewirkten Lieferungen?
6. Kann T die auf diese Lieferungen entfallenden Vorsteuern abziehen?

Antwort

1. Die Regelung des § 3c UStG gilt nicht für die Lieferungen neuer Fahrzeuge (§ 3c Abs. 5 Satz 1 UStG).
2. Der liefernde Unternehmer muss den Gegenstand befördert oder versendet haben.
3. Der Abnehmer muss zu dem in § 3c Abs. 2 UStG genannten Personenkreis gehören und die übrigen in dieser Vorschrift genannten Voraussetzungen erfüllen.
4. Durch die Lieferschwellen soll erreicht werden, dass die besondere Ortsbestimmung des § 3c UStG nur anzuwenden ist, wenn der Umfang der Lieferungen an den Abnehmerkreis i. S. des § 3c Abs. 2 UStG in den jeweiligen Mitgliedstaat den mit der Lieferschwelle festgelegten Umfang überschreitet.
5. T hat die Lieferungen an R in Tübingen, an M in Malmedy (Belgien) und an V in Venlo (Niederlande) bewirkt.
6. T kann die Vorsteuerbeträge von insgesamt 1.900 € abziehen.

Begründung

Allgemeines: Im grenzüberschreitenden Waren- und Dienstleistungsverkehr stellt sich die Frage, ob der Abnehmer mit der Umsatzsteuer des Ursprungslandes (= Herkunftsland der Leistung) oder mit der Umsatzsteuer des Bestimmungslandes (= Land, in dem bestimmungsgemäß der Verbrauch stattfindet) belastet werden soll. Um eine Nicht- bzw. Mehrfachbesteuerung derartiger Leistungen zu vermeiden, ist es erforderlich, dass sich die beteiligten Länder auf ein Besteuerungsprinzip verständigen. Nach dem Ursprungslandprinzip wird der Abnehmer mit der Umsatzsteuer des Landes belastet, in dem die Leistung produziert wird. International hat sich das Bestimmungslandprinzip durchgesetzt. Danach fällt die Umsatzsteuer in dem Land an, in dem der Verbrauch stattfinden soll. Das Bestimmungslandprinzip wird der Idee einer Umsatzsteuer als Verbrauchsteuer gerecht (vgl. Fall 1 und zur Ortsbestimmung bei sonstigen Leistungen Fall 26).

Technisch kann das Bestimmungslandprinzip auf unterschiedlichen Wegen erreicht werden. Zum Beispiel kann der Exportstaat die steuerbaren grenzüberschreitenden Leistungen von der Umsatzsteuer freistellen,[1] während der Importstaat diese Leistungen wie entsprechende inländische Leistungen erfasst (§ 1 Abs. 1 Nr. 4 und 5 UStG).[2] Diese technische Durchführung ist allerdings mit Grenzkontrollen (bei Leistungen aus dem bzw. in das Drittlandsgebiet) bzw. mit umfangreichen Nachweis-, Erklärungs- und Kontrollmechanismen (bei Leistungen aus dem bzw. in das übrige Gemeinschaftsgebiet) verbunden.

Das Bestimmungslandprinzip kann auch dadurch realisiert werden, dass der Ort einer Lieferung[3] entgegen § 3 Abs. 6 Satz 1 UStG an das Ende einer Beförderung oder Versendung gelegt wird. Diese Lösung bietet sich z. B. im nichtkommerziellen Warenverkehr mit Nichtunternehmern im übrigen Gemeinschaftsgebiet an, da im umsatzsteuerlichen Binnenmarkt Grenzkontrollen entfallen und für private natürliche Personen umfangreiche Deklarationspflichten praktisch nicht durchführbar sind. Die Anwendung des Ursprungslandprinzips in diesen Fällen ist u. a. deshalb bedenklich, weil bei den Steuersätzen für die Umsatzsteuer (Mehrwertsteuer) innerhalb der europäischen Gemeinschaft zurzeit noch erhebliche Unterschiede bestehen. Die uneingeschränkte Anwendung des vorgesehenen Ursprungslandprinzips bei der Besteuerung der Umsätze an private Endverbraucher und ihnen gleichgestellte Leistungsempfänger kann daher für einen Mitgliedstaat zu erheblichen Wettbewerbsverzerrungen und Steuerausfällen führen, wenn die in seinem Gebiet wohnhaften Endverbraucher ihre Waren in Mitgliedstaaten mit niedrigeren Umsatzsteuersätzen einkaufen. Um dieses Ergebnis zu vermeiden, werden entsprechende Lieferungen – mit Ausnahme von Abholfällen – nach § 3c UStG durch Verlagerung des Lieferortes in das Bestimmungsland der Besteuerung unterworfen.

Inländische Unternehmer bewirken in den Fällen des § 3c UStG ihre Umsätze dort, wo die Beförderung oder Versendung dieser Waren endet. Diese Unternehmer müssen sich daher mit den steuerlichen Vorschriften für die Umsatzsteuer (Mehrwertsteuer) in diesen Ländern vertraut machen. Sie sind ggf. verpflichtet, dort einen steuerlichen Vertreter zu bestellen. Im Inland (Ursprungsland) muss der Unternehmer in der Anlage UR zur Umsatzsteuererklärung entsprechende Angaben zu Versandhandelsumsätzen i. S. des § 3c UStG machen.

1. Die Sonderregelung des § 3c UStG gilt für alle Lieferungen (Werklieferungen, wenn das fertige Werk befördert oder versendet wird) mit Aus-

1 Vgl. z. B. die Fälle 48 bis 53.

2 Zum innergemeinschaftlichen Erwerb vgl. Fälle 39 bis 41.

3 Zur Ortsbestimmung einer sonstigen Leistung am Wohnsitz oder Sitz des Leistungsempfängers vgl. Fall 30 und zur Ermittlung des Leistungsortes bei grenzüberschreitenden Beförderungen die Fälle 31 und 32.

nahme der Lieferung neuer Fahrzeuge (§ 3c Abs. 5 Satz 1 UStG). Für neue Fahrzeuge kommt stets, auch bei privaten Letztverbrauchern, die Erwerbsbesteuerung im Bestimmungsland in Betracht.[1] Ebenso gelten § 3c Abs. 2 Nr. 2 und Abs. 3 UStG nicht für die Lieferungen verbrauchsteuerpflichtiger Waren (Mineralöle, Alkohol und alkoholische Getränke sowie Tabakwaren), weil die Abnehmer i. S. des § 3c Abs. 2 Nr. 2 UStG den innergemeinschaftlichen Erwerb dieser Gegenstände stets der Besteuerung unterwerfen müssen (vgl. § 1a Abs. 5 Satz 1 UStG). Die Sonderregelung des § 3c UStG für den Ort der Lieferung ist daher insoweit entbehrlich (vgl. § 3c Abs. 5 Satz 2 UStG).

2. Die besonderen Regelungen über den Ort der Lieferung nach § 3c UStG gehen den allgemeinen Bestimmungen über den Lieferort vor (§ 3 Abs. 5a UStG). Voraussetzung ist, dass der liefernde Unternehmer oder ein von ihm beauftragter Dritter den Gegenstand befördert oder versendet. Die sog. Versandhandelsregelung betrifft nicht nur die eigentlichen Versandhandelsunternehmen, z. B. Versandhäuser, sondern grundsätzlich alle Unternehmer, die ihre Lieferungen an die in Betracht kommenden Abnehmer durch Befördern oder Versenden ausführen. Wird die Warenbewegung dagegen durch den Abnehmer durchgeführt oder veranlasst (Abholfälle), ist § 3c UStG nicht anzuwenden. Für Lieferungen beweglicher körperlicher Gegenstände, die der Differenzbesteuerung nach § 25a UStG unterliegen, ist die Anwendung des § 3c UStG ausgeschlossen (§ 25a Abs. 7 Nr. 3 UStG).[2]

Der Gegenstand der Lieferung muss durch den Lieferer oder einen von ihm beauftragten Dritten aus dem Gebiet eines Mitgliedstaates in das Gebiet eines anderen Mitgliedstaates oder aus dem übrigen Gemeinschaftsgebiet in die in § 1 Abs. 3 UStG bezeichneten Gebiete (z. B. Freihäfen) gelangen. Das gilt auch, wenn der Lieferer den Gegenstand (vorher) in das Gemeinschaftsgebiet eingeführt hat (§ 3c Abs. 1 Satz 2 UStG).

3. Grundvoraussetzung für die Anwendung der Regelung des § 3c UStG ist, dass der Abnehmer nicht der Erwerbsbesteuerung unterliegt. Bei den Abnehmern sind zwei Gruppen zu unterscheiden:

- private Letztverbraucher (§ 3c Abs. 2 Nr. 1 UStG) und
- Abnehmer i. S. des § 3c Abs. 2 Nr. 2 UStG.

Bei der 1. Gruppe ist die Erwerbsschwelle des Bestimmungslandes bedeutungslos. An diese Abnehmer können im Versandhandel sowohl verbrauchsteuerpflichtige als auch andere Waren geliefert werden.

Die Abnehmer der 2. Gruppe sind identisch mit den Erwerbern, die einen innergemeinschaftlichen Erwerb grundsätzlich nicht zu versteuern haben (vgl. § 1a Abs. 3 UStG). Ob ein Abnehmer zu dieser Gruppe gehört, richtet

1 Zum innergemeinschaftlichen Erwerb neuer Fahrzeuge vgl. Fall 41.
2 Zur Differenzbesteuerung vgl. Fall 91.

sich nach dem Umsatzsteuerrecht des jeweiligen Bestimmungslandes. Für Lieferungen an diese Abnehmer ist die von dem jeweiligen Bestimmungsland festgesetzte Erwerbsschwelle zu beachten (§ 3c Abs. 2 Satz 2 UStG); zu den maßgebenden Erwerbsschwellen der anderen EU-Mitgliedstaaten vgl. Abschn. 3c.1 Abs. 2 UStAE). Unter der Erwerbsschwelle eines Mitgliedstaates ist der Gesamtbetrag der Entgelte für Erwerbe aus anderen Mitgliedstaaten zu verstehen. In der Praxis wird der Lieferer die Angaben des Abnehmers berücksichtigen. Wenn dieser im Zusammenhang mit der Lieferung seine USt-IdNr. verwendet, wird er davon ausgehen, dass der Erwerber steuerfrei einkaufen und die Besteuerung im Bestimmungsland (Erwerbsbesteuerung) selbst vornehmen will. Die Regelung in Deutschland sieht vor, dass die Verwendung der USt-IdNr. als Verzicht auf die Erwerbsschwelle gilt (vgl. § 1a Abs. 4 Satz 2 UStG). Mit der Verwendung der USt-IdNr. verzichtet der Unternehmer damit auf die Schwellenerwerbsregelung. Diese Verknüpfung zwischen Verzicht und Verwendung der USt-IdNr. hat der Gesetzgeber geschaffen, um eine Besteuerungslücke zu vermeiden.

4. Die Anwendung des § 3c UStG setzt ferner voraus, dass die unter diese Vorschrift fallenden Lieferungen eines Unternehmers in einen anderen Mitgliedstaat, vorbehaltlich des Verzichts nach § 3c Abs. 4 UStG, einen bestimmten Betrag (Lieferschwelle = Entgelte der Lieferungen i. S. des § 3c UStG in das jeweilige Mitgliedsland) überschreiten (§ 3c Abs. 3 UStG; zu den maßgeblichen Lieferschwellen in den anderen EU-Mitgliedstaaten vgl. Abschn. 3c.1 Abs. 3 UStAE). Bis zu diesem Betrag findet die Ortsregelung des § 3c UStG aus Gründen der Praktikabilität (z. B. Vermeidung von verfahrensrechtlichen Erschwernissen für den liefernden Unternehmer bei einer Besteuerung im Bestimmungsland) keine Anwendung. Hat der Unternehmer die maßgebliche Lieferschwelle im vorangegangenen Kalenderjahr überschritten, wird der Lieferort für Lieferungen im laufenden Kalenderjahr nach § 3c UStG bestimmt; dies gilt unabhängig von der Höhe der entsprechenden Entgelte im laufenden Kalenderjahr. Wurde die maßgebliche Lieferschwelle im vorangegangenen Kalenderjahr nicht überschritten, kommt es im laufenden Kalenderjahr erst dann zur Anwendung der Ortsregelung des § 3c UStG, wenn der betreffende Gesamtbetrag der Entgelte für Lieferungen i. S. von § 3c UStG die Lieferschwelle des jeweiligen Mitgliedstaates überschreitet (Abschn. 3c.1 Abs. 3 Satz 5 UStAE). Bereits der Umsatz, der zur Überschreitung der Lieferschwelle führt, unterliegt der Versandhandelsregelung (Abschn. 3c.1 Abs. 3 Satz 6 UStAE). Für Lieferungen, die nach § 3c UStG im Inland oder in den nach § 1 Abs. 3 UStG bezeichneten Gebieten als bewirkt gelten, beträgt die Lieferschwelle 100.000 € (§ 3c Abs. 3 Nr. 1 UStG).

Bei Lieferungen, die nach den Grundsätzen des § 3c UStG im Gebiet eines anderen Mitgliedstaates als ausgeführt gelten, ist als Lieferschwelle der von diesem Mitgliedstaat festgesetzte Betrag maßgeblich. Bei der Prüfung der Frage, ob die Lieferschwelle überschritten ist oder nicht, ist nur auf die Umsätze an Erwerber i. S. des § 3c Abs. 2 Nr. 1 und 2 UStG abzustellen.

Der inländische Lieferer kann auf die Anwendung der Regelung über die von den jeweiligen Mitgliedstaaten festgesetzten Lieferschwellen verzichten (§ 3c Abs. 4 UStG). Der Verzicht ist dem zuständigen Finanzamt im Ursprungsland (hier Deutschland) mitzuteilen, weil dieser Mitgliedstaat (hier Deutschland) durch die Anwendung des § 3c UStG sein Besteuerungsrecht verliert. Der Verzicht ist z. B. dann sinnvoll, wenn der Steuersatz im Bestimmungsland niedriger als im Ursprungsland ist oder der liefernde Unternehmer trotz anfänglich niedriger Umsätze künftig von steigenden Umsätzen ausgeht. An diesen Verzicht, den der Unternehmer für Versandhandelsumsätze für jeden einzelnen Mitgliedstaat gesondert erklären kann, ist er für mindestens zwei Kalenderjahre gebunden (§ 3c Abs. 4 Satz 3 UStG).

5. T hat am 10.01.04 durch Versenden an den privaten Kunden **R** zwei Lieferungen ausgeführt (§ 3 Abs. 1 UStG). Da die Lieferungen des T an seinen Kunden in Luxemburg die von diesem Mitgliedstaat festgelegte Lieferschwelle von 100.000 € weder im Jahr 03 noch im Zeitpunkt der Lieferung am 10.01.04 überschritten haben, ist § 3c UStG nicht anzuwenden. Der Ort der beiden Lieferungen ist Tübingen (§ 3 Abs. 6 Satz 1, 3 und 4 UStG). Die Lieferungen sind steuerbar (§ 1 Abs. 1 Nr. 1 UStG) und mit 19 % steuerpflichtig (§ 12 Abs. 1 UStG).

T hat die Lieferungen (§ 3 Abs. 1 UStG) von Tennisschuhen und -kleidung an **M** am 25.02.04 durch Befördern ausgeführt. Die Liefergegenstände sind durch den liefernden Unternehmer T zu dem in einem anderen Mitgliedstaat wohnhaften M gelangt, der als privater Endverbraucher (Freizeitsportler) nicht zu den in § 1a Abs. 1 Nr. 2 UStG genannten Personen gehört (§ 3c Abs. 2 Nr. 1 UStG). Im Jahr 03 hat T mit seinen Lieferungen an den in § 3c Abs. 2 UStG genannten Abnehmerkreis die Lieferschwelle von 35.000 € überschritten. Die Lieferungen des T gelten daher unabhängig von der Höhe der im Jahr 04 erzielten Entgelte für entsprechende Lieferungen nach Belgien gem. § 3c Abs. 1 UStG in Malmedy (Belgien) als ausgeführt; sie unterliegen der Besteuerung nach belgischem Umsatzsteuerrecht. T muss sich in Belgien für umsatzsteuerliche Zwecke registrieren.

Die am 17.05.04 getätigten Lieferungen (§ 3 Abs. 1 UStG) an den Sportverein V hat T durch Versenden mit der Bahn bewirkt. Der Verein gehört zu den Abnehmern i. S. des § 3c Abs. 2 Nr. 2 Buchst. b UStG, die ihren Erwerb nicht der Besteuerung zu unterwerfen haben. Der Verein ist einem privaten Endverbraucher gleichgestellt; er hat die für ihn maßgebliche Erwerbsschwelle von 10.000 € (vgl. Abschn. 3c.1 Abs. 2 UStAE) weder überschritten noch auf ihre Anwendung verzichtet.

T hat jedoch auf die Anwendung der für Lieferungen an Letztverbraucher maßgeblichen Lieferschwelle von 100.000 € im Jahr 03 verzichtet und die entsprechenden Umsätze in den Niederlanden versteuert. Er ist an diesen Verzicht für mindestens zwei Kalenderjahre, also auch für das Jahr 04, gebunden (§ 3c Abs. 4 Satz 3 UStG). Die Höhe der tatsächlich im Jahr 04 ausgeführten Umsätze ist unmaßgeblich. Die Lieferungen des T an den Verein gelten nach § 3c Abs. 1 Satz 1 UStG als in Venlo (Niederlande) bewirkt. Sie sind nach dem in diesem Mitgliedstaat geltenden Recht der Umsatzsteuer zu unterwerfen.

6. T kann nach Maßgabe des § 15 UStG die mit den Lieferungen an R, M und V im wirtschaftlichen Zusammenhang stehenden Umsatzsteuerbeträge als Vorsteuern abziehen. Ein Ausschluss vom Vorsteuerabzug tritt auch für die in Belgien und in den Niederlanden bewirkten, nach deutschem Umsatzsteuerrecht nicht steuerbaren Umsätze nicht ein; sie wären, wenn T sie im Inland ausgeführt hätte, steuerpflichtig (Umkehrschluss aus § 15 Abs. 2 Satz 1 Nr. 2 UStG). In einem anderen Mitgliedstaat angefallene Vorsteuern sind von T in diesem Mitgliedstaat geltend zu machen.

Fall 23

Lieferung unter Eigentumsvorbehalt

UStG § 3 Abs. 1; BGB § 449

Gemäß § 3 Abs. 1 UStG ist eine Lieferung die Verschaffung der Verfügungsmacht an einem Gegenstand. Dazu muss der Abnehmer oder in seinem Auftrag ein Dritter befähigt werden, im eigenen Namen über den Gegenstand zu verfügen. Grundsätzlich ist diese Voraussetzung erfüllt, wenn der Abnehmer bzw. der Dritte das zivilrechtliche Eigentum an dem Gegenstand erwerben. Allerdings ist die Lieferung nicht immer von der sofortigen zivilrechtlichen Eigentumsübertragung abhängig. Im Fall des Eigentumsvorbehalts liegen die Voraussetzungen für eine Lieferung nach § 3 Abs. 1 UStG schon vor, wenn der Gegenstand übergeben wird.

Sachverhalt

Kraftfahrzeughändler Volant (V) in Velbert verkauft am 01.02. an den Kunden Steuerinspektor Klein (K) einen neuen PKW. K leistet eine Anzahlung von 17.400 €; den Restbetrag von 6.400 € zahlt K in acht Monatsraten von je 800 € bis zum 30.09. Das Kraftfahrzeug und die Zulassungsbescheinigung Teil I (früher Fahrzeugschein) werden K am 01.02. übergeben. Die Zulassungsbescheinigung Teil II (früher Fahrzeugbrief) behält V bis zur Bezahlung der letzten Rate zurück. Der Kaufvertrag enthält u. a. folgende Lieferbedingungen:

1. Das Fahrzeug bleibt bis zur vollständigen Abdeckung sämtlicher aus dem Kaufvertrag entstandenen Verpflichtungen des Käufers Eigentum des Verkäufers.

2. Solange der Eigentumsvorbehalt besteht, ist eine Veräußerung, Verpfändung, Sicherungsübereignung, Vermietung oder anderweitige Überlassung des Fahrzeugs ohne schriftliche Zustimmung des Verkäufers unzulässig.
3. Während der Dauer des Eigentumsvorbehalts steht das Recht zum Besitz der Zulassungsbescheinigung Teil II dem Verkäufer zu.
4. Während der Dauer des Eigentumsvorbehalts ist das Fahrzeug vom Käufer gegen Haftpflicht und Vollkasko zu versichern mit der Maßgabe, dass die Rechte aus der Versicherung dem Verkäufer zustehen.

Frage

Wann und wo hat V das Kraftfahrzeug an K geliefert?

Antwort

V hat das Kraftfahrzeug am 01.02. in Velbert an K geliefert.

Begründung

Wird in Erfüllung eines Kaufvertrages über eine bewegliche Sache dem Käufer der Besitz an der Sache unter Eigentumsvorbehalt (§ 449 BGB) übertragen, so liegt umsatzsteuerrechtlich eine Lieferung vor (§ 3 Abs. 1 UStG; Abschn. 3.1 Abs. 3 Satz 4 UStAE). Das gilt nicht nur, wenn der Käufer als Unternehmer mit der Zustimmung des Verkäufers und Eigentümers die gelieferte Sache weiterveräußern darf, sondern auch dann, wenn die Übereignung an einen privaten Käufer (Endabnehmer) erfolgt, der nach den üblicherweise getroffenen Vereinbarungen (Lieferbedingungen) ohne Zustimmung des Verkäufers nicht zu Verfügungen über die Sache berechtigt ist. Die wirtschaftliche Bedeutung des Eigentumsvorbehalts besteht in einer Sicherung der Kaufpreisforderung des Verkäufers.

Würde der Verkäufer V dem Käufer K die Sache (PKW) durch Übereignung (= Eigentumsübertragung) übertragen und der Käufer K sie dem Verkäufer V im Wege der Sicherungsübereignung unmittelbar anschließend zurückübereignen, so bestünde kein Zweifel, dass V an K geliefert hätte und die anschließende (Rück-)Sicherungsübereignung keine (Rück-)Lieferung des Käufers K an V wäre (vgl. Abschn. 3.1 Abs. 3 Satz 1 UStAE). Die Lieferung unter Eigentumsvorbehalt kann umsatzsteuerrechtlich nicht anders behandelt werden als eine Lieferung mit Übereignung und anschließender (Rück-)Sicherungsübereignung an den Verkäufer (zur Lieferung sicherungsübereigneter Gegenstände vgl. Fall 88).

Da K berechtigt ist, das Fahrzeug zu nutzen, und verpflichtet ist, alle Lasten zu tragen, schaltet und waltet er bezüglich des Fahrzeugs ab 01.02. wirtschaftlich wie ein Eigentümer (vgl. § 39 Abs. 2 Nr. 1 AO). Der Eigentumsvorbehalt bedeutet für ihn wirtschaftlich nur eine Sicherung des V für die Kaufpreisraten. Damit ist die Lieferung unter Eigentumsvorbehalt bereits am 01.02. ausgeführt worden. Der Ort der Lieferung ist Velbert, weil der

Abnehmer K den PKW im Anschluss an die Übergabe befördert hat (§ 3 Abs. 6 Satz 1 und 2 UStG). Ein Befördern liegt auch vor, wenn der Gegenstand der Lieferung mit eigener Kraft fortbewegt wird, z. B. bei Kraftfahrzeugen auf eigener Achse (Abschn. 3.12 Abs. 2 Satz 2 UStAE).

Fall 24

Lieferungen – Kommissionsgeschäfte

UStG § 3 Abs. 1 und 3; HGB §§ 383 ff.

§ 3 Abs. 3 UStG sieht für die Kommission nach § 383 HGB eine Sonderregelung vor. Abweichend von den zivilrechtlichen Vereinbarungen wird eine Lieferkette fingiert. Damit ist das zivilrechtliche Kommissionsgeschäft, das eigentlich eine Geschäftsbesorgung darstellt, für umsatzsteuerrechtliche Zwecke irrelevant.

Sachverhalt

Möbelfabrikant M in Marburg sendet mit dem LKW an den Großhändler G in Gießen Möbel zum Preislimit von 100.000 € netto. Die vereinbarte Provision beträgt 10 %. Die Möbel werden G ohne Abnahmeverpflichtung überlassen. G soll die Möbel im eigenen Namen und für Rechnung der Möbelfabrik M verkaufen. Nach den vertraglichen Abmachungen obliegt G die Abrechnung der abgewickelten Geschäfte.

G verkauft die Hälfte der Kommissionsware für (50.000 € + 9.500 € Umsatzsteuer =) 59.500 € an verschiedene Kunden (K), an die er die Möbelstücke jeweils mit eigenem LKW ausliefert. Er erteilt M am Monatsende folgende Gutschriftsanzeige (Auszug):

Möbelstücke der Anbaureihe „Rechteck"	
lt. umseitiger Einzelaufstellung	50.000 €
abzgl. Provision 10 %	5.000 €
verbleiben	45.000 €
zzgl. Umsatzsteuer 19 %	8.550 €
insgesamt	53.550 €

Die §§ 19 und 20 UStG sind auf die Umsätze nicht anzuwenden.

Frage

1. Was ist Wesen und Inhalt des Kommissionsgeschäfts?

2. Welche Art von Umsätzen haben M und G bewirkt?
3. Welche Umsatzsteuer schuldet G, welche Vorsteuer kann er abziehen?

Antwort

1. Am Kommissionsgeschäft sind regelmäßig drei Personen beteiligt. Sein Inhalt ergibt sich aus den §§ 383 ff. HGB.
2. Kommittent M hat Lieferungen an den Kommissionär G, Kommissionär G hat Lieferungen an die Kunden K bewirkt.
3. G schuldet eine Umsatzsteuer von 9.500 €; er kann 8.550 € als Vorsteuer abziehen.

Begründung

1. Kommissionär ist, wer es gewerbsmäßig unternimmt, Waren oder Wertpapiere für Rechnung eines anderen (des Kommittenten) im eigenen Namen zu kaufen oder zu verkaufen (§ 383 HGB; Lieferungskommission). Bei den Kommissionsgeschäften unterscheidet man zwischen Einkaufskommission und Verkaufskommission. Es sind regelmäßig drei Personen beteiligt:

a) der Kommittent, der als Auftraggeber mit dem Kommissionär in Verbindung tritt und den Auftrag erteilt;
b) der Kommissionär, der für den Kommittenten Waren einkauft oder verkauft;
c) der Dritte, von dem der Kommissionär die Ware kauft oder an den er die Ware verkauft.

Bei der Durchführung des Kommissionsgeschäfts unterscheidet man:

a) den Kommissionsvertrag, durch den der Kommissionär sich zur Geschäftsbesorgung verpflichtet (Werkvertrag);
b) das Ausführungsgeschäft, das der Kommissionär mit dem Dritten abschließt (Kauf oder Verkauf), und
c) das Abwicklungsgeschäft, durch das der Kommissionär das Ergebnis des Ausführungsgeschäfts dem Kommittenten zuwendet (Übereignung, Abtretung).

Der Kommissionär hat eine Doppelstellung: Er tritt im Außenverhältnis, d. h. dem Dritten (Käufer oder Verkäufer) gegenüber, im eigenen Namen, im Innenverhältnis, d. h. dem Kommittenten gegenüber, für dessen Rechnung er tätig wird, wie ein Vermittler auf. Der Kommittent als der eigentliche Verkäufer oder Käufer ist dem Käufer bzw. Verkäufer der Ware nicht bekannt.

Der Kommissionär hat für seine Tätigkeit Anspruch auf eine Provision sowie auf Ersatz von Auslagen. Der Auftrag des Kommittenten wird entweder als Bestensauftrag oder als limitierter Auftrag erteilt, d. h., der Kommissionär soll den Auftrag entweder zum günstigsten oder zu einem begrenzten Preis durchführen. Neben der Provision kann der Kommissionär bei limitierten Aufträgen (Mindestpreis bei der Verkaufskommission) an einem Mehrerlös oder (bei der Festsetzung einer oberen Preisgrenze bei der Einkaufskommission) an einem Minderpreis beteiligt werden, um ihm einen Anreiz zum günstigsten Vertragsabschluss zu bieten. Neben der Provision und dem Auslagenersatz erhält der Verkaufskommissionär häufig eine sog. Delkredereprovision, wenn er für den Zahlungseingang die Haftung übernimmt.

Die Kommissionsware kann entweder über das Lager des Kommissionärs gehen oder unmittelbar vom Verkäufer an den Kommittenten (Streckengeschäft) bzw. vom Kommittenten an den Käufer gesandt werden. Im Gegensatz zum Einkaufskommissionär wird der Verkaufskommissionär i. d. R. nicht Eigentümer der Ware. Kommissionsgeschäfte im Überseehandel bezeichnet man als Konsignationsgeschäft (Konsignant = Kommittent, Konsignatar = Exportkommissionär).

2. G tritt im Außenverhältnis im eigenen Namen, aber im Innenverhältnis zu M für fremde Rechnung auf; G wird daher umsatzsteuerrechtlich wie ein Eigenhändler behandelt. Bei den Möbelverkäufen handelt es sich um einen Fall der Verkaufskommission. Kommissionär G verkauft Waren der Möbelfabrik M im eigenen Namen und ist verpflichtet, M als dem Kommittenten den Erlös (abzüglich der Provision und der für die Geschäfte entstandenen Auslagen) auszuhändigen. Verkaufskommissionär G wird zwar nicht Eigentümer der Ware, er ist lediglich ermächtigt (§ 185 BGB), im eigenen Namen das Eigentum des Kommittenten M auf die Kunden K zu übertragen. Völlig unabhängig davon ist G umsatzsteuerrechtlich in die Lieferkette eingeschaltet. Umsatzsteuerrechtlich liegen bei jedem Verkauf zwei Lieferungen vor: eine Lieferung des Kommittenten M an den Kommissionär G sowie eine Lieferung des Kommissionärs G an den Kunden. Zwar erbringt der Kommissionär G aus zivilrechtlicher Sicht eine Geschäftsbesorgung für den Kommittenten M, umsatzsteuerlich begründet die Regelung des § 3 Abs. 3 UStG jedoch eine Umkehrung der Leistungsbeziehung und fingiert eine Lieferung des Kommittenten M an den Kommissionär G. Die zivilrechtlich vom Kommissionär G an den Kommittenten M erbrachte Besorgungsleistung bleibt umsatzsteuerlich unberücksichtigt. Insoweit weicht die umsatzsteuerrechtliche Rechtslage vom zivilrechtlichen Kommissiongeschäft ab.

Schematische Darstellung der Verkaufskommission:

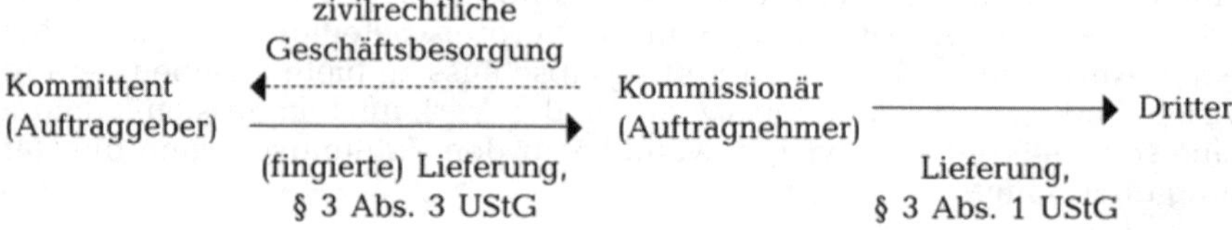

Umsatzsteuerrechtlich steht bei der Verkaufskommission der Kommissionär einem Eigenhändler gleich, der erworbene Waren mit Händlerrabatt (= Provision) erwirbt und zum vollen Preis weiterverkauft.

Bei der Verkaufskommission kommt eine Lieferung des Kommittenten an den Kommissionär (§ 3 Abs. 3 UStG) erst zustande, wenn der Kommissionär das Kommissionsgut an seinen Abnehmer liefert (§ 3 Abs. 1 UStG; Abschn. 3.1 Abs. 3 Satz 7 UStAE). Der Zeitpunkt der ersten Lieferung ist damit grundsätzlich zeitgleich mit der zweiten Lieferung (eine juristische Sekunde vor der zweiten Lieferung). Die Hingabe der Kommissionsware an den Kommissionär, bevor dieser einen bestimmten Abnehmer gefunden hat, ist wie die Rückgabe unverkäuflicher Kommissionsware an den Kommittenten nicht steuerbar (sog. rechtsgeschäftsloses Verbringen; vgl. aber Abschn. 1a.2 Abs. 7 UStAE). Geht die Ware bei dem Kommissionär unter, kommt es ebenfalls nicht zu einer Lieferung des Kommittenten an den Kommissionär.

Schematische Darstellung der Einkaufskommission:

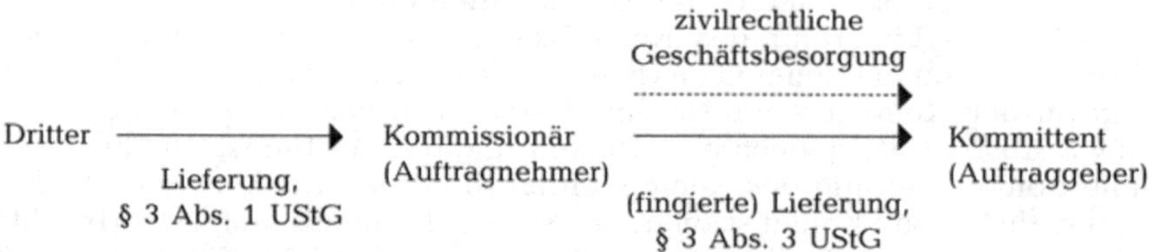

Bei der Einkaufskommission ist die Situation umgedreht: Der Kommissionär gleicht einem Eigenhändler, der erworbene Ware mit einem Preisaufschlag (= Provision) veräußert. Hier tritt der Kommissionär als Einkäufer für den Kommittenten auf. Die Lieferkette wird daher in umgekehrter Reihenfolge fingiert. Der Einkauf durch den Kommissionär stellt die erste Lieferung dar. Die zweite Lieferung ist wiederum die Überlassung der Ware an den Kommittenten.

Durch die fiktiven Lieferungen zwischen Kommissionär und Kommittent ist die zivilrechtliche Geschäftsbesorgung zwischen den Vertragspartnern des Kommissionsgeschäftes unerheblich. Es gilt daher umsatzsteuerrechtlich der Merksatz: Kommissionäre behandle wie Eigenhändler.

Wird das Kommissionsgut im Zusammenhang mit der Lieferung des Kommissionärs an seinen Abnehmer befördert oder versendet, liegt ein Reihengeschäft[1] i. S. des § 3 Abs. 6 Satz 5 UStG vor. Im vorliegenden Sachverhalt gelangen die Möbel bei der Beförderung durch den Großhändler G (Kommissionär) zwar räumlich von Gießen aus zu den verschiedenen Kunden, die Lieferungen des Kommittenten M an den Kommissionär G und dessen Lieferungen an seine Kunden erfolgen umsatzsteuerrechtlich jedoch unmittelbar nacheinander. Der Kommittent M hat bis zum Beginn der Beförderungslieferung durch den Kommissionär G die Verfügungsmacht i. S. des § 3 Abs. 1 UStG an den Möbeln. Die Beförderung ist unter der Annahme, dass G die Möbel in seiner Eigenschaft als Lieferer befördert, nach § 3 Abs. 6 Satz 6 zweite Alternative UStG dem mittleren Unternehmer G zuzuordnen. Wird kein Reihengeschäft angenommen, ergibt sich im Ergebnis die gleiche Lösung. M erbringt eine ruhende Lieferung nach § 3 Abs. 7 Satz 1 UStG und G führt eine Beförderungslieferung (§ 3 Abs. 6 Satz 1 und 2 UStG) aus.

Der Kommissionär verschafft sich den Vorsteuerabzug dadurch, dass er nach Ausführung des Kommissionsgeschäfts gegenüber dem Kommittenten über die vom Kommittenten an ihn ausgeführten Lieferungen im Wege der Gutschrift abrechnet. Bei der Verkaufskommission ergibt sich im Allgemeinen das Einverständnis zur Abrechnung mit Gutschriften i. S. des § 14 Abs. 2 Satz 2 UStG aus dem Kommissionsvertrag, zumal der Kommissionär dem Kommittenten von der Ausführung der Kommission unverzüglich Anzeige zu machen hat. Ferner ist er verpflichtet, über das Geschäft Rechenschaft abzulegen (§ 384 Abs. 2 HGB). In diesem Fall ist die jeweils in der Gutschrift ausgewiesene Umsatzsteuer als Vorsteuer abzugsfähig (§ 15 Abs. 1 Satz 1 Nr. 1 UStG).

3. Die von G im Rahmen eines Reihengeschäfts (§ 3 Abs. 6 Satz 5 und 6 zweite Alternative UStG) an seine Kunden in Gießen (§ 3 Abs. 6 Satz 1 UStG) ausgeführten Lieferungen (§ 3 Abs. 1 UStG) sind steuerbar (§ 1 Abs. 1 Nr. 1 UStG) und mit 19 % steuerpflichtig (§ 12 Abs. 1 UStG). Die Bemessungsgrundlage (§ 10 Abs. 1 UStG) beträgt 50.000 €, die Umsatzsteuer 9.500 €.

Die (fingierten) Lieferungen (§ 3 Abs. 3 UStG) des Kommittenten M wurden für das Unternehmen des G auch in Gießen (§ 3 Abs. 7 Satz 2 Nr. 1 UStG) ausgeführt. Gegenleistung für die Lieferungen des Kommittenten M an den Kommissionär G ist der von G herauszugebende Verkaufserlös (§ 384 Abs. 2 HGB) abzüglich der vereinbarten Provision (53.550 €). Die Lieferungen sind steuerbar (§ 1 Abs. 1 Nr. 1 UStG) und mit 19 % steuerpflichtig (§ 12 Abs. 1 UStG). Bei einer Bemessungsgrundlage (§ 10 Abs. 1 UStG) von 45.000 € beträgt die Umsatzsteuer 8.550 €. Aufgrund der von G an M erteilten Gutschrift (§ 14 Abs. 2 Satz 2 UStG) ergibt sich für G ein Vorsteuerabzug von 8.550 € (§ 15 Abs. 1 Satz 1 Nr. 1 UStG).

1 Zu Reihengeschäften vgl. Fall 19.

Fall 25

Formen der sonstigen Leistung

UStG § 3 Abs. 9

Sonstige Leistungen sind Leistungen, die nicht in der Verschaffung der Verfügungsmacht an einem Gegenstand bestehen. Hinsichtlich ihrer Ausführungsformen können sie danach unterschieden werden, ob sie in einem Tun, Dulden oder Unterlassen bestehen.

Sachverhalt

Musiklehrer **A** hat einigen Schülern Klavierunterricht erteilt.

Schreinermeister **B** hat für einen Gastwirt Tische und Stühle unter Verwendung von Leim und Schrauben repariert.

Versicherungsvertreter **C** hat für eine Versicherungsgesellschaft den Abschluss von Lebensversicherungsverträgen vermittelt.

Beförderungsunternehmer **D** hat das Umzugsgut eines Beamten von Krefeld nach Düsseldorf transportiert.

Hauseigentümer **E** hat Wohnungen an Privatpersonen vermietet.

Fabrikant **F** hat ein Patentrecht gegen Lizenz an einen französischen Hersteller überlassen.

Einzelhändler **G** hat vom Vermieter seines Ladenlokals eine Räumungsentschädigung erhalten. Die vorzeitige Auflösung des Mietverhältnisses wurde vereinbart, weil das Gebäude abgebrochen werden soll.

Modehaus **H** hat mit einer holländischen Textilhandelsgesellschaft vereinbart, die im Vertrag angegebenen Waren und Modelle in den Benelux-Staaten nicht zu vertreiben.

Frage

1. Welche Formen der sonstigen Leistung sind zu unterscheiden?
2. Wofür kann die Unterscheidung der Formen der sonstigen Leistung Bedeutung haben?
3. In welcher Form wurden die sonstigen Leistungen der Unternehmer A bis H erbracht?

Antwort

1. Bei den sonstigen Leistungen (§ 3 Abs. 9 UStG) sind Leistungen, die in einem positiven Tun bestehen, zu unterscheiden von sonstigen Leistungen durch „Dulden" oder „Unterlassen".

2. Die Unterscheidung der Formen der sonstigen Leistung kann u. a. Bedeutung haben für die Beantwortung der Frage, an welchem Ort die sonstige Leistung erbracht wird.
3. Die sonstigen Leistungen wurden erbracht in der Form
   des Tuns durch die Unternehmer A bis D,
   des Duldens durch die Unternehmer E und F,
   des Unterlassens durch die Unternehmer G und H.

Begründung

1. Das Umsatzsteuergesetz bestimmt den Begriff der sonstigen Leistung in § 3 Abs. 9 UStG durch eine negative Abgrenzung gegenüber der Lieferung. Sonstige Leistungen sind danach Leistungen, die keine Lieferungen sind. Darüber hinaus stellt § 3 Abs. 9 UStG klar, dass eine sonstige Leistung auch in einem Unterlassen oder im Dulden einer Handlung oder eines Zustandes bestehen kann. Es sind also drei Formen der sonstigen Leistung zu unterscheiden: Tun, Dulden, Unterlassen. In allen Fällen müssen die Merkmale einer Leistung (vgl. Fall 4) gegeben sein. Das Unterlassen führt nur dann zu einer (sonstigen) Leistung, wenn durch den Verzicht auf eine eigene Tätigkeit einem anderen Beteiligten (Leistungsempfänger) ein wirtschaftlicher Vorteil zugewendet wird. Typische sonstige Leistungen sind Dienstleistungen, Gebrauchs- und Nutzungsüberlassungen. Sonstige Leistungen werden grundsätzlich im Zeitpunkt ihrer Vollendung ausgeführt, z. B. mit Beendigung der Beförderung oder der Vermietung. Wird z. B. bei einer Vermietungsleistung die Miete nach Zeitabschnitten bemessen und gesondert abgerechnet, liegen Teilleistungen vor (§ 13 Abs. 1 Nr. 1 Buchst. a Satz 3 UStG; zu Teilleistungen vgl. auch Fall 85).

2. Bei der Ortsbestimmung sonstiger Leistungen gelten im Grundsatz die Regelungen des § 3a Abs. 1 und 2 UStG: Eine sonstige Leistung an einen Nichtunternehmer wird an dem Ort ausgeführt, von dem aus der leistende Unternehmer sein Unternehmen betreibt (§ 3a Abs. 1 UStG).

Nach § 3a Abs. 2 UStG bestimmt sich der Ort der sonstigen Leistung an Leistungsempfänger, die Unternehmer sind und die Leistung für ihr Unternehmen beziehen, nach dem Ort, von dem aus der Empfänger der Leistung sein Unternehmen betreibt. In bestimmten Fällen ist es jedoch von Bedeutung, ob der Leistungsinhalt ein Tun (eigene Aktivität des Leistenden), ein Dulden (Hinnahme fremder Aktivität oder Bestehen eines Zustandes) oder ein Unterlassen (gewollte Nichtvornahme eigener Handlungen) darstellt, vgl. z. B. § 3a Abs. 3, 4 und § 3b UStG; zum Ort einer sonstigen Leistung vgl. auch die Fälle 26 ff.

3. Die im Wirtschaftsleben vorkommenden sonstigen Leistungen lassen sich nicht katalogmäßig festlegen. Form und Inhalt von sonstigen Leistungen ergeben sich in Zweifelsfällen regelmäßig aus dem der Leistung zugrunde liegenden bürgerlich-rechtlichen Vertrag (Verpflichtungsgeschäft).

Musiklehrer **A** bewirkte mit der Erteilung des Klavierunterrichts eine Dienstleistung aufgrund eines Dienstvertrages (§§ 611 ff. BGB). Dienstleistungen können nicht nur von Arbeitnehmern, sondern auch von Unternehmern bewirkt werden. Im Gegensatz zu Werkleistungen wird die Vergütung für Dienstleistungen im Allgemeinen nach Stunden oder sonstigen Zeiträumen berechnet; auf den Arbeitserfolg kommt es nicht entscheidend an. Die sonstige Leistung des A besteht in einem Tun.

Schreinermeister **B** tätigte durch die Ausführung von Reparaturen an Tischen und Stühlen des Gastwirts eine Werkleistung (Werkvertrag, §§ 631 ff. BGB). Die Vergütung wurde für die Herstellung des Werkes gezahlt. Da B bei der Ausführung der Arbeiten nur Nebensachen (Zutaten) verwendet hat, bewirkte er eine sonstige Leistung durch ein Tun (Umkehrschluss aus § 3 Abs. 4 UStG); seine Leistung ist nicht als Werklieferung zu beurteilen, weil er bei den Arbeiten keine Hauptstoffe verwendet hat; zur Abgrenzung Werklieferung – Werkleistung vgl. Fall 33.

Versicherungsvertreter **C** ist damit betraut, als Handelsvertreter Versicherungsverträge zu vermitteln oder abzuschließen (§ 92 Abs. 1 HGB); er bewirkte gegenüber der Versicherungsgesellschaft Vermittlungsleistungen. Eine Vermittlungsleistung ist auf das Zustandekommen eines Vertrages gerichtet. Der Vermittler wirkt für seinen Auftraggeber auf dessen Geschäftspartner mit dem Ziel ein, einen Vertrag zustande zu bringen. Die Vermittlungsleistung kann gegenüber dem Vertragspartner erbracht werden, der die Leistung bewirken oder empfangen soll. Die sonstigen Leistungen des C bestehen in einem Tun.

Beförderungsunternehmer **D** tätigte durch den Transport des Umzugsgutes eine sonstige Leistung, die in einem Tun besteht. Als Beförderungsleistungen kommen sowohl Beförderungen von Personen als auch von Gütern in Betracht. Beförderungen werden insbesondere von Frachtführern (§§ 407 ff. HGB) und Verfrachtern (§§ 556 ff. HGB) ausgeführt. Der Spediteur (§§ 453 ff. HGB) dagegen „besorgt" Frachtbeförderungen durch Beförderer, er bewirkt sie also nicht selbst. Oftmals ist der Spediteur jedoch in den Fällen des Selbsteintritts auch als Frachtführer tätig (§ 458 HGB). Außer Frachtführern, Verfrachtern und Spediteuren können auch andere Unternehmer als „Gelegenheitsfrachtführer" tätig werden.

Hauseigentümer **E** überließ an die Mieter Wohnungen zum Gebrauch gegen Entgelt (§ 535 BGB). Die sonstige Leistung des E besteht in einem Dulden.

Fabrikant **F** bewirkte mit der Überlassung des Patentrechts gegen Lizenz eine sonstige Leistung, die in einem Dulden besteht. Durch die Lizenzgewährung wird dem Lizenznehmer das Recht zur Ausübung und Nutzung des Patents für ein bestimmtes Gebiet übertragen. In der Gewährung einer Lizenz für die Auswertung einer als Patent angemeldeten technischen Erfindung ist ein Dulden fremder Rechtsausübung zu erblicken.

Einzelhändler **G** erhielt die Räumungsentschädigung als Gegenleistung für den Verzicht auf Vertragserfüllung. Die sonstige Leistung besteht in einem bewussten Unterlassen, nämlich in der Nichtausübung der Rechte als Mieter bis zum Ablauf des Vertragsverhältnisses. Soweit die eine Vertragspartei dafür eine Zahlung leistet, dass die andere in die vorzeitige Beendigung des Mietverhältnisses einwilligt, ist ein Leistungsaustausch gegeben.

Der Verzicht des Grundstücksmieters auf seine Rechte aus dem Mietvertrag gegen eine Abstandszahlung durch den Vermieter ist der (ggf. nach § 4 Nr. 12 Satz 1 Buchst. a UStG steuerfreien) Vermietung eines Grundstücks gleichzusetzen (vgl. Abschn. 4.12.1 Abs. 1 Satz 5 UStAE).

Modehaus **H** bewirkte durch den vertraglich vereinbarten Verzicht auf die Ausübung des Wettbewerbs in den Benelux-Staaten eine sonstige Leistung, die in einem bewussten Unterlassen besteht. Durch ihren Verzicht auf den Handel mit bestimmten Waren in vertraglich festgelegten Gebieten wendet H der holländischen Textilgesellschaft einen wirtschaftlichen Vorteil zu.

Fall 26

Ort der sonstigen Leistung nach allgemeinen Grundsätzen und ausgewählten Sonderregeln

UStG § 3a Abs. 1, 2, 3 und 5, § 3b Abs. 1

Der Ortsbestimmung einer sonstigen Leistung liegen zwei Grundregeln und zahlreiche Sonderregeln zugrunde. Grundsätzlich wird für die Ortsbestimmung nach dem umsatzsteuerlichen Status des Leistungsempfängers unterschieden. Wird die sonstige Leistung an einen Nichtunternehmer erbracht, bestimmt sich der Leistungsort nach dem Ort, von dem aus der leistende Unternehmer sein Unternehmen betreibt. Ist Leistungsempfänger ein Unternehmer, der die Leistung für sein Unternehmen bezieht, wird diese Leistung am Ort seines Unternehmens erbracht. Diese Grundregeln werden jedoch in vielen Fällen von Sonderregeln verdrängt.

Sachverhalt

Allgemeinmediziner **A,** der in Aachen eine Praxis betreibt, erbringt gegenüber Patienten heilberufliche Leistungen.

Hauseigentümer **B,** wohnhaft in Bonn, vermietet in einem Gebäude in Hannover mehrere Wohnungen.

Grundstücksmakler **C** in Celle vermittelt den Verkauf eines in Gifhorn belegenen Einfamilienhauses.

Architekt **D**, der sein Büro in Duisburg unterhält, fertigt für einen Auftraggeber aus Essen die Baupläne für ein Geschäftshaus in Moers.

Gesangssolist **E** aus Epinal in Frankreich tritt bei einer Konzertreise an verschiedenen Orten in Deutschland auf. Die Veranstaltungen werden von einer Konzertagentur mit Sitz in Bonn durchgeführt. Zusätzlich tritt E für eine Privatperson auf einer Geburtstagsfeier in Hamburg auf. Für diesen Auftritt hat sich E in Epinal wochenlang vorbereitet.

Die Kraftfahrzeugreparaturwerkstatt **F** in Flensburg führt für private Auftraggeber Reparaturleistungen (Werkleistungen) an Kraftfahrzeugen aus.

Handelsvertreter **G**, der in Geldern ein Büro unterhält, vermittelt für die Norma GmbH in Hamburg den Verkauf von Küchenmaschinen und -geräten für Großküchen. G erzielt 80 Abschlüsse bei Kunden im Rheinland; 20 Abschlüsse kann G bei Kundenbesuchen in Belgien herbeiführen. Die Lieferungen der GmbH werden in Hamburg bewirkt.

Autovermieter **H**, ansässig in Heidelberg, vermietet für 10 Tage einen Kleinbus an eine Gruppe von Studenten. H übergibt den Kleinbus in Mannheim an die Studenten, die mit dem Bus eine Fahrt nach Paris durchführen. Die Gesamtstrecke beträgt 3.000 km. Davon entfallen 1.000 km auf das Inland. Außerdem vermietet H einen PKW für zwei Monate an einen japanischen Touristen aus Tokio, der das Fahrzeug ausschließlich im Inland nutzt.

Möbelspediteur **I**, der sein Unternehmen von Iserlohn aus betreibt, transportiert Möbel und Hausrat eines Arbeitnehmers von Schwerte nach Bielefeld.

Online-Händler **J** aus Jena bietet über das Internet E-Books an. Er verkauft diese E-Books an Privatpersonen in Frankreich und in der Schweiz bzw. an Unternehmer in den Niederlanden.

Frage

Wo befindet sich jeweils der Ort der sonstigen Leistung?

Antwort

Der Ort der sonstigen Leistung ist für die

heilberuflichen Leistungen des A:	Aachen
Vermietungsleistungen des B:	Hannover
Vermittlungsleistung des C:	Gifhorn
Architektenleistungen des D:	Moers
künstlerischen Leistungen des E:	Bonn bzw. Hamburg
Werkleistungen des F:	Flensburg
Vermittlungsleistungen des G:	Hamburg

Vermietungsleistungen des H:	Mannheim bzw. Tokio
Beförderungsleistung des I	die gefahrene Strecke von Schwerte nach Bielefeld
elektronisch erbrachten Leistungen des J	in Frankreich, der Schweiz bzw. in den Niederlanden

Begründung

Allgemeines: Steuerbar sind nur die im Inland ausgeführten Umsätze. Insbesondere bei grenzüberschreitenden sonstigen Leistungen kommt damit der Ortsbestimmung für den Steuerzugriff der betroffenen Länder eine entscheidende Bedeutung zu. Nach der Grundidee der Umsatzsteuer als allgemeiner Verbrauchsteuer (vgl. Fall 1) soll der Verbraucher (Leistungsempfänger) mit der Umsatzsteuer des Bestimmungslandes belastet werden (Bestimmungslandprinzip, Verbrauchsortprinzip, Empfängersitzprinzip). Bei der Erbringung grenzüberschreitender Lieferungen in ein Drittlandsgebiet wird dem Bestimmungslandprinzip durch Grenzkontrollen der Liefergegenstände zum Zweck der Steuerbefreiung dieser Lieferungen (sog. Ausfuhrlieferungen) im Ursprungsland und der Besteuerung der Einfuhr im Bestimmungsland Rechnung getragen (vgl. Fall 48).

Bei grenzüberschreitenden sonstigen Leistungen ist das für grenzüberschreitende Lieferungen praktizierte Verfahren grundsätzlich nicht geeignet. Die Abgrenzung der Steuerhoheiten erfolgt daher durch Regelungen über den Ort der sonstigen Leistung. Ziel dieser Ortsregelungen ist es, die Besteuerungsrechte der an den grenzüberschreitenden Leistungen beteiligten Staaten so voneinander abzugrenzen, dass unter grundsätzlicher Beachtung des Bestimmungsland- bzw. Ursprungslandprinzips sowohl Nichtbesteuerungen als auch Mehrfachbesteuerungen vermieden werden.

Sonstige Leistungen an Unternehmer für deren Unternehmen werden grundsätzlich an dem Ort ausgeführt, von dem aus der Leistungsempfänger sein Unternehmen betreibt (Bestimmungslandprinzip; § 3a Abs. 2 UStG). Für grenzüberschreitende zwischenunternehmerische Leistungen wird der Leistungsort in den Ansässigkeitsstaat des Leistungsempfängers verlagert. Gleichzeitig werden durch eine Verlagerung der Steuerschuld auf den Leistungsempfänger (§ 13b UStG) ggf. auftretende administrative Schwierigkeiten für den leistenden Unternehmer vermieden (zum Übergang der Steuerschuld vgl. Fall 86). Gemäß Art. 196 MwStSystRL müssen die Mitgliedstaaten der Europäischen Union in diesen Fällen (§ 3a Abs. 2 UStG bzw. Art. 44 MwStSystRL) zwingend einen Wechsel der Steuerschuldnerschaft vorsehen.

Im Interesse der Rechtssicherheit und auch aus praktischen Erwägungen ist nach § 3a Abs. 1 UStG für sonstige Leistungen an Nichtunternehmer der Leistungsort grundsätzlich der Ort, von dem aus der leistende Unternehmer sein Unternehmen betreibt (Ursprungslandprinzip). Die Erfassung eines Umsatzes am Wohnsitz eines Nichtunternehmers ist kaum zu kontrollieren und mit Schwierigkeiten verbunden. Es ist bei Leistungen an Nichtunternehmer einfacher, den Umsatz aus den Unterlagen des leistenden Unternehmers im Ursprungsland zu ermitteln. Damit ist der Ort der sonstigen Leistung grundsätzlich entweder am Unternehmensort des leistenden Unternehmers (§ 3a Abs. 1 UStG) oder des Leistungsempfängers (§ 3a Abs. 2 UStG). Die uneingeschränkte Anwendung dieser Grundsatzregelungen kann in bestimmten Fällen aber zu unerwünschten Ergebnissen führen (z. B. geringer Bezug zum Verbrauchsort, Wettbewerbsverzerrungen etc.). Der Gesetzgeber hat daher u. a. in § 3a Abs. 3 bis 8 und § 3b UStG Ausnahmeregelungen geschaffen.

Die Struktur der Ortsregelungen ist dadurch gekennzeichnet, dass ein umfangreicher Katalog an Sonderregelungen den Grundsatzregelungen des § 3a Abs. 1 und 2 UStG gegenübersteht. Nur wenn keine Sonderregelung zur Anwendung kommt, bestimmt sich der Leistungsort nach den Grundsatzregelungen. Von entscheidender Bedeutung für die Ortsbestimmung ist die korrekte Ermittlung des Leistungsinhalts. Dabei ist regelmäßig das zugrundeliegende Verpflichtungsgeschäft zu beachten. Es ist im Rahmen einer Gesamtbetrachtung und aus der Sicht eines Durchschnittsverbrauchers zu klären, welcher Art die sonstige Leistung ist (zu Formen der sonstigen Leistung vgl. Fall 25).[1]

Allgemeinmediziner **A** erbringt seine heilberuflichen Leistungen in Aachen, weil er dort seine Praxis betreibt (§ 3a Abs. 1 UStG).

Hauseigentümer **B** führt gegenüber den Mietern Vermietungsleistungen aus. Der Ort der sonstigen Leistungen des B liegt entsprechend der Belegenheit des Grundstücks in Hannover (§ 3a Abs. 3 Nr. 1 Satz 1 und 2 Buchst. a UStG).

Grundstücksmakler **C** erbringt seine sonstige Leistung in Gifhorn, am Ort der Belegenheit des Grundstücks seines Auftraggebers. Der Umsatz steht im Zusammenhang mit der Veräußerung oder dem Erwerb des Grundstücks (§ 3a Abs. 3 Nr. 1 Satz 1 und 2 Buchst. b UStG).

Architekt **D** erbringt eine sonstige Leistung, die der Vorbereitung oder der Ausführung von Bauleistungen dient. Als Ort der sonstigen Leistung kommt der Ort der Belegenheit des Grundstücks seines Auftraggebers in Moers in Betracht (§ 3a Abs. 3 Nr. 1 Satz 1 und 2 Buchst. c UStG).

Gesangssolist **E** aus Epinal erbringt seine sonstigen Leistungen an die Konzertagentur und damit in Bonn (§ 3a Abs. 2 UStG). Soweit die Konzertagentur Unternehmern und diesen gleichgestellten Personen Eintrittsberechtigungen für die Konzerte des E einräumt, werden diese Leistungen am jeweiligen Veranstaltungsort (Auftrittsort des E) im Inland ausgeführt (§ 3a Abs. 3 Nr. 5 UStG). Derselbe Leistungsort ergibt sich für die Leistungen der Konzertagentur an Nichtunternehmer (§ 3a Abs. 3 Nr. 3 Buchst. a UStG).

1 Zum Prüfungsablauf vgl. das vereinfachte Schema zur Bestimmung des Ortes der sonstigen Leistung, Übersicht 4.

Bestimmt sich der Leistungsort nach § 3a Abs. 3 Nr. 3 UStG, kommt es darauf an, wo der Unternehmer jeweils ausschließlich oder zum wesentlichen Teil tätig wird. Dieser Tätigkeitsort ist für eine Leistung, die im Rahmen einer Veranstaltung präsentiert wird, regelmäßig der Auftrittsort (Veranstaltungsort). Die für den Auftritt erforderlichen Vorbereitungshandlungen bleiben bei der Ortsbestimmung unberücksichtigt. Gegenüber der Privatperson wird E am Veranstaltungsort in Hamburg tätig (§ 3a Abs. 3 Nr. 3 Buchst. a UStG).

Die Kraftfahrzeugreparaturwerkstatt **F** führt mit den Reparaturen an Kraftfahrzeugen (ohne Einsatz selbstbeschaffter Hauptstoffe; vgl. § 3 Abs. 4 UStG) Werkleistungen (§ 3 Abs. 9 UStG) aus. Der Ort dieser sonstigen Leistungen ist jeweils Flensburg (§ 3a Abs. 3 Nr. 3 Buchst. c UStG), soweit F seine Leistungen an Nichtunternehmer erbringt. Entsprechende Leistungen an Unternehmer und diesen gleichgestellte Personen werden nach § 3a Abs. 2 UStG an dem Ort ausgeführt, von dem aus der Leistungsempfänger sein Unternehmen betreibt (vgl. auch Fälle 27 und 28).

Handelsvertreter **G** erbringt die Vermittlungsleistungen für seinen Auftraggeber, die Norma GmbH, in Hamburg (§ 3a Abs. 2 UStG).

Autovermieter **H** vermietet an die Studentengruppe kurzfristig ein Beförderungsmittel (Kleinbus). Die Vermietungsleistung wird in Mannheim ausgeführt (§ 3a Abs. 3 Nr. 2 Satz 1 und 2 Buchst. b UStG), weil H den Studenten den Kleinbus in Mannheim zur Verfügung gestellt hat.

Die Vermietung des PKW an den japanischen Touristen erfolgt nicht kurzfristig und wird an seinem Wohnort in Tokio erbracht (§ 3a Abs. 3 Nr. 2 Satz 3 UStG).

Möbelspediteur **I** erbringt an den Arbeitnehmer eine Beförderungsleistung (§ 3 Abs. 9 UStG). Ort der Beförderungsleistung ist die gefahrene Strecke von Schwerte nach Bielefeld (§ 3b Abs. 1 Satz 3 UStG).[1]

Online-Händler **J** führt über das Internet elektronische Leistungen an seine Kunden aus. Elektronische Leistungen werden nur mit minimaler menschlicher Beteiligung erbracht. Sie laufen im Wesentlichen automatisiert ab. Diese Leistungen werden immer dort erbracht, wo der Leistungsempfänger ansässig ist. Soweit J seine Leistungen gegenüber Privatpersonen ausführt, bestimmt sich der Leistungsort nach dem Wohnsitz dieser Kunden in Frankreich bzw. der Schweiz (§ 3a Abs. 5 Satz 1 Nr. 1 i. V. m. Satz 2 Nr. 3 UStG). Für seine sonstigen Leistungen an Nichtunternehmer im übrigen Gemeinschaftsgebiet kann J an dem besonderen Besteuerungsverfahren nach § 18h UStG teilnehmen. Stellt J Unternehmern seine E-Books über das Internet zur Verfügung, ist Leistungsort der Ort, von dem aus der Leistungsempfänger sein Unternehmen betreibt (§ 3a Abs. 2 UStG).

1 Zu innergemeinschaftlichen Güterbeförderungen vgl. Fall 32.

Fall 27

Ort der Werkleistung eines im Inland ansässigen Auftragnehmers an einen Unternehmer

UStG § 3a Abs. 2

Zu den Arbeiten an beweglichen körperlichen Gegenständen ohne selbst beschaffte Hauptstoffe gehören insbesondere Werkleistungen. Deren Leistungsort ist abhängig vom umsatzsteuerrechtlichen Status des Leistungsempfängers. Die vom Leistungsempfänger aus dem Ausland beigestellten Materialien können Gegenstand eines weiteren Umsatzes sein.

Sachverhalt

Der in Kiel ansässige Unternehmer K, Inhaber eines Kabelwerkes, hat mit dem Elektrogroßhändler A aus Arhus (Dänemark) einen Werkvertrag abgeschlossen. Nach den getroffenen Vereinbarungen soll K aus dem ihm von A zur Verfügung gestellten Kupfer und Isoliermaterial (Einkaufspreis einschließlich Nebenkosten 50.000 € zuzüglich dänischer Umsatzsteuer) Kupferkabel herstellen. Der vereinbarte Werklohn beträgt 80.000 €. A hat den Auftrag unter Verwendung seiner dänischen USt-IdNr. erteilt. A hat das Kupfer und das Isoliermaterial im Juli 06 mit eigenem LKW von Arhus nach Kiel transportiert. Nach Fertigstellung hat K die Kabel am 20.08.06 einem Spediteur zum Transport nach Arhus übergeben. Die am 25.08.06 erteilte Rechnung enthält sowohl die K in Deutschland als auch die A in Dänemark erteilte Umsatzsteuer-Identifikationsnummer (USt-IdNr.). A und K sind nicht Kleinunternehmer i. S. des § 19 UStG. Voranmeldungszeitraum ist für K und A der Kalendermonat.

Frage

1. Welche Art der Leistung hat K bewirkt?
2. Wo ist der Ort der sonstigen Leistung?
3. Wo ist der Ort der sonstigen Leistung, wenn A den K bittet, die fertigen Kupferkabel an seine Betriebsstätte in Hamburg zu versenden?
4. Welche Auswirkungen ergeben sich für A durch den Transport des Kupfers und des Isoliermaterials von Arhus nach Kiel, wenn K die sonstige Leistung im Inland bewirkt?

Antwort

1. Der Unternehmer K hat eine Werkleistung (sonstige Leistung) bewirkt.
2. Die Werkleistung wird in Dänemark ausgeführt (§ 3a Abs. 2 Satz 1 UStG).
3. Die Werkleistung wird in Hamburg ausgeführt (§ 3a Abs. 2 Satz 2 UStG). Sie ist steuerbar und mit 19 % steuerpflichtig.

4. Mit dem Transport des Kupfers und des Isoliermaterials von Arhus (Dänemark) nach Kiel (Deutschland) bewirkt A ein innergemeinschaftliches Verbringen, das in Dänemark als innergemeinschaftliche Lieferung steuerfrei ist (vgl. § 3 Abs. 1a und § 6a Abs. 2 UStG). In Deutschland unterliegt das Verbringen als innergemeinschaftlicher Erwerb der Umsatzsteuer (§ 1a Abs. 2 UStG); das Verbringen ist steuerbar und grundsätzlich mit 19 % steuerpflichtig.

Begründung

Allgemeines: Lohnveredelungen (Be- oder Verarbeitungen an einem Gegenstand ohne Verwendung selbst beschaffter Hauptstoffe) werden als sonstige Leistungen (Werkleistungen) behandelt. Dies gilt unabhängig davon, ob eine Funktionsänderung vorliegt. Die Ortsbestimmung des § 3a Abs. 3 Nr. 3 Buchst. c UStG betrifft Arbeiten an beweglichen körperlichen Gegenständen (insbesondere Werkleistungen). Diese Ortsregelung kommt jedoch nur für entsprechende Leistungen an Nichtunternehmer in Betracht.

1. In Ausführung des Werkvertrages hat der Unternehmer K eine Werkleistung bewirkt (§ 3 Abs. 9 UStG; § 3 Abs. 4 UStG im Umkehrschluss). Die erforderlichen Hauptstoffe (Kupfer und Isoliermaterial) hat der Auftraggeber A beschafft; insoweit liegt eine Materialgestellung vor, die am Leistungsaustausch nicht teilnimmt.

2. Ist Auftraggeber einer Werkleistung an einem beweglichen körperlichen Gegenstand ein Nichtunternehmer, wird diese Werkleistung dort ausgeführt, wo der Unternehmer jeweils ausschließlich oder zum wesentlichen Teil tätig wird (§ 3a Abs. 3 Nr. 3 Buchst. c UStG). Der Leistungsempfänger A hat gegenüber dem leistenden Unternehmer K seine ihm in Dänemark erteilte USt-IdNr. verwendet. K kann daher davon ausgehen, dass A als Unternehmer die Werkleistung für sein Unternehmen bezieht. Die Werkleistung des K wird in Arhus (Dänemark) ausgeführt (§ 3a Abs. 2 UStG). Die von K bewirkte sonstige Leistung ist nach deutschem Umsatzsteuerrecht nicht steuerbar. Für die in Dänemark steuerbare und steuerpflichtige Werkleistung hat A die in Dänemark geltende Regelung zum Übergang der Steuerschuldnerschaft zu beachten. K darf in seiner Rechnung keine dänische Umsatzsteuer gesondert ausweisen und muss in der Rechnung auf die Steuerschuldnerschaft des A gesondert hinweisen. Außerdem hat K die Werkleistung in der Voranmeldung, der Umsatzsteuer-Jahreserklärung und der Zusammenfassenden Meldung anzugeben (§ 18b Satz 1 Nr. 2, § 18a Abs. 2, Abs. 7 Satz 1 Nr. 3 UStG).

3. K erbringt die Werkleistung an den Unternehmer A. Da diese Werkleistung an die Betriebsstätte des A in Hamburg ausgeführt wird, ist für die Ortsbestimmung der Ort der Betriebsstätte maßgebend (§ 3a Abs. 2 Satz 2 UStG). Die Werkleistung des K ist steuerbar (§ 1 Abs. 1 Nr. 1 UStG) und mit 19 % steuerpflichtig (§ 12 Abs. 1 UStG). Der Unternehmer K wird dem A den vereinbarten Werklohn von 80.000 € zuzüglich 15.200 € Umsatzsteuer in Rechnung stellen.

4. Es ist davon auszugehen, dass A am Ort seiner Betriebsstätte in Hamburg steuerbare und steuerpflichtige, ggf. auch nach § 4 Nr. 1 Buchst. a und b UStG steuerfreie Lieferungen von Kupferkabeln ausführt. Er unterliegt mit diesen Umsätzen der Besteuerung nach dem deutschen Umsatzsteuerrecht und kann eine ihm gesondert in Rechnung gestellte Umsatzsteuer von 15.200 € nach § 15 UStG als Vorsteuer abziehen.

Das Verbringen des Kupfers und des Isoliermaterials von Arhus nach Kiel stellt für A in Dänemark eine steuerfreie innergemeinschaftliche Lieferung und in Deutschland einen innergemeinschaftlichen Erwerb dar (§ 1a Abs. 2 UStG; zum innergemeinschaftlichen Erwerb durch Verbringen vgl. auch Fall 40). Der Umsatz ist steuerbar (§ 1 Abs. 1 Nr. 5 UStG) und mit 19 % steuerpflichtig (§ 12 Abs. 1 UStG; ggf. greift die Steuerbefreiung nach § 4b Nr. 4 UStG). Die Erwerbsteuer richtet sich nach dem Einkaufspreis einschließlich Nebenkosten von 50.000 € (§ 10 Abs. 4 Satz 1 Nr. 1 UStG). Sie beträgt (19 % von 50.000 € =) 9.500 €. Diesen Betrag kann A nach § 15 Abs. 1 Satz 1 Nr. 3 UStG als Vorsteuer abziehen. Der dänische Unternehmer A muss in Deutschland erfasst werden und Steuererklärungen (§ 18 UStG) abgeben.

Wird die Werkleistung des K in Dänemark ausgeführt (vgl. oben unter 2.), ist das Verbringen des Kupfers und des Isoliermaterials aus Dänemark nach Deutschland als der Art nach vorübergehendes Verbringen zu beurteilen (vgl. Abschn. 1a.2 Abs. 10 Nr. 3 UStAE). In diesem Fall handelt es sich nicht um einen innergemeinschaftlichen Erwerb nach § 1a Abs. 2 UStG. Der Vorgang ist wie das Rückverbringen nicht umsatzsteuerbar.

Fall 28

Ort der Werkleistung eines im übrigen Gemeinschaftsgebiet ansässigen Auftragnehmers

UStG § 3a Abs. 2, § 13b

Werkleistungen zwischen zwei Unternehmern sind im Regelfall nach der allgemeinen Ortsregelung für sonstige Leistungen zwischen Unternehmern (§ 3a Abs. 2 UStG) zu beurteilen. Damit kommt es für die Bestimmung des Leistungsortes nicht darauf an, wo der leistende Unternehmer tätig geworden ist. Vielmehr gilt das Sitzortprinzip. Aus Sicht eines deutschen Auftraggebers sind diese Umsätze damit im Inland steuerbar. Es tritt dann der Wechsel der Steuerschuldnerschaft nach § 13b Abs. 1 UStG ein. Damit wird u. a. eine Registrierungspflicht des im übrigen Gemeinschaftsgebiet ansässigen Unternehmers vermieden.

Sachverhalt

Der in Aachen ansässige Textilgroßhändler A hat von dem Hersteller H aus Herford unbedruckte Stoffe für 60.000 € zuzüglich 11.400 € Umsatzsteuer erworben. Mit dem in Brüssel (Belgien) ansässigen Unternehmer B hat A einen zivilrechtlichen Werkvertrag abgeschlossen und ihm den Auftrag erteilt, die Stoffe zu bedrucken. A hat bei der Auftragsvergabe seine deutsche USt-IdNr. verwendet. Er transportierte die Stoffe am 10.04.06 mit eigenem LKW von Aachen nach Brüssel. Nach Ausführung der Arbeiten, für die B den vereinbarten Werklohn von 40.000 € erhielt, holte A die Stoffe am 31.05.06 mit eigenem LKW bei B ab. Seinem Auftraggeber A erteilte B am 15.07.06 eine Rechnung ohne gesonderten Ausweis von Umsatzsteuer; sie enthielt jedoch sowohl die B in Belgien als auch die A in Deutschland erteilte USt-IdNr. A und B sind nicht Kleinunternehmer i. S. des § 19 UStG. Voranmeldungszeitraum ist für A der Kalendermonat.

Frage

1. Wo ist der Ort der von B ausgeführten Werkleistung?
2. Welche Vorschriften des Umsatzsteuerrechts muss der Auftraggeber A beachten?
3. Welche zusätzlichen Auswirkungen ergeben sich für A, wenn er den Unternehmer B bittet, die bedruckten Stoffe unmittelbar an den Kleiderfabrikanten T in Turin (Italien) zu versenden?

Antwort

1. Die von B bewirkte Werkleistung wird in Aachen ausgeführt (§ 3a Abs. 2 UStG).
2. Der Unternehmer A schuldet die Umsatzsteuer für die steuerpflichtige Werkleistung des Unternehmers B gem. § 13b Abs. 1, 5 und 7 UStG. A kann diese Umsatzsteuer gem. § 15 Abs. 1 Satz 1 Nr. 4 UStG als Vorsteuer geltend machen.
3. A bewirkt in Belgien eine innergemeinschaftliche Lieferung der bedruckten Stoffe an den Abnehmer T, die nach belgischem Umsatzsteuerrecht steuerfrei ist (vgl. § 6a Abs. 1 UStG). Diesem Umsatz geht das Verbringen der unbedruckten Stoffe von Aachen nach Brüssel (Belgien) voraus, das als innergemeinschaftliche Lieferung steuerfrei ist (§ 4 Nr. 1 Buchst. b i. V. m. § 6a Abs. 2 UStG) und in Belgien als innergemeinschaftlicher Erwerb des A der Umsatzbesteuerung unterliegt (vgl. § 1a Abs. 2, § 4b Nr. 4 UStG).

Begründung

Allgemeines: Eine unterschiedliche umsatzsteuerrechtliche Behandlung von Arbeiten an beweglichen körperlichen Gegenständen in den verschiedenen Mitgliedstaaten soll vermieden werden. Im deutschen Umsatzsteuerrecht trägt diesem Gedanken die allgemeine Ortsbestimmung des § 3a Abs. 2 UStG Rechnung, die auch für die Begutachtung dieser Gegenstände gilt.

1. Mit dem Bedrucken der von A im Wege einer Materialgestellung überlassenen Stoffe hat B an A am 31.05.06 eine Werkleistung (§ 3 Abs. 9 UStG) ausgeführt. Diese Leistung wird in Aachen bewirkt, da A hier sein Unternehmen betreibt (§ 3a Abs. 2 UStG). Die Werkleistung ist steuerbar (§ 1 Abs. 1 Nr. 1 UStG) und mit 19 % steuerpflichtig (§ 12 Abs. 1 UStG).

Das Verbringen der Stoffe durch A von Aachen nach Brüssel ist als der Art nach vorübergehendes Verbringen in Deutschland für A nicht steuerbar. Entsprechendes gilt für das Rückverbringen (vgl. Abschn. 1a.2 Abs. 10 Nr. 3 UStAE).

2. Für bestimmte steuerpflichtige Umsätze schuldet der Leistungsempfänger die Umsatzsteuer, wenn er Unternehmer oder eine juristische Person des öffentlichen Rechts ist.[1] A hat den Übergang der Steuerschuldnerschaft zu beachten, weil er Unternehmer ist und B als ein im Ausland (Belgien) ansässiger Unternehmer im Inland an ihn eine steuerpflichtige Werkleistung erbringt (§ 13b Abs. 1, 5 und 7 UStG). Die Umsatzsteuer entsteht mit Ablauf des Monats Mai (§ 13b Abs. 1 UStG). Sie ist gem. § 15 Abs. 1 Satz 1 Nr. 4 UStG als Vorsteuer abziehbar.

3. Gelangen die durch A von Aachen zu B nach Brüssel verbrachten Stoffe nach Ausführung der Druckarbeiten nicht in das Inland zurück, so sind sie nicht zu einer nur vorübergehenden Verwendung in das übrige Gemeinschaftsgebiet gelangt (vgl. auch EuGH vom 02.10.2014 Rs. C-446/13 „Fonderie"). Folglich gilt das innergemeinschaftliche Verbringen der Stoffe von Aachen nach Brüssel als eine Lieferung gegen Entgelt (§ 3 Abs. 1a UStG). Die Lieferung des A gilt mit dem Beginn der Beförderung am 10.04.06 in Aachen als ausgeführt (§ 3 Abs. 6 Satz 1 UStG). Sie ist steuerbar (§ 1 Abs. 1 Nr. 1 UStG) und nach § 4 Nr. 1 Buchst. b i. V. m. § 6a Abs. 2 UStG steuerfrei. Der Umsatz ist i. H. von 60.000 € in der Voranmeldung für den Voranmeldungszeitraum Mai 06 anzugeben. Da für den Vorgang des Verbringens eine Rechnung nicht vorliegt, ist auf den auf die Ausführung der innergemeinschaftlichen Lieferung folgenden Monat abzustellen (§ 18b Satz 2 UStG). Außerdem muss A über diese innergemeinschaftliche Lieferung Angaben in einer Zusammenfassenden Meldung machen (§ 18a UStG).

Der Tatbestand des innergemeinschaftlichen Verbringens löst für A in Belgien einen innergemeinschaftlichen Erwerb aus. Im Anschluss daran bewirkt A in Belgien eine steuerfreie innergemeinschaftliche Lieferung an den Abnehmer T in Turin (Italien). Diese Umsätze sind nach belgischem Umsatzsteuerrecht zu beurteilen.

---

1 Vgl. Fall 86.

Fall 29

Ort der Vermittlung von Leistungen

UStG § 3 Abs. 9, § 3a Abs. 3 Nr. 4

Die Leistung eines Vermittlers besteht darin, für seinen Auftraggeber einen Vertrag mit einer anderen Person zustande zu bringen. Für die Ortsbestimmung ist zu unterscheiden, ob sich die Vermittlungsleistung auf eine grundstücksbezogene Dienstleistung bezieht oder ob andere Leistungen vermittelt werden. In diesen Fällen ist entscheidend, ob Auftraggeber des Vermittlers ein Unternehmer oder z. B. eine Privatperson ist.

Sachverhalt

Der in Viersen ansässige Vermittler V vermittelt für seine Auftraggeber die folgenden Leistungen:

1. Den Verkauf einer Maschine für den Fabrikanten M aus Mannheim an den in Amiens (Frankreich) ansässigen Unternehmer A. Die für das Unternehmen des A bestimmte Maschine wurde mit der Bahn nach Amiens versandt.
2. Den Verkauf des vom Rentner R selbstgenutzten Einfamilienhauses in Nettetal an die in Essen wohnende Familie E.
3. Für das Ehepaar K aus Krefeld (Auftraggeber) vermittelt V die dreiwöchige Vermietung der Ferienwohnung des F in Fulda. Alternativ vermittelt V die dreiwöchige Vermietung für F (Auftraggeber), der sein Vermietungsunternehmen von Frankfurt aus betreibt.
4. Dem Studenten S aus Schwalmtal vermittelt V den Kauf eines gebrauchten PKW. Er teilt S Name und Anschrift des Händlers N in Neuss am 29.04.01 mit. Der PKW wird S auf dem Betriebsgelände des Händlers N am 02.05.01 in Neuss übergeben.

Frage

Wo ist der Ort der von V bewirkten Vermittlungsleistungen?

Antwort

Der Ort der Vermittlungsleistung des V ist für die Veräußerung der Maschine an A Mannheim, für die Veräußerung des Einfamilienhauses an E Nettetal, für die kurzfristige Vermietung der Ferienwohnung Fulda bzw. Frankfurt und für die Veräußerung des PKW an S Neuss.

Begründung

Allgemeines: Eine Vermittlungsleistung ist auf das Zustandekommen eines Vertrages mit einer anderen Person gerichtet. Der Vermittler (Agent, Vertreter, Makler) wirkt für seinen Auftraggeber auf dessen Geschäftspartner mit dem Ziel ein, einen Vertrag zustande zu bringen. Dabei wird der Vermittler in fremdem Namen und für fremde Rechnung tätig. Auftraggeber der Vermittlungsleistung kann der Leistungsempfänger der vermittelten Leistung oder der Vertragspartner sein, der die vermittelte Leistung ausführt (vgl. Abschn. 3a.7 Abs. 1 Satz 1 UStAE).

Bei der Ortsbestimmung für Vermittlungsleistungen ist zu unterscheiden:

- Eine Vermittlungsleistung im Zusammenhang mit einem Grundstück wird dort ausgeführt, wo sich das Grundstück befindet (§ 3a Abs. 3 Nr. 1 Satz 1 UStG).
- Für Vermittlungsleistungen ist der Ort nach § 3a Abs. 3 Nr. 4 UStG zu bestimmen, wenn Auftraggeber der Vermittlungsleistung ein Nichtunternehmer ist und keine grundstücksbezogene Leistung vermittelt wird (sonst greift § 3a Abs. 3 Nr. 1 Satz 1 UStG). Es muss ein Umsatz vermittelt werden, auf den die Ortsregeln für Umsätze anwendbar sind. Der vermittelte Umsatz muss nicht steuerbar sein. Der Ort dieser Vermittlungsleistung ist dort, wo der vermittelte Umsatz ausgeführt wird.
- Ist Auftraggeber der Vermittlungsleistung ein Unternehmer und wird keine grundstücksbezogene Dienstleistung vermittelt (sonst greift § 3a Abs. 3 Nr. 1 Satz 1 UStG), wird die Vermittlungsleistung dort ausgeführt, wo der Auftraggeber sein Unternehmen betreibt (§ 3a Abs. 2 UStG).

1. Auftraggeber der Vermittlungsleistung ist der Fabrikant M. Der Ort der Vermittlungsleistung bestimmt sich nach § 3a Abs. 2 UStG und ist Mannheim. Da V seine Vermittlungsleistung an den Unternehmer M für dessen Unternehmen erbringt, kommt § 3a Abs. 3 Nr. 4 UStG nicht in Betracht.

2. Die Vermittlung des Grundstücksverkaufs für den Rentner R ist eine Leistung i. S. des § 3a Abs. 3 Nr. 1 Satz 1 und 2 Buchst. b UStG. V erbringt seine Vermittlungsleistung am Belegenheitsort des Einfamilienhauses in Nettetal. Das für Grundstücke geltende Belegenheitsprinzip geht der Ortsregelung nach § 3a Abs. 3 Nr. 4 UStG vor.

3. Die Vermittlung der kurzfristigen Vermietung der Ferienwohnung ist keine Leistung in engem Zusammenhang mit einem Grundstück (vgl. Abschn. 3a.3 Abs. 9 Nr. 2 UStAE). Da V seine Leistung an das Ehepaar K erbringt, bestimmt sich der Ort der Vermittlungsleistung nach dem Ort des vermittelten Umsatzes. Die Vermietung der Ferienwohnung (sonstige Leistung nach § 3 Abs. 9 UStG) wird in Fulda bewirkt. Hier erbringt V auch seine Vermittlungsleistung an E (§ 3a Abs. 3 Nr. 4 i. V. m. § 3a Abs. 3 Nr. 1 Satz 1 und 2 Buchst. a UStG).

In der Alternative erbringt V seine Vermittlungsleistung nicht an K, sondern an F. Die Vermittlung der kurzfristigen Vermietung für den Vermietungsunternehmer F wird in Frankfurt ausgeführt, weil F hier sein Unternehmen betreibt (§ 3a Abs. 2 UStG).

4. V vermittelt für den Studenten S (Nichtunternehmer) den Kauf eines PKW. V erbringt seine Vermittlungsleistung am 29.04.01. Der Ort seiner Vermittlungsleistung bestimmt sich nach dem Ort der Lieferung (§ 3 Abs. 1 UStG) des gebrauchten PKW am 02.05.01. Der PKW wird in Neuss dem Studenten übergeben. Lieferort und Ort der Vermittlungsleistung sind damit Neuss (§ 3a Abs. 3 Nr. 4 i. V. m. § 3 Abs. 6 Satz 1 und 2 UStG).

Fall 30

Ort der sonstigen Leistung am Wohnsitz oder Sitz des Leistungsempfängers

UStG § 3a Abs. 4

Bestimmte sonstige Leistungen (sog. Katalogleistungen) an Nichtunternehmer im Drittlandsgebiet werden dort ausgeführt, wo der Leistungsempfänger seinen Wohnsitz hat.

Sachverhalt

Rechtsanwalt Fritz Luchs **(L)**, der in Düsseldorf seine Anwaltspraxis führt, hat im letzten Voranmeldungszeitraum u. a. folgende Beratungsleistungen ausgeführt:

Mandant **A**, der in Amsterdam (Niederlande) ein Binnenschifffahrtsunternehmen betreibt, wurde in einer Schadensersatzangelegenheit vertreten. Ein Tankschiff des A hatte im Hafen von Duisburg-Ruhrort einen Schlepper beschädigt.

Mandant **B**, der in Basel (Schweiz) eine Uhrenfabrik betreibt, wurde in Fragen des deutschen Preis- und Wettbewerbsrechts beraten.

Mandant **C**, ein in Cannes (Frankreich) wohnhafter Privatmann, wurde in einem Erbstreit über einen in Wiesbaden angefallenen Nachlass vertreten.

Mandant **D**, ein in Davos (Schweiz) wohnhafter Privatmann, wurde bei seiner Ehescheidung vor dem Familiengericht in Düsseldorf vertreten.

Der in Brüssel ansässige Anwalt Jacques Renard **(R)** hat im letzten Voranmeldungszeitraum u. a. Aufträge von zwei deutschen Mandanten ausgeführt:

Mandant **E**, der ein Unternehmen in Essen betreibt, wurde hinsichtlich der mit der Errichtung einer Betriebsstätte in Belgien zusammenhängenden Rechtsfragen beraten.

Mandant **F**, ein Arbeitnehmer aus Freiburg, wurde vor einem Gericht in Brüssel (Belgien) vertreten. F hatte in Belgien einen Verkehrsunfall verursacht.

Kostümverleiher **K** aus Köln hat während der Karnevalstage Kostüme an japanische Touristen aus Tokio vermietet.

Frage

An welchem Ort haben die beiden Anwälte L und R die sonstigen Leistungen an ihre Mandanten A bis D bzw. E und F und K seine Vermietungsleistungen jeweils ausgeführt?

Antwort

Rechtsanwalt L hat jeweils eine sonstige Leistung (§ 3 Abs. 9 UStG) an seine Mandanten A in Amsterdam, B in Basel, C in Düsseldorf und D in Davos ausgeführt. Anwalt R hat durch Ausführung der Aufträge jeweils eine sonstige Leistung (§ 3 Abs. 9 UStG) an seinen Mandanten E in Essen bzw. an F in Brüssel bewirkt. K führt seine Vermietungsleistungen an die japanischen Touristen in Tokio aus.

Begründung

Allgemeines: Eine sonstige Leistung sollte – dem Charakter der Umsatzsteuer als allgemeiner Verbrauchsteuer entsprechend – grundsätzlich dort besteuert werden, wo der Verbrauch stattfindet. Die sonstige Leistung wird jedoch im Interesse der Rechtssicherheit und auch aus praktischen Erwägungen grundsätzlich an dem Ort besteuert, von dem aus der leistende Unternehmer sein Unternehmen betreibt, wenn der Leistungsempfänger ein Nichtunternehmer ist (§ 3a Abs. 1 UStG). Wird die sonstige Leistung von einem Unternehmer im Gemeinschaftsgebiet erbracht, soll dadurch sichergestellt werden, dass diese Leistung auch im Gemeinschaftsgebiet der Besteuerung unterworfen wird. Ist der Leistungsempfänger ein Nichtunternehmer und im Drittlandsgebiet ansässig, besteht grundsätzlich weder ein inländisches noch ein gemeinschaftliches Besteuerungsinteresse. In diesen Fällen wird durch die Ortsregelung in § 3a Abs. 4 Satz 1 UStG bei den sog. Katalogleistungen der Leistungsort in das Drittlandsgebiet verlagert.

Bei den von Rechtsanwalt L und Anwalt R ausgeführten Rechtsberatungen handelt es sich um sonstige Leistungen (§ 3 Abs. 9 UStG) der in § 3a Abs. 4 Nr. 3 UStG genannten Art.

Mandant **A** ist Unternehmer i. S. des § 2 UStG. Die Beratung wurde auch für sein Unternehmen ausgeführt. Die sonstige Leistung wurde in Amsterdam (Niederlande), also im Gemeinschaftsgebiet, erbracht, wo A sein Unternehmen betreibt (§ 3a Abs. 2 UStG). Der Umsatz unterliegt der Besteuerung nach niederländischem Recht und ist in Deutschland nicht steuerbar (§ 1 Abs. 1 Nr. 1 UStG).

Mandant **B** ist Unternehmer i. S. des § 2 UStG. Die Beratung wurde auch für sein Unternehmen ausgeführt. Die sonstige Leistung wurde in Basel, also im Drittlandsgebiet (Schweiz), erbracht, wo B sein Unternehmen betreibt (§ 3a Abs. 2 UStG). Die sonstige Leistung gilt dort als verbraucht, wo der Leistungsempfänger sein Unternehmen betreibt. Da dies ein Ort im Drittlandsgebiet ist, wird der Umsatz im Gemeinschaftsgebiet (hier: Deutschland) nicht besteuert. Der Umsatz ist nicht steuerbar (§ 1 Abs. 1 Nr. 1 UStG).

Mandant **C** ist Nichtunternehmer und hat seinen Wohnsitz in Cannes (Frankreich), also im Gemeinschaftsgebiet. Die Regelung des § 3a Abs. 4 Satz 1 UStG kommt für die Bestimmung des Ortes der sonstigen Leistung nicht in Betracht. Ort der sonstigen Leistung ist daher Düsseldorf, der Ort, an dem L seine Anwaltspraxis betreibt (§ 3a Abs. 1 UStG). Die Besteuerung der Leistung im Gemeinschaftsgebiet ist gewährleistet. Der Umsatz ist steuerbar (§ 1 Abs. 1 Nr. 1 UStG).

Mandant **D** ist Nichtunternehmer und hat seinen Wohnsitz in Davos (Schweiz), also im Drittlandsgebiet. Der Ort der sonstigen Leistung ist der Wohnsitz des Leistungsempfängers (§ 3a Abs. 4 Satz 1 und Satz 2 Nr. 3 UStG). Die sonstige Leistung gilt am Wohnsitz des Leistungsempfängers als verbraucht. Sie ist nach dem im Gemeinschaftsgebiet geltenden Recht nicht zu besteuern. Der Umsatz ist nicht steuerbar (§ 1 Abs. 1 Nr. 1 UStG).

Der in Brüssel ansässige Anwalt R hat durch die Beratung des Mandanten **E** eine sonstige Leistung an einen Unternehmer ausgeführt, der sein Unternehmen in Essen betreibt. Der Ort der sonstigen Leistung ist daher Essen (§ 3a Abs. 2 UStG). Der Umsatz ist steuerbar (§ 1 Abs. 1 Nr. 1 UStG) und mit 19 % steuerpflichtig (§ 12 Abs. 1 UStG). Unternehmer E schuldet als Leistungsempfänger die Umsatzsteuer für die steuerpflichtige Beratungsleistung des R (§ 13b Abs. 1, 5 und 7 UStG).

Ferner hat Anwalt R eine sonstige Leistung an den Mandanten **F** (Nichtunternehmer) ausgeführt, der in Freiburg, also im Gemeinschaftsgebiet, seinen Wohnsitz hat. Die Regelung des § 3a Abs. 4 Satz 1 UStG kommt für die Bestimmung dieser sonstigen Leistung nicht in Betracht. Ort der sonstigen Leistung ist Brüssel, der Ort, an dem R seine Anwaltspraxis betreibt (§ 3a Abs. 1 UStG). Der Umsatz ist zwar nicht nach § 1 Abs. 1 Nr. 1 UStG steuerbar, die Besteuerung innerhalb des Gemeinschaftsgebiets (hier: Belgien) ist jedoch gewährleistet.

Kostümverleiher **K** hat seine Vermietungsleistungen in Tokio erbracht (§ 3a Abs. 4 Satz 1 und Satz 2 Nr. 10 UStG). Leistungsempfänger sind die japanischen Touristen mit Wohnsitz in Tokio. Bei den Kostümen handelt es sich um bewegliche körperliche Gegenstände i. S. des § 3a Abs. 4 Satz 2 Nr. 10 UStG. Diese Leistungen sind im Gemeinschaftsgebiet nicht zu versteuern. Die Umsätze des K sind insoweit nicht steuerbar (§ 1 Abs. 1 Nr. 1 UStG).

Fall 31

Beförderungsleistungen und ihre Besorgung

UStG § 3 Abs. 9 und 11, § 3a Abs. 2, § 3b Abs. 1, § 4 Nr. 3; HGB §§ 453, 458 bis 460

Bei Beförderungsleistungen ist grundsätzlich zwischen Personen- und Güterbeförderungen zu unterscheiden. Eine Personenbeförderung wird gem. § 3b UStG dort ausgeführt, wo die Beförderung bewirkt wird. Dieses Streckenprinzip gilt sowohl für Personenbeförderungen für unternehmerische als auch für nichtunternehmerische Leistungsempfänger. Bei einer Güterbeförderung an einen unternehmerischen Leistungsempfänger gilt als Ort der Leistung nach § 3a Abs. 2 UStG der Sitz des Leistungsempfängers. Der Gesetzgeber hat sich hier aus Vereinfachungsgründen für die allgemeine Grundregel für den Ort der sonstigen Leistung bei unternehmerischen Leistungen entschieden. Bei einer Güterbeförderung an nichtunternehmerische Leistungsempfänger gilt davon abweichend § 3b Abs. 2 Satz 3 UStG. Schließlich findet sich in § 3b Abs. 3 UStG noch eine weitere Ausnahme für sog. innergemeinschaftliche Güterbeförderungen an nichtunternehmerische Leistungsempfänger (siehe Fall 32).

Sachverhalt

Spediteur Sp in Speyer hat von den im Inland ansässigen Auftraggebern A bis D den Auftrag übernommen, Gütertransporte zu besorgen.

Für den Auftraggeber **A** (Unternehmer in Augsburg) werden Fässer von Speyer nach Flensburg transportiert.

Für den Auftraggeber **B** (Beamter aus Speyer) werden anlässlich eines Umzugs Möbel in Genf (Schweiz) abgeholt und nach Speyer gebracht.

Für den Auftraggeber **C** (Angestellter in Celle) werden Einrichtungsgegenstände aus Celle zu seiner ganzjährig an Urlauber vermieteten Ferienwohnung in Riaz (Schweiz) und zu einer weiteren ausschließlich selbstgenutzten Ferienwohnung in Trondheim (Norwegen) gebracht.

Für den Auftraggeber **D** (Unternehmer aus Darmstadt) wird wertvolles Leergut von Genf (Schweiz) nach Basel (Schweiz) transportiert.

Frage

1. Wann liegt eine Beförderungsleistung vor?
2. Nach welcher Vorschrift ist grundsätzlich der Ort einer Beförderungsleistung zu bestimmen?
3. Wann liegt eine Dienstleistungskommission vor?
4. Welche grundsätzliche Regelung gilt für eine Dienstleistungskommission?

5. Welcher Art sind die sonstigen Leistungen, und wie sind sie zu beurteilen, wenn der Spediteur Sp von seinem Recht auf Selbsteintritt Gebrauch macht und die Transporte selbst ausführt?
6. Welcher Art sind die sonstigen Leistungen, und wie sind sie zu beurteilen, wenn der Spediteur mit Frachtführern im eigenen Namen Beförderungsverträge abschließt und für Rechnung seiner Auftraggeber A bis D ausführen lässt?

Antwort

1. Eine (selbständige) Beförderungsleistung liegt vor, wenn das Fortbewegen von Gütern oder Personen für einen anderen ausgeführt wird und entweder allein den Gegenstand der Leistung darstellt oder – bei einem Zusammentreffen mit anderen Leistungen – als selbständige Hauptleistung zu beurteilen ist.
2. Der Ort der Beförderungsleistung ist grundsätzlich nach § 3b UStG zu bestimmen.
3. Eine Dienstleistungskommission liegt vor, wenn der Unternehmer (Auftragnehmer) im eigenen Namen, aber für fremde Rechnung des Auftraggebers eine sonstige Leistung beschafft oder erbringt.
4. Wird ein Unternehmer (Auftragnehmer) in die Erbringung einer sonstigen Leistung eingeschaltet und handelt er dabei im eigenen Namen, jedoch für Rechnung des Auftraggebers (Dienstleistungskommission), gilt die sonstige Leistung als an ihn und von ihm erbracht.
5. Im Fall des Selbsteintritts bewirkt Sp Beförderungsleistungen, die wie folgt zu beurteilen sind:

Beförderung für Auftraggeber A:	steuerpflichtig mit 19 %
Beförderung für Auftraggeber B:	z. T. nicht steuerbar
	z. T. steuerbar, aber steuerfrei nach § 4 Nr. 3 Buchst. a Doppelbuchst. bb UStG
Beförderungen für Auftraggeber C:	(z. T.) steuerbar, aber steuerfrei nach § 4 Nr. 3 Buchst. a Doppelbuchst. aa UStG
Beförderung für Auftraggeber D:	nicht steuerbar

6. Sp bewirkt an seine Auftraggeber A bis D sonstige Leistungen, die inhaltlich den Leistungen entsprechen, die die Frachtführer an Sp ausführen (§ 3 Abs. 11 UStG). Es handelt sich um Beförderungsleistungen, die nach den allgemeinen Regeln des Umsatzsteuergesetzes zu beurteilen sind.

Begründung

1. In der für Lieferungen geltenden Vorschrift des § 3 Abs. 6 UStG wird als Befördern jede Fortbewegung eines Gegenstandes bezeichnet. Damit ist jedoch der Begriff der Beförderung für Beförderungsleistungen nicht umfassend genug bestimmt, weil er die Personenbeförderung nicht einschließt. Trotz einer Vielzahl von Vorschriften für Beförderungsleistungen gibt es im Umsatzsteuergesetz keine Begriffsbestimmung für die Beförderungsleistung. Befördern ist eine Tätigkeit, die auf die Fortbewegung von Personen (Personenbeförderung) oder Gütern (Güterbeförderung) gerichtet ist, wobei die Fortbewegung Selbst- oder Hauptzweck der Tätigkeit sein und die Tätigkeit unter eigener Verantwortung des Unternehmers ausgeübt werden muss. Der Begriff der Beförderung ist also erfüllt, wenn eine der Raumüberwindung dienende Tätigkeit für Güter oder Personen entfaltet wird. Für den Begriff der Beförderung ist es ohne Bedeutung, welche Beförderungsmittel, -anlagen oder -kräfte eingesetzt werden oder über welche Beförderungswege der Transport geht. Je nachdem, ob Personen oder Güter befördert werden, ob die Beförderungsstrecken auf das Inland oder das Ausland oder auf beide Gebiete entfallen oder in dem Gebiet von zwei verschiedenen Mitgliedstaaten beginnen und enden oder ob die Beförderungen mit Kraftfahrzeugen, Schienenbahnen, Schiffen oder Luftfahrzeugen ausgeführt werden, sind jeweils besondere Vorschriften zu beachten (z. B. § 3b Abs. 1 oder 3, § 4 Nr. 3 Buchst. a, § 10 Abs. 6, § 12 Abs. 2 Nr. 10 und § 26 Abs. 3 UStG).

Beförderungsleistungen sind zu unterscheiden von der Vermietung eines Beförderungsmittels. Bei diesen Leistungen steht die Überlassung eines Beförderungsmittels im Vordergrund.

Eine Beförderungsleistung unterliegt nur dann einer selbständigen umsatzsteuerrechtlichen Beurteilung, wenn sie keine unselbständige Nebenleistung zu einer anderen Hauptleistung darstellt. Der Beförderungsunternehmer kann die Beförderungsleistung selbst oder durch einen Subunternehmer bewirken, der dann wiederum eine Beförderungsleistung erbringt (vgl. Abschn. 4.3.2 Abs. 4 UStAE).

2. Bei Beförderungsleistungen ist zwischen Personen- und Güterbeförderungen zu unterscheiden. Eine Personenbeförderungsleistung wird dort ausgeführt, wo die Beförderung bewirkt wird (§ 3b Abs. 1 Satz 1 UStG). Ort einer Personenbeförderung ist kein bestimmter geographischer Punkt, sondern die Beförderungsstrecke (Streckenprinzip). Erstreckt sich eine Personenbeförderung nicht nur auf das Inland, so unterliegt nur der Teil der Leistung dem Umsatzsteuergesetz, der auf das Inland entfällt (§ 3b Abs. 1 Satz 2 UStG). Grenzüberschreitende Beförderungen sind solche, die sowohl im Inland als auch im Ausland erbracht werden. Für kurze Beförderungsstrecken bestehen Vereinfachungsregelungen (§§ 2 bis 7 UStDV). Bei innergemeinschaftlichen Beförderungen von Gegenständen für Nichtunternehmer ist § 3b Abs. 3 UStG zu beachten. Werden Güterbeförderungsleistungen für Unternehmer erbracht, gilt das Empfängersitzprinzip (§ 3a Abs. 2 UStG). Weitere Einzelheiten zum Ort der Beförderungsleistung ergeben sich aus Abschn. 3b.1 bis 3b.4 UStAE.

3. Umsatzsteuerrechtlich ist eine Dienstleistungskommission anzunehmen, wenn ein Auftragnehmer in die Erbringung einer sonstigen Leistung eingeschaltet wird und dabei im eigenen Namen und für fremde Rechnung handelt (§ 3 Abs. 11 UStG). Geschieht diese Tätigkeit in fremdem Namen und für fremde Rechnung, so liegen Vermittlungsleistungen vor. Beim Verkauf oder Einkauf von Waren ist bei einem Auftreten im eigenen Namen und für fremde Rechnung eine Kommission anzunehmen (§ 383 HGB).[1] Bei der Abwicklung von sonstigen Leistungen im eigenen Namen und für Rechnung eines anderen (Auftraggeber) spricht man von der **Dienstleistungskommission** (vgl. Abschn. 3.15 UStAE). Je nachdem, ob der Auftraggeber das Erbringen oder das Beschaffen einer sonstigen Leistung in Auftrag gibt, liegt ein sog. **Leistungsverkauf[2] (Leistungsverkaufskommission)** bzw. **Leistungseinkauf (Leistungseinkaufskommission)** vor. Spediteure bewirken einen Leistungseinkauf, wenn sie Güterversendungen durch Frachtführer im eigenen Namen und für Rechnung eines anderen übernehmen (§ 453 HGB). Macht dagegen der Spediteur von seinem Recht auf Selbsteintritt Gebrauch (§ 458 HGB) oder einigt er sich mit dem Versender über einen bestimmten Satz der Beförderungskosten (§ 459 Satz 1 HGB) oder benutzt er den sog. Sammelladungsverkehr (§ 460 HGB), so erbringt er die Beförderungsleistungen selbst (vgl. Abschn. 4.3.2 Abs. 5 UStAE).

4. Durch die Regelung des § 3 Abs. 11 UStG wird der Auftragnehmer (eingeschalteter Unternehmer) als Leistungsempfänger und zugleich als Leistender behandelt. Die Vorschrift fingiert eine Leistungskette. Wie beim Kommissionsgeschäft (§ 383 HGB) nach § 3 Abs. 3 UStG bleibt die zivilrechtlich vom Auftragnehmer erbrachte Geschäftsbesorgung umsatzsteuerrechtlich unberücksichtigt. Im Fall des sog. Leistungsverkaufs führt die Fiktion zu einer Umkehr der Leistungsrichtung zwischen Auftraggeber und Auftragnehmer. Nicht der Auftragnehmer leistet umsatzsteuerrechtlich an den Auftraggeber (Geschäftsbesorgung), sondern dieser (fiktiv) an den Auftragnehmer. Die vom Auftraggeber erbrachte sonstige Leistung wird hinsichtlich ihres Leistungsinhalts wie die vom Auftragnehmer ausgeführte Leistung behandelt. Beide Leistungen werden (durch eine juristische Sekunde getrennt) zum selben Zeitpunkt bewirkt. Im Übrigen ist jede der beiden Leistungen umsatzsteuerrechtlich z. B. im Hinblick auf die Ortsbestimmung oder die Anwendung von Steuerbefreiungen gesondert zu beurteilen. Der Leistungseinkauf wird umsatzsteuerrechtlich entsprechend wie der Leistungsverkauf behandelt. Die zivilrechtlich vereinbarte Geschäftsbesorgung bleibt für die umsatzsteuerrechtliche Beurteilung unbeachtlich. Die vom Auftragnehmer an den Auftraggeber erbrachte sonstige Leistung entspricht inhaltlich der zeitgleichen (eine juristische Sekunde früher) an den Auftragnehmer erbrachten sonstigen Leistung.

1 Zu Kommissionsgeschäften (§ 383 HGB) vgl. Fall 24.
2 Zur Leistungsverkaufskommission vgl. auch Fall 55.

Schematische Darstellung des Leistungsverkaufs:

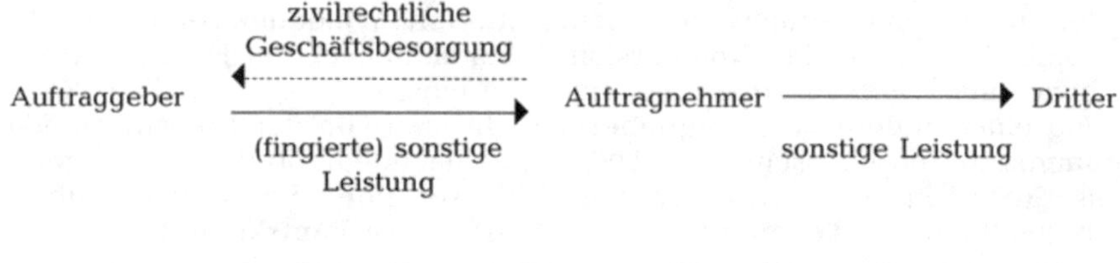

Schematische Darstellung des Leistungseinkaufs:

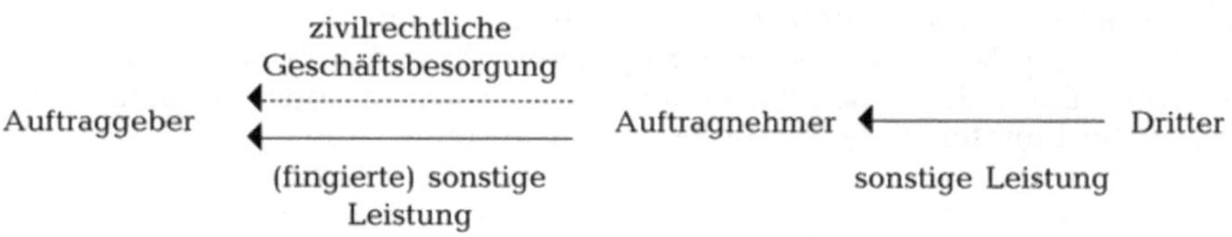

5. Im Fall des Selbsteintritts nach § 458 HGB bewirkt Sp die Beförderungsleistungen an seine Auftraggeber. Der Ort der Beförderungsleistungen ist nach § 3b bzw. § 3a UStG zu bestimmen.

Beförderungsleistung für den Auftraggeber **A:** Die Leistung wird in Augsburg ausgeführt (§ 3a Abs. 2 UStG). Sie ist steuerbar und mit 19 % steuerpflichtig (§ 1 Abs. 1 Nr. 1 und § 12 Abs. 1 UStG).

Beförderungsleistung für den Auftraggeber **B:** Die Leistung wird auf der Strecke Genf – Speyer bewirkt. Steuerbar ist nur der Teil der Beförderungsleistung, der auf das Inland entfällt (§ 3b Abs. 1 Satz 1 und 2 i. V. m. § 1 Abs. 1 Nr. 1 UStG). Für diesen Teil der Leistung ist die Steuerbefreiung nach § 4 Nr. 3 Buchst. a Doppelbuchst. bb UStG zu beachten.

Beförderungsleistungen für den Auftraggeber **C:** Der Angestellte C erbringt mit der Vermietung der Ferienwohnung in Riaz (Schweiz) im Inland nicht steuerbare Umsätze (§ 3a Abs. 3 Nr. 1 Satz 1 und 2 Buchst. a, § 1 Abs. 1 Nr. 1 UStG). Die Beförderung der Einrichtungsgegenstände nach Riaz erfolgt für sein Unternehmen (Vermietung der Ferienwohnung) und wird von Sp in Celle bewirkt (§ 3a Abs. 2 Satz 1 UStG; keine Betriebsstätte in Riaz). Die Beförderungsleistung ist in vollem Umfang steuerbar (§ 1 Abs. 1 Nr. 1 UStG) und steuerfrei (§ 4 Nr. 3 Buchst. a Doppelbuchst. aa UStG). Der Transport der Einrichtungsgegenstände nach Trondheim erfolgt nicht für das Unternehmen des C. Diese Beförderungsleistung wird auf der Strecke Celle – Trondheim bewirkt. Soweit die Beförderung im Inland erbracht wird, ist die Leistung steuerbar (§ 3b Abs. 1 Satz 1 und 2, § 1 Abs. 1 Nr. 1 UStG) und steuerfrei (§ 4 Nr. 3 Buchst. a Doppelbuchst. aa UStG).

Beförderungsleistung für den Auftraggeber **D:** Der Ort der Beförderungsleistung bestimmt sich grundsätzlich nach dem Empfängerprinzip (§ 3a Abs. 2 UStG) und wäre damit in Darmstadt. Da diese Leistung ausschließlich in der Schweiz ausgeführt und genutzt wird, ist sie zur Vermeidung einer Doppelbesteuerung als in der Schweiz (Drittlandsgebiet) bewirkt zu behandeln (§ 3a Abs. 8 UStG; vgl. Abschn. 3a.14 Abs. 5 UStAE). Die in der Schweiz bewirkte Leistung ist im Inland nicht steuerbar (§ 1 Abs. 1 Nr. 1 UStG).

6. Die sonstigen Leistungen des Sp sind entsprechend den Leistungen der Frachtführer umsatzsteuerrechtlich als Beförderungsleistungen zu behandeln (§ 3 Abs. 11 UStG). Für diese Leistungen sind daher hinsichtlich der Steuerbarkeit und der Steuerpflicht bzw. -befreiung dieselben Entscheidungen wie im Fall des Selbsteintritts nach § 458 HGB zu treffen (siehe oben unter 5.).

Fall 32

Innergemeinschaftliche Güterbeförderungen

UStG § 3 Abs. 9, § 3b Abs. 3, § 13b, § 14 Abs. 2 und 4

Bei den innergemeinschaftlichen Güterbeförderungen an nichtunternehmerische Leistungsempfänger ist § 3b Abs. 3 UStG einschlägig. Danach ist die Beförderung eines Gegenstandes, die in dem Gebiet eines Mitgliedstaates beginnt und in dem Gebiet eines anderen Mitgliedstaates endet, an dem Ort ausgeführt, an dem die Beförderung des Gegenstandes beginnt. Diese Regelung gilt allerdings nur, soweit der Leistungsempfänger weder ein Unternehmer ist, für dessen Unternehmen die Leistung bezogen wird, noch eine nichtunternehmerisch tätige juristische Person, der eine USt-IdNr. erteilt worden ist. Bei einer Güterbeförderung an einen unternehmerischen Leistungsempfänger gilt die allgemeine Ortsbestimmung des § 3a Abs. 2 UStG. Danach ist der Ort der Güterbeförderung der Sitz des Leistungsempfängers.

Sachverhalt

Der in Rastatt ansässige Transportunternehmer Rapid (R) hat für seine Auftraggeber A bis C folgende Transporte ausgeführt:

Der Unternehmer **A** aus Arezzo (Italien) beauftragte R, mit dem LKW eine Maschine von Frankfurt a. M. über die Schweiz nach Arezzo zu transportieren. R erteilte A eine Rechnung über 10.000 € entsprechend den Regelungen des italienischen Umsatzsteuerrechts.

Der Privatmann **B** aus Bühl erteilte R den Auftrag, mit einem Möbelwagen Umzugsgut von Bühl nach Straßburg (Frankreich) zu befördern. R übersandte B eine Rechnung über 8.000 € zuzüglich 1.520 € Umsatzsteuer.

Der in Camberg ansässige Unternehmer **C** beauftragte R, mit dem LKW Lebensmittel von Venlo (Niederlande) nach Camberg zu transportieren. R erteilte C eine Rechnung über 9.000 € zuzüglich 1.710 € Umsatzsteuer.

Frage

1. Welche Art der sonstigen Leistung hat R gegenüber seinen Auftraggebern A bis C jeweils erbracht?
2. Wo ist der Ort der Beförderungsleistung?
3. Welche Anforderungen sind an die von R erteilten Rechnungen zu stellen?

Antwort

1. R hat gegenüber seinen Auftraggebern A bis C jeweils eine innergemeinschaftliche Güterbeförderung (sonstige Leistung) bewirkt.
2. Die innergemeinschaftliche Güterbeförderung an den Auftraggeber A ist in Arezzo (Italien), an B in Bühl und an C in Camberg bewirkt worden.
3. R ist gegenüber B berechtigt und gegenüber A und C verpflichtet, Rechnungen zu erteilen, in denen er u. a. die Umsatzsteuer gesondert ausweist (§ 14 Abs. 2 Satz 1 Nr. 2, Abs. 4 UStG). In der für A auszustellenden Rechnung darf R die Umsatzsteuer nicht gesondert ausweisen und muss auf die Steuerschuldnerschaft des A besonders hinweisen.

Begründung

Allgemeines: Bei den Güterbeförderungsleistungen sind folgende Arten zu unterscheiden:

- inländische Güterbeförderungen,
- grenzüberschreitende Güterbeförderungen und
- innergemeinschaftliche Güterbeförderungen.

Für die Ortsbestimmung ist darauf abzustellen, ob Leistungsempfänger einer Güterbeförderungsleistung ein Nichtunternehmer oder ein Unternehmer bzw. eine dem Unternehmer gleichgestellte Person ist. Nur für Güterbeförderungsleistungen, die für Nichtunternehmer erbracht werden, regelt die Vorschrift des § 3b UStG den Ort der Leistung. In den anderen Fällen gilt grundsätzlich das Empfängersitzprinzip (§ 3a Abs. 2 UStG; zur Vermeidung von Doppelbesteuerungen ist ggf. § 3a Abs. 8 UStG zu beachten). Für Nichtunternehmer ausgeführte Güterbeförderungen im Inland gilt das Streckenprinzip (§ 3b Abs. 1 Satz 1 UStG). Entsprechende grenzüberschreitende Güterbeförderungen in ein Drittlandsgebiet oder aus dem

Drittlandsgebiet sind insoweit steuerbar, als die Beförderungsleistung auf das Inland entfällt (§ 3b Abs. 1 Satz 2 UStG).

1. Innergemeinschaftliche Güterbeförderungen sind solche Beförderungen von Gegenständen, bei denen der Ort, an dem die Beförderung beginnt (Abgangsort), und der Ort, an dem die Beförderung endet (Ankunftsort), in zwei verschiedenen Mitgliedstaaten liegen. Unbeachtlich ist dabei, wenn ein Teil der Beförderungsstrecke auf das Drittlandsgebiet entfällt (Abschn. 3b.3 Abs. 2 Satz 5 UStAE). Der Transportunternehmer R hat gegenüber seinen Auftraggebern A bis C Güterbeförderungsleistungen (§ 3 Abs. 9 UStG) erbracht. Es handelt sich um innergemeinschaftliche Güterbeförderungen, da der Abgangsort jeweils in einem Mitgliedstaat (bei A und B Deutschland und bei C Niederlande) und der Ankunftsort jeweils in einem anderen Mitgliedstaat (bei A Italien, B Frankreich und C Deutschland) liegen.

2. Innergemeinschaftliche Güterbeförderungen für Leistungsempfänger, die Nichtunternehmer sind, werden am Abgangsort bewirkt (§ 3b Abs. 3 UStG). Es ist unerheblich, wo der Transportunternehmer ansässig ist. Ebenso ist eine ggf. erforderliche Anfahrt an den Abgangsort bedeutungslos. Ort der für B ausgeführten Beförderungsleistung ist Bühl. Für die an A und C erbrachten Beförderungsleistungen bestimmt sich der Ort nach § 3a Abs. 2 UStG. Die Beförderungsleistung an A wird in Arezzo erbracht und ist in Deutschland nicht steuerbar. Die steuerbare innergemeinschaftliche Güterbeförderung für C wird in Camberg bewirkt.

3. R ist gegenüber B berechtigt, über die im Inland ausgeführte steuerbare und mit 19 % steuerpflichtige Beförderungsleistung eine Rechnung mit gesondert ausgewiesener Umsatzsteuer zu erteilen (§ 14 Abs. 2 Satz 1 Nr. 2 Satz 1, Abs. 4 UStG). Die an C im Inland erbrachte Beförderungsleistung ist steuerbar und steuerpflichtig. R ist verpflichtet, innerhalb von 6 Monaten nach Ausführung dieser Leistung eine Rechnung mit den Pflichtangaben nach § 14 Abs. 4 UStG auszustellen (§ 14 Abs. 2 Satz 1 Nr. 2 Satz 2 UStG). Die für A in Arezzo ausgeführte Beförderungsleistung unterliegt in Italien der Umsatzbesteuerung. Anfallende italienische Umsatzsteuer schuldet A als Leistungsempfänger (vgl. Abschn. 3a.16 Abs. 5 UStAE). Die Abrechnung des R erfolgt nach den Regelungen dieses Mitgliedstaates. R darf in seiner Rechnung keine Umsatzsteuer gesondert ausweisen und muss auf die Steuerschuldnerschaft des A besonders hinweisen (vgl. Abschn. 3a.16 Abs. 6 UStAE). R hat die in Deutschland nicht steuerbare Beförderungsleistung in seiner Umsatzsteuervoranmeldung zu erklären (§ 18b Satz 1 Nr. 2 UStG). Außerdem hat er diese Leistung in seiner Zusammenfassenden Meldung unter Angabe seiner USt-IdNr. und der seines italienischen Auftraggebers A anzumelden (§ 18a Abs. 2, Abs. 7 Satz 1 Nr. 3 UStG; Abschn. 3a.16 Abs. 7 UStAE).

Fall 33

Lieferung – Werklieferung – Werkleistung

UStG § 3 Abs. 1, 4 und 9

Wirtschaftlich einheitliche Leistungen dürfen umsatzsteuerrechtlich nicht künstlich in mehrere Leistungen aufgeteilt werden. Enthält eine Leistung Elemente einer Lieferung (Verschaffung der Verfügungsmacht an einem Gegenstand) und Elemente einer sonstigen Leistung (Be- oder Verarbeitung eines Gegenstandes), ist zwischen einer Werklieferung (Sonderfall der Lieferung) und einer Werkleistung (Sonderfall der sonstigen Leistung) zu unterscheiden.

Sachverhalt

Malermeister und Dekorateur Hans Farbig (F) in Lünen/Westf. ist Inhaber eines eigenen Handwerksbetriebs und eines Ladengeschäfts, in dem er Tapeten, Farben, Gardinen, Fußbodenbeläge und andere Artikel vertreibt. F hat im letzten Voranmeldungszeitraum für ortsansässige Kunden u. a. folgende Aufträge ausgeführt:

Dem Kunden A hat F 10 lfd. m Teppichboden in der Breite von 4 m geliefert und auch in dessen Wohnung verlegt. Für den Fußbodenbelag hat F dem Kunden 600 € zuzüglich 114 € Umsatzsteuer = 714 € in Rechnung gestellt. Das Verlegen des Teppichbodens verursachte keinen besonderen Arbeitsaufwand und wurde als handelsübliche Nebenleistung ebenso wie der Transport nicht besonders berechnet.

Ferner hat F die Tapezierarbeiten in einem Doppelhaus übernommen, in dem die Kunden B und C wohnen.

Die zur Ausführung der Arbeiten in der Wohnung des B erforderlichen Tapeten und Kleinmaterialien hat F seinem Lager entnommen. B hatte sich die gewünschten Tapeten einige Tage zuvor im Ladengeschäft des F selbst ausgesucht.

Die zur Ausführung der Arbeiten in der Wohnung des C erforderlichen Tapeten hat F im Namen und für Rechnung des C bei der Tapetengroßhandlung Bunt & Schön OHG in Dortmund bestellt, nachdem C die Tapeten nach einem Musterbuch ausgesucht hatte. F hat im Übrigen nur die erforderliche Menge angegeben. Die Tapeten wurden von der OHG unmittelbar an C ausgeliefert. Die Rechnung über die gelieferten Tapeten wurde auf den Namen des C ausgestellt.

F erhielt von der OHG einen für Handwerker üblichen Rabatt in Form einer Provisionsgutschrift.

Es ist davon auszugehen, dass bei Ausführung der Arbeiten für B und C der Nettoverkaufspreis der Tapeten je 1.000 € und der Nettowert der Arbeitsleistung und des Kleinmaterials je 3.000 € betragen haben. Die von der OHG erteilte Gutschrift weist für F einen Betrag von 100 € zuzüglich 19 € Umsatzsteuer, insgesamt 119 €, aus.

Für den Kunden D in Duisburg hat F in seiner Werkstatt nach den Vorgaben des D mit Gardinenstoff aus seinen Lagerbeständen eine 2 m breite Küchengardine mit speziellen Mustern im arbeitsaufwendigen Blaudruckverfahren hergestellt und dem Kunden in dessen Wohnung übergeben. Für die Anfertigung der Gardine berechnete F dem D 300 € und für den Transport 30 € jeweils zuzüglich Umsatzsteuer.

Frage

Welcher Art sind die von F bewirkten Leistungen, und wie hoch ist im Einzelnen die Bemessungsgrundlage?

Antwort

Malermeister F bewirkte folgende Leistungen:

1. an A eine Lieferung, Bemessungsgrundlage 600 €
2. an B eine (unbewegte) Werklieferung, Bemessungsgrundlage 4.000 €
3. an C eine Werkleistung, Bemessungsgrundlage 3.000 €
4. an die OHG eine sonstige Leistung, Bemessungsgrundlage 100 €
5. an D eine (bewegte) Werklieferung, Bemessungsgrundlage 330 €

Begründung

Allgemeines: Nach dem Grundsatz der Einheitlichkeit der Leistung[1] darf eine wirtschaftlich einheitliche Leistung umsatzsteuerrechtlich nicht künstlich in mehrere (selbständige) Leistungen aufgeteilt werden. Eine einheitliche Leistung, die sowohl Elemente einer Lieferung als auch einer sonstigen Leistung enthält, ist umsatzsteuerrechtlich entweder eine Lieferung oder eine sonstige Leistung. Dabei ist im Rahmen einer Gesamtbetrachtung aus der Sicht eines Durchschnittsverbrauchers das Wesen des Vorgangs (der Leistung) zu ermitteln. Überwiegen dabei die Lieferelemente, ist der Vorgang als Lieferung zu beurteilen.

§ 3 Abs. 4 UStG enthält eine gesetzliche Regelung für eine bestimmte einheitliche Leistung. Eine Leistung (§ 3 Abs. 1 UStG) ist nach § 3 Abs. 4 UStG als Werklieferung[2] (Sonderfall der Lieferung) anzusehen, wenn ein Unternehmer die Bearbeitung oder Verarbeitung eines Gegenstandes übernommen hat und hierbei Stoffe verwendet, die er selbst beschafft; bei den Stoffen darf es sich nicht nur um Zutaten oder sonstige Nebensachen (Nebenstoffe) handeln. Aus der Sicht eines Durchschnittsverbrauchers ist zu beurteilen, ob den vom Unternehmer selbst beschafften und verwende-

---

1 Zum Grundsatz der Einheitlichkeit der Leistung vgl. Fall 14.

2 Die Unterscheidung zwischen einer Lieferung und einer Werklieferung ist z. B. wegen des Übergangs der Steuerschuldnerschaft nach § 13b Abs. 2 Nr. 1 und 4 UStG bei Leistungen ausländischer Unternehmer und bei Bauleistungen von Bedeutung; vgl. auch Fall 86.

ten Materialien (Stoffen) eine leistungs- bzw. wesensbestimmende Bedeutung zukommt. In diesem Fall verwendet der Unternehmer Hauptstoffe und erbringt eine Werklieferung. Werden im Verhältnis zu den Dienstleistungselementen Materialien (Stoffe) von untergeordneter Bedeutung (Nebenstoffe) eingesetzt, bewirkt der Unternehmer eine Werkleistung (Sonderform der sonstigen Leistung). Dem Be- oder Verarbeiten eines gelieferten Gegenstandes muss nach dem Willen der Beteiligten eine nicht unerhebliche Bedeutung zukommen. Ansonsten liegt wie bei der Veräußerung eines bereits vorhandenen Gegenstandes keine Werklieferung, sondern eine schlichte Lieferung i. S. des § 3 Abs. 1 UStG vor.

Zivilrechtlich liegt der Be- oder Verarbeitung eines Gegenstandes regelmäßig ein Werkvertrag i. S. des § 631 BGB zugrunde. Eine Werklieferung liegt auch dann vor, wenn die Gegenstände fest mit dem Grund und Boden verbunden werden (§ 3 Abs. 4 Satz 2 UStG). Der Begriff der Werklieferung setzt demnach voraus:

- die Übernahme der Be- oder Verarbeitung eines Gegenstandes;
- die Beschaffung mindestens eines Hauptstoffes durch den Be- oder Verarbeiter;
- die Verwendung mindestens eines selbst beschafften Hauptstoffes bei der Be- oder Verarbeitung.

Übernimmt ein Unternehmer die Be- oder Verarbeitung eines Gegenstandes und verwendet er dabei keine selbst beschafften Hauptstoffe, ist im Umkehrschluss aus § 3 Abs. 4 UStG von einer Werkleistung (§ 3 Abs. 9 UStG) auszugehen. In diesem Fall überwiegen bei der einheitlichen Leistung die Elemente einer sonstigen Leistung.

1. Bei der Leistung gegenüber dem Kunden A erbrachte F mit dem Transport des Teppichbodens zur Wohnung des Kunden und dem anschließenden Verlegen handelsübliche unselbständige Nebenleistungen zur Hauptleistung, der Warenlieferung. Der wirtschaftlich einheitliche Vorgang ist nicht in eine Lieferung nach § 3 Abs. 1 UStG (Verschaffung der Verfügungsmacht an dem Teppichboden) und selbständige sonstige Leistungen nach § 3 Abs. 9 UStG (unentgeltlich bewirkter Transport und Verlegen des Teppichbodens) aufzuteilen. Es gilt der Grundsatz der Einheitlichkeit der Leistung. Da dem Verlegen des Teppichbodens für die Beurteilung des Leistungsvorgangs keine entscheidende Bedeutung zukommt, ist eine Werklieferung nach § 3 Abs. 4 UStG nicht anzunehmen.

F hat gegenüber A eine (bewegte) Lieferung (§ 3 Abs. 1 und Abs. 6 Satz 1 und 2 UStG) erbracht. Der Transport und das Verlegen des Teppichbodens teilen als unselbständige Nebenleistungen das umsatzsteuerrechtliche Schicksal der Lieferung des Teppichbodens (Hauptleistung). Dagegen ist die Beschaffung und feste Verlegung von z. B. Teppichfliesen, Linoleum oder Parkett durch Verkleben, Verkitten oder Verschweißen als (unbewegte) Werklieferung (§ 3 Abs. 4 UStG) zu beurteilen. Die feste und regelmäßig arbeitsaufwendige Verlegung (Be- bzw. Verarbeitung der Bodenbeläge) hat in diesen Fällen für die Beteiligten eine eigenständige wirtschaftliche Bedeutung.

2. Für die Ausführung der Tapezierarbeiten in der Wohnung des B sind die Tapeten Hauptstoff; F hat sie selbst beschafft und für die Ausführung der Arbeiten verwendet. Seine Leistung an B ist eine (unbewegte) Werklieferung (§ 3 Abs. 4 UStG), die nach dem Grundsatz der Einheitlichkeit der Leistung nicht in eine Lieferung von Tapeten, den Transport der Tapeten zur Wohnung des B (sonstige Leistung) und eine sonstige Leistung durch Ausführung der Tapezierarbeiten aufgeteilt werden darf. Die Werklieferung des F umfasst die Lieferung der Tapeten, den Transport der Tapeten zur Wohnung des B und die Durchführung der Tapezierarbeiten. Die Werklieferung wird mit Abnahme (§ 640 BGB) durch den Kunden B ausgeführt. F erbringt insgesamt eine Werklieferung. Der Ort der unbewegten Werklieferung ist nach § 3 Abs. 7 Satz 1 UStG die Wohnung des Kunden B. Die Bemessungsgrundlage (§ 10 Abs. 1 Satz 1 und 2 UStG) beträgt (1.000 € + 3.000 € =) 4.000 €.

3. Im Auftrag des Kunden C hat F die Ausführung der Tapezierarbeiten übernommen. Vor der Ausführung der Arbeiten hat er den Verkauf der gewünschten Tapeten vermittelt. F ist dabei in fremdem Namen und für fremde Rechnung aufgetreten und stellte unmittelbare Rechtsbeziehungen zwischen dem Kunden C und der OHG her. Der Kunde C hat somit die Tapeten für die Ausführung der Tapezierarbeiten als den einzigen erforderlichen Hauptstoff beschafft. Eine maßgebliche Mitwirkung des F an der Beschaffung der Tapeten ist nicht festzustellen. Es ist als unschädlich anzusehen, dass F für C die erforderliche Menge angab. C stellte daher den gesamten erforderlichen Hauptstoff Tapeten (sog. Materialgestellung). F setzte bei der Ausführung der Arbeiten lediglich Kleinmaterial (Nebensachen) sowie Handwerkszeug und Arbeitskräfte ein. Die Leistung des F gegenüber C ist eine Werkleistung i. S. des § 3 Abs. 9 UStG (Umkehrschluss aus § 3 Abs. 4 UStG), deren Ort nach § 3a Abs. 3 Nr. 1 Satz 1 UStG (Wohnung des Kunden C) zu bestimmen ist. Die Bemessungsgrundlage (§ 10 Abs. 1 Satz 1 und 2 UStG) beträgt 3.000 €.

4. F hat die Tapeten nicht selbst beschafft (erworben, gewonnen oder selbst hergestellt), sondern lediglich deren Verkauf durch die OHG vermittelt. Durch diese Vermittlung hat F gegenüber der OHG eine sonstige Leistung (§ 3 Abs. 9 UStG) erbracht. Der Ort der Vermittlungsleistung ist Dortmund (§ 3a Abs. 2 Satz 1 UStG). Die Bemessungsgrundlage (§ 10 Abs. 1 Satz 1 und 2 UStG) beträgt 100 €; die Umsatzsteuer von 19 € gehört nicht zur Bemessungsgrundlage.

5. Mit der Anfertigung der Küchengardine entsprechend den Vorstellungen des Kunden D erbringt F eine (bewegte) Werklieferung i. S. des § 3 Abs. 4 UStG. Neben den für das Blaudrucken erforderlichen Materialien hat F den selbst beschafften Gardinenstoff als Hauptstoff bei der Verarbeitung verwendet. Der Transport der fertigen Gardine teilt als unselbständige Nebenleistung das umsatzsteuerrechtliche Schicksal der Werklieferung.

Die Werklieferung gilt mit Beginn der Beförderung der Gardine zum Kunden in Lünen als ausgeführt (§ 3 Abs. 6 Satz 1 und 2 UStG). Die Bemessungsgrundlage (§ 10 Abs. 1 Satz 1 und 2 UStG) beträgt 330 € (300 € + 30 €).

Fall 34

Materialgestellung – Materialbeistellung

UStG § 3 Abs. 4 und 9

Gegenstand einer Werklieferung ist grundsätzlich das fertige Werk. Der Auftraggeber kann sich aber an der Werkerstellung beteiligen. Er kann dem Werkunternehmer Materialien (Hauptstoffe, Nebenstoffe) zur Verfügung stellen oder sich in anderer Form an der Herstellung beteiligen. Die Beteiligung des Auftraggebers nimmt nicht am Leistungsaustausch teil. Liegt eine sog. Materialgestellung vor, handelt es sich um eine Werkleistung (sonstige Leistung).

Sachverhalt

Die Gold & Silber OHG (G & S) betreibt in Gütersloh einen Schmuckwarengroßhandel. Die OHG erteilt dem Schmuckfabrikanten Mosche Bernstein (B) aus Pforzheim den Auftrag, 50 Schmuckringe herzustellen. Die Schmuckringe bestehen aus einer Gold-Platin-Legierung und sind jeweils mit einem Edelstein besetzt.

a) Gold, Platin und Edelsteine werden vom Fabrikanten beschafft.

b) Gold, Platin und Edelsteine werden von der Bestellerin beschafft und zur Verfügung gestellt.

c) Die erforderliche Goldmenge wird von der Bestellerin beschafft und vor Anfertigung der Ringe zur Verfügung gestellt; Platin und Edelsteine werden vom Fabrikanten beschafft.

d) Die erforderliche Goldmenge (sog. Industriegold) wird zwar von der Bestellerin beschafft, aber erst nach Fertigstellung der Schmuckringe bei dem Fabrikanten angeliefert.

Der Fabrikant erteilt der Gold & Silber OHG folgende Rechnung (Auszug):

a)	Lieferung von 50 Schmuckringen à 200 €	10.000 €
	zzgl. Umsatzsteuer 19 %	1.900 €
	insgesamt zu zahlen	11.900 €

b) Anfertigung von 50 Schmuckringen à 30 €	1.500 €
zzgl. Umsatzsteuer 19 %	285 €
insgesamt zu zahlen	1.785 €

c) Lieferung von 50 Schmuckringen à 200 €	10.000 €
abzgl. Wert des angelieferten Feingoldes	3.000 €
verbleiben	7.000 €
zzgl. Umsatzsteuer 19 %	1.330 €
insgesamt zu zahlen	8.330 €

d) Lieferung von 50 Schmuckringen à 200 €	10.000 €
zzgl. Umsatzsteuer 19 %	1.900 €
zusammen	11.900 €
abzgl. Gutschrift für nachträglich angeliefertes Feingold 3.000 € zzgl. 570 € Umsatzsteuer	3.570 €
insgesamt zu zahlen	8.330 €

Frage

1. Welcher Art sind die Leistungen, und welchen Umfang haben die Leistungen des Fabrikanten B?
2. Wie hoch ist die Bemessungsgrundlage für die Leistungen des B?

Antwort

1. a) Werklieferung der Schmuckringe durch B; eine Materialgestellung oder -beistellung der Bestellerin G & S liegt nicht vor.

   b) Werkleistung (Anfertigung der Schmuckringe) des B; die Bestellerin G & S hat alle erforderlichen Hauptstoffe (Gold, Platin, Edelsteine) im Wege der Materialgestellung dem B zur Verfügung gestellt, ohne ihm daran die Verfügungsmacht i. S. des § 3 Abs. 1 UStG zu verschaffen.

   c) Werklieferung der Schmuckringe durch B, jedoch ohne das zur Herstellung der Ringe erforderliche Gold; die Bestellerin G & S hat den Hauptstoff Gold im Wege der Materialbeistellung dem B zur Verfügung gestellt, ohne ihm daran die Verfügungsmacht i. S. des § 3 Abs. 1 UStG zu verschaffen.

   d) Werklieferung der Schmuckringe durch B; eine Materialgestellung oder -beistellung der Bestellerin G & S liegt nicht vor. Die nachträgliche Überlassung der erforderlichen Goldmenge stellt eine (Gegen-) Lieferung nach § 3 Abs. 1 UStG dar.
2. Die Bemessungsgrundlage (§ 10 Abs. 1 bzw. 2 UStG) beträgt jeweils insgesamt:

   a) 10.000 €; b) 1.500 €; c) 7.000 €; d) 10.000 €.

Begründung

Allgemeines: Kommt nach dem Willen der Beteiligten dem Be- oder Verarbeiten eines Gegenstandes eine erhebliche Bedeutung zu und verwendet der Unternehmer dabei eigene Materialien, ist zu entscheiden, ob der Vorgang eine einheitliche Lieferung (Werklieferung) oder eine sonstige Leistung (Werkleistung) darstellt. Verwendet der Unternehmer bei der Be- oder Verarbeitung des Gegenstandes **keine** selbst beschafften Hauptstoffe, ist im Umkehrschluss aus § 3 Abs. 4 UStG von einer Werkleistung (§ 3 Abs. 9 UStG; Sonderfall der sonstigen Leistung) auszugehen. Für die Annahme einer Werkleistung ist es unschädlich, wenn der Unternehmer bei der Be- oder Verarbeitung des Gegenstandes selbst beschaffte Zutaten oder sonstige Nebensachen verwendet.

Für die Herstellung eines Werkes können auch mehrere Haupt- und Nebenstoffe erforderlich sein. Der Besteller eines Werkes kann sich an der Herstellung auf verschiedene Weise beteiligen, z. B. durch die Überlassung von Material, Arbeitskräften, Fahrzeugen, Maschinen, Energie, Zeichnungen, Mustern. Für derartige Beiträge des Bestellers des Werkes gibt es folgende Begriffe:

Eine **Materialgestellung** liegt vor, wenn der Besteller (Auftraggeber) eines Werkes dem Werkunternehmer den gesamten erforderlichen Hauptstoff für die Herstellung des Werkes zur Verfügung stellt, ohne ihm daran die Verfügungsmacht i. S. des § 3 Abs. 1 UStG zu verschaffen. Es ergibt sich eine Werkleistung (§ 3 Abs. 9 UStG; Umkehrschluss aus § 3 Abs. 4 UStG).

Von einer **Materialbeistellung** ist auszugehen, wenn der Besteller (Auftraggeber) eines Werkes dem Werkunternehmer einen von mehreren Hauptstoffen oder z. B. Nebenstoffe für die Herstellung des Werkes zur Verfügung stellt, ohne ihm daran die Verfügungsmacht i. S. des § 3 Abs. 1 UStG zu verschaffen. Es liegt eine Werklieferung vor (§ 3 Abs. 4 UStG), die nur die vom Auftraggeber beschafften und verwendeten Stoffe umfasst.

Bei einer sonstigen Beistellung beteiligt sich der Besteller (Auftraggeber) eines Werkes in anderer Weise an der Herstellung (z. B. durch Gestellung von Arbeitskräften, Fahrzeugen). Es ergibt sich eine Werklieferung (§ 3 Abs. 4 UStG), wenn der Werkunternehmer zusätzlich mindestens einen selbst beschafften Hauptstoff verwendet, bzw. eine Werkleistung (sonstige Leistung), wenn keine selbst beschafften Hauptstoffe verwendet werden (§ 3 Abs. 9 UStG).

Umsatzsteuerrechtlich anzuerkennende Ge- oder Beistellungen nehmen am Leistungsaustausch nicht teil. Die Anerkennung einer Materialgestellung oder -beistellung setzt voraus, dass

- das gestellte bzw. beigestellte Material ohne schädliche Mitwirkung des Werkunternehmers (z. B. nicht als Eigenhändler oder Kommissionär) vom Besteller beschafft worden ist;

- dem Werkunternehmer keine Verfügungsmacht i. S. des § 3 Abs. 1 UStG an dem gestellten bzw. beigestellten Material verschafft wird;
- das gestellte bzw. beigestellte Material tatsächlich für die Werkherstellung verwendet wird (sog. Stoffidentität). Ein Materialaustausch ist im Fall der Materialgestellung nur unter den Voraussetzungen des § 3 Abs. 10 UStG, im Fall der Materialbeistellung nach der wirtschaftlichen Betrachtungsweise nur in seltenen Ausnahmefällen bei völliger Art-, Wert- und Funktionsgleichheit des Materials unschädlich.

1. Die von der Bestellerin G & S in Auftrag gegebenen Schmuckringe bestehen jeder zumindest aus den Hauptstoffen Gold, Platin und Edelstein. Die von B erbrachten Leistungen sind nach Art und Umfang wie folgt zu beurteilen:

a) Der Werkunternehmer B beschaffte den gesamten erforderlichen Stoff (Hauptstoffe und Nebenstoffe); es ergibt sich eine Werklieferung (§ 3 Abs. 4 UStG) des gesamten fertigen Werkes (Schmuckringe).

b) Werkunternehmer B hat keinen Hauptstoff beschafft. Inhalt seiner Leistung ist lediglich die Herstellung der Ringe aus den ihm von der Bestellerin G & S zur Verfügung gestellten Hauptstoffen Gold, Platin und Edelsteine. B erbringt eine Werkleistung (§ 3 Abs. 9 UStG; Umkehrschluss aus § 3 Abs. 4 UStG). Das von G & S überlassene Material nimmt am Leistungsaustausch nicht teil. Insoweit liegt eine Materialgestellung vor.

c) Werkunternehmer B hat die Hauptstoffe Platin und Edelsteine selbst beschafft. Der Hauptstoff Gold wurde durch die Bestellerin der Ringe beigestellt. Da B an diesem Hauptstoff nicht die Verfügungsmacht i. S. des § 3 Abs. 1 UStG erlangt hat, liegt insoweit eine Materialbeistellung vor. B erbringt eine Werklieferung (§ 3 Abs. 4 UStG), welche die fertigen Ringe, jedoch ohne das zur Verfügung gestellte Gold umfasst.

d) Der Werkunternehmer B beschaffte den gesamten erforderlichen Stoff (Haupt- und Nebenstoffe); es ergibt sich eine Werklieferung (§ 3 Abs. 4 UStG) des gesamten fertigen Werkes. Die Bestellerin G & S liefert den Hauptstoff Gold erst nach Herstellung der Schmuckringe bei B in Pforzheim an, sodass die Materialidentität (Stoffidentität) zwangsläufig nicht gewahrt ist. Das angelieferte Gold ging in die Liefergegenstände (Schmuckringe) nicht ein mit der Folge, dass eine Materialbeistellung ausgeschlossen ist. Die Anlieferung des Goldes durch G & S stellt eine Lieferung dar (§ 3 Abs. 1 UStG). Es liegt ein Tausch mit Baraufgabe vor (§ 3 Abs. 12 Satz 1 UStG). Der Stoff Gold ist demnach Gegenstand des Leistungsaustausches.

Umsätze mit unverarbeitetem Gold (sog. Industriegold) sind steuerpflichtig (zur Steuerbefreiung für Umsätze mit Anlagegold vgl. § 25c UStG). Die von G & S bewirkte Lieferung von Feingold war demnach steuerbar (§ 1 Abs. 1 Nr. 1 UStG) und mit 19 % steuerpflichtig (§ 12 Abs. 1 UStG).

2. Die in der Antwort angegebenen Bemessungsgrundlagen – zu a) bis c) nach § 10 Abs. 1 UStG, zu d) nach § 10 Abs. 1 und 2 UStG – ergeben sich entsprechend dem Umfang der von B bewirkten Leistungen. Ein Vergleich der beiden Lösungen zu c) und d) ergibt im Übrigen, dass die Nichtanerkennung einer Materialbeistellung die steuerliche Belastung im Ergebnis nicht berührt, wenn die Beteiligten beide voll zum Vorsteuerabzug berechtigt sind (§ 15 UStG).

Fall 35

Ort der Werklieferung – Ort der Werkleistung

UStG § 3 Abs. 4, 6, 7, 9, § 3a Abs. 2, Abs. 3 Nr. 1, Abs. 3 Nr. 3 Buchst. c

Bei der Bestimmung von Zeitpunkt und Ort einer Werklieferung ist zwischen bewegten und unbewegten Werklieferungen zu unterscheiden. Zeitpunkt einer Werkleistung ist die Zuwendung des fertigen Werkes. Hinsichtlich des Ortes gilt für Werkleistungen an Grundstücken das Belegenheitsprinzip. Bei Werkleistungen an beweglichen Sachen ist der umsatzsteuerrechtliche Status des Leistungsempfängers von Bedeutung.

Sachverhalt

Der Fabrikant Siegfried Urban (U) in Ulm stellt u. a. nach speziellen Wünschen seiner Kunden (regelmäßig Unternehmer) Abfüll-, Verpackungs- und Transportanlagen verschiedenster Art her. U versendet die fertigen Teile an Kunden im In- und Ausland und montiert sie auf Wunsch in ihren Betriebsräumen.

Außerdem führen Monteure des U auf Anforderung der Kunden an den erstellten Anlagen an Ort und Stelle Reparaturen aus. Gegebenenfalls erforderliche Ersatzteile werden vom Werk in Ulm angefordert und mit werkseigenem Fahrzeug angeliefert. Zu den Kunden zählen auch Nichtunternehmer bzw. nichtunternehmerisch tätige juristische Personen, denen keine Umsatzsteuer-Identifikationsnummer erteilt worden ist.

Frage

1. Wonach ist zu entscheiden, ob U im Einzelfall eine durch Versenden ausgeführte steuerbare und ggf. steuerfreie (bewegte) Werklieferung im Inland oder eine unbewegte, ggf. nicht steuerbare Werklieferung am Ort der Montage im Ausland bewirkt hat?
2. Wo ist der Ort der Werkleistungen des U?

Antwort

1. Nach dem Gesamtbild des Einzelfalles ist zu entscheiden, ob eine steuerbare und ggf. steuerfreie (bewegte) Werklieferung im Inland oder eine ggf. nicht steuerbare (unbewegte) Werklieferung am Ort der Montage im Ausland vorliegt. Entscheidende Bedeutung kommt der Relevanz der Montagearbeiten vor Ort zu.
2. Ist die reparierte Anlage fest mit einem Grundstück verbunden, liegt eine grundstücksbezogene Werkleistung vor. Diese Leistung wird dort ausgeführt, wo das Grundstück liegt. Werkleistungen an beweglichen Anlagen werden am Ort der Reparatur ausgeführt, wenn Leistungsempfänger ein Nichtunternehmer bzw. eine nichtunternehmerisch tätige juristische Person ist, der keine Umsatzsteuer-Identifikationsnummer erteilt worden ist. Entsprechende Werkleistungen für Unternehmer werden grundsätzlich dort erbracht, wo der Leistungsempfänger sein Unternehmen betreibt.

Begründung

1. Mit der Herstellung von Anlagen nach speziellen Wünschen seiner Kunden, erbringt U Werklieferungen i. S. des § 3 Abs. 4 UStG. Wird der fertige Liefergegenstand zum Abnehmer befördert oder versendet, bestimmt sich der Lieferort – vorbehaltlich des § 3c UStG – nach § 3 Abs. 6 Satz 1 UStG. Die Lieferung gilt mit Transportbeginn am Abgangsort als ausgeführt. Wird der Gegenstand der Werklieferung (das fertige Werk) nicht befördert oder versendet (unbewegte Werklieferung), so wird die Lieferung dort ausgeführt, wo sich das fertige Werk zur Zeit der Verschaffung der Verfügungsmacht (Abnahme) befindet (§ 3 Abs. 7 Satz 1 UStG). Unbewegte Lieferungen sind z. B. Werklieferungen in Form von Bauleistungen an Grundstücken, Reparaturen an Anlagen vor Ort unter Verwendung selbstbeschaffter Hauptstoffe und unter bestimmten Voraussetzungen sog. Montagelieferungen . In den Fällen, in denen ein Unternehmer Maschinen oder technische Anlagen an einen Abnehmer liefert und dort montiert, ist der Lieferort unter Berücksichtigung der Montagearbeiten zu bestimmen:

- Ist die Bearbeitung eines Gegenstandes, z. B. Montage, nicht als bloßer Dienst am Kunden anzusehen, sondern vertraglich vereinbart worden und wesentlicher Inhalt eines einheitlich zu beurteilenden Vertrages, so wird die Verfügungsmacht regelmäßig erst mit der Abnahme nach Beendigung der Bearbeitung verschafft. Bei größeren und wertvolleren Werken sind umfangreiche Montage- oder Installationsarbeiten grundsätzlich als erheblich anzusehen. Die unbewegte Werklieferung umfasst als komplexe einheitliche Leistung die Herstellung des Werkes sowie den Transport und Zusammenbau der Anlagenteile vor Ort (§ 3 Abs. 7 Satz 1 UStG).
- Ist eine gelieferte Anlage oder Maschine im Inland bereits betriebsfertig hergestellt worden und wird sie nur aus Transportgründen zerlegt und deshalb später beim Abnehmer wieder zusammengesetzt, so ist die Mon-

tage i. d. R. unerheblich. Die (bewegte) Werklieferung umfasst den Transport und Zusammenbau der Anlagenteile vor Ort als unselbständige Nebenleistungen. Zeitpunkt und Ort der Lieferung sind grundsätzlich nach § 3 Abs. 6 Satz 1 UStG zu bestimmen; ggf. ist die Lieferung steuerfrei nach § 4 Nr. 1 Buchst. a oder b UStG.

- Handelt es sich aber um Maschinen von komplizierter Konstruktion, so verlieren diese, wenn sie einmal zerlegt worden sind, meistens die vorher vorhandene Funktionsfähigkeit. Sie müssen am Ort des Abnehmers nicht nur wieder zusammengesetzt, sondern darüber hinaus neu eingestellt und erprobt werden. Erst im Anschluss an diese Arbeiten wird die Verfügungsmacht an der fertig montierten Anlage verschafft (unbewegte Werklieferung). Der Ort wird nach § 3 Abs. 7 Satz 1 UStG bestimmt.
- Sind die auszuführenden Arbeiten vertraglich ausbedungen und handelt es sich um umfangreiche handwerkliche oder technische Arbeiten, die der Werkunternehmer mit Hilfe vorgebildeter Fachkräfte ausführt, so ist die Werklieferung erst nach Abschluss dieser Arbeiten und Abnahme des fertigen Werkes erbracht (unbewegte Werklieferung; § 3 Abs. 7 Satz 1 UStG). Entsprechendes gilt, wenn der Werkunternehmer vor Ort im Zusammenhang mit der Installation der Anlagen Fundamentierungsarbeiten ausführt.

2. Werden bei der Reparatur der Anlagen keine selbst beschafften Hauptstoffe verwendet, erbringt U eine Werkleistung (§ 3 Abs. 9 UStG; § 3 Abs. 4 UStG im Umkehrschluss). Bei Werkleistungen an beweglichen körperlichen Gegenständen ist zu unterscheiden. Wird die Werkleistung z. B. für einen Nichtunternehmer ausgeführt, bestimmt sich der Ort der Werkleistung danach, wo der Werkunternehmer ausschließlich oder zum wesentlichen Teil tätig geworden ist (§ 3a Abs. 3 Nr. 3 Buchst. c UStG). Dies ist der Ort, an dem U die Anlagen repariert. Werkleistungen für Unternehmer werden grundsätzlich an dem Ort ausgeführt, an dem der Leistungsempfänger sein Unternehmen betreibt (§ 3a Abs. 2 UStG). Wird in den Fällen des § 3a Abs. 2 UStG die Werkleistung im Drittlandsgebiet genutzt oder ausgewertet, gilt sie dort als ausgeführt (§ 3a Abs. 8 Satz 1 UStG). Wird eine Anlage repariert, die fest mit einem Grundstück verbunden ist, handelt es sich um eine grundstücksbezogene Werkleistung. Der Leistungsort bestimmt sich nach der Belegenheit des Grundstücks (§ 3a Abs. 3 Nr. 1 Satz 1 und 2 Buchst. c UStG).

Fall 36

Unentgeltliche Wertabgabe durch Entnahme von Gegenständen

UStG § 3 Abs. 1b Satz 1 Nr. 1, Satz 2, § 3f

Der Vorsteuerabzug richtet sich nach der beabsichtigten Verwendung im Zeitpunkt des Leistungsbezugs. Wird ein Gegenstand erworben, der ausschließlich unternehmerisch genutzt werden soll, steht dem Unternehmer – vorbehaltlich eines Vorsteuerausschlusses – der volle Vorsteuerabzug zu. Selbst bei einer nur teilunternehmerischen Nutzung kann durch Zuordnung der volle Vorsteuerabzug grundsätzlich beansprucht werden. Durch den Vorsteuerabzug wird der Gegenstand vollständig von der Umsatzsteuer entlastet. Bei der Entnahme zu privaten Zwecken muss dies korrigiert werden. Dazu hat der Gesetzgeber die Tatbestände des § 3 Abs. 1b UStG geschaffen. Beabsichtigt der Unternehmer bereits bei Leistungsbezug, die bezogene Leistung nicht für seine unternehmerische Tätigkeit, sondern ausschließlich und unmittelbar für eine unentgeltliche Wertabgabe i. S. des § 3 Abs. 1b UStG zu verwenden, ist er nicht zum Vorsteuerabzug berechtigt. In diesem Fall ist der Vorsteuerabzug ausgeschlossen. In Ermangelung eines Vorsteuerabzugs ist eine spätere unentgeltliche Wertabgabe nicht steuerbar.

Sachverhalt

Schuhwareneinzelhändler **A** entnimmt den Lagerbeständen seines Geschäfts in Aachen für seinen eigenen Bedarf ein Paar Schuhe. Aus dem Einkauf dieser Schuhe hatte A den Vorsteuerabzug geltend gemacht.

Schneidermeister **B** betreibt in Bamberg eine Änderungsschneiderei. Mit Hilfe eines bei ihm angestellten Schneiders fertigt er in seiner Werkstatt für sich einen Anzug. Den dazu erforderlichen Stoff und das benötigte Kleinmaterial entnimmt er seinem Lagerbestand. Die ihm für den Stoff und das Kleinmaterial in Rechnung gestellte Umsatzsteuer hatte B zutreffend als Vorsteuer abgezogen.

Für seine Kunden führt B nur Änderungsarbeiten durch.

Uhrmachermeister **C** aus Cottbus lässt durch einen bei ihm angestellten Uhrmacher eine zu seinem Privatvermögen gehörende Standuhr reparieren. Dabei werden Werkzeuge aus dem Unternehmen verwendet und einige Kleinteile (Nebenstoffe) aus dem Lagerbestand entnommen.

Dachdeckermeister **D** verwendet Dachziegel aus seinem Dachdeckergeschäft in Duderstadt für die Neueindeckung eines ihm gehörenden Mietwohnhauses in Duderstadt.

Fabrikant **E** entnimmt seinem Fabrikunternehmen in Erlangen ein unbebautes Grundstück, auf dem er ein Einfamilienhaus für eigene Wohnzwecke errichten lassen will. E hatte das Grundstück von der Privatperson P erworben.

Lebensmitteleinzelhändler **F** in Fulda entnimmt aus Beständen seines Unternehmens für sich und seine Ehefrau Lebensmittel, die in der Liste der dem ermäßigten Steuersatz unterliegenden Gegenstände aufgeführt sind, sowie Spirituosen und Tabakwaren für den privaten Bedarf. Alle entnommenen Gegenstände haben F zum Vorsteuerabzug berechtigt.

Frage

1. Welchem Zweck dient die Besteuerung unentgeltlicher Wertabgaben?
2. Welche der Unternehmer A bis F tätigen einen steuerbaren Umsatz i. S. von § 3 Abs. 1b Satz 1 Nr. 1 i. V. m. § 1 Abs. 1 Nr. 1 UStG?
3. Welche der Unternehmer A bis F bewirken mit den steuerbaren Umsätzen zu 2. einen steuerfreien bzw. einen steuerpflichtigen Umsatz?

Antwort

1. Der unternehmerische Selbstversorger soll umsatzsteuerlich einem (End-)Verbraucher gleichgestellt werden, der entsprechende Leistungen von einem Unternehmer gegen Entgelt erworben hätte.
2. Die Unternehmer A, B und F tätigen einen steuerbaren Umsatz i. S. von § 3 Abs. 1b Satz 1 Nr. 1 i. V. m. § 1 Abs. 1 Nr. 1 UStG.
3. Die Unternehmer A, B und F bewirken einen steuerpflichtigen Umsatz.

Begründung

1. Das Besteuerungsziel der Allphasen-Netto-Umsatzsteuer mit Vorsteuerabzug ist die (indirekte) Verbrauchsbesteuerung (vgl. Fall 1). Daraus ergibt sich, dass der unternehmerische Selbstversorger umsatzsteuerlich nicht besser, aber auch nicht schlechter gestellt sein darf als ein fremdversorgter Verbraucher, der seinen Verbrauch über eine gegen Entgelt bezogene Leistung realisiert. Diesem Zweck dienen u. a. die Regelungen zur Besteuerung unentgeltlicher Wertabgaben, die technisch als Ergänzungstatbestände zu § 1 Abs. 1 Nr. 1 UStG in § 3 Abs. 1b und § 3 Abs. 9a UStG enthalten sind. Wertabgaben für unternehmensfremde Zwecke, die auf Eingangsleistungen beruhen, welche zum Vorsteuerabzug berechtigt haben, unterliegen daher der Umsatzsteuer.

Der Vorsteuerabzug wird im Ergebnis korrigiert, soweit die umsatzsteuerentlastete Eingangsleistung für unternehmensfremde Zwecke verwendet wird. Diese Vorstellung einer Gleichbehandlung unternehmerischer Selbst- bzw. Fremdversorgung (Besteuerung unentgeltlicher Wertabgaben als Korrektur des Vorsteuerabzugs) wird im Umsatzsteuergesetz jedoch nicht konsequent verwirklicht. So setzt – zumindest nach dem Wortlaut des Gesetzes – z. B. die Besteuerung einer unentgeltlichen Wertabgabe nach § 3 Abs. 9a Nr. 2 UStG keinen vorangegangenen Vorsteuerabzug voraus. Dies ist eine

Durchbrechung des Grundsatzes, dass nur ein unversteuerter Endverbrauch versteuert werden soll. Auch umfasst die Entnahme eines selbst erstellten Gegenstandes neben umsatzsteuerentlasteten Materialien z. B. auch Dienstleistungselemente (z. B. Arbeitnehmerleistungen), denen kein Vorsteuerabzug zugrunde liegt (vgl. auch § 10 Abs. 4 Satz 1 Nr. 1 UStG).

2. Die einer Lieferung gegen Entgelt gleichgestellte unentgeltliche Wertabgabe i. S. des § 3 Abs. 1b Satz 1 Nr. 1 UStG umfasst die Entnahme von Gegenständen für unternehmensfremde Zwecke.

- Gegenstand in diesem Sinne ist nur das, was auch Gegenstand einer Lieferung bzw. Werklieferung (§ 3 Abs. 1 bzw. 4 UStG) sein kann (vgl. Abschn. 3.3 Abs. 5 UStAE).

Für die Beurteilung des Gegenstandes und des Umfangs der unentgeltlichen Wertabgabe durch Entnahme sind die für Lieferungen einschließlich der Werklieferungen geltenden Grundsätze anzuwenden. Entnahme ist die unentgeltliche, vom Willen des Unternehmers gesteuerte (endgültige) Wertabgabe aus dem Unternehmen für unternehmensfremde Zwecke. Vorgänge, die einem Dritten gegenüber sich als sonstige Leistungen – auch Werkleistungen – darstellen, fallen nicht unter § 3 Abs. 1b Satz 1 Nr. 1 UStG, sondern unter § 3 Abs. 9a Nr. 1 oder 2 UStG.

Bei den Unternehmern A, B, E und F erstreckt sich die Entnahmehandlung auf Gegenstände, an denen einem Dritten durch Lieferung bzw. Werklieferung die Verfügungsmacht verschafft werden kann. Insoweit, als der Unternehmer C seinem Unternehmen Kleinteile (Nebenstoffe) entnimmt, sind die Voraussetzungen nach § 3 Abs. 1b Satz 1 Nr. 1 UStG nicht erfüllt.

- Der Grundsatz der Einheitlichkeit der Leistung ist auch bei unentgeltlichen Wertabgaben zu beachten (Abschn. 3.3 Abs. 5 UStAE).

Bei C wäre der Vorgang einem Dritten gegenüber eine Werkleistung. Die Aufteilung eines einheitlichen wirtschaftlichen Vorgangs in eine nach § 3 Abs. 1b Satz 1 Nr. 1 steuerbare Entnahme von Kleinteilen und eine nach § 3 Abs. 9a Nr. 2 unentgeltlich erbrachte andere sonstige Leistung (Reparatur der Standuhr) ist nicht zulässig. Die unentgeltliche Wertabgabe des C umfasst nach § 3 Abs. 9a Nr. 2 UStG grundsätzlich die Reparatur der Standuhr unter Verwendung der Kleinteile und der Werkzeuge.

- Der Gegenstand der Entnahme umfasst nicht nur, was im Rahmen des Unternehmens an Lieferungen üblich ist oder was als Gegenstand von Werklieferungen an Dritte üblicherweise geleistet wird.

Entscheidend ist allein, was im Einzelfall Gegenstand der Wertabgabe des Unternehmens ist. Bei Fertigung eines Anzuges mit Mitteln des Unternehmens ist der fertige Anzug Gegenstand der Entnahme. Es ist unmaßgeblich, dass Schneidermeister B für Kunden nur Änderungsarbeiten durchführt. In diesem konkreten Fall hat B im Rahmen seines Unternehmens einen Anzug gefertigt und anschließend entnommen (vgl. Abschn. 3.3 Abs. 7 UStAE).

- Die Entnahme muss für unternehmensfremde Zwecke erfolgen. Demnach können nur Unternehmer mit Gegenständen des Unternehmens durch unentgeltliche Wertabgaben einen steuerbaren Umsatz i. S. des § 1 Abs. 1 Nr. 1 UStG erbringen.

Eine unentgeltliche Wertabgabe i. S. des § 3 Abs. 1b UStG kann sowohl bei Einzelunternehmen als auch bei Personen- und Kapitalgesellschaften[1] sowie bei Vereinen und bei Betrieben gewerblicher Art oder land- und forstwirtschaftlichen Betrieben von juristischen Personen des öffentlichen Rechts in Betracht kommen (Abschn. 3.2 Abs. 1 UStAE). Ein Unternehmer (i. S. des § 2 Abs. 1 UStG) entnimmt einen Gegenstand für Zwecke, die außerhalb des Unternehmens liegen (unternehmensfremde Zwecke, außerunternehmerische Zwecke, private Zwecke), wenn dieser Gegenstand weder mittelbar noch unmittelbar für eine selbständige und nachhaltige Erzielung von Einnahmen verwendet werden soll. Voraussetzung ist stets, dass die entnommenen Gegenstände zum Unternehmen gehörten. Die Zugehörigkeit richtet sich regelmäßig nach der Zuordnungsentscheidung des Unternehmers, der insoweit einen gewissen Gestaltungsspielraum hat (vgl. Abschn. 15.2 Abs. 21 UStAE).

Die Entnahme eines Gegenstandes erfolgt ohne Beteiligung eines Dritten. Wendet der Unternehmer einem Dritten aus unternehmensfremden Gründen unentgeltlich einen Gegenstand zu, entnimmt er diesen Gegenstand seinem Unternehmen. Die Lieferung des Gegenstandes an den Dritten (§ 3 Abs. 1 UStG) wird anschließend (eine juristische Sekunde später) außerhalb des Unternehmens bewirkt und ist nicht steuerbar (§ 1 Abs. 1 Nr. 1 UStG).

Die Unternehmen A, B, C und F entnehmen die in den jeweiligen Sachverhalten beschriebenen Gegenstände (A ein Paar Schuhe, B den angefertigten Anzug, E das unbebaute Grundstück und F die für sich und seine Ehefrau bestimmten Lebensmittel) ihrem Unternehmen.

- Der Gegenstand der Entnahme oder seine Bestandteile müssen zum vollen oder teilweisen Vorsteuerabzug berechtigt haben (§ 3 Abs. 1b Satz 2 UStG).

Die Entnahme eines Gegenstandes aus dem Unternehmen für unternehmensfremde Zwecke wird nur dann einer Lieferung gegen Entgelt gleichgestellt, wenn der Gegenstand oder seine Bestandteile zum vollen oder teilweisen Vorsteuerabzug berechtigt haben (§ 3 Abs. 1b Satz 2 UStG, Vorsteuerentlastung).[2] Die fehlende Vorsteuerabzugsberechtigung kann sich daraus ergeben, dass die Voraussetzungen nach § 15 Abs. 1 UStG nicht

1 Zur unentgeltlichen Wertabgabe bei einer GmbH vgl. Fall 38.

2 Hinweis: Im Unterschied zur Entnahme ist der Vorsteuerabzug bei einer Lieferung gegen Entgelt nicht Voraussetzung für die Steuerbarkeit des Umsatzes; ggf. unterliegen derartige Umsätze der Differenzbesteuerung nach § 25a UStG, vgl. Fall 91. Nach Auffassung der Rechtsprechung ist es auch grundsätzlich möglich, einen ohne Vorsteuerabzug erworbenen Gegenstand des Unternehmens zunächst nicht steuerbar zu entnehmen (vgl. § 3 Abs. 1b Satz 2 UStG) und ihn später nicht steuerbar außerhalb des Unternehmens zu veräußern (vgl. BFH vom 31.01.2002, BStBl 2003 II S. 813).

vorlagen, z. B. Bezug von einer Privatperson. Nicht abziehbar sind auch Vorsteuerbeträge, die unter § 15 Abs. 1a oder 1b UStG fallen. Schließlich ist der Vorsteuerabzug für Eingangsumsätze ausgeschlossen, die der Unternehmer zur Ausführung der in § 15 Abs. 2 UStG aufgeführten Umsätze verwendet.

Bestandteile sind Gegenstände, die aufgrund ihres Einbaus ihre körperliche und wirtschaftliche Eigenart endgültig verloren haben und die zu einer dauerhaften, im Zeitpunkt der Entnahme nicht vollständig verbrauchten Werterhöhung des Gegenstandes geführt haben. Aus Vereinfachungsgründen ist nicht von einer dauerhaften Werterhöhung des Wirtschaftsgutes auszugehen (Wahlrecht), wenn die vorsteuerentlasteten Aufwendungen für den Einbau von Bestandteilen 20 % der Anschaffungskosten des Wirtschaftsgutes oder den Betrag von 1.000 € nicht übersteigen (Bagatellgrenze; Abschn. 3.3 Abs. 4 UStAE). Dienstleistungen (sonstige Leistungen) einschließlich derjenigen, für die zusätzlich kleinere Lieferungen von

Gegenständen erforderlich sind, führen nicht zu Bestandteilen des Gegenstandes (Abschn. 3.3 Abs. 2 UStAE). Werden sie an einem Gegenstand ohne Vorsteuerabzug ausgeführt, kommt im Fall einer Entnahme eine Besteuerung nach § 3 Abs. 1b Satz 1 Nr. 1 UStG nicht in Betracht. Insoweit erfolgt ggf. eine Vorsteuerberichtigung nach § 15a Abs. 3 Satz 3 UStG.

Werden an einem Gegenstand des Unternehmens (z. B. PKW), der ohne Berechtigung zum Vorsteuerabzug erworben wurde, nachträglich Bestandteile eingefügt, für die der Unternehmer zum Vorsteuerabzug berechtigt war, unterliegen bei einer Entnahme des Gegenstandes nur diese Bestandteile der Umsatzbesteuerung (Abschn. 3.3 Abs. 2 UStAE).

E hat das zu seinem Unternehmen gehörende Grundstück von einer Privatperson, d. h. ohne Vorsteuerabzugsberechtigung, erworben. Damit liegen die Voraussetzungen für eine unentgeltliche Wertabgabe i. S. des § 3 Abs. 1b Satz 1 Nr. 1 UStG, die einer Lieferung gegen Entgelt gleichgestellt wird, nicht vor (§ 3 Abs. 1b Satz 2 UStG).

– Der Ort der Entnahme ist nach § 3f UStG zu bestimmen.

Entnahmen i. S. des § 3 Abs. 1b Satz 1 Nr. 1 UStG werden nach § 3f Satz 1 UStG an dem Ort ausgeführt, von dem aus der Unternehmer sein Unternehmen betreibt (Unternehmensortprinzip). Wird die Entnahme von einer Betriebsstätte ausgeführt, gilt der Ort der Betriebsstätte als Ort der Entnahme (§ 3f Satz 2 UStG). Insoweit erfolgt keine Gleichstellung der Entnahme mit entsprechenden entgeltlichen Lieferungen, für die der Lieferort nach § 3 Abs. 6 und 7 UStG zu bestimmen ist.

– Keine unentgeltliche Wertabgabe bei einem Innenumsatz[1]

Keine unentgeltliche Wertabgabe liegt vor, wenn Gegenstände aus einem Betrieb (Unternehmenszweig) in einen anderen Betrieb (Unternehmenszweig) überführt werden. In diesen Fällen liegt eine Entnahme aus dem

1 Zu Innenumsätzen vgl. Fall 5.

Unternehmen nicht vor, weil die gesamte auf Einnahmeerzielung gerichtete Tätigkeit das Unternehmen des Unternehmers bildet (Grundsatz der Unternehmenseinheit).

Dachdeckermeister D bewirkt mit der Neueindeckung des ihm gehörenden Mietwohnhauses mit Dachziegeln aus seinem Dachdeckergeschäft einen Innenumsatz. Die Dachziegel werden nicht für unternehmensfremde Zwecke verwendet, weil D auch als Vermieter eines Mietwohnhauses Unternehmer ist (§ 2 Abs. 1 UStG). Durch die Vermietung von Wohnungen bewirkt D nach § 4 Nr. 12 Satz 1 Buchst. a UStG steuerfreie Umsätze. Vorsteuern, die beim Erwerb der Dachziegel geltend gemacht wurden, weil die Dachziegel (ursprünglich) für steuerpflichtige Ausgangsleistungen verwendet werden sollten, sind nach § 15a UStG zu korrigieren. Stand bei Erwerb dieser Dachziegel bereits die Verwendung zur Neueindeckung des Mietwohnhauses fest, sind die entsprechenden Vorsteuern nach § 15 Abs. 2 Satz 1 Nr. 1 UStG vom Vorsteuerabzug ausgeschlossen.

Demnach bewirken nur die Unternehmer A (Entnahme von einem Paar Schuhe), B (Entnahme des Anzugs) und F (Entnahme von Lebensmitteln) einen steuerbaren Umsatz i. S. des § 3 Abs. 1b Satz 1 Nr. 1 i. V. m. § 1 Abs. 1 Nr. 1 UStG; bei den Unternehmern C und D liegt ein steuerbarer Umsatz dieser Art nicht vor.

3. Der Einleitungssatz des § 4 UStG bezieht sich auf die „unter § 1 Abs. 1 Nr. 1 fallenden Umsätze". Nach deutscher Praxis gelten die Steuerbefreiungen (§ 4 UStG) auch für steuerbare unentgeltliche Wertabgaben (§ 3 Abs. 1b und § 3 Abs. 9a UStG), soweit der Wortlaut der einzelnen Steuerbefreiungsvorschrift die entsprechende unentgeltliche Wertabgabe erfasst (vgl. aber z. B. § 6 Abs. 5 UStG).

Die Unternehmer A, B und F haben einen steuerpflichtigen Umsatz bewirkt. Beim Unternehmer F ist für die einer Lieferung gegen Entgelt gleichgestellte Entnahme von Gegenständen, die in der Anlage 2 zu § 12 Abs. 2 Nr. 1 und 2 UStG aufgeführt sind, der Steuersatz von 7 % anzuwenden (vgl. Abschn. 3.2 Abs. 2 Satz 3 UStAE). Die Vorschrift des § 12 Abs. 2 Nr. 1 Satz 1 UStG gilt auch für entsprechende unentgeltliche Wertabgaben. Für die übrigen unentgeltlichen Wertabgaben des F durch Entnahme von Spirituosen und Tabakwaren sowie die unentgeltlichen Wertabgaben der Unternehmer A und B kommt der Steuersatz von 19 % in Betracht (§ 12 Abs. 1 UStG). Die Bemessungsgrundlage für eine unentgeltliche Wertabgabe durch Entnahme von Gegenständen ist nach § 10 Abs. 4 Nr. 1 UStG zu bestimmen.[1] Die Umsatzsteuer für einen steuerpflichtigen Umsatz dieser Art entsteht mit Ablauf des Voranmeldungszeitraums, in dem der Unternehmer die Gegenstände entnommen hat (§ 13 Abs. 1 Nr. 2 UStG).

1 Zur Bemessungsgrundlage bei der Entnahme von Gegenständen vgl. Fall 62.

Pauschbeträge für unentgeltliche Wertabgaben (Sachentnahmen) für das Kalenderjahr 2017 (vgl. BMF vom 15.12.2016, BStBl 2016 I S. 1424)

Gewerbezweig	Jahreswert für eine Person ohne Umsatzsteuer		
	ermäßigter Steuersatz	voller Steuersatz	insgesamt
	€	€	€
Bäckerei	1.142	381	1.523
Fleischerei/Metzgerei	835	811	1.646
Gaststätten aller Art			
a) mit Abgabe von kalten Speisen	1.056	1.019	2.075
b) mit Abgabe von kalten und warmen Speisen	1.584	1.658	3.242
Getränkeeinzelhandel	99	283	382
Café und Konditorei	1.106	602	1.708
Milch, Milcherzeugnisse, Fettwaren und Eier (Eh.)	553	74	627
Nahrungs- und Genussmittel (Eh.)	1.069	639	1.708
Obst, Gemüse, Südfrüchte und Kartoffeln (Eh.)	258	221	479

Fall 37

Unentgeltliche Wertabgabe durch Verwendung von Gegenständen des Unternehmens oder unentgeltliche Erbringung einer anderen sonstigen Leistung

UStG § 3 Abs. 9a, § 3f

Bei der Entnahme eines Gegenstandes, den der Unternehmer mit vollem oder teilweisen Vorsteuerabzug angeschafft hatte, wird über § 3 Abs. 1b UStG ein Ausgleich des Vorsteuerabzugs herbeigeführt. Die durch die Entnahme erfolgte unternehmensfremde dauerhafte Verwendung wird damit einer Umsatzbesteuerung zugeführt. Wird ein Gegenstand nur temporär für unternehmensfremde Zwecke verwendet, muss ebenfalls eine Umsatzversteuerung erfolgen. Dasselbe gilt prinzipiell für andere sonstige Leistungen, die der Unternehmer seinem Unternehmen entnimmt. Die steuerliche Belastung für die Umsatzsteuer wird dabei über § 3 Abs. 9a UStG hergestellt.

Sachverhalt

Architekt Hans Wohnlich (W) ist in Wuppertal ansässig. Die in Ausübung seiner Tätigkeit als Architekt bewirkten sonstigen Leistungen unterwirft W dem Steuersatz von 19 % (§ 12 Abs. 1 UStG).

1. W hat seinen PKW, für den er bei der Anschaffung den vollen Vorsteuerabzug beansprucht hat, zu 75 % für berufliche und zu 25 % für private Fahrten benutzt. Die für den PKW entstandenen Aufwendungen hat W durch Belege und das Verhältnis der beruflichen zu den privaten Fahrten durch ein ordnungsgemäß geführtes Fahrtenbuch nachgewiesen. Von der privat gefahrenen Strecke entfällt ein Fünftel auf das Ausland.
2. W ist Eigentümer eines teilunternehmerisch (und auch gemischt) genutzten Grundstücks in Remscheid, das er bis auf das Dachgeschoss zutreffend steuerpflichtig vermietet hat. Die Dachgeschosswohnung hat W seiner Tochter unentgeltlich überlassen. W hat das ganze Grundstück seinem Unternehmen zugeordnet und dafür den Vorsteuerabzug geltend gemacht soweit die Nutzung die steuerpflichtige Vermietung betrifft. Für den Teil, der an die Tochter unentgeltlich überlassen wird, hat W keinen Vorsteuerabzug beansprucht.
3. Für seine in Köln ansässige Schwester lässt W durch einen bei ihm angestellten Architekten die Baupläne

   a) für ein Einfamilienhaus in Solingen,

   b) für ein Ferienhaus in Lugano (Schweiz)

   unentgeltlich anfertigen.
4. Über den von der Deutschen Telekom AG überlassenen Fernsprechanschluss hat W zu 80 % berufsbedingte und zu 20 % private Gespräche geführt.

Frage

Liegt ein steuerbarer und steuerpflichtiger bzw. ein steuerbarer und steuerfreier Umsatz i. S. des § 3 Abs. 9a i. V. m. § 1 Abs. 1 Nr. 1 UStG vor?

Antwort

Ein steuerbarer Umsatz i. S. des § 3 Abs. 9a i. V. m. § 1 Abs. 1 Nr. 1 UStG liegt vor

1. durch Verwendung des betrieblichen PKW für private Fahrten,
2. durch Überlassung der Wohnung zu privaten Wohnzwecken und
3. durch Anfertigung der Baupläne für ein Einfamilienhaus in Solingen und für ein Ferienhaus in Lugano (Schweiz).
4. Die Inanspruchnahme der Telekommunikationsdienstleistungen der Deutschen Telekom AG führt nicht zu einem Umsatz i. S. des § 1 Abs. 1 Nr. 1 UStG.

Der durch den Unternehmer W ausgeführte Umsatz zu

1. ist steuerpflichtig mit 19 % (§ 12 Abs. 1 UStG),
2. ist steuerpflichtig mit 19 % (§ 12 Abs. 1 UStG),
3. a) ist steuerpflichtig mit 19 % (§ 12 Abs. 1 UStG),
   b) ist steuerpflichtig mit 19 % (§ 12 Abs. 1 UStG).

Begründung

Allgemeines: Die einer sonstigen Leistung gegen Entgelt gleichgestellten unentgeltlichen Wertabgaben i. S. des § 3 Abs. 9a UStG umfassen die Verwendung eines (weiterhin) dem Unternehmer zugeordneten Gegenstandes für unternehmensfremde Zwecke (§ 3 Abs. 9a Nr. 1 UStG) und die unentgeltliche Erbringung einer anderen sonstigen Leistung (z. B. Werk- oder Dienstleistung) für außerhalb des Unternehmens liegende Zwecke (§ 3 Abs. 9a Nr. 2 UStG).

Verwendung für unternehmensfremde Zwecke bedeutet hier die vorübergehende unternehmensfremde Nutzung des Gegenstandes, ohne dass es zu einer endgültigen Überführung in den unternehmensfremden Bereich kommt. Der Begriff einer „anderen sonstigen Leistung" i. S. des § 3 Abs. 9a Nr. 2 UStG ist als unentgeltliche Wertabgabe des Unternehmers an sich selbst zu verstehen. Es ist unerheblich, ob diese Wertabgabe letztlich Dritten zugutekommt. Entscheidend ist, dass die unentgeltliche Wertabgabe mit sachlichen und/oder personellen Mitteln aus dem Unternehmen erfolgt. Im Fall der Gegenstandsverwendung ist nach § 3 Abs. 9a Nr. 1 UStG Voraussetzung, dass der Gegenstand zum vollen oder teilweisen Vorsteuerabzug berechtigt hat. Der Ort für unentgeltliche Wertabgaben i. S. des § 3 Abs. 9a UStG bestimmt sich nach § 3f UStG (Unternehmensortprinzip).

1. Die Verwendung des dem Unternehmen W zugeordneten PKW für unternehmensfremde Zwecke ist einer sonstigen Leistung gegen Entgelt gleichgestellt, da W den PKW zutreffend seinem Unternehmen zugeordnet und in vollem Umfang den Vorsteuerabzug geltend gemacht hat[1] (§ 3 Abs. 9a Nr. 1 UStG). Nach § 3f Satz 1 UStG gilt die Verwendung des PKW für private Fahrten in Wuppertal als ausgeführt, weil W hier sein Unternehmen betreibt. Die unentgeltliche Wertabgabe ist daher auch insoweit steuerbar, als der PKW zu privaten Fahrten im Ausland verwendet wurde. W bewirkt durch die Nutzung des PKW für private Fahrten einen steuerbaren Umsatz (§ 1 Abs. 1 Nr. 1 UStG), der mit 19 % steuerpflichtig ist (§ 12 Abs. 1 UStG).[2]

2. Das Grundstück wurde zulässigerweise komplett dem Unternehmensvermögen zugeordnet. Allerdings liegt hier keine unentgeltliche Wertabgabe vor, da der Vorsteuerabzug gemäß § 15 Abs. 1b UStG ausgeschlossen

1 Zur Frage der Zuordnung eines Gegenstandes zum Unternehmen vgl. Abschn. 15.2c Abs. 1 ff. UStAE.

2 Zur Bemessungsgrundlage für die außerunternehmerische Nutzung und zum Vorsteuerabzug eines dem Unternehmen zugeordneten gemischt genutzten PKW vgl. Fälle 63 und 77.

war. Gemäß § 3 Abs. 9a Nr. 1 UStG ist eine unentgeltliche Wertabgabe nicht zu versteuern, wenn der Vorsteuerabzug nach § 15 Abs. 1b UStG nicht möglich war.

Gemäß § 15 Abs. 1b UStG ist die Vorsteuer nicht abziehbar, soweit das Grundstück für unternehmensfremde Zwecke verwendet wird. Der Vorsteuerabzug ist gem. § 15 Abs. 1b UStG ausgeschlossen bei einer Verwendung des Grundstücks für Zwecke, die außerhalb des Unternehmens liegen, oder für den privaten Bedarf des Personals des Unternehmers. Die vorgenannten Ausführungen gelten nur, soweit das Grundstück nicht bereits bei der Anschaffung oder Herstellung ausschließlich für unternehmensfremde Zwecke genutzt werden sollte bzw. soweit bei einer teilunternehmerisch beabsichtigten Nutzung anteilig bzw. gar keine Zuordnung zum Unternehmen erfolgte. In diesen Fällen liegt bereits keine abzugsfähige Vorsteuer nach § 15 Abs. 1 UStG vor.

3. Durch Anfertigung von Bauplänen für einen Dritten würde der Unternehmer W eine sonstige Leistung i. S. des § 3 Abs. 9 UStG ausführen. Dementsprechend führt die unentgeltliche Anfertigung von Bauplänen für die Schwester des Unternehmers W nach dem Gesetzeswortlaut jeweils zu einer unentgeltlichen Wertabgabe i. S. des § 3 Abs. 9a Nr. 2 UStG. Das Tatbestandsmerkmal Vorsteuer entfällt bei dieser unentgeltlichen Wertabgabe (vgl. dagegen § 3 Abs. 1b Satz 2 und § 3 Abs. 9a Nr. 1 UStG). Der Ort der unentgeltlichen Wertabgaben ist in beiden Fällen Wuppertal (§ 3f Satz 1 UStG). Beide Umsätze sind steuerbar (§ 1 Abs. 1 Nr. 1 UStG) und mit 19 % steuerpflichtig.

4. Wird ein unternehmerischer Telefonanschluss auch für private Gespräche verwendet, so ist zu unterscheiden zwischen der privaten Nutzung des Fernsprechendgerätes und der privat in Anspruch genommenen Telekommunikationsdienstleistung des Telekommunikationsunternehmers.

Gehört das gemischt genutzte Fernsprechendgerät dem Unternehmer W, so hat W ein Wahlrecht, ob und ggf. in welchem Umfang er dieses Gerät seinem Unternehmen zuordnet (vgl. Abschn. 15.2c Abs. 2 UStAE). Hat W das Fernsprechendgerät zu 100 % seinem Unternehmen zugeordnet und hat dieses Gerät ganz oder teilweise zum Vorsteuerabzug berechtigt, so liegt im Umfang der privat geführten Gespräche eine unentgeltliche Wertabgabe i. S. des § 3 Abs. 9a Nr. 1 UStG vor.

Die nichtunternehmerische Nutzung gemieteter Fernsprechendgeräte (Entsprechendes gilt für andere gemietete Gegenstände) führt mangels Wertabgabe aus dem Unternehmen nicht zu einem Umsatz nach § 1 Abs. 1 Nr. 1 UStG. W ist als Mieter lediglich zur Nutzung des gemieteten Gerätes berechtigt. Er hat über dieses Fernsprechendgerät keine Verfügungsmacht, die eine Zuordnung zu seinem Unternehmen und damit eine Verwendung für unternehmensfremde Zwecke ermöglichen könnte. Die Vermietungsleistung wird nur bezüglich der berufsbedingten Gespräche für das Unternehmen bezogen und berechtigt W nur insoweit zum Vorsteuerabzug.[1]

Die Telekommunikationsdienstleistungen werden nur insoweit für das Unternehmen bezogen, als sie auf berufsbedingte Gespräche entfallen. Die vom Telekommunikationsunternehmer in Rechnung gestellte Umsatzsteuer ist in einen entsprechenden nach § 15 Abs. 1 Satz 1 Nr. 1 UStG abziehbaren und einen nicht abziehbaren Anteil aufzuteilen (vgl. Abschn. 3.4 Abs. 4 UStAE). Die Besteuerung einer unentgeltlichen Wertabgabe kommt nicht in Betracht. Die Verwendung des von der deutschen Telekom überlassenen Fernsprechanschlusses ist daher hinsichtlich der privat geführten Gespräche für W nicht steuerbar (§ 1 Abs. 1 Nr. 1 UStG). Die in den anteiligen Grund- und Gesprächsgebühren enthaltene Vorsteuer ist für W nicht nach § 15 Abs. 1 Satz 1 Nr. 1 UStG abziehbar.

Fall 38

Unentgeltliche Wertabgaben bei einer GmbH

UStG § 1 Abs. 1 Nr. 1, § 3 Abs. 1b und 9a, § 10 Abs. 4 Satz 1 Nr. 1 bis 3

Die Gesellschaft ist umsatzsteuerrechtlich grundsätzlich unabhängig von ihrer Gesellschafterebene zu beurteilen. Es kann daher auch ein Leistungsaustausch zwischen der Gesellschaft als selbständiger Unternehmer i. S. des § 2 Abs. 1 UStG und ihren Gesellschaftern gegeben sein. Für einen Leistungsaustausch muss allerdings ein Entgelt zwischen Gesellschaft und Gesellschafter vereinbart sein. Sofern ein Entgelt vereinbart wurde, muss weiterhin die Mindestbemessungsgrundlage nach § 10 Abs. 5 UStG geprüft werden. Fehlt es an einer Entgeltvereinbarung, liegt gegenüber dem Gesellschafter grundsätzlich kein Leistungsaustausch vor. Bei einem geschäftsführenden Gesellschafter muss allerdings weiterhin überlegt werden, ob die Leistung der Gesellschaft eine Gegenleistung für eine selbständige Geschäftsführungsleistung des Gesellschafters ist. Bei einem nicht geschäftsführenden scheidet ein solcher tauschähnlicher Umsatz regelmäßig jedoch auch aus, sodass eine unentgeltliche Wertabgabe nach den allgemeinen Regelungen zu versteuern ist.

1 Nach Auffassung der Finanzverwaltung könnte W aus Vereinfachungsgründen den vollen Vorsteuerabzug aus der Vermietungsleistung geltend machen und die nichtunternehmerische Nutzung entsprechend § 3 Abs. 9a Nr. 1 UStG versteuern (vgl. Abschn. 15.2c Abs. 2 Satz 6 UStAE).

Sachverhalt

Der Steuerpflichtige A ist Gesellschafter der X-GmbH, die in Hannover ein Bauunternehmen betreibt. A ist nicht zur Geschäftsführung berufen.

Die GmbH überließ an den Gesellschafter A ohne Bezahlung

a) Baumaterial. Der Einkaufspreis einschließlich Nebenkosten betrug 5.000 € zuzüglich 950 € Umsatzsteuer, der übliche Verkaufspreis 8.000 € zuzüglich 1.520 € Umsatzsteuer.

b) einen gesellschaftseigenen PKW für private Fahrten im Inland. Die auf diese Fahrten entfallenden Ausgaben betragen lt. Fahrtenbuch 3.000 €. Davon sind 2.500 € zum Vorsteuerabzug berechtigende Ausgaben.

   Der (für körperschaftsteuerliche Zwecke zu berücksichtigende) Fremdvergleichspreis beträgt 3.570 €.

Die GmbH überließ außerdem an A und seine Ehefrau ohne Bezahlung

a) Arbeitnehmer zur Ausführung von Reparaturarbeiten an dem A und seiner Ehefrau gemeinschaftlich gehörenden, in Hannover belegenen Einfamilienhaus. Auf diese Arbeiten entfallen Löhne einschließlich Lohngemeinkosten von 4.000 €. Die Materialien wurden von A und seiner Ehefrau beschafft. Fremden Dritten gegenüber hätte die GmbH für diese Arbeiten (ohne Material) 6.000 € zuzüglich 1.140 € Umsatzsteuer berechnet.

b) Material und Arbeitnehmer zur Herstellung einer Zweitgarage auf dem A und seiner Ehefrau gemeinschaftlich gehörenden, in Hannover belegenen Einfamilienhausgrundstück. Die GmbH hatte einschließlich der Gemeinkosten 2.000 € Aufwendungen für Material und 1.000 € Aufwendungen für Löhne. Der übliche Preis dieser Arbeit beträgt 4.500 € zuzüglich 855 € Umsatzsteuer.

Für die Unentgeltlichkeit waren in allen Fällen unternehmensfremde Gründe maßgebend. Preisänderungen haben sich nicht ergeben. Für das Baumaterial hat die GmbH zutreffend den Vorsteuerabzug geltend gemacht.

Frage

1. Liegen steuerbare und steuerpflichtige Umsätze der GmbH vor?
2. Wie hoch sind ggf. Bemessungsgrundlage und Umsatzsteuer?

Antwort

1. Die X-GmbH hat die folgenden steuerbaren und steuerpflichtigen Umsätze ausgeführt:
   a) eine unentgeltliche Wertabgabe i. S. des § 3 Abs. 1b Satz 1 Nr. 1 i. V. m. § 1 Abs. 1 Nr. 1 UStG;
   b) eine unentgeltliche Wertabgabe i. S. des § 3 Abs. 9a Nr. 1 i. V. m. § 1 Abs. 1 Nr. 1 UStG;

c) eine unentgeltliche Wertabgabe i. S. des § 3 Abs. 9a Nr. 2 i. V. m. § 1 Abs. 1 Nr. 1 UStG;

d) eine unentgeltliche Wertabgabe i. S. des § 3 Abs. 1b Satz 1 Nr. 1 i. V. m. § 1 Abs. 1 Nr. 1 UStG.

Der Leistungsort ist zu a) bis d) jeweils Hannover (§ 3f UStG).

2. Die Bemessungsgrundlage bzw. Umsatzsteuer betragen zu a) 5.000 €, Umsatzsteuer: 950 €; zu b) 2.500 €, Umsatzsteuer: 475 €; zu c) 4.000 €, Umsatzsteuer: 760 € und zu d) 3.000 €, Umsatzsteuer: 570 €.

Begründung

Allgemeines: Der Umsatzsteuer unterliegen nach allgemeinen Grundsätzen des Umsatzsteuerrechts Lieferungen und sonstige Leistungen, die Körperschaften und Personenvereinigungen i. S. des § 1 Abs. 1 KStG, nichtrechtsfähige Personenvereinigungen sowie Gemeinschaften im Inland im Rahmen ihres Unternehmens an ihre Anteilseigner, Gesellschafter, Mitglieder, Teilhaber oder diesen nahestehende Personen ausführen, soweit die Leistungsempfänger dafür **ein Entgelt** aufwenden (§ 1 Abs. 1 Nr. 1 UStG). Entsprechende unentgeltliche Wertabgaben (§ 3 Abs. 1b und 9a UStG) werden den entgeltlichen Leistungen gleichgestellt. Solche unentgeltlichen Wertabgaben sind sowohl bei Einzelunternehmen als auch bei Personen- und Kapitalgesellschaften und anderen Personenvereinigungen möglich (Abschn. 3.2 Abs. 1 UStAE).

1. Gegenstand einer unentgeltlichen Wertabgabe i. S. des § 3 Abs. 1b Satz 1 Nr. 1 UStG ist alles, was auch Gegenstand einer Lieferung oder Werklieferung der X-GmbH sein kann. Dazu gehören das dem Gesellschafter A unentgeltlich überlassene Baumaterial sowie die für die Gemeinschaft der Eheleute A unentgeltlich erstellte Garage. Eine unentgeltliche Wertabgabe i. S. des § 3 Abs. 9a UStG hat die GmbH jeweils dadurch verwirklicht, dass sie dem Gesellschafter A den gesellschaftseigenen PKW unentgeltlich für private Fahrten überließ (§ 3 Abs. 9a Nr. 1 UStG) und für die Gemeinschaft der Eheleute A unentgeltlich Reparaturen an dem diesen gehörenden Einfamilienhaus ausführte (§ 3 Abs. 9a Nr. 2 UStG).[1] Es handelt sich insoweit um eine einer sonstigen Leistung gegen Entgelt gleichgestellte unentgeltliche Wertabgabe. Diese Wertabgaben sind steuerbar (§ 1 Abs. 1 Nr. 1 UStG) und mit 19 % steuerpflichtig (§ 12 Abs. 1 UStG).

2. Da es sich bei unentgeltlichen Lieferungen von Kapitalgesellschaften an ihre Gesellschafter ertragsteuerrechtlich nicht um Entnahmen, sondern um verdeckte Gewinnausschüttungen (vGA) handelt, ist bei der Körperschaftsteuer der gemeine Wert (§ 9 Abs. 1 BewG) anzusetzen. Für unentgeltliche sonstige Leistungen ist für Zwecke der Körperschaftsteuer ebenso der gemeine Wert maßgebend. Dieser enthält z. B. den kalkulatorischen Unternehmerlohn und den Unternehmergewinn. Im Zusammenhang mit der verdeckten Gewinnausschüttung ist im gemeinen Wert jedoch nur die

1 Vgl. Abschn. 3.4 Abs. 5 UStAE.

aufgrund der unentgeltlichen Wertabgabe tatsächlich angefallene Umsatzsteuer zu berücksichtigen.

Hinsichtlich der Bewertung für Zwecke der Körperschaftsteuer und der Ermittlung der Bemessungsgrundlage für die Umsatzsteuer ergeben sich Unterschiede. So zählen z. B. der Unternehmerlohn und der Unternehmergewinn nicht zu den Ausgaben i. S. des § 10 Abs. 4 Satz 1 Nr. 1 und 3 UStG.

Die Bemessungsgrundlagen für die von der GmbH ausgeführten unentgeltlichen Leistungen sind wie folgt zu bestimmen:

a) Für die an den Gesellschafter A ausgeführte Lieferung (unentgeltliche Wertabgabe i. S. des § 3 Abs. 1b Satz 1 Nr. 1 i. V. m. § 1 Abs. 1 Nr. 1 UStG) ist der Einkaufspreis zuzüglich der Nebenkosten anzusetzen. Die Umsatzsteuer (950 €) gehört nicht zur Bemessungsgrundlage von 5.000 € (§ 10 Abs. 4 Satz 1 Nr. 1 und Satz 2 UStG).

b) Für die an den Gesellschafter A erbrachte sonstige Leistung (unentgeltliche Wertabgabe i. S. des § 3 Abs. 9a Nr. 1 i. V. m. § 1 Abs. 1 Nr. 1 UStG) sind die bei der Ausführung entstandenen – zum Vorsteuerabzug berechtigenden – Ausgaben von 2.500 € zu berücksichtigen. Die Umsatzsteuer gehört nicht zur Bemessungsgrundlage (§ 10 Abs. 4 Satz 1 Nr. 2 und Satz 2 UStG).

c) Für die an die Gemeinschaft der Eheleute A ausgeführte Werkleistung (unentgeltliche Wertabgabe i. S. des § 3 Abs. 9a Nr. 2 i. V. m. § 1 Abs. 1 Nr. 1 UStG) sind die entstandenen Lohnkosten (Ausgaben) von 4.000 € maßgebend. Es ist ohne Belang, dass die Lohnkosten nicht zum Vorsteuerabzug berechtigen. Die Umsatzsteuer (760 €) gehört nicht zur Bemessungsgrundlage (§ 10 Abs. 4 Satz 1 Nr. 3 und Satz 2 UStG).

d) Für die an die Gemeinschaft der Eheleute A ausgeführte Werklieferung (unentgeltliche Wertabgabe i. S. des § 3 Abs. 1b Satz 1 Nr. 1 i. V. m. § 1 Abs. 1 Nr. 1 UStG) sind nach § 10 Abs. 4 Satz 1 Nr. 1 UStG die Selbstkosten anzusetzen. Diese umfassen nach Abschn. 10.6 Abs. 1 Satz 4 UStAE alle durch den betrieblichen Leistungsprozess bis zum Zeitpunkt der Entnahme entstandenen Kosten und betragen in diesem Fall 3.000 €. Die Umsatzsteuer (570 €) gehört nicht zur Bemessungsgrundlage (§ 10 Abs. 4 Satz 2 UStG).[1]

---

1 Für körperschaftsteuerliche Zwecke sind im Zusammenhang mit den verdeckten Gewinnausschüttungen zu berücksichtigen: zu a) 8.000 Euro zzgl. 950 Euro USt = 8.950 Euro; zu b) 3.000 Euro zzgl. 475 Euro USt = 3.475 Euro; zu c) 6.000 Euro zzgl. 760 Euro USt = 6.760 Euro und zu d) 4.500 Euro zzgl. 570 Euro USt = 5.070 Euro.

Fall 39

Innergemeinschaftlicher Erwerb (Grundfall)

UStG § 1 Abs. 1 Nr. 5, § 1a Abs. 1, § 3d, § 13 Abs. 1 Nr. 6, § 15 Abs. 1 Satz 1 Nr. 3

Bei Lieferungen zwischen Unternehmern innerhalb der Europäischen Union von einem Mitgliedstaat in einen anderen Mitgliedstaat gilt grundsätzlich das sog. Bestimmungslandprinzip. Das bedeutet, dass die Besteuerung der Ware nicht im Mitgliedstaat der Warenherkunft erfolgt, sondern im Mitgliedstaat, in dem die Ware ankommt (Bestimmungslandprinzip). Die Ware wird daher im Ausgangsmitgliedstaat von der Umsatzsteuer durch die Steuerbefreiung für innergemeinschaftliche Lieferungen komplett entlastet. Im Bestimmungsland muss auf der anderen Seite eine Versteuerung sichergestellt werden. Damit sich der Warenlieferant nicht steuerlich im Bestimmungsland registrieren lassen muss, erfolgt die Besteuerung durch den Abnehmer. Dieser muss einen innergemeinschaftlichen Erwerb im Bestimmungsmitgliedstaat versteuern. So ist sichergestellt, dass einerseits eine Umsatzversteuerung in dem Land erfolgt, in dem die Ware ankommt; andererseits dient der innergemeinschaftliche Erwerb auch der Kontrolle der Warenbewegungen innerhalb der Europäischen Union. In Ermangelung von Zollkontrollen zwischen den Mitgliedstaaten erfolgt die Kontrolle der Warenbewegung durch die Unternehmer selbst. Ein Teil dieses Kontrollsystems ist die Versteuerung des innergemeinschaftlichen Erwerbs durch den Abnehmer einer Ware.

Sachverhalt

Der Hersteller L in Livorno (Italien) und das Kaufhaus E in Essen haben am 15.10.03 einen Kaufvertrag über die Lieferung bzw. den Erwerb von Textilien abgeschlossen. L transportierte die Ware mit eigenem LKW nach Essen (Transportbeginn 13.11.03, Transportende 15.11.03).

L erteilte E eine Rechnung über den Kaufpreis von 50.000 € a) am 25.11.03, b) am 11.12.03, c) am 12.01.04. Sie ging E jeweils vier Tage später zu und enthält sowohl die L in Italien als auch die E in Deutschland zugeteilte USt-IdNr. und ist auch im Übrigen ordnungsgemäß. L und E sind keine Kleinunternehmer i. S. des § 19 UStG.

Frage

1. Was ist unter dem Begriff „Erwerb" zu verstehen?
2. Wie viele Arten des innergemeinschaftlichen Erwerbs sind zu unterscheiden?
3. Welche Voraussetzungen müssen für den Grundfall eines innergemeinschaftlichen Erwerbs vorhanden sein?

4. Liegt für E ein steuerbarer und steuerpflichtiger innergemeinschaftlicher Erwerb vor?
5. Wann ist die Umsatzsteuer aus dem Erwerb entstanden?
6. Kann E die Erwerbsteuer als Vorsteuer abziehen?

Antwort

1. Kurz gesagt ist der „Erwerb" das Gegenstück einer Lieferung.
2. Nach § 1a UStG sind zwei Arten des innergemeinschaftlichen Erwerbs zu unterscheiden.
3. Die Voraussetzungen für einen innergemeinschaftlichen Erwerb gegen Entgelt (Grundfall) ergeben sich aus § 1a UStG. Sie betreffen den Lieferer, den Erwerber (Abnehmer) und die Warenbewegung.
4. Für E liegt ein nach § 1 Abs. 1 Nr. 5 UStG steuerbarer und mit 19 % steuerpflichtiger innergemeinschaftlicher Erwerb vor. Die Erwerbsteuer beträgt 9.500 €.
5. Die Umsatzsteuer aus dem innergemeinschaftlichen Erwerb ist a) am 25.11.03, b) am 11.12.03, c) mit Ablauf des 31.12.03 entstanden.
6. E kann die Erwerbsteuer von 9.500 € als Vorsteuer abziehen (§ 15 Abs. 1 Satz 1 Nr. 3 UStG).

Begründung

Allgemeines: Der Besteuerung grenzüberschreitender Warenbewegungen liegt grundsätzlich das Bestimmungslandprinzip (vgl. Fall 22) zugrunde. Beim innergemeinschaftlichen Handel zwischen Unternehmern ist der Tatbestand des innergemeinschaftlichen Erwerbs von Gegenständen zu beachten (§ 1a UStG). Dem innergemeinschaftlichen Erwerb steht die Steuerbefreiung für innergemeinschaftliche Lieferungen (§ 4 Nr. 1 Buchst. b i. V. m. § 6a UStG) „spiegelbildlich" gegenüber. Allerdings setzt der Tatbestand des innergemeinschaftlichen Erwerbs nicht voraus, dass die korrespondierende Lieferung tatsächlich steuerfrei ist.

Die Bezeichnungen „innergemeinschaftlicher Erwerb" und „innergemeinschaftliche Lieferung" sind von der „Einfuhr" (§ 1 Abs. 1 Nr. 4 UStG) und der „steuerfreien Ausfuhrlieferung" (§ 4 Nr. 1 Buchst. a i. V. m. § 6 UStG), die für den Handel mit Drittstaaten Bedeutung haben, abzugrenzen. Trotz mancher Übereinstimmungen bestehen zwischen diesen Begriffen wesentliche Unterschiede.

Für den innergemeinschaftlichen Waren- und Dienstleistungsverkehr wird eine USt-IdNr. benötigt. Sie wird Unternehmern i. S. des § 2 UStG auf Antrag vom Bundeszentralamt für Steuern erteilt (§ 27a Abs. 1 Satz 1 UStG).

1. Nach Art. 20 Abs. 1 MwStSystRL gilt als innergemeinschaftlicher Erwerb „die Erlangung der Befähigung, wie ein Eigentümer über einen körperlichen Gegenstand zu verfügen, der durch den Verkäufer oder durch den Erwerber oder für ihre Rechnung nach einem anderen Mitgliedstaat als dem, in dem sich der Gegenstand zum Zeitpunkt des Beginns der Versendung oder Beförderung befand, an den Erwerber versandt oder befördert wird". In Verbindung mit § 3 Abs. 1 UStG lassen sich folgende Aussagen ableiten:

Liefern bedeutet **Übertragung** der Befähigung, wie ein Eigentümer über einen körperlichen Gegenstand zu verfügen = **aktives Verhalten.**

Erwerben bedeutet **Erlangung** der Befähigung, wie ein Eigentümer über einen körperlichen Gegenstand zu verfügen = **passives Verhalten.**

2. Beim innergemeinschaftlichen Erwerb sind folgende zwei Arten zu unterscheiden:

a) der innergemeinschaftliche Erwerb gegen Entgelt (§ 1a Abs. 1 UStG),

b) das Verbringen eines Gegenstandes des Unternehmens aus dem übrigen Gemeinschaftsgebiet in das Inland (§ 1a Abs. 2 UStG).

Das Verbringen **gilt** als innergemeinschaftlicher Erwerb gegen Entgelt (Fiktion); insoweit liegt auch eine fiktive innergemeinschaftliche Lieferung in einem anderen Mitgliedstaat vor (§ 3 Abs. 1a, § 6a Abs. 2 UStG).

3. Ein innergemeinschaftlicher Erwerb gegen Entgelt (Grundfall) liegt vor, wenn folgende Voraussetzungen gegeben sind:

a) Der Gegenstand muss im Wege einer entgeltlichen Lieferung aus dem Gebiet eines Mitgliedstaates in das Gebiet eines anderen Mitgliedstaates oder aus dem übrigen Gemeinschaftsgebiet in die in § 1 Abs. 3 UStG bezeichneten Gebiete gelangen (§ 1a Abs. 1 Nr. 1 UStG).

Als **Gegenstand des Erwerbs** können Gegenstände einer Lieferung i. S. des § 3 Abs. 1 UStG (z. B. Waren), nicht aber Gas und Elektrizität (Abschn. 1a.1 Abs. 1 Satz 7 UStAE), in Betracht kommen. Ist der Gegenstand einer Werklieferung bereits vor dem Beginn der Warenbewegung fertiggestellt, so kann er auch Gegenstand des Erwerbs sein. Die Erwerbsbesteuerung ist nicht durchzuführen, wenn der Gegenstand bei einer sog. Montagelieferung erst im Bestimmungsland fertiggestellt wird. Ebenso entfällt die Erwerbsbesteuerung bei unentgeltlichen Lieferungen, z. B. von Katalogen oder Probeexemplaren oder Musterstücken.

Ein Gegenstand gelangt aus dem Gebiet eines Mitgliedstaates in das Gebiet eines anderen Mitgliedstaates, wenn die **Warenbewegung,** also die Beförderung oder Versendung durch den Lieferer oder durch den Abnehmer, im Gebiet des einen Mitgliedstaates beginnt und im Gebiet des anderen Mitgliedstaates endet.

Dies gilt auch dann, wenn die Warenbewegung im Drittlandsgebiet beginnt und der Gegenstand im Gebiet eines Mitgliedstaates der Einfuhrumsatzsteuer unterworfen wird, bevor er in das Gebiet eines anderen Mitgliedstaates gelangt.

b) Der **Erwerber** muss ein **Unternehmer** sein, der den Gegenstand für sein Unternehmen erwirbt, oder er muss eine **juristische Person** sein, die nicht Unternehmer ist oder die den Gegenstand nicht für ihr Unternehmen erwirbt, und darf **nicht** zum Personenkreis der „nicht zum Vorsteuerabzug berechtigten Erwerber" gehören (§ 1a Abs. 1 Nr. 2, Abs. 3 Nr. 1 UStG).

Handelsware, Rohstoffe, Anlagegegenstände werden von einem Unternehmer für sein Unternehmen erworben. Sind Gegenstände von vornherein für eine ausschließlich nichtunternehmerische Verwendung bestimmt, z. B. für den Privatbereich eines Einzelunternehmers, so unterliegen sie grundsätzlich nicht der Erwerbsbesteuerung. Auf die Art der Ware kommt es nicht an. Auch für den Erwerb eines neuen Fahrzeugs oder von verbrauchsteuerpflichtigen Waren für das Unternehmen gelten keine Besonderheiten.

Ob ein Gegenstand für das Unternehmen erworben wird, ist erforderlichenfalls nach den Abgrenzungsmerkmalen für den Vorsteuerabzug des § 15 Abs. 1 UStG zu beurteilen (vgl. Abschn. 15.2c Abs. 1 ff. UStAE). Für die Zuordnungsentscheidung des Unternehmers gilt grundsätzlich folgende Regel: Verwendet der inländische Erwerber gegenüber dem Lieferer eine USt-IdNr., so gibt er damit zu erkennen, dass er den Gegenstand für sein Unternehmen erwerben will. Verwendet er dagegen seine USt-IdNr. nicht, so bekundet er damit, dass er den Gegenstand nicht für sein Unternehmen erwerben will.

Auf Erwerbe durch nichtunternehmerische juristische Personen (§ 1a Abs. 1 Nr. 2 Buchst. b UStG) sowie durch sog. atypische Unternehmer des § 1a Abs. 3 Nr. 1 Buchst. a bis c UStG, die zum Personenkreis der nicht vorsteuerabzugsberechtigten Erwerber gehören, wird in diesem Zusammenhang nicht eingegangen. Hierzu wird auf Abschn. 1a.1 Abs. 2 UStAE verwiesen.

c) Der **Lieferer** muss ein **Unternehmer** sein, der seine Lieferung **gegen Entgelt** im Rahmen seines Unternehmens ausführt. Außerdem darf er nach dem Recht des Mitgliedstaates, das für die Besteuerung der Lieferung zuständig ist, **nicht** aufgrund der Sonderregelung für **Kleinunternehmer** „steuerfrei" sein (§ 1a Abs. 1 Nr. 3 UStG).

Nach § 1a Abs. 1 Nr. 3 Buchst. a UStG muss die Lieferung gegen Entgelt ausgeführt werden. Bei unentgeltlichen Lieferungen kommt eine Erwerbsbesteuerung nicht in Betracht.

Grundsätzlich gilt folgende Regel: Die für den Lieferer genannten Voraussetzungen liegen vor, wenn dieser in seiner Rechnung die USt-IdNr. eines anderen Mitgliedstaates angegeben, keine ausländische Umsatzsteuer (Mehrwertsteuer) gesondert ausgewiesen und auf die Steuerbefreiung für die von ihm bewirkte innergemeinschaftliche Lieferung hingewiesen hat.

Der Lieferer stellt dem Erwerber im Regelfall nur den Netto-Kaufpreis in Rechnung. Der Erwerbsbesteuerung im Bestimmungsland entspricht die Steuerbefreiung für innergemeinschaftliche Lieferungen im Ursprungsland. Eine Herausrechnung von „Umsatzsteuer" aus dem Kaufpreis (vgl. § 10 Abs. 1 Satz 2 UStG) entfällt.

4. Der Unternehmer L hat an den Unternehmer E eine Lieferung bewirkt (§ 3 Abs. 1 UStG). Sie gilt mit dem Beginn der Beförderung am 13.11.03 in Livorno (Italien) als ausgeführt (§ 3 Abs. 6 Satz 1 und 2 UStG). Die Textilien sind aus dem Gebiet des Mitgliedstaates Italien in das Gebiet des Mitgliedstaates Deutschland gelangt (§ 1 Abs. 2a UStG). Der Unternehmer E hat die Textilien für sein Unternehmen erworben und gehört nicht zum Personenkreis des § 1a Abs. 3 UStG. Der Unternehmer L hat seine Lieferung gegen ein Entgelt von 50.000 € und im Rahmen seines Unternehmens ausgeführt. Außerdem ist L nach italienischem Umsatzsteuerrecht kein Kleinunternehmer. Der innergemeinschaftliche Erwerb ist im Inland bewirkt worden, weil sich die Textilien am Ende der Beförderung in Essen befanden und E gegenüber L seine deutsche USt-IdNr. verwendet hat (§ 3d Satz 1 UStG). Der innergemeinschaftliche Erwerb des Unternehmers E ist nach § 1 Abs. 1 Nr. 5 UStG steuerbar und mit 19 % steuerpflichtig (§ 12 Abs. 1 UStG); die Voraussetzungen für eine Steuerbefreiung nach § 4b UStG oder für die Anwendung des ermäßigten Steuersatzes nach § 12 Abs. 2 UStG liegen nicht vor. Bemessungsgrundlage ist das Entgelt von 50.000 € (§ 10 Abs. 1 UStG). Die Umsatzsteuer beträgt (19 % von 50.000 € =) 9.500 €.

5. Der innergemeinschaftliche Erwerb von Gegenständen gilt in dem Zeitpunkt als bewirkt, zu dem der Erwerber (Abnehmer) die Verfügungsmacht (tatsächlich) erlangt hat bzw. zu dem sie ihm als verschafft gilt. Wird der Gegenstand vom Lieferer oder Erwerber (Abnehmer) befördert, so gilt die Lieferung und damit auch der Erwerb mit dem Beginn der Beförderung am Abgangsort als ausgeführt (§ 3 Abs. 6 Satz 1 UStG). Im Fall des Versendens durch den Lieferer oder Erwerber (Abnehmer) ist der Zeitpunkt der Übergabe des Gegenstandes an den Beauftragten (z. B. Spediteur) am Abgangsort nach § 3 Abs. 6 Satz 1 und 4 UStG der Erwerbszeitpunkt. Der Zeitpunkt des innergemeinschaftlichen Erwerbs (13.11.03) deckt sich mit dem Zeitpunkt der Lieferung, wenn auch der Erwerbstatbestand erst mit dem Gelangen des Gegenstandes in das Inland vollendet ist. Dieses Ergebnis folgert sich auch aus dem europäischen Recht. Gemäß Art. 68 zweiter Halbsatz MwStSystRL gilt der innergemeinschaftliche Erwerb von Gegenständen als zu dem Zeitpunkt bewirkt, zu dem die Lieferung gleichartiger Gegenstände innerhalb des Mitgliedstaats als bewirkt gilt. Der Gegenstand muss in einen anderen Mitgliedstaat befördert oder versendet worden sein und aufgrund dieser Beförderung oder dieses Versands den Liefermitgliedstaat physisch verlassen haben. § 3d UStG enthält nur eine Ortsbestimmung.

Die Steuer für den innergemeinschaftlichen Erwerb i. S. des § 1a UStG entsteht mit dem Tag der Ausstellung der Rechnung (des Lieferers), spätestens mit Ablauf des dem Erwerb folgenden Kalendermonats (§ 13 Abs. 1 Nr. 6 UStG). Das gilt auch für Erwerber, die ihre Lieferungen und sonstigen Leistungen nach vereinnahmten Entgelten versteuern (§ 20 UStG). Die Steuer auf den innergemeinschaftlichen Erwerb (Erwerbsteuer) ist demnach zu a) am 25.11.03 (Tag der Rechnungsausstellung), zu b) am 11.12.03 (Tag der Rechnungsausstellung) und zu c) mit Ablauf des 31.12.03 (Ende des dem am 13.11.03 bewirkten Erwerbs folgenden Kalendermonats) entstanden (§ 13 Abs. 1 Nr. 6 UStG). Steuerschuldner ist der Erwerber E (§ 13a Abs. 1 Nr. 2 UStG).

6. Der Erwerber E kann die Erwerbsteuer von 9.500 € nach § 15 Abs. 1 Satz 1 Nr. 3 UStG als Vorsteuer abziehen. Die Steuer ist entstanden, d. h., die Voraussetzungen für die Besteuerung des innergemeinschaftlichen Erwerbs liegen vor. Es ist davon auszugehen, dass die erworbenen Textilien nicht für einen Umsatz verwendet werden, der den Vorsteuerabzug nach § 15 Abs. 2 UStG ausschließt. Zu bemerken ist, dass für den Vorsteuerabzug **keine Rechnung** vorliegen muss. Als Grundlage für die Besteuerung des innergemeinschaftlichen Erwerbs wird regelmäßig eine Rechnung des Lieferers an den Erwerber vorliegen, in der die USt-IdNr. des Lieferers und die des Abnehmers (Erwerbers) sowie der Hinweis auf die Steuerbefreiung für die Lieferung angegeben sind. Damit entsteht das Recht auf Vorsteuerabzug der Erwerbsteuer in demselben Zeitpunkt, in dem die Erwerbsteuer entsteht. Erwerbsteuer und Vorsteuerabzug sind in derselben Umsatzsteuer-Voranmeldung anzugeben. Ein Unternehmer, der zum vollen Vorsteuerabzug berechtigt ist, wird folglich mit der Erwerbsteuer nicht belastet. Lediglich bei Unternehmern, bei denen der Vorsteuerabzug teilweise ausgeschlossen ist (§ 15 Abs. 2 bis 4 UStG), wird der nicht abziehbare Teil der Erwerbsteuer zum Kostenfaktor.

Fall 40

Innergemeinschaftlicher Erwerb durch Verbringen

UStG § 1 Abs. 1 Nr. 5, § 1a Abs. 2, § 3d, § 13 Abs. 1 Nr. 6,
§ 15 Abs. 1 Satz 1 Nr. 3

Innerhalb der Europäischen Union wurden mit der Einführung des Binnenmarktes zum 01.01.1993 alle Zollgrenzen abgeschafft. Zuvor überwachte der Zoll die Warenbewegungen zwischen den Mitgliedstaaten. Da diese Überwachung wegfallen ist, musste ein anderes Kontrollverfahren implementiert werden. Die Kontrolle der Warenbewegung erfolgt über den innergemeinschaftlichen Erwerb und auf der anderen Seite über die Meldung der innergemeinschaftlichen Lieferung im Rahmen der Zusammenfassenden Meldung unter der USt-IDNr. des Abnehmers. Allerdings liegt beim Verbringen kein Abnehmer vor. Vielmehr transportiert der Unternehmer einen Gegenstand zu einer dauerhaften Verwendung von einem Mitgliedstaat in einen anderen. Damit auch hier eine Kontrolle stattfinden kann, hat der Gesetzgeber dieses Verbringen als fiktive Lieferung bzw. fiktiven innergemeinschaftlichen Erwerb definiert.

Sachverhalt

B betreibt in Bielefeld ein Bauunternehmen. Außerdem hat er in Amelo (Niederlande) eine Betriebsstätte. Für eine Baumaßnahme im Auftrag der Stadt Herford benötigte B einen Baukran sowie Gerüst- und Schalungsteile der niederländischen Betriebsstätte; die Gegenstände waren bisher auf Baustellen in den Niederlanden eingesetzt. Ferner verwandte er auf der Baustelle in Herford Klinkersteine aus Beständen dieser Betriebsstätte.

B ließ die Gegenstände am 03.05.03 mit mehreren eigenen Fahrzeugen und einem Tieflader von Amelo auf die Baustelle in Herford transportieren. Der Wiederbeschaffungspreis (einschließlich Nebenkosten) für den Baukran und die Schalungs- und Gerüstteile betrug zu diesem Zeitpunkt 240.000 € bzw. 60.000 €. Die Klinkersteine hatte B im April 03 für 30.000 € erworben. Der Baukran gelangte am 30.09.03 bestimmungsgemäß in die niederländische Betriebsstätte zurück, während die Schalungs- und Gerüstteile – wie vorgesehen – dem Anlagevermögen der Bauunternehmung in Bielefeld zugeordnet und auf anderen Baustellen im Inland eingesetzt wurden.

Frage

1. Für welchen Gegenstand liegt ein innergemeinschaftlicher Erwerb durch Verbringen vor?
2. Ist der innergemeinschaftliche Erwerb steuerbar und steuerpflichtig?
3. Wann ist die Umsatzsteuer aus dem Erwerb entstanden?
4. Kann B die Erwerbsteuer als Vorsteuer abziehen?
5. Hat B außer den Angaben in seiner Umsatzsteuer-Voranmeldung und Umsatzsteuer-Jahreserklärung noch weitere steuerliche Pflichten zu beachten?

Antwort

1. Für die Schalungs- und Gerüstteile liegt ein innergemeinschaftlicher Erwerb i. S. des § 1a Abs. 2 UStG vor.
2. Der innergemeinschaftliche Erwerb ist steuerbar (§ 1 Abs. 1 Nr. 5 UStG) und mit 19 % steuerpflichtig (§ 12 Abs. 1 UStG).
3. Die Erwerbsteuer von 11.400 € ist mit Ablauf des Voranmeldungszeitraums Juni 03 entstanden (§ 13 Abs. 1 Nr. 6 UStG).
4. B kann die Erwerbsteuer im Voranmeldungszeitraum Juni 03 als Vorsteuer abziehen (§ 15 Abs. 1 Nr. 3 UStG).
5. B hat besondere Aufzeichnungspflichten zu beachten (§ 22 Abs. 2 Nr. 7 UStG).

Begründung

Allgemeines: Liefert ein Unternehmer an einen anderen Unternehmer einen Gegenstand gegen Entgelt und gelangt dieser von einem in einen anderen Mitgliedstaat, so wird in dem Mitgliedstaat, in dem sich der Gegenstand am Ende der Beförderung oder Versendung befindet (Bestimmungsmitgliedstaat; Bestimmungsland), grundsätzlich ein steuerbarer und steuerpflichtiger innergemeinschaftlicher Erwerb verwirklicht (§ 1a Abs. 1 UStG). Nach § 1a Abs. 2 UStG **gilt** als innergemeinschaftlicher Erwerb gegen Entgelt auch das unternehmensinterne Verbringen eines Gegenstandes aus dem übrigen Gemeinschaftsgebiet in das Inland, es sei denn, es handelt sich um ein Verbringen zu einer nur vorübergehenden Verwendung (vgl. Abschn. 1a.2 Abs. 9 bis 13 UStAE). Verbringen bedeutet die Fortbewegung (Beförderung, Versendung) eines Gegenstandes, die nicht im Rahmen einer (bewegten) Lieferung erfolgt. Das Verbringen ist im Mitgliedstaat des übrigen Gemeinschaftsgebietes einer steuerfreien innergemeinschaftlichen Lieferung gleichgestellt (vgl. § 3 Abs. 1a i. V. m. § 6a Abs. 2 UStG). Damit werden unternehmensinterne Vorgänge, die z. B. als Innenumsätze grundsätzlich nicht nach § 1 Abs. 1 Nr. 1 UStG steuerbar sein können, als steuerbare Umsätze behandelt.

1. Ein steuerbarer Umsatz, also eine innergemeinschaftliche Lieferung bzw. ein innergemeinschaftlicher Erwerb, liegt nicht vor, wenn der Gegenstand nur zu einer vorübergehenden Verwendung verbracht wird. Dies trifft für den **Baukran** zu, der bestimmungsgemäß nur vorübergehend auf der inländischen Baustelle eingesetzt wurde. B hat insoweit einen innergemeinschaftlichen Erwerb durch Verbringen i. S. des § 1a Abs. 2 UStG nicht verwirklicht. Ebenso liegt ein Verbringen nicht vor, wenn Gegenstände zum Zweck einer anschließenden Werklieferung im Gemeinschaftsgebiet von dem einen in einen anderen Mitgliedstaat unternehmensintern befördert und versandt worden sind und der Ort der Werklieferung im Bestimmungsmitgliedstaat (Bestimmungsland) liegt. Wird Baumaterial, wie z. B. die **Klinkersteine,** vom übrigen Gemeinschaftsgebiet (Niederlande) zu einer Baustelle im Inland verbracht, so liegt ein innergemeinschaftlicher Erwerb i. S. des § 1a Abs. 2 UStG nicht vor (Abschn. 1a.2 Abs. 10 Nr. 1 UStAE). Die Besteuerung der im Inland bewirkten Werklieferung richtet sich nach den Grundsätzen des Umsatzsteuergesetzes.

Grundsätzlich liegt eine nicht nur vorübergehende Verwendung und damit ein steuerbarer innergemeinschaftlicher Erwerb vor, wenn der Gegenstand nach dem Verbringen in das Inland dem Anlage- oder Umlaufvermögen des Unternehmers zuzurechnen ist oder im Inland als Roh-, Hilfs- oder Betriebsstoff endgültig verwendet wird; dies trifft für die **Gerüst- und Schalungsteile** zu (Abschn. 1a.2 Abs. 5 UStAE). Wären die betreffenden Utensilien lediglich für eine Baustelle in das Inland verbracht worden, läge wiederum kein innergemeinschaftliches Verbringen und damit kein innergemeinschaftlicher Erwerb vor.

2. Der durch Verbringen der Schalungs- und Gerüstteile bewirkte innergemeinschaftliche Erwerb ist steuerbar (§ 1 Abs. 1 Nr. 5 UStG) und mit 19 % steuerpflichtig (§ 12 Abs. 1 UStG). Die Voraussetzungen für eine Steuerbefreiung nach § 4b UStG sind nicht gegeben. Grundsätzlich ist bei einem innergemeinschaftlichen Erwerb als Bemessungsgrundlage das Entgelt anzusetzen (§ 10 Abs. 1 UStG). Bei einem innergemeinschaftlichen Erwerb durch Verbringen fehlt es am Entgelt. Der Umsatz ist nach dem Einkaufspreis zuzüglich der Nebenkosten für den verbrachten Gegenstand oder mangels eines Einkaufspreises nach den Selbstkosten, jeweils zum Zeitpunkt des Umsatzes, zu bemessen (§ 10 Abs. 4 Satz 1 Nr. 1 UStG).

Der Einkaufspreis entspricht regelmäßig dem Preis für die Wiederbeschaffung des Gegenstandes, die Selbstkosten umfassen alle durch den betrieblichen Leistungsprozess bis zum Zeitpunkt des Verbringens entstandenen Kosten. Die Umsatzsteuer für den innergemeinschaftlichen Erwerb gehört nicht zur Bemessungsgrundlage (§ 10 Abs. 4 Satz 2 UStG). Die Bemessungsgrundlage für die in das Inland verbrachten Schalungs- und Gerüstteile beträgt 60.000 €, die Erwerbsteuer (19 % von 60.000 € =) 11.400 €.

3. Für die Entstehung der Erwerbsteuer in Fällen des Verbringens gilt die allgemeine Regelung des § 13 Abs. 1 Nr. 6 UStG. Führt der Unternehmer eine innergemeinschaftliche Lieferung durch das einer Lieferung gleichgestellte Verbringen aus (vgl. § 3 Abs. 1a und § 6a Abs. 2 UStG), kann eine Rechnung i. S. des § 14a UStG nicht ausgestellt werden (zur sog. Pro-forma-Rechnung vgl. Abschn. 14a.1 Abs. 3 UStAE). Die Erwerbsteuer für die in das Inland verbrachten Schalungs- und Gerüstteile ist spätestens mit Ablauf des Voranmeldungszeitraums Juni 03 entstanden. Wenn man für die Steuerentstehung auf die Ausstellung der Pro-forma-Rechnung abstellt, kann die ggf. Erwerbsteuer auch schon im Mai entstehen.

4. B kann die Erwerbsteuer von 11.400 € in der Umsatzsteuer-Voranmeldung für Juni 03 (ggf. Mai 03) nach § 15 Abs. 1 Satz 1 Nr. 3 UStG als Vorsteuer abziehen, in der er auch die Erwerbsteuer anzugeben hat (§ 13 Abs. 1 Nr. 6 UStG; Abschn. 15.10 Abs. 3 UStAE). Eine Pro-forma-Rechnung braucht dafür nicht vorzuliegen. Ein Vorsteuerausschluss nach § 15 Abs. 2 UStG ist nicht gegeben.

5. B muss die Bemessungsgrundlage für den innergemeinschaftlichen Erwerb und die hierauf entfallende Steuer aufzeichnen (§ 22 Abs. 2 Nr. 7 UStG). Darüber hinaus bestehen für die von B geführte niederländische Betriebsstätte (vgl. § 22 Abs. 4a UStG) entsprechende Aufzeichnungspflichten nach niederländischem Umsatzsteuerrecht für das Verbringen der Gegenstände (Baukran, Klinkersteine) aus den Niederlanden in das Inland. Sie dienen der Nachprüfung möglichst aller innergemeinschaftlichen Warenbewegungen.

Fall 41

Innergemeinschaftlicher Erwerb neuer Fahrzeuge

UStG § 1 Abs. 1 Nr. 5, § 1b, § 10 Abs. 1, § 13 Abs. 1 Nr. 7, § 16 Abs. 5a, § 18 Abs. 5a und 10

Bei grenzüberschreitenden Lieferungen an Endverbraucher gilt in der Europäischen Union grundsätzlich das Ursprungslandprinzip. Damit können Verbraucher ihre Waren frei in einem anderen Mitgliedstaat erwerben. Sie werden dann wirtschaftlich mit dem dort geltenden Mehrwertsteuersatz belastet. Eine Ausnahme von diesem Grundsatz ist der Erwerb von neuen Fahrzeugen durch den Endverbraucher. Zur Vermeidung von Wettbewerbsverzerrungen gilt für neue Fahrzeuge das Bestimmungslandprinzip.

Sachverhalt

Der in Aachen wohnhafte A hat am 15.07.03 bei dem in Brüssel (Belgien) ansässigen Kraftfahrzeughändler B einen PKW gekauft und selbst nach Aachen überführt. Das Fahrzeug hat seit der ersten Inbetriebnahme am 01.01.03 bis zum Erwerb durch A 5.900 km zurückgelegt. A hat für das Fahrzeug lt. Rechnung vom 15.07.03 einen Kaufpreis von 40.000 € gezahlt.

Frage

1. Unter welchen Voraussetzungen liegt ein „neues Fahrzeug" vor?
2. Welche Folgen ergeben sich für A, wenn er Unternehmer i. S. des § 2 UStG ist, das Fahrzeug unter Angabe seiner ihm in Deutschland zugeteilten USt-IdNr. erworben und von B eine ordnungsgemäße Rechnung erhalten hat?
3. Liegt ein innergemeinschaftlicher Erwerb vor, wenn A Privatperson ist?
4. Hat A als Privatperson umsatzsteuerliche Pflichten zu erfüllen?
5. Liegt ein innergemeinschaftlicher Erwerb vor, wenn B dem A das Fahrzeug geschenkt hat?

Antwort

1. Der Begriff des „neuen Fahrzeugs" ist in § 1b Abs. 2 und 3 UStG definiert.
2. Ist A Unternehmer (auch Kleinunternehmer i. S. des § 19 Abs. 1 UStG), so unterliegt der innergemeinschaftliche Erwerb des Fahrzeugs der Umsatzsteuer. Die Bemessungsgrundlage beträgt 40.000 €, die Erwerbsteuer 7.600 €. A kann sie nach Maßgabe des § 15 UStG als Vorsteuer abziehen.
3. Ist A Privatperson, so liegt bei ihm ein innergemeinschaftlicher Erwerb vor, der durch die Fahrzeugeinzelbesteuerung zu erfassen ist.
4. Bei der Fahrzeugeinzelbesteuerung hat A auch als Privatperson umsatzsteuerliche Pflichten zu erfüllen. A muss insbesondere Erklärungs- und Zahlungspflichten erfüllen.
5. Ein innergemeinschaftlicher Erwerb liegt nicht vor.

Begründung

Allgemeines: Zur Vermeidung von Wettbewerbsverzerrungen und Haushaltsausfällen ist der entgeltliche innergemeinschaftliche Erwerb eines neuen Fahrzeugs, z. B. durch Kauf, in jedem Fall im Bestimmungsland der Umsatzbesteuerung zu unterwerfen. Dies gilt auch dann, wenn der Erwerber nicht zu dem in § 1a Abs. 1 Nr. 2 UStG genannten Personenkreis gehört. Bei der Durchführung der Besteuerung ist zwischen zwei Gruppen von Abnehmern (Käufern) zu unterscheiden:

Zur ersten Gruppe gehören die in § 1a Abs. 1 Nr. 2 UStG genannten Personen, die das Fahrzeug unter Angabe ihrer USt-IdNr. erwerben. Sie haben die Erwerbsbesteuerung für ein neues Fahrzeug wie bei jedem anderen Gegenstand im Voranmeldungsverfahren durchzuführen (§ 1a i. V. m. § 18 Abs. 1 und 2 UStG).

In die zweite Gruppe fallen alle anderen Erwerber, die keine USt-IdNr. haben bzw. ein neues Fahrzeug ohne Angabe ihrer USt-IdNr. unter den Voraussetzungen des § 1a Abs. 1 Nr. 1 UStG erwerben. Sie haben die Erwerbsteuer im Wege der Fahrzeugeinzelbesteuerung zu entrichten (§ 1b i. V. m. § 16 Abs. 5a UStG). Dagegen ist das innergemeinschaftliche Verbringen eines neuen Fahrzeugs durch eine Privatperson nicht steuerbar.

1. Unter den Begriff des „neuen Fahrzeugs“ fallen nach § 1b Abs. 2 und 3 UStG

a) motorbetriebene **Landfahrzeuge** mit einem Hubraum von mehr als 48 Kubikzentimetern oder einer Leistung von mehr als 7,2 kW (≈ 10 PS).

   Das Fahrzeug gilt als neu, wenn die erste Inbetriebnahme im Zeitpunkt des Erwerbs nicht mehr als 6 Monate zurückliegt **oder** das Fahrzeug nicht mehr als 6.000 km zurückgelegt hat.

b) **Wasserfahrzeuge** mit einer Länge von mehr als 7,5 m.

   Das Wasserfahrzeug gilt als neu, wenn die erste Inbetriebnahme im Zeitpunkt des Erwerbs nicht mehr als 3 Monate zurückliegt oder das Fahrzeug nicht mehr als 100 Betriebsstunden auf dem Wasser zurückgelegt hat.

c) **Luftfahrzeuge,** deren Starthöchstmasse mehr als 1.550 kg beträgt.

   Das Luftfahrzeug gilt als neu, wenn die erste Inbetriebnahme im Zeitpunkt des Erwerbs nicht mehr als 3 Monate zurückliegt **oder** das Fahrzeug nicht länger als 40 Betriebsstunden genutzt worden ist.

Die in § 1b Abs. 3 UStG genannten Voraussetzungen müssen nicht gemeinsam vorliegen. Es gelten demnach sowohl solche Landfahrzeuge als neu, deren erste Inbetriebnahme (z. B. Erstzulassung) nicht mehr als 6 Monate zurückliegt, die aber in dieser Zeit erheblich genutzt worden sind, als auch solche, deren erste Inbetriebnahme mehr als 6 Monate zurückliegt, die aber bis zum Zeitpunkt des Erwerbs in nur geringem Umfang genutzt worden sind. Die Prüfung der Betriebsdauer und der Betriebsleistungen eines Fahrzeugs kann in der Praxis, insbesondere bei Wasserfahrzeugen, Schwierigkeiten bereiten. Hier sind ggf. Logbücher heranzuziehen. Bei Landfahrzeugen kann davon ausgegangen werden, dass das Erstzulassungsdatum der ersten Inbetriebnahme entspricht (vgl. Abschn. 1b.1 UStAE).

2. Erwirbt ein Unternehmer unter Angabe seiner USt-IdNr. und damit erkennbar für sein Unternehmen ein neues Fahrzeug, das im Wege einer innergemeinschaftlichen Lieferung aus einem anderen Mitgliedstaat in das Inland gelangt, so hat er die Besteuerung des Erwerbs nach § 1a Abs. 1 UStG durchzuführen. Die Sondervorschrift des § 1b UStG ist nicht anzuwenden. Das gilt auch für sog. Gelegenheits- oder Schwellenerwerber i. S. des § 1a Abs. 3 Nr. 1 UStG (z. B. Kleinunternehmer i. S. des § 19 Abs. 1 UStG), weil die Erwerbsschwelle von 12.500 € (§ 1a Abs. 3 Nr. 2 UStG) für den Erwerb neuer Fahrzeuge unbeachtlich ist (§ 1a Abs. 5 Satz 1 UStG).

Der Unternehmer B hat eine nach belgischem Umsatzsteuerrecht steuerfreie innergemeinschaftliche Lieferung ausgeführt (vgl. § 6a Abs. 1 UStG). Der Ort (Brüssel/Belgien) und der Zeitpunkt (15.07.03) der Lieferung richten sich nach dem Beginn der Beförderung des PKW durch den Unternehmer (Abnehmer) A (§ 3 Abs. 6 Satz 1 und 2 UStG).

Mit dem Erwerb des PKW von B hat A einen innergemeinschaftlichen Erwerb nach § 1a Abs. 1 UStG bewirkt. Der PKW ist im Rahmen der Lieferung des B an A aus dem Gebiet des Mitgliedstaates Belgien in das Gebiet des Mitgliedstaates Deutschland gelangt (§ 1a Abs. 1 Nr. 1 UStG). A hat die ihm in Deutschland zugeteilte USt-IdNr. dem B mitgeteilt und damit zu erkennen gegeben, dass er den PKW für sein Unternehmen erwerben will (§ 1a Abs. 1 Nr. 2 Buchst. a UStG). Es ist ohne Bedeutung, dass es sich bei dem PKW um ein „neues Fahrzeug" handelt (§ 1b Abs. 2 Nr. 1 und Abs. 3 Nr. 1 UStG). Es kann auch dahingestellt bleiben, ob A zum Personenkreis des § 1a Abs. 3 UStG gehört, weil diese Vorschrift für den Erwerb neuer Fahrzeuge nicht gilt (§ 1a Abs. 5 Satz 1 UStG). Unternehmer B hat die Lieferung an A im Rahmen seines Unternehmens gegen einen vereinbarten Kaufpreis erbracht (§ 1a Abs. 1 Nr. 3 Buchst. a UStG). Der innergemeinschaftliche Erwerb gilt mit Transportbeginn am 15.07.03 als ausgeführt. Er wird im Inland bewirkt, weil sich der PKW am Ende der Beförderung durch A in Aachen befindet und A seine deutsche USt-IdNr. verwendet hat (§ 3d Satz 1 UStG). Der Umsatz ist nach § 1 Abs. 1 Nr. 5 UStG steuerbar und mit 19 % steuerpflichtig (§ 12 Abs. 1 UStG). Steuerschuldner ist A als Erwerber (§ 13a Abs. 1 Nr. 2 UStG). Bemessungsgrundlage ist der Kaufpreis von 40.000 € (§ 10 Abs. 1 UStG). Die Umsatzsteuer von 7.600 € ist am 15.07.03 (Tag der Rechnungsausstellung) entstanden (§ 13 Abs. 1 Nr. 6 UStG). Steuerschuldner ist A als Erwerber (§ 13a Abs. 1 Nr. 2 UStG).

A kann die Erwerbsteuer nach § 15 Abs. 1 Satz 1 Nr. 3 UStG als Vorsteuer abziehen, wenn er kein Kleinunternehmer (§ 19 UStG) ist. Gründe für einen Vorsteuerausschluss sind nach dem Sachverhalt nicht erkennbar, da er den PKW für sein Unternehmen erworben hat. Eine Rechnung ist für den Vorsteuerabzug aus dem innergemeinschaftlichen Erwerb nicht erforderlich.

3. A hat einen „neuen PKW" erworben, dessen erste Inbetriebnahme zwar mehr als 6 Monate zurückliegt, der jedoch bis zum Zeitpunkt des Erwerbs erst 5.900 km, also nicht mehr als 6.000 km, zurückgelegt hat (§ 1b Abs. 2 Nr. 1 und Abs. 3 Nr. 1 UStG). Die bei der Überführung von Brüssel bis Aachen zurückgelegte Strecke ist unbeachtlich. Da A als Privatperson nicht zum Personenkreis des § 1a Abs. 1 Nr. 2 UStG gehört, kommt für seinen am 15.07.03 im Inland (§ 3d Satz 1 UStG) bewirkten Erwerb die Fahrzeugeinzelbesteuerung in Betracht (§ 16 Abs. 5a UStG). Der gegen einen vereinbarten Kaufpreis bewirkte innergemeinschaftliche Erwerb (§ 1a Abs. 1 UStG) ist steuerbar nach § 1 Abs. 1 Nr. 5 UStG und mit 19 % steuerpflichtig (§ 12 Abs. 1 UStG). A ist als Erwerber Steuerschuldner (§ 13a Abs. 1 Nr. 2 UStG. Bemessungsgrundlage ist der Kaufpreis von 40.000 € (§ 10 Abs. 1 Satz 1 und 2 UStG). Die Steuer von (19 % von 40.000 € =) 7.600 € ist am Tag des Erwerbs (15.07.03) entstanden (§ 13 Abs. 1 Nr. 7 UStG). A ist als Erwerber Steuerschuldner (§ 13a Abs. 1 Nr. 2 UStG); er hat als Privatperson grundsätzlich keinen Vorsteuerabzug (zum möglichen Vorsteuerabzug vgl. § 15 Abs. 4a UStG).

A versteuert den innergemeinschaftlichen Erwerb unabhängig davon, ob der Fahrzeuglieferer B Unternehmer oder ebenfalls eine Privatperson ist. Veräußert B als Privatperson ein neues Fahrzeug i. S. des § 1b Abs. 2 und 3 UStG, wird er für diese Lieferung wie ein Unternehmer behandelt (vgl. § 2a UStG und Fall 53).

4. A muss abweichend von dem für Unternehmer üblichen Voranmeldungsverfahren die Steuer für den (einzelnen) steuerpflichtigen Erwerb berechnen und die Steuer spätestens am 10. Tag nach dem Erwerb anmelden (vgl. Abschn. 18.9 UStAE). Die Steueranmeldung ist bei dem Finanzamt abzugeben, das auch für die Einkommensbesteuerung des A zuständig ist (§ 21 Abs. 2 AO). Die Steuer ist am 10. Tag nach Ablauf des Tages fällig, an dem sie entstanden ist (§ 18 Abs. 5a UStG). Durch Kontrollmitteilungen der Zulassungsstellen an das Finanzamt soll der Steueranspruch gesichert werden. Dazu muss der Antragsteller der Zulassungsstelle die in § 18 Abs. 10 Nr. 2 Buchst. a UStG aufgeführten Angaben machen. Wird die Steuer nicht entrichtet, muss die Zulassungsstelle auf Antrag des Finanzamts die Zulassungsbescheinigung Teil I (Fahrzeugschein) einziehen und das amtliche Kennzeichen entstempeln (§ 18 Abs. 10 Nr. 2 Buchst. b UStG). Einzelheiten ergeben sich aus § 18 Abs. 10 UStG.

5. Hat B dem A den PKW geschenkt, so liegt eine Lieferung gegen Entgelt des B an A und folglich ein innergemeinschaftlicher Erwerb des A gegen Entgelt nicht vor. Eine Erwerbsbesteuerung ist nicht durchzuführen. Ebenso unterliegen gemietete oder geleaste (neue) Fahrzeuge nicht der Erwerbsbesteuerung.

2. Steuersubjekt (Unternehmer)

Fall 42

Nachhaltigkeit als Merkmal der gewerblichen oder beruflichen Tätigkeit

UStG § 2 Abs. 1 Satz 3

Ein Unternehmer i. S. des § 2 Abs. 1 UStG übt eine gewerbliche oder berufliche Tätigkeit selbständig aus. Gewerblich oder beruflich ist eine Tätigkeit, wenn sie nachhaltig der Erzielung von Einnahmen dient. Der Begriff der Nachhaltigkeit ist im Gesetz nicht definiert. Grundsätzlich ist von einer nachhaltigen Tätigkeit auszugehen, wenn sie auf Dauer angelegt ist. Im Zweifel ist das Gesamtbild der Verhältnisse maßgebend und es sind die Kriterien, die für und gegen eine nachhaltige Tätigkeit sprechen gegeneinander abzuwiegen.

Sachverhalt

Briefmarkenhändler **A** verkauft in seinem Ladengeschäft Sammlermarken an verschiedene Kunden gegen Barzahlung.

Angestellter **B** hat von seinem Onkel eine bedeutende Briefmarkensammlung geerbt. B versucht, die Sammlung zur Erhaltung ihres Wertes als Ganzes an einen Interessenten zu verkaufen. Es gelingt ihm schließlich, kurz nacheinander die Inlandsmarken an den Sammler U und die ausländischen Werte an den Sammler V zu verkaufen.

Regierungsdirektor **C** hat einen Lohnsteuer-Kommentar verfasst, der vom Verlag W in Braunschweig herausgegeben wird. C hat das Manuskript zu überarbeiten und auf den neuesten Stand zu bringen, sobald eine neue Auflage erforderlich wird.

Oberbahnrat **D,** ansässig in Frankfurt a. M., hat in Freudenstadt im Schwarzwald ein Einfamilienhaus errichtet. D will das Einfamilienhaus erst in einigen Jahren als Altersruhesitz benutzen. Er hat das Einfamilienhausgrundstück daher für drei Jahre an den Arzt Dr. X vermietet. D erhält eine Monatsmiete von 1.500 € auf sein Bankkonto überwiesen.

Die Bauunternehmer Hoch und Tief haben sich zu einer Arbeitsgemeinschaft **E** zusammengeschlossen, um einen gemeinsamen Auftrag zum Bau einer Tiefgarage auszuführen. Der Vertrag wird unmittelbar zwischen der Arbeitsgemeinschaft E und dem Bauherrn Y abgeschlossen.

Arbeitnehmer **F** ist Angehöriger einer Automobilfabrik. Er ist als solcher berechtigt, jeweils nach Ablauf einer Sperrfrist von 18 Monaten von seinem Arbeitgeber ein fabrikneues Kraftfahrzeug unter Inanspruchnahme des

Werksangehörigenrabatts von 20 % zu erwerben. F veräußert einen derart erworbenen PKW, den er bis zum Ablauf der Sperrfrist ausschließlich für private Zwecke benutzt hat, an einen Gebrauchtwagenhändler.

G war Gesellschafter einer GmbH, die sich mit der Errichtung und dem Betrieb von Altenheimen befasste. Er überträgt seine Beteiligung an einen Mitgesellschafter der GmbH und verpflichtet sich gegenüber der GmbH, gegen ein Entgelt von 5 Mio. € 5 Jahre weder mittelbar noch unmittelbar Altenheime zu errichten oder zu betreiben.

Frage

Sind A bis G Unternehmer i. S. des § 2 Abs. 1 UStG?

Antwort

A, C, D, E und G sind Unternehmer; B und F sind keine Unternehmer.

Begründung

Allgemeines: Mit der Umsatzsteuer soll der Verbrauch von Gütern und Dienstleistungen durch den (privaten) Endverbraucher besteuert werden (vgl. Fall 1). Aus praktischen Erwägungen hält sich das Umsatzsteuergesetz technisch an den Unternehmer als Verbraucherversorger (Fremdversorger). Der Unternehmerbegriff muss daher so weit gefasst sein, dass einerseits der regelmäßige (normale) Bezug von Leistungen durch den Endverbraucher mit Umsatzsteuer belastet wird und andererseits diese Form der indirekten Verbrauchsbesteuerung praktikabel bleibt. Die (umsatzsteuerrechtliche) unternehmerische Tätigkeit wird daher auf gewerbliche oder berufliche Tätigkeiten beschränkt, die darüber hinaus selbständig ausgeübt werden müssen.

Der Unternehmerbegriff ist in § 2 UStG geregelt (Legaldefinition). Danach ist Unternehmer, wer eine gewerbliche oder berufliche Tätigkeit selbständig ausübt (§ 2 Abs. 1 Satz 1 UStG). Der Begriff „gewerbliche oder berufliche Tätigkeit" hat im Umsatzsteuerrecht einen eigenen Inhalt. Er deckt sich weder mit der gewerblichen oder beruflichen Tätigkeit im Sinne des HGB oder der Gewerbeordnung noch mit dem Begriff des Gewerbebetriebs oder der selbständigen Arbeit im Sinne des EStG.

Die „gewerbliche oder berufliche Tätigkeit" setzt nach § 2 Abs. 1 Satz 3 UStG voraus:

1. Die (beabsichtigte) Ausübung einer Tätigkeit,
2. deren Nachhaltigkeit und
3. die Absicht, Einnahmen (in Geld oder Geldeswert: nicht Gewinn) zu erzielen.

Der „Nachhaltigkeit" kommt insbesondere für die Abgrenzung der gewerblichen oder beruflichen Tätigkeit gegenüber einer (umsatzsteuerrechtlich irrelevanten) gelegentlichen privaten Betätigung besondere Bedeutung zu.

Grundsätzlich ist eine nachhaltige Tätigkeit eine auf Dauer angelegte Tätigkeit (zur Erzielung von Einnahmen). Die Annahme einer nachhaltigen Tätigkeit ist vor allem in Grenzbereichen problematisch, in denen nicht wie ein „typischer" Händler agiert wird. Dazu zählen „private" Verwertungshandlungen, Liebhaberei (vor allem im Zusammenhang mit vorsteuerbehafteten Gegenständen, die auch unternehmensfremd genutzt werden) oder einmalige Leistungen. Ob im Zweifel eine nachhaltige Tätigkeit erbracht wird, kann nur nach dem Gesamtbild der Verhältnisse im jeweiligen Einzelfall beurteilt werden. Die für und gegen Nachhaltigkeit sprechenden Merkmale müssen gegeneinander abgewogen werden. Für eine Nachhaltigkeit sprechen z. B. folgende Merkmale:

- mehrjährige Tätigkeit;
- planmäßiges Handeln;
- auf Wiederholung angelegte Tätigkeit;
- Intensität des Tätigwerdens;
- Beteiligung am Markt;
- Auftreten wie ein Händler.

Entscheidende Bedeutung kommt der Zwecksetzung der Handelnden zu. Eine nachhaltige Tätigkeit i. S. des § 2 Abs. 1 UStG ist durch eine auf eine gewisse Dauer angelegte Tätigkeit zur Einnahmeerzielung geprägt (vgl. Abschn. 2.3 UStAE). Dazu können auch Warenverkäufe oder Vermietungsangebote für Wohnungen über Internet-Plattformen wie Ebay oder Airbnb gehören.

Wer wie Briefmarkenhändler **A** aufgrund eines vorgefassten Entschlusses in Geschäftsräumen Waren anbietet und sich damit intensiv als Händler am Markt beteiligt, wird nachhaltig im Leistungsaustausch Dritten gegenüber tätig. A ist Unternehmer i. S. des § 2 UStG.

Ein Briefmarkensammler ist daher nur dann als Unternehmer anzusehen, wenn er sich durch eine intensive Beteiligung am Marktgeschehen, z. B. durch regelmäßigen Ankauf mit Wiederverkaufsabsicht, wie ein Händler verhält. Im Rahmen einer aus privaten Neigungen begründeten und fortgeführten Sammlung wird der Sammler nicht dadurch einem Händler vergleichbar, dass er Einzelstücke veräußert oder gegen andere Einzelstücke tauscht, Teile der Sammlung umschichtet oder die Sammlung teilweise oder vollständig veräußert. Nach dem Gesamtbild der Verhältnisse spielt in diesen Fällen die Einnahmeerzielungsabsicht gegenüber der Ausübung des Hobbys „Briefmarken" eine untergeordnete Bedeutung.

Für die Beurteilung der beiden Verkäufe des **B** ist u. a. von Bedeutung, dass die Veräußerung der Sammlung durch nur einen Veräußerungsvorgang gewollt war und die Veräußerung tatsächlich kurzfristig an nur zwei Interessenten erfolgte. Die beiden Verkäufe sind wirtschaftlich einer Veräußerung der Sammlung als Ganzes gleichzusetzen. Die Verkäufe erfolgen nicht im Rahmen einer intensiven Beteiligung am Markt. Eine nachhaltige Tätigkeit des B, mit der Folge, dass er als Unternehmer i. S. des § 2 UStG anzusehen wäre, ist nicht gegeben. Der Vorgang ist der privaten (unternehmensfremden) Sphäre des B zuzurechnen.

Nachhaltigkeit kann auch bei Tätigkeiten anzunehmen sein, die unter Ausnutzung derselben Gelegenheit oder desselben dauernden Verhältnisses ausgeführt werden.

Regierungsdirektor **C** wird durch Überlassung des Manuskriptes mit der damit verbundenen Einräumung von Verwertungsrechten an den Verlag, also durch ein (dauerhaftes) Dulden, selbständig und nachhaltig zur Erzielung von Einnahmen tätig. Seine wirtschaftliche Tätigkeit ist auf eine gewisse Dauer zur Erzielung von Einnahmen ausgelegt. Er ist Unternehmer i. S. des § 2 UStG.

Indem Vermieter **D** sein Einfamilienhausgrundstück vermietet, liegt trotz nur eines Vertragsabschlusses mit dem Mieter ein Dauerzustand (fortdauerndes Dulden der Benutzung des Grundstücks) vor, der das Merkmal der Nachhaltigkeit erfüllt. Dulden und Unterlassen sind im Grunde ein fortwährendes negatives Tun, das in seiner Auswirkung umsatzsteuerrechtlich einem wiederholten positiven Handeln gleichzusetzen ist. D ist als Vermieter nachhaltig zur Erzielung von Einnahmen, also „gewerblich oder beruflich" i. S. des § 2 UStG, tätig und damit Unternehmer.

Auf eine tatsächliche Wiederholung oder Wiederholungsabsicht kommt es nicht an, wenn z. B. durch die Art und Dauer der Tätigkeit und der damit verbundenen intensiven Beteiligung am Markt eine auf eine gewisse Dauer angelegte Tätigkeit zur Einnahmeerzielung, also eine nachhaltige Tätigkeit i. S. des § 2 Abs. 1 UStG, anzunehmen ist. Ein umsatzsteuerfähiges Gebilde, das nach Art und Umfang eine typisch gewerbliche Tätigkeit ausübt, wird auch durch eine einmalige Leistung nachhaltig i. S. des § 2 Abs. 1 UStG tätig.

Die Arbeitsgemeinschaft **E** erbringt mit dem Bau (nur) einer Tiefgarage eine nachhaltige Tätigkeit. Es würde zu einem sinnwidrigen Ergebnis führen, eine typisch gewerbliche Tätigkeit, nur weil sie in einer einmaligen Leistung besteht, von der Erfassung durch die Umsatzsteuer auszunehmen. Die Arbeitsgemeinschaft E ist Unternehmer i. S. des § 2 UStG.

Der Werksangehörige **F** ist durch die Veräußerung des Kraftwagens nach Ablauf der Sperrfrist von 18 Monaten kein Unternehmer geworden. Bei einem Angehörigen einer Automobilfabrik, der von dieser unter Inanspruchnahme des Werksangehörigenrabatts regelmäßig fabrikneue Kraftfahrzeuge erwirbt und nach Ablauf der ihm vom Werk gesetzten Verkaufssperrfrist von mehr als einem Jahr wieder veräußert, ist eine nachhaltige Betätigung als Unternehmer zu verneinen. Bei einer Veräußerung nach mehr als einem Jahr ist die Intensität der wirtschaftlichen Betätigung so gering, dass eine nachhaltige Tätigkeit i. S. des § 2 Abs. 1 UStG nicht angenommen werden kann. Der Angehörige eines Automobilwerkes, der in größeren Abständen einen sog. Jahreswagen veräußert, rückt in die Nähe eines Privatmannes, der ebenfalls in regelmäßigen Abständen sein Auto zu veräußern pflegt, ohne dass er deshalb zum Unternehmer wird. Der Erwerb derartiger Fahrzeuge dient im Wesentlichen der Eigennutzung und nicht der nachhaltigen Erzielung von Einnahmen. Erfolgt der Erwerb von Fahrzeugen aber von vornherein in der Absicht, sie umgehend weiterzuverkaufen, ist von einer umsatzsteuerrechtlich relevanten nachhaltigen Tätigkeit auszugehen.

G ist als Gesellschafter der GmbH nicht ohne weiteres Unternehmer i. S. des § 2 UStG.[1] Das bloße Erwerben, Halten und Veräußern einer gesellschaftsrechtlichen Beteiligung ist keine unternehmerische Tätigkeit. Die Veräußerung seiner Beteiligung ist umsatzsteuerrechtlich irrelevant.

Die entgeltliche Unterlassung von Wettbewerb gegenüber einem anderen Unternehmer für 5 Jahre ist eine sonstige Leistung (vgl. auch § 3a Abs. 4 Satz 2 Nr. 9 UStG). Sie wird auch nachhaltig i. S. des § 2 Abs. 1 UStG erbracht. Durch die mehrjährige Laufzeit und die Höhe der vereinbarten Vergütung kann von einer intensiven und wirtschaftlich bedeutenden Beteiligung am Marktgeschehen ausgegangen werden. G erbringt seine unternehmerische Leistung mit Ablauf der vereinbarten 5 Jahre, soweit keine Teilleistungen (§ 13 Abs. 1 Nr. 1 Buchst. a Satz 3 UStG) vereinbart werden. Wird das vereinbarte Entgelt vor Erbringung der Leistung (Teilleistung) vereinnahmt, entsteht die Umsatzsteuer bereits mit Ablauf des Voranmeldungszeitraums der Vereinnahmung (§ 13 Abs. 1 Nr. 1 Buchst. a Satz 4 UStG).[2]

Das Merkmal der Nachhaltigkeit hat praktisch keine Bedeutung, wenn der (modifizierte) Gesamtumsatz i. S. des § 19 Abs. 1 Satz 2 UStG zuzüglich der darauf entfallenden Steuer im vorangegangenen Kalenderjahr 17.500 € nicht überstiegen hat und im laufenden Kalenderjahr voraussichtlich 50.000 € nicht übersteigen wird. Voraussetzung ist jedoch, dass ein Verzicht nach § 19 Abs. 2 Satz 1 UStG nicht vorliegt.[3]

1 Zur Unternehmereigenschaft eines Gesellschafters vgl. auch Fall 12.
2 Zur Anzahlungsbesteuerung vgl. Fall 85.
3 Zur Besteuerung von Umsätzen der Kleinunternehmer vgl. Fall 88.

Fall 43

Selbständigkeit und Nichtselbständigkeit einzelner natürlicher Personen

UStG § 2 Abs. 1 und 2 Nr. 1

Eine natürliche Person wird mit einer gewerblichen oder beruflichen (nachhaltigen) Tätigkeit nur dann unternehmerisch tätig, wenn sie nicht weisungsgebunden handelt. Die z. B. im Angestelltenverhältnis ausgeübten nachhaltigen Tätigkeiten zur Einnahmeerzielung begründen daher nicht die Unternehmereigenschaft i. S. des § 2 UStG. Ob im Einzelfall jemand selbständig oder nichtselbständig zur Einnahmeerzielung tätig wird, kann in Grenzfällen nur nach dem Gesamtbild der Verhältnisse beurteilt werden. Maßgeblich sind dabei die für und gegen die Selbständigkeit sprechenden Merkmale, die gegeneinander abgewogen werden müssen.

Sachverhalt

Steuerberater **A** wird von dem Gewerbetreibenden U beauftragt, die Bilanz und Gewinn-und-Verlust-Rechnung für das abgelaufene Wirtschaftsjahr des Betriebs des U zu erstellen.

Buchhalter **B** wird von seinem Arbeitgeber V mit der Anfertigung des Abschlusses für das letzte Wirtschaftsjahr beauftragt.

Handelsvertreter **C** ist ständig damit betraut, für den Unternehmer W Geschäfte zu vermitteln oder in dessen Namen abzuschließen. Für C, der seine Tätigkeit im Wesentlichen frei gestalten und seine Arbeitszeit frei bestimmen kann, besteht nur die Bindung an einen bestimmten Bezirk, die Pflicht zum Kundenbesuch in bestimmten Zeitabständen und zur regelmäßigen Berichterstattung sowie die Auflage, das ihm auferlegte Wettbewerbsverbot einzuhalten. C erhält eine Provision, aus der er sämtliche Kosten seiner Tätigkeit selbst bestreiten muss.

D ist Reisender des Unternehmers X. Seine Aufgabe besteht im Wesentlichen nicht in der Vermittlung von Geschäften, sondern im Besuch des vorhandenen Kundenstammes des X. Hinsichtlich der Reisezeiten und -orte ist D an die Weisungen des X gebunden. D hat über seine Reisen regelmäßig zu berichten. Der Schriftverkehr mit dem Kunden wird allein von X besorgt. D erhält regelmäßig jeden Monat neben einem Festgehalt (Fixum) eine Umsatzprovision, die sich nach dem Umfang der in seinem Bezirk abgeschlossenen Geschäfte richtet. Soweit durch D keine Abschlüsse getätigt werden, erhält er einen Spesenzuschuss.

Dr. **E** ist als Beamter Schlachthaustierarzt der Gemeinde Y und übt gleichzeitig eine eigene tierärztliche Praxis aus.

Landwirt **F** führt mit eigenen Fahrzeugen für den Forstwirt Z gelegentlich Holztransporte aus. Dabei muss sich F hinsichtlich des Zeitpunkts seiner Leistung und der Transportstrecke an die Anweisungen des Z halten.

G ist Geschäftsführer einer Steuerberatungsgesellschaft mbH. Als Geschäftsführer der GmbH ist er deren gesetzlicher Vertreter (§ 35 Abs. 1 GmbHG); ihm obliegt die Geschäftsführung der Gesellschaft in allen Bereichen.

Frage

Sind A bis G selbständig oder nichtselbständig tätig?

Antwort

A, C und F sind selbständig, B, D und (i. d. R.) G sind nichtselbständig tätig; E übt sowohl eine selbständige als auch eine nichtselbständige Tätigkeit aus.

Begründung

Allgemeines: Der Begriff der Selbständigkeit wird im Umsatzsteuergesetz nicht definiert. Vielmehr wird in § 2 Abs. 2 Nr. 1 UStG geregelt, unter welchen Voraussetzungen eine natürliche Person eine gewerbliche oder berufliche Tätigkeit nichtselbständig ausübt. Für die Beantwortung der Frage, ob jemand selbständig oder nichtselbständig ist, muss auf das Gesamtbild der Verhältnisse abgestellt werden. Dabei ist die Frage der Selbständigkeit natürlicher Personen für die Umsatzsteuer, Einkommensteuer und Gewerbesteuer nach denselben Grundsätzen zu beurteilen (vgl. Abschn. 2.2 UStAE).

Grundsätzlich ist **Selbständigkeit** anzunehmen, wenn jemand die Leistung und, was die Regel ist, auch den Erfolg der Leistung schuldet. Er wird im Wesentlichen unter eigener Verantwortung, Arbeits- und Zeiteinteilung und insbesondere auf eigenes Risiko handeln. Für Selbständigkeit sprechen regelmäßig folgende Merkmale: die eigene Auswahl, Anstellung und Entlohnung von Personal, die Möglichkeit der Vertretung bei der Ausführung der Arbeiten durch Dritte (z. B. Familienangehörige oder auch andere Personen), die Tätigkeit in eigenen Geschäftsräumen, die Tätigkeit für mehrere Auftraggeber, ohne deren Zustimmung einholen zu müssen, die Ausübung der Tätigkeit für eigene Rechnung und damit Übernahme des Unternehmerrisikos.

Nichtselbständigkeit einer natürlichen Person liegt dann vor, wenn sie einem Unternehmen derart eingegliedert ist, dass sie den Weisungen des Unternehmers (Arbeitgebers) zu folgen verpflichtet ist und ihm aufgrund eines Dienstverhältnisses die Arbeitskraft schuldet. Die Weisungsgebundenheit der nichtselbständigen Person erstreckt sich grundsätzlich auf Ort, Zeit sowie Art und Weise der Tätigkeit. Ein schriftlicher oder auch mündlicher Arbeitsvertrag ist nicht Voraussetzung. Nicht ausschlaggebend ist auch die Bezeichnung des Vertragsverhältnisses durch die Beteiligten sowie die Behandlung bei der Sozialversicherung. Ebenso ist die Art der Vergütung (Bar-, Sachbezüge, Gehalt, Provision, Gewinnbeteiligung usw.) für sich allein nicht von Bedeutung. Für eine nichtselbständige Tätigkeit sprechen feste Bezüge, Überstundenvergütung, Fortzahlung der Bezüge im Krankheitsfall und Urlaubsanspruch. Eine nur wirtschaftliche Abhängigkeit des Tätigen von einer anderen Person begründet keine Nichtselbständigkeit. Auch auf die Dauer der Tätigkeit kommt es allein nicht an. Zur Arbeitnehmereigenschaft einer natürlichen Person vgl. auch § 1 Abs. 2 LStDV. Natürliche Personen können eine Tätigkeit als Unternehmer selbständig und gleichzeitig eine weitere Tätigkeit als Arbeitnehmer nichtselbständig ausüben.

Steuerberater **A** schuldet dem Gewerbetreibenden U den Erfolg einer Leistung, den ordnungsmäßigen Abschluss. Steuerberater A wird den Abschluss selbständig, also im Wesentlichen unter eigener Verantwortung, Arbeits- und Zeiteinteilung und auf eigenes Risiko anfertigen. Es ist ohne Bedeutung, ob er dazu von ihm angestellte Mitarbeiter einsetzt oder die Arbeiten selbst erledigt. A ist Unternehmer und nicht Arbeitnehmer des Auftraggebers U.

Buchhalter **B** schuldet seinem Arbeitgeber V die Arbeitskraft. Er ist in den Betrieb des V eingegliedert und hat innerhalb der von V festgesetzten Arbeitszeit und nach dessen Weisungen den Abschluss zu erstellen. B ist Arbeitnehmer des V und wird mit der Anfertigung des Abschlusses im Auftrag des V nichtselbständig tätig.

C ist als Handelsvertreter (§ 84 Abs. 1 HGB) selbständiger Gewerbetreibender. Er schuldet seinem Auftraggeber W die Leistung, die in der Vermittlung von Geschäften besteht. Die ihm für seine selbständige Tätigkeit gezahlte Provision richtet sich nach dem Erfolg. C wird auf eigene Rechnung und auf eigene Verantwortung selbständig tätig. Den vom Auftraggeber W vorgegebenen Bedingungen, unter denen C seine Vermittlungstätigkeit durchzuführen hat, kommt im Hinblick auf die selbständige Vermittlungstätigkeit keine entscheidende Bedeutung zu.

Reisender **D** ist hauptsächlich mit dem Besuch des Kundenstammes des X betraut. Seiner Arbeits- und Zeiteinteilung sind bei der Festlegung der Reisezeiten und -orte durch den Unternehmer X enge Grenzen gesetzt. Die Zahlung einer Provision neben einem Festgehalt schließt die Annahme eines Arbeitsverhältnisses nicht aus. Der Spesenzuschusses lässt erkennen, dass die Tätigkeit des D möglichst risikofrei gehalten werden soll. Nach dem Gesamtbild ist D Arbeitnehmer des X und damit nichtselbständig tätig.

Dr. **E** ist als Schlachthaustierarzt im Beamtenverhältnis Arbeitnehmer der Gemeinde Y und wird insoweit nichtselbständig tätig. Dies schließt nicht aus, dass E zusätzlich eine vergleichbare Tätigkeit selbständig ausübt. E wird im Rahmen seiner tierärztlichen Praxis freiberuflich tätig und ist insoweit Unternehmer i. S. des § 2 UStG.

Die durch den Landwirt **F** ausgeführten Transporte sind als Hilfstätigkeit zu seiner Haupttätigkeit als selbständiger Landwirt anzusehen. Vorgaben des Auftraggebers hinsichtlich Leistungszeitpunkt und Beförderungsstrecke sind als auftragsspezifische Kundenwünsche anzusehen und beeinflussen ansonsten nicht die selbständige Durchführung des Auftrags. F ist nicht Arbeitnehmer des Forstwirts Z. Die an F gezahlten Vergütungen sind als Betriebseinnahmen seines landwirtschaftlichen Betriebs (Unternehmens) zu erfassen.

Als Geschäftsführer einer GmbH ist **G** aufgrund seines Anstellungsvertrages i. d. R. nichtselbständig für die GmbH tätig. Je nach Ausgestaltung der vertraglichen Vereinbarungen kann nach dem Gesamtbild der Verhältnisse die Geschäftsführungsleistung jedoch auch als selbständige Tätigkeit i. S. des § 2 Abs. 2 Nr. 1 UStG zu beurteilen sein. Eine selbständige Geschäftsführungstätigkeit kann z. B. dann in Betracht kommen, wenn der Geschäftsführer Zeit, Umfang und Art seiner Tätigkeit nach freiem Ermessen bestimmen kann und keinen Anspruch auf Sozialleistungen und Fortzahlung der Bezüge im Krankheitsfall bzw. Urlaub hat. Die Organstellung des Geschäftsführers steht dieser Beurteilung nicht entgegen.

Fall 44

Unternehmer – Erbfall, Erbauseinandersetzung

UStG § 1 Abs. 1 Nr. 1, § 2 Abs. 1; BGB § 1922

Der Erbfall ist kein steuerbarer Vorgang. Der mit dem Tod einer Person einhergehende gesetzliche Vermögensübergang beruht nicht auf einer Leistung des Erblassers. Die Unternehmereigenschaft des Erblassers geht nicht automatisch im Zuge des Erbfalls auf den Erben über. Dieser kann nur durch entsprechende (eigene) Tätigkeiten i. S. des § 2 Abs. 1 UStG Unternehmer werden. Dies geschieht häufig durch eine – ggf. auch kurzfristige – Fortführung des Unternehmens. Aber auch wenn der Erbe nicht Unternehmer wird, können sich aus der Verwertung des ererbten (Unternehmens-) Vermögens umsatzsteuerrechtliche Konsequenzen ergeben.

Sachverhalt

Stadtinspektor Erich Brinkmann (B) erwirbt mit Wirkung vom 01.02.10 ein bebautes Grundstück. Brinkmann vermietet das Grundstück ab 01.02.10 an den selbständigen Versicherungsvertreter Peter Huk, der das Gebäude für seine Tätigkeit als Versicherungsvertreter nutzt.

Am 20.03.10 stirbt der Erwerber B. Erben werden seine Söhne Max und Moritz Brinkmann je zur Hälfte.

a) Die beiden Brüder führen die Vermietung als Erbengemeinschaft fort.

b) Die beiden Brüder setzen sich hinsichtlich des zum Nachlass gehörenden Grundstücks am 25.06.10 derart auseinander, dass Max B die Vermietung des Grundstücks ab 01.07.10 übernimmt und seinem Bruder Moritz einen Ausgleich von 160.000 € in bar zahlt.

c) Die aus den Brüdern Max und Moritz bestehende Erbengemeinschaft veräußert im Rahmen der Liquidation des Unternehmens des Erblassers das vermietete Grundstück.

Frage

Liegen hinsichtlich der Vorgänge

1. Erbfall durch Tod des Erich B,
2. Fortführung der Vermietung durch die Erbengemeinschaft bzw. Erbauseinandersetzung zwischen Max und Moritz,
3. Grundstücksveräußerung durch die Erbengemeinschaft im Rahmen der Liquidation

steuerbare Leistungen eines Unternehmers vor?

Antwort

1. Beim Erbfall durch Tod des Erich B fehlt es an einer Leistung.
2. Die Erbengemeinschaft erbringt als Unternehmer i. S. des § 2 Abs. 1 UStG steuerbare Vermietungsleistungen (§ 3 Abs. 9 UStG) im Leistungsaustausch.

   Die Übertragung des Erbanteils (Anteils an der Erbengemeinschaft) durch Moritz B auf seinen Bruder Max ist eine sonstige Leistung (§ 3 Abs. 9 UStG) im Leistungsaustausch. Sie ist mangels Unternehmereigenschaft des Moritz B nicht steuerbar (§ 1 Abs. 1 Nr. 1 UStG).
3. Mit der Verwertung des Grundstücks (Unternehmen des Erblassers) wird die Erbengemeinschaft unternehmerisch tätig.

Begründung

Allgemeines: Mit dem Tod einer Person (Erbfall) kommt es zu einem Vermögensübergang (Erbschaft) vom Erblasser auf einen oder mehrere Erben (§ 1922 BGB). Dieser gesetzliche Vermögensübergang beruht nicht auf einer Leistung des Erblassers und ist auch keine unentgeltliche Wertabgabe (§ 3 Abs. 1b, Abs. 9a UStG) an die Erben.

Die Unternehmereigenschaft des Erblassers kann nicht vererbt werden. Der Erbe (die Erbengemeinschaft) kann nur durch eine eigene selbständige und nachhaltige Erzielung von Einnahmen zum Unternehmer i. S. des § 2 Abs. 1 UStG werden. Das ist regelmäßig der Fall, wenn der Erbe das ererbte

Unternehmen fortführt oder in ein bereits bestehendes Unternehmen eingliedert. Wird ein vermietetes Grundstück vererbt, wird der Erbe allein durch Eintritt in das bestehende Mietverhältnis Unternehmer. Aber auch wenn der Erbe das ererbte Unternehmen nicht fortführt, sondern veräußert oder (ggf. zum Teil) für unternehmensfremde Zwecke verwendet, wird er insoweit wie ein Unternehmer tätig und erbringt unter den weiteren Voraussetzungen des § 1 Abs. 1 Nr. 1 und § 3 Abs. 1b und 9a UStG steuerbare Leistungen im Leistungsaustausch bzw. steuerbare unentgeltliche Wertabgaben (vgl. Abschn. 2.6 Abs. 5 UStAE); Entsprechendes gilt für eine Erbauseinandersetzung. Wird ein ererbtes Unternehmen im Ganzen entgeltlich oder unentgeltlich verwertet, handelt es sich unter den Voraussetzungen des § 1 Abs. 1a UStG um nicht der Umsatzsteuer unterliegende Umsätze.

1. B wird als Eigentümer des Grundstücks mit Wirkung vom 01.02.10 unternehmerisch tätig, da er das Bürogebäude an Huk vermietet (§ 2 Abs. 1 UStG). Mit dem Tod des B am 20.03.10 endet dessen Vermietungstätigkeit und seine Unternehmereigenschaft.

Das Vermögen (Nachlass) des Erich B (Erblasser) geht als Ganzes auf die Erben Max und Moritz Brinkmann über (§ 1922 BGB). Es liegt ein Fall der Gesamtrechtsnachfolge vor, bei der es einer Übertragung der einzelnen Vermögensgegenstände nicht bedarf. Der Gesamtvermögensübergang erfolgt kraft Gesetzes. Es handelt sich um einen Vorgang des Erbrechts, der in die Privatsphäre und nicht in die Unternehmenssphäre fällt. Der Vermögensübergang vom Erblasser Erich B auf die beiden Erben Max und Moritz B erfolgt von Todes wegen durch Erbfall und nicht durch eine Leistung des Erblassers. Dieser gesetzliche Vermögensübergang ist kein umsatzsteuerbarer Vorgang.

2. Die Unternehmereigenschaft des Erblassers Erich B kann nicht im Erbgang auf die beiden Erben Max und Moritz übertragen werden. Sie ist nicht vererbbar. Unternehmer ist bzw. wird nur, wer die Voraussetzungen erfüllt, an die das Umsatzsteuerrecht die Unternehmereigenschaft knüpft (§ 2 Abs. 1 UStG). Die Erben befinden darüber, ob und in welcher Weise sie das Unternehmen des Erblassers fortführen wollen.

a) Mit Fortführung der Vermietung wird die Erbengemeinschaft selbständig und nachhaltig zur Erzielung von Einnahmen tätig und damit Unternehmer i. S. des § 2 Abs. 1 UStG. Sie erbringt steuerbare Vermietungsleistungen (§ 3 Abs. 9 UStG) im Leistungsaustausch (§ 1 Abs. 1 Nr. 1 UStG). Nicht die Brüder Max und Moritz B treten jeweils als Unternehmer (Vermieter) auf, sondern die aus Max und Moritz bestehende Erbengemeinschaft.

b) Durch den Erwerb und das Halten ihrer Anteile an der Erbengemeinschaft werden die Brüder Max und Moritz B nicht als Unternehmer tätig. Die Übertragung des Mietwohngrundstücks und damit des Unternehmens der Erbengemeinschaft auf Max B stellt eine Geschäftsveräußerung dar (§ 1 Abs. 1a UStG; vgl. auch Fall 61). Die Unternehmertätigkeit der Erbengemeinschaft endet, indem Max B das Grundstück ab dem 01.07.10 allein vermietet. Dadurch wird Max B ab dem 01.07.10 als Unternehmer i. S. des § 2 Abs. 1 UStG tätig. Mit der Übertragung seines Anteils an der Erbengemeinschaft erbringt Moritz B an seinen Bruder Max eine sonstige Leistung (§ 3 Abs. 9 UStG) im Leistungsaustausch. Gegenleistung ist die Abfindung i. H. von 160.000 €. Die Übertragung des Anteils ist mangels Unternehmereigenschaft des Moritz B nicht steuerbar.

3. Mit dem Tod des Erich Brinkmann endet dessen Unternehmereigenschaft. Führt die Erbengemeinschaft die unternehmerische Tätigkeit des Erblassers nicht fort, sondern veräußert das ererbte Unternehmen im Rahmen der Erbauseinandersetzung, handelt sie insoweit wie ein Unternehmer. Es kann dahingestellt bleiben, ob die Erbengemeinschaft durch Eintritt in den Mietvertrag Unternehmer wurde oder ob der Mietvertrag eine Regelung über die Beendigung für den Erbfall vorgesehen hat. Die Erbengemeinschaft wird jedenfalls mit der Verwertung des Unternehmens des Erblassers Erich B unternehmerisch tätig. Die Veräußerung des Grundstücks ist ein steuerbarer Umsatz i. S. des § 1 Abs. 1 Nr. 1 UStG; ggf. ist eine nicht der Umsatzsteuer unterliegende Geschäftsveräußerung anzunehmen (§ 1 Abs. 1a UStG), wenn das Grundstück an einen Erwerber veräußert wird, der die Vermietung fortsetzt.

Fall 45

Umfang des Unternehmens – Abgrenzung zum unternehmensfremden Bereich

UStG § 2 Abs. 1 Satz 2

Das Unternehmen umfasst die gesamte selbständige und nachhaltige Tätigkeit zur Erzielung von Einnahmen. Dazu zählen Grund-, Hilfs- und Nebengeschäfte. Ein Unternehmer kann mehrere (ggf. organisatorisch getrennte) Unternehmensteile, aber nur ein Unternehmen haben. Wertabgaben zwischen diesen Unternehmensteilen sind grundsätzlich nicht steuerbar. In den unternehmensfremden Bereich fallen Tätigkeiten, die nicht der selbständigen und nachhaltigen Erzielung von Einnahmen dienen. Derartige Tätigkeiten berechtigen nicht zum Vorsteuerabzug und führen ggf. unter weiteren Voraussetzungen zu steuerbaren unentgeltlichen Wertabgaben. Entsprechendes gilt für die Zuordnung von Gegenständen zum Unternehmen. Werden diese Gegenstände zum Teil für unternehmensfremde Zwecke genutzt, hat der Unternehmer grundsätzlich ein Zuordnungswahlrecht.

Sachverhalt

Autohändler **A** ist Inhaber eines Kraftfahrzeughandels in Aachen. Ferner ist er Pächter einer Tankstelle und Vermieter eines Mietwohnhauses in Bonn. A wohnt in einem eigenen Einfamilienhaus in Aachen.

Briefmarkenhändler **B** in Bremen hat zwei Sätze aus seiner privaten Briefmarkensammlung an zwei verschiedene Abnehmer veräußert, um seine Sammlung zu bereinigen.

Architekt **C** in Celle bewirkte im letzten Kalenderjahr Leistungen gegenüber verschiedenen Bauherren. Außerdem veräußerte er seinen PC, der überwiegend beruflichen Zwecken diente und auch vollständig als Unternehmensvermögen behandelt wurde, sowie ein gebrauchtes Klavier aus seinem ausschließlich privat genutzten Einfamilienhaus.

Brennstoffhändler **D** in Duisburg versorgte das Büro seines Geschäfts, ein zu seinem Privatvermögen gehörendes Mietwohnhaus sowie das von ihm selbst bewohnte, zu seinem Privatvermögen gehörende Einfamilienhaus mit den erforderlichen Mengen an Heizöl aus seinem Brennstoffhandel. Bei Erwerb des Heizöls hatte D zutreffend den Vorsteuerabzug geltend gemacht.

Frage

Welchen Umfang hat das Unternehmen bei A, B, C und D und welche umsatzsteuerrechtlichen Konsequenzen ergeben sich daraus für die jeweils angeführten Tätigkeiten?

Antwort

1. Zum Unternehmen des A gehört seine Tätigkeit als Inhaber eines Kraftfahrzeughandels sowie als Pächter einer Tankstelle und Vermieter eines Mietwohnhauses. Es handelt sich um verschiedene Grundgeschäfte, die innerhalb eines Unternehmens erbracht werden. Die private Nutzung des Einfamilienhauses erfolgt außerhalb des Unternehmens und ist nicht steuerbar.
2. Zum Unternehmen des B gehört seine gesamte Tätigkeit als Briefmarkenhändler. Die Veräußerungen aus seiner privaten Briefmarkensammlung erfolgen außerhalb seines Unternehmens und sind nicht steuerbar.
3. Zum Unternehmen des C gehört seine gesamte Tätigkeit als Architekt, einschließlich der Veräußerung des überwiegend beruflichen Zwecken dienenden PC. Insoweit handelt es sich um Hilfsgeschäft. Die Veräußerung des privaten Klaviers erfolgt außerhalb des Unternehmens und ist nicht steuerbar.
4. Zum Unternehmen des D gehören der Brennstoffhandel (einschließlich des Büros) und das Mietwohnhaus. Die Versorgung seines Büros und des Mietwohnhauses mit Heizöl erfolgt innerhalb des Unternehmens des D und ist nicht steuerbar. Soweit D das Heizöl für das privat

genutzte Einfamilienhaus nutzt, liegt eine Entnahme aus seinem Unternehmen vor (§ 3 Abs. 1b Satz 1 Nr. 1 UStG). Das Einfamilienhaus gehört nicht zum Unternehmen des D.

Begründung

Allgemeines: Für den Umfang des Unternehmens gilt der Grundsatz der Unternehmenseinheit: Das Unternehmen umfasst die gesamte (selbständig ausgeübte) gewerbliche oder berufliche Tätigkeit des Unternehmers (§ 2 Abs. 1 Satz 2 UStG). Ein Unternehmen kann verschiedene – organisatorisch getrennte – Unternehmensteile (Betriebe) umfassen. Auch kann die nachhaltige Tätigkeit zur Erzielung von Einnahmen innerhalb eines Unternehmens ertragsteuerrechtlich zu unterschiedlichen Einkunftsarten führen. Umsatzsteuerrechtlich kann ein Unternehmer nur ein Unternehmen haben. Leistungsabgaben (Wertabgaben) zwischen verschiedenen Unternehmensteilen eines Unternehmens sind nicht steuerbare Innenumsätze (Innenleistungen), sofern sie nicht mit einer grenzüberschreitenden Warenbewegung in einen anderen EU-Mitgliedstaat verbunden sind (zum innergemeinschaftlichen Verbringen vgl. Fälle 40 und 52). Unerheblich ist, ob Leistungsabgaben in einen anderen Unternehmensteil ertragsteuerrechtlich zu Entnahmen – ggf. mit Gewinnauswirkung – führen.

Jeder Unternehmer kann – unabhängig von seiner Rechtsform – neben seinem unternehmerischen Bereich auch einen nichtunternehmerischen Bereich haben. Die Trennung dieser Sphären, z. B. die Abgrenzung des Unternehmens zum unternehmensfremden Bereich (Privatbereich) einer einzelnen natürlichen Person, hat u. a. Bedeutung für die Steuerbarkeit von Leistungen und unentgeltlichen Wertabgaben (§ 1 Abs. 1 Nr. 1 UStG) sowie für den Vorsteuerabzug nach § 15 Abs. 1 UStG. Der Privatbereich umfasst z. B. die (i. S. von § 2 Abs. 1 bzw. Abs. 2 Nr. 1 UStG) nicht nachhaltige bzw. nicht selbständig ausgeübte Tätigkeit zur Erzielung von Einnahmen.

Das Unternehmen umfasst nicht nur die nachhaltig erbrachten Leistungen des Unternehmers. Diese sog. Grundgeschäfte bilden den eigentlichen Kern des Unternehmens. In den Rahmen des Unternehmens fallen auch Leistungen, die zwar nicht nachhaltig erbracht werden, aber mit den ausgeführten Grundgeschäften im wirtschaftlichen Zusammenhang stehen, sog. Hilfs- oder Nebengeschäfte (vgl. Abschn. 2.7 UStAE). Hilfsgeschäfte liegen insbesondere dann vor, wenn ein Unternehmer Gegenstände des Unternehmens veräußert, die für ihn keine Handelsware darstellen. Bilanzsteuerrechtlich handelt es sich dabei regelmäßig um Anlagevermögen.

Gegenstände sind dem Unternehmen zuzuordnen (Unternehmensvermögen), wenn sie dem Unternehmer gehören und unternehmerischen Zwecken dienen (sollen). Werden Gegenstände auch für unternehmensfremde Zwecke verwendet (sog. teilunternehmerisch genutzte Gegenstände), hat der Unternehmer grundsätzlich ein Zuordnungswahlrecht, wenn er sie zu mindestens 10 % unternehmerisch nutzt (§ 15 Abs. 1a UStG).

1. Als Autohändler, Tankstellenpächter und Vermieter erbringt **A** selbständig und nachhaltig im Leistungsaustausch Dritten gegenüber Lieferungen und sonstige Leistungen gegen Entgelt. Er ist Unternehmer i. S. des § 2 UStG. Zu seinem Unternehmen gehören verschiedene Unternehmensteile. A führt mehrere Grundgeschäfte aus. Auch wenn A mit diesen Tätigkeiten ertragsteuerrechtlich unterschiedliche Einkunftsarten erzielt (z. B. § 15 und ggf. § 21 EStG), führt er diese Leistungen umsatzsteuerrechtlich nur in einem Unternehmen aus. Nicht zu seiner Unternehmertätigkeit gehört das Wohnen in seinem Einfamilienhaus.

2. Briefmarkenhändler **B** bewirkt die Lieferungen (§ 3 Abs. 1 UStG) der beiden Briefmarkensätze nicht im Rahmen seines Unternehmens.

Werden Gegenstände, die dem Privatvermögen gewidmet sind, von einem Unternehmer veräußert, der mit denselben Gegenständen Handel treibt, ist sorgfältig zu prüfen, ob die Veräußerung zur privaten oder zur unternehmerischen Tätigkeit zu rechnen ist. Sind es Gebrauchsgegenstände, die üblicherweise aus einem Haushalt abgegeben werden, so bestehen im Allgemeinen gegen die Annahme privater Veräußerungen keine Bedenken. Bei anderen Gegenständen, wie z. B. bei Briefmarken, mit denen der Unternehmer auch handelt, kann jedoch bei deren Veräußerung eine Tätigkeit im Rahmen des Unternehmens anzunehmen sein. Das wird insbesondere dann gelten, wenn es Gegenstände sind, deren Veräußerung mit Rücksicht auf die Art und den Wert des Gegenstandes eine besondere Sachkunde erfordert, z. B. Veräußerungen wertvoller Briefmarken durch einen Briefmarkenhändler.

Ob aufgrund objektiver Umstände und unbeschadet der bisherigen Zuordnung von Gegenständen (hier: der Briefmarken) zum nichtunternehmerischen Bereich eine Einlage in das Unternehmen und anschließende Veräußerung im Wege eines im Rahmen des Unternehmens getätigten Grundgeschäfts angenommen werden kann, ist abhängig vom Gesamtbild der Verhältnisse im Einzelfall zu beurteilen. Für eine Einlage der Briefmarken in das Unternehmen des B würde z. B. sprechen, wenn B die Briefmarken in seinen Geschäftsräumen wie die übrigen zum Verkauf bestimmten Briefmarken anbietet. Stellt man auf das objektive Merkmal der Zuordnung der beiden Briefmarkensätze zur privaten Sammlung des B und nicht auf seine subjektive Eigenschaft als Händler ab, so hat B als „Privatmann" an die beiden Abnehmer jeweils einen nicht steuerbaren Umsatz bewirkt. Der Zweck der Veräußerung ist nicht in der nachhaltigen Erzielung von Einnahmen i. S. des § 2 Abs. 1 UStG zu sehen, sondern in der Bereinigung einer aus privater Neigung begründeten Briefmarkensammlung.

Die Veräußerung der beiden Briefmarkensätze überschreitet nicht den Rahmen der privaten Sammlertätigkeit. B wird insoweit nichtunternehmerisch tätig (vgl. auch Fall 42).

3. Architekt **C** hat sonstige Leistungen (§ 3 Abs. 9 UStG) gegenüber verschiedenen Bauherren bewirkt und ist damit selbständig und nachhaltig im

Leistungsaustausch tätig geworden. C ist Unternehmer i. S. des § 2 UStG. Bei den Leistungen gegenüber verschiedenen Bauherren handelt es sich um die Haupttätigkeit des C, die den eigentlichen Zweck des Unternehmens ausmacht (Grundgeschäft).

Zur Unternehmertätigkeit des C gehört auch die Lieferung (§ 3 Abs. 1 UStG) des überwiegend beruflichen Zwecken dienenden PC. Es ist ein Hilfsgeschäft anzunehmen, für das eine besondere Nachhaltigkeit nicht erforderlich ist. Es ist ausreichend für eine Lieferung im Rahmen des Unternehmens, wenn der gelieferte Gegenstand zum Unternehmen gehörte. Insoweit ist von einem wirtschaftlichen Zusammenhang mit den Grundgeschäften eines Unternehmers auszugehen.

Die Veräußerung des privaten Klaviers ist eine gelegentliche (nicht nachhaltige) Handlung, die im privaten Lebenskreis erfolgt. Die Veräußerung des Klaviers durch C fällt nicht in den Rahmen des Unternehmens. Insbesondere ist kein Hilfsgeschäft anzunehmen, weil das Klavier nicht dem Unternehmen des C zuzuordnen ist. Es wurde bis zur Veräußerung ausschließlich für unternehmensfremde (private) Zwecke verwendet.

4. Das Unternehmen des **D** umfasst zwei Unternehmensteile (zwei Grundgeschäfte): den Brennstoffhandel und das Mietwohnhaus. Bei der Versorgung des Büros mit Heizöl ist weder eine Lieferung noch eine Entnahme des Heizöls für Zwecke, die außerhalb des Unternehmens liegen, anzunehmen. Der Vorgang ist nicht steuerbar. Bei der Versorgung des Mietwohnhauses mit Heizöl liegt ebenfalls keine Lieferung bzw. Entnahme für unternehmensfremde Zwecke vor. Dabei spielt es keine Rolle, dass das Mietwohngrundstück ertragsteuerrechtlich dem Privatvermögen zugeordnet ist. Der Vorgang ist als Innenumsatz nicht steuerbar.

Durch die Vermietung von Wohnungen des Mietwohnhauses bewirkt D nach § 4 Nr. 12 Satz 1 Buchst. a UStG steuerfreie Umsätze. Vorsteuern, die beim Erwerb des Heizöls angefallen sind und mit diesen steuerfreien Umsätzen in wirtschaftlichem Zusammenhang stehen, sind vom Abzug ausgeschlossen (§ 15 Abs. 2 Satz 1 Nr. 1 UStG). Wurde beim Erwerb des Heizöls zunächst der Vorsteuerabzug vorgenommen, weil eine steuerpflichtige Verwendung im Rahmen des Brennstoffhandels beabsichtigt war, führt dieser Innenumsatz ggf. zu einer Vorsteuerberichtigung nach § 15a UStG.

Hinsichtlich der Entnahme von Heizöl für das private Einfamilienhaus ist eine unentgeltliche Wertabgabe i. S. des § 3 Abs. 1b Satz 1 Nr. 1 und Satz 2 UStG gegeben. Die Entnahme erfolgt für Zwecke, die außerhalb des Unternehmens liegen. Der Umsatz ist steuerbar (§ 1 Abs. 1 Nr. 1 UStG) und mit 19 % steuerpflichtig (§ 12 Abs. 1 UStG).

Fall 46

Voraussetzungen und Folgen der Organschaft

UStG § 2 Abs. 2 Nr. 2

Es gibt umsatzsteuerrechtlich keinen Unternehmer kraft Rechtsform. Eine juristische Person (z. B. AG oder GmbH) ist nur dann i. S. des § 2 UStG unternehmerisch tätig, wenn sie nachhaltig und selbständig zur Erzielung von Einnahmen handelt. Sie führt ihre gewerbliche Tätigkeit nicht selbständig aus, wenn sie organschaftlich, d. h. finanziell, wirtschaftlich und organisatorisch in ein anderes Unternehmen eingegliedert ist. In diesem Fall ist die juristische Person als Organgesellschaft Teil des Unternehmens des Organträgers. Im Rahmen einer Organschaft ist nur der Organträger Unternehmer. Die Wirkungen der Organschaft sind auf Innenleistungen der im Inland belegenen Unternehmensteile beschränkt.

Sachverhalt

Der Einzelunternehmer Fritz Zimmermann (Z) betreibt in Zweibrücken einen Herstellungsbetrieb für Wohnmöbel. Die Möbel werden über verschiedene Vertriebsgesellschaften verkauft, an denen Z wie folgt beteiligt ist:

a) An der Nord-Möbel-Vertrieb GmbH (N-GmbH) mit Sitz in Bremen ist Z zu 100 % beteiligt. Geschäftsführer der N-GmbH sind Jens Nolda und Z. Es wurde eine Gesamtgeschäftsführung vereinbart.

b) Ferner hält Z zu 100 % die Anteile an der Süd-Möbel-Vertrieb GmbH (S-GmbH) in Stuttgart. Geschäftsführer ist Paul Peschke, der auch (angestellter) Prokurist des Einzelunternehmens ist.

c) Am 01.07.01 wurde die Ost-Möbel-Vertrieb GmbH (O-GmbH) in Erfurt gegründet. Die Anteile halten zu 50 % Z und zu 50 % die S-GmbH. Geschäftsführer sind Z und Paul Peschke.

d) Z ist zu 100 % an der Austria-Möbel-Vertrieb GmbH (A-GmbH) in Wien (Österreich) beteiligt und alleiniger Geschäftsführer.

Die Stimmrechte entsprechen den Beteiligungsverhältnissen bei den einzelnen Gesellschaften. Buchführung und Verwaltung werden durch Personal des Einzelunternehmens wahrgenommen. Die O-GmbH vertreibt insbesondere von Z hergestellte Kleinmöbel. In geringem Umfang (etwa 20 % des Umsatzes) werden auch Möbel aus Schweden erworben, von denen die O-GmbH etwa die Hälfte selbst verkauft; den Rest liefert die O-GmbH an die übrigen Vertriebsgesellschaften, um deren Sortiment abzurunden.

Mit Ausnahme der aus Schweden erworbenen Möbel verkaufen die vier Vertriebsgesellschaften ausschließlich Möbel aus der Fabrikation des Z, der den Vertriebsgesellschaften sämtliche Verkaufspreise vorschreibt.

Über den Warenverkauf des Herstellungsbetriebs an die Vertriebsgesellschaften im Inland sowie über zwischen den im Inland ansässigen Gesellschaften abgewickelte Verkäufe werden Rechnungen mit gesondert ausgewiesener Umsatzsteuer erteilt.

Frage

1. An welche Voraussetzungen ist die Organschaft geknüpft?
2. Liegt zwischen dem Herstellungsbetrieb und den vier Vertriebsgesellschaften eine Organschaft vor?
3. Welche Folgen hat die Organschaft für Z und die Vertriebsgesellschaften bei der Umsatzsteuer?
4. Erstrecken sich die Wirkungen der Organschaft auch auf die im Ausland befindliche A-GmbH?

Antwort

1. Eine Organschaft setzt voraus, dass eine juristische Person privaten Rechts nach dem Gesamtbild der Verhältnisse finanziell, wirtschaftlich und organisatorisch in ein Unternehmen eingegliedert ist.
2. Zwischen dem Herstellungsbetrieb des Z und den vier Vertriebsgesellschaften liegt eine Organschaft vor.
3. Der Herstellungsbetrieb des Z und die im Inland ansässigen Vertriebsgesellschaften bilden ein einheitliches Unternehmen. Z ist Unternehmer i. S. des § 2 Abs. 1 UStG und Steuerschuldner (§ 13a Abs. 1 Nr. 1 UStG). Zwischen den einzelnen Unternehmensteilen liegen umsatzsteuerrechtlich unbeachtliche Innenleistungen vor.
4. Die Wirkungen der Organschaft sind nach § 2 Abs. 2 Nr. 2 Satz 2 UStG auf Innenleistungen zwischen den im Inland gelegenen Unternehmensteilen beschränkt. Die A-GmbH gehört umsatzsteuerrechtlich nicht zum Unternehmen des Organträgers Z. Sie ist ein nicht im Inland ansässiges eigenständiges Unternehmen. Zwischen der A-GmbH und dem Organkreis des Z sind keine nichtsteuerbaren Innenleistungen möglich.

Begründung

Allgemeines: Die Organschaft ist ein Relikt des Allphasen-Bruttoumsatzsteuersystems aus der Zeit vor dem 01.01.1968. Bei „Leistungen" innerhalb des Organkreises kam es nicht zu der unerwünschten Kumulation der Umsatzsteuer in der Unternehmerkette. Nach dem Systemwechsel zur Allphasen-Netto-Umsatzsteuer mit Vorsteuerabzug ist die wirtschaftliche Bedeutung der Organschaft geringer geworden. Das Rechtsinstitut der Organschaft ist weiterhin von wirtschaftlichem Interesse, wenn z. B. der Unternehmer arbeitsintensive Dienstleistungen von Tochtergesellschaften bezieht, die in Umsätze eingehen, die nicht zum Vorsteuerabzug berechtigen. Im Rahmen einer Organschaft bleibt diese Wertschöpfung umsatzsteuerlich unbelastet. Auch kann eine Organschaft der Verwaltungsvereinfachung dienen.

1. Unternehmer ist, wer eine gewerbliche oder berufliche Tätigkeit selbständig ausübt (§ 2 Abs. 1 Satz 1 UStG). Die gewerbliche oder berufliche Tätigkeit wird nicht selbständig ausgeübt, wenn eine juristische Person des privaten Rechts unter den Voraussetzungen des § 2 Abs. 2 Nr. 2 Satz 1 UStG als Organ in ein Unternehmen eingegliedert ist. Die beherrschende Person ist der Organträger, die beherrschte Person ist die Organgesellschaft. Der Organträger kann mehrere Organe (Organgesellschaften) haben. Als Organgesellschaften kommen regelmäßig nur juristische Personen des Privatrechts in Betracht (z. B. GmbH, AG, KG a. A.). Organträger kann jedes Wirtschaftsgebilde sein, das Unternehmer sein kann, natürliche Personen, nichtrechtsfähige Personenvereinigungen, juristische Personen privaten Rechts sowie öffentlichen Rechts, wenn und soweit sie unternehmerisch tätig sind.

Eine **umsatzsteuerrechtliche Organschaft** liegt vor, wenn eine juristische Person des Privatrechts nach dem Gesamtbild der tatsächlichen Verhältnisse finanziell, wirtschaftlich und organisatorisch in das Unternehmen eines Organträgers eingegliedert ist (zur unionsrechtlichen Grundlage vgl. Art. 11 MwStSystRL; vgl. auch Abschn. 2.8 UStAE). Die Eingliederung führt zu einem Über- und Unterordnungsverhältnis zwischen dem Organträger und der Organgesellschaft. Es ist nicht erforderlich, dass alle drei Merkmale einer Eingliederung gleichermaßen ausgeprägt sind. Eine Eingliederung nur in Bezug auf zwei der genannten Merkmale ist aber nicht ausreichend. Liegen die Voraussetzungen einer Organschaft vor, greifen die Regelungen des § 2 Abs. 2 Nr. 2 UStG. Es besteht kein Wahlrecht für den Eintritt der Rechtsfolgen einer Organschaft. Die Voraussetzungen einer umsatzsteuerrechtlichen Organschaft sind nicht identisch mit denen einer körperschaftsteuer- bzw. gewerbesteuerrechtlichen Organschaft.

Das Merkmal der **finanziellen Eingliederung** setzt den unmittelbaren oder mittelbaren Besitz der entscheidenden Anteilsmehrheit an der Organgesellschaft voraus. Dies bedeutet, dass eine Beteiligung von mehr als 50 % vorliegen muss, wenn die Beteiligungsverhältnisse den Stimmrechtsverhältnissen entsprechen. Weichen Kapitalanteil und Stimmrechtsanteil voneinander ab, so kommt es auf die Stimmenmehrheit an. Der Organträger muss durch Mehrheitsbeschluss seinen Willen in der Organgesellschaft durchsetzen können.

Wirtschaftliche Eingliederung bedeutet, dass die Organgesellschaft nach dem Willen des Organträgers im Rahmen des Gesamtunternehmens wirtschaftlich tätig wird. Es muss ein vernünftiger wirtschaftlicher Zusammenhang im Sinne einer wirtschaftlichen Einheit bestehen. Die Tätigkeiten von Organträger und Organgesellschaft müssen aufeinander abgestimmt sein und aufgrund gegenseitiger Förderung und Ergänzung mehr als nur eine unerhebliche wirtschaftliche Beziehung begründen. Die Organgesellschaft braucht dabei nicht wirtschaftlich vom Organträger abhängig zu sein.

Organisatorische Eingliederung ist anzunehmen, wenn der Organträger durch organisatorische Maßnahmen sichergestellt hat, dass in der Organgesellschaft sein Wille auch tatsächlich durchgesetzt wird. Dies ist z. B. bei Personalunion in der Geschäftsführung der Fall. Ist die Geschäftsführung beim Organträger und bei der Organgesellschaft nicht personenidentisch (Teilidentität oder Fremdgeschäftsführung), ist darauf zu achten, dass der Organträger eine abweichende Willensbildung in der Organgesellschaft institutionell verhindern kann und diese Eingriffsmöglichkeiten auch tatsächlich und nachweisbar in Anspruch nimmt.

2. Die vier Vertriebsgesellschaften sind als Organgesellschaften des Organträgers Z anzusehen. Es liegt eine Organschaft i. S. des § 2 Abs. 2 Nr. 2 UStG vor. Die Vertriebsgesellschaften sind in das Unternehmen des Z, das er vom Herstellungsbetrieb aus beherrscht, finanziell eingegliedert. Z hält jeweils 100 % der Anteile an der N-GmbH, der S-GmbH und der A-GmbH. An der O-GmbH ist Z zu 50 % unmittelbar und zu 50 % mittelbar (über die S-GmbH) beteiligt. Da umsatzsteuerrechtlich das Gesamtbild der Verhältnisse ausschlaggebend ist, sind die unmittelbare und die mittelbare Beteiligung zusammenzurechnen. Die finanzielle Eingliederung ist demnach auch für die O-GmbH zu bejahen.

Die wirtschaftliche Eingliederung der Vertriebsgesellschaften ist gegeben, weil diese durch ihre Tätigkeit das Unternehmen des Z im wirtschaftlichen Sinne fördern und ergänzen. Das trifft z. B. zu, wenn die Organgesellschaft nach Art einer Verkaufsabteilung für den Organträger tätig ist. Es ist unerheblich, dass die vier Vertriebsgesellschaften außer den Erzeugnissen des Z auch Waren anderer Hersteller vertreiben, zumal das dem Willen des Z entspricht. Außerdem werden die Verkaufspreise für sämtliche Möbel von Z bestimmt, sodass für alle vier Gesellschaften die wirtschaftliche Eingliederung vorliegt.

Die Vertriebsgesellschaften sind auch organisatorisch in das Unternehmen des Z eingegliedert. Aufgrund der personenidentischen Geschäftsführung (Personalunion) ist die A-GmbH organisatorisch in das Unternehmen des Z eingegliedert. Auch für die N-GmbH sind die Voraussetzungen der organisatorischen Eingliederung erfüllt. In der N-GmbH wurde eine Gesamtgeschäftsführungsbefugnis vereinbart und Z hat als Alleingesellschafter ein umfassendes Weisungsrecht gegenüber der Geschäftsführung der N-GmbH und damit auch gegenüber dem (Fremd-)Geschäftsführer Jens Nolda. Entsprechendes gilt für die S-GmbH und die O-GmbH. Es ist für die organisatorische Eingliederung dieser Gesellschaften ausreichend, dass der Prokurist des Organträgers (neben Z bei der O-GmbH) gleichzeitig Geschäftsführer beider Gesellschaften ist. Die Erledigung der Buchführung und der Verwaltungsaufgaben der Gesellschaften durch Personal des Einzelunternehmens sind weitere Merkmale einer organisatorischen Eingliederung.

3. Umsatzsteuerrechtlich bilden der Organträger Z und die im Inland belegenen Organgesellschaften im Innenverhältnis ein Unternehmen. Unternehmer und Schuldner der Umsatzsteuer ist allein der Organträger Z. Ihm werden auch die Umsätze der Organgesellschaften und ihre Leistungsbezüge zugerechnet. Im Außenverhältnis kann die Organgesellschaft weiterhin unter ihrem Namen Umsätze erbringen und Rechnungen mit gesondertem Steuerausweis erteilen. Aus Leistungsbezügen der Organgesellschaft ist der Organträger zum Vorsteuerabzug berechtigt, auch wenn die Rechnung an die Organgesellschaft gerichtet ist. Für den gesamten Organkreis hat der Organträger nur jeweils eine Umsatzsteuer-Voranmeldung bzw. Umsatzsteuer-Jahreserklärung abzugeben.

Organgesellschaften erhalten auf Antrag eine eigene USt-IdNr. (§ 27a Abs. 1 Satz 3 UStG). Die Ausstattung jeder einzelnen Organgesellschaft mit einer eigenen USt-IdNr. ist zweckmäßig, weil sie regelmäßig unter ihrem eigenen Namen auftreten, wenn auch ihre Umsätze beim Organträger erfasst werden. Organgesellschaften sind verpflichtet, eigene Zusammenfassende Meldungen abzugeben (§ 18a Abs. 5 Satz 4 UStG).

Den Vertriebsgesellschaften fehlt das für die Unternehmereigenschaft notwendige Merkmal der Selbständigkeit. Das einheitliche Unternehmen umfasst als Organkreis den Herstellungsbetrieb des Z (Organträger) und die Vertriebsgesellschaften (Organgesellschaften) im Inland. Beim Austausch von Waren und Dienstleistungen zwischen diesen Unternehmensteilen liegen nicht steuerbare Innenleistungen (Innenumsätze) vor. Werden für derartige Leistungen Rechnungen mit gesondert ausgewiesener Umsatzsteuer erteilt, so kann diese nicht als Vorsteuer abgezogen werden. Es ergibt sich insoweit auch keine Steuerschuld nach § 14c Abs. 2 UStG, weil es sich insoweit lediglich um „unternehmensinterne" Abrechnungspapiere handelt. Soweit die rechtlich selbständigen und im wirtschaftlichen Verkehr unter ihrem Namen auftretenden Organgesellschaften über Leistungen an Dritte durch Rechnungen mit gesondert ausgewiesener Umsatzsteuer unter ihrem Namen abrechnen, ist § 14c Abs. 2 UStG ebenfalls nicht anzuwenden.

4. Durch § 2 Abs. 2 Nr. 2 Satz 2 bis 4 UStG wird die Organschaft in ihrer Auswirkung auf die Innenleistungen zwischen den im Inland gelegenen Unternehmensteilen (Betrieben) beschränkt (vgl. auch Abschn. 2.9 UStAE). Nur die im Inland gelegenen Unternehmensteile sind als ein Unternehmen zu behandeln. Von dieser Beschränkung der Organschaft bleibt jedoch der Begriff des Unternehmens nach § 2 Abs. 1 Satz 2 UStG unberührt. Grenzüberschreitende Leistungsabgaben zwischen dem Unternehmer und seinen Betriebsstätten sind daher (unabhängig von einer Organschaft und abgesehen von einer Einfuhr) nicht steuerbare Innenumsätze. Erfolgen die Warenbewegungen zwischen verschiedenen Mitgliedstaaten, kommen jedoch Umsätze i. S. des § 1a Abs. 2 UStG bzw. § 3 Abs. 1a UStG (innergemeinschaftliches Verbringen) in Betracht.

Die in Österreich belegene A-GmbH gehört nicht zum Unternehmen des Z. Warenlieferungen von Z bzw. der Organgesellschaft O-GmbH aus dem Inland an die A-GmbH sind steuerbare und unter den Voraussetzungen des § 4 Nr. 1 Buchst. b i. V. m. § 6a UStG steuerfreie Umsätze. Umgekehrte Warenbewegungen führen entsprechend bei Z zu innergemeinschaftlichen Erwerben (§ 1a UStG) und berechtigen Z grundsätzlich zum Vorsteuerabzug (§ 15 Abs. 1 Satz 1 Nr. 3 UStG); ggf. ist bei entsprechenden Leistungen der A-GmbH an den Organkreis des Z der Übergang der Steuerschuld nach § 13b UStG zu beachten.

Fall 47

Handeln im eigenen und in fremdem Namen

UStG § 3 Abs. 1, 4 und 9

Der Ausgangsfall in der Umsatzsteuer ist, dass ein Unternehmer im Rechtsverkehr im eigenen Namen und auf eigene Rechnung tätig wird (Eigenhändler). Von diesem Grundsatz gibt es Ausnahmen. Sofern ein Unternehmer die Leistung nicht selbst erbringt, sondern lediglich als Vermittler tätig wird, liegt eine Vermittlungsleistung des betreffenden Unternehmers vor. Gekennzeichnet ist die Vermittlung dadurch, dass der Unternehmer in fremdem Namen und auf fremde Rechnung auftritt. Zwischen dem Eigenhändler und dem Vermittler ist die Kommission angesiedelt. Gemäß § 383 HGB ist Kommissionär, wer es gewerbsmäßig übernimmt, Waren oder Wertpapiere für Rechnung eines anderen (des Kommittenten) im eigenen Namen zu kaufen oder zu verkaufen. Bei der Kommission tritt daher der Unternehmer zwar im eigenen Namen, aber für fremde Rechnung auf. Die Kommission ist zivilrechtlich eine Geschäftsbesorgung. Umsatzsteuerrechtlich fingiert § 3 Abs. 3 UStG entgegen der handelsrechtlichen Wertung eine Lieferkette. Damit erfolgt eine fiktive Lieferung zwischen dem Kommittenten und dem Kommissionär.

Sachverhalt

Werner Kraft (K) betreibt in Krefeld auf eigenem Grundstück eine Tankstelle. Neben Kraftstoffen der Sprit-AG verkauft er dort auch Fahrzeugersatz- und Zubehörteile und betreibt eine Werkstatt. Im letzten Voranmeldungszeitraum haben sich folgende Geschäftsvorfälle ergeben:

1. An der Tankstelle wurden Kraftstoffe der Sprit-AG in Hamburg verkauft. Es wurden besondere Quittungsvordrucke benutzt, aus denen hervorgeht, dass die Verkäufe der Kraftstoffe im Namen und für Rechnung der Sprit-AG ausgeführt worden sind. An den Zapfsäulen ist

deutlich sichtbar ein Hinweisschild der Sprit-AG angebracht, auf dem ebenfalls vermerkt ist, dass der Verkauf im Namen und für Rechnung der Sprit-AG erfolgt. Die Gesamteinnahmen aus den Kraftstoffverkäufen von 60.000 € wurden entsprechend der vertraglichen Vereinbarung nach Abzug der Provision von 5.712 € jeweils zehntägig an die Sprit-AG abgeführt.

2. Aus Verkäufen von Ersatz- und Zubehörteilen, die K im gleichen Voranmeldungszeitraum für 1.904 € eingekauft hatte, erzielte K 2.856 € als Erlös.
3. Für kleine Reparaturen, die K unter Verwendung von Nebensachen und Zutaten für ortsansässige Kunden ausführte, erhielt er 8.092 €.
4. Der Reifengroßhändler Renner (R) hat K einen Posten Reifen im Wert von 8.330 € zur Verfügung gestellt. Davon konnte K im eigenen Namen, aber für Rechnung des R lt. Gutschriftsanzeige Reifen für 7.140 € verkaufen. Nach Abzug einer Provision von 10 % (= 714 €) zahlte K an R 6.426 €.
5. Von verschiedenen Werkstattkunden erhielt K Aufträge zur Totalrunderneuerung abgefahrener Reifen (Erneuerung des gesamten Lauf- und Puffergummis). Die den Kunden gehörenden Reifen gab K im eigenen Namen an die Vulkanisieranstalt Feuerbach (F) in Krefeld zur Ausführung der Arbeiten weiter. Das für die Erneuerung erforderliche Material besorgte der Vulkanisierbetrieb selbst und berechnete K 8.806 €. Seinen Kunden gab K die eigenen runderneuerten Reifen – es handelte sich um Spezialgrößen – zurück und erhielt von ihnen 9.520 €.

Sämtliche Beträge sind Bruttobeträge. Soweit erforderlich, ist die Umsatzsteuer in den Rechnungen bzw. Gutschriften gesondert ausgewiesen.

Frage

Wie hoch ist die von Kraft zu leistende Umsatzsteuer-Vorauszahlung?

Antwort

Die von Kraft zu leistende Umsatzsteuer-Vorauszahlung beträgt 2.584 €.

Begründung

Für die Zurechnung und Charakterisierung von umsatzsteuerrechtlich relevanten Leistungen ist grundsätzlich das Auftreten des Unternehmers nach außen von Bedeutung. Für wessen Rechnung die Leistung erbracht wird, ist dagegen nach dem Innenverhältnis zum Auftraggeber zu beurteilen.

Werner Kraft (K) ist Unternehmer i. S. des § 2 UStG, weil er eine gewerbliche oder berufliche Tätigkeit selbständig ausübt. Sein Unternehmen umfasst die Vermittlung des Verkaufs von Kraftstoffen, die Ausführung von Reparaturen sowie den Handel mit Ersatz- und Zubehörteilen und Reifen. Kraft erbringt seine Leistungen z. T. im eigenen Namen und für eigene Rechnung, in fremdem Namen und für fremde Rechnung und im eigenen

Namen für fremde Rechnung. Die Geschäftsvorfälle im letzten Voranmeldungszeitraum sind wie folgt zu beurteilen:

1. Für den Verkauf von Kraftstoffen der Sprit-AG ist K als Agent anzusehen, denn er trat nach außen hin erkennbar im Namen und für Rechnung der Lieferfirma auf. K vermittelt für die Sprit-AG den Verkauf von Kraftstoffen an die Kunden. Diese Kraftstofflieferungen werden der Sprit-AG zugerechnet. Als Vermittler erbringt K gegenüber der Sprit-AG Vermittlungsleistungen. K bewirkte gegenüber der Sprit-AG sonstige Leistungen (§ 3 Abs. 9 UStG). Der Ort der sonstigen Leistungen (§ 3a Abs. 2 UStG) liegt in Hamburg, weil dort die Sprit-AG ihr Unternehmen betreibt. Die Vermittlungsleistungen sind steuerbar (§ 1 Abs. 1 Nr. 1 UStG). Sie sind auch steuerpflichtig mit 19 % (§ 12 Abs. 1 UStG). Bei den für die Sprit-AG insgesamt vereinnahmten Beträgen von 60.000 € handelt es sich um durchlaufende Posten (§ 10 Abs. 1 Satz 6 UStG). Bemessungsgrundlage sind die von der Sprit-AG aufgewendeten Provisionen, ohne die darin enthaltene Umsatzsteuer (§ 10 Abs. 1 Satz 1 und 2 UStG; 5.712 € : 1,19 = 4.800 €).

2. Die Verkäufe von Ersatz- und Zubehörteilen führte K im eigenen Namen und für eigene Rechnung aus. Wer Waren (Entsprechendes gilt für Dienst- und Werkleistungen) im eigenen Laden – dazu gehören auch gemietete Geschäftsräume – verkauft, wird umsatzsteuerrechtlich grundsätzlich als Eigenhändler beurteilt (Grundsatz des eigenen Ladens; vgl. Abschn. 3.7 Abs. 7 UStAE). Als Eigenhändler bewirkte K Lieferungen von Ersatz- und Zubehörteilen (§ 3 Abs. 1 UStG). Der Ort der Lieferungen (§ 3 Abs. 6 Satz 1 UStG) liegt in Krefeld. Die Lieferungen sind steuerbar (§ 1 Abs. 1 Nr. 1 UStG). Der Steuersatz beträgt 19 % (§ 12 Abs. 1 UStG). Bemessungsgrundlage sind die von den Kunden aufgewendeten Verkaufspreise, ohne die darin enthaltene Umsatzsteuer (§ 10 Abs. 1 Satz 1 und 2 UStG; 2.856 € : 1,19 = 2.400 €). Die sich aus dem Wareneinkauf von 1.904 € ergebende Vorsteuer ist abziehbar (§ 15 Abs. 1 Satz 1 Nr. 1 UStG).

3. Bei den kleinen Reparaturen für ortsansässige Kunden handelt es sich um Werkleistungen (§ 3 Abs. 9 UStG), die K im eigenen Namen und für eigene Rechnung ausgeführt hat. Der Ort der sonstigen Leistungen ist Krefeld (§ 3a Abs. 2 UStG bzw. § 3a Abs. 3 Nr. 3 Buchst. c UStG, wenn die Reparaturleistung für Nichtunternehmer ausgeführt wird). Die sonstigen Leistungen sind steuerbar (§ 1 Abs. 1 Nr. 1 UStG) und steuerpflichtig mit 19 % (§ 12 Abs. 1 UStG). Bemessungsgrundlage sind die von den ortsansässigen Kunden aufgewendeten Reparaturpreise, ohne die darin enthaltene Umsatzsteuer (§ 10 Abs. 1 Satz 1 und 2 UStG; 8.092 € : 1,19 = 6.800 €).

4. Bei der Veräußerung der Reifen handelte K zwar im eigenen Namen, da er nicht nach außen hin erkennbar im Namen des Renner (R) auftrat, aber für Rechnung des R. Er ist somit Kommissionär (§ 383 HGB; § 3 Abs. 3 UStG) und bewirkte Lieferungen (§ 3 Abs. 1 UStG), da es für die Zurechnung der Reifenlieferungen an die Tankstellenkunden auf das Außenverhältnis ankommt. Der Ort der Lieferungen (§ 3 Abs. 6 Satz 1 UStG) liegt im Inland. Die Lieferungen sind steuerbar (§ 1 Abs. 1 Nr. 1 UStG) und steuerpflichtig mit 19 % (§ 12 Abs. 1 UStG). Bemessungsgrundlage sind die von den Kunden aufgewendeten Verkaufspreise, ohne die darin enthaltene Umsatzsteuer (§ 10 Abs. 1 Satz 1 und 2 UStG; 7.140 € : 1,19 = 6.000 €).

R hat für das Unternehmen des K ebenfalls Lieferungen ausgeführt (§ 3 Abs. 3 UStG). K ist berechtigt, die von ihm in einer Gutschrift gesondert ausgewiesene Umsatzsteuer als Vorsteuer abzuziehen (§ 15 Abs. 1 Satz 1 Nr. 1 UStG).[1]

5. Lauf- und Puffergummi sind Hauptstoffe für Kraftfahrzeugreifen. Die Vulkanisieranstalt erbrachte gegenüber K Werklieferungen (§ 3 Abs. 4 UStG). K erwarb den Lauf- und Puffergummi und verschaffte seinen Kunden die Verfügungsmacht auch nur an diesem Gummi, denn die Reifen gehörten den Kunden und wurden von diesen nur beigestellt. Eine Vermittlung der Arbeiten lag nicht vor, weil K keine Rechtsbeziehungen seiner Kunden zur Vulkanisieranstalt herstellte. Auch K bewirkte Werklieferungen (§ 3 Abs. 4 UStG), die steuerbar (§ 1 Abs. 1 Nr. 1 UStG) und mit 19 % steuerpflichtig sind (§ 12 Abs. 1 UStG). Bemessungsgrundlage sind die von den Kunden aufgewendeten Werkpreise, ohne die darin enthaltene Umsatzsteuer (§ 10 Abs. 1 Satz 1 und 2 UStG; 9.520 € : 1,19 = 8.000 €).

Aus der Rechnung der Vulkanisieranstalt ergibt sich für K eine abziehbare Vorsteuer (§ 15 Abs. 1 Satz 1 Nr. 1 UStG).

Zwecks Ermittlung der Umsatzsteuer-Vorauszahlung sind die Umsatzsteuer und die Vorsteuer aus den Bruttobeträgen herauszurechnen (§ 63 Abs. 3 und 5 UStDV):

a)	Umsätze einschl. Umsatzsteuer	Tz. 1	5.712 €	
		Tz. 2	2.856 €	
		Tz. 3	8.092 €	
		Tz. 4	7.140 €	
		Tz. 5	9.520 €	33.320 €
b)	Vorumsätze einschl. Umsatzsteuer	Tz. 2	1.904 €	
		Tz. 4	6.426 €	
		Tz. 5	8.806 €	17.136 €
c)	Umsatzsteuer 19 % von (33.320 € : 1,19 =)		28.000 €	5.320 €
d)	Vorsteuer 19 % von (17.136 € : 1,19 =)		14.400 €	2.736 €
e)	Umsatzsteuer-Vorauszahlung (Zahllast)			2.584 €

1 Zu Kommissionsgeschäften vgl. Fall 24.

3. Steuerfreie Umsätze

Fall 48

Ausfuhrlieferungen

UStG § 4 Nr. 1 Buchst. a, § 6

Auf der Grundlage des Bestimmungslandprinzips sieht das Umsatzsteuergesetz eine Steuerbefreiung für Ausfuhren vor. Die Steuerbefreiung greift grundsätzlich unabhängig davon, ob der Abnehmer ein Unternehmer oder ein privater Endverbraucher ist. Allerdings sieht der Gesetzgeber Beschränkungen für Inländer bzw. Bürger der Europäischen Union im Reiseverkehr vor. Eine Steuerbefreiung ist in diesen Fällen regelmäßig ausgeschlossen, wenn der Abnehmer die Ware befördert oder versendet.

Sachverhalt

Hans Fabri (F) in Fulda ist Hersteller von Funkgeräten. F beliefert den Großhändler Hein Grotjan (G) in Glückstadt. G hat u. a. Geräte geliefert an

- den Funkamateur A in Alexandria (Ägypten),
- den Funkamateur B auf Helgoland,
- den Freihafenunternehmer C in Bremerhaven, der sie zur Ausrüstung von Fischereifahrzeugen weiterverkauft,
- den Privatmann D in Trontheim (Norwegen) für dessen Segeljacht.

Soweit sich aus dem Sachverhalt nichts Gegenteiliges ergibt, sind die Voraussetzungen für eine nach § 4 Nr. 1 Buchst. a UStG steuerfreie Ausfuhrlieferung – insbesondere die erforderlichen Buch- und Belegnachweise nach § 6 Abs. 4 UStG – als gegeben zu unterstellen.

Frage

Wie sind die Lieferungen zu beurteilen, wenn

1. G die Geräte an die Abnehmer A bis D in das Drittlandsgebiet versendet,
2. die Abnehmer A bis D die Geräte bei G abholen und in das Drittlandsgebiet befördern,
3. der Hersteller F die Geräte in Erfüllung der zwischen F und G bzw. zwischen G und A bis D abgeschlossenen Kaufverträge unmittelbar an die Abnehmer A bis D in das Drittlandsgebiet versendet?

Antwort

1. Wenn G die Geräte an die Abnehmer A bis D in das Drittlandsgebiet versendet, sind die Lieferungen des G steuerfrei.
2. Wenn die Abnehmer A bis D die Geräte bei G abholen und in das Drittlandsgebiet befördern, sind die Lieferungen des G an A bis C steuerfrei; die Lieferung des G an D ist steuerpflichtig.
3. Werden die Geräte durch den Hersteller F versendet, so liegen Reihengeschäfte vor. Die Versendungslieferungen des F sind steuerfrei, die nachfolgenden Lieferungen des G sind nicht steuerbar.

Begründung

Allgemeines: (Werk-)Lieferungen in das Drittlandsgebiet unterliegen nach dem Bestimmungslandprinzip (vgl. Fall 22) der Besteuerung im Einfuhrland. Steuerbare Lieferungen im Ursprungsland (Inland) sind daher von der Umsatzsteuer – ohne Vorsteuerausschluss (§ 15 Abs. 2 Satz 1 Nr. 1 i. V. m. § 15 Abs. 3 Nr. 1 Buchst. a UStG) – zu befreien („echte" Steuerbefreiung). Diesem Zweck dient die Steuerbefreiung für Ausfuhrlieferungen nach § 4 Nr. 1 UStG.

Eine Ausfuhr liegt vor, wenn der Gegenstand im Wege der Beförderung oder Versendung in das Drittlandsgebiet gelangt. Für eine Ausfuhrlieferung ist erforderlich, dass die Ausfuhr des Gegenstandes in einem ausreichenden zeitlichen und sachlichen Zusammenhang mit der Lieferung erfolgt.

Nach § 6 Abs. 1 UStG sind bei den steuerfreien Ausfuhrlieferungen drei Fallgruppen zu unterscheiden:

a) Der Gegenstand der Lieferung wird vom liefernden Unternehmer in das Drittlandsgebiet, ausgenommen Gebiete nach § 1 Abs. 3 UStG (insbesondere Freihäfen), befördert oder versendet (§ 6 Abs. 1 Satz 1 Nr. 1 UStG).

b) Der Gegenstand der Lieferung wird vom ausländischen Abnehmer in das Drittlandsgebiet, ausgenommen Gebiete nach § 1 Abs. 3 UStG, befördert oder versendet (§ 6 Abs. 1 Satz 1 Nr. 2 UStG).

c) Der Gegenstand der Lieferung wird vom liefernden Unternehmer oder vom Abnehmer in die in § 1 Abs. 3 UStG bezeichneten Gebiete befördert oder versendet. Der Abnehmer muss ein Unternehmer sein, der den Gegenstand für sein Unternehmen erworben hat. Der Abnehmer darf nicht beabsichtigen, den Gegenstand ausschließlich oder zum Teil für eine nach § 4 Nr. 8 bis 27 UStG steuerfreie Tätigkeit zu verwenden (§ 6 Abs. 1 Satz 1 Nr. 3 Buchst. a UStG). Die Regelung soll verhindern, dass sich z. B. Versicherungsbüros oder Ärzte in Freihäfen ansiedeln und über den Umweg Ausfuhr von der Umsatzsteuer entlastet werden. Ist der ausländische Abnehmer kein Unternehmer, muss der Gegenstand in das übrige Drittlandsgebiet gelangen (§ 6 Abs. 1 Satz 1 Nr. 3 Buchst. b UStG).

Bei Lieferung eines Gegenstandes zur Ausrüstung oder Versorgung eines Beförderungsmittels (z. B. PKW, Motorboot) liegt in den Fällen des § 6 Abs. 1 Satz 1 Nr. 2 und 3 UStG eine steuerfreie Ausfuhrlieferung nur vor, wenn der Abnehmer ein ausländischer Unternehmer ist und das Beförderungsmittel den Zwecken des Unternehmens des Abnehmers dient (§ 6 Abs. 3 UStG).

Führt ein ausländischer Abnehmer Gegenstände, die er nicht für unternehmerische (also für private) Zwecke erworben hat, persönlich in seinem Reisegepäck in das Drittlandsgebiet aus, ist die Steuerbefreiung für Ausfuhrlieferungen im Reiseverkehr durch § 6 Abs. 3a UStG eingeschränkt. Bei Ausfuhrlieferungen im nichtkommerziellen Reiseverkehr (vgl. Abschn. 6.11 UStAE) handelt es sich um Fälle, in denen der Abnehmer Waren zu unternehmensfremden Zwecken erwirbt und vor Ablauf des dritten Kalendermonats, der auf den Monat der Lieferung folgt, im persönlichen Reisegepäck in das Drittlandsgebiet verbringt.

Der Unternehmer muss die Voraussetzungen für das Vorliegen einer Ausfuhrlieferung nachweisen (§ 6 Abs. 4 UStG; vgl. Abschn. 6.5 bis 6.11 UStAE).

Die Steuerbefreiung für Ausfuhrlieferungen gilt nicht für Lieferungen i. S. des § 3 Abs. 1b UStG (§ 6 Abs. 5 UStG).

1. Die Lieferungen des G an die Abnehmer A bis D sind sämtlich durch Versenden (§ 3 Abs. 6 Satz 1, 3 und 4 UStG) in Glückstadt, also im Inland, ausgeführt worden. Sie sind steuerbar (§ 1 Abs. 1 Nr. 1 UStG) und steuerfrei (§ 4 Nr. 1 Buchst. a UStG). G hat die für A und B bestimmten Geräte nach Alexandria bzw. nach Helgoland in das Drittlandsgebiet versendet (§ 6 Abs. 1 Satz 1 Nr. 1 UStG). Die Insel Helgoland gehört nicht zum Gemeinschaftsgebiet (§ 1 Abs. 2a Satz 1 UStG) und nicht zu den in § 1 Abs. 3 UStG bezeichneten Gebieten (Abschn. 6.1 Abs. 1 Satz 3 UStAE).

Die von C erworbenen Geräte hat G in den Freihafen von Bremerhaven, also in ein Gebiet i. S. des § 1 Abs. 3 UStG, versendet. C ist ein dort ansässiger Unternehmer, der die Geräte für sein Unternehmen erworben hat. Die Funkgeräte sind nicht zur Verwendung für eine nach § 4 Nr. 8 bis 27 UStG steuerfreie Tätigkeit bestimmt (§ 6 Abs. 1 Satz 1 Nr. 3 Buchst. a UStG).

Die Einschränkung des § 6 Abs. 3 UStG trifft auf die Lieferung des G an C nicht zu, weil die Geräte zur Weiterveräußerung und nicht zur Ausrüstung eines Beförderungsmittels des Abnehmers C erworben wurden. Die Vorschrift des § 6 Abs. 3 UStG dient dem Zweck, einen unversteuerten Letztverbrauch zu vermeiden. Die anschließende Lieferung der Geräte durch C im Freihafen ist wie ein Umsatz im Inland zu behandeln, ist also steuerbar, wenn die für die Ausrüstung eines Beförderungsmittels bestimmten Geräte nicht für das Unternehmen des Abnehmers geliefert werden (§ 1 Abs. 3 Nr. 1 UStG).

Die Lieferung an den Abnehmer D ist steuerfrei, weil G die Geräte in das Drittlandsgebiet (Trontheim/Norwegen) versendet hat (§ 6 Abs. 1 Satz 1 Nr. 1 UStG). Die Einschränkung des § 6 Abs. 3 UStG kommt nur für die Fälle des § 6 Abs. 1 Satz 1 Nr. 2 und 3 UStG in Betracht.

2. Die Lieferungen des G an die Abnehmer A bis D sind in Glückstadt ausgeführt worden (§ 3 Abs. 6 Satz 1 und 2 UStG) und nach § 1 Abs. 1 Nr. 1 UStG steuerbar. Es handelt sich jeweils um ein Befördern durch den Abnehmer. Die Lieferungen des G an die Abnehmer A und B sind steuerfrei (§ 4 Nr. 1 Buchst. a UStG). Die in Alexandria bzw. Helgoland ansässigen ausländischen Abnehmer (§ 6 Abs. 2 Satz 1 Nr. 1 UStG) haben die Geräte in das Drittlandsgebiet, ausgenommen Gebiete nach § 1 Abs. 3 UStG, befördert (§ 6 Abs. 1 Satz 1 Nr. 2 UStG).

Die Lieferung an den Abnehmer C ist steuerfrei (§ 4 Nr. 1 Buchst. a UStG). Freihafenunternehmer C ist zwar kein ausländischer Abnehmer i. S. des § 6 Abs. 2 UStG, weil er in einem Freihafen (Gebiet i. S. des § 1 Abs. 3 UStG) ansässig ist. Für die Anwendung des § 6 Abs. 1 Satz 1 Nr. 2 UStG fehlt das Merkmal „ausländischer Abnehmer". Die Vorschrift des § 6 Abs. 1 Satz 1 Nr. 3 Buchst. a UStG trifft jedoch zu, weil der Abnehmer C die Geräte in den Freihafen befördert und für sein Unternehmen erworben hat. Außerdem sind die Geräte zur Weiterveräußerung und nicht für eine steuerfreie Tätigkeit nach § 4 Nr. 8 bis 27 UStG bestimmt. Die Ausnahmeregelung des § 6 Abs. 3 UStG gilt nicht, weil C die Funkgeräte zum Zweck der Weiterlieferung an Unternehmer erworben hat, die damit ihre Fischereifahrzeuge ausrüsten wollen (Abschn. 6.4 Abs. 4 Satz 2 UStAE).

Die Lieferung an den in Trontheim (Norwegen) ansässigen Abnehmer D ist an einen ausländischen Abnehmer (§ 6 Abs. 2 Satz 1 Nr. 1 UStG) ausgeführt worden, sodass die Voraussetzungen des § 6 Abs. 1 Satz 1 Nr. 2 UStG vorliegen. Die gelieferten Geräte sind nicht zur Ausrüstung eines unternehmerischen Zwecken dienenden Beförderungsmittels, sondern für die private Segeljacht des D bestimmt gewesen. Für die Lieferung des G an D kommt die Einschränkung der Steuerbefreiung nach § 6 Abs. 3 UStG in Betracht; sie ist mit 19 % steuerpflichtig (§ 12 Abs. 1 UStG). Die Sonderregelung in § 6 Abs. 3a UStG ist nur für solche Gegenstände von Bedeutung, die nicht vom Regelungsbereich des § 6 Abs. 3 UStG erfasst werden.

3. Wird bei einem Reihengeschäft (§ 3 Abs. 6 Satz 5 UStG), wie es für die Lieferungen des F an seinen Abnehmer G sowie die Lieferungen des G an die Kunden A bis D jeweils zutrifft, der Gegenstand vom ersten Unternehmer an den letzten Abnehmer in der Reihe befördert oder versendet, so ist die Beförderung oder Versendung den Lieferungen des F zuzurechnen. Der Ort der von F an G ausgeführten Lieferungen ist Fulda (§ 3 Abs. 6 Satz 1, 3 und 4 UStG). F hat durch Versendung der Geräte an A, B und D steuerfreie Lieferungen an seinen Abnehmer G, jeweils als erste Lieferung in der

Reihe, ausgeführt (§ 4 Nr. 1 Buchst. a und § 6 Abs. 1 Satz 1 Nr. 1 UStG). Auch für die an C in den Freihafen von Bremerhaven übersandten Geräte ist eine steuerfreie Lieferung des F an G anzunehmen. Als im Inland (Glückstadt) ansässiger Unternehmer hat G die Geräte für Zwecke seines Unternehmens und nicht für eine steuerfreie Tätigkeit nach § 4 Nr. 8 bis 27 UStG erworben (§ 6 Abs. 1 Satz 1 Nr. 3 Buchst. a UStG).

Die nachfolgenden Lieferungen des G an die Abnehmer A bis D, ausgeführt jeweils als zweite Lieferung in der Reihe, sind jeweils am Ankunftsort im Drittlandsgebiet bewirkt (§ 3 Abs. 6 Satz 5 i. V. m. Abs. 7 Satz 2 Nr. 2 UStG); sie sind nicht nach § 1 Abs. 1 Nr. 1 UStG steuerbar.

Für Warenbewegungen im Verhältnis zum Drittland gilt: Im Rahmen eines Reihengeschäfts, bei dem die Warenbewegung im Inland beginnt und im Drittlandsgebiet endet, kann mit der Beförderung oder Versendung des Liefergegenstandes in das Drittlandsgebiet nur eine Ausfuhrlieferung i. S. des § 6 UStG bewirkt werden. Die Steuerbefreiung nach § 4 Nr. 1 Buchst. a UStG kommt nur bei der Beförderungs- oder Versendungslieferung zur Anwendung (Abschn. 6.1 Abs. 4 UStAE).

Schematische Darstellung der Reihengeschäfte:

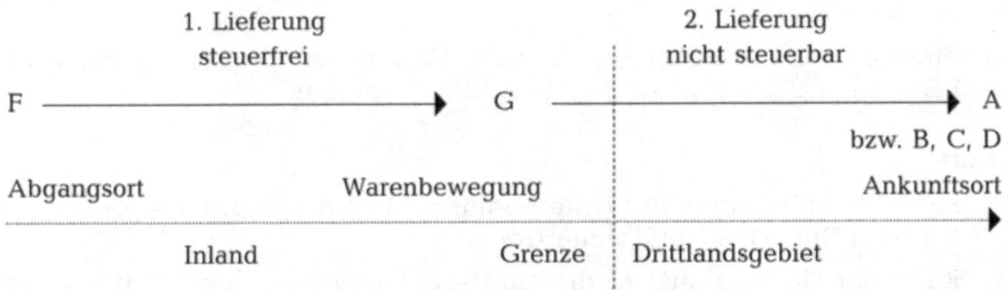

Fall 49

Begriff des ausländischen Abnehmers

UStG § 4 Nr. 1 Buchst. a, § 6 Abs. 2; HGB § 13

Eine steuerfreie Ausfuhr ist ausgeschlossen, soweit der Abnehmer den Warentransport durchführt und er ein inländischer Abnehmer ist. Befördert oder versendet daher der Abnehmer die Ware, muss für eine steuerfreie Ausfuhr ein ausländischer Abnehmer vorliegen. Ein ausländischer Abnehmer kann seinen Sitz entweder im übrigen Gemeinschaftsgebiet oder im Drittlandsgebiet haben. Ein privater Endverbraucher, der Waren im persönlichen Reisegepäck transportiert, muss seinen Wohnsitz im Drittlandsgebiet haben.

Sachverhalt

Die Maschinengroßhandlung M in Mannheim hat mit mehreren Kunden, die sämtlich Unternehmer sind, Kaufverträge über Maschinenlieferungen abgeschlossen. Die Umsatzgeschäfte wurden wie folgt ausgeführt:

Der Kunde **A** hat seinen Wohnort in Luzern (Schweiz). Die Maschine wurde durch einen vom Kunden A beauftragten Spediteur nach Luzern transportiert.

Der Kunde **B** ist eine in Brüssel (Belgien) ansässige Zweigniederlassung eines Werkes der Stahl verarbeitenden Industrie mit Hauptniederlassung in Essen und hat die Maschine im eigenen Namen bestellt. Die Maschine wurde durch einen vom Kunden B beauftragten Spediteur nach Basel (Schweiz) transportiert.

Der Kunde **C** hat seinen Sitz in Bergen (Norwegen). Die Maschine wurde durch M mit der Bahn zur Verfügung des C nach Bremerhaven-Freihafen versendet.

Der Kunde **D** hat seinen Sitz in Bremerhaven-Freihafen. Auf Wunsch des Kunden wurde die Maschine durch einen von M beauftragten Spediteur zur Verwendung im Unternehmen des D nach Bremerhaven-Freihafen gebracht.

Die übrigen Voraussetzungen für eine Umsatzsteuerbefreiung nach § 4 Nr. 1 Buchst. a UStG sind als gegeben zu unterstellen.

Frage

1. Sind die Lieferungen des Unternehmers M an die Kunden A bis D nach § 4 Nr. 1 Buchst. a UStG steuerfrei?
2. Kann der Unternehmer M die auf diese Lieferungen entfallenden Vorsteuern abziehen?

Antwort

1. Die Lieferungen an die Kunden A bis D sind nach § 4 Nr. 1 Buchst. a UStG steuerfrei.
2. Der Unternehmer M kann sämtliche auf diese Lieferungen entfallenden Vorsteuern abziehen.

Begründung

Allgemeines: Für die Steuerbefreiung einer Ausfuhrlieferung nach § 4 Nr. 1 Buchst. a UStG ist nicht in allen Fällen des § 6 Abs. 1 UStG Voraussetzung, dass der Leistungsempfänger ein ausländischer Abnehmer i. S. des § 6 Abs. 2 UStG ist. Wird der Gegenstand der Lieferung durch den Unternehmer in das Drittlandsgebiet, ausgenommen Gebiete nach § 1 Abs. 3 UStG, befördert oder versendet, so ist die Lieferung bei Vorliegen der übrigen Voraussetzungen auch dann steuerfrei, wenn der Abnehmer seinen

Wohnort oder Sitz im Inland hat (§ 6 Abs. 1 Satz 1 Nr. 1 UStG). In den Fällen des § 6 Abs. 1 Satz 1 Nr. 2 UStG sowie des § 6 Abs. 1 Satz 1 Nr. 3 Buchst. b UStG ist es jedoch erforderlich, dass der Abnehmer ein ausländischer Abnehmer ist (§ 6 Abs. 2 UStG). Personen mit Wohnort oder Sitz im Ausland (§ 1 Abs. 2 Satz 2 UStG), also auch auf Helgoland oder in der Gemeinde Büsingen, mit Ausnahme der in § 1 Abs. 3 UStG bezeichneten Gebiete (z. B. in den Freihäfen), sind ausländische Abnehmer. Zum Begriff des ausländischen Abnehmers vgl. im Übrigen Abschn. 6.3 UStAE.

1. Die Lieferungen des Unternehmers M an die Kunden A bis D sind wie folgt zu beurteilen:

Der Kunde **A** mit Wohnort Luzern (Schweiz) wohnt im Drittlandsgebiet, das nicht zu den in § 1 Abs. 3 UStG bezeichneten Gebieten gehört. Das Umsatzgeschäft über die Lieferung der Maschine ist mit einem ausländischen Abnehmer i. S. des § 6 Abs. 2 Satz 1 Nr. 1 UStG abgeschlossen worden. Die Lieferung wurde durch Versenden ausgeführt. Es liegt ein Versenden durch den Abnehmer A vor. Der Ort der Lieferung ist der Ort der Übergabe der Maschine an den Spediteur des Abnehmers, also Mannheim (§ 3 Abs. 6 Satz 1, 3 und 4 UStG). Die Lieferung ist steuerbar (§ 1 Abs. 1 Nr. 1 UStG) und nach § 4 Nr. 1 Buchst. a i. V. m. § 6 Abs. 1 Satz 1 Nr. 2 UStG steuerfrei. Ausfuhr- und Buchnachweis i. S. des § 6 Abs. 4 UStG sind als erbracht anzusehen.

Der Kunde **B,** die in Brüssel ansässige Zweigniederlassung (vgl. § 12 Satz 2 Nr. 2 AO; § 13 HGB) eines Werkes der Stahl verarbeitenden Industrie in Essen, ist ausländischer Abnehmer i. S. des § 6 Abs. 2 Satz 1 Nr. 2 UStG, weil er das Umsatzgeschäft (Kaufvertrag) im eigenen Namen abgeschlossen hat. Die Hauptniederlassung mit Sitz in Essen kommt als Abnehmer nicht in Betracht. Die Lieferung des M wurde durch Versenden, im Zeitpunkt der Übergabe der Maschine an den vom Abnehmer B beauftragten Spediteur, in Mannheim bewirkt (§ 3 Abs. 6 Satz 1, 3 und 4 UStG). B hat die Maschine in das Drittlandsgebiet (Schweiz) versendet. Die Lieferung ist steuerbar (§ 1 Abs. 1 Nr. 1 UStG) und nach § 4 Nr. 1 Buchst. a i. V. m. § 6 Abs. 1 Satz 1 Nr. 2 UStG steuerfrei. Die Voraussetzungen für die Steuerbefreiung sind im Übrigen als erfüllt anzusehen.

Der Kunde **C** mit Sitz in Bergen ist ausländischer Abnehmer i. S. des § 6 Abs. 2 Satz 1 Nr. 1 UStG, weil er im Drittlandsgebiet (Norwegen) seinen Sitz hat. Die Lieferung des M gilt durch Versenden im Zeitpunkt der Übergabe der Maschine an den Frachtführer (Bahn) in Mannheim als ausgeführt (§ 3 Abs. 6 Satz 1, 3 und 4 UStG). Sie ist nach § 1 Abs. 1 Nr. 1 UStG steuerbar. Der Unternehmer M hat die Maschine in den Freihafen von Bremerhaven (Gebiet i. S. des § 1 Abs. 3 UStG) versendet. Ferner ist C ein Unternehmer, der die Maschine für sein Unternehmen erworben hat und nicht beabsichtigt, die Maschine für eine steuerfreie Tätigkeit nach § 4 Nr. 8 bis 27 UStG zu verwenden. Die Lieferung ist nach § 4 Nr. 1 Buchst. a i. V. m. § 6 Abs. 1 Satz 1 Nr. 3 Buchst. a UStG steuerfrei. Die Voraussetzungen für die Steuerbefreiung sind im Übrigen als gegeben zu unterstellen.

Der Kunde **D** ist kein ausländischer Abnehmer i. S. des § 6 Abs. 2 Satz 1 Nr. 1 UStG, weil er seinen Sitz in einem Freihafen (Gebiet i. S. des § 1 Abs. 3 UStG) hat. Die Lieferung gilt mit der Übergabe der Maschine an den von M beauftragten Spediteur in Mannheim als ausgeführt (§ 3 Abs. 6 Satz 1, 3 und 4 UStG). Die Lieferung ist steuerbar (§ 1 Abs. 1 Nr. 1 UStG). Der Unternehmer M hat die Maschine in den Freihafen von Bremerhaven versendet, Abnehmer D ist Unternehmer, der in einem Freihafen ansässig ist und die Maschine für Zwecke seines Unternehmens erworben hat. Da die Maschine auch nicht für eine nach § 4 Nr. 8 bis 27 UStG steuerfreie Tätigkeit verwendet werden soll, ist die Lieferung nach § 4 Nr. 1 Buchst. a i. V. m. § 6 Abs. 1 Satz 1 Nr. 3 Buchst. a UStG steuerfrei.

Durch diese Regelung wird erreicht, dass die Lieferungen von Gegenständen in die Gebiete i. S. des § 1 Abs. 3 UStG wie Lieferungen in das übrige Ausland i. S. des § 1 Abs. 2 UStG behandelt werden, sofern sie in diesen Gebieten für unternehmerische Zwecke bestimmt sind. Nur der Letztverbrauch in diesen Gebieten soll belastet werden.

2. Der Unternehmer M kann die auf die nach § 4 Nr. 1 Buchst. a UStG steuerfreien Umsätze entfallenden Vorsteuern abziehen. Für diese steuerfreien Umsätze tritt der Ausschluss vom Vorsteuerabzug nach § 15 Abs. 3 Nr. 1 Buchst. a UStG nicht ein (vgl. Abschn. 15.13 Abs. 1 und 2 UStAE).

Fall 50

Lohnveredelungen an Gegenständen der Ausfuhr

UStG § 4 Nr. 1 Buchst. a, § 7; UStDV §§ 12 und 13

So wie Warenlieferungen in Drittlandsgebiete (Ausfuhrlieferungen) von der Umsatzsteuer befreit sind (§ 6 UStG), befreit § 7 UStG auch die Lohnveredelung an Gegenständen der Ausfuhr. Damit werden auch die entsprechenden Werkleistungen bzw. sonstigen Leistungen, die sich auf auszuführende Waren beziehen, entsprechend dem Bestimmungslandprinzip von der Umsatzsteuer befreit. Diese Regelung gilt aber nicht ausnahmslos. So sind beispielsweise Reparaturen an Kraftfahrzeugen, die von Touristen aus dem Drittlandsgebiet während einer Urlaubsreise im Inland beauftragt werden, nicht steuerfrei.

Sachverhalt

Der in Aarau (Schweiz) ansässige Importeur A hat bei dem Textilunternehmer C aus Cottbus Mäntel bestellt. C erwirbt die erforderlichen Stoffe von der Tuchfabrik K in Krefeld und bittet K, die Stoffe nach Mönchengladbach an die Kleiderfabrik M zu versenden. Der Kleiderfabrik M erteilt C den Auftrag, aus den zur Verfügung gestellten Stoffen Mäntel herzustellen und die erforderlichen Nebensachen und Zutaten selbst zu beschaffen. Nach Fertigstellung soll M die Mäntel unmittelbar an A versenden. M übergibt die Sendung in Mönchengladbach der Deutschen Bahn AG und erteilt ihr den entsprechenden Versendungsauftrag. Die für die Anwendung des § 7 UStG erforderlichen Ausfuhr- und Buchnachweise (§§ 12, 13 UStDV) sind als vorhanden zu unterstellen.

Frage

1. Unter welchen Voraussetzungen liegt eine nach § 4 Nr. 1 Buchst. a UStG steuerfreie Lohnveredelung vor?
2. Wie sind die Umsätze der Unternehmer M und C zu beurteilen?

Antwort

1. Eine nach § 4 Nr. 1 Buchst. a UStG steuerfreie Lohnveredelung liegt vor, wenn die Voraussetzungen des § 7 UStG gegeben sind.
2. M hat steuerbare und nach § 4 Nr. 1 Buchst. a UStG steuerfreie Lohnveredelungen an den Auftraggeber C bewirkt. C tätigt nach § 4 Nr. 1 Buchst. a UStG steuerfreie Ausfuhrlieferungen.

Begründung

Allgemeines: (Steuerbare) Werkleistungen an Gegenständen der Ausfuhr werden entsprechend dem Bestimmungslandprinzip – ohne Vorsteuerausschluss (§ 15 Abs. 2 Satz 1 Nr. 1 i. V. m. Abs. 3 Nr. 1 Buchst. a UStG) – von der Umsatzsteuer befreit („echte" Steuerbefreiung).

1. Eine nach § 4 Nr. 1 Buchst. a UStG steuerfreie Lohnveredelung liegt vor, wenn folgende Voraussetzungen des § 7 UStG gegeben sind:

a) Der Unternehmer (Be- oder Verarbeiter) muss einen Gegenstand be- oder verarbeitet (sonstige Leistung i. S. des § 3 Abs. 9 UStG) oder eine Werkleistung i. S. des § 3 Abs. 10 UStG bewirkt haben (§ 7 Abs. 1 bzw. Abs. 3 UStG).

b) Der Auftraggeber muss einen Gegenstand zum Zweck der Be- oder Verarbeitung in das Gemeinschaftsgebiet eingeführt oder zu diesem Zweck in diesem Gebiet erworben haben (§ 7 Abs. 1 UStG).

c) Der be- oder verarbeitete Gegenstand muss in das Drittlandsgebiet gelangt sein (Ausfuhr).
   - Fallgruppe 1: Der Unternehmer (Be- oder Verarbeiter) oder ein weiterer Beauftragter muss den be- oder verarbeiteten Gegenstand in das Drittlandsgebiet, ausgenommen Gebiete nach § 1 Abs. 3 UStG, befördert oder versendet haben (§ 7 Abs. 1 Satz 1 Nr. 1 UStG).
   - Fallgruppe 2: Der Auftraggeber muss den be- oder verarbeiteten Gegenstand in das Drittlandsgebiet befördert oder versendet haben

und ein im Drittlandsgebiet ansässiger Auftraggeber sein (§ 7 Abs. 1 Satz 1 Nr. 2 UStG).

- Fallgruppe 3: Der Unternehmer (Be- oder Verarbeiter) muss den be- oder verarbeiteten Gegenstand in die in § 1 Abs. 3 UStG bezeichneten Gebiete befördert oder versendet haben und der Auftraggeber ist entweder ein im Drittlandsgebiet ansässiger Auftraggeber oder ein Unternehmer, der im Inland oder in den bezeichneten Gebieten ansässig ist und den be- oder verarbeiteten Gegenstand für Zwecke seines Unternehmens verwendet (§ 7 Abs. 1 Satz 1 Nr. 3 UStG).

d) Die Voraussetzungen für eine Lohnveredelung an einem Gegenstand der Ausfuhr müssen vom leistenden Unternehmer nachgewiesen sein (§ 7 Abs. 4 UStG).

Als Lohnveredelung (sonstige Leistung; Werkleistung) ist jede Be- oder Verarbeitung eines Gegenstandes anzusehen, z. B. auch Reparaturen, bei der der Unternehmer (Be- oder Verarbeiter) keine selbst beschafften Hauptstoffe verwendet. Eine steuerfreie Lohnveredelung an einem Gegenstand der Ausfuhr setzt voraus, dass der be- oder verarbeitete Gegenstand zum Zweck der Be- oder Verarbeitung in das Gemeinschaftsgebiet eingeführt oder zu diesem Zweck im Gemeinschaftsgebiet erworben wird. Sind Gegenstände z. B. nicht zum Zweck der Reparatur, sondern aus anderen Gründen in das Gemeinschaftsgebiet gelangt, z. B. Kraftfahrzeuge von Urlaubsreisenden, die im Drittlandsgebiet ansässig sind, so ist die Reparaturleistung an diesen Gegenständen nicht steuerfrei. Der Gegenstand kann vor der Ausfuhr im Auftrag des Auftraggebers, ggf. auch eines folgenden Auftraggebers, durch weitere Unternehmer (Beauftragte) be- oder verarbeitet worden sein (§ 7 Abs. 1 Satz 2 UStG). Wie die Ausfuhr geschieht, ob durch Abholen, Befördern oder Versenden, ist ohne Belang. In den Abholfällen des § 7 Abs. 1 Satz 1 Nr. 2 UStG sowie in den Fällen des § 7 Abs. 1 Satz 1 Nr. 3 Buchst. a UStG ist es erforderlich, dass der Auftraggeber ein im Drittlandsgebiet ansässiger Auftraggeber ist (§ 7 Abs. 2 UStG).

In den Fällen des § 7 Abs. 1 Satz 1 Nr. 3 Buchst. b UStG ist nachzuweisen, dass der Auftraggeber den be- oder verarbeiteten Gegenstand für Zwecke seines Unternehmens verwendet.

Die Steuerbefreiung für Lohnveredelungen an Gegenständen der Ausfuhr gilt nicht für die sonstigen Leistungen i. S. des § 3 Abs. 9a Nr. 2 UStG (§ 7 Abs. 5 UStG).

2. Das Herstellen der Mäntel ist eine Werkleistung i. S. des § 3 Abs. 9 UStG. Der Auftraggeber C wollte den von ihm gestellten Stoff in bearbeitetem Zustand als Mantel zurückerhalten. Der von C im Wege der Materialgestellung an M überlassene Stoff nimmt am Leistungsaustausch nicht teil. Für die Herstellung der Mäntel hat M Futter, Garn, Knöpfe usw. beschafft, bei denen es sich sämtlich um Nebensachen und Zutaten handelt. Eine Werklieferung i. S. des § 3 Abs. 4 UStG kann für die Leistung des M nicht angenommen werden. Zum Umfang der Werkleistung des M gehört der

Versand der Mäntel an A als unselbständige Nebenleistung. Ort der sonstigen Leistung des M ist Cottbus (§ 3a Abs. 2 UStG). Die Werkleistung (Lohnveredelung) ist steuerbar (§ 1 Abs. 1 Nr. 1 UStG).

C hat die Stoffe zum Zweck der Be- oder Verarbeitung im Gemeinschaftsgebiet (Krefeld) erworben (§ 7 Abs. 1 UStG; vgl. Abschn. 7.1 Abs. 2 UStAE). Der be- oder verarbeitete Gegenstand (Mantel) ist in das Drittlandsgebiet (Schweiz), das nicht zu den Gebieten i. S. des § 1 Abs. 3 UStG gehört, transportiert worden. M hat die fertigen Mäntel mit der Deutschen Bahn AG an den von C benannten Empfangsberechtigten A versendet. Daraus folgt für die Leistungen des M an C: M hat als der bearbeitende Unternehmer die Gegenstände in das Drittlandsgebiet versendet, sodass § 7 Abs. 1 Satz 1 Nr. 1 UStG zutrifft.

Die nach § 7 Abs. 4 UStG für die Steuerbefreiung erforderlichen Nachweise über die Lohnveredelung und die Ausfuhr des be- oder verarbeiteten Gegenstandes (§§ 12, 13 UStDV) sind nach dem Sachverhalt zu unterstellen. Damit liegen sämtliche Voraussetzungen des § 7 Abs. 1 und 4 UStG für eine steuerfreie Lohnveredelung i. S. des § 4 Nr. 1 Buchst. a UStG bei M vor. Zu weiteren Einzelheiten bei der Lohnveredelung an Gegenständen der Ausfuhr wird auf Abschn. 7.1 bis 7.4 UStAE verwiesen.

C erbringt mit der Veräußerung der Mäntel an A steuerfreie Ausfuhrlieferungen (§ 4 Nr. 1 Buchst. a i. V. m. § 6 Abs. 1 Satz 1 Nr. 1, Abs. 4 UStG). Die vorherige Bearbeitung der Mäntel durch M ist für die Annahme einer Ausfuhrlieferung unschädlich (§ 6 Abs. 1 Satz 2 UStG). Die Lieferungen der Stoffe durch die Tuchfabrik K an C sind steuerpflichtig. Steuerfreie Ausfuhrlieferungen kommen insoweit nicht in Betracht. C kann die ihm von K in Rechnung gestellte Umsatzsteuer nach § 15 Abs. 1 Satz 1 Nr. 1 UStG als Vorsteuer abziehen. Der Vorsteuerabzug ist nicht nach § 15 Abs. 2 Satz 1 Nr. 2 i. V. m. Abs. 3 Nr. 1 Buchst. a UStG ausgeschlossen. Die von der Deutschen Bahn AG an M in Mönchengladbach ausgeführte Beförderungsleistung (§ 3a Abs. 2 UStG) ist im Inland steuerbar (§ 1 Abs. 1 Nr. 1 UStG) und steuerfrei nach § 4 Nr. 3 Buchst. a Doppelbuchst. aa UStG.

Fall 51

Innergemeinschaftliche Lieferung (Grundfall)

UStG § 1 Abs. 1 Nr. 1, § 3 Abs. 1, 6 und 7, § 4 Nr. 1 Buchst. b, § 6a, § 14, § 14a, § 15 Abs. 1 Satz 1 Nr. 1, § 18a, § 18b

Für Warenlieferungen im gewerblichen Warenverkehr innerhalb der Europäischen Union gilt das Bestimmungslandprinzip. Im Ursprungsland ist die Warenlieferung daher als innergemeinschaftliche Lieferung steuerfrei. Die

Ware wird dadurch von der Umsatzsteuer entlastet. Die Ware wird durch den innergemeinschaftlichen Erwerb im Bestimmungsland wieder – vorbehaltlich eines Vorsteuerabzugs – mit Umsatzsteuer belastet. Zur Kontrolle von Warenbewegungen innerhalb der Europäischen Union wird auch das Verbringen als innergemeinschaftliche Lieferung angesehen.

Sachverhalt

Der Hersteller V in Velbert und der Unternehmer A aus Amiens (Frankreich) haben am 10.09.03 einen Kaufvertrag über die Lieferung bzw. den Erwerb einer Verpackungsmaschine abgeschlossen. V versandte die Maschine mit der Bahn von Velbert nach Amiens (Transportbeginn 20.10.03, Transportende 23.10.03).

V erteilte A am 31.10.03 eine Rechnung über den Kaufpreis von 40.000 €. Die auch im Übrigen ordnungsgemäße Rechnung enthielt sowohl die V in Deutschland als auch die A in Frankreich zugeteilte USt-IdNr.

Das für die Herstellung der Maschine erforderliche Material hat V noch im September 03 erworben und darüber von dem Unternehmer M am 05.10.03 eine Rechnung über 10.000 € zuzüglich 1.900 € Umsatzsteuer erhalten.

V und A sind keine Kleinunternehmer i. S. des § 19 UStG. Voranmeldungszeitraum ist für den Unternehmer V der Kalendermonat.

Für die Steuerbefreiung erforderliche Belege und Nachweise sind als vorhanden zu unterstellen.

Frage

1. Wie viele Arten innergemeinschaftlicher Lieferungen sind zu unterscheiden?
2. Welche Voraussetzungen müssen für den Grundfall einer innergemeinschaftlichen Lieferung gegeben sein?
3. Liegt für V eine steuerbare und steuerfreie innergemeinschaftliche Lieferung vor?
4. Ist V verpflichtet, über die steuerfreie innergemeinschaftliche Lieferung eine Rechnung zu erteilen?
5. Kann V die Umsatzsteuer, die ihm für den Erwerb des Materials gesondert in Rechnung gestellt wurde, als Vorsteuer abziehen?
6. Welche Pflichten hat V nach dem Umsatzsteuergesetz zu beachten?

Antwort

1. Nach § 6a UStG sind zwei Arten der steuerfreien innergemeinschaftlichen Lieferung zu unterscheiden.
2. Die Voraussetzungen für eine steuerfreie innergemeinschaftliche Lieferung (Grundfall) ergeben sich aus § 6a Abs. 1 UStG. Sie betreffen die

Warenbewegung in das übrige Gemeinschaftsgebiet, den Abnehmer und die Besteuerung des Erwerbs im anderen Mitgliedstaat.

3. V hat an A eine steuerbare und steuerfreie innergemeinschaftliche Lieferung bewirkt.

4. V ist verpflichtet, dem A eine Rechnung zu erteilen, die den Anforderungen der §§ 14 und 14a UStG genügt.

5. V kann die ihm gesondert in Rechnung gestellte Umsatzsteuer von 1.900 € als Vorsteuer abziehen.

6. V hat die Voraussetzungen für die steuerfreie innergemeinschaftliche Lieferung nachzuweisen (Beleg- und Buchnachweis). Neben Aufzeichnungspflichten und der Pflicht zur Rechnungserteilung besteht die Aufbewahrungspflicht für ein Doppel der Rechnung. Außer der Verpflichtung, die steuerfreien Umsätze zu erklären, muss V die Pflicht zur Abgabe einer Zusammenfassenden Meldung beachten.

Begründung

Allgemeines: Bei grenzüberschreitenden innergemeinschaftlichen (Werk-) Lieferungen zwischen Unternehmern gilt das **Bestimmungslandprinzip,** wonach eine Ware grundsätzlich dort mit Umsatzsteuer belastet wird, wo sie an den Verbraucher gelangt. Steuerbare (Werk-)Lieferungen in das übrige Gemeinschaftsgebiet werden daher ohne Vorsteuerausschluss (§ 15 Abs. 2 Satz 1 Nr. 1 i. V. m. Abs. 3 Nr. 1 Buchst. a UStG) von der Umsatzsteuer befreit (zur Versandhandelsregelung, § 3c UStG, vgl. Fall 22).

1. Dem Tatbestand des innergemeinschaftlichen Erwerbs steht die Steuerbefreiung für innergemeinschaftliche Lieferungen nach § 4 Nr. 1 Buchst. b i. V. m. § 6a UStG „spiegelbildlich" gegenüber. Innergemeinschaftliche Lieferung und innergemeinschaftlicher Erwerb beruhen auf demselben wirtschaftlichen Vorgang, auch wenn sie in den betreffenden Mitgliedstaaten unterschiedliche Rechte und Pflichten begründen. Die Besteuerung des innergemeinschaftlichen Erwerbs (§ 1a UStG) ist tatbestandsmäßig nicht davon abhängig, dass in dem anderen Mitgliedstaat eine steuerfreie innergemeinschaftliche Lieferung bewirkt wird. Dagegen gehört zu den Tatbestandsmerkmalen einer innergemeinschaftlichen Lieferung i. S. des § 6a UStG, dass der Erwerb des Gegenstandes der Lieferung beim Abnehmer in einem anderen Mitgliedstaat der Erwerbsbesteuerung unterliegt (§ 6a Abs. 1 Satz 1 Nr. 3 UStG). Es sind folgende zwei Arten der steuerfreien innergemeinschaftlichen Lieferung zu unterscheiden:

a) Die innergemeinschaftliche Lieferung gegen Entgelt (Grundfall, § 6a Abs. 1 UStG),

b) das Verbringen eines Gegenstandes des Unternehmens aus dem Inland in das übrige Gemeinschaftsgebiet (§ 3 Abs. 1a und § 6a Abs. 2 UStG).

Das Verbringen **gilt** als innergemeinschaftliche Lieferung gegen Entgelt (Fiktion); insoweit liegt auch ein fiktiver innergemeinschaftlicher Erwerb in einem anderen Mitgliedstaat vor.

2. Eine steuerfreie innergemeinschaftliche (Werk-)Lieferung gegen Entgelt (Grundfall) liegt vor, wenn folgende Voraussetzungen gegeben sind (zu weiteren Einzelheiten vgl. Abschn. 6a.1 bis 6a.8 UStAE):

a) Der liefernde Unternehmer oder der Abnehmer muss den (körperlichen) Gegenstand aus dem Inland in das übrige Gemeinschaftsgebiet befördert oder versendet haben (§ 6a Abs. 1 Satz 1 Nr. 1 UStG).

b) Der Abnehmer muss ein Unternehmer sein, der den Gegenstand für sein Unternehmen erworben hat, oder er muss eine juristische Person sein, die nicht Unternehmer ist oder die den Gegenstand nicht für ihr Unternehmen erworben hat (§ 6a Abs. 1 Satz 1 Nr. 2 UStG).

c) Der Erwerb des Gegenstandes der Lieferung muss beim Abnehmer in einem anderen Mitgliedstaat den Vorschriften der Umsatzbesteuerung unterliegen (§ 6a Abs. 1 Satz 1 Nr. 3 UStG).

Der leistende Unternehmer muss die Voraussetzungen nach § 6a Abs. 1 UStG nachweisen (§ 6a Abs. 3 UStG; vgl. auch Abschn. 6a.2 bis 6a.7 UStAE).

3. Der Unternehmer V hat an den Unternehmer (Abnehmer) A eine Lieferung ausgeführt (§ 3 Abs. 1 UStG). Sie wurde am 20.10.03 mit dem Beginn der Versendung der Verpackungsmaschine durch den Transportführer Bahn in Velbert bewirkt (§ 3 Abs. 6 Satz 1, 3 und 4 UStG). Die gegen Entgelt getätigte Lieferung ist steuerbar (§ 1 Abs. 1 Nr. 1 UStG) und nach § 4 Nr. 1 Buchst. b i. V. m. § 6a Abs. 1 UStG steuerfrei. Der Erwerb der Verpackungsmaschine durch den Abnehmer A unterliegt in Frankreich der Umsatzsteuer. V konnte davon ausgehen, dass A die Maschine steuerfrei einkaufen wollte und den Erwerb der Besteuerung unterwirft. Der Erwerber A hat dem liefernden Unternehmer V seine ihm in Frankreich zugeteilte USt-IdNr. angegeben. Der steuerfreie Umsatz ist in der Voranmeldung für den Voranmeldungszeitraum Oktober 03 i. H. von 40.000 € anzugeben (§ 18b Satz 2 UStG).

4. Führt ein Unternehmer eine steuerfreie innergemeinschaftliche Lieferung i. S. des § 4 Nr. 1 Buchst. b i. V. m. § 6a UStG aus, so ist er verpflichtet, eine Rechnung i. S. des § 14 UStG zu erteilen, in der er insbesondere auf die Steuerfreiheit hinweist (§ 14 Abs. 4 Satz 1 Nr. 8 UStG). Dies kann z. B. durch folgenden Vermerk auf der Rechnung erfolgen: „steuerfreie innergemeinschaftliche Lieferung gem. § 4 Nr. 1 Buchst. a, § 6a UStG". Außerdem muss der leistende Unternehmer V in der Rechnung seine USt-IdNr. und die USt-IdNr. seines Abnehmers A angeben (§ 14a Abs. 3 Satz 2 UStG). Der Abnehmer A benötigt die Rechnung mit dem Hinweis auf die Steuerfreiheit, damit er den Erwerb der Maschine in seinem Mitgliedstaat (Frankreich) zutreffend der Erwerbsbesteuerung unterwerfen kann.

5. Der Unternehmer V kann die Umsatzsteuer von 1.900 € als Vorsteuer abziehen (§ 15 Abs. 1 Satz 1 Nr. 1 UStG). Die Lieferung des Materials wurde für das Unternehmen des V bewirkt. Ferner hat M dem V eine Rechnung erteilt, in der die Umsatzsteuer von 1.900 € gesondert ausgewiesen ist. Ein Ausschluss vom Vorsteuerabzug nach § 15 Abs. 2 Satz 1 Nr. 1 UStG tritt nicht ein, weil der von V an A ausgeführte Umsatz nach § 4 Nr. 1 Buchst. b i. V. m. § 6a UStG steuerfrei ist (§ 15 Abs. 3 Nr. 1 Buchst. a UStG).

6. Die Voraussetzungen für eine innergemeinschaftliche Lieferung müssen nachgewiesen werden (§ 6a Abs. 3 UStG). Objektive Voraussetzung für die innergemeinschaftliche Lieferung (und den innergemeinschaftlichen Erwerb, vgl. Fall 39) von Gegenständen ist, dass diese Gegenstände den Liefermitgliedstaat physisch verlassen haben. Diese Prüfung führen die Finanzbehörden in erster Linie anhand der von den Steuerpflichtigen vorgelegten Beweise und abgegebenen Erklärungen durch. V muss durch Belege nachweisen, dass er die Maschine vom Inland in das übrige Gemeinschaftsgebiet versendet hat (§ 17a Abs. 1 Satz 1 UStDV). Zwingend muss der Unternehmer daher durch Belege nachweisen, dass er oder der Abnehmer den Liefergegenstand in das übrige Gemeinschaftsgebiet befördert oder versendet hat. Für die Form und den Inhalt des Belegnachweises enthält § 17a Abs. 2 und 3 UStDV entsprechende Vorgaben. Der Unternehmer muss den Belegnachweis einer innergemeinschaftlichen Lieferung nicht zwingend mit einer Gelangensbestätigung nach § 17a Abs. 2 Nr. 2 UStDV oder mit den in § 17a Abs. 3 UStDV aufgeführten weiteren Nachweismöglichkeiten führen. Die Gelangensbestätigung ist eine mögliche Form des Belegnachweises, mit dem die Voraussetzungen der Steuerbefreiung einer innergemeinschaftlichen Lieferung für die Finanzverwaltung eindeutig und leicht nachprüfbar sind (Abschn. 6a.2 Abs. 6 UStAE). Im Ergebnis steht es dem Unternehmer frei, den Belegnachweis mit allen geeigneten Belegen und Beweismitteln zu führen, aus denen sich das Gelangen des Liefergegenstandes in das übrige Gemeinschaftsgebiet an den umsatzsteuerrechtlichen Abnehmer in der Gesamtschau nachvollziehbar und glaubhaft ergibt.

Unternehmer, die ein Doppel ihrer Rechnungen vorsätzlich oder leichtfertig nicht aufbewahren, obwohl sie dazu nach § 14b Abs. 1 Satz 1 UStG verpflichtet sind, handeln ordnungswidrig; sie können mit einer Geldbuße bis zu 5.000 € belastet werden (§ 26a Abs. 1 Nr. 1 und Abs. 2 UStG).

Der Belegnachweis allein genügt nicht. V muss auch den buchmäßigen Nachweis über das Vorliegen aller tatbestandsmäßigen Voraussetzungen für die steuerfreie innergemeinschaftliche Lieferung führen (§ 17c Abs. 1 UStDV). Dabei sieht § 17c Abs. 1 UStDV verpflichtende Angaben vor, die der Unternehmer aufzeichnen muss. Die erforderlichen Aufzeichnungen sind grundsätzlich laufend und unmittelbar nach Ausführung der jeweiligen innergemeinschaftlichen Lieferung vorzunehmen. Da der liefernde Unternehmer hinsichtlich der Beantwortung der Frage, ob die Voraussetzungen für eine steuerfreie innergemeinschaftliche Lieferung gegeben sind, weitgehend von den Angaben seines Abnehmers abhängig ist, enthält

§ 6a Abs. 4 UStG eine besondere Vertrauensschutzregelung. Der liefernde Unternehmer hat der Sorgfaltspflicht für den Nachweis der Unternehmereigenschaft seines Abnehmers grundsätzlich entsprochen, wenn er sich von diesem die USt-IdNr. angeben lässt.[1] Ist die Vertrauensschutzregelung anzuwenden, schuldet der Abnehmer die entgangene Steuer (§ 6a Abs. 4 Satz 2 UStG).

Die Bemessungsgrundlagen für innergemeinschaftliche Lieferungen sind von V in den Umsatzsteuer-Voranmeldungen (§ 18 Abs. 1 und 2 UStG) und in der Umsatzsteuer-Jahreserklärung (§ 18 Abs. 3 UStG), getrennt von den Bemessungsgrundlagen für andere steuerfreie Umsätze, anzugeben (§ 18b Satz 1 Nr. 1 und Satz 2 UStG). Außerdem ist V zur Abgabe Zusammenfassender Meldungen an das Bundeszentralamt für Steuern verpflichtet (§ 18a Abs. 1 Satz 1 UStG).

Weitere Einzelheiten für die nach amtlich vorgeschriebenem Vordruck abzugebende Zusammenfassende Meldung sind in Abschn. 18a.1 bis 18a.5 UStAE enthalten.

Fall 52

Innergemeinschaftliche Lieferung durch Verbringen

UStG § 1 Abs. 1 Nr. 1, § 3 Abs. 1a, § 4 Nr. 1 Buchst. b, § 6a Abs. 2, § 10 Abs. 4 Satz 1 Nr. 1, § 22 Abs. 4a

Durch die Abschaffung der Zollgrenzen innerhalb der Europäischen Union mit Wirkung zum 01.01.1993, war eine Überwachung von Warenbewegungen wie bei Lieferungen in Drittlandsgebiete nicht mehr möglich. Die Mitgliedstaaten mussten daher ein System schaffen, mit dem die Warenbewegungen innerhalb der Europäischen Union im gewerblichen Warenverkehr auch weiterhin nachvollzogen werden können. Dazu wurde ein Verbringenstatbestand geschaffen. Normalerweise ist das Verbringen von Gegenständen innerhalb eines Unternehmens nicht steuerbar (rechtsgeschäftsloses Verbringen). Dies gilt bei grenzüberschreitenden Warenbewegung innerhalb der Europäischen Union nicht, wenn die Gegenstände dauerhaft in dem betreffenden Bestimmungsmitgliedstaat verwendet werden sollen.

1 Bei Zweifeln an der Richtigkeit der vom Abnehmer angegebenen USt-IdNr. sollte sich der liefernde Unternehmer die Gültigkeit einer USt-IdNr. einschließlich des Namens und der Anschrift der Person, der die Nummer erteilt worden ist, bestätigen lassen (§ 18e UStG, Abschn. 18e.1 UStAE).

Sachverhalt

Der Hersteller H aus Hannover hat mit eigenem LKW drei Maschinen nach Paris (Frankreich) transportiert (Transportbeginn 25.03.03, Transportende 27.03.03). H stellte die Maschinen dort auf einer (Ausstellungs-)Messe vor. Ein Verkauf dieser Maschinen auf der Messe ist (zunächst) nicht beabsichtigt.

Am 10.04.03 interessierte sich der Unternehmer O aus Orléans (Frankreich) für die Maschine vom Typ 1001 unter der Voraussetzung, dass er die Maschine sofort mitnehmen kann. Daraufhin veräußerte H am 10.04.03 diese Maschine an O zum Preis von 50.000 €.

Die Maschine vom Typ 1002 transportierte H mit eigenem LKW nach Beendigung der Messe am 15.04.03 nach Hannover zurück.

Die Maschine vom Typ 1003 verblieb auf einem Lager in Paris, weil H sich nach Beendigung der Messe kurzfristig entschlossen hatte, auch diese Maschine in Frankreich zu verkaufen. H fand für die Spezialmaschine erst nach längerer Zeit in Belgien einen Kunden. Er ließ die Maschine durch einen Spediteur von Paris nach Brüssel (Belgien) bringen (Transportbeginn 20.05.05, Transportende 23.05.05). Der belgische Unternehmer (Abnehmer) B zahlte an H den am 20.05.05 vereinbarten Kaufpreis von 59.800 €.

Die bei der Herstellung der drei Maschinen angefallenen Selbstkosten betrugen für den Typ 1001 = 36.000 €, Typ 1002 = 40.000 € und Typ 1003 = 42.000 €.

H, O und B sind nicht Kleinunternehmer i. S. des § 19 UStG. Voranmeldungszeitraum ist für H der Kalendermonat.

Frage

1. Wie ist das Verbringen der drei Maschinen von Hannover zur Messe nach Paris zu beurteilen?
2. Welche Folgen hat die Veräußerung der Maschine vom Typ 1001 am 10.04.03?
3. Welche Auswirkungen hat der Rücktransport der Maschine vom Typ 1002 am 15.04.03?
4. Welche Steuertatbestände sind hinsichtlich der Maschine vom Typ 1003 verwirklicht?
5. Muss der Unternehmer H für das Verbringen der Maschine vom Typ 1002 besondere Pflichten nach dem UStG beachten?

Antwort

1. Das Verbringen der drei Maschinen von Hannover nach Paris führt (zunächst) nicht zu Lieferungen durch Verbringen i. S. des § 3 Abs. 1a Satz 1 UStG.
2. Das Verbringen der Maschine vom Typ 1001 von Hannover nach Frankreich gilt im Zeitpunkt der Veräußerung (10.04.03) als steuerbare und

steuerfreie innergemeinschaftliche Lieferung des H. Gleichzeitig hat er in Frankreich einen steuerpflichtigen innergemeinschaftlichen Erwerb und eine steuerpflichtige Lieferung an den Unternehmer (Abnehmer) O bewirkt.

3. Der Rücktransport der Maschine vom Typ 1002 von Frankreich nach Hannover führt nicht zu einem steuerbaren Umsatz; die Maschine ist nur vorübergehend in das Bestimmungsland Frankreich verbracht worden und dort nicht mehr als 24 Monate verblieben.
4. Mit dem Entschluss, die Maschine nach Ablauf der Messe am 15.04.03 in Frankreich zu veräußern, hat H an diesem Tag eine steuerbare und steuerfreie innergemeinschaftliche Lieferung der Maschine vom Typ 1003 durch Verbringen ausgeführt. Gleichzeitig hat er in Frankreich einen steuerbaren (§ 1a Abs. 2 UStG analog den Vorschriften in Frankreich über den innergemeinschaftlichen Erwerb) innergemeinschaftlichen Erwerb bewirkt. Ferner hat H am 20.05.05 eine nach französischem Umsatzsteuerrecht steuerfreie innergemeinschaftliche Lieferung getätigt.
5. Auch bei einem nicht steuerbaren Verbringen von Gegenständen zu einer nur vorübergehenden Verwendung im übrigen Gemeinschaftsgebiet hat H Aufzeichnungen nach § 22 Abs. 4a Nr. 3 UStG zu machen.

Begründung

Allgemeines: Um zu gewährleisten, dass für den Warenverkehr grundsätzlich eine Besteuerung im Bestimmungsland erfolgt, wird – im Unterschied zum Verbringen in das Drittlandsgebiet – auch das Verbringen von Gegenständen von einem in einen anderen Mitgliedstaat unter bestimmten Voraussetzungen als steuerbarer Umsatz erfasst, obwohl es sich dabei um einen unternehmensinternen Vorgang handelt. Wird ein Gegenstand vom Unternehmer oder in dessen Auftrag zu einer nicht nur vorübergehenden Verwendung vom Inland in einen anderen Mitgliedstaat verbracht, so gilt dies als eine Lieferung gegen Entgelt (§ 3 Abs. 1a Satz 1 UStG). Der Unternehmer gilt als Lieferer (§ 3 Abs. 1a Satz 2 UStG). Die (fiktive) Lieferung ist unter den Voraussetzungen des § 6a Abs. 2 UStG nach § 4 Nr. 1 Buchst. b UStG steuerfrei. In dem anderen Mitgliedstaat stellt das Verbringen einen innergemeinschaftlichen Erwerb dar (vgl. § 1a Abs. 2 UStG).

1. Wird ein Gegenstand aus dem Inland in das übrige Gemeinschaftsgebiet zu einer nur vorübergehenden Verwendung verbracht, gilt dies nicht als Lieferung gegen Entgelt (§ 3 Abs. 1a UStG im Umkehrschluss). Zur Frage, ob das Tatbestandsmerkmal „ausgenommen zu einer nur vorübergehenden Verwendung" vorliegt, hat die Verwaltung in Abschn. 1a.2 Abs. 5 bis 13 UStAE detailliert Stellung genommen.

Von einer befristeten Verwendung ist auszugehen, wenn der Unternehmer einen Gegenstand in den Bestimmungsmitgliedstaat im Rahmen eines Vorgangs verbringt, für den bei einer entsprechenden Einfuhr aus dem Drittlandsgebiet wegen vorübergehender Verwendung eine vollständige Befreiung von den Einfuhrabgaben bestehen würde. Die zu der zoll- und einfuhrumsatzsteuerrechtlichen Abgabenbefreiung erlassenen Rechts- und Verwaltungsvorschriften sind entsprechend anzuwenden. Die Höchstdauer der Verwendung (Verwendungsfrist) ist danach grundsätzlich auf 24 Monate festgelegt. Für bestimmte Gegenstände gelten kürzere Verwendungsfristen (Abschn. 1a.2 Abs. 12 UStAE).

H hat die drei Maschinen (zunächst) nur zu einer vorübergehenden Verwendung von Hannover in einen anderen Mitgliedstaat (Frankreich) verbracht. Die Maschinen sollten auf der (Ausstellungs-)Messe in Paris dem interessierten Publikum vorgestellt werden. Eine dauerhafte Verwendung der Maschinen in Paris, z. B. durch Verkauf, war zunächst nicht beabsichtigt. Innergemeinschaftliche Lieferungen durch Verbringen der Maschinen von Hannover nach Paris sind dadurch nicht bewirkt worden (§ 3 Abs. 1a Satz 1 UStG).

2. Die Maschine vom Typ 1001 ist durch Veräußerung an den Abnehmer O zur endgültigen Verwendung in Frankreich verblieben; das Verbringen der Maschine gilt daher im Zeitpunkt der Veräußerung (10.04.03) als Lieferung gegen Entgelt (§ 3 Abs. 1a UStG, Abschn. 1a.2 Abs. 13 Satz 2 UStAE). Die im Inland (Hannover) bewirkte innergemeinschaftliche Lieferung ist steuerbar (§ 1 Abs. 1 Nr. 1 UStG) und nach § 4 Nr. 1 Buchst. b i. V. m. § 6a Abs. 2 UStG steuerfrei. Die Voraussetzungen für die Steuerbefreiung müssen nachgewiesen werden (§ 6a Abs. 3 UStG). Darüber hinaus ist dem ausländischen Unternehmensteil eine sog. Pro-forma-Rechnung auszustellen (Abschn. 14a.1 Abs. 3 UStAE). Auf der Grundlage dieser Abrechnung führt der ausländische Unternehmensteil die Erwerbsbesteuerung durch. Der steuerfreie Umsatz ist (spätestens) in der Umsatzsteuer-Voranmeldung für Mai 03 mit den Selbstkosten von 36.000 € (§ 10 Abs. 4 Satz 1 Nr. 1 UStG; § 18b Satz 1 Nr. 1 und Satz 2 UStG) anzusetzen. Bei Verbringensfällen kann eine Rechnung i. S. des § 14a Abs. 3 UStG nicht ausgestellt werden.

Das innergemeinschaftliche Verbringen ist in der Zusammenfassenden Meldung anzugeben (§ 18a Abs. 1 und 6 UStG).

In Frankreich hat H durch das Verbringen (bei analoger Anwendung der entsprechenden deutschen Regelungen des UStG) einen steuerpflichtigen innergemeinschaftlichen Erwerb und eine steuerpflichtige Lieferung an den Abnehmer O bewirkt. Diese Umsätze sind nach französischem Umsatzsteuerrecht zu beurteilen.

3. Das Verbringen der Maschine vom Typ 1002 von Hannover nach Frankreich und ihr Rücktransport von dort nach Hannover sind keine steuerbaren Umsätze; die Maschine war als Ausstellungsstück auf die Messe und damit zu einer nur vorübergehenden Verwendung nach Paris verbracht worden. Ein als innergemeinschaftliche Lieferung oder als innergemeinschaftlicher Erwerb zu behandelnder Fall des Verbringens liegt nicht vor.

4. H hat die Maschine vom Typ 1003 am 25.03.03 zunächst zur vorübergehenden Verwendung nach Frankreich verbracht. Mit dem Entschluss am 15.04.03, die Maschine in Frankreich zu veräußern, kann von einer vorübergehenden Verwendung in Frankreich nicht mehr ausgegangen werden. H hat am 15.04.03 im Inland eine steuerbare (§ 3 Abs. 1a i. V. m. § 1 Abs. 1 Nr. 1 UStG) innergemeinschaftliche Lieferung durch Verbringen bewirkt (im Übrigen wäre spätestens nach Ablauf von 24 Monaten von keiner vorübergehenden Verwendung mehr auszugehen, vgl. Abschn. 1a.2 Abs. 12 und 13 Satz 1 UStAE). Die (fiktive) Lieferung ist nach § 4 Nr. 1 Buchst. b i. V. m. § 6a Abs. 2 UStG steuerfrei. Der Umsatz ist (spätestens) in der Umsatzsteuer-Voranmeldung für Mai 03 mit den Selbstkosten von 42.000 € anzusetzen (§ 10 Abs. 4 Satz 1 Nr. 1 UStG).

In Frankreich hat H durch das Verbringen gleichzeitig am 15.04.03 einen steuerbaren innergemeinschaftlichen Erwerb bewirkt (§ 1a Abs. 2 und § 1 Abs. 1 Nr. 5 UStG analog den französischen Vorschriften). Anhaltspunkte für eine Steuerbefreiung des Erwerbs (analog § 4b Nr. 4 UStG) sind für H am 15.04.03 nicht erkennbar. Ob die am 20.05.05 mit Beginn der Beförderung nach Brüssel ausgeführte innergemeinschaftliche Lieferung der Maschine an B (§ 4 Nr. 1 Buchst. b i. V. m. § 6a Abs. 1 UStG analog) nachträglich zu einer Befreiung des innergemeinschaftlichen Erwerbs führt, ist nach französischem Umsatzsteuerrecht zu beurteilen. In Deutschland könnte es bei einem steuerpflichtigen Erwerb verbleiben (vgl. Abschn. 4b.1 Abs. 3 UStAE).

5. Nach § 22 Abs. 4a Nr. 3 UStG muss der Unternehmer H über das Verbringen von Gegenständen, auch wenn sie im übrigen Gemeinschaftsgebiet nur vorübergehend verwendet werden und steuerbare Umsätze nicht vorliegen, besondere Aufzeichnungen führen. Nimmt ein Unternehmer Gegenstände für eine befristete Verwendung in das übrige Gemeinschaftsgebiet mit, z. B. Ausstellungsstücke für Messen, liegt kein steuerbarer Umsatz vor; dennoch hat der Unternehmer grundsätzlich alle Gegenstände in seinen Aufzeichnungen festzuhalten, die er aus dem Inland in den anderen Mitgliedstaat und von dort wieder in das Inland verbracht hat (vgl. Abschn. 22.3 Abs. 3 bis 5 UStAE).

Fall 53

Innergemeinschaftliche Lieferung neuer Fahrzeuge

UStG § 1 Abs. 1 Nr. 1, § 1b, § 2a, § 3 Abs. 1, § 4 Nr. 1 Buchst. b, § 6a, § 10 Abs. 1, § 14a Abs. 3, 4, § 15 Abs. 4a, § 18 Abs. 4a, § 18c, § 22 Abs. 1 und 2

Für den nicht gewerblichen Warenverkehr gilt innerhalb der Europäischen Union grundsätzlich das Herkunftslandprinzip. Dies bedeutet, dass Endverbraucher und diesen gleichgestellte Personen (z. B. Kleinunternehmer, pauschalierende Land- und Forstwirte) mit der Umsatzsteuer des Ursprungslandes belastet werden. Eine Ausnahme von diesem Grundsatz stellt die Lieferung von neuen Fahrzeugen dar. Der Gesetzgeber hat sich zur Vermeidung von Wettbewerbsverzerrungen entschieden, Neufahrzeuge im Bestimmungsland zu versteuern. Zur Vermeidung von Umgehungen gilt ein Fahrzeug im Sinne des Umsatzsteuerrechts als neu, wenn es entweder weniger als 6.000 km Laufleistung aufweist oder weniger als 6 Monate seit der ersten Inbetriebnahme verstrichen sind. Eine weitere Umgehungsmöglichkeit wäre, dass das Fahrzeug im Herkunftsland zunächst von einem privaten Endverbraucher angekauft und erst später an den eigentlichen Endabnehmer in einem anderen Mitgliedstaat veräußert wird. Zur Vermeidung dieser Gestaltung hat der Gesetzgeber den Tatbestand des Fahrzeuglieferers geschaffen. Wenn ein Fahrzeug innerhalb der genannten Laufleistung- bzw. Altersgrenzen von einer Privatperson veräußert wird, liegt gleichwohl eine innergemeinschaftliche Lieferung vor. Der Fahrzeuglieferer wird insoweit wie ein Unternehmer behandelt. Es steht ihm sogar ein anteiliger Vorsteuerabzug aus der Anschaffung des Fahrzeuges zu.

Sachverhalt

Der in Bonn wohnhafte B hat am 15.05.03 bei dem Kraftfahrzeughändler K in Köln einen neuen PKW für 48.000 € zuzüglich 9.120 € Umsatzsteuer, insgesamt 57.120 €, gekauft. K hat das am gleichen Tag erstmals zugelassene Fahrzeug an B übergeben. Am 20.07.03 hat B den PKW an den in Antwerpen (Belgien) wohnhaften A für 45.600 € verkauft und übergeben. Bis zu diesem Tag, an dem A das Fahrzeug in Bonn abholte und nach Belgien überführte, hatte B damit 6.800 km zurückgelegt. A und B sind beide Privatpersonen und haben keine USt-IdNr.

Frage

1. Unterliegt die Lieferung des PKW durch B an A der Umsatzsteuer, obwohl B kein Unternehmer ist?
2. Ist die Lieferung des PKW durch B an A steuerpflichtig?
3. Kann B die ihm von K gesondert in Rechnung gestellte Umsatzsteuer von 9.120 € als Vorsteuer abziehen?
4. Wie ist der Sachverhalt zu beurteilen, wenn B Kleinunternehmer i. S. des § 19 Abs. 1 UStG ist?
5. Wie ist der Sachverhalt zu beurteilen, wenn B den PKW erst am 20.11.03 an A geliefert hat?
6. Welche Pflichten hat B als Fahrzeuglieferer hinsichtlich der Ausstellung einer Rechnung, der Abgabe von Erklärungen und Aufzeichnungen für Zwecke der Umsatzsteuer?

Antwort

1. Die Lieferung des PKW an A unterliegt der Umsatzsteuer, weil B als Lieferer eines neuen Fahrzeugs wie ein Unternehmer zu behandeln ist (§ 2a UStG).
2. Die Lieferung des PKW an den in Antwerpen (Belgien) wohnhaften A ist nach § 4 Nr. 1 Buchst. b i. V. m. § 6a UStG steuerfrei.
3. B kann die ihm von K gesondert in Rechnung gestellte Umsatzsteuer im Zeitpunkt der Lieferung des PKW an A nur begrenzt i. H. von 8.664 € als Vorsteuer abziehen (§ 15 Abs. 4a Nr. 2 UStG).
4. Ist der Fahrzeuglieferer B Kleinunternehmer i. S. des § 19 Abs. 1 UStG, so sind die Lieferung und der Vorsteuerabzug wie bei einem Nichtunternehmer zu beurteilen.
5. B bewirkt eine nicht steuerbare Lieferung an A und erhält keinen Vorsteuerabzug.
6. Für B ergeben sich die Pflichten zur Ausstellung einer Rechnung aus § 14a UStG, Erklärungs- und Aufzeichnungspflichten aus § 18 Abs. 4a und § 22 UStG. Eine Zusammenfassende Meldung (§ 18a UStG) muss er nicht abgeben.

Begründung

Allgemeines: Der innergemeinschaftliche Erwerb eines neuen Fahrzeugs unterliegt stets im Bestimmungsland der Besteuerung (vgl. Fall 41). Unabhängig davon, wer ein neues Fahrzeug liefert, werden die Fahrzeuglieferungen deshalb als innergemeinschaftliche Lieferungen von der Besteuerung freigestellt.

1. Wer als Nichtunternehmer im Inland ein neues Fahrzeug i. S. des § 1b Abs. 2 und 3 UStG liefert, das bei der Lieferung in das übrige Gemeinschaftsgebiet gelangt, wird für diese Lieferung wie ein Unternehmer behandelt (§ 2a Satz 1 UStG). Dasselbe gilt, wenn der Lieferer eines neuen Fahrzeugs zwar Unternehmer i. S. des § 2 UStG ist, die Lieferung (z. B. eines privaten PKW) jedoch nicht im Rahmen seines Unternehmens ausführt (§ 2a Satz 2 UStG).

B hat mit der Veräußerung des PKW an A in Bonn am 20.07.03 eine Lieferung ausgeführt (§ 3 Abs. 1 UStG). Die Lieferung erfolgt im Leistungsaustausch gegen einen vereinbarten Kaufpreis. B wird für diese Lieferung wie ein Unternehmer behandelt, weil er ein neues Fahrzeug i. S. des § 1b Abs. 2 und 3 UStG liefert, das der Abnehmer A im Anschluss an die Lieferung nach Belgien überführt. Der PKW ist ein neues Fahrzeug i. S. des § 1b Abs. 2 Nr. 1 i. V. m. Abs. 3 Nr. 1 UStG, weil die erste Inbetriebnahme des PKW am 15.05.03 im Zeitpunkt des Erwerbs am 20.07.03 nicht mehr als 6 Monate zurücklag. Unerheblich ist, dass die Fahrleistung bis zum Zeitpunkt des Erwerbs bereits mehr als 6.000 km betragen hat. Die entgeltliche Lieferung ist nach § 1 Abs. 1 Nr. 1 UStG steuerbar.

2. Die steuerbare Lieferung des PKW an den Nichtunternehmer A ist als innergemeinschaftliche Lieferung i. S. des § 4 Nr. 1 Buchst. b i. V. m. § 6a Abs. 1 Satz 1 Nr. 1, Nr. 2 Buchst. c und Nr. 3 UStG steuerfrei; der Abnehmer A hat den PKW in das übrige Gemeinschaftsgebiet befördert. Für A liegt in Belgien ein nach belgischem Umsatzsteuerrecht zu beurteilender innergemeinschaftlicher Erwerb vor (§ 1b UStG analog den belgischen Vorschriften über den innergemeinschaftlichen Erwerb).

3. B hat als Fahrzeuglieferer einen eingeschränkten Vorsteuerabzug aus dem Erwerb des Fahrzeugs. Da B den PKW an A zu einem um 5 % unter dem Nettoeinkaufspreis von 48.000 € liegenden Preis von 45.600 € veräußert hat, kann er die ihm gesondert in Rechnung gestellte Umsatzsteuer von 9.120 € nur i. H. von (95 % von 9.120 € =) 8.664 € als Vorsteuer abziehen (§ 15 Abs. 4a Nr. 1 und 2 UStG). Andere Vorsteuerbeträge, z. B. aus Rechnungen über Wartungsleistungen und Kraftstofflieferungen, kann B nicht abziehen. Der Zeitpunkt für den Vorsteuerabzug ist der 20.07.03, der Tag, an dem B die steuerfreie Lieferung des PKW an A ausgeführt hat (§ 15 Abs. 4a Nr. 3 UStG). Das für B zuständige Finanzamt vergütet diesen Vorsteuerbetrag, wenn B dies durch die Abgabe einer entsprechenden Umsatzsteuer-Voranmeldung beantragt.

4. Ist B Kleinunternehmer i. S. des § 19 Abs. 1 UStG, so trifft auf seine Fahrzeuglieferung dieselbe Beurteilung zu wie auf die Lieferung des PKW durch eine Privatperson. Die Regelung des § 19 Abs. 1 UStG gilt nicht für innergemeinschaftliche Lieferungen neuer Fahrzeuge. § 15 Abs. 4a UStG ist für den Vorsteuerabzug entsprechend anzuwenden (§ 19 Abs. 4 UStG).

5. Hat B die Lieferung des PKW an A erst am 20.11.03 bewirkt, so handelt es sich bei dem PKW nicht mehr um ein neues Fahrzeug mit der Folge, dass B keine steuerbare und damit auch keine steuerfreie innergemeinschaftliche Lieferung an A ausgeführt hat. Ferner kann B die ihm beim Erwerb des PKW gesondert in Rechnung gestellte Umsatzsteuer von 9.120 € nicht als Vorsteuer abziehen; er bleibt mit dieser Umsatzsteuer belastet. Da für A eine Erwerbsteuer in Belgien nicht anfällt, könnte B von A für den PKW einen höheren Preis als 45.600 € verlangen.

6. B ist als Fahrzeuglieferer i. S. des § 2a UStG nach § 14a Abs. 3 UStG verpflichtet, eine Rechnung mit den Angaben nach §§ 14, 14a UStG auszustellen, in der er auf die Steuerfreiheit seiner innergemeinschaftlichen Lieferung hinweist. Das Doppel der Rechnung muss B 10 Jahre lang aufbewahren (§ 14b Abs. 1 Satz 1 und Satz 4 Nr. 1 UStG). Die Pflicht zur Angabe der USt-IdNr. der Beteiligten gilt für den Fahrzeuglieferer nicht (§ 14a Abs. 3 Satz 4 UStG), da die handelnden Personen regelmäßig keine USt-IdNr. haben. Stattdessen muss die Rechnung alle Merkmale des § 1b Abs. 2 und 3 UStG enthalten, aus denen zu erkennen ist, dass es sich um ein neues Fahrzeug handelt (§ 14a Abs. 4 UStG). Es müssen daher die folgenden Angaben in der Rechnung aufgeführt sein:

- Bei motorbetriebenen Landfahrzeugen der Hubraum bzw. die Leistung in Kilowatt (von mehr als 48 Kubikzentimetern oder einer Leistung von mehr als 7,2 Kilowatt)
- Bei Wasserfahrzeugen die Länge (von mehr als 7,5 Metern)
- Bei Luftfahrzeugen deren Starthöchstmasse (mehr als 1.550 Kilogramm)

Neben diesen Größenmerkmalen gilt das Fahrzeug nur als neu, wenn es eine bestimmte Altersgrenze oder eine bestimmte Laufleistungs- bzw. Betriebsstundengrenze unterschreitet. Daher sind in der betreffenden Rechnung auch die folgenden Angaben zu machen.

- Bei Landfahrzeugen die Laufleistung oder der Zeitpunkt der ersten Inbetriebnahme (nicht mehr als 6.000 Kilometer oder nicht älter als 6 Monate).
- Bei Wasserfahrzeugen die Betriebsstunden oder der Zeitpunkt der ersten Inbetriebnahme (nicht mehr als 100 Betriebsstunden auf dem Wasser oder nicht älter als 3 Monate).
- Bei Luftfahrzeugen die Betriebsstunden oder der Zeitpunkt der ersten Inbetriebnahme (nicht mehr als 40 Betriebsstunden in der Luft oder nicht älter als 3 Monate).

Ferner ist B für den Monat Juli 03 (Lieferung des PKW am 20.07.03) zur Abgabe einer Umsatzsteuer-Jahreserklärung verpflichtet. Die Pflicht zur Abgabe einer Umsatzsteuer-Voranmeldung ist aus Vereinfachungsgründen auf den Voranmeldungszeitraum beschränkt, in dem die innergemeinschaftliche Lieferung des Fahrzeugs bewirkt worden ist (§ 18 Abs. 4a UStG). Eine Zusammenfassende Meldung muss B nicht abgeben (§ 18a Abs. 1 Satz 1 UStG). Durch Rechtsverordnung können für die Lieferungen neuer Fahrzeuge besondere Meldepflichten festgelegt werden (§ 18c UStG). Zum 01.07.2010 ist die Fahrzeuglieferungs-Meldepflichtverordnung (FzgLiefgMeldV) eingeführt worden (vgl. dazu Abschn. 18c.1 UStAE). Verpflichtet sind nach § 3 FzgLiefgMeldV auch Fahrzeuglieferer i. S. des § 2a UStG. Gemäß § 1 Abs. 2 Nr. 2 FzgLiefgMeldV kann die Meldung auf elektronischem Weg oder in Papierform erfolgen.

Fall 54

Steuerfreie und steuerpflichtige Vermittlungen

UStG § 4 Nr. 5, § 12 Abs. 1, § 15 Abs. 2

Die Besteuerung grenzüberschreitender Leistungen nach dem Bestimmungslandprinzip beschränkt sich nicht nur auf Warenlieferungen. Die für Ausfuhrlieferungen geltenden Steuerbefreiungen greifen auch für weitere im Zusammenhang mit dem Warenexport stehende Leistungen. Es handelt sich dabei neben der Beförderungsdienstleistung auch um entsprechende Vermittlungsleistungen, die im Zusammenhang mit einem Warenexport stehen. Die Steuerbefreiung wirkt sich vor allen Dingen dann aus, wenn der unternehmerische Leistungsempfänger der Vermittlungsdienstleistung seinen Sitz im Inland hat (vgl. § 3a Abs. 2 UStG). Hat er seinen Sitz im Ausland, fehlt es schon an einem im Inland steuerbaren Umsatz, sodass eine Steuerbefreiung nicht in Betracht kommt.

Sachverhalt

Hans Hansen (H) ist als Handelsvertreter tätig. Er bewohnt ein eigenes, am Stadtrand von Hechingen belegenes Einfamilienhaus, das auch einen für seine Tätigkeit eingerichteten Büroraum enthält. Von Hechingen aus geht H seiner Vertretertätigkeit nach. Er hat mit den Fabrikanten A und B Verträge abgeschlossen, nach denen ihm beide den Bereich des Landes Baden-Württemberg und die Schweiz als Vertreterbezirk zugewiesen haben.

Die im Monat Januar des Jahres 01 von H vermittelten Aufträge wurden von den Fabrikanten A und B im Monat Februar des Jahres 01ausgeführt. H erhielt Abrechnung und Provision für die von ihm bewirkten Vermittlungsleistungen von A und B im Monat März des Jahres 01. Er versteuert seine Umsätze nach vereinnahmten Entgelten (§ 20 UStG).

Fabrikant A in Albstadt ist Hersteller von Abfüllvorrichtungen. Er hat die Vorrichtungen an die in Baden-Württemberg und in der Schweiz ansässigen Abnehmer mit der Bahn versendet. Die Kunden in der Schweiz trugen die bei der Einfuhr angefallene Einfuhrumsatzsteuer.

Fabrikant B in Basel (Schweiz) ist Hersteller von Verpackungsmaschinen. Er hat die Maschinen mit eigenem LKW zu den in Baden-Württemberg und in der Schweiz ansässigem Abnehmern befördert. B trug die bei der Einfuhr angefallene deutsche Einfuhrumsatzsteuer.

Die Voraussetzungen für eine ggf. in Betracht kommende Steuerbefreiung nach § 4 Nr. 1 Buchst. a UStG sind als gegeben zu unterstellen.

Frage

1. Wie sind die im Monat Februar des Jahres 01 von A und B ausgeführten Lieferungen zu beurteilen?
2. Welche Beurteilung ergibt sich für die von H ausgeführten Vermittlungsleistungen, für die er im Monat März des Jahres 01 die Provision erhielt?
3. Kann H die auf diese Vermittlungsleistungen entfallenden Vorsteuerbeträge abziehen?

Antwort

1. Die von den Unternehmern A und B ausgeführten Lieferungen sind wie folgt zu beurteilen:

   Die Lieferungen des A an Kunden in Baden-Württemberg (Inland) sind steuerbar und steuerpflichtig. Die Lieferungen an Kunden in der Schweiz (Drittlandsgebiet) sind steuerbar und steuerfrei (§ 4 Nr. 1 Buchst. a UStG).

   Der Ort der durch Befördern ausgeführten Lieferungen des B an Kunden in Baden-Württemberg gilt als im Inland gelegen; B ist als Lieferer auch Schuldner der Einfuhrumsatzsteuer (§ 3 Abs. 8 UStG). Die Lieferungen an diese Kunden sind steuerbar und steuerpflichtig. Die Lieferungen an Kunden in der Schweiz sind nicht steuerbar.

2. Handelsvertreter H hat seine Vermittlungsleistungen jeweils an dem Ort erbracht, von dem aus die Leistungsempfänger, die Unternehmer A und B, ihr Unternehmen betreiben (§ 3a Abs. 2 UStG). Die an A in Albstadt bewirkten Vermittlungsleistungen sind nach § 1 Abs. 1 Nr. 1 UStG steuerbar. Nach § 4 Nr. 5 Satz 1 Buchst. a UStG sind steuerfrei die Vermittlungen der unter § 4 Nr. 1 Buchst. a UStG fallenden Umsätze. Die übrigen an A erbrachten Vermittlungsleistungen sind steuerpflichtig mit 19 % (§ 12 Abs. 1 UStG). H erbringt gegenüber B in Basel nach deutschem Umsatzsteuerrecht nichtsteuerbare Vermittlungsleistungen.

3. Handelsvertreter H kann sämtliche Vorsteuern abziehen.

Begründung

Allgemeines: Die Steuerbefreiung für die in § 4 Nr. 5 Satz 1 Buchst. a UStG aufgeführten Vermittlungsleistungen ist davon abhängig, dass die vermittelten Umsätze bestimmte steuerfreie Umsätze i. S. des § 4 Nr. 1 Buchst. a, Nr. 2 bis 4b und Nr. 6 und 7 UStG im Inland sind. Diese Steuerbefreiungen dienen der Verwirklichung des Bestimmungslandprinzips (vgl. Fall 22). Die Steuerbefreiung soll auch die Vermittlungsleistungen umfassen, die im Zusammenhang mit grenzüberschreitenden Vorgängen stehen.

Die Beantwortung der Frage, ob die Vermittlungsleistungen nach § 4 Nr. 5 UStG steuerfrei sind, setzt die umsatzsteuerrechtliche Beurteilung der vermittelten Umsätze voraus. Ob die vermittelten Leistungen als nicht steuerbare Umsätze ausschließlich im Drittlandsgebiet bewirkt wurden, ob sie als steuerbare Umsätze im Inland ausgeführt wurden oder als ausgeführt zu behandeln sind und ob die vermittelten Umsätze nach § 4 Nr. 1 Buchst. a, Nr. 2 bis 4b, Nr. 6 und 7 UStG steuerfrei oder steuerpflichtig sind, muss der Auftraggeber (Geschäftsherr) für Zwecke der Besteuerung der von ihm ausgeführten Umsätze ohnehin prüfen. Er wird daher auch gegenüber seinem Handelsvertreter klarstellen, ob die Vermittlungsleistungen steuerfrei oder steuerpflichtig sind. Aus der dem Handelsvertreter übersandten Provisionsabrechnung (Gutschrift i. S. des § 14 Abs. 2 Satz 2 UStG) ergibt sich regelmäßig, wie die Vermittlungsleistungen umsatzsteuerrechtlich zu beurteilen sind. Weitere Einzelheiten enthalten die Abschn. 4.5.1 und 4.5.4 UStAE.

1. Die Lieferungen der Unternehmer A und B sind wie folgt zu beurteilen:

A hat die Lieferungen der Vorrichtungen an die Kunden in Baden-Württemberg und an Kunden in der Schweiz durch Versenden ausgeführt (§ 3 Abs. 6 Satz 3 UStG). Der Ort der Lieferung ist jeweils Albstadt (§ 3 Abs. 6 Satz 1 UStG). Die Lieferungen sind steuerbar (§ 1 Abs. 1 Nr. 1 UStG). Sie sind mit 19 % steuerpflichtig (§ 12 Abs. 1 UStG), soweit es sich um Abnehmer in Baden-Württemberg (Inland) handelt. Die Lieferungen sind nach § 4 Nr. 1 Buchst. a UStG steuerfrei, soweit sie an ausländische Abnehmer in der Schweiz getätigt wurden.

B hat die Lieferungen der Maschinen an die Kunden durch Befördern ausgeführt (§ 3 Abs. 6 Satz 2 UStG). B war jeweils Schuldner der bei der Einfuhr angefallenen deutschen Einfuhrumsatzsteuer. Der Ort der Lieferungen an die Kunden in Baden-Württemberg gilt jeweils als im Inland gelegen (§ 3 Abs. 8 UStG). Die Lieferungen sind steuerbar (§ 1 Abs. 1 Nr. 1 UStG) und mit 19 % steuerpflichtig (§ 12 Abs. 1 UStG). Die Lieferungen an die Kunden in der Schweiz sind nach deutschem Recht nicht steuerbar, weil sie im Ausland bewirkt worden sind.

2. Handelsvertreter H hat die Vermittlungsleistungen für die Auftraggeber A und B jeweils an dem Ort erbracht, von dem aus die Fabrikanten ihr Unternehmen betreiben (§ 3a Abs. 2 UStG). Die für A in Albstadt bewirkten sonstigen Leistungen sind steuerbar (§ 1 Abs. 1 Nr. 1 UStG). Die Frage, ob diese Vermittlungsleistungen nach § 4 Nr. 5 UStG steuerfrei oder nach § 12 Abs. 1 UStG mit 19 % steuerpflichtig sind, ist wie folgt zu beantworten:

Soweit **A** an Kunden in Baden-Württemberg steuerpflichtige Lieferungen ausgeführt hat, sind die von H bewirkten Vermittlungsleistungen mit 19 % steuerpflichtig (§ 12 Abs. 1 UStG). Die von A an Kunden in der Schweiz nach § 4 Nr. 1 Buchst. a UStG ausgeführten Lieferungen sind steuerfrei. Entsprechend sind die sich auf diese Ausfuhrlieferungen beziehenden Vermittlungsleistungen des H steuerfrei (§ 4 Nr. 5 Satz 1 Buchst. a UStG).

Die von H an **B** in Basel erbrachten Vermittlungsleistungen sind im Inland nicht steuerbar (§ 3a Abs. 2, § 1 Abs. 1 Nr. 1 UStG). Eine Steuerbefreiung kommt daher nicht in Betracht.

3. Handelsvertreter H kann nach Maßgabe des § 15 Abs. 1 UStG die Vorsteuer abziehen, die auf seine steuerpflichtigen und auf seine nach § 4 Nr. 5 UStG steuerfreien Vermittlungen entfallen. Der Ausschluss vom Vorsteuerabzug nach § 15 Abs. 2 Satz 1 Nr. 1 UStG tritt nicht ein, wenn die Umsätze nach § 4 Nr. 5 UStG steuerfrei sind (§ 15 Abs. 3 Nr. 1 Buchst. a UStG).

Die Frage, ob H (deutsche) Umsatzsteuer als Vorsteuer abziehen kann, soweit sie auf die an B in der Schweiz bewirkten nicht steuerbaren Vermittlungsumsätze entfällt, ist wie folgt zu beantworten:

Nach § 15 Abs. 2 Satz 1 Nr. 2 UStG ist der Vorsteuerabzug für Vermittlungsleistungen ausgeschlossen, die, würden sie im Inland ausgeführt, steuerfrei wären. H würde seine Vermittlungsleistungen im Inland ausführen, wenn B sein Unternehmen im Inland betreiben würde. In diesem Fall würde B seine Lieferungen im Inland steuerbar und steuerpflichtig bzw. steuerfrei nach § 4 Nr. 1 Buchst. a UStG erbringen. Die Vermittlungsleistungen des H wären dann steuerpflichtig oder steuerfrei nach § 4 Nr. 5 Satz 1 Buchst. a UStG. Der Ausschluss vom Vorsteuerabzug träte jedoch nach § 15 Abs. 3 Nr. 2 Buchst. a UStG nicht ein, wenn die Umsätze nach § 4 Nr. 1 bis 7 UStG steuerfrei wären. Daraus folgt, dass H die (deutsche) Umsatzsteuer für seine in der Schweiz bewirkten nicht steuerbaren Vermittlungsleistungen als Vorsteuer abziehen kann.

Fall 55

Steuerfreie und steuerpflichtige Vermietung von Grundstücken

UStG § 3 Abs. 11, § 4 Nr. 12, § 12 Abs. 1, § 12 Abs. 2 Nr. 11; BGB §§ 535, 581

Die Vermietung von Grundstücken ist grundsätzlich steuerfrei nach § 4 Nr. 12 Satz 1 Buchst. a UStG. Die steuerfreie Grundstücksvermietung kann das ganze Grundstück oder einen Grundstücksteil umfassen. Abhängig von der zivilrechtlichen Vertragsgestaltung sind reine Mietverträge, gemischte Verträge und Verträge besonderer Art zu unterscheiden. Ausnahmen von der Steuerbefreiung sind in § 4 Nr. 12 Satz 2 UStG geregelt. Dazu zählen kurzfristige Beherbergungsumsätze, die Vermietung von Plätzen für das Abstellen von Fahrzeugen, die kurzfristige Vermietung auf Campingplätzen und die Vermietung von Betriebsvorrichtungen. Unselbständige Nebenleistungen teilen grundsätzlich das umsatzsteuerrechtliche Schicksal der Hauptleistung.

Sachverhalt

Unternehmer **A** vermietet u. a. in Arnsberg Wohnungen an verschiedene private Mieter. Die Mieteinnahmen betragen 58.000 €. Soweit auf dem jeweiligen Mietwohngrundstück Parkplätze vorhanden sind, umfassen die Mietverträge auch diese Flächen für das Abstellen von Fahrzeugen. Daraus resultieren zusätzliche Mieteinnahmen i. H. von 6.000 €. Umsatzsteuer hat A nicht in Rechnung gestellt.

Gastwirt **B** ist Eigentümer eines Campingplatzes in Bamberg. Er gestattet Touristen (nicht Dauerbenutzern), ihre Kraftwagen und Wohnwagen abzustellen, Zelte aufzubauen und die Einrichtungen des Platzes zu benutzen. B erhielt insgesamt 32.100 €.

Pensionsinhaber **C** vermietet in Cuxhaven Einzel- und Doppelzimmer an Urlauber. Für Übernachtungen hat C 24.075 €, für die Beköstigung (Vollpension) 53.550 € – jeweils einschließlich Umsatzsteuer – erhalten.

Parkhausunternehmer **D** vermietet in Dortmund Stellplätze für das Abstellen von Kraftfahrzeugen. Zehn Parkplätze hat er als Dauerparkplätze vergeben und dafür insgesamt 8.568 € Miete erhalten. Von den übrigen Benutzern des Parkhauses, die ihre Fahrzeuge nur stundenweise abgestellt haben, vereinnahmte D insgesamt 76.160 €.

Die §§ 19 und 20 UStG sind nicht anzuwenden.

Frage

Wie sind die Leistungen der Unternehmer A bis F umsatzsteuerrechtlich zu beurteilen?

Antwort

1. Die Leistungen des A sind steuerbar (§ 1 Abs. 1 Nr. 1 UStG), jedoch nach § 4 Nr. 12 Satz 1 Buchst. a UStG insgesamt steuerfrei.
2. Die Leistungen der Unternehmer B, C und D sind steuerbar (§ 1 Abs. 1 Nr. 1 UStG) und mit 7 % bzw. 19 % steuerpflichtig (§ 12 Abs. 1 und Abs. 2 Nr. 11 UStG).

Begründung

Allgemeines: Grundstücksvermietungen sind sonstige Leistungen (§ 3 Abs. 9 UStG) und unter den Voraussetzungen des § 1 Abs. 1 Nr. 1 UStG steuerbar. Schon eine einmalige Vermietung erfüllt das Merkmal der Nachhaltigkeit, wenn durch sie ein auf Einnahmeerzielung gerichteter Dauerzustand geschaffen wird, was bei einer Vermietung auf längere Zeit durchweg der Fall ist.

Der Grundstücksbegriff ist ein eigenständiger Begriff des Unionsrechts. Auch die Frage, ob eine Grundstücksvermietung i. S. des § 4 Nr. 12 Satz 1 Buchst. a UStG vorliegt, ist nach Unionsrecht und nicht nach den Vorschriften des nationalen Zivilrechts zu beantworten. Die Steuerbefreiung kann die Vermietung von ganzen Grundstücken oder von Grundstücksteilen, wie Stockwerke, Wohnungen oder einzelne Räume umfassen. Wesentlich für die Steuerbefreiung ist, dass nach der Vertragsgestaltung zumindest teilweise eine Grundstücksvermietung anzunehmen ist. Zu den steuerfreien Grundstücksvermietungen gehören auch die damit in unmittelbarem wirtschaftlichem Zusammenhang stehenden unselbständigen Nebenleistungen (vgl. Abschn. 4.12.1 UStAE).

Je nach Vertragsinhalt sind bei der Grundstücksvermietung drei Vertragstypen zu unterscheiden:

- Ein reiner Grundstücksmietvertrag liegt vor, wenn sich die Leistung des Vermieters auf die Überlassung des Grundstücks zur Nutzung beschränkt. Die entsprechenden Leistungen – einschließlich der unselbständigen Nebenleistungen – sind steuerfrei nach § 4 Nr. 12 UStG (vgl. Abschn. 4.12.1 UStAE).
- Bei einem gemischten Vertrag umfasst die Leistungsvereinbarung sowohl Elemente einer Grundstücksüberlassung als auch anderer Leistungen. Es liegen mehrere selbständige Leistungen vor. Wird ein Gesamtentgelt vereinbart, so ist dieses – ggf. durch Schätzung – auf die steuerfreie Grundstücksvermietung und auf die ggf. steuerpflichtigen Leistungen anderer Art aufzuteilen (vgl. Abschn. 4.12.5 UStAE).
- Kennzeichnend für einen Vertrag besonderer Art ist, dass die Gebrauchsüberlassung des Grundstücks gegenüber anderen, wesentlicheren Leistungselementen zurücktritt. Die Steuerbefreiung nach § 4 Nr. 12 UStG kommt weder für die gesamte Leistung noch für einen Teil der Leistung in Betracht (vgl. Abschn. 4.12.6 UStAE).

1. Bei der Vermietung der Wohnungen durch **A** an verschiedene private Mieter handelt es sich um steuerbare sonstige Leistungen (§ 1 Abs. 1 Nr. 1 UStG; § 3 Abs. 9 UStG) aufgrund "reiner" Mietverträge. Die Vermietungsleistungen sind steuerfrei (§ 4 Nr. 12 Satz 1 Buchst. a UStG). Ein Verzicht auf die Steuerbefreiung ist nicht möglich, weil A seine Leistungen gegenüber Nichtunternehmern erbringt (§ 9 Abs. 1 UStG). Die Vermietung von Abstellplätzen ist als übliche und die Wohnungsvermietung wirtschaftlich ergänzende unselbständige Nebenleistung zu beurteilen (vgl. Abschn. 4.12.2 Abs. 3 UStAE). Die steuerfreien Umsätze des A betragen 64.000 €. Eine steuerpflichtige Parkplatzvermietung i. S. des § 4 Nr. 12 Satz 2 UStG kommt bei dieser Sachverhaltsgestaltung nicht in Betracht.

2. Grundstückseigentümer B gestattet Touristen, den Campingplatz gegen Entgelt zu benutzen. Zur Vermietung von Campingplätzen gehören die Flächen zum Abstellen von Zelten und Wohnwagen. Mit der Überlassung der üblichen Gemeinschaftseinrichtungen bewirkt B übliche Nebenleistungen, die das umsatzsteuerrechtliche Schicksal der Campingplatzvermietung teilen. Die von B ausgeführten sonstigen Leistungen (§ 3 Abs. 9 UStG) sind steuerbar (§ 1 Abs. 1 Nr. 1 UStG) und steuerpflichtig. Nach § 4 Nr. 12 Satz 2 UStG fällt die kurzfristige Vermietung auf Campingplätzen nicht unter die Steuerbefreiung des § 4 Nr. 12 Satz 1 Buchst. a UStG. Für die Beurteilung ist die tatsächliche Gebrauchsüberlassung von Bedeutung. Eine kurzfristige Vermietung liegt vor, wenn der Zeitraum der tatsächlichen Gebrauchsüberlassung nicht mehr als 6 Monate beträgt. Ist der Vermieter nach den getroffenen Vereinbarungen zulässigerweise zunächst von einer kurzfristigen Vermietung ausgegangen, dauert die tatsächliche Vermietung jedoch mehr als 6 Monate, so ist der Umsatz steuerfrei (vgl. Abschn. 4.12.3 UStAE).

Der Steuersatz beträgt 7 % (§ 12 Abs. 2 Nr. 11 UStG). Die Steuersatzermäßigung umfasst auch die Parkfläche für Fahrzeuge, die zum Transport von Zelten oder das Ziehen von Wohnwagen verwendet werden (vgl. Abschn. 12.16 Abs. 7 UStAE). Die Bemessungsgrundlage (§ 10 Abs. 1 UStG) beträgt (32.100 € : 1,07 =) 30.000 €, die Umsatzsteuer 2.100 €.

3. Mit den Zimmervermietungen und der Abgabe von Speisen und Getränken zum Verzehr an Ort und Stelle tätigt **C** steuerbare sonstige Leistungen (§ 1 Abs. 1 Nr. 1 UStG; § 3 Abs. 9 UStG). Die Hauptleistungen des Pensionsinhabers bestehen in der Beherbergung und Beköstigung der Urlauber. Es liegt ein gemischter Vertrag mit zwei selbständig zu beurteilenden Leistungen vor. Beide Leistungen sind steuerpflichtig. Die Grundstücksvermietung in Form einer kurzfristigen Beherbergungsleistung ist nicht steuerfrei nach § 4 Nr. 12 Satz 1 Buchst. a UStG, sondern fällt unter die Ausnahmeregelung nach Satz 2. Die Vorschrift des § 4 Nr. 12 Satz 2 UStG setzt nicht voraus, dass die Zimmervermietung nach Art eines Gewerbebetriebs („gaststättenähnliches Verhältnis") erfolgt. Es genügt vielmehr, dass die Wohn- und Schlafräume zur kurzfristigen Beherbergung von Fremden durch einen Unternehmer i. S. des § 2 UStG bereitgehalten werden. Es kommt – anders als bei der kurzfristigen Vermietung auf Campingplätzen – nicht auf die tatsächliche Dauer der Vermietung, sondern auf die Absicht des Unternehmers an, die Räume nicht auf Dauer zur Verfügung zu stellen (nicht länger als 6 Monate). Danach fallen Zimmervermietungen an Kur-, Bade- und Erholungsgäste regelmäßig unter die Steuerpflicht (vgl. Abschn. 4.12.9 UStAE). Die Vermietung von Wohn- und Schlafräumen zur kurzfristigen Beherbergung unterliegen der Besteuerung mit dem ermäßigten Steuersatz (§ 12 Abs. 2 Nr. 11 UStG). Die Verpflegungsleistungen sind mit 19 % steuerpflichtig. Die Bemessungsgrundlage (§ 10 Abs. 1 UStG) beträgt

- für die Übernachtungen (24.075 € : 1,07 =) 22.500 €,
- für die Beköstigung (53.550 € : 1,19 =) 45.000 € und
- die Umsatzsteuer beträgt 1.575 € bzw. 8.550 €.

4. Durch die Vermietung von Plätzen für das Abstellen von Kraftfahrzeugen bewirkt D steuerbare sonstige Leistungen (§ 1 Abs. 1 Nr. 1 und § 3 Abs. 9 UStG). Diese Grundstücksvermietungen sind mit 19 % steuerpflichtig (§ 12 Abs. 1 UStG). Die Vermietung der Stellplätze ist ohne Rücksicht auf die Dauer der Benutzung von der Steuerbefreiung nach § 4 Nr. 12 UStG ausgenommen. Das gilt gleichermaßen für abgeschlossene Garagen wie für offene Einstellplätze (vgl. Abschn. 4.12.2 UStAE). Die Bemessungsgrundlage (§ 10 Abs. 1 UStG) für die Überlassung der Stellplätze beträgt (8.568 € + 76.160 € =) 84.728 € : 1,19 = 71.200 €, die Umsatzsteuer 13.528 €.

Fall 56

Verzicht auf Steuerbefreiungen bei Vermietung von Grundstücken

UStG § 4 Nr. 12 Satz 1 Buchst. a, § 9

Steuerfreie Umsätze nach § 4 Nr. 8 bis 28 UStG führen regelmäßig zum Ausschluss des Vorsteuerabzugs (§ 15 Abs. 2 Nr. 1, Abs. 3 Nr. 1 UStG) und ggf. zu einer Vorsteuerberichtigung nach § 15a UStG. Der Unternehmer kann diese für ihn nachteiligen Konsequenzen dadurch vermeiden, dass er unter den Voraussetzungen des § 9 UStG auf die Steuerbefreiung verzichtet. Der Verzicht kann auf einzelne optionsfähige Umsätze beschränkt werden.

Sachverhalt

Heinrich Hausmann (H) ist Eigentümer eines Geschäftsgrundstücks in Hagen/Westf. Die Räume im Erdgeschoss hat H an einen Möbeleinzelhändler und an einen Bausparkassenvertreter vermietet. Im 1. Obergeschoss befinden sich die Praxis eines Arztes sowie die Betriebsprüfungsstelle des Finanzamts. Das 2. Obergeschoss ist an private Mieter vermietet. An einer Wand des Hauses ist eine Leuchtreklame für eine Brauerei angebracht. Seinen Leistungsempfängern hat H für das Kalenderjahr 01 folgende Entgelte (netto) berechnet:

a) gewerbliche Räume des Möbeleinzelhändlers	45.000 €
b) gewerbliche Räume des Bausparkassenvertreters	5.000 €
c) Praxisräume des Arztes	15.000 €
d) Büroräume des Finanzamts	10.000 €
e) Wohnungen der privaten Mieter	20.000 €
f) Gestattung der Brauereireklame	5.000 €
Umsätze insgesamt	100.000 €

Vorsteuern, die gemeinsame Sachkosten des Gebäudes betreffen, betragen 1.000 €. Eine ggf. erforderliche Aufteilung ist im Wege einer sachgerechten Schätzung nach dem Verhältnis der Entgelte zueinander vorzunehmen (§ 15 Abs. 4 UStG). Die Vorschriften des § 19 Abs. 1 und des § 20 UStG sind auf die Umsätze des H nicht anzuwenden.

Frage

Wie hoch ist die Umsatzsteuer-Zahllast, wenn H für den Besteuerungszeitraum 01

1. auf die Inanspruchnahme der Steuerbefreiung nach § 4 Nr. 12 Satz 1 Buchst. a UStG nicht verzichtet,

2. auf die Inanspruchnahme der Steuerbefreiung nach § 4 Nr. 12 Satz 1 Buchst. a UStG im größtmöglichen Umfang verzichtet, weil nach § 27 Abs. 2 UStG die Einschränkung des Verzichts nach § 9 Abs. 2 UStG nicht in Betracht kommt,
3. auf die Inanspruchnahme der Steuerbefreiung nach § 4 Nr. 12 Satz 1 Buchst. a UStG wegen § 9 Abs. 2 UStG nur für die Vermietungsleistung an den Möbeleinzelhändler verzichtet?

Antwort

Die Umsatzsteuer-Zahllast beträgt zu 1.: 900 €, zu 2.: 12.600 €, zu 3.: 9.000 €.

Begründung

Allgemeines: Eine steuerfreie Grundstücksvermietung nach § 4 Nr. 12 Satz 1 Buchst. a ist für den Vermieter mit dem Ausschluss vom Vorsteuerabzug verbunden (§ 15 Abs. 2 Satz 1 Nr. 1 UStG). Diese nicht abziehbaren Vorsteuern gehen in die Kosten des Vermieters ein, es entsteht eine sog. „heimliche" Umsatzsteuer; die Steuerbefreiung führt somit nicht zu einer völligen Entlastung der Vermietungsumsätze von der Umsatzsteuer („unechte" Steuerbefreiung). Der Vermieter wird versuchen, die für ihn kostenwirksamen nicht abziehbaren Vorsteuern in der Miete auf den Mieter zu überwälzen. Der Mieter als Leistungsempfänger wird nicht „offen" mit Umsatzsteuer belastet. Obwohl der Vermieter mit der Vermietung einen steuerfreien Umsatz bewirkt, muss der Mieter – Überwälzung vorausgesetzt – heimlich Umsatzsteuer in Höhe der nicht abziehbaren Vorsteuern tragen.

Bei der Vermietung von Grundstücken an andere Unternehmer für deren Unternehmen kann der Vermieter auf die Steuerbefreiung nach § 4 Nr. 12 UStG verzichten, soweit der Leistungsempfänger das Grundstück ausschließlich für Umsätze verwendet oder zu verwenden beabsichtigt, die den Vorsteuerabzug nicht ausschließen. Die Folge ist, dass der Vermieter die Vorsteuern für Eingangsleistungen, die im Zusammenhang mit seinen (jetzt steuerpflichtigen) Vermietungsleistungen stehen, abziehen kann. Für den Mieter ergeben sich durch die um die Umsatzsteuer höhere Bruttomiete keine Nachteile, weil er diese Umsatzsteuer als Vorsteuer geltend machen kann.

Der Verzicht auf Steuerbefreiungen ist an folgende Voraussetzungen geknüpft:

1. Die verzichtsfähigen Befreiungsvorschriften sind in § 9 Abs. 1 UStG abschließend aufgezählt. Es handelt sich um Umsätze, die unter § 4 Nr. 8 Buchst. a bis g, Nr. 9 Buchst. a, Nr. 12, 13 oder 19 UStG fallen.

   Zum Verzicht ist nur berechtigt, wer Unternehmer ist. Für Kleinunternehmer ist der Verzicht auf die Steuerbefreiung nicht zulässig (§ 19 Abs. 1 Satz 4 UStG). Diese Unternehmer können erst dann nach § 9

UStG zur Steuerpflicht optieren, wenn sie vorher auf die Anwendung von § 19 Abs. 1 UStG verzichtet haben (sog. Doppeloption; zur Besteuerung von Umsätzen der Kleinunternehmer vgl. Fall 88).

2. Ein Verzicht ist nur möglich bei einem Umsatz an einen anderen Unternehmer für dessen Unternehmen. In den Fällen einer steuerbaren und steuerfreien Entnahme (z. B. § 3 Abs. 1b Satz 1 Nr. 1 i. V. m. § 4 Nr. 9 Buchst. a UStG) ist daher eine Option zur Steuerpflicht nicht möglich. Der Unternehmer kann seine Entscheidung für die Steuerpflicht bei jedem optionsfähigen Umsatz gesondert treffen.

3. Bei den in § 9 Abs. 2 UStG genannten Umsätzen, u. a. bei der Vermietung oder Verpachtung eines Grundstücks, ist ein Verzicht nur möglich, soweit der Unternehmer nachweist, dass der Leistungsempfänger, bezogen auf die beabsichtigte Option, das Grundstück ausschließlich für Umsätze verwendet oder zu verwenden beabsichtigt, die den Vorsteuerabzug nicht ausschließen. Diese Einschränkung gilt nicht im Fall der besonderen Anwendungsregelung des § 27 Abs. 2 UStG.

Der Verzicht auf die Steuerbefreiung ist abhängig von der Zuordnung und (beabsichtigten) Verwendung der Leistung beim Leistungsempfänger. In der Praxis werden – zur Vermeidung von Nachteilen für den Vermieter – mit dem Leistungsempfänger entsprechende Vereinbarungen getroffen. Diese betreffen z. B. die Pflicht zur (möglichen) Zuordnung der Leistung zum Unternehmen des Leistungsempfängers und im Fall einer vorsteuerschädlichen Verwendungsänderung in späteren Kalenderjahren die Übernahme der durch § 15a UStG bedingten umsatzsteuerrechtlichen Mehrbelastung des leistenden Unternehmers.

Der Verzicht auf die Steuerbefreiung ist – vorbehaltlich der Einschränkungen in § 9 Abs. 3 UStG – an keine besondere Form und Frist gebunden. Er ist möglich bis zur formellen Bestandskraft der jeweiligen Jahressteuerfestsetzung.

1. Ein Hauseigentümer, der ausschließlich nach § 4 Nr. 12 Satz 1 Buchst. a UStG steuerfreie Umsätze bewirkt, fällt unter die Regelung der Besteuerung für Kleinunternehmer (§ 19 Abs. 1 UStG). Nach dem Sachverhalt ist jedoch § 19 Abs. 1 UStG nicht anzuwenden. Es ist also davon auszugehen, dass H auf die Anwendung des § 19 Abs. 1 UStG verzichtet hat (§ 19 Abs. 2 UStG). H muss seine Umsätze der Besteuerung nach den allgemeinen Vorschriften des UStG unterwerfen. Er versteuert seine Umsätze nach vereinbarten Entgelten; § 20 UStG ist nach dem Sachverhalt nicht anzuwenden.

Die von H ausgeführten Vermietungen stellen sonstige Leistungen dar (§ 3 Abs. 9 UStG), die steuerbar sind (§ 1 Abs. 1 Nr. 1 UStG). Mit Ausnahme der Gestattung der Reklame durch die Brauerei sind die sonstigen Leistungen nach § 4 Nr. 12 Satz 1 Buchst. a UStG steuerfrei. Hinsichtlich der Überlassung von Außenwänden zu Reklamezwecken liegt ein Vertrag besonderer Art vor. Es handelt sich um eine Vereinbarung, durch die zwar

Grundstücksteile zur Verfügung gestellt werden, bei der aber der Grundstücksgebrauch gegenüber dem sonstigen Vertragszweck (Werbung) zurücktritt und das Vertragsverhältnis ein einheitliches, unteilbares Ganzes darstellt. Die Steuerbefreiung nach § 4 Nr. 12 UStG kommt weder für die gesamte Leistung noch für einen Teil der Leistung in Betracht. Die sonstige Leistung gegenüber der Brauerei ist somit steuerpflichtig mit 19 % (§ 12 Abs. 1 UStG).

Insoweit, als H steuerpflichtige Leistungen erbringt, kann er die auf diese Leistungen entfallenden Vorsteuern abziehen (§ 15 Abs. 1 Satz 1 Nr. 1 UStG). Der Vorsteuerbetrag von 1.000 € ist nach den Angaben im Sachverhalt im Wege einer sachgerechten Schätzung nach dem Verhältnis der Umsätze in nicht abziehbare und abziehbare Vorsteuern aufzuteilen. Der Anteil der steuerpflichtigen Umsätze beträgt 5 %, der Anteil der abziehbaren Vorsteuern (5 % von 1.000 € =) 50 €. Die auf die steuerfreien Umsätze entfallenden Vorsteuern von (95 % von 1.000 € =) 950 € sind nicht abziehbar (§ 15 Abs. 2 Satz 1 Nr. 1 UStG).

Die Aufteilung der Vorsteuerbeträge bei einem Gebäude mit gemischter Nutzung (teilweise steuerfreie und teilweise steuerpflichtige Vermietung) kann nach dem Verhältnis der Ausgangsumsätze (sog. Umsatzschlüssel) eine sachgerechte Schätzung i. S. des § 15 Abs. 4 UStG sein.

Die Umsatzsteuer-Zahllast wird wie folgt berechnet:

	Nettoentgelte	Steuersatz	Umsatzsteuer
Steuerfreie Vermietungen	95.000 €	–	– €
Steuerpflichtige Umsätze	5.000 €	19 %	950 €
Umsätze insgesamt	100.000 €	Summe	950 €
Abziehbare Vorsteuern			50 €
Umsatzsteuer-Zahllast			900 €

2. Hauseigentümer H kann durch seinen Verzicht auf die Steuerbefreiung des § 4 Nr. 12 Satz 1 Buchst. a UStG die Steuerpflicht nur erreichen für Umsätze an andere Unternehmer (§ 9 Abs. 1 UStG). Ein Verzicht ist nicht möglich bei Umsätzen an Privatpersonen oder an juristische Personen des öffentlichen Rechts, die nicht als Unternehmer gelten. Bei einem Verzicht auf die Steuerbefreiung nach § 4 Nr. 12 Satz 1 Buchst. a UStG, der alle Vermietungen an andere Unternehmer für deren Unternehmen umfasst, weil § 9 Abs. 2 UStG nach der Übergangsregelung des § 27 Abs. 2 UStG nicht anzuwenden ist, bleiben lediglich die Vermietungen der Büroräume an das Finanzamt und der Wohnungen an die privaten Mieter steuerfrei. Die Vorsteuern von 1.000 € sind entsprechend der Vorgabe im Sachverhalt nach dem sog. Umsatzschlüssel (§ 15 Abs. 4 Satz 3 UStG) aufzuteilen. Der Anteil der steuerpflichtigen Umsätze beträgt 70 %, der Anteil der abziehbaren Vorsteuer somit (70 % von 1.000 € =) 700 €. Die auf die steuerfreien Umsätze entfallenden Vorsteuern von (30 % von 1.000 € =) 300 € sind nicht abziehbar (§ 15 Abs. 2 Satz 1 Nr. 1 UStG).

Die Umsatzsteuer-Zahllast wird wie folgt berechnet:

	Nettoentgelte	Steuersatz	Umsatz-steuer
Steuerfreie Vermietungen	30.000 €	–	– €
Steuerpflichtige Umsätze	70.000 €	19 %	13.300 €
Umsätze insgesamt	100.000 €	Summe	13.300 €
Abziehbare Vorsteuern			700 €
Umsatzsteuer-Zahllast			12.600 €

3. Nach § 9 Abs. 2 UStG ist ein Verzicht auf die Steuerbefreiung nach § 4 Nr. 12 Satz 1 Buchst. a UStG nur zulässig, soweit der Leistungsempfänger das Grundstück oder einzelne Grundstücksteile ausschließlich für Umsätze verwendet oder zu verwenden beabsichtigt, die den Vorsteuerabzug nicht ausschließen (sog. Abzugsumsätze). Eine geringfügige Verwendung für Ausschlussumsätze (bis 5 %) ist unbeachtlich (sog. Bagatellgrenze, Abschn. 9.2 Abs. 3 UStAE).

Hauseigentümer H muss den Verzicht auf die Steuerbefreiung nach § 4 Nr. 12 Satz 1 Buchst. a UStG auf die Vermietungen an den Möbeleinzelhändler beschränken, während er die Vermietungen an den Bausparkassenvertreter und an den Arzt steuerfrei belassen muss. Diese beiden Mieter bewirken mit ihren Leistungen aus der Tätigkeit als Bausparkassenvertreter und als Arzt steuerfreie Umsätze (Ausschlussumsätze; § 4 Nr. 11 bzw. Nr. 14 UStG). Ihre Umsätze führen zum Ausschluss vom Vorsteuerabzug (§ 15 Abs. 2 Satz 1 Nr. 1 UStG). Sie sind an einer steuerpflichtigen Vermietungsleistung des H auch nicht interessiert.

Für H ergibt sich daraus die Folge, dass er die auf die steuerfreien Vermietungsleistungen an den Bausparkassenvertreter und an den Arzt entfallenden Vorsteuerbeträge nicht abziehen kann (§ 15 Abs. 2 Satz 1 Nr. 1 UStG). Die sonstigen Leistungen (§ 3 Abs. 9 UStG) des H sind steuerbar (§ 1 Abs. 1 Nr. 1 UStG). Sie sind steuerpflichtig, soweit H an den Möbeleinzelhändler vermietet und der Brauerei die Reklame gestattet.

Der Steuersatz beträgt 19 % (§ 12 Abs. 1 UStG). Die übrigen Vermietungen sind steuerfrei (§ 4 Nr. 12 Satz 1 Buchst. a UStG). Der Anteil der steuerpflichtigen Umsätze beträgt 50 %, der Anteil der abziehbaren Vorsteuern somit (50 % von 1.000 € =) 500 €. Die auf die steuerfreien Umsätze entfallenden Vorsteuern von (50 % von 1.000 € =) 500 € sind nicht abziehbar (§ 15 Abs. 2 Satz 1 Nr. 1 UStG).

Die Umsatzsteuer-Zahllast wird wie folgt berechnet:

	Nettoentgelte	Steuersatz	Umsatz-steuer
Steuerfreie Vermietungen	50.000 €	–	– €
Steuerpflichtige Umsätze	50.000 €	19 %	9.500 €
Umsätze insgesamt	100.000 €	Summe	9.500 €
Abziehbare Vorsteuern			500 €
Umsatzsteuer-Zahllast			9.000 €

4. Bemessungsgrundlage

Fall 57

Entgelt als Bemessungsgrundlage

UStG § 10 Abs. 1

Die Umsatzsteuer berechnet sich für einen steuerpflichtigen Umsatz grundsätzlich mit 19 % der Bemessungsgrundlage. Bei entgeltlichen Leistungen i. S. des § 1 Abs. 1 Nr. 1 UStG ist Bemessungsgrundlage das Entgelt. Nach § 10 Abs. 1 UStG ist Entgelt alles, was der Leistungsempfänger oder ein anderer aufwendet, um die Leistung zu erhalten. Die Umsatzsteuer gehört nicht zur Bemessungsgrundlage. Verbrauchsteuerkonform bemisst sich die Umsatzsteuer damit nicht nach dem Wert der Leistung, sondern nach dem Wert der Gegenleistung.

Sachverhalt

Möbelfabrikant **A** liefert Möbel an den Möbelhändler M in Mühlheim. A stellt M für die Möbel und den Transport einschließlich gesondert ausgewiesener Umsatzsteuer 5.950 € in Rechnung. M bezahlt durch Banküberweisung.

Molkerei **B** liefert Milch an den Supermarkt Z in Zweibrücken. B stellt Z einschließlich gesondert ausgewiesener Umsatzsteuer 9.630 € in Rechnung. Z bezahlt durch Hingabe eines Schecks.

Textileinzelhändler **C** in Celle liefert dem Kunden K einen Anzug und stellt ihm dafür 570 € in Rechnung. K bedankt sich für die gute Beratung, rundet den Kaufpreis auf 600 € auf und zahlt sofort bar.

Buchhändler **D** in Duisburg liefert dem Studenten St ein Buch. St bezahlt den Kaufpreis von 64,20 € in bar. Die Quittung enthält den Betrag von 64,20 € und den Steuersatz von 7 %.

Die Umsätze sind steuerbar und steuerpflichtig. Die §§ 19 und 20 UStG sind nicht anzuwenden.

Frage

Wie hoch ist die Bemessungsgrundlage für die von den Unternehmern A bis D ausgeführten Umsätze?

Antwort

Die Bemessungsgrundlage beträgt für die Lieferung des A 5.000 €, für die Lieferung des B 9.000 €, für die Lieferung des C 504,20 € und für die Lieferung des D 60 €.

Begründung

Allgemeines: Die Umsatzsteuer knüpft als Verbrauchsteuer an die Einkommensverwendung des Verbrauchers an. Verbrauchsteuerkonform bestimmt sich die Bemessungsgrundlage für entgeltliche Leistungen daher nach dem Entgelt i. S. des § 10 Abs. 1 UStG (vgl. Abschn. 10.1 UStAE). Das Entgelt kann in Geld oder in Leistungen aller Art (vgl. dazu Fall 60) bestehen. Zum Entgelt (Nettobetrag) zählt alles, was der Leistungsempfänger oder ein Dritter für die Leistung (einschließlich der unselbständigen Nebenleistungen, z. B. für Verpackung und Transport) aufwendet (§ 10 Abs. 1 Satz 1, 3 UStG). Die Umsatzsteuer gehört nicht zum Entgelt (§ 10 Abs. 1 Satz 2 UStG). Aus der Gegenleistung (Bruttobetrag) ist deshalb die Umsatzsteuer herauszurechnen.

Die Höhe des Entgelts richtet sich grundsätzlich nach dem zwischen Leistendem und Leistungsempfänger bestehenden Rechtsverhältnis, aus dem sich der für die Steuerbarkeit der Leistung maßgebliche unmittelbare Zusammenhang zwischen der Leistung und dem erhaltenen Gegenwert ergibt. Besteht dieser Zusammenhang, zählen auch freiwillige Aufwendungen des Leistungsempfängers (z. B. Trinkgelder) zur Bemessungsgrundlage. Im Ergebnis ist das Entgelt aus der Sicht des Leistungsempfängers zu bestimmen.

Der Umsatzsteuer unterliegt nicht der Wert der vom Unternehmer erbrachten Leistung, sondern grundsätzlich der Wert der vom Leistungsempfänger erbrachten Gegenleistung, seine tatsächliche Einkommensverwendung. Entgegen dem Wortlaut des § 10 Abs. 1 UStG (was der Leistungsempfänger „aufwendet"), erfolgt die Besteuerung regelmäßig zunächst nach dem vereinbarten Entgelt (§ 13 Abs. 1 Nr. 1 Buchst. a und § 16 Abs. 1 UStG). Ergeben sich später Änderungen zum tatsächlich aufgewendeten Entgelt, muss die Bemessungsgrundlage berichtigt werden (vgl. § 17 UStG und die Fälle 64 bis 66).

Es ist für die Bestimmung des Entgelts unerheblich, ob die Gegenleistung den objektiven Wert der an den Leistungsempfänger bewirkten Leistung überschreitet. Das Entgelt wird nicht auf eine Höchstbemessungsgrundlage begrenzt. Unter den Voraussetzungen des § 10 Abs. 5 UStG kann jedoch im Einzelfall bei entgeltlichen Leistungen für Zwecke einer sachgerechten Verbrauchsbesteuerung die sog. Mindestbemessungsgrundlage zur Anwendung kommen.

Lieferung des **A:** A erbringt an M eine steuerbare und mit 19 % (§ 12 Abs.1 UStG) steuerpflichtige Lieferung. Der Transport ist eine übliche, die Lieferungen wirtschaftlich ergänzende unselbständige Nebenleistung. Aus der von A erteilten Rechnung ergeben sich die Bemessungsgrundlage von 5.000 € und die Umsatzsteuer von 950 €.

Lieferung des **B:** Der Umsatz ist mit 7 % steuerpflichtig (§ 12 Abs. 2 Nr. 1 UStG, Anlage 2 zu § 12 Abs. 2 Nr. 1 und 2 UStG, Nr. 4). Die Bemessungsgrundlage beträgt 9.000 € und die Umsatzsteuer 630 €.

Lieferung des **C:** Der Umsatz ist mit 19 % steuerpflichtig (§ 12 Abs. 1 UStG). Die Bemessungsgrundlage bestimmt sich aus der Sicht des Kunden K und umfasst neben dem vereinbarten Kaufpreis auch die freiwillige Zuzahlung. Sie ist aus dem Bruttobetrag von 600 € durch Anwendung des Divisors 1,19 herauszurechnen. Sie beträgt demnach (600 € : 1,19 =) 504,20 €, die Umsatzsteuer 95,80 €.

Lieferung des **D:** Der Umsatz ist mit 7 % steuerpflichtig (§ 12 Abs. 2 Nr. 1 UStG, Anlage 2 zu § 12 Abs. 2 Nr. 1 und 2 UStG, Nr. 49). Die Bemessungsgrundlage ist aus dem Bruttobetrag von 64,20 € durch Anwendung des Divisors 1,07 herauszurechnen, weil D in seiner Rechnung das Entgelt und die Umsatzsteuer nicht jeweils gesondert ausgewiesen hat. Es handelt sich um eine Kleinbetragsrechnung i. S. des § 33 UStDV. Die Bemessungsgrundlage beträgt (64,20 € : 1,07 =) 60 €, die Umsatzsteuer 4,20 €.

Fall 58

Zuschuss als Entgelt

UStG § 10 Abs. 1

Die Bemessungsgrundlage nach § 10 Abs. 1 UStG umfasst nicht nur die Aufwendungen des Leistungsempfängers für die Leistung, sondern auch die in diesem Zusammenhang von Dritten erbrachen Aufwendungen an den leistenden Unternehmer. Solche Zahlungen werden häufig als Zuschuss bezeichnet. Unter dem Begriff „Zuschuss" sind jedoch verschiedene Fallgruppen zu unterscheiden.

Sachverhalt

Werner Kraft (K) betreibt in Kassel auf eigenem Grundstück eine Tankstelle, die er aus eigenen Mitteln errichtet hat. An der Tankstelle werden Kraft- und Schmierstoffe im Namen und für Rechnung der Sprit-AG in Hamburg verkauft. Die AG hatte bisher mit K einen unbefristeten, von beiden Seiten jederzeit kündbaren Tankstellenvertrag abgeschlossen. Außerdem verkauft K an der Tankstelle im eigenen Namen und auf eigene Rechnung Reisebedarfsartikel und PKW-Ersatzteile.

Am 15.01.01 hat die AG auf das Bankkonto des K einen Zuschuss von 89.250 € gezahlt, weil er die bestehende Zapfanlage erweitert und durch Umbau der Gebäude den Service verbessert hatte. Die gesamten Baukosten betrugen 150.000 €. Die neue Anlage wurde am 10.01.01 in Betrieb genommen.

Weil die Sprit-AG die Hälfte der Baukosten übernehmen wollte, hatte sich K am 10.01.01 mit dem Abschluss eines neuen Tankstellenvertrages einverstanden erklärt und sich verpflichtet, mindestens für die Dauer von zehn Jahren nur im Namen und für Rechnung der Sprit-AG Kraft- und Schmierstoffe zu vertreiben. Eine Verpflichtung zur zeitanteiligen Rückzahlung des Zuschusses besteht nur bei vertragswidrigem Verhalten des K. Die Vertragsurkunde – nach einem von der Sprit-AG gestellten Muster – enthält auch die Zuschussabrechnung mit einem Nettobetrag von 75.000 € und 14.250 € gesondert ausgewiesener Umsatzsteuer.

Am 15.08.01 erwarb der Angestellte Schroer an der Tankstelle verschiedene Ersatzteile für seinen PKW. Den Rechnungsbetrag über 59,50 € beglich er durch Hingabe von 39,50 € bar und einen Gutschein über 20 €. Der Gutschein war von der D-Bank ausgestellt und Schroer für die Vermittlung eines Kunden an die Bank übergeben worden. Der Gutschein berechtigt Schroer zum Bezug von Kraftstoff oder anderen Waren an der Tankstelle von K im Wert von 20 €. K hat diesen Gutschein noch im August 01 mit der D-Bank abgerechnet.

Die §§ 19 und 20 UStG sind nicht anzuwenden. Voranmeldungszeitraum ist jeweils der Kalendermonat.

Frage

1. Wie ist der Zuschuss
   a) beim Tankstelleninhaber Kraft und
   b) bei der Mineralölgesellschaft Sprit-AG
   zu behandeln?
2. Wie ist der Gutschein
   a) beim Tankstelleninhaber Kraft und
   b) bei der D-Bank
   zu behandeln?

Antwort

1. a) Tankstelleninhaber Kraft hat eine mit 19 % steuerpflichtige sonstige Leistung bewirkt. Der Zuschuss i. H. von 75.000 € ist Entgelt. Die Umsatzsteuer von 14.250 € ist mit Ablauf des Voranmeldungszeitraums Januar des Jahres 01 entstanden.

   Die Mineralölgesellschaft Sprit-AG kann für den Voranmeldungszeitraum Januar des Jahres 01 als Vorsteuer 14.250 € abziehen.

2. a) Tankstelleninhaber Kraft hat im August 01 mit der Veräußerung der PKW-Ersatzteile an Schroer steuerpflichtige Lieferungen mit 19 % erbracht. Zum Entgelt i. H. von 50 € zählt auch der eingelöste Gutschein. Die Umsatzsteuer von 9,50 € ist mit Ablauf des Voranmeldungszeitraums 01 entstanden.

   b) Die D-Bank hat aus der Rechnung von Kraft keinen Vorsteuerabzug.

Begründung

Allgemeines: Zum Entgelt gehört auch, was ein anderer als der Leistungsempfänger dem Unternehmer für die Leistung gewährt. Zuwendungen vonseiten Dritter werden häufig als Zuschüsse bezeichnet. Bei den Zuschüssen sind u. a. folgende Arten zu unterscheiden (vgl. Abschn. 10.2 UStAE):

- Grund für die Zahlung ist nicht ein fremder Leistungsaustausch, sondern eine Leistung des Zahlungsempfängers an den Zahlenden. Der Zuschuss ist Entgelt für eine Leistung an den Zuschussgeber (Leistungsempfänger: § 10 Abs. 1 Satz 2 UStG).
- Die Zahlung erfolgt von einem Dritten für eine Leistung an einen anderen Leistungsempfänger. Es liegt ein Entgelt von dritter Seite an den Leistenden vor (§ 10 Abs. 1 Satz 3 UStG). Es handelt sich um ein zusätzliches Leistungsentgelt, das vor allem der Preisauffüllung dient.
- Die Zahlung wird nicht aufgrund eines Leistungsaustauschverhältnisses erbracht. Es liegt kein Entgelt i. S. des § 10 Abs. 1 UStG vor (unentgeltlicher oder echter Zuschuss).

1. a) Tankstelleninhaber Kraft (K) erbringt hinsichtlich des Verkaufs der Kraft- und Schmierstoffe steuerbare Vermittlungsleistungen gegen Provision an die Sprit-AG. Diese liefert die Kraft- und Schmierstoffe an die Kunden der Tankstelle. Die von den Kunden an K gezahlten Beträge stellen für K durchlaufende Posten dar, weil K die Zahlungen im Namen und für Rechnung der Sprit-AG vereinnahmt (§ 10 Abs. 1 Satz 6 UStG; vgl. auch Fall 59).

K hat die bestehende Zapfanlage erweitert und durch Umbau der Gebäude den Service verbessert. Die Baumaßnahmen stehen in einem wirtschaftlichen Zusammenhang mit dem Tankstellenvertrag. K hat die baulichen Veränderungen auch im Interesse der Sprit-AG vorgenommen. Die Tankstelle sollte für die Kunden möglichst bequem und anziehend gemacht werden in der Erwartung, dadurch auch den Umsatz für die Sprit-AG zu erhöhen. Damit hat K gegenüber der Sprit-AG eine sonstige Leistung (§ 3 Abs. 9 UStG) im Leistungsaustausch gegen eine vereinbarte Beteiligung an den Baukosten ausgeführt; sie ist mit dem Abschluss der Baumaßnahmen und der Inbetriebnahme der Anlage als erbracht anzusehen. Für diese steuerbare (§ 1 Abs. 1 Nr. 1 UStG) und mit 19 % steuerpflichtige Leistung (§ 12 Abs. 1 UStG) ist der an K gezahlte Zuschuss, jedoch ohne die darin enthaltene Umsatzsteuer, das Entgelt (§ 10 Abs. 1 Satz 1 und 2 UStG). Die Bemessungsgrundlage beträgt (89.250 € : 1,19 =) 75.000 €, die Umsatzsteuer (19 % von 75.000 € =) 14.250 €. Sie ist mit Ablauf des Voranmeldungszeitraums Januar des Jahres 01 entstanden (§ 13 Abs. 1 Nr. 1 Buchst. a Satz 1 UStG).

Aber auch dann, wenn der Zuschuss wegen der Vertragsverlängerung um 10 Jahre gewährt worden wäre, müsste ein Leistungsaustausch zwischen K und der Sprit-AG angenommen werden. Die Sprit-AG erlangte durch die Hingabe des Zuschusses und den Abschluss des neuen Tankstellenvertrages für die Dauer von 10 Jahren den wirtschaftlichen Vorteil, dass sich K verpflichtete, für diese Zeit die Erzeugnisse der Zuschussgeberin zu vertreiben. Die Leistung des K (Verlängerung des Vertragsverhältnisses und Einräumung des Vertriebsmonopols für die Dauer von 10 Jahren) wäre in diesem Fall spätestens mit dem Abschluss des Vertrages am 10.01.01 als erbracht anzusehen, die Umsatzsteuer also auch mit Ablauf des Voranmeldungszeitraums Januar 01 entstanden. Eine Verteilung des Zuschusses auf die Laufzeit des Vertrages käme in diesem Fall nicht in Betracht. Die für den Fall eines vertragswidrigen Verhaltens des K entstehende Rückzahlungsverpflichtung führt nicht zu einer anderen Beurteilung. Eine zeitanteilige Zuschussrückzahlung ist als Entgeltsminderung anzusehen. Es ändern sich die Bemessungsgrundlage, die Umsatzsteuer und der Vorsteuerabzug (§ 17 Abs. 1 UStG).

b) Für den Vorsteuerabzug (§ 15 Abs. 1 Satz 1 Nr. 1 UStG) ist grundsätzlich Voraussetzung, dass die Lieferung oder sonstige Leistung für das Unternehmen des Leistungsempfängers ausgeführt und die Umsatzsteuer für die Lieferung oder sonstige Leistung gesondert in Rechnung gestellt worden ist. An die Stelle einer Rechnung kann eine vom Leistungsempfänger erstellte Gutschrift treten. Wird die Abrechnung mit gesondertem Steuerausweis in einen gegenseitigen Vertrag aufgenommen, der unter Verwendung eines vom Leistungsempfänger gestellten Vertragsmusters abgeschlossen wird, ist nicht der Leistende, sondern der Leistungsempfänger Aussteller der Abrechnung. In der Verwendung des von der Sprit-AG vorformulierten Vertragsmusters ist eine vorherige Vereinbarung zwischen der Sprit-AG und K zur Ausstellung einer Gutschrift zu sehen (§ 14 Abs. 2 Satz 2 UStG). Die Sprit-AG hat die Gutschrift in der Vertragsurkunde im Voranmeldungszeitraum Januar 01 erteilt; ferner wurde die sonstige Leistung durch K im Voranmeldungszeitraum Januar 01 ausgeführt. Damit liegen im Januar 01 sämtliche Voraussetzungen für den Vorsteuerabzug von 14.250 € vor. Der Zeitpunkt des Vorsteuerabzugs wird durch § 16 Abs. 2 Satz 1 UStG bestimmt.

2. a) Tankstellenpächter Kraft (K) hat am 15.08.01 an Schroer für 59,50 € PKW-Ersatzteile geliefert. Das Entgelt für diese steuerbare (§ 1 Abs. 1 Nr. 1 UStG) und mit 19 % steuerpflichtige Leistung (§ 12 Abs. 1 UStG) beträgt 50 € (§ 10 Abs. 1 UStG). Es umfasst als Gegenleistung den von Schroer gezahlten Betrag von 39,50 € (§ 10 Abs. 1 Satz 2 UStG) und den Geldwert des Gutscheins als zusätzliches Leistungsentgelt der D-Bank (§ 10 Abs. 1 Satz 3 UStG). Die Umsatzsteuer von 9,50 € ist mit Ablauf des Voranmeldungszeitraums August 01 entstanden (§ 13 Abs. 1 Nr. 1 Buchst. a Satz 1 UStG).

b) Der D-Bank steht aus der Abrechnung von Kraft kein Vorsteuerabzug zu (§ 15 Abs. 1 Satz 1 Nr. 1 UStG). Die D-Bank ist nicht Bestellerin der PKW-Ersatzteile. Kraft bewirkt die Lieferungen der Ersatzteile nicht an die D-Bank, sondern an Schroer. Die D-Bank begleicht lediglich einen Teil des Kaufpreises für die an Schroer aufgeführten Lieferungen der Ersatzteile.

Fall 59

Entgelt – durchlaufende Posten

UStG § 10 Abs. 1

Beträge, die ein Unternehmer im Namen und für Rechnung eines anderen vereinnahmt und verausgabt, gehören als durchlaufende Posten nicht zur Bemessungsgrundlage für eine von ihm erbrachte Leistung. Der Unternehmer vereinnahmt und verausgabt diese Beträge nur als Mittelsperson.

Sachverhalt

Kraftfahrzeughändler Neumeier (N) in Neuwied verkauft dem Kunden Ahrens (A) nach ausführlicher Beratung ein neues Fahrzeug. N kümmert sich um die Überführung, Zulassung und Versicherung des PKW, der anschließend dem Kunden A in Neuwied übergeben wird. Die Gebühr für die Zulassungsbescheinigung Teil II (Fahrzeugbrief) wurde N vom Herstellerwerk in Rechnung gestellt; die Zulassungsgebühr hat N bei der Zulassungsstelle entrichtet.

Kraftfahrzeughändler N erteilte dem Kunden A folgende Rechnung:

Listenpreis (netto) einschließlich Überführungskosten	26.950 €
Fahrzeugbriefgebühr	10 €
Zulassungskosten (Schilder)	40 €
Zwischensumme	27.000 €
Umsatzsteuer 19 %	5.130 €
Rechnungsbetrag	32.130 €
Für Sie verauslagt: Zulassungsgebühr	40 €
Insgesamt zu zahlen:	32.170 €

Außerdem schloss A durch Vermittlung des N mit einer Versicherungsgesellschaft einen Versicherungsvertrag über das gekaufte Fahrzeug ab. Die erste Versicherungsprämie von 960 € wurde von A an N gezahlt, der den Betrag nach Abzug seiner Provision an die Versicherungsgesellschaft weiterleitete.

Die §§ 19 und 20 UStG sind nicht anzuwenden.

Frage

Wie muss Kraftfahrzeughändler Neumeier

1. die Gebühr für die Zulassungsbescheinigung Teil II und die Zulassungskosten,

2. die Fahrzeugzulassungsgebühr und die Versicherungsprämie bei der Umsatzsteuer behandeln?

Antwort

1. Die Gebühr für die Zulassungsbescheinigung Teil II und die Zulassungskosten gehören zum Kaufpreis für den gelieferten PKW; sie sind keine durchlaufenden Posten.
2. Die Zulassungsgebühr und die Versicherungsprämie sind durchlaufende Posten.

Begründung

Allgemeines: Voraussetzung für die Annahme eines durchlaufenden Postens i. S. des § 10 Abs. 1 Satz 6 UStG ist ein Handeln in fremdem Namen und eine Vereinnahmung und Verausgabung für fremde Rechnung. Es müssen unmittelbare Rechtsbeziehungen zwischen dem Zahlungsverpflichteten und dem Empfangsberechtigten der Zahlung bestehen. Der Unternehmer selbst ist weder Gläubiger noch Schuldner des bei ihm durchlaufenden Postens, sondern nur Mittelsperson.

Bei der Entgegennahme des durchlaufenden Postens wird nicht eine eigene, sondern eine fremde Forderung erfüllt und bei der Weiterleitung nicht eine eigene, sondern eine fremde Schuld getilgt. Schon wenn feststeht, dass eine der beiden Geldbewegungen (Vereinnahmung oder Verausgabung) im eigenen Namen des Unternehmers, wenn auch für fremde Rechnung geschehen ist, kann es sich nicht um einen durchlaufenden Posten handeln. Für den durchlaufenden Posten ist es unmaßgeblich, ob die Vereinnahmung oder Verausgabung zuerst geschieht. Durchlaufende Posten gehören nicht zum Entgelt (vgl. Abschn. 10.4 UStAE).

1. Zulassungsbescheinigungen Teil II (Fahrzeugbriefe) werden für zulassungspflichtige Kraftfahrzeuge benötigt. Der Kraftfahrzeughersteller verausgabt die Gebühr für den Fahrzeugbrief zunächst im eigenen Interesse und im eigenen Namen, um dem Händler ein Kraftfahrzeug anbieten zu können, für das eine Betriebserlaubnis besteht und eine Zulassungsbescheinigung Teil II vorliegt. Gebührenschuldner ist der Hersteller. Stellt er die Gebühr in Rechnung, so gehört sie zum Kaufpreis, den der Händler an den Hersteller zu entrichten hat. Da N seinerseits die Gebühr für die Zulassungsbescheinigung Teil II neben dem Listenpreis und den Überführungskosten für den PKW dem A gesondert in Rechnung gestellt hat, ist die Gebühr auch Bestandteil des von A an N geschuldeten Kaufpreises. N vereinnahmt von A die Gebühr im eigenen Namen und für eigene Rechnung. Mit der Bezahlung der Gebühr an den Hersteller tilgt N eine eigene Kaufpreisschuld. Die Gebühr für die Zulassungsbescheinigung Teil II von 10 € ist weder beim Hersteller noch beim Händler N ein durchlaufender Posten i. S. des § 10 Abs. 1 Satz 6 UStG.

Die Zulassungskosten von 40 € (hier der Betrag für die von N beschafften, mit amtlichem Kennzeichen versehenen Schilder) gehören zum Kaufpreis für das Kraftfahrzeug. Überführung und Zulassung des Fahrzeugs teilen als unselbständige Nebenleistung das umsatzsteuerrechtliche Schicksal der PKW-Lieferung (Hauptleistung).

2. Die Zulassung des Kraftfahrzeugs ist auf den Namen des Käufers A vorzunehmen. Die Zulassungsgebühr wird von A als Kraftfahrzeughalter geschuldet. N hat die Zulassungsgebühr an die Zulassungsstelle in fremdem Namen und für fremde Rechnung entrichtet. Es ist unerheblich, dass N den Betrag zuerst verausgabt und später erst von A vereinnahmt. Die Zulassungsgebühr ist für den Unternehmer N ein durchlaufender Posten (§ 10 Abs. 1 Satz 6 UStG).

Durch Vermittlung der Versicherung für das von A erworbene Kraftfahrzeug bewirkt N an die Versicherungsgesellschaft eine sonstige Leistung (§ 3 Abs. 9 UStG). Sie ist nicht eine übliche Nebenleistung zur Hauptleistung, weil die Lieferung (§ 3 Abs. 1 UStG) des PKW durch N an A, die sonstige Leistung aber durch N gegenüber der Versicherungsgesellschaft ausgeführt wird. Es handelt sich um zwei verschiedene Leistungen und zwei verschiedene Leistungsempfänger. Als Versicherungsnehmer schuldet A die Versicherungsprämie der Versicherungsgesellschaft. N vereinnahmt und verausgabt die Prämie in fremdem Namen und für fremde Rechnung. Durch Weiterleitung der Prämie bringt N ein fremdes Schuldverhältnis zum Erlöschen. Beim Händler N ist die Versicherungsprämie von 960 € ein durchlaufender Posten (§ 10 Abs. 1 Satz 6 UStG).

Die Lieferung des PKW durch N ist steuerbar und steuerpflichtig mit 19 % (§ 1 Abs. 1 Nr. 1 UStG; § 12 Abs. 1 UStG). Die Bemessungsgrundlage beträgt 27.000 €, die Umsatzsteuer 5.130 €. Die im Wege der Verrechnung vereinnahmte Provision ist Entgelt für die Vermittlung des Versicherungsvertrages. Dieser Umsatz des N ist steuerfrei nach § 4 Nr. 11 UStG.

Fall 60

Bemessungsgrundlage bei Tauschumsätzen

UStG § 10 Abs. 2

Sachverhalt

Briefmarkenhändler **A** erwirbt vom Elektrohändler **B** eine Kaffeemaschine zum Verkaufspreis von 860 €. Als Gegenleistung wird die Lieferung von Briefmarken (Sammlungsstücke) im Verkaufspreis von 860 € vereinbart.

Kraftfahrzeughändler **C** nimmt beim Verkauf eines Neufahrzeugs den gebrauchten PKW des Handelsvertreters **D** für 6.200 € zuzüglich 1.178 € Umsatzsteuer = 7.378 € in Zahlung. Das Neufahrzeug kostet 30.000 € zuzüglich 5.700 € Umsatzsteuer = 35.700 €. D zahlt 28.322 € in bar zu. Alternativ nimmt C den gebrauchten PKW mit 7.378 € in Zahlung, obwohl der gemeine Wert dieses Fahrzeugs nur 5.950 € beträgt.

Zuckerfabrik **E** stellt der Marmeladenfabrik **F** für eine Zuckerlieferung 11.600 € zuzüglich 812 € Umsatzsteuer = 12.412 € in Rechnung. Wegen unvorhersehbarer Zahlungsschwierigkeiten der Abnehmerin F ist die Lieferfirma E damit einverstanden, dass F ihr an Zahlungs statt einen Gabelstapler im Wert von 12.412 € überlässt. F erteilt der Abnehmerin E eine Gegenrechnung über 10.430 € zuzüglich 1.982 € Umsatzsteuer = 12.412 €.

Bauunternehmer **G** führt im Auftrag der Lampenfabrik **H** Abbrucharbeiten aus. H überlässt G das anfallende Abbruchmaterial und zahlt außerdem 4.760 € durch Banküberweisung. G erteilt eine Rechnung über die Abbrucharbeiten und eine Gutschrift über das erhaltene Abbruchmaterial.

Rechnung (Auszug):

Abbruchleistungen	6.000 €	
zzgl. Umsatzsteuer 19 % von 6.000 € =	1.140 €	7.140 €

Gutschrift (Auszug):

Abbruchmaterial	2.000 €	
zzgl. Umsatzsteuer 19 % von 2.000 € =	380 €	2.380 €
verbleiben noch zu zahlen		4.760 €

Die Leistungen der Unternehmer A bis H sind steuerbar und steuerpflichtig. Die §§ 19 und 20 UStG sind nicht anzuwenden.

Frage

Wie hoch ist die Bemessungsgrundlage für die Umsätze der Unternehmer A bis H?

Antwort

Die Bemessungsgrundlage beträgt für den Umsatz des

A = 900 €;	C = 30.000 €; alternativ: 28.800 €	E = 11.600 €;	G = 6.000 €;
B = 900 €;	D = 6.200 €;	F = 10.430 €;	H = 2.000 €.

Begründung

Allgemeines: Beim Tausch (§ 3 Abs. 12 Satz 1 UStG; Entsprechendes gilt beim tauschähnlichen Umsatz, § 3 Abs. 12 Satz 2 UStG, und bei Hingabe an Zahlungs statt) stehen sich jeweils zwei selbständig zu beurteilende Leistungen gegenüber (vgl. auch Fall 5). Kennzeichen dieser Fälle des Leistungsaustausches ist, dass die Gegenleistung nicht in Geld, sondern in einer Leistung (Lieferung oder sonstigen Leistung) besteht. Bei Tauschumsätzen ist die nicht in Geld bestehende Gegenleistung von vornherein vereinbart; bei der Hingabe an Zahlungs statt tritt erst nachträglich eine Lieferung oder sonstige Leistung an die Stelle einer ursprünglich in Geld vereinbarten Gegenleistung. Erfolgt die nachträglich bewirkte Leistung in einem späteren Voranmeldungszeitraum, kann ggf. eine Änderung der Bemessungsgrundlage nach § 17 Abs. 1 UStG erforderlich werden.

Wird die Gegenleistung nicht in Geld erbracht, ist eine Bewertung der Gegenleistung (d. h. ein Ausdrücken der Gegenleistung in Geld) erforderlich. Nach § 10 Abs. 2 Satz 2 UStG gilt der Wert jedes Umsatzes als Entgelt für den anderen Umsatz (vgl. Abschn. 10.5 Abs. 1 UStAE). Wie in § 10 Abs. 1 Satz 2 UStG bestimmt sich die Bemessungsgrundlage für einen Tauschumsatz nach dem Wert der Gegenleistung. Entscheidend ist, was der Leistungsempfänger (bzw. ein Dritter) tatsächlich aufwendet. Verbrauchsteuerkonform ist dabei grundsätzlich der Wert der Gegenleistung und nicht der Wert der hingegebenen Leistung maßgeblich.

Der Wert der Gegenleistung ist nach objektiven Gesichtspunkten zu bemessen und entspricht grundsätzlich dem Marktwert (Verkehrswert, gemeiner Wert). Diesen Wert wendet der Leistungsempfänger (mindestens) auf, um die Gegenleistung zu erhalten. Sind seine tatsächlichen Ausgaben (einschließlich der Nebenleistungen) zur Erlangung der Gegenleistung höher, ist dieser Wert als subjektiver Wert anzusetzen. Hat der Empfänger der Leistung keine konkreten Aufwendungen für seine Gegenleistung getätigt und ist auch der Marktwert seiner Leistung nicht zuverlässig zu ermitteln, kann hilfsweise der Wert der Gegenleistung nach dem Wert der eigenen Leistung bestimmt werden. Es gilt dann die Vermutung, dass die Beteiligten von der Gleichwertigkeit der ausgetauschten Leistungen ausgehen.

Im Wert der Gegenleistung ist die Umsatzsteuer für einen steuerpflichtigen Umsatz enthalten; die Umsatzsteuer gehört jedoch nicht zum Entgelt, also auch nicht zur Bemessungsgrundlage bei Tauschumsätzen (§ 10 Abs. 2 Satz 3 UStG).

Zwischen den Unternehmern **A** und **B** liegt ein Tausch vor, weil das Entgelt für eine Lieferung in einer Lieferung besteht (§ 3 Abs. 12 Satz 1 UStG). Der Wert des Umsatzes beträgt jeweils 860 €. Die Umsatzsteuer von 7 % (§ 12 Abs. 2 Nr. 1 UStG i. V. m. Anlage 2 Nr. 49 Buchst. f) bzw. 19% (§ 12 Abs. 1 UStG) ist aus dem Bruttobetrag herauszurechnen. Für die Lieferung des A beträgt die Bemessungsgrundlage (860 € : 1,07 =) 803,74 €, die Umsatzsteuer 56,26 €. Die Bemessungsgrundlage für die Lieferung des B beträgt (860 € : 1,19 =) 722,69 €, die Umsatzsteuer 137,31 €.

Zwischen den Unternehmern **C** und **D** liegt ebenfalls ein Tausch vor (§ 3 Abs. 12 Satz 1 UStG). Da die beiden sich gegenüberstehenden Lieferungen nicht gleichwertig sind, ergibt sich ein Tausch mit Baraufgabe.

Bemessungsgrundlage für die Lieferung (Neufahrzeug) des Unternehmers C an D:

gemeiner Wert des gebrauchten PKW	7.378 €
zzgl. Barzahlung des D	28.322 €
Gegenleistung des D insgesamt	35.700 €
abzgl. Umsatzsteuer für die Lieferung des C	5.700 €
Bemessungsgrundlage (35.700 € : 1,19 =)	30.000 €

Bemessungsgrundlage für die Lieferung (gebrauchtes Fahrzeug) des Unternehmers D (Hilfsgeschäft) an C:

Wert des Neufahrzeugs	35.700 €
abzgl. Barzahlung des D[1]	28.322 €
Gegenleistung des C für den gebrauchten PKW	7.378 €
abzgl. Umsatzsteuer für die Lieferung des D	1.178 €
Bemessungsgrundlage (7.378 € : 1,19 =)	6.200 €

Nimmt C das gebrauchte Fahrzeug des D zu einem höheren als dem gemeinen Wert in Zahlung, liegt ein verdeckter Preisnachlass vor, der das Entgelt für die Lieferung des Neuwagens mindert. Die Bemessungsgrundlage beträgt in diesem Fall für die Lieferung des C an D:

gemeiner Wert des gebrauchten PKW	5.950 €
zzgl. Barzahlung des D	28.322 €
Gegenleistung des D insgesamt	34.272 €
abzgl. Umsatzsteuer für die Lieferung des C	5.472 €
Bemessungsgrundlage (34.272 € : 1,19 =)	28.800 €

Für die Bemessungsgrundlage des D ergibt sich keine Änderung. Weist C in seiner Rechnung die Umsatzsteuer wie im Ausgangsfall i. H. von 5.700 € aus, schuldet er den Mehrbetrag von (5.700 € ./. 5.472 € =) 228 € gem. § 14c

1 Die Barzahlung des D ist keine Leistung im umsatzsteuerlichen Sinne. Insoweit kann die Lieferung des Neufahrzeugs auch keine Gegenleistung darstellen. Gegenleistung für die Lieferung des gebrauchten PKW ist daher die Lieferung des Neufahrzeugs abzüglich der Barzahlung des D.

Abs. 1 UStG (vgl. Abschn. 10.5 Abs. 4 und 5 UStAE). D ist nur zu einem Vorsteuerabzug i. H. von 5.472 € berechtigt.

Zwischen den Unternehmern **E** und **F** ergibt sich der Fall einer Hingabe an Zahlungs statt (§ 10 Abs. 2 UStG). Die Hingabe des Gabelstaplers ersetzt die Entrichtung der ursprünglich vereinbarten Bezahlung der Kaufpreisschuld in Geld, da der Gläubiger mit dieser Art der Tilgung einverstanden ist (§ 364 Abs. 1 BGB). Für die Beurteilung gelten die für den Tausch maßgeblichen Grundsätze (§ 3 Abs. 12 Satz 1 UStG). Weicht der Wert der (in einem anderen Voranmeldungszeitraum) an Zahlungs statt erbrachten Leistung von der ursprünglich vereinbarten Gegenleistung ab, ist eine Berichtigung nach § 17 Abs. 1 UStG erforderlich.

Bemessungsgrundlage für die Lieferung des Unternehmers E an F:

gemeiner Wert des von F hingegebenen Gabelstaplers	12.412 €
abzgl. Umsatzsteuer für die Lieferung des E	812 €
Bemessungsgrundlage (12.412 € : 1,07 =)	11.600 €

Bemessungsgrundlage für die Lieferung des Unternehmers F an E:

gemeiner Wert des von E gelieferten Zuckers	12.412 €
abzgl. Umsatzsteuer für die Lieferung des F	1.982 €
Bemessungsgrundlage (12.412 € : 1,19 =)	10.430 €

Zwischen den Unternehmern **G** und **H** ergibt sich ein tauschähnlicher Umsatz (§ 3 Abs. 12 Satz 2 UStG). Der sonstigen Leistung des G steht eine Lieferung des H gegenüber. Der Wertunterschied beider Leistungen wird durch Zahlung eines Barbetrages ausgeglichen.

Bemessungsgrundlage für die sonstige Leistung des Unternehmers G:

Wert des von H gelieferten Materials	2.380 €
zzgl. Barzahlung des H	4.760 €
Gegenleistung des H insgesamt	7.140 €
abzgl. Umsatzsteuer für die sonstige Leistung des G	1.140 €
Bemessungsgrundlage (7.140 € : 1,19 =)	6.000 €

Bemessungsgrundlage für die Lieferung des Unternehmers H an G:

Wert der Abbruchleistung des G	7.140 €
abzgl. Barzahlung des H	4.760 €
Gegenleistung des G für das Abbruchmaterial	2.380 €
abzgl. Umsatzsteuer für die Lieferung des H	380 €
Bemessungsgrundlage (2.380 € : 1,19 =)	2.000 €

Fall 61

Veräußerung betrieblicher Grundlagen – Geschäftsveräußerung

UStG § 1 Abs. 1a, § 10 Abs. 1 und 2, § 15, § 15a

Übertragungen von Vermögensobjekten des Unternehmens unterliegen grundsätzlich als Umsätze (ggf. Hilfsumsätze) im Rahmen des Unternehmens der Umsatzsteuer. Die Beendigung eines Unternehmens und damit die Aufgabe der unternehmerischen Tätigkeit kann sich in verschiedenen Formen vollziehen und zu unterschiedlichen umsatzsteuerrechtlichen Folgen führen.

Bei der Beurteilung sind nicht der Umsatzsteuer unterliegende Umsätze im Rahmen einer Geschäftsveräußerung und nicht steuerbare, steuerbare und steuerfreie bzw. steuerpflichtige Übertragungen einzelner Wirtschaftsgüter zu unterscheiden. Für die Geschäftsveräußerung enthält das Umsatzsteuerrecht in § 1 Abs. 1a UStG und in § 15a Abs. 10 UStG besondere Regelungen. Weitere Einzelheiten ergeben sich aus Abschn. 1.5 UStAE.

Sachverhalt

1. Josef Schlösser in Köln war Inhaber einer Werkzeugschlosserei, die er als Einzelunternehmer auf eigenem Grundstück betrieb. Aus Altersgründen entschloss er sich, sein Unternehmen zu beenden. Zum Aufgabezeitpunkt ließ Josef Schlösser durch seinen Steuerberater folgende den handels- und steuerrechtlichen Bewertungsvorschriften entsprechende Schlussbilanz erstellen:

Aktiva	31.12.05		Passiva
Grund und Boden	10.000 €	Kapital	70.000 €
Gebäude	50.000 €	Lieferantenschulden	60.000 €
Maschinen	30.000 €	Sonstige	
Einrichtungen	10.000 €	Verbindlichkeiten	20.000 €
Eisen- und Stahlvorräte	21.000 €		
Fertige Werkzeuge	14.000 €		
Kundenforderungen	13.000 €		
Kasse	2.000 €		
	150.000 €		150.000 €

2. Aus den Geschäftsunterlagen ist zu entnehmen:

a) Der in der Bilanz ausgewiesene Grund und Boden wurde im Jahr 01 erworben und mit einer Arbeitshalle bebaut, die am 25.09.01 in Gebrauch genommen wurde. Die mit der Herstellung der Halle in wirtschaftlichem Zusammenhang stehenden Vorsteuern von 6.000 € wurden im Jahr 01 zulässigerweise abgezogen.

Der gemeine Wert (ohne Umsatzsteuer) entspricht dem Teilwert im Zeitpunkt der Übertragung: für den Grund und Boden 20.000 € und für das

Gebäude 60.000 €. Das bebaute Grundstück wurde bisher ausschließlich für eigene betriebliche Zwecke genutzt.

b) Der Teilwert für die Maschinen betrug im Zeitpunkt der Übertragung 40.000 €. Der Buchwert der übrigen (bilanzierten) Wirtschaftsgüter entspricht dem Teilwert.

3. Bevor sich Josef Schlösser zur Aufgabe seines Unternehmens entschloss, hatte er mit seinem Steuerberater folgende Gestaltungsmöglichkeiten erörtert:

A. Übertragung aller Wirtschaftsgüter auf seinen Sohn Peter Schlösser, der die Werkzeugschlosserei fortführt:

Peter Schlösser soll die vorhandenen Schulden von 80.000 € übernehmen und außerdem 120.000 € entrichten.

B. Übertragung aller Wirtschaftsgüter auf Peter Schlösser mit Ausnahme des bebauten Grundstücks und der Verbindlichkeiten i. H. von 80.000 €:

Peter Schlösser ist an dem Grundstück mit der aufstehenden Arbeitshalle nicht interessiert und will statt einer Werkzeugschlosserei zukünftig eine Kunstschmiede auf einem bereits vorhandenem eigenen Grundstück betreiben. Josef Schlösser behält die Schulden von 80.000 € und vermietet das bebaute Grundstück mit Verzicht (§ 9 UStG) auf die Steuerbefreiung nach § 4 Nr. 12 Satz 1 Buchst. a UStG an Jürgen Roth, der auf dem Gelände seinen Kfz-Reparaturbetrieb eröffnen will.

Peter Schlösser soll nur die 120.000 € entsprechend der Vereinbarung zu A. sowie eine sich ggf. ergebende Umsatzsteuer zusätzlich zahlen.

C. Einbringung aller Wirtschaftsgüter mit Ausnahme des bebauten Grundstücks und der Verbindlichkeiten i. H. von 80.000 € in eine KG, die die Werkzeugschlosserei fortführt:

Josef Schlösser erhält als Komplementär einen Gesellschaftsanteil von 120.000 € und vermietet das bebaute Grundstück unter Verzicht (§ 9 UStG) auf die Steuerbefreiung nach § 4 Nr. 12 Satz 1 Buchst. a UStG langfristig an die KG. Peter Schlösser leistet eine Bareinlage von 60.000 € für seine Beteiligung als Kommanditist.

Sowohl Josef als auch Peter Schlösser ließen sich im Zusammenhang mit der Betriebsaufgabe steuerlich beraten. Josef Schlösser wurden für die Beratung 6.000 € zuzüglich 1.140 € USt und Peter Schlösser 2.000 € zuzüglich 380 € USt in Rechnung gestellt.

Frage

Mit welcher Belastung an Umsatzsteuer müssen die Beteiligten bei den Gestaltungen zu A. bis C. rechnen?

Bei der Beantwortung der Frage ist einzugehen auf Umsatzsteuer und Vorsteuer im Zusammenhang mit dem Veräußerungsvorgang sowie auf etwaige Berichtigungen des Vorsteuerabzugs nach § 15a UStG.

Antwort

A. Der Veräußerer Josef Schlösser bewirkt Umsätze im Rahmen einer Geschäftsveräußerung an den Unternehmer Peter Schlösser. Diese Umsätze unterliegen nicht der Umsatzsteuer (§ 1 Abs. 1a UStG). Der Erwerber Peter Schlösser erlangt insoweit keinen Vorsteuerabzug. Josef und Peter Schlösser können aus den Beratungsleistungen die Vorsteuer i. H. von 1.140 € bzw. 380 € nach § 15 Abs. 1 Satz 1 Nr. 1 UStG geltend machen. Ein Vorsteuerausschluss nach § 15 Abs. 2 UStG liegt nicht vor. Der für das bebaute Grundstück maßgebliche Berichtigungszeitraum von 10 Jahren wird durch die Geschäftsveräußerung nicht unterbrochen (§ 15a Abs. 10 UStG).

B. Es liegt keine Geschäftsveräußerung (§ 1 Abs. 1a UStG) vor. Die Übertragungen der Maschinen, Einrichtungen, Eisen- und Stahlvorräte sowie der fertigen Werkzeuge und des Firmenwerts führen zu steuerpflichtigen Leistungen. Eine dafür vom Veräußerer Josef Schlösser gesondert in Rechnung gestellte Umsatzsteuer kann der Erwerber Peter Schlösser als Vorsteuer abziehen (§ 15 Abs. 1 Satz 1 Nr. 1 UStG). Die Abtretung der Kundenforderungen ist als sonstige Leistung nach § 4 Nr. 8 Buchst. c UStG steuerfrei. Die Übertragung des Kassenbestandes ist keine Leistung im umsatzsteuerrechtlichen Sinne. Die Vorsteuer aus den Beratungsleistungen kann jeweils in voller Höhe geltend gemacht werden.

   Die nach Option (§ 9 UStG) steuerpflichtige Vermietung des bebauten Grundstücks an Jürgen Roth führt nicht zu einer Berichtigung des Vorsteuerabzugs nach § 15a UStG.

C. Bei der Einbringung eines Betriebs in eine Gesellschaft liegt eine Geschäftsveräußerung auch dann vor, wenn einzelne wesentliche Wirtschaftsgüter nicht mit dinglicher Wirkung übertragen, sondern an die Gesellschaft vermietet oder verpachtet werden. Die Einbringung des Betriebs in die KG durch Josef Schlösser ist wie die Veräußerung zu A. zu beurteilen. Für Josef Schlösser ergibt sich aus der Beratungsleistung ein Vorsteuerabzug i. H. von 1.140 €. Peter Schlösser ist nicht zum Vorsteuerabzug berechtigt.

   Die nach Option (§ 9 UStG) steuerpflichtige Vermietung des bebauten Grundstücks an die KG führt nicht zu einer Berichtigung des Vorsteuerabzugs nach § 15a UStG.

Begründung

A. Übertragung aller Wirtschaftsgüter

Überträgt ein Unternehmer alle Wirtschaftsgüter seines Unternehmens entgeltlich oder unentgeltlich auf einen Erwerber, der das Unternehmen fortführen will, liegt eine Geschäftsveräußerung i. S. des § 1 Abs. 1a UStG vor. Die Geschäftsveräußerung ist kein (eigenständiger) Umsatz. Steuergegenstand ist nicht die Übertragung als Gesamtvorgang. Vielmehr werden im

Rahmen einer Geschäftsveräußerung (regelmäßig zahlreiche) Lieferungen und sonstige Leistungen ausgeführt. Diese Leistungen unterliegen unter den Voraussetzungen des § 1 Abs. 1a UStG nicht der Umsatzsteuer.

Leistungen, die der Veräußerer oder der Erwerber im Zusammenhang mit der Geschäftsveräußerung bezieht (z. B. Beratungsleistungen), berechtigen unter den Voraussetzungen des § 15 UStG zum Vorsteuerabzug. Da diese Leistungen in einem direkten und unmittelbaren Zusammenhang mit einem Vorgang (Geschäftsveräußerung) stehen, der nicht der Umsatzsteuer unterliegt, besteht kein Zusammenhang mit einem Verwendungsumsatz i. S. des § 15 Abs. 2 UStG. Für den Vorsteuerabzug des Übertragenden ist deshalb auf seine gesamte wirtschaftliche Tätigkeit vor der Geschäftsveräußerung abzustellen. Der Vorsteuerabzug des Erwerbers beurteilt sich nach der beabsichtigten Verwendung der im Rahmen der Geschäftsveräußerung erworbenen Wirtschaftsgüter.

Die Geschäftsveräußerung ist kein Verwendungsumsatz i. S. des § 15 Abs. 2 UStG und löst deshalb unmittelbar keine Vorsteuerkorrektur nach § 15a UStG aus. Durch die Geschäftsveräußerung wird vielmehr der für das einzelne Wirtschaftsgut maßgebliche Berichtigungszeitraum nicht unterbrochen (§ 15a Abs. 10 UStG). Erst wenn sich durch die Verwendung der Wirtschaftsgüter beim Erwerber die für den ursprünglichen Vorsteuerabzug beim Veräußerer maßgebenden Verhältnisse ändern, ist eine Vorsteuerkorrektur nach § 15a UStG beim Erwerber zu prüfen. Der Veräußerer ist deshalb verpflichtet, dem Erwerber die für eine Berichtigung erforderlichen Angaben zu machen (§ 15a Abs. 10 Satz 2 UStG).

Mit der entgeltlichen Übertragung aller Wirtschaftsgüter seines Unternehmens auf Peter Schlösser, der die Werkzeugschlosserei weiterbetreiben will, bewirkt Josef Schlösser eine Geschäftsveräußerung i. S. des § 1 Abs. 1a UStG. Die im Rahmen dieser Geschäftsveräußerung erbrachten Umsätze unterliegen nicht der Umsatzsteuer. Da aus diesen Umsätzen keine gesetzlich geschuldete Umsatzsteuer entsteht, ergibt sich für Peter Schlösser insoweit auch kein Vorsteuerabzug. Für Peter Schlösser würde sich auch dann kein Vorsteuerabzug ergeben, wenn Josef Schlösser trotz Geschäftsveräußerung für die erbrachten Umsätze Umsatzsteuer in Rechnung stellen würde. Diese Umsatzsteuer würde Josef Schlösser nach § 14c Abs. 1 UStG schulden.

Josef und Peter Schlösser können aus den Beratungsleistungen die Vorsteuer i. H. von 1.140 € bzw. 380 € nach § 15 Abs. 1 Satz 1 Nr. 1 UStG geltend machen. Beide beziehen die Beratungsleistung für ihr Unternehmen. Bei Josef Schlösser besteht der Zusammenhang mit der Übertragung bei Peter Schlösser mit dem Erwerb eines Unternehmens. Ein Vorsteuerausschluss nach § 15 Abs. 2 UStG liegt nicht vor. Josef Schlösser hat mit seiner Werkzeugschlosserei bis zur Geschäftsveräußerung ausschließlich Umsätze ausgeführt, die ihn zum Vorsteuerabzug berechtigt haben. Bei Peter Schlösser, der dieses Unternehmen fortführen will, kann deshalb ebenfalls davon ausgegangen werden, dass er ausschließlich Umsätze erbringen wird, die ihn zum Vorsteuerabzug berechtigen.

Der für das bebaute Grundstück maßgebliche Berichtigungszeitraum von 10 Jahren wird durch die Geschäftsveräußerung nicht unterbrochen (§ 15a Abs. 10 UStG). Eine Berichtigung des Vorsteuerabzugs (§ 15a UStG) kommt für Peter Schlösser nur in Betracht, wenn sich durch eine andere Verwendung des Grundstücks die für den ursprünglichen Vorsteuerabzug maßgebenden Verhältnisse ändern. Davon ist bei einer Fortführung des Unternehmens in diesem Sachverhalt nicht auszugehen.

B. Übertragung aller Wirtschaftsgüter mit Ausnahme des bebauten Grundstücks

Eine Geschäftsveräußerung i. S. des § 1 Abs. 1a UStG setzt voraus, dass mindestens alle wesentlichen Grundlagen des Unternehmens auf den Erwerber übertragen werden und der Erwerber die Tätigkeit des Veräußerers fortführt. Die übertragenen Wirtschaftsgüter müssen als hinreichendes Ganzes dem Erwerber die Fortsetzung der unternehmerischen Tätigkeit des Veräußerers ermöglichen. Was als wesentliche Betriebsgrundlage anzusehen ist, kann nur im Einzelfall unter Beachtung wirtschaftlicher Gesichtspunkte beurteilt werden. Entscheidend sind die tatsächlichen Verhältnisse im Zeitpunkt der Übertragung.

Bei einem Produktionsbetrieb gehört das auf die besonderen Zwecke und die Größe des Betriebs abgestimmte Betriebsgrundstück zu den wesentlichen Grundlagen des Unternehmens. Überträgt Josef Schlösser das Grundstück mit der Arbeitshalle nicht auf seinen Sohn, sondern vermietet es an Jürgen Roth, so liegen die Voraussetzungen für eine Geschäftsveräußerung i. S. des § 1 Abs. 1a UStG nicht vor; es sind nicht alle wesentlichen Grundlagen des Unternehmens auf den Sohn übergegangen. Auch führt der Erwerber mit der beabsichtigten Kunstschmiede nicht das Unternehmen des Veräußerers in Form einer Werkzeugschlosserei fort. Statt eines einheitlichen Vorgangs (Geschäftsveräußerung), der nicht der Umsatzsteuer unterliegt, sind die im Geschäftsveräußerungsvorgang gebündelten entgeltlichen Leistungen selbständig auf ihre Steuerbarkeit, Steuerbefreiung und Steuerermäßigung zu untersuchen.

Mit der Übertragung der Maschinen, Einrichtungen, Eisen- und Stahlvorräte und Werkzeuge erbringt Josef Schlösser steuerbare und steuerpflichtige Lieferungen. Die Abtretung von Forderungen aus Lieferungen an Peter Schlösser führt zu steuerbaren, aber steuerfreien sonstigen Leistungen (§ 4 Nr. 8 Buchst. c UStG). Die Übertragung des Kassenbestandes ist keine Leistung im umsatzsteuerrechtlichen Sinne und daher nicht steuerbar. Wird mit dem Gesamtkaufpreis auch ein Firmenwert bezahlt, erbringt Josef Schlösser insoweit eine steuerbare und steuerpflichtige Leistung.

Bemessungsgrundlage für die einzelnen Umsätze ist das Entgelt für die auf den Erwerber übertragenen Wirtschaftsgüter. Die Gegenleistung umfasst

– soweit vereinbart – auch die Übernahme von Verbindlichkeiten durch den Leistungsempfänger. Die Umsatzsteuer gehört nicht zur Bemessungsgrundlage. Wird ein Gesamtkaufpreis vereinbart, so muss festgestellt werden, welcher anteilige Kaufpreis auf die einzelnen Wirtschaftsgüter entfällt. Anhaltspunkte für eine Aufteilung ergeben sich aus einer regelmäßig vom Veräußerer erstellten Veräußerungsbilanz. Eine Aufteilung ist insbesondere dann notwendig, wenn in dem Leistungsbündel des Veräußerers neben steuerpflichtigen auch steuerfreie oder dem ermäßigten Steuersatz nach § 12 Abs. 2 UStG unterliegende Leistungen enthalten sind. Eine Aufteilung empfiehlt sich auch aus Gründen des gesonderten Steuerausweises für Zwecke des Vorsteuerabzugs. Der gegenüber den Buchwerten in Erscheinung tretende Mehr- oder Mindererlös muss auf die einzelnen Wirtschaftsgüter nach den tatsächlichen Wertverhältnissen verteilt werden. Dabei sind im Fall eines Mehrerlöses die Wirtschaftsgüter um die entsprechenden stillen Reserven zu erhöhen; der Restbetrag stellt den Firmenwert dar.

Das Gesamtentgelt von 120.000 € ist entsprechend den tatsächlichen Wertverhältnissen auf die einzelnen Wirtschaftsgüter wie folgt aufzuteilen:

Maschinen	30.000 €	+ 10.000 €	= 40.000 €
Einrichtungen	10.000 €	–	= 10.000 €
Eisen- und Stahlvorräte	21.000 €	–	= 21.000 €
Fertige Werkzeuge	14.000 €	–	= 14.000 €
Forderungen aus Lieferungen	13.000 €	–	= 13.000 €
Kasse	2.000 €	–	= 2.000 €
Firmenwert	–	+ 20.000 €	= 20.000 €
Gesamtentgelt	90.000 €	+ 30.000 €	= 120.000 €

Bis auf die Übertragung der Forderungen sind die einzelnen steuerbaren Umsätze steuerpflichtig. Steuerschuldner ist Josef Schlösser (§ 13a Abs. 1 UStG). Das auf die steuerpflichtigen Umsätze entfallende Entgelt beträgt insgesamt (120.000 € ⁒ 15.000 € =) 105.000 €.

Der Steuersatz beträgt 19 % (§ 12 Abs. 1 UStG). Die vom Veräußerer Josef Schlösser gesondert in Rechnung zu stellende Umsatzsteuer beträgt (19 % von 105.000 € =) 19.950 €.

Unter den Voraussetzungen des § 15 Abs. 1 Satz 1 Nr. 1 UStG kann Josef Schlösser aus der Beratungsleistung 1.140 € als Vorsteuer abziehen. Die Beratungsleistung steht im Zusammenhang mit den sich aus der (teilweisen) Unternehmensaufgabe ergebenden Umsätzen.[1] Diese Umsätze sind bis auf die Übertragung der Kundenforderung steuerpflichtig. Da die Beratungsleistung der (steuerfreien) Forderungsabtretung nicht **ausschließlich** zugerechnet werden kann und diese Forderungen auf steuerpflichtigen Lieferungen der Werkzeugschlosserei beruhen, entfällt aus Vereinfachungsgründen eine Vorsteueraufteilung (§ 15 Abs. 2 Satz 1 Nr. 1, Abs. 4 UStG i. V. m. § 43 UStDV).

1 Die nicht steuerbare Übertragung des Kassenbestandes kann hier außer Betracht bleiben.

Mit der Vermietung des bebauten Grundstücks erbringt Josef Schlösser an Jürgen Roth eine sonstige Leistung (§ 3 Abs. 9 UStG), die grundsätzlich steuerfrei ist (§ 4 Nr. 12 Buchst. a UStG). Eine Option zur Steuerpflicht ist nach § 9 Abs. 1 und 2 UStG zulässig, da Jürgen Roth das Grundstück für seinen Kfz-Reparaturbetrieb nutzen will. Die sich daraus ergebenden Umsätze berechtigen Jürgen Roth zum Vorsteuerabzug. Entsprechendes gilt für die Umsatzsteuer aus der steuerpflichtigen Grundstücksvermietung, die Josef Schlösser gesondert in Rechnung stellt.

Durch die steuerpflichtige Grundstücksvermietung ergibt sich für Josef Schlösser keine für den ursprünglichen Vorsteuerabzug maßgebende Veränderung der Verhältnisse. Eine Vorsteuerberichtigung nach § 15a UStG kommt nicht in Betracht.

Die vom Veräußerer Josef Schlösser gesondert in Rechnung gestellte Umsatzsteuer von 19.950 € kann der Erwerber Peter Schlösser nach Maßgabe des § 15 UStG als Vorsteuer abziehen; insoweit hat der Unternehmer Josef Schlösser steuerpflichtige Umsätze für das Unternehmen seines Sohnes Peter Schlösser ausgeführt (§ 15 Abs. 1 Satz 1 Nr. 1 UStG). Bei der Art des Unternehmens ist davon auszugehen, dass der Erwerber mit den erworbenen Gegenständen ausschließlich steuerpflichtige Umsätze bewirkt. Die Vorsteuer von 19.950 € ist in voller Höhe abziehbar. Entsprechendes gilt für die Vorsteuer aus der Beratungsleistung i. H. von 380 €.

C. Einbringung aller Wirtschaftsgüter mit Ausnahme des bebauten Grundstücks in eine KG

Der Übereignung i. S. des § 1 Abs. 1a UStG gleichgestellt ist die Einbringung der wesentlichen Grundlagen eines Unternehmens in eine Gesellschaft. Hierunter fällt auch die Einbringung in Personen- oder Kapitalgesellschaften bei deren Gründung.

Sacheinlagen eines Gesellschafters sind nur dann nach § 1 Abs. 1 Nr. 1 UStG steuerbar, wenn es sich dabei um Lieferungen und sonstige Leistungen handelt, die im Rahmen des Unternehmens bewirkt werden, und keine Geschäftsveräußerung (§ 1 Abs. 1a UStG) vorliegt. Gegenleistung der Gesellschaft ist die Gewährung von Gesellschaftsrechten.

Eine Geschäftsveräußerung ist auch dann gegeben, wenn einzelne wesentliche Unternehmensgrundlagen – insbesondere dem Unternehmen dienende Grundstücke – nicht mitübereignet, sondern z. B. an den Erwerber langfristig vermietet werden. Entscheidend ist, dass durch die Überlassung der wesentlichen Betriebsgrundlagen es dem Erwerber ermöglicht wird, dauerhaft das Unternehmen fortzuführen.

Die langfristige Vermietung des Grundstücks an die KG und die Einbringung der übrigen Wirtschaftsgüter seines Unternehmens in die KG gegen Gewährung von Gesellschaftsrechten stellt eine Geschäftsveräußerung dar (§ 1 Abs. 1a UStG), die nicht der Umsatzsteuer unterliegt.

Mit der Bareinlage von 60.000 € für seine Beteiligung als Kommanditist erbringt Peter Schlösser keine Leistung im umsatzsteuerrechtlichen Sinne. Der Vorgang ist weder für Peter Schlösser noch für die KG umsatzsteuerbar, da auch die KG mit der Ausgabe von Gesellschaftsanteilen keinen steuerbaren Umsatz ausführt.

Die Beratungsleistung steht für Josef Schlösser im Zusammenhang mit einer Geschäftsveräußerung (§ 1 Abs. 1a UStG). Josef Schlösser kann 1.140 € als Vorsteuer abziehen (vgl. zu A.).

Peter Schlösser bezieht die Beratungsleistung nicht für sein Unternehmen. Durch die Beteiligung an der KG wird Peter Schlösser zwar ertragsteuerlich Mitunternehmer (§ 15 Abs. 1 Satz 1 Nr. 2 EStG), diese Beteiligung begründet jedoch nicht seine Unternehmereigenschaft i. S. des § 2 UStG (vgl. Fall 12). Da die Beratungsleistung im Zusammenhang mit seiner beabsichtigten Beteiligung als Kommanditist an der KG steht, ist Peter Schlösser nach § 15 Abs. 1 Satz 1 Nr. 1 UStG nicht zum Vorsteuerabzug berechtigt.

Mit der Vermietung des bebauten Grundstücks erbringt Josef Schlösser an die KG eine sonstige Leistung (§ 3 Abs. 9 UStG), die grundsätzlich steuerfrei ist (§ 4 Nr. 12 Buchst. a UStG). Eine Option zur Steuerpflicht ist nach § 9 Abs. 1 und 2 UStG zulässig, da die KG das Grundstück für den Betrieb der Werkzeugschlosserei nutzen will. Die sich daraus ergebenden Umsätze berechtigen die KG zum Vorsteuerabzug. Entsprechendes gilt für die Umsatzsteuer aus der steuerpflichtigen Grundstücksvermietung, die Josef Schlösser der KG gesondert in Rechnung stellt.

Durch die steuerpflichtige Grundstücksvermietung ergibt sich für Josef Schlösser keine für den ursprünglichen Vorsteuerabzug maßgebende Veränderung der Verhältnisse. Eine Vorsteuerberichtigung nach § 15a UStG kommt nicht in Betracht.

Fall 62

Bemessungsgrundlage bei der Gegenstandsentnahme

UStG § 10 Abs. 4 Satz 1 Nr. 1

Entnahmen aus dem Unternehmensvermögen werden als unentgeltliche Wertabgabe gem. § 3 Abs. 1b UStG versteuert. Da in diesen Fällen keine vereinbarte Gegenleistung vorhanden ist, muss als Bemessungsgrundlage ein Wert ermittelt werden. Der Gesetzgeber hat sich dazu entschieden, in diesen Fällen grundsätzlich den Einkaufspreis als Bemessungsgrundlage für die Gegenstandsentnahme anzusetzen (§ 10 Abs. 4 Satz 1 Nr. 1 UStG).

Sachverhalt

Möbeleinzelhändler **A** aus Aachen hat am 15.02.01 einen PKW für 40.000 € zuzüglich 7.600 € Umsatzsteuer erworben. Er hat den PKW seinem Unternehmen zugeordnet und die Umsatzsteuer zu 100 % als Vorsteuer abgezogen. Der PKW wurde von A zu 70 % für unternehmerische und zu 30 % für unternehmensfremde (private) Zwecke genutzt. A schenkte den PKW am 10.03.07 seinem Sohn, der in Zürich (Schweiz) wohnt. Noch am selben Tag fuhr A von Aachen nach Zürich und übergab seinem Sohn den PKW.

Der praktische Arzt **B** aus Bonn hat im Jahr 02 einen PKW für 42.000 € zuzüglich 7.980 € Umsatzsteuer angeschafft und seinem Unternehmen zugeordnet. B hat den PKW zu 75 % für seine unternehmerische Tätigkeit und zu 25 % privat genutzt. Seine Umsätze aus der Tätigkeit als Arzt hat B nach § 4 Nr. 14 Buchst. a UStG steuerfrei gelassen. Vorsteuern hat er insoweit nicht abgezogen. Auf die Anwendung des § 19 Abs. 1 UStG hat B jedoch wegen steuerpflichtiger Vermietung von Grundstücken verzichtet (§ 19 Abs. 2 UStG). B schenkte den PKW am 20.08.06 seiner Tochter, nachdem diese ihr Abitur und die Führerscheinprüfung bestanden hatte.

Buchhändler **C** aus Coesfeld hat im Jahr 05 von einem Beamten einen gebrauchten PKW für 8.000 € erworben und seinem Unternehmen zugeordnet. Der PKW wurde von C zu 30 % unternehmerisch und zu 70 % privat genutzt. Die Aufwendungen (ohne Umsatzsteuer) für Reparaturen und Wartungsarbeiten betrugen 1.300 €. Die darauf entfallende Umsatzsteuer von 247 € zog C als Vorsteuer ab. C schenkte den PKW am 25.09.06 seiner Ehefrau. Die Aufwendungen für Reparaturen und Wartungsarbeiten haben im Zeitpunkt der Schenkung zu keiner Werterhöhung des PKW geführt.

A, B und C hätten jeweils im Zeitpunkt der Schenkung einen gebrauchten PKW gleicher Ausstattung und mit gleich hoher Fahrleistung zum Preis von 6.000 € zuzüglich 1.140 € Umsatzsteuer von einem Kraftfahrzeughändler erwerben können. Die §§ 19 und 20 UStG sind nicht anzuwenden. Voranmeldungszeitraum ist jeweils der Kalendermonat.

Frage

Liegt bei den Unternehmern A, B und C eine unentgeltliche Wertabgabe durch Gegenstandsentnahme vor, und wie ist sie zu beurteilen?

Antwort

A: Unentgeltliche Wertabgabe durch Gegenstandsentnahme (§ 3 Abs. 1b Satz 1 Nr. 1 i. V. m. § 1 Abs. 1 Nr. 1 UStG), steuerpflichtig mit 19 % (§ 12 Abs. 1 UStG), die Bemessungsgrundlage nach § 10 Abs. 4 Satz 1 Nr. 1 UStG beträgt 6.000 €, die Umsatzsteuer 1.140 €.

B: Kein steuerbarer Umsatz (§ 1 Abs. 1 Nr. 1 UStG).

C: Kein steuerbarer Umsatz (§ 1 Abs. 1 Nr. 1 UStG).

Begründung

Möbeleinzelhändler **A** ist Unternehmer (§ 2 UStG). Er hat am 10.03.07 in Aachen (§ 3f Satz 1 UStG) durch die Entnahme des PKW aus dem Unternehmen (Einzelhandelsgeschäft) für Zwecke, die außerhalb des Unternehmens liegen (Schenkung an den Sohn), eine steuerbare unentgeltliche Wertabgabe (§ 3 Abs. 1b Satz 1 Nr. 1 i. V. m. § 1 Abs. 1 Nr. 1 UStG) bewirkt. Der PKW hat A zu 100 % zum Vorsteuerabzug berechtigt (§ 3 Abs. 1b Satz 2 UStG). Der Umsatz ist steuerpflichtig mit 19 % (§ 12 Abs. 1 UStG). Die Steuerbefreiung für Ausfuhrlieferungen gilt nicht für Gegenstandsentnahmen (§ 6 Abs. 5 UStG). Steuerschuldner ist A (§ 13a Abs. 1 Nr. 1 UStG). Die Steuerpflicht ist sachgerecht, da der Verbrauch im Inland stattfindet. Bemessungsgrundlage (§ 10 Abs. 4 Satz 1 Nr. 1 UStG) ist der Einkaufspreis zuzüglich der Nebenkosten im Zeitpunkt der Entnahme. Der Einkaufspreis entspricht i. d. R. dem Wiederbeschaffungspreis (Abschn. 10.6 Abs. 1 Satz 2 UStAE), der 6.000 € beträgt. Die Umsatzsteuer für die steuerpflichtige Entnahme von (19 % von 6.000 € =) 1.140 € gehört nicht zur Bemessungsgrundlage (§ 10 Abs. 4 Satz 2 UStG). Sie ist mit Ablauf des Voranmeldungszeitraums 03/07 entstanden (§ 13 Abs. 1 Nr. 2 UStG).

A hatte den PKW am 15.02.01 erworben und nach ca. sechs Jahren seinem Sohn geschenkt. Wird der Zweck der Besteuerung unentgeltlicher Wertabgaben in der Korrektur eines unzutreffenden Vorsteuerabzugs gesehen (vgl. Fall 36), dürfte eine PKW-Entnahme nach mehr als 5 Jahren seit der Anschaffung im Hinblick auf den ursprünglichen Vorsteuerabzug zu keiner umsatzsteuerlichen Belastung führen. Der „Berichtigungszeitraum" beträgt nach § 10 Abs. 4 Satz 1 Nr. 2 Satz 3 i. V. m. § 15a Abs. 1 Satz 1 UStG maximal 5 Jahre. Danach gilt das Vorsteuervolumen aus der Anschaffung der PKW als „verbraucht". Entsprechend kritisch zu beurteilen ist das Abstellen auf einen aktuellen (fiktiven) Einkaufspreis („zum Zeitpunkt des Umsatzes", § 10 Abs. 4 Satz 1 Nr. 1 UStG) ohne Berücksichtigung eines seit der Anschaffung eingetretenen „Vorsteuerverbrauchs". Folgerichtig dürfte auch nach Ablauf des „Berichtigungszeitraums" keine Mindestbemessungsgrundlage nach § 10 Abs. 5 UStG angesetzt werden, wenn der PKW (aus außerunternehmerischen Gründen) zu einem Preis veräußert wird, der abzüglich Umsatzsteuer unter der Bemessungsgrundlage nach § 10 Abs. 4 Satz 1 UStG liegt.

Der praktische Arzt **B** ist Unternehmer (§ 2 UStG). Er hat den im Jahr 02 erworbenen PKW seinem Unternehmen zugeordnet. Ein Unternehmer ist nach § 15 Abs. 1 UStG grundsätzlich zum Vorsteuerabzug berechtigt, soweit er Leistungen für sein Unternehmen i. S. des § 2 Abs. 1 UStG bezieht. Ein Unternehmer bezieht Leistungen für sein Unternehmen, wenn er beabsichtigt, diese Eingangsleistungen für seine unternehmerischen Tätigkeiten zu verwenden, d. h. zur selbständigen und nachhaltigen Erbringung entgeltlicher Leistungen (vgl. im Einzelnen Abschn. 15.2b Abs. 2 UStAE). Da die Nutzung hier zu 75 % für das Unternehmen erfolgt, hat der B ein Zuordnungswahlrecht (vgl. Abschn. 15.2c Abs. 2 Nr. 2 Beispiel 1 UStAE). In der Regel wird ein Unternehmer die Zuordnung eines teilunternehmerisch genutzten Gegenstandes zum Unternehmen vornehmen, wenn er bei der Anschaffung und Verwendung des Gegenstandes zum Vorsteuerabzug berechtigt ist. Kommt dagegen ganz oder teilweise der Ausschluss vom Vorsteuerabzug in Betracht (§ 15 Abs. 2 UStG), kann es vorteilhafter sein, den teilunternehmerisch (und gemischt) genutzten Gegenstand nicht dem Unternehmen zuzuordnen.

Durch die Entnahme des PKW für Zwecke außerhalb des Unternehmens (Schenkung aus privatem Anlass) hat B keinen steuerbaren Umsatz i. S. des § 3 Abs. 1b Satz 1 Nr. 1 i. V. m. § 1 Abs. 1 Nr. 1 UStG bewirkt, weil der entnommene PKW B nicht zum Vorsteuerabzug berechtigt hat (§ 3 Abs. 1b Satz 2 UStG). Die nach § 4 Nr. 14 UStG steuerfreien Umsätze des B schließen den Vorsteuerabzug aus (§ 15 Abs. 2 Satz 1 Nr. 1 UStG). Auch die private Verwendung führt zu keiner steuerbaren unentgeltlichen Wertabgabe, die als steuerpflichtiger Ausgangsumsatz zu einem anteiligen Vorsteuerabzug aus der Anschaffung berechtigen könnte.

Der Unternehmer **C** hat den PKW ohne Vorsteuerabzugsrecht von einem Nichtunternehmer (Beamter) erworben. Die Entnahme des PKW unterliegt daher grundsätzlich nicht der Umsatzsteuer (§ 3 Abs. 1b Satz 2 UStG). Soweit jedoch Bestandteile des PKW zum vollen oder teilweisen Vorsteuerabzug berechtigt haben, unterliegen diese Bestandteile der Umsatzbesteuerung. Bestandteile sind Gegenstände, die aufgrund ihres Einbaus in den PKW ihre körperliche und wirtschaftliche Eigenart endgültig verloren haben. Außerdem müssen diese Gegenstände zu einer dauerhaften, im Zeitpunkt der Entnahme nicht vollständig verbrauchten Werterhöhung des Gegenstandes geführt haben. Ob ein in einen PKW eingebauter Bestandteil im Zeitpunkt der Entnahme des PKW noch einen Restwert hat, lässt sich im Allgemeinen unter Heranziehung anerkannter Marktübersichten für den Wert gebrauchter PKW (z. B. sog. „Schwacke-Liste") beurteilen (vgl. Abschn. 10.6 Abs. 2 UStAE). Nach dem Sachverhalt haben die nach der Anschaffung des PKW von C getätigten Aufwendungen für Wartungs- und Reparaturarbeiten (soweit Bestandteile vorliegen, vgl. Abschn. 3.3 Abs. 2 UStAE) nicht zu einer Werterhöhung des PKW im Zeitpunkt der Entnahme geführt. Die Entnahme des PKW ist daher nicht steuerbar (§ 1 Abs. 1 Nr. 1 UStG).

Fall 63

Bemessungsgrundlage bei der Gegenstandsverwendung

UStG § 10 Abs. 4 Satz 1 Nr. 2; EStG § 6 Abs. 1 Nr. 4

Nicht nur die Gegenstandsentnahme für Zwecke außerhalb des Unternehmens führt zu einer unentgeltlichen Wertabgabe, sondern auch die Nutzung eines dem Unternehmensvermögen zugeordneten Gegenstandes. Vor allem bei der privaten PKW-Nutzung durch Einzelunternehmer kommt daher die Versteuerung einer unentgeltlichen Wertabgabe nach § 3 Abs. 9a UStG in Betracht. Wie bei der Gegenstandsentnahme fehlt es an einer Gegenleistung, sodass die Bemessungsgrundlage nach anderen Kriterien zu ermitteln ist.

Sachverhalt

Der Unternehmer U in Ulm hat im Dezember 01 einen neuen PKW angeschafft. Der Kraftfahrzeughändler hat U 36.000 € zuzüglich 6.840 € Umsatzsteuer, insgesamt 42.840 € (= Listenpreis im Zeitpunkt der Erstzulassung) in Rechnung gestellt. U hat die Umsatzsteuer von 6.840 € im Jahr 01 zutreffend als Vorsteuer abgezogen. Der PKW, dessen Fahrleistung im Jahr 02 insgesamt 25.000 km betrug, wurde von U für unternehmerische (betriebliche) Fahrten und außerdem wie folgt eingesetzt (tatsächlich gefahrene km):

7.200 km für Fahrten zwischen Wohnung und Betrieb, täglich einmal hin und zurück (Entfernung 20 km) an (12 × 15 =) 180 Tagen;

7.500 km für eine Urlaubsreise und andere unternehmensfremde (private) Fahrten.

Von den Absetzungen für Abnutzung des Fuhrparks entfällt auf den PKW ein Betrag von 6.000 € (betriebsgewöhnliche Nutzungsdauer 6 Jahre). Die Kraftfahrzeugsteuer und Versicherungen haben insgesamt 2.000 € betragen. Das für diesen PKW geführte Konto Kfz-Aufwendungen weist im Jahr 02 (ohne AfA, Kfz-Steuer und Versicherungen) einen Betrag von insgesamt 7.300 € aus. Darin ist ein Betrag von 500 € für eine Reparatur enthalten. U hatte auf einer Privatfahrt im Inland am 20.07.02 durch eigenes Verschulden einen Unfall erlitten. Die Unfallkosten von 595 € wurden von der Versicherung nicht übernommen. Die Umsatzsteuer von 95 € lt. Rechnung vom 22.07.02 über die am selben Tag ausgeführte Reparatur hat U ebenso wie die Umsatzsteuer aus den übrigen Unterhaltskosten in voller Höhe als Vorsteuer abgezogen.

Frage

1. Liegt eine steuerbare unentgeltliche Wertabgabe vor, und wie hoch ist die Bemessungsgrundlage, wenn U die für den PKW entstandenen Aufwendungen durch Belege und das Verhältnis der privaten zu den übri-

gen Fahrten durch ein ordnungsgemäß geführtes Fahrtenbuch nachweisen kann?

2. Wie hoch ist die Bemessungsgrundlage, wenn die sog. 1 %-Regelung angewendet wird?

Antwort

1. Es liegt eine steuerbare Gegenstandsverwendung vor (§ 3 Abs. 9a Nr. 1 i. V. m. § 1 Abs. 1 Nr. 1 UStG). Die Bemessungsgrundlage nach § 10 Abs. 4 Satz 1 Nr. 2 UStG beträgt 4.350 €.
2. Liegt kein Fahrtenbuch vor, beträgt die Bemessungsgrundlage nach § 10 Abs. 4 Satz 1 Nr. 2 UStG 4.108 €.

Begründung

1. Mit der Verwendung des PKW für private Fahrten bewirkt U eine unentgeltliche Wertabgabe i. S. des § 3 Abs. 9a Nr. 1 UStG. Fahrten zwischen Wohnung und Betrieb sind der unternehmerischen Nutzung zuzurechnen. Insoweit ist der Vorgang nicht steuerbar. Es ist auch keine Vorsteuerkürzung nach § 15 Abs. 1a Satz 1 UStG vorzunehmen. U hat den PKW seinem Unternehmen zugeordnet und den vollen Vorsteuerabzug geltend gemacht.[1] Soweit Unterhaltskosten auf die Lieferung vertretbarer Sachen oder auf sonstige Leistungen entfallen, ist die darauf entfallende Umsatzsteuer grundsätzlich entsprechend dem Verwendungszweck in einen abziehbaren und einen nicht abziehbaren Vorsteueranteil aufzuteilen (Aufteilungsgebot; Abschn. 15.2c Abs. 2 Satz 1 Nr. 1 UStAE). Zulässig ist nach Auffassung der Verwaltung auch, dass der Unternehmer den Vorsteuerabzug aus den Unterhaltskosten zunächst in voller Höhe vornimmt und die unternehmensfremde Verwendung anschließend als unentgeltliche Wertabgabe nach § 3 Abs. 9a Nr. 1 UStG versteuert (Regelfall; vgl. Abschn. 15.2c Abs. 2 Satz 6 UStAE). Von dieser Vereinfachungsregelung ausgenommen sind Grundstücke.

Der in Ulm (§ 3f Satz 1 UStG) steuerbare Umsatz (§ 1 Abs. 1 Nr. 1 UStG) ist mit 19 % (§ 12 Abs. 1 UStG) steuerpflichtig. Steuerschuldner ist U (§ 13a Abs. 1 Nr. 1 UStG). Bemessungsgrundlage sind die auf die private Verwendung des PKW entfallenden Ausgaben, soweit sie zum vollen oder teilweisen Vorsteuerabzug berechtigt haben (§ 10 Abs. 4 Satz 1 Nr. 2 UStG). Demnach bleiben die Kraftfahrzeugsteuer und Kraftfahrzeugversicherungen (Haftpflicht-, Kasko-, Insassenunfallversicherung) außer Betracht. Auch eine Garagenmiete, soweit im Ausnahmefall für die Vermietung die Steuerfreiheit nach § 4 Nr. 12 Satz 1 Buchst. a UStG als Nebenleistung in Betracht kommt, und z. B. der Rundfunkbeitrag für das Autoradio bleiben außer Ansatz.

Reparaturleistungen an einem teilunternehmerisch genutzten PKW des Unternehmens können in vollem Umfang dem Unternehmen zugerechnet

1 Zum Vorsteuerabzug für gemischt genutzte Fahrzeuge vgl. Fall 77.

werden (vgl. Abschn. 15.2c Abs. 2 Satz 6 UStAE). Infolgedessen können auch Vorsteuerbeträge aus Reparaturleistungen anlässlich eines Unfalls unabhängig davon abgezogen werden, ob der Unfall sich während einer unternehmerisch oder privat veranlassten Fahrt ereignet hat. Zum Ausgleich dafür unterliegt die Verwendung des PKW für unternehmensfremde Zwecke nach § 3 Abs. 9a Nr. 1 UStG der Umsatzsteuer (vgl. Abschn. 15.2c Abs. 2 Satz 6 UStAE). Die Reparaturaufwendungen (hier im Sinne von Kosten, Ausgaben entsprechend § 10 Abs. 4 Satz 1 Nr. 2 UStG) sind in die Gesamtkosten einzubeziehen und entsprechend dem Umfang der unternehmensfremden Nutzung der Besteuerung zu unterwerfen.

Die privat veranlassten Unfallkosten werden damit im Ergebnis (nicht sachgerecht) z. T. von der Vorsteuer entlastet. Ebenso sachfremd werden (anteilig) unternehmerisch veranlasste Unfallkosten bei der Bemessungsgrundlage für die unentgeltliche Wertabgabe berücksichtigt, weil sie zu den PKW-Kosten gehören (§ 10 Abs. 4 Satz 1 Nr. 2 UStG). Insoweit erfolgt (anteilig) die Besteuerung einer unentgeltlichen Wertabgabe, obwohl der Unfall auf einer unternehmerischen Fahrt passierte. Bei Anwendung der 1 %-Regelung (siehe unten) erfolgt trotz Vorsteuerabzugs für die unternehmensfremd veranlassten Unfallkosten gar keine Einbeziehung in die Bemessungsgrundlage für die nichtunternehmerische Verwendung des PKW.

Bei einem nicht zum Unternehmensvermögen gehörenden PKW sind nur die Reparaturaufwendungen infolge eines Unfalls während einer unternehmerisch veranlassten Fahrt abzugsfähig (vgl. Abschn. 15.2c Abs. 3 UStAE).

Zu den Ausgaben für die Verwendung des PKW gehören auch die Anschaffungs- oder Herstellungskosten. Sie sind entsprechend § 15a Abs. 1 Satz 1 UStG gleichmäßig auf 5 Jahre zu verteilen (§ 10 Abs. 4 Satz 1 Nr. 2 Satz 2 und 3 UStG). Dies gilt auch bei einer längeren betriebsgewöhnlichen Nutzungsdauer (vgl. aber auch § 15a Abs. 5 Satz 2 UStG).

Der Unternehmer kann zur Ermittlung der Ausgaben, die auf die unternehmensfremde Nutzung des seinem Unternehmen zugeordneten PKW entfallen, zwischen drei Methoden wählen:

a) Fahrtenbuchregelung,

b) 1%-Regelung,

c) Schätzung des unternehmensfremden Nutzungsanteils. Der private Nutzungsanteil ist für Umsatzsteuerzwecke anhand geeigneter Unterlagen sachgerecht zu schätzen (§ 162 AO). Liegen geeignete Unterlagen für eine Schätzung nicht vor, ist der private Nutzungsanteil mit mindestens 50 % zu schätzen, soweit sich aus den besonderen Verhältnissen des Einzelfalls nichts Gegenteiliges ergibt (Abschn. 15.23 Abs. 5 Satz 4 Nr. 3 UStAE).

U kann die Bemessungsgrundlage nach der Fahrtenbuchregelung ermitteln, wenn er für Ertragsteuerzwecke die private Nutzung mit den auf die Privatfahrten entfallenden Aufwendungen ansetzt (Abschn. 15.23 Abs. 5 UStAE). Dazu muss er die für das Fahrzeug insgesamt entstehenden Aufwendungen durch Belege und das Verhältnis der privaten zu den übrigen Fahrten durch ein ordnungsgemäßes Fahrtenbuch nachweisen (§ 6 Abs. 1 Nr. 4 Satz 4 EStG). Aus den Ausgaben sind für Umsatzsteuerzwecke die nicht mit Vorsteuer belasteten Ausgaben in der belegmäßig nachgewiesenen Höhe auszuscheiden.

Ermittlung der Bemessungsgrundlage nach der Fahrtenbuchmethode:

Kraftfahrzeugausgaben insgesamt (7.200[1] € + 2.000 € + 7.300 € =)	16.500 €
abzgl. Kfz-Steuer und Versicherungen	2.000 €
verbleiben als maßgebliche Ausgaben	14.500 €
Auf jeden Kilometer entfallen (14.500 € : 25.000 km =) 0,58 €	
Bemessungsgrundlage für sämtliche privaten Fahrten (7.500 km × 0,58 € =)	4.350 €
Die Umsatzsteuer beträgt (19 % von 4.350 € =)	826,50 €

2. U kann die Bemessungsgrundlage aus Vereinfachungsgründen nach der 1 %-Regelung ermitteln, wenn er für Ertragsteuerzwecke den Wert der Nutzungsentnahme ebenfalls nach der sog. 1 %-Regelung des § 6 Abs. 1 Nr. 4 Satz 2 EStG berechnet. Für die nicht mit Vorsteuern belasteten Ausgaben kann U einen pauschalen Abschlag von 20 % vornehmen. Der so ermittelte Wert ist ein Nettowert (Bemessungsgrundlage ohne Umsatzsteuer; vgl. Abschn. 15.23 Abs. 5 Satz 4 Nr. 1 Buchst. a UStAE). Bei Anwendung der 1 %-Regelung sind durch den pauschalen Wertansatz für die private PKW-Nutzung auch privat verursachte außergewöhnliche Kraftfahrzeugkosten (z. B. Unfallkosten) abgegolten.

monatlicher Wert der Nutzungsentnahme (1% von rd. 42.800 € =)	428 €
Jahresbetrag (12 × 428 € =)	5.136 €
abzgl. Pauschalabschlag für nicht mit Vorsteuern belastete Ausgaben (20 % von 5.136 € =)	1.028 €
Bemessungsgrundlage für sämtliche privaten Fahrten	4.108 €
Die Umsatzsteuer beträgt (19 % von 4.108 € =)	780,52 €

1 36.000 € Anschaffungskosten verteilt auf 5 Jahre (§ 15a Abs. 2 Satz 1 UStG) entsprechen 7.200 € jährlich als Ausgaben i. S. des § 10 Abs. 4 Satz 1 Nr. 2 UStG.

Fall 64

Änderung der Bemessungsgrundlage durch Rabatte, Skonti, Boni

UStG § 17 Abs. 1 und 4

Die Umsatzsteuer entsteht grundsätzlich mit der Ausführung der Leistung nach vereinbarten Entgelten. Änderungen der Bemessungsgrundlage nach diesem Zeitpunkt sind nach § 17 UStG zu berücksichtigen. Die nachträgliche Änderung der Bemessungsgrundlage ist mit dem tatsächlichen Eintritt des entsprechenden Ereignisses durchzuführen. Ein Anwendungsfall dieser Regelung sind Rabatte, Skonti oder Boni. Prinzipiell muss dabei die ursprünglich ausgestellte Rechnung nicht geändert bzw. berichtigt werden.

Sachverhalt

Der Unternehmer **A** in Aachen liefert dem Elektroinstallateur **B** in Bonn 10 Nachtspeicheröfen und stellt sie wie folgt in Rechnung (Auszug):

10 Nachtspeicheröfen à 800 € =	8.000 €
abzgl. 20 % Rabatt	1.600 €
verbleiben	6.400 €
zzgl. Umsatzsteuer 19 % von 6.400 € =	1.216 €
insgesamt	7.616 €

Der Unternehmer **C** in Celle liefert am 28.12. dem Unternehmer **D** in Dortmund eine Bohrmaschine für 1.000 € zuzüglich 190 € Umsatzsteuer = insgesamt 1.190 €. D bezahlt die Rechnung am 05.01. unter Abzug von 2 % Skonto. Die Rechnung enthält den Zusatz: „Mit 2 % Skonto bei Zahlung innerhalb von 10 Tagen ab Lieferung".

Der Lebensmittelgroßhändler **E** in Essen erteilt – ohne vorherige rechtsverbindliche Zusage – dem Lebensmitteleinzelhändler **F** in Frechen am 25.01. folgende Bonusabrechnung für das letzte Kalenderjahr und überweist den Bonus noch am 25.01:

Umsätze des vorangegangenen Kalenderjahres	300.000 €	
zzgl. Umsatzsteuer 7 %	21.000 €	321.000 €
Umsätze des vorangegangenen Kalenderjahres	200.000 €	
zzgl. Umsatzsteuer 19 %	38.000 €	238.000 €
Gesamtbetrag		559.000 €

Bonusberechnung				Nettopreis	Umsatzsteuer
10 % von	300.000 €	/	21.000 €	30.000 €	2.100 €
10 % von	200.000 €	/	38.000 €	20.000 €	3.800 €
	500.000 €	/	59.000 €	50.000 €	5.900 €

Die §§ 19 und 20 UStG sind bei A bis F nicht anzuwenden. Voranmeldungszeitraum ist für A bis F der Kalendermonat.

Frage

1. Welche Auswirkungen auf die Umsatzsteuer bzw. auf die Vorsteuer der Unternehmer A bis F haben der von A gewährte Rabatt, der von D in Anspruch genommene Skontoabzug und der von E gewährte Bonus?
2. Sind wegen einer Änderung der Bemessungsgrundlage neue Rechnungen oder besondere Belege auszustellen?

Antwort

1. Der von A an B in direkter Form gewährte Rabatt führt nicht zu einer nachträglichen Änderung der Bemessungsgrundlage. Die von A zu entrichtende Umsatzsteuer und die von B abzuziehende Vorsteuer von 1.216 € ergeben sich bereits aus der erteilten Rechnung.

   C hat wegen nachträglicher Änderung der Bemessungsgrundlage die Umsatzsteuer für den Voranmeldungszeitraum Januar um den Betrag von (190,00 € ⁒ 186,20 € =) 3,80 € zu berichtigen (§ 17 Abs. 1 Satz 1 und 7 UStG); D hat für den Voranmeldungszeitraum Januar die Vorsteuer um 3,80 € zu berichtigen (§ 17 Abs. 1 Satz 2 UStG).

   Mit Überweisung des Bonus hat E die Umsatzsteuer für den Voranmeldungszeitraum Januar um 5.900 € zu berichtigen (§ 17 Abs. 1 Satz 1 UStG); F hat für den Voranmeldungszeitraum Januar die Vorsteuer um 5.900 € zu berichtigen (§ 17 Abs. 1 Satz 2 und 7 UStG).
2. Die Ausstellung von berichtigten Rechnungen oder besonderen Belegen ist grundsätzlich nicht vorgeschrieben. Eine Ausnahme besteht nur für den Fall, dass die Entgelte für unterschiedlich besteuerte Lieferungen oder sonstige Leistungen eines bestimmten Zeitabschnitts gemeinsam geändert werden (§ 17 Abs. 4 UStG).

Begründung

Allgemeines: Die Umsatzsteuer als allgemeine Verbrauchsteuer zielt auf die Belastung der Einkommensverwendung für konsumtive Zwecke (vgl. Fall 1). Nach § 16 Abs. 1 Satz 1 UStG ist die Steuer grundsätzlich nach vereinbarten Entgelten zu berechnen (Soll-Versteuerung; Soll-Prinzip). Dementsprechend entsteht die Steuer gem. § 13 Abs. 1 Nr. 1 Buchst. a UStG mit Ablauf des Voranmeldungszeitraums, in dem die steuerbare und steuerpflichtige Leistung ausgeführt worden ist. Auf die Vereinnahmung der Gegenleistung kommt es insoweit nicht an. Auch für den Vorsteuerabzug nach § 15 Abs. 1 Satz 1 Nr. 1 und 2 UStG ist grundsätzlich das vereinbarte Entgelt maßgeblich (Soll-Prinzip; vgl. Fall 73).

Verbrauchsteuerkonform bestimmt § 10 Abs. 1 Satz 2 UStG das Entgelt als Bemessungsgrundlage. Danach ist Entgelt alles, was der Leistungsempfänger (tatsächlich) aufwendet, um die Leistung zu erhalten, jedoch abzüglich der Umsatzsteuer (vgl. Fall 57). Weicht das der Besteuerung zunächst zugrunde gelegte („vorläufige") Entgelt vom tatsächlich gezahlten (niedrigeren oder höheren) Entgelt ab, führt die Korrekturvorschrift des § 17 UStG im Ergebnis zu einer (sachgerechten) Ist-Besteuerung. Der Unternehmer hat den dafür geschuldeten Steuerbetrag zu berichtigen (§ 17 Abs. 1 Satz 1 UStG). Entsprechend hat der vorsteuerabzugsberechtigte Leistungsempfänger den Vorsteuerabzug zu berichtigen, wenn er durch die Änderung der Bemessungsgrundlage wirtschaftlich begünstigt wird (§ 17 Abs. 1 Satz 2 bis 4 UStG).

§ 17 UStG ist eine umsatzsteuerrechtliche Korrekturvorschrift, die nur dann zur Anwendung kommt, wenn die Änderung der Bemessungsgrundlage nicht für den Voranmeldungszeitraum der Entstehung der ursprünglichen Umsatzsteuer bzw. Vorsteuer vorzunehmen ist. Die ursprüngliche Steuerfestsetzung ist nicht zu ändern. Die Berichtigung erfolgt nach § 17 Abs. 1 Satz 7 UStG für den Besteuerungszeitraum, in dem die Änderung der Bemessungsgrundlage tatsächlich eingetreten ist, bzw. für den Besteuerungszeitraum, in dem der andere Unternehmer tatsächlich wirtschaftlich begünstigt wird (§ 17 Abs. 1 Satz 8 UStG).

Bei der Besteuerung nach vereinbarten Entgelten ist für den Zeitpunkt der Berichtigung zu unterscheiden:

a) Wurde die Gegenleistung (Entgelt zzgl. Umsatzsteuer) noch nicht entrichtet, erfolgt die Berichtigung für den Voranmeldungszeitraum, in dem die Entgeltvereinbarung geändert wird bzw. der Grund für die Änderung eintritt (vgl. Unternehmer C).

b) Wurde die Gegenleistung bereits entrichtet, gilt für die Änderung der Bemessungsgrundlage das Ist-Prinzip. Eine Änderung ist für den Voranmeldungszeitraum vorzunehmen, in dem die Gegenleistung tatsächlich (ggf. zum Teil) zurückgezahlt wird (vgl. Unternehmer E).

Eine Berichtigung der Rechnung ist grundsätzlich nicht erforderlich (kein Belegaustausch nach § 17 Abs. 4 UStG; vgl. Abschn. 17.1 Abs. 3 UStAE). Es entsteht insoweit keine Steuer nach § 14c UStG. Ein höherer Vorsteueranspruch setzt eine berichtigte Rechnung mit einem entsprechend höheren Steuerausweis voraus. § 17 UStG kommt bei nicht steuerbaren bzw. steuerfreien Umsätzen nicht zur Anwendung (aber sinngemäße Anwendung bei innergemeinschaftlichen Lieferungen, § 18b Satz 4 UStG).

1. Die häufigsten Anwendungsfälle für nachträgliche Minderungen der Bemessungsgrundlage und entsprechende Berichtigungen nach § 17 Abs. 1 UStG sind die Gewährung von Preisnachlässen (Rabatte, Skonti, Boni) und die Kürzung der Rechnungsbeträge bei Warenrücksendungen. Die Bemessungsgrundlage für einen steuerpflichtigen Umsatz wird geändert, wenn sie gemindert oder erhöht wird.

Hat sich die Bemessungsgrundlage für einen steuerpflichtigen Umsatz bereits geändert, bevor die Steuerschuld für die bewirkte Leistung bzw. der

Anspruch auf den Vorsteuerabzug entstanden ist, so ist der Ausgleich bei der erstmaligen Besteuerung des Umsatzes oder bei der erstmaligen Geltendmachung des Vorsteuerabzugs durch den Leistungsempfänger vorzunehmen. Es handelt sich insoweit nicht um einen Fall des § 17 UStG; die Vorschrift trifft nur auf nachträgliche Änderungen zu.

Auf die von **A** geschuldete Umsatzsteuer und auf die von **B** zu beanspruchende Vorsteuer ist § 17 UStG nicht anzuwenden, weil der Rabatt durch A bereits bei Leistungserbringung und Rechnungserteilung berücksichtigt worden ist.

Der Skontoabzug ist regelmäßig eine Korrektur des bürgerlich-rechtlich vereinbarten Preises und wird wegen vorzeitiger Zahlung der Gegenleistung gewährt (Barzahlungsrabatt). Der Skontoabzug betrifft das umsatzsteuerliche Entgelt und den Steuerbetrag für den steuerpflichtigen Umsatz. Da C den Skonto bei der Rechnungserteilung nicht bereits im Entgelt berücksichtigt hat und D den Skontoabzug erst nachträglich vornimmt, hat **C** die Umsatzsteuer um 3,80 € und **D** die Vorsteuer um 3,80 € zu ändern (vgl. Abschn. 3.11 Abs. 5, Abschn. 10.3 Abs. 1 und Abschn. 17.1 Abs. 3 UStAE). C und D haben die für den Voranmeldungszeitraum Dezember abgegebenen Umsatzsteuer-Voranmeldungen nicht zu berichtigen. Die Berichtigung der Umsatzsteuer und der Vorsteuer ist für den Voranmeldungszeitraum Januar 01 vorzunehmen, in dem die Änderung des Entgelts tatsächlich eingetreten ist (§ 17 Abs. 1 Satz 7 UStG). Ein Belegaustausch ist bei Inanspruchnahme des Skontos nicht erforderlich.

Voraussetzung für den Vorsteuerabzug des D ist nach § 15 Abs. 1 Satz 1 Nr. 1 Satz 2 UStG das Vorliegen einer Rechnung nach § 14 UStG. Im Fall einer Skontovereinbarung ist nach § 14 Abs. 4 Satz 1 Nr. 7 UStG diese im Voraus vereinbarte Minderung des Entgelts in der Rechnung anzugeben. Dabei genügt z. B. eine Angabe wie: „2 % Skonto bei Zahlung bis ....“

Die Frage, ob der Skontoabzug bereits bei der Rechnungserteilung im Entgelt berücksichtigt werden kann, ist zu bejahen. C hätte die Rechnung auch wie folgt erteilen können:

Nettopreis für eine Bohrmaschine	1.000,00 €
abzgl. 2 % Skonto	20,00 €
verbleiben	980,00 €
zzgl. 19 % Umsatzsteuer	186,20 €
Rechnungsbetrag bei Zahlung innerhalb von 8 Tagen	1.166,20 €

Bei dieser Form der Rechnungserteilung ist davon auszugehen, dass von vornherein ein um den Skonto geminderter Preis vereinbart worden ist. Wird der um den Skonto geminderte Preis von 1.166,20 € durch **D** innerhalb der vereinbarten Frist gezahlt, so entfällt eine Umsatzsteuer- bzw. Vorsteuerberichtigung nach § 17 Abs. 1 UStG. Kann der Skonto von D wegen Überschreitens der Zahlungsfrist nicht in Anspruch genommen werden, liegt eine nachträgliche Entgeltserhöhung vor. Diese bewirkt eine Erhöhung des Steuerbetrages bei C um 3,80 € (§ 17 Abs. 1 Satz 1 UStG). Eine

Erhöhung des Vorsteuerbetrages bei D um 3,80 € (§ 17 Abs. 1 Satz 2 UStG) setzt eine entsprechend geänderte Rechnung voraus.

Für die Berichtigung der Umsatzsteuer bzw. Vorsteuer durch **E** und **F** aufgrund der Bonusabrechnung gilt § 17 Abs. 1 Satz 1 und 2 UStG. Die Berichtigung ist mit Überweisung des Bonus für den Voranmeldungszeitraum Januar 01 vorzunehmen (§ 17 Abs. 1 Satz 7 UStG). Sofern entsprechende Entgeltsminderungen bereits im Voraus vereinbart werden, müssen die Rechnungen über die Umsätze einen Hinweis auf diese Vereinbarung enthalten (§ 14 Abs. 4 Satz 1 Nr. 7 UStG). Im Fall einer Bonus- oder Rabattvereinbarung reicht es aus, wenn auf die bestehende Vereinbarung verwiesen wird und diese Angaben leicht und eindeutig nachprüfbar sind (§ 31 Abs. 1 Satz 3 UStDV; Abschn. 14.5 Abs. 19 UStAE). Wurde die Gegenleistung bereits entrichtet, erfolgt die Berichtigung nach § 17 Abs. 1 UStG bei einer vereinbarten Entgeltsminderung nicht bereits im Zeitpunkt der Vereinbarung, sondern in der Höhe und in dem Voranmeldungszeitraum, in dem das Entgelt tatsächlich zurückgezahlt wird (Abschn. 17.1 Abs. 2 UStAE).

2. Aufgrund der Änderung von Bemessungsgrundlagen durchgeführte Rechnungskorrekturen unterliegen nicht den Formvorschriften des § 14 UStG. Die Regelung des § 14c Abs. 1 UStG ist im Bereich des § 17 UStG grundsätzlich nicht anwendbar. Es werden jedoch regelmäßig Unterlagen über Entgeltsminderungen oder -erhöhungen vorliegen, z. B. Zahlungsbelege, aus denen Skontoabzüge der Leistungsempfänger zu erkennen sind. Lediglich nach § 17 Abs. 4 UStG ist der leistende Unternehmer verpflichtet, dem Leistungsempfänger einen Beleg zu erteilen, wenn Entgelte für unterschiedlich besteuerte Lieferungen oder sonstige Leistungen eines bestimmten Zeitabschnitts gemeinsam nachträglich geändert werden. Dies trifft insbesondere zu auf Jahresboni und Jahresrückvergütungen, die von Fall zu Fall vom Geschäftsergebnis des Lieferanten abhängig sind, also erst nach Ablauf des Geschäftsjahres errechnet werden.

Fall 65

Änderung der Bemessungsgrundlage durch Rückgängigmachen der Lieferung

UStG § 17 Abs. 1 und 2; BGB § 437 Nr. 2, §§ 449, 634 Nr. 3

Da die Umsatzsteuer im Regelfall im Voranmeldungszeitraum der Ausführung der Leistung entsteht (§ 13 Abs. 1 Nr. 1 Buchst. a Satz 1 UStG), muss die bereits entstandene Umsatzsteuer korrigiert werden, wenn die Leistung rückabgewickelt wird. Dann führt § 17 Abs. 2 Nr. 3 UStG zu einer Ände-

rung der Bemessungsgrundlage. Die Regelung gilt grundsätzlich auch für sonstige Leistungen. Bei Dienstleistungen ist eine Rückgängigmachung denknotwendig nur in Ausnahmefällen wie z. B. bei mangelhafter Ausführung möglich.

Sachverhalt

1. Frau Adelgunde (A) kaufte am 25.06.01 bei einem Herrenausstatter (H) in Herne für ihren Ehemann ein Oberhemd und bezahlte dafür 59,50 €. Da die Farbe des Oberhemdes dem Ehemann nicht zusagte, tauschte Frau A das Hemd am 03.07.01 gegen ein anderes Hemd um. Frau A zahlte 5,95 € zu.
2. Herr Bertram (B) kaufte bei einem Einrichtungshaus (E) in Essen am 13.02.01 eine Wohnzimmereinrichtung in Eiche. Wegen der Verwendung zu frischen Holzes wies diese nach kurzer Zeit Sprünge auf. B machte wegen des Mangels der Sache nach erfolgloser Nacherfüllung die Rückgängigmachung des Kaufvertrages geltend. B gab die gekaufte Einrichtung am 15.08.01 zurück und erhielt gleichzeitig den Kaufpreis von 11.900 € erstattet.
3. Herr Constantin (C) aus Celle kaufte beim Autohaus Rasant (R) in Remscheid einen neuen PKW für seine Tätigkeit als Handelsvertreter. C gab seinen bisher zu 90 % für unternehmerische Zwecke benutzten Kombi als Gebrauchtfahrzeug für (5.000 € + 950 € Umsatzsteuer =) 5.950 € in Zahlung und zahlte auf den Kaufpreis des Neufahrzeugs von (30.000 € + 5.700 € Umsatzsteuer =) 35.700 € außerdem noch einen Barbetrag von 29.750 €. Der Anrechnungsbetrag von 5.950 € für den gebrauchten Kombi, den C vor sechs Jahren bei R erworben hatte, entsprach dem gemeinen Wert des Fahrzeugs (DAT-Schätzpreis). C, der den PKW in vollem Umfang seinem Unternehmen zuordnet, verwendet den neuen PKW in demselben Verhältnis wie das Altfahrzeug.
4. Herr Dagobert (D), selbständiger Dachdecker aus Darmstadt, kaufte beim Autohaus Schnell (S) in Stuttgart einen neuen PKW zum Preis von 40.000 € zuzüglich 7.600 € Umsatzsteuer. Der PKW wird von D ausschließlich unternehmerisch genutzt. Den PKW sowie eine den Anforderungen des § 14 UStG entsprechende Rechnung erhielt D am 15.04.01 gegen Barzahlung. Der PKW hatte in den ersten Wochen der Nutzung wiederholt Defekte, die auch nach mehreren Garantiereparaturen in der Werkstatt des S nicht behoben werden konnten. D bestand deshalb darauf, den Kaufvertrag rückgängig zu machen. Da D den PKW trotz der Mängel in der Zeit vom 15.04.01 bis zum 14.06.01 nutzen konnte, einigten sich D und S darauf, dass D nicht den vollen Kaufpreis, sondern am 14.06.01 lediglich 45.220 € zurückerhielt.

Die §§ 19 und 20 UStG sind nicht anzuwenden. Voranmeldungszeitraum ist der Kalendermonat.

Frage

Wie sind die Vorgänge umsatzsteuerrechtlich zu beurteilen?

Antwort

1. Frau A erhielt im Wege des Umtausches den ihr ursprünglich gelieferten Gegenstand durch einen anderen ersetzt. Die am 25.06.01 ausgeführte (ursprüngliche) Lieferung des H wurde rückgängig gemacht; an deren Stelle trat die am 03.07.01 bewirkte (neue) Lieferung. Der Umtausch führte zu einer Änderung der Bemessungsgrundlage.
2. Herr B gab die ihm gelieferte Einrichtung zurück; dies bedeutet die Rückgängigmachung der von E am 13.02.01 ausgeführten Lieferung. E zahlte an B den Kaufpreis zurück; dies stellt die Rückgewähr des Entgelts dar. Durch den Rücktritt vom Kaufvertrag ergab sich eine Änderung der Bemessungsgrundlage für den Voranmeldungszeitraum August 01.
3. Herr C bewirkte mit der Inzahlunggabe seines Gebrauchtwagens eine Rücklieferung, die zusammen mit der Barzahlung von 29.750 € die Gegenleistung für das von R gelieferte Neufahrzeug darstellt. Es handelt sich um einen Tausch mit Baraufgabe.
4. Herr D gab den PKW an S zurück. Die am 15.04.01 ausgeführte Lieferung wurde damit am 14.06.01 rückgängig gemacht. An ihre Stelle ist eine sonstige Leistung getreten, die in der Gebrauchsüberlassung des PKW in der Zeit vom 15.04.01 bis zum 14.06.01 besteht.

Begründung

Allgemeines: Ein Rückgängigmachen der Lieferung wird insbesondere beim Umtausch, Rücktritt wegen Vorliegens eines Mangels der Sache (§ 437 Nr. 2, § 634 Nr. 3 BGB) und bei der Lieferung unter Eigentumsvorbehalt (§ 449 BGB) im Fall des Rücktritts in Betracht kommen.

Beim **Umtausch** eines Gegenstandes wird die ursprüngliche Lieferung rückgängig gemacht; an deren Stelle tritt eine neue Lieferung. Für den Umtausch ist regelmäßig nur eine kurze Frist vorgesehen, auch ist er nur bei ganz bestimmten Waren üblich. Es handelt sich um ein Recht, das der Verkäufer entweder vertraglich oder erst nach Abschluss des Kaufvertrages freiwillig aus Kulanz gewährt. Hat der Käufer die Ware beschädigt oder ist sie im Wert geringer geworden, so besteht im Regelfall kein Umtauschrecht mehr.

Davon zu unterscheiden ist die Rückabwicklung des Kaufvertrages aufgrund eines gesetzlichen Widerrufsrechts nach §§ 312g, 355 BGB. In diesen Fällen liegt aber ebenfalls eine Rückgängigmachung der ursprünglichen Lieferung vor.

Zusammenfassend lässt sich sagen, dass das **Rückgängigmachen einer Lieferung** unter folgenden Voraussetzungen anzunehmen ist:

- Der Wille der Beteiligten muss darauf gerichtet sein, das frühere Rechtsgeschäft aufzuheben.
- Die Rückgabe des Liefergegenstandes muss tatsächlich erfolgt sein.
- Die Rückgabe muss mit der ursprünglichen Leistung in einem unmittelbaren inneren Zusammenhang stehen.

Ob eine nicht steuerbare Rückgängigmachung eines Liefervorganges (Rückgabe) oder eine entgeltliche Rücklieferung durch den Lieferungsempfänger (Abnehmer) vorliegt, ist aus der Sicht des Abnehmers der Lieferung zu beurteilen (Abschn. 1.1 Abs. 4 und Abschn. 17.1 Abs. 8 UStAE). Wird eine Lieferung rückgängig gemacht, führt dies zum nachträglichen Wegfall dieser Leistung. An die Stelle der rückgängig gemachten Lieferung kann eine andere Leistung treten.

Bei einer **Rücklieferung** handelt es sich um eine zweite, selbständig zu beurteilende Leistung zwischen denselben Beteiligten. Rücklieferungen werden regelmäßig vorliegen, wenn der Käufer eines neuen Gegenstandes einen gebrauchten Gegenstand bei demselben Verkäufer in Zahlung gibt, bei dem er den gebrauchten Gegenstand früher erworben hat. Die Länge der nach der Lieferung verflossenen Zeit kann als Beweisanzeichen für den Willen der Beteiligten gewertet werden.

1. Unternehmer H hat am 25.06.01 an die Abnehmerin A eine steuerbare und mit 19 % steuerpflichtige Lieferung ausgeführt (§ 1 Abs. 1 Nr. 1 UStG; § 12 Abs. 1 UStG). Dafür beträgt die Bemessungsgrundlage (59,50 € : 1,19 =) 50,00 €, die Umsatzsteuer = 9,50 €. Unter Beibehaltung des Vertragsverhältnisses wurde diese Lieferung rückgängig gemacht. H hat wegen Änderung der Bemessungsgrundlage die Umsatzsteuer für diesen Umsatz zu berichtigen (§ 17 Abs. 1 Satz 1 und Abs. 2 Nr. 3 UStG). Der Kürzungsbetrag von 9,50 € ist für den Voranmeldungszeitraum Juli 01 zu berücksichtigen (§ 17 Abs. 1 Satz 7 UStG). An die Stelle der ursprünglichen Lieferung ist die am 03.07.01 ausgeführte, steuerbare und mit 19 % steuerpflichtige Lieferung des Ersatzgegenstandes getreten (§ 1 Abs. 1 Nr. 1 UStG; § 12 Abs. 1 UStG). Die Bemessungsgrundlage beträgt (65,45 € : 1,19 =) 55,00 €, die Umsatzsteuer 10,45 €.

2. Unternehmer E hat gegenüber dem Abnehmer B am 13.02.01 eine steuerbare und mit 19 % steuerpflichtige Lieferung ausgeführt (§ 1 Abs. 1 Nr. 1 UStG; § 12 Abs. 1 UStG). Die Bemessungsgrundlage beträgt 10.000 €, die Umsatzsteuer 1.900 €. Es liegt ein Mangel der gelieferten Sache (Einrichtung) vor. Durch den Rücktritt vom Kaufvertrag wurde die zunächst ausgeführte Lieferung der Einrichtung rückgängig gemacht und der Kaufpreis erstattet. E hat für den Voranmeldungszeitraum der Rückgabe (August 01) die Umsatzsteuer von 1.900 € zu berichtigen (§ 17 Abs. 1 Satz 1 und 7 und Abs. 2 Nr. 3 UStG).[1]

1 Nach Auffassung des BFH (Urteil vom 02.09.2010 V R 34/09, BStBl 2011 II S. 991) entsteht der Berichtigungsanspruch nach § 17 Abs. 2 Nr. 3 UStG erst mit der Rückgewähr des Entgelts.

3. Unternehmer R hat an den Abnehmer C eine steuerbare und mit 19 % steuerpflichtige Lieferung ausgeführt (§ 1 Abs. 1 Nr. 1 UStG; § 12 Abs. 1 UStG). Die Bemessungsgrundlage für die Lieferung des Neufahrzeugs beträgt 30.000 €, die Umsatzsteuer 5.700 €. Mit der Inzahlunggabe des Gebrauchtwagens hat C an R eine Lieferung bewirkt (§ 3 Abs. 1 UStG). Bei diesem Vorgang handelt es sich weder um einen Umtausch noch um ein Rückgängigmachen der früheren (vor sechs Jahren) von R an C bewirkten Lieferung. Es liegt ein neuer, selbständig zu beurteilender Leistungsaustausch vor. Die Lieferung des gebrauchten Fahrzeugs durch C an R ist als Rücklieferung zu beurteilen, die zusammen mit der Barzahlung des C die Gegenleistung für das von R gelieferte Neufahrzeug darstellt (Tausch mit Baraufgabe i. S. des § 3 Abs. 12 Satz 1 UStG). Die von C bewirkte Lieferung fällt als Hilfsgeschäft in den Rahmen seines Unternehmens (Handelsvertretung). Sie ist steuerbar und mit 19 % steuerpflichtig (§ 1 Abs. 1 Nr. 1 UStG; § 12 Abs. 1 UStG). Die Bemessungsgrundlage für die Lieferung des Gebrauchtwagens beträgt 5.000 €, die Umsatzsteuer 950 €. Nach § 15 UStG kann das Autohaus R 950 € und der Handelsvertreter C 5.700 € als Vorsteuer abziehen.

4. Unternehmer S hat am 15.04.01 an den Abnehmer D in Stuttgart eine steuerbare und mit 19 % steuerpflichtige Lieferung ausgeführt (§ 1 Abs. 1 Nr. 1 UStG; § 12 Abs. 1 UStG). Die Bemessungsgrundlage beträgt (47.600 € : 1,19 =) 40.000 €, die Umsatzsteuer 7.600 €. Der Unternehmer D konnte für den Voranmeldungszeitraum April 01 die Umsatzsteuer von 7.600 € als Vorsteuer abziehen (§ 15 Abs. 1 Satz 1 Nr. 1 Satz 1 UStG).

Die Lieferung des PKW wurde am 14.06.01 rückgängig gemacht und der Kaufpreis – gekürzt um die Miete für die zwischenzeitliche Nutzung des PKW – erstattet. S und D mussten die Umsatzsteuer bzw. Vorsteuer für den Voranmeldungszeitraum Juni 01 (§ 17 Abs. 1 Satz 7 UStG) um 7.600 € kürzen (§ 17 Abs. 1 Satz 1 bzw. 2 i. V. m. Abs. 2 Nr. 3 UStG).

Am 14.06.01 hat S an D in Darmstadt (§ 3a Abs. 2 UStG) eine steuerbare und mit 19 % steuerpflichtige sonstige Leistung bewirkt (§ 1 Abs. 1 Nr. 1 UStG; § 12 Abs. 1 UStG). Die sonstige Leistung, die in der Überlassung des PKW zur Nutzung durch D bestand, ist an die Stelle der rückgängig gemachten Lieferung des PKW getreten. Gegenleistung ist die Differenz zwischen dem Kaufpreis von 47.600 € und dem zurückgewährten Betrag von 45.220 €. Die Bemessungsgrundlage (§ 10 Abs. 1 UStG) beträgt (47.600 € ⁒ 45.220 € =) 2.380 € : 1,19 = 2.000 €. Die Umsatzsteuer von (19 % von 2.000 € =) 380 € ist mit Ablauf des Voranmeldungszeitraums Juni 01 entstanden; Teilleistungen liegen nicht vor (§ 13 Abs. 1 Nr. 1 Buchst. a Satz 3 UStG). Der Unternehmer D kann die Umsatzsteuer von 380 € als Vorsteuer abziehen, wenn S ihm eine Rechnung erteilt, in der dieser Betrag als Umsatzsteuer für die sonstige Leistung gesondert ausgewiesen ist (§ 15 Abs. 1 Satz 1 Nr. 1 Satz 2 UStG). Die über die Lieferung des PKW erteilte Rechnung enthält keine Angaben über die am 14.06.01 bewirkte sonstige Leistung; diese Rechnung ist durch Rückgängigmachen der Lieferung des PKW für den Vorsteuerabzug des D gegenstandslos geworden.

Fall 66

Änderung der Bemessungsgrundlage wegen Uneinbringlichkeit einer Forderung

UStG § 17 Abs. 1 und 2

Die Umsatzsteuer entsteht nach § 13 Abs. 1 Nr. 1 Buchst. a Satz 1 UStG im Voranmeldungszeitraums der Leistungsausführung auf der Grundlage eines vereinbarten Entgelts. Der Unternehmer muss daher bereits die Steuer an das Finanzamt abführen bevor er sie ggf. von seinem Vertragspartner vereinnahmt hat. Dies führt zu einer Vorfinanzierung der Umsatzsteuer durch den leistenden Unternehmer. Letztlich darf eine Umsatzbesteuerung nur nach dem tatsächlich gezahlten Entgelt erfolgen (Umsatzsteuer als Verbrauchsteuer). Wenn (und soweit) das vereinbarte Entgelt nicht gezahlt wird, muss eine Berichtigung der bereits entstandenen Umsatzsteuer erfolgen. Der Gesetzgeber hat mit § 17 Abs. 2 Nr. 1 UStG eine entsprechende Regelung geschaffen. Danach ist die Bemessungsgrundlage zu korrigieren soweit das Entgelt uneinbringlich geworden ist. Dabei kann die Uneinbringlichkeit auch nur temporär vorliegen.

Sachverhalt

Im Jahr 03 hat die Karl Kaiser KG in Köln an den Unternehmer Franz Malus (M) in Marburg Bleche geliefert. Aus der mit 19 % steuerpflichtigen Lieferung bestand am 31.12.03 noch eine Forderung aus einer Lieferung vom 15.11.03. Als die KG im Januar 04 erfuhr, dass sich M in Zahlungsschwierigkeiten befand, musste die KG schnell handeln. Sie trat die Restforderung von 35.700 € zum Festpreis von 26.180 € an die Volksbank eG in Bonn ab, die die Forderung einziehen und das Ausfallrisiko übernehmen sollte. Die Abtretungserklärung wurde am 25.01.04 notariell beurkundet.

Der Notar erteilte der KG am 02.02.04 eine Rechnung über 500 € zuzüglich 95 € Umsatzsteuer. Am 10.05.04 erhielt die KG von der Bank die Mitteilung, dass auf die Forderung noch 30.345 € eingegangen sind. Außerdem erteilte die Bank der KG für ihre Leistung eine Rechnung, in der sie unter Berücksichtigung der zahlungsgestörten Forderung die Umsatzsteuer zutreffend i. H. von 570 € gesondert in Rechnung gestellt hatte.

Die KG hat ein vom Kalenderjahr abweichendes Wirtschaftsjahr. Sie sah sich gezwungen, in der Bilanz zum 30.06.04 für Kundenforderungen, die auf mit 19 % steuerpflichtigen Umsätzen beruhen, folgende Wertberichtigungen und Umsatzsteuer-Korrekturen zu berücksichtigen:

Dubiose Forderungen	119.000 €	Wertberichtigung	50.000 €
Übrige Forderungen	357.000 €	Wertberichtigung (5 % von 300.000 €)	15.000 €
Uneinbringliche Forderungen	23.800 €	Umsatzsteuer-Kürzung für den Monat 06/04	3.800 €

Wider Erwarten ging auf eine am 30.06.04 ausgebuchte, für uneinbringlich erachtete Forderung von netto 5.800 € auf dem Bankkonto der KG am 30.11.04 noch eine Zahlung von 476 € ein, die als sonstiger betrieblicher Ertrag gebucht wurde.

Bei der Belieferung des Kunden Hans Säumig (S) in Siegen hatte die KG zur Absicherung ihrer Ansprüche aus dem Kaufvertrag eine Warenkreditversicherung abgeschlossen. Nachdem über das Vermögen des Kunden S im Juni 04 das Insolvenzverfahren eröffnet worden war, hat die KG die Forderung am 30.06.04 als uneinbringlich ausgebucht. Im August 04 teilte der Insolvenzverwalter mit, dass das Insolvenzverfahren mangels Masse eingestellt worden sei. Daraufhin machte die KG gegenüber ihrer Versicherungsgesellschaft die Forderung von netto 3.200 € als Ausfall geltend und erhielt am 25.09.04 Ersatz i. H. von 60 % dieses Betrages. Die KG buchte 1.920 € als sonstigen betrieblichen Ertrag.

Frage

1. Wie ist die Forderungsabtretung an die Bank zu beurteilen?
2. Konnte die KG die vom Notar in Rechnung gestellte Umsatzsteuer von 95 € als Vorsteuer abziehen?
3. Welche Auswirkungen hatte die Mitteilung der Bank vom 10.05.04 für die KG?
4. Hat die KG die Umsatzsteuer für den Voranmeldungszeitraum 06/04 zutreffend gekürzt?
5. Hat die KG die nachträglich eingegangene Zahlung von 476 € richtig behandelt?
6. Ist die Ersatzleistung der Versicherung i. H. von 1.920 € Entgelt?

Antwort

1. Mit der Forderungsabtretung an die Bank erbringt die KG keine Leistung an den Forderungskäufer. Die Volksbank eG bewirkt durch den Forderungskauf mit Übernahme des Einzugs und des Ausfallrisikos der Forderung eine steuerbare und steuerpflichtige sonstige Leistung an die KG.
2. Die KG konnte die Umsatzsteuer von 95 € als Vorsteuer abziehen (§ 15 Abs. 1 Satz 1 Nr. 1 UStG).
3. Die KG musste die Umsatzsteuer für den Voranmeldungszeitraum 05/04 um 855 € kürzen (§ 17 Abs. 1 Satz 1, 7 und Abs. 2 Nr. 1 Satz 1 UStG).
4. Die Kürzung der Umsatzsteuer war zutreffend.
5. Nein. Die KG hätte die im Betrag von 476 € enthaltene Umsatzsteuer von 76 € für den Voranmeldungszeitraum 11/04 an das Finanzamt abführen müssen (§ 17 Abs. 2 Nr. 1 Satz 2 UStG).
6. Die Zahlung der Versicherung ist kein Entgelt, sondern Ersatz für einen Vermögensschaden der KG.

Begründung

1. Mit der entgeltlichen Abtretung der Kaufpreisforderung hat die KG an die Volksbank eG keine Leistung bewirkt. Die Forderungsabtretung vollzieht sich im Rahmen einer nicht steuerbaren Leistungsbeistellung (vgl. Abschn. 2.4 Abs. 3 UStAE). Die KG ist Empfänger einer Leistung der Volksbank eG. Mit der Entlastung der KG von der Einziehung der Forderung und dem Risiko der (teilweisen) Nichterfüllung erbringt die Bank eine Dienstleistung an die KG. Der Leistungsort wird nach § 3a Abs. 2 UStG bestimmt und ist in Köln. Die Leistung der Volksbank eG unterliegt nicht der Steuerbefreiung nach § 4 Nr. 8 Buchst. c UStG (Abschn. 2.4 Abs. 4 UStAE). Die steuerbare (§ 1 Abs. 1 Nr. 1 UStG) Leistung der Bank ist mit 19 % (§ 12 Abs. 1 UStG) steuerpflichtig. Bei einer lt. Sachverhalt zutreffenden Umsatzsteuer i. H. von 570 € sind die Vertragsparteien von einem voraussichtlichen Forderungsausfall von 5.950 € ausgegangen. Die Bemessungsgrundlage von 3.000 € ergibt sich als Differenz aus dem wirtschaftlichen Nennwert der Forderung (29.750 €) und dem von der Bank an die KG gezahlten Betrag (26.180 €) abzüglich der in dem Differenzbetrag von 3.570 € enthaltenen Umsatzsteuer von 570 € (vgl. Abschn. 2.4 Abs. 6 und 7 UStAE). Unter den Voraussetzungen des § 15 UStG kann die KG den Vorsteuerabzug aus der Leistung der Bank in Anspruch nehmen. Ein Vorsteuerausschluss liegt nicht vor, da die Forderung durch einen steuerpflichtigen Umsatz der KG begründet wurde (Abschn. 2.4 Abs. 6 UStAE). Es handelte sich nicht um eine zahlungsgestörte Forderung nach Abschn. 2.4 Abs. 7 UStAE, da sie weniger als 90 Tage fällig war. Zur Behandlung zahlungsgestörter Forderungen vgl. Abschn. 2.4 Abs. 7 und 8 UStAE. Bei der Übertragung einer zahlungsgestörten Forderung unter Übernahme des Ausfallrisikos durch den Erwerber besteht der wirtschaftliche Gehalt in der Entlastung des Verkäufers vom wirtschaftlichen Risiko und nicht in der Einziehung der Forderung.

2. Der Notar hat mit der Beurkundung der Abtretungserklärung eine sonstige Leistung für das Unternehmen der KG ausgeführt und zutreffend Umsatzsteuer von 95 € gesondert in Rechnung gestellt. Die KG konnte diesen Betrag als Vorsteuer abziehen, weil ein wirtschaftlicher Zusammenhang mit der Forderungsabtretung an die Bank bestand und der Forderung ein steuerpflichtiger Umsatz der KG zugrunde lag (vgl. Abschn. 2.4 Abs. 6 UStAE).

3. Durch die Forderungsabtretung ergaben sich noch keine Auswirkungen auf die Bemessungsgrundlage für die Lieferung der Bleche an den Abnehmer M, die bereits im Jahr 03 der Besteuerung unterlag. Die Abtretung des der KG zustehenden Entgeltsanspruchs an die Volksbank ist für die Bestimmung von Höhe und Umfang des Entgelts für die Lieferung der Bleche ohne Bedeutung. Nach dem Entgeltsbegriff des § 10 Abs. 1 Satz 2 UStG ist nicht maßgebend, was der Leistende (die KG) erhält, sondern was der Leistungsempfänger (M) letztlich (in diesem Fall an den Forderungskäufer, die Volksbank) tatsächlich aufwendet (Abschn. 10.1 Abs. 4 und Abschn. 17.1

Abs. 6 UStAE). Da die Bank die abgetretene Forderung nur noch in Höhe eines Teilbetrages verwirklichen konnte, trat für die KG ein Forderungsausfall i. H. von (35.700 € ⁒ 30.345 € =) 5.355 € ein. Somit ergab sich eine Änderung der Bemessungsgrundlage von (5.355 € : 1,19 =) 4.500 €. Für den Voranmeldungszeitraum 05/04 (§ 17 Abs. 1 Satz 7 UStG) musste die KG die Umsatzsteuer um (4.500 € × 0,19 =) 855 € kürzen (§ 17 Abs. 1 Satz 1 und 7 und Abs. 2 Nr. 1 Satz 1 UStG).

4. Nach § 17 Abs. 2 Nr. 1 UStG ist die vom Unternehmer geschuldete Umsatzsteuer zu berichtigen, wenn das vereinbarte Entgelt für eine steuerpflichtige Leistung uneinbringlich geworden ist. Ob eine Forderung uneinbringlich geworden ist, wird nach kaufmännischen Gesichtspunkten beurteilt. Es ist für die Annahme der Uneinbringlichkeit ausreichend, wenn der Leistungsempfänger trotz Fälligkeit des Entgelts bei objektiver Betrachtung seine Forderung ganz oder teilweise auf absehbare Zeit rechtlich oder tatsächlich nicht durchsetzen kann. Da bei den dubiosen Forderungen und den übrigen Forderungen die Uneinbringlichkeit noch nicht feststand, konnte die Umsatzsteuer insoweit nicht berichtigt werden. Nur für die uneinbringlichen Forderungen war eine Kürzung der Umsatzsteuer um 3.800 € für den Voranmeldungszeitraum 06/04 (§ 17 Abs. 1 Satz 7 UStG) vorzunehmen (§ 17 Abs. 1 Satz 1 und Abs. 2 Nr. 1 Satz 1 UStG); die Bemessungsgrundlage hatte sich um 20.000 € geändert.

5. Wird für eine als uneinbringlich abgeschriebene Forderung nachträglich ein Entgelt vereinnahmt, so hat der Unternehmer, der den steuerpflichtigen Umsatz ausgeführt hat, den Steuerbetrag erneut zu berichtigen. Die KG hat im Voranmeldungszeitraum 06/04 die zuvor geschuldete Umsatzsteuer zutreffend um (5.800 € × 0,19 =) 1.102 € auf 0 € gekürzt (§ 17 Abs. 2 Nr. 1 Satz 1 UStG). Da sie am 30.11.04 noch eine Zahlung von 476 € vereinnahmt hat, musste sie für den Voranmeldungszeitraum 11/04 (§ 17 Abs. 1 Satz 7 UStG) die Umsatzsteuer von 76 €, die in dem Betrag von 476 € enthalten ist, an das Finanzamt abführen (§ 17 Abs. 2 Nr. 1 Satz 2 UStG).

6. Wegen Uneinbringlichkeit der Forderung gegenüber dem Kunden Säumig (S) hat die KG die zuvor geschuldete Umsatzsteuer für den Voranmeldungszeitraum 06/04 zutreffend um (3.200 € × 0,19 =) 608 € auf 0 € gekürzt (§ 17 Abs. 2 Nr. 1 Satz 1 UStG). Wird über das Vermögen eines Unternehmers das Insolvenzverfahren eröffnet, werden die gegen ihn gerichteten Forderungen in diesem Zeitpunkt unbeschadet einer möglichen Insolvenzquote in voller Höhe uneinbringlich i. S. des § 17 Abs. 2 Nr. 1 Satz 1 UStG (Abschn. 17.1 Abs. 5 Satz 5 UStAE). Die Ersatzleistung aus der Warenkreditversicherung i. H. von 1.920 € stellt kein Entgelt, sondern Ersatz eines Vermögensschadens der KG dar (Abschn. 1.3 Abs. 7 UStAE). Eine erneute Berichtigung der Umsatzsteuer nach § 17 Abs. 2 Nr. 1 Satz 2 UStG war nicht durchzuführen.

5. Rechnungen

Fall 67

Rechnungen mit einem Steuersatz

UStG § 14 Abs. 1, 2 und 4

Eine allgemeine Verpflichtung zur Ausstellung von Rechnungen sieht das Umsatzsteuergesetz nicht vor. Grundsätzlich ist der leistende Unternehmer aber verpflichtet, wenn er eine steuerpflichtige Leistung gegenüber einem anderen Unternehmer für dessen Unternehmen erbringt, innerhalb von 6 Monaten eine Rechnung auszustellen. Nur in Ausnahmefällen besteht eine Verpflichtung zur Rechnungserteilung gegenüber privaten Endabnehmern. § 14 Abs. 4 UStG sieht darüber hinaus für eine ordnungsgemäße Rechnung eine Reihe von Formalien vor. Fehlen die erforderlichen Angaben oder sind sie inhaltlich unzutreffend, ist für den Leistungsempfänger grundsätzlich kein Vorsteuerabzug möglich.

Sachverhalt

Die Friedrich Strom KG, Elektrogroßhandlung in Lüdinghausen, Hermannstr. 2, verkauft am 18.10.02 an den selbständigen Elektroinstallateur Franz Licht in Lippstadt, Luisenstr. 5, einen Elektromotor (Typ 1001) für 700 € und berechnet ihrem Kunden 25 € für Verpackung und 75 € für Transportkosten. Die vorgenannten Beträge sind Nettowerte. Der Steuersatz beträgt 19 % (§ 12 Abs. 1 UStG). Der Elektromotor wird am 20.10.02 dem Spediteur Fracht übergeben. Bei vorzeitiger Zahlung des Licht gewährt die KG 2 % Skonto.

Frage

1. Ist die KG zur Ausstellung einer Rechnung mit gesondertem Steuerausweis berechtigt?
2. Besteht für die KG eine gesetzliche Verpflichtung zur Erteilung einer Rechnung mit gesondertem Steuerausweis?
3. Welche Angaben muss die Rechnung der KG enthalten?

Antwort

1. Die KG führt eine steuerpflichtige Leistung aus und ist daher berechtigt, eine Rechnung auszustellen, in der die Umsatzsteuer gesondert ausgewiesen ist.
2. Die KG führt eine steuerpflichtige Lieferung an einen anderen Unternehmer aus. Sie ist verpflichtet, innerhalb von 6 Monaten nach Ausfüh-

rung der Lieferung eine Rechnung mit gesondertem Steuerausweis auszustellen.

3. Die Rechnung der KG muss die in § 14 Abs. 4 Satz 1 Nr. 1 bis 8 UStG genannten Angaben enthalten.

Begründung

Allgemeines: Nach § 14 Abs. 1 UStG i. V. m. § 31 Abs. 1 UStDV ist eine Rechnung jedes Dokument, mit dem über eine Leistung (Teilleistung) abgerechnet wird. Die Bedeutung einer Rechnung besteht in erster Linie darin, dass der Leistungsempfänger sie für den Vorsteuerabzug benötigt (§ 15 Abs. 1 Satz 1 Nr. 1 Satz 2 UStG). Daneben dienen Rechnungen vor allem Kontrollzwecken des Steuergläubigers oder enthalten Angaben, die für die Besteuerung des Leistungsempfängers von Bedeutung sind.

1. Führt ein Unternehmer (§ 2 UStG) Lieferungen oder sonstige Leistungen nach § 1 Abs. 1 Nr. 1 UStG aus, ist er berechtigt, eine Rechnung auszustellen (§ 14 Abs. 2 Satz 1 Nr. 2 Satz 1 UStG). Da die KG eine steuerpflichtige Lieferung erbringt, ist sie berechtigt, in der Rechnung die Umsatzsteuer gesondert auszuweisen (§ 14 Abs. 4 Satz 1 Nr. 8 UStG). Zur Ausstellung von Rechnungen mit gesondertem Steuerausweis ist der Unternehmer nicht nur bei Leistungen an Unternehmer, sondern auch bei Leistungen an Private berechtigt. Zum gesonderten Steuerausweis berechtigte Unternehmer dürfen in der Rechnung eine Steuer nicht gesondert ausweisen, wenn sie nicht steuerbare Leistungen bewirken oder steuerfreie Umsätze tätigen. Wird dies von Unternehmern nicht beachtet, schulden sie die gesondert ausgewiesene Steuer nach § 14c Abs. 1 UStG (vgl. Abschn. 14c.1 Abs. 1 UStAE). Die Vorschriften über den gesonderten Steuerausweis in einer Rechnung (§ 14 Abs. 4 UStG) sind auf Rechnungen von Kleinunternehmern i. S. des § 19 Abs. 1 UStG nicht anzuwenden.

2. Führt der Unternehmer eine andere als die in § 14 Abs. 2 Satz 1 Nr. 1 UStG genannte Lieferung oder sonstige Leistung nach § 1 Abs. 1 Nr. 1 UStG an einen anderen Unternehmer für dessen Unternehmen oder an eine juristische Person, die nicht Unternehmer ist, aus, so ist er nicht nur berechtigt, sondern auch verpflichtet, innerhalb von 6 Monaten nach Ausführung der Leistung eine Rechnung auszustellen (§ 14 Abs. 2 Satz 1 Nr. 2 Satz 2 UStG). Eine Verpflichtung zur Rechnungsausstellung besteht nicht, wenn der Unternehmer Leistungen erbringt, die nach § 4 Nr. 8 bis 28 UStG steuerfrei sind. Wird eine Rechnung entgegen § 14 Abs. 2 Satz 1 Nr. 1 oder 2 Satz 2 UStG nicht oder nicht rechtzeitig ausgestellt, handelt der Unternehmer ordnungswidrig. Diese Ordnungswidrigkeit kann mit einer Geldbuße bis zu 5.000 € geahndet werden (§ 26a UStG).

Die KG erbringt an den Unternehmer Franz Licht für dessen Unternehmen eine steuerpflichtige Lieferung. Sie ist zur Ausstellung einer Rechnung mit gesondertem Steuerausweis innerhalb von 6 Monaten nach Erbringung ihrer Lieferung verpflichtet. Grundsätzlich wird der andere Unternehmer an einer Rechnung mit gesondertem Steuerausweis interessiert sein, wenn er die in der Rechnung gesondert ausgewiesene Steuer nach § 15 Abs. 1 Satz 1 Nr. 1 UStG als Vorsteuer abziehen kann. Ein solches Interesse besteht nicht bei Unternehmern, bei denen die Umsatzsteuer nicht erhoben wird (§ 19 Abs. 1 UStG) oder die ihre Vorsteuerbeträge nach Durchschnittssätzen abziehen (§§ 23, 23a und 24 UStG). Nach § 14 Abs. 2 Satz 1 Nr. 2 Satz 2 UStG besteht eine Verpflichtung zur Rechnungserteilung auch gegenüber juristischen Personen, die nicht Unternehmer sind. Eine Berechtigung zum Vorsteuerabzug ergibt sich daraus nicht, weil diese Leistungsempfänger die Leistung nicht für ihr Unternehmen empfangen.

3. Nach § 14 Abs. 4 Satz 1 UStG (vgl. auch § 31 Abs. 1 bis 4 UStDV und Abschn. 14.5 UStAE) muss die Rechnung der KG folgende Angaben enthalten:

1. den vollständigen Namen und die vollständige Anschrift der KG und des Licht;
2. die der KG vom Finanzamt erteilte Steuernummer oder die ihr vom Bundeszentralamt für Steuern erteilte USt-IdNr.;
3. das Ausstellungsdatum;
4. eine fortlaufende Rechnungsnummer;
5. die Menge und die Art (handelsübliche Bezeichnung) der gelieferten Gegenstände;
6. den Zeitpunkt der Lieferung;
7. das Entgelt für die Lieferung sowie die im Voraus vereinbarte Minderung des Entgelts (Skonto) und
8. den anzuwendenden Steuersatz sowie den auf das Entgelt entfallenden Steuerbetrag.

Diesen Anforderungen entspricht das folgende **Schema.**

Friedrich Strom KG Elektrogroßhandlung	**(1)** **(3)**	59348 Lüdinghausen, den 20.10.02 Hermannstr. 2
	(2)	USt-IdNr.: DE 123456789
Firma Franz Licht Elektroinstallation Luisenstr. 5 59555 Lippstadt	**(1)** **(4)**	Rechnungs-Nummer 384/01

Wir sandten Ihnen am 18.10.02 **(6)**

Menge in Stück/kg **(5)**	Artikelbezeichnung **(5)**	Preis je Einheit	Betrag
1	Elektromotor Typ 1001	700,00 €	700,00 €
	Verpackung		25,00 €
	Transportkosten		75,00 €
	zusammen	**(7)**	800,00 €
	Umsatzsteuer 19 %	**(8)**	152,00 €
	insgesamt		952,00 €

(7) 2 % Skonto bei Zahlung bis zum 30.10.02. Zahlung spätestens bis zum 10.11.02.

Enthält eine Rechnung nicht alle Angaben nach § 14 Abs. 4 (oder § 14a) UStG oder sind die Angaben in der Rechnung unzutreffend, kann diese Rechnung berichtigt (bzw. ergänzt) werden. In diesem Fall müssen nur die fehlerhaften oder unzutreffenden Angaben durch ein Dokument, das spezifisch und eindeutig auf die Rechnung bezogen ist, an den Abrechnungsempfänger übermittelt werden (§ 31 Abs. 5 UStDV; Abschn. 14.11 UStAE). Die Berichtigung der Rechnung kann grundsätzlich nur durch den Rechnungsaussteller selbst vorgenommen werden (Abschn. 14.11 Abs. 2 UStAE; zur Rechnungsergänzung durch den Rechnungsempfänger vgl. Abschn. 15.11 Abs. 3 UStAE). Die Rechnungsberichtigung wirkt auf den Zeitpunkt der ursprünglichen Rechnungsausstellung zurück (EuGH vom 15.09.2016 Rs. C-518/14 „Senatex"). Eine Verzinsung, wie sie nach Auffassung der deutschen Finanzverwaltung bislang vorgesehen ist, ist nach dem Urteil des EuGH im Falle einer Rechnungsberichtigung nicht zulässig. Der BFH hat im Urteil vom 20.10.2016 V R 26/15, entschieden, dass die Berichtigung einer Rechnung zu einem späteren Zeitpunkt eine ursprünglich erteilte berichtigungsfähige Rechnung voraussetzt. Zur Annahme einer berichtigungsfähigen Rechnung muss das ursprüngliche Dokument mindestens zu den folgenden Rechnungsformalien Angaben enthalten:

- Rechnungsaussteller,
- Leistungsempfänger,
- Leistungsbeschreibung,
- Entgelt und
- gesondert ausgewiesene Umsatzsteuer.

Hierfür ist erforderlich, dass die Rechnung die genannten Angaben prinzipiell enthält. Diese dürfen auch nicht in so hohem Maß unbestimmt, unvollständig oder offensichtlich unzutreffend sein, dass sie fehlenden Angaben gleichstehen (BFH vom 20.10.2016, V R 26/15).

Die Rechnungsberichtigung nach § 31 Abs. 5 UStDV ist von der Berichtigung einer Rechnung wegen unrichtigem oder unberechtigtem Steuerausweis nach § 14c UStG zu unterscheiden.[1]

Durch das Steuervereinfachungsgesetz 2011 vom 1.11.2011 wurden die elektronischen Rechnungen den Papierrechnungen umsatzsteuerrechtlich gleichgestellt. Es ist insbesondere das zwingende Erfordernis einer qualifizierten elektronischen Signatur entfallen. Allerdings muss weiterhin auch bei einer elektronischen Rechnung die Echtheit der Herkunft, die Unversehrtheit des Inhalts und die Lesbarkeit gewährleistet sein (vgl. § 14 Abs. 1 UStG).

Fall 68

Rechnungen mit mehreren Steuersätzen

UStG § 14 Abs. 4

In einer Rechnung kann über mehrere Leistungen zusammengefasst abgerechnet werden. Diese Leistungen können unterschiedlichen Steuersätzen unterliegen oder steuerfrei sein. Das Umsatzsteuergesetz verlangt in diesem Fall eine exakte Zuordnung der unterschiedlichen Steuersätze zu den einzelnen Leistungen.

Sachverhalt

Die Peter Neumann OHG in Lüdinghausen betreibt eine Lebensmittelgroßhandlung. Sie erteilt einem ihrer Kunden, dem Lebensmittelhändler Wilhelm Feinkost in Herne, folgende Rechnung, die mit einer Registrierkasse mit Registerwahl erstellt wurde:

1 Zur Rechnungsberichtigung nach § 14c UStG vgl. die Fälle 71 und 72.

Peter Neumann OHG
Lebensmittelgroßhandlung

59348 Lüdinghausen, den .... 20.......
Essener Str. 20

USt-IdNr.: DE 123456789
Rechnungs-Nummer 005/01

Fa. Wilhelm Feinkost
Grüner Ring 2
44627 Herne

Sie erhielten am .... 20........ per LKW:

Menge in Stück/kg	Artikelbezeichnung	Preis je Einheit in €	Register-Nr.	Einzelbeträge in €	Beträge insgesamt in €
300 St.	Gemüsekonserven	1,20	1	360,00	
100 Fl.	Weinbrand	8,00	2	800,00	
40 kg	Dauerwurst	7,00	1	280,00	
20 kg	Waschmittel	5,00	2	100,00	
		Summe	1		640,00
		USt 7%	1		44,80
		Summe	2		900,00
		USt 19 %	2		171,00

Anmerkung: Register 1 = Entgelte zu 7 %,
Register 2 = Entgelte zu 19 %

insgesamt: 1.755,80

Frage

Ist die OHG verpflichtet, bei Rechnungen über Umsätze, die verschiedenen Steuersätzen unterliegen, die Entgelte und Steuerbeträge nach Steuersätzen zu trennen?

Antwort

Aus § 14 Abs. 4 Satz 1 Nr. 7 und 8 UStG ergibt sich die Verpflichtung, die Rechnungen aufzugliedern. Die OHG ist verpflichtet, die Entgelte für steuerpflichtige Umsätze getrennt nach Steuersätzen aufzuzeichnen (§ 22 Abs. 2 Nr. 1 UStG; § 63 Abs. 4 UStDV; Abschn. 22.6 UStAE).

Begründung

In einer Rechnung über Umsätze, die verschiedenen Steuersätzen unterliegen, sind die Entgelte und die Steuerbeträge nach Steuersätzen zu trennen (§ 14 Abs. 4 Satz 1 Nr. 7 und 8 UStG). Es ist u. U. erforderlich, die einzelnen Posten der Rechnung nach Steuersätzen zu gruppieren, sodass die Rechnung erkennbar zwei Abschnitte (jeder mit einer Entgelt- und Steuerzwischensumme) enthält, den einen für mit 7 %, den anderen für mit 19 % zu versteuernde Umsätze. Die Rechnung kann auch mit zwei Steuerspalten versehen sein. Dies dürfte sich insbesondere dann als zweckmäßig erweisen, wenn anhand mehrerer Lieferscheine fakturiert wird und eine Gruppierung nach Steuersätzen deshalb nur schwer durchzuführen ist. Daneben kann bei einzelnen Unternehmern u. U. in derselben Rechnung noch ein dritter Abschnitt für steuerfreie Umsätze in Betracht kommen. Eine Zwischensumme ist bei diesen Umsätzen jedoch nur für die Entgelte zu bilden.

Wird der Steuerbetrag durch Maschinen automatisch ermittelt und durch diese in der Rechnung angegeben, so ist der Ausweis des Steuerbetrages in einer Summe zulässig, wenn für die einzelnen Posten der Rechnung der Steuersatz angegeben ist (§ 32 UStDV). Bei Verwendung von Registrierkassen mit Registerspeicherung nach Steuersätzen kann die Registernummer die unmittelbare Angabe des Steuersatzes bei den einzelnen Warenposten ersetzen. Der Rechnungsvordruck muss jedoch mit einem Hinweis auf den Registerschlüssel (Anmerkung) versehen sein.

Die Regelung des § 32 UStDV für Rechnungen über Umsätze, die verschiedenen Steuersätzen unterliegen, gilt entsprechend, wenn in einer Rechnung neben steuerpflichtigen Umsätzen auch nicht steuerbare oder steuerfreie Umsätze aufgeführt werden. Kosten für Nebenleistungen, z. B. für Beförderung, Verpackung und Versicherung, sind, soweit sie besonders berechnet werden, den unterschiedlich besteuerten Hauptleistungen entsprechend zuzuordnen. Die Aufteilung ist nach geeigneten Merkmalen, z. B. nach dem Verhältnis der Werte oder Gewichte, vorzunehmen (Abschn. 14.5 Abs. 21 UStAE; zur sachgerechten Aufteilung eines Gesamtkaufpreises auf unterschiedlich zu besteuernde Leistungen vgl. Abschn. 10.1 Abs. 11 UStAE).

Fall 69

Rechnungen über Kleinbeträge

UStG § 14 Abs. 4, § 15 Abs. 1 Satz 1 Nr. 1; UStDV §§ 33 und 35

Eine umsatzsteuerrechtlich korrekte Rechnung setzt eine Vielzahl von Rechnungsformalien voraus, die im Einzelnen in § 14 Abs. 4 UStG geregelt sind. Für den Vorsteuerabzug muss eine ordnungsgemäße Rechnung beim Leistungsempfänger vorliegen. Bei Geschäften des täglichen Lebens ist es allerdings schwierig, die einzelnen Rechnungsformalien einzuhalten. Für diese alltäglichen Geschäfte (z. B. Tankstelle, Supermarkt) hat der Gesetzgeber daher eine Vereinfachungsregelung geschaffen. Bis zu einem Rechnungsbetrag von maximal 150 €,[1] braucht eine Rechnung gem. § 33 UStDV nicht

1 Am 30.03.2017 hat der Deutsche Bundestag das Zweite Gesetz zur Entlastung insbesondere der mittelständischen Wirtschaft von Bürokratie (Zweites Bürokratieentlastungsgesetz) verabschiedet. Darin enthalten ist u. a. die Anhebung der Kleinbetragsregelung von 150 € auf 250 €. Zum Zeitpunkt der Drucklegung war das Gesetz noch nicht in Kraft getreten.

alle Rechnungsformalien zu enthalten. Durch diese Regelung wird die Rechnungserstellung für alltägliche kleinere Leistungsbezüge deutlich vereinfacht.

Sachverhalt

Lederwareneinzelhändler Karl Kaufmann in Kassel, Luisenstr. 20, erhält für sein Unternehmen folgende Rechnungen:

1. Karl Adam — Kassel, Datum
   Bürobedarf — Ahornweg 20

1 Locher	12,30 €	
1 Stempelkissen	4,10 €	
1 Farbbandkassette	37,20 €	
insgesamt	53,60 €	Steuersatz 19 %

2. Max Berthold — Kassel, Datum
   Lebensmittel — Bahnhofstr. 10

1 Präsentkorb		
begünstigte Waren	21,40 €	Steuersatz 7 %
nicht begünstigte Waren	71,30 €	Steuersatz 19 %
insgesamt	92,70 €	

3. Hans Conrad — Kassel, Datum
   Kfz-Reparaturwerkstatt und Tankstelle — Cecilienallee 3
   USt-IdNr.: DE 203456789 — Rechnungs-Nummer 1585/01

Wir führten für Sie am 20.08.01 folgende Arbeiten aus:

Firma	Wartungsdienst	570,00 €
Karl Kaufmann	Bremsenreparatur	230,00 €
Luisenstraße 20		800,00 €
Kassel	19 % Umsatzsteuer	152,00 €
		952,00 €
	4 Liter Öl*	40,00 €
		992,00 €

* Die Lieferung erfolgt im Namen und für Rechnung der Sprit-AG, Bochum. In dem Betrag ist die Umsatzsteuer mit 19 % bereits enthalten.

Die §§ 19 und 20 UStG sind bei sämtlichen Beteiligten nicht anzuwenden.

Frage

1. Welche Angaben müssen Rechnungen über Kleinbeträge mindestens enthalten?
2. Welche Vorsteuern ergeben sich insgesamt aus den Rechnungen für den Unternehmer Karl Kaufmann?

Antwort

1. Rechnungen über Kleinbeträge müssen mindestens die in § 33 UStDV geforderten Angaben enthalten.

2. Aus den Rechnungen für den Unternehmer Karl Kaufmann ergeben sich Vorsteuern von insgesamt 179,74 €.

Begründung

1. Rechnungen über eine oder mehrere Leistungen, deren Gesamtbetrag (Entgelt zuzüglich Umsatzsteuer) 150 € nicht übersteigt (Kleinbetragsrechnung), müssen nach § 33 UStDV mindestens folgende Angaben enthalten:

a) den vollständigen Namen und die vollständige Anschrift des leistenden Unternehmers;

b) das Ausstellungsdatum;

c) die Menge und die Art der gelieferten Gegenstände oder den Umfang und die Art der sonstigen Leistung;

d) das Entgelt und den darauf entfallenden Steuerbetrag für die Lieferung oder sonstige Leistung in einer Summe sowie den anzuwendenden Steuersatz oder im Fall einer Steuerbefreiung einen Hinweis darauf, dass für die Lieferung oder sonstige Leistung eine Steuerbefreiung gilt.

Die §§ 31 und 32 UStDV sind entsprechend anzuwenden. Die Regelung über Kleinbetragsrechnungen gilt nicht für Rechnungen, mit denen über eine Lieferung nach § 3c UStG (Versandhandelsregelung, vgl. Fall 22), über eine innergemeinschaftliche Lieferung (§ 6a UStG, vgl. Fall 51) oder über Leistungen i. S. des § 13b UStG (z. B. von im Ausland ansässigen Unternehmern, vgl. Fall 86) abgerechnet wird (§ 33 Satz 2 UStDV).

Die Vorschrift entspricht den praktischen Gegebenheiten bei Kleineinkäufen, die Unternehmer für ihr Unternehmen tätigen, z. B. auch für Büro- und Schreibmaterial, Tabakwaren für Kundenbewirtung, Rechnungen der Tankstellen über den Verkauf von Kraftstoffen sowie Belege über die Benutzung von Taxen oder Mietwagen.

Bei Kleinbetragsrechnungen können folgende Angaben entfallen:

a) der vollständige Name und die vollständige Anschrift des Leistungsempfängers (§ 14 Abs. 4 Satz 1 Nr. 1 UStG);

b) die dem leistenden Unternehmer erteilte Steuernummer oder USt-IdNr. (§ 14 Abs. 4 Satz 1 Nr. 2 UStG);

c) die Rechnungsnummer (§ 14 Abs. 4 Satz 1 Nr. 4 UStG);

d) der Zeitpunkt der Leistung (§ 14 Abs. 4 Satz 1 Nr. 6 UStG);

e) das nach Steuersätzen und einzelnen Steuerbefreiungen aufgeschlüsselte Entgelt für die Lieferung oder sonstige Leistung (§ 14 Abs. 4 Satz 1 Nr. 7 UStG);

f) der auf das Entgelt entfallende Steuerbetrag (§ 14 Abs. 4 Satz 1 Nr. 8 UStG).

Während die vorstehenden Angaben zu a) bis d) ersatzlos entfallen können, werden die Angaben zu e) und f) durch die Nennung des Entgelts und des darauf entfallenden Steuerbetrages in einer Summe sowie des Steuersatzes (bzw. des Hinweises auf die Steuerbefreiung) ersetzt. Die Kleinbetragsrechnung des Unternehmers Karl Adam entspricht den gestellten Anforderungen. Wird in einer Rechnung über mehrere Leistungen eines Unternehmers abgerechnet, liegt eine Kleinbetragsrechnung nur vor, wenn der Gesamtbetrag der einzelnen Entgelte zuzüglich Umsatzsteuer 150 € nicht übersteigt.

Wird, wie z. B. durch den Unternehmer Max Berthold, eine Kleinbetragsrechnung über Lieferungen oder sonstige Leistungen ausgestellt, die verschiedenen Steuersätzen unterliegen, so sind die Bruttobeträge nach Steuersätzen getrennt anzugeben. Nach § 33 Satz 2 UStDV ist § 32 UStDV bei Kleinbetragsrechnungen über verschieden zu besteuernde Umsätze entsprechend anzuwenden. Die Kleinbetragsrechnung des Unternehmers Max Berthold entspricht diesen Anforderungen.

Mit der Rechnung des Unternehmers Hans Conrad werden Leistungen verschiedener Unternehmer berechnet. Die Betragsgrenze für eine Kleinbetragsrechnung ist jeweils getrennt für die Leistungen des Unternehmers Hans Conrad und der Sprit-AG zu berechnen. Es handelt sich um eine Normalrechnung von Hans Conrad und eine Kleinbetragsrechnung der Sprit-AG in einer Rechnung. Die Rechnung enthält sowohl die Abrechnung über die eigene Leistung des Kfz-Betriebs als auch die Abrechnung der Lieferung des Mineralöls durch die Sprit-AG. Das Umsatzsteuergesetz enthält keine Vorschrift, wonach es unzulässig ist, in einer Rechnung für einen Leistungsempfänger die Leistungen von zwei verschiedenen Unternehmern abzurechnen (vgl. Abschn. 14.10 Abs. 3 UStAE). Die Rechnungen des Kfz-Betriebs und der Mineralölgesellschaft entsprechen jeweils den Anforderungen des § 14 Abs. 4 UStG bzw. des § 33 UStDV.

2. Bei Rechnungen über Kleinbeträge kann der Unternehmer den Vorsteuerabzug nach Maßgabe des § 15 UStG in Anspruch nehmen, wenn er den Rechnungsbetrag in Entgelt und Steuerbetrag aufteilt (§ 35 Abs. 1 UStDV). Der Unternehmer kann jeden einzelnen Rechnungsbetrag in Entgelt und Steuerbetrag aufteilen und diese getrennt aufzeichnen. Es ist aber auch die Buchung der Bruttobeträge – getrennt nach Steuersätzen – zulässig (§ 63 Abs. 5 UStDV). Der Unternehmer hat spätestens zum Ende eines jeden Voranmeldungszeitraums die Summe der Entgelte und die Summe der Steuerbeträge zu errechnen und aufzuzeichnen. Zum Vorsteuerabzug bei Rechnungen über Kleinbeträge vgl. Abschn. 15.4 UStAE.

Bei Anwendung der Abzugsprozentsätze von 15,97 % (Steuersatz 19 %) bzw. 6,54 % (Steuersatz 7 %) sind die Vorsteuern aus den Rechnungen für den Unternehmer Karl Kaufmann wie folgt zu berechnen:

a)	15,97 % von	53,60 € =	8,56 €	
b)	6,54 % von	21,40 € =	1,40 €	
	15,97 % von	71,30 € =	11,39 €	
c)	19,00 % von	800,00 € =	152,00 €*	
	15,97 % von	40,00 € =	6,39 €	179,74 €

* Der Unternehmer kann den Betrag von 152,00 € ohne weiteres der Rechnung entnehmen, da er gesondert ausgewiesen ist.

Fall 70

Gutschriften als Rechnungen

UStG § 14 Abs. 2 Satz 2, § 15 Abs. 1 Satz 1 Nr. 1

Es ist nicht immer sinnvoll, dass der leistende Unternehmer das Abrechnungsdokument erstellt. Daher hat der Gesetzgeber in § 14 Abs. 2 Satz 2 UStG eine Ausnahme geschaffen. Danach kann auch ein in § 14 Abs. 2 Satz 1 Nr. 2 UStG bezeichneter Leistungsempfänger für eine Lieferung oder sonstige Leistung eine Rechnung ausstellen, sofern dies vorher vereinbart wurde. Diese Abrechnung durch den Leistungsempfänger bezeichnet das Umsatzsteuergesetz als „Gutschrift". Die Abrechnung mit einer Gutschrift ist allerdings nur zulässig, wenn der Umsatz an einen anderen Unternehmer für dessen Unternehmen oder an eine juristische Person, die nicht Unternehmer ist, ausgeführt wird.

Sachverhalt

Der bei einer Wirtschaftsprüfungsgesellschaft in Bochum angestellte Wirtschaftsprüfer Heinz Altrock (A) schreibt erstmals einen Aufsatz für eine Fachzeitschrift. Weitere Beiträge sind beabsichtigt. Der Verlag erteilt A für einen veröffentlichten Beitrag folgende Honorarabrechnung:

Hermann Müller KG
Fachverlag für Steuer- und
Wirtschaftsrecht

59348 Lüdinghausen, 12.02.20 . .
Gutenbergstr. 15

USt-IdNr.: DE 320456789

Herrn
Heinz Altrock
Werner Str. 15
44791 Bochum

Rechnungs-Nummer: 21204000412
Ihre USt-IdNr.: DE 432056789

Sehr geehrter Herr Altrock!

Über Ihren Beitrag in unserer Fachzeitschrift „Der Unternehmens-Ratgeber", Ausgabe Januar, rechnen wir wie folgt ab:

Honorar 10 Seiten à 60 € =	600 €
Umsatzsteuer 7 %	42 €
insgesamt	642 €

Der Betrag ist Ihnen in der gewünschten Form zur Zahlung angewiesen und geht Ihnen in diesen Tagen zu.

Mit freundlichen Grüßen
H. Müller KG

Die §§ 19 und 20 UStG sind auf die Beteiligten nicht anzuwenden. Voranmeldungszeitraum ist jeweils der Kalendermonat.

Frage

1. Unter welchen Voraussetzungen können Gutschriften als Rechnungen anerkannt werden?
2. Unter welchen Voraussetzungen können Gutschriftsaussteller einen Vorsteuerabzug vornehmen, wenn Gutschriften an die Stelle von Rechnungen treten?
3. Welche Folgen treten ein, wenn der leistende Unternehmer zum gesonderten Steuerausweis in einer Rechnung nicht berechtigt ist und vom Leistungsempfänger eine Gutschrift mit gesondertem Steuerausweis erhält?
4. Kann die KG den Betrag von 42 € als Vorsteuer abziehen?
5. Wann kann die KG ggf. den Vorsteuerabzug vornehmen?

Antwort

1. Gutschriften anstelle von Rechnungen sind unter den Voraussetzungen des § 14 Abs. 2 Satz 2 UStG anzuerkennen. Der Gutschriftsempfänger darf der ihm übermittelten Gutschrift nicht widersprochen haben (§ 14 Abs. 2 Satz 3 UStG).
2. Tritt an die Stelle der Rechnung eine Gutschrift, so setzt der Vorsteuerabzug durch den Gutschriftsaussteller voraus, dass er im Besitz einer Gutschrift ist. Die Gutschrift muss alle die in § 14 UStG (ggf. § 14a UStG) geforderten Angaben enthalten.
3. Ist der leistende Unternehmer zum gesonderten Steuerausweis in einer Rechnung nicht berechtigt und erhält er vom Leistungsempfänger eine Gutschrift mit gesondertem Steuerausweis, so kann der Gutschriftsaussteller die ausgewiesene Umsatzsteuer nicht als Vorsteuer abziehen und schuldet als Aussteller der Rechnung (hier: Gutschrift) die ausgewiesene Umsatzsteuer nach § 14c Abs. 2 UStG.
4. Die KG kann den Betrag von 42 € als Vorsteuer abziehen.
5. Die KG kann den Vorsteuerabzug für den Voranmeldungszeitraum Februar vornehmen.

Begründung

1. In vielen Fällen erteilt nicht der Leistende dem Leistungsempfänger, sondern umgekehrt der Leistungsempfänger dem Leistenden eine Rechnung (Gutschrift). Als Gutschrift gilt jedes Dokument, mit dem ein Unternehmer oder eine juristische Person über eine Lieferung oder sonstige Leistung abrechnet, die an ihn ausgeführt wird. Auf die Bezeichnung des Dokuments als Gutschrift kommt es nicht an. Die im allgemeinen Sprachgebrauch als „Gutschrift" bezeichnete Korrektur einer zuvor erteilten Rechnung oder eine „Gutschrift", mit der einem Kunden Zahlungsabzüge eingeräumt werden, ist keine Gutschrift im Sinne einer Rechnung nach § 14 Abs. 2 Satz 2 UStG. Sofern auf anderen Dokumenten der Begriff der

„Gutschrift" verwendet wird, führt dies nicht zu einer Steuerschuld nach § 14c UStG (vgl. BMF vom 25.10.2013 – IV D 2 – S 7280/12/10002, BStBl 2013 I S. 1305).

Ist der Leistungsempfänger ein Unternehmer, der die Leistung für sein Unternehmen bezieht, oder eine juristische Person, können die am Leistungsaustausch Beteiligten frei vereinbaren, ob der leistende Unternehmer oder der in § 14 Abs. 2 Satz 1 Nr. 2 UStG bezeichnete Leistungsempfänger abrechnet. Die Vereinbarung hierüber muss grundsätzlich vor der Abrechnung getroffen worden sein. Die Vereinbarung bedarf keiner besonderen Form. Sie kann sich aus Verträgen oder sonstigen Geschäftsunterlagen ergeben oder auch mündlich getroffen werden. Der Leistungsempfänger ist berechtigt, mit der Ausstellung der Gutschrift einen Dritten zu beauftragen, der im Namen und für Rechnung des Leistungsempfängers abrechnet (§ 14 Abs. 2 Satz 4 UStG). Die Gutschrift ist innerhalb von 6 Monaten nach Ausführung der Leistung zu erteilen (vgl. Abschn. 14.3 Abs. 1 und 2 UStAE).

Die Abrechnung mit Gutschriften erfolgt regelmäßig in den Fällen, in denen der Leistungsempfänger gesetzlich zur Abrechnung verpflichtet ist (z. B. Provisionsabrechnungen an Handelsvertreter, § 87c HGB) oder über die Abrechnungsunterlagen verfügt (z. B. Autorenhonorarabrechnungen der Verlage).

Der Gutschriftsempfänger darf der ihm übermittelten Gutschrift nicht widersprochen haben. Übermittlung bedeutet, dass die Gutschrift dem leistenden Unternehmer so zugänglich gemacht wird, dass er von ihrem Inhalt Kenntnis nehmen kann. Umgekehrt ist ein Widerspruch gegen eine empfangene Gutschrift nur dann wirksam, wenn er dem Aussteller der Gutschrift (Leistungsempfänger) tatsächlich zugegangen ist. Mit dem Widerspruch verliert die Gutschrift die Wirkung als Rechnung (vgl. Abschn. 14.3 Abs. 4 UStAE). Dies gilt nach dem Urteil des BFH vom 23.01.2013 (XI R 25/11, BStBl 2013 II S. 417) auch dann, wenn die Gutschrift den zivilrechtlichen Vereinbarungen entspricht und die Umsatzsteuer zutreffend ausweist. Nach der Entscheidung bedarf der Gutschriftsempfänger keines besonderen Grundes für den Widerspruch. Dieser ist sogar dann zulässig, wenn der Gutschriftsempfänger gegen zivilrechtliche Vereinbarungen mit dem Widerspruch verstößt.

2. Die Ausübung des Vorsteuerabzugs setzt voraus, dass der Leistungsempfänger (Gutschriftsaussteller) eine nach den §§ 14, 14a UStG ausgestellte Gutschrift besitzt. Diese Gutschrift muss alle in §§ 14, 14a UStG geforderten Angaben enthalten. Alle Angaben müssen vollständig und richtig sein. Unvollständige Gutschriften oder Gutschriften mit unzutreffenden Angaben dürfen nur vom Aussteller der Gutschrift vervollständigt oder korrigiert werden (Rechnungsberichtigung gem. § 31 Abs. 5 UStDV; vgl. auch Abschn. 14.11 UStAE). Gemäß § 14 Abs. 4 Nr. 10 UStG muss eine Gutschrift auch die Angabe „Gutschrift" enthalten.

Soweit für die Ausstellung von Rechnungen Erleichterungen geschaffen worden sind, gelten diese auch für Gutschriften. Darüber hinaus muss der Gutschriftsaussteller darauf achten, dass der Gutschriftsempfänger als der leistende Unternehmer zum gesonderten Steuerausweis in einer Rechnung nach § 14 UStG berechtigt ist. Der Gutschriftsaussteller lässt sich zweckmäßigerweise eine schriftliche Versicherung des Gutschriftsempfängers geben, aus der hervorgeht, dass der Gutschriftsempfänger seine Umsätze versteuert und kein Kleinunternehmer ist (zur Kleinunternehmerregelung vgl. Fall 88). Fehlt die Berechtigung zum gesonderten Steuerausweis, so hat die Abrechnung auch bei gegenteiliger Versicherung des Leistenden nicht die Wirkung einer zum Vorsteuerabzug führenden Rechnung, weil nicht die (für einen Umsatz) gesetzlich geschuldete Umsatzsteuer (§ 15 Abs. 1 Satz 1 Nr. 1 Satz 1 UStG) in Rechnung gestellt wird.

3. Unternehmer, bei denen die Umsatzsteuer nach § 19 Abs. 1 UStG nicht erhoben wird, sind zum gesonderten Steuerausweis in einer Rechnung nicht berechtigt. Ihnen erteilte Gutschriften mit gesondertem Steuerausweis haben nicht die Wirkung einer zum Vorsteuerabzug berechtigenden Rechnung. Gutschriften werden auch nicht dadurch zu entsprechenden Rechnungen, dass sie – als Gutschriften – ihrem Inhalt nach durch den Empfänger der Gutschrift bestätigt werden. Der gute Glaube des Ausstellers einer Gutschrift an die Berechtigung des leistenden Unternehmers zum gesonderten Steuerausweis wird nicht geschützt. In diesem Fall kann der Aussteller der Gutschrift die Umsatzsteuer nicht als Vorsteuer abziehen (Abschn. 15.11 Abs. 2 UStAE) und schuldet nach § 14c Abs. 2 UStG den in der Gutschrift ausgewiesenen Steuerbetrag (a. A. offenbar Abschn. 14.3 Abs. 1 UStAE).

4. Wirtschaftsprüfer A hat in Lüdinghausen (§ 3a Abs. 2 UStG) eine steuerbare (§ 1 Abs. 1 Nr. 1 UStG) und mit 7 % steuerpflichtige (§ 12 Abs. 2 Nr. 7 Buchst. c UStG) schriftstellerische, urheberrechtlich geschützte Leistung für das Unternehmen des Verlags Hermann Müller KG ausgeführt. A ist dem Verlag gegenüber als Unternehmer (§ 2 Abs. 1 UStG) tätig geworden, weil er weitere Beiträge beabsichtigt. Das für die Annahme einer Unternehmertätigkeit des A erforderliche Merkmal der Nachhaltigkeit ist aufgrund der Wiederholungsabsicht als gegeben anzusehen. § 19 UStG ist nach dem Sachverhalt nicht anzuwenden. Die Honorarabrechnung entspricht den Voraussetzungen für die Anerkennung einer Gutschrift als Rechnung. Der Verlag kann den Betrag von 42 € als Vorsteuer abziehen (§ 15 Abs. 1 Satz 1 Nr. 1 UStG).

5. Für den Vorsteuerabzug ist grundsätzlich Voraussetzung, dass von einem Unternehmer eine Leistung für das Unternehmen des Leistungsempfängers ausgeführt worden ist und der Leistungsempfänger eine nach §§ 14, 14a UStG ausgestellte Rechnung oder Gutschrift besitzt (§ 15 Abs. 1 Satz 1 Nr. 1 UStG). Erst wenn diese Voraussetzungen erfüllt sind, kann der Leistungsempfänger (Rechnungsempfänger) den Vorsteuerabzug vornehmen. A hat zwar seine sonstige Leistung bereits im Voranmeldungszeitraum Januar ausgeführt, die Gutschrift wurde durch den Verlag erst im Voranmeldungszeitraum Februar erteilt (übermittelt). Damit liegen im Februar sämtliche Voraussetzungen für den Vorsteuerabzug vor. Der Zeitpunkt des Vorsteuerabzugs wird nach § 16 Abs. 2 Satz 1 UStG bestimmt.

Fall 71

Rechnungen mit unrichtigem Steuerausweis

UStG § 14c Abs. 1

Ein Prinzip im Umsatzsteuerrecht ist, dass der Unternehmer einen Steuerbetrag, den er in der Rechnung tatsächlich ausweist, auch schuldet. Durch einen zu hohen Steuerausweis in einer Rechnung kommt es zu einer umsatzsteuerlichen Mehrbelastung, da der Unternehmer nicht nur den gesetzlich geschuldeten Steuerbetrag für die ausgeführte Leistung abführen muss, sondern auch die Differenz zum zu hoch ausgewiesenen Betrag. Der Leistungsempfänger kann jedoch nur den Vorsteuerbetrag abziehen, der durch den leistenden Unternehmer für die Lieferung oder sonstige Leistung gesetzlich geschuldet wird. Das bedeutet, dass über den zu hoch ausgewiesenen Steuermehrbetrag beim Leistungsempfänger kein Vorsteuerabzug möglich ist.

Sachverhalt

Viehhändler Fritz Althoff (A) in Arnsberg/Westf. hat über die an den Schlachthof Ewald Markmann (M) in Güthersloh ausgeführten Lieferungen folgende Rechnungen (Auszüge) erteilt:

a) Rechnung vom 05.08.01
200 lebende Schweine

Nettopreis 10.000,00 €
zzgl. 1.900,00 € Umsatzsteuer = 11.900,00 €

b) Rechnung vom 20.08.01
50 lebende Pferde

Nettopreis 14.000,00 €
zzgl. 980,00 € Umsatzsteuer = 14.980,00 €

Frage

1. Welcher Steuersatz ist auf die Lieferung der Schweine bzw. auf die Lieferung der Pferde anzuwenden?
2. Hat A in den beiden Rechnungen die Umsatzsteuer richtig ausgewiesen?

3. Wie ist die Versteuerung und wie der Vorsteuerabzug vorzunehmen, wenn in einer Rechnung der Steuerbetrag zu niedrig ausgewiesen ist?
4. Was gilt für die Versteuerung bzw. für den Vorsteuerabzug, wenn in einer Rechnung der Steuerbetrag zu hoch ausgewiesen ist?
5. Wie können in einer Rechnung zu niedrig oder zu hoch ausgewiesene Steuerbeträge berichtigt werden?

Antwort

1. Auf die Lieferung der lebenden Schweine ist der Steuersatz von 7 % bzw. auf die Lieferung der lebenden Pferde der Steuersatz von 19 % anzuwenden.
2. A hat die Steuer in beiden Rechnungen nicht richtig ausgewiesen. In der Rechnung vom 05.08.01 hat er einen Steuerbetrag zu hoch, in der Rechnung vom 20.08.01 einen Steuerbetrag zu niedrig ausgewiesen.
3. A schuldet auch die zu wenig berechnete Umsatzsteuer (§ 13a Abs. 1 Nr. 1 UStG). Er hat den Unterschiedsbetrag zwischen der gesetzlichen und der zu niedrig gesondert ausgewiesenen Umsatzsteuer nachzuzahlen. M kann nach Maßgabe des § 15 UStG nur die gesondert in Rechnung gestellte (niedrigere) Umsatzsteuer als Vorsteuer abziehen.
4. A schuldet auch den Mehrbetrag (§ 14c Abs. 1 UStG). M kann nach Maßgabe des § 15 UStG nur die für den Umsatz geschuldete und gesondert in Rechnung gestellte Umsatzsteuer von 778,50 € abziehen.
5. A kann seine Rechnungen unter entsprechender Anwendung des § 17 Abs. 1 UStG berichtigen (§ 14c Abs. 1 Satz 2 UStG).

Begründung

1. Die Lieferungen, die Einfuhr und der innergemeinschaftliche Erwerb der in der Anlage 2 zu § 12 Abs. 2 Nr. 1 und 2 UStG bezeichneten Gegenstände unterliegen dem ermäßigten Steuersatz von 7 % (§ 12 Abs. 2 Nr. 1 UStG). Nach der Anlage 2 zu § 12 Abs. 2 Nr. 1 und 2 UStG Nr. 1 Buchst. d fallen darunter lebende Hausschweine einschließlich reinrassiger Zuchttiere (Zolltarif Position 0103).

2. Grundsätzlich sind lebende Tiere der Zolltarif-Positionen 0101 bis 0106 nach der Anlage 2 zu § 12 Abs. 2 Nr. 1 und 2 UStG Nr. 1 Buchst. b bis k nur ermäßigt zu besteuern. Einzelne Tiere sind allerdings davon ausgenommen. Die Lieferung der lebenden Pferde unterliegt dem Steuersatz von 19 % (§ 12 Abs. 1 UStG). Bis zum 01.07.2012 war auch für Pferde einschließlich reinrassiger Zuchttiere, ausgenommen Wildpferde nach Position 0101 des Zolltarifs (Nr. 1 Buchst. a der Anlage 2 a. F.), der ermäßigte Steuersatz anwendbar. A muss trotz des niedrigeren Steuerausweises in der Rechnung vom 20.08.01 den Differenzbetrag nachentrichten. Entgelt ist alles, was der Empfänger einer Lieferung oder sonstigen Leistung aufwendet, um die Leistung zu erhalten, abzüglich der Umsatzsteuer (§ 10 Abs. 1 UStG).

Je nachdem, ob man hierunter den vom Unternehmer in den Preis eingerechneten Steuerbetrag versteht oder die nach dem Gesetz aus dem Bruttobetrag geschuldete Steuer, ergibt sich eine unterschiedliche Bemessungsgrundlage. Der nachzuentrichtende Steuerbetrag ist regelmäßig wie folgt zu ermitteln:

Umsatzsteuer 19 % von (14.980 € : 1,19 =) 12.588,23 € =	2.391,77 €
abzgl. bereits entrichteter Umsatzsteuer (lt. Rechnung)	980,00 €
nachzuentrichtender Differenzbetrag	1.411,77 €

Diese Berechnungsmethode ist grundsätzlich anzuwenden, wenn zwischen den Parteien der bürgerlich-rechtlich im Kaufvertrag vereinbarte Preis maßgebend ist. Anders liegt der Sachverhalt, wenn die Rechnung im Wege der Parteivereinbarung auf den Preis von 16.660,00 € berichtigt werden kann, weil die Parteien einen Nettopreis ausdrücklich vereinbart hatten (bei Kaufleuten nach dem HGB kann sich die Nettopreisvereinbarung auch aus den Umständen per Auslegung bzw. aus den AGBs ergeben) gilt.

Umsatzsteuer 19 % von 14.000 € =	2.660,00 €
abzgl. bereits entrichteter Umsatzsteuer (lt. Rechnung)	980,00 €
nachzuentrichtender Differenzbetrag	1.680,00 €

Die Lieferung der Schweine unterliegt dem Steuersatz von 7 % (§ 12 Abs. 2 Nr. 1 UStG, Anlage 2 zu § 12 Abs. 2 Nr. 1 und 2 UStG Nr. 53 Buchst. a).

Der Unternehmer A schuldet den in der Rechnung vom 05.08.01 ausgewiesenen Steuermehrbetrag nach § 14c Abs. 1 Satz 1 UStG. Der Mehrbetrag ist regelmäßig wie folgt zu ermitteln:

in der Rechnung gesondert ausgewiesene Umsatzsteuer	1.900,00 €
abzgl. geschuldeter Umsatzsteuer 7 % von (11.900 € : 1,07 =) 11.121,50 € =	778,50 €
nach § 14c Abs. 1 Satz 1 UStG geschuldeter Mehrbetrag	1.121,50 €

Diese Berechnungsmethode ist grundsätzlich anzuwenden, wenn zwischen den Parteien der bürgerlich-rechtliche Preis maßgebend ist. Anders liegt der Sachverhalt, wenn die Rechnung im Wege der Parteivereinbarung auf den Preis von 1.070,00 € berichtigt werden kann, weil der Nettopreis gilt (siehe oben Nettopreisvereinbarung). Der Mehrbetrag ist in diesem Fall wie folgt zu ermitteln:

in der Rechnung gesondert ausgewiesene Umsatzsteuer	1.900,00 €
abzgl. geschuldete Umsatzsteuer 7 % von 10.000 € =	700,00 €
nach § 14c Abs. 1 Satz 1 UStG geschuldeter Mehrbetrag	1.200,00 €

3. Für den Fall, dass in der Rechnung eines Unternehmers ein Steuerbetrag zu niedrig ausgewiesen wird, bedarf es keiner besonderen gesetzlichen Regelung. Der Unternehmer schuldet die gesetzliche Steuer (§ 13a Abs. 1 Nr. 1 UStG). Stellt das Finanzamt bei einer Prüfung fest, dass der Unternehmer in einer Rechnung den Steuerbetrag zu niedrig ausgewiesen hat, so muss der Unternehmer den Unterschiedsbetrag zwischen der gesetzlichen

Steuer und dem zu niedrig ausgewiesenen Steuerbetrag nachzahlen. Der Leistungsempfänger ist nur berechtigt, die in der Rechnung ausgewiesene (niedrigere) Steuer als Vorsteuer abzusetzen. Der leistende Unternehmer kann jedoch den zu niedrig ausgewiesenen Steuerbetrag berichtigen (§ 31 Abs. 5 UStDV; Abschn. 14c.1 Abs. 9 Beispiel UStAE).

4. Für den Fall, dass der Unternehmer in einer Rechnung für eine Leistung einen höheren Steuerbetrag gesondert ausweist, als er nach dem Umsatzsteuergesetz für diesen Umsatz schuldet (unrichtiger Steuerausweis), schuldet er auch den Mehrbetrag (§ 14c Abs. 1 Satz 1, § 13a Abs. 1 Nr. 3 UStG). Das gilt auch für Gutschriften, soweit der Gutschriftsempfänger einem zu hohen Steuerausweis nicht widerspricht (§ 14 Abs. 2 Satz 3 UStG; Abschn. 14c.1 Abs. 3 UStAE). Entsprechendes gilt, wenn in einer Kleinbetragsrechnung der Steuersatz zu hoch angegeben wird. Die Regelung des § 14c Abs. 1 UStG erfasst folgende vom leistenden und persönlich zum gesonderten Steuerausweis berechtigten Unternehmer in Rechnung gestellte Steuerbeträge (unrichtiger Steuerausweis; vgl. Abschn. 14c.1 Abs. 1 UStG):

- eine höhere als für die steuerpflichtige Leistung geschuldete Steuer;
- Umsatzsteuer für eine steuerfreie Leistung;
- Umsatzsteuer für eine nicht steuerbare Leistung (unentgeltliche Leistung, Leistungen im Ausland, Geschäftsveräußerung gem. § 1 Abs. 1a UStG);
- Umsatzsteuer für bisher nicht versteuerte steuerpflichtige Leistungen, wenn die Steuer für diese Leistungen wegen des Ablaufs der Festsetzungsfrist (§§ 169 bis 171 AO) nicht mehr erhoben werden kann.

Die Steuer für diesen Mehrbetrag entsteht immer im Zeitpunkt der Ausgabe der Rechnung (vgl. § 13 Abs. 1 Nr. 3 UStG). Diese Rechtsfolgen treten auch dann ein, wenn eine Rechnung nicht alle in § 14 Abs. 4 und § 14a UStG aufgeführten Merkmale enthält. Unverzichtbar ist nur die Angabe des Entgelts als Grundlage des gesondert ausgewiesenen Steuerbetrages (Abschn. 14c.1 Abs. 1 UStAE).

Der Leistungsempfänger ist nicht berechtigt, die zu hoch ausgewiesene Umsatzsteuer als Vorsteuer abzusetzen. Nach § 15 Abs. 1 Satz 1 Nr. 1 Satz 1 UStG kann der Vorsteuerabzug nur für die Umsatzsteuer geltend gemacht werden, die für den Umsatz geschuldet wird (Abschn. 15.2 Abs. 1 Satz 2, Abs. 3 Satz 11 UStAE). M kann nach Maßgabe des § 15 UStG – je nachdem, welche Parteivereinbarung über den Preis getroffen wird – Vorsteuer i. H. von 778,50 € (wenn das Entgelt auf 11.900 € : 1,07 = 11.121,50 € berichtigt wird) oder 700 € geltend machen, wenn ein Nettopreis vereinbart wurde. Den Mehrbetrag hat der Leistungsempfänger für den Besteuerungszeitraum an das Finanzamt zurückzuzahlen, für den der Mehrbetrag als Vorsteuer geltend gemacht wurde (Abschn. 14c.1 Abs. 10 UStAE). In diesen Fällen kommt es damit regelmäßig zu einer Verzinsung nach § 233a AO.

5. Zu niedrig oder zu hoch ausgewiesene Steuerbeträge können berichtigt werden. Für den Fall, dass der Unternehmer die Umsatzsteuer irrtümlich zu niedrig berechnet hat, ist eine besondere gesetzliche Regelung nicht getroffen worden. Bei Leistungen an einen Unternehmer wird der Leistungsempfänger regelmäßig mit einer Nachberechnung des Differenzbetrages einverstanden sein, sofern er den berechneten Mehrbetrag in vollem Umfang als Vorsteuerabzug geltend machen kann.

Hat der Unternehmer fälschlich einen Steuerbetrag zu hoch berechnet, so kann er den Steuerbetrag gegenüber dem Leistungsempfänger unter entsprechender Anwendung von § 17 Abs. 1 UStG berichtigen (§ 14c Abs. 1 Satz 2 UStG). Die Berichtigung der Rechnung und damit des Steuerbetrages muss dem Leistungsempfänger durch ein Dokument, das spezifisch und eindeutig auf die Rechnung bezogen ist, übermittelt werden. Es ist i. d. R. ausreichend, dazu in diesem Dokument die ursprüngliche Rechnungsnummer anzugeben (vgl. Abschn. 14.11 Abs. 1 UStAE). Die Berichtigung muss hinreichend bestimmt sein und dem Leistungsempfänger tatsächlich zugehen (Abschn. 14c.1 Abs. 7 UStG). Damit ist gewährleistet, dass der Leistungsempfänger den Vorsteuerbetrag entsprechend berichtigen kann. Bei einer rein internen Berichtigung des Steuerbetrages in den Büchern oder Rechnungsdurchschriften ohne Benachrichtigung des Leistungsempfängers bleibt der Unternehmer Steuerschuldner des Steuermehrbetrages.

Die Berichtigung der Rechnung darf nur vom leistenden Unternehmer oder einem von ihm beauftragten Dritten (Abschn. 14c.1 Abs. 5 UStAE) vorgenommen werden. Die Berichtigung des geschuldeten Mehrbetrages erfolgt für den Berichtigungszeitraum, in welchem dem Leistungsempfänger die berichtigte Rechnung erteilt wurde. Wurde ein zu hoch ausgewiesener Rechnungsbetrag bereits vereinnahmt und steht dem Leistungsempfänger aus der Rechnungsberichtigung ein Rückforderungsanspruch zu, ist die Berichtigung des geschuldeten Mehrbetrages erst nach einer entsprechenden Rückzahlung an den Leistungsempfänger zulässig (Abschn. 14c.1 Abs. 5 UStAE). Die Rückzahlung kann auch im Wege der Abtretung nach § 46 AO erfolgen (vgl. BFH Urteil vom 12.10.2016 XI R 43/14).

Fall 72

Unberechtigter Steuerausweis

UStG § 14c Abs. 2

§ 14c Abs. 2 UStG ergänzt das Prinzip, dass gesondert ausgewiesene Umsatzsteuer durch den Unternehmer geschuldet wird. § 14c Abs. 1 UStG sieht eine entsprechende Steuerschuld bei unrichtigem Steuerausweis vor.

§ 14c Abs. 2 UStG erweitert diesen Grundsatz für die Fälle des unberechtigten Steuerausweises. Steuerschuldner nach dieser Vorschrift können nicht nur Unternehmer i. S. des § 2 Abs. 1 UStG sein, sondern auch Nichtunternehmer. Schließlich greift die Vorschrift auch dann, wenn ein Unternehmer Gegenstände des Privatvermögens veräußert und in der entsprechenden Rechnung Umsatzsteuer gesondert ausweist.

Sachverhalt

Ein Musikalienhändler hat von drei verschiedenen Veräußerern jeweils ein Klavier erworben. Über die an ihn ausgeführten Lieferungen hat er von den Veräußerern jeweils folgende Rechnung (Auszug) erhalten:

Lieferung eines gebrauchten Klaviers netto	4.000 €
zzgl. 19 % Umsatzsteuer von 4.000 €	760 €
Gesamtpreis	4.760 €

1. Der Veräußerer A ist als Klavierlehrer Kleinunternehmer, der aufgrund des Gesamtumsatzes im vorangegangenen Kalenderjahr keine Umsatzsteuer zu entrichten hatte und auch für das laufende Jahr nicht erklären will.
2. Der Veräußerer B ist zwar Unternehmer, der seine Umsätze nach den allgemeinen Vorschriften versteuert. Das verkaufte Klavier wurde jedoch ausschließlich privat genutzt. Da die Rechnung durch das Büro des Unternehmens erstellt wurde, ist versehentlich, weil bei betrieblichen Vorgängen so üblich, ein Steuerbetrag gesondert ausgewiesen worden. B hat bei der Feststellung des Fehlers die Rechnung zurückgenommen und durch eine Rechnung ohne gesonderten Steuerausweis mit einem Rechnungsbetrag von 4.760 € ersetzt.
3. Der Veräußerer C ist als Arbeitnehmer Nichtunternehmer.

Frage

Welche Fälle des Sachverhalts sind nach § 14c Abs. 2 UStG zu beurteilen und unter welchen Voraussetzungen können die Rechnungen berichtigt werden?

Antwort

Die Vorschrift des § 14c Abs. 2 UStG ist auf alle Fälle des Sachverhalts anzuwenden. Eine Berichtigung der Rechnung kommt in Betracht, soweit die Gefährdung des Steueraufkommens beseitigt worden ist.

Begründung

Allgemeines: Liegt ein fehlerhafter Steuerausweis vor, unterscheidet der Gesetzgeber bei einer Rechnungsberichtigung zwischen einem unrichtigen Steuerausweis (§ 14c Abs. 1 UStG) und einem unberechtigten Steuerausweis (§ 14c Abs. 2 UStG). Während der Rechnungsaussteller eine Rechnung mit unrichtig ausgewiesener Umsatzsteuer (ausgenommen Fälle nach § 14c Abs. 1 Satz 3 UStG) ohne weitere Bedingungen berichtigen kann, ist eine Berichtigung unberechtigt ausgewiesener Umsatzsteuer an weitere Voraussetzungen geknüpft. Die Vorschrift des § 14c Abs. 2 UStG erfasst u. a. folgende Fallgruppen (unberechtigter Steuerausweis; vgl. Abschn. 14c.2 Abs. 2 UStAE):

- Ein Kleinunternehmer i. S. des § 19 Abs. 1 UStG weist in einer Rechnung einen Steuerbetrag aus, obwohl er nicht dazu berechtigt ist (§ 14c Abs. 2 Satz 1 UStG).

- Ein Unternehmer erteilt eine Rechnung mit gesondertem Steuerausweis (z. B. Schein- oder Gefälligkeitsrechnung), obwohl er eine Leistung nicht ausführt (§ 14c Abs. 2 Satz 2 zweite Alternative UStG).

- Ein Unternehmer erteilt eine Rechnung mit gesondertem Steuerausweis, in der er statt des tatsächlich gelieferten Gegenstandes – z. B. ein für den privaten Bedarf des Abnehmers bestimmtes Fernsehgerät – einen anderen, von ihm nicht gelieferten Gegenstand – z. B. eine im Unternehmen des Abnehmers verwendbare Büromaschine – aufführt oder statt der tatsächlich ausgeführten sonstigen Leistung – z. B. Gestellung von Arbeitnehmern – eine andere, von ihm nicht erbrachte Leistung – z. B. Beton geliefert – angibt (unrichtige Leistungsbezeichnung; § 14c Abs. 2 zweite Alternative UStG). Von solchen Fällen der unrichtigen Leistungsbeschreibung sind Rechnungen zu unterscheiden, in denen die tatsächlich ausgeführte Leistung nur ungenau bezeichnet ist. Insoweit entsteht keine Steuer nach § 14c Abs. 2 UStG (Abschn. 14c.2 Abs. 2 Nr. 3 UStAE).

- Ein Unternehmer erteilt eine Rechnung mit gesondertem Steuerausweis für eine Leistung, die er nicht im Rahmen seines Unternehmens ausführt, z. B. Verkauf eines Gegenstandes aus dem Privatbereich (§ 14c Abs. 2 Satz 2 erste Alternative UStG).

- Ein Nichtunternehmer (z. B. Privatperson oder ein Hoheitsbetrieb einer juristischen Person des öffentlichen Rechts) weist in einem Dokument einen Steuerbetrag gesondert aus (§ 14c Abs. 2 Satz 2 erste Alternative UStG).

In den genannten Fällen entsteht eine Steuerschuld nach § 14c Abs. 2 UStG. Steuerschuldner ist der Aussteller der Rechnung. Die Steuerschuld entsteht im Zeitpunkt der Ausgabe der Rechnung (§ 13 Abs. 1 Nr. 3 UStG). Diese Rechtsfolgen treten unabhängig davon ein, ob die Rechnung alle in § 14 Abs. 4 und § 14a UStG aufgeführten Angaben enthält. Lediglich die Angabe des Rechnungsausstellers und des Entgelts ist unverzichtbar (Abschn. 14c.2 Abs. 1 UStAE). Der nach § 14c Abs. 2 Satz 1 und 2 UStG geschuldete Steuerbetrag kann berichtigt werden, wenn der Rechnungsaussteller den unberechtigten Steuerausweis gegenüber dem Belegempfänger für ungültig erklärt hat und die Gefährdung des Steueraufkommens beseitigt wurde (Abschn. 14c.2 Abs. 3 UStAE).

Die Berichtigungsmöglichkeit ist nicht vom guten Glauben des Ausstellers der betreffenden Rechnung abhängig. Vielmehr hat der Rechnungsaussteller unter den o. g. Voraussetzungen einen Anspruch auf eine derartige Berichtigung. Eine Gefährdung des Steueraufkommens ist beseitigt, wenn der Rechnungsempfänger den Vorsteuerabzug nicht in Anspruch genommen hat oder ihm der Vorsteuerabzug versagt wurde. Eine eingetretene Gefährdung wird beseitigt, wenn der in Anspruch genommene Vorsteuerabzug rückgängig gemacht wird und die entsprechenden Beträge an die Finanzbehörde zurückgezahlt werden (§ 14c Abs. 2 Satz 4 UStG).

Der Rechnungsaussteller hat unter Beifügung ausreichender Angaben über die Identität des Rechnungsempfängers die Berichtigung des geschuldeten Steuerbetrages bei dem für seine Besteuerung zuständigen Finanzamt schriftlich zu beantragen. Dem Finanzamt obliegt die Prüfungspflicht, ob die Gefährdung des Steueraufkommens tatsächlich beseitigt worden ist. Hat die Prüfung (nach Rücksprache mit dem Finanzamt des Rechnungsempfängers) ergeben, dass keine Gefährdung des Steueraufkommens vorliegt, teilt das Finanzamt dem Rechnungsaussteller mit, für welchen Besteuerungszeitraum und in welcher Höhe die Berichtigung des geschuldeten Steuerbetrages vorgenommen werden kann. Die Berichtigung ist in entsprechender Anwendung des § 17 Abs. 1 UStG für den Besteuerungszeitraum vorzunehmen, in dem die Gefährdung des Steueraufkommens beseitigt worden ist (§ 14c Abs. 2 Satz 5 UStG). Hat der Rechnungsempfänger keinen Vorsteuerabzug vorgenommen, ist der nach § 14c Abs. 2 Satz 1 und 2 UStG geschuldete Steuerbetrag für das Jahr der Rechnungserteilung (Entstehung der Steuer nach § 13 Abs. 1 Nr. 3 UStG) zu berichtigen (Abschn. 14c.2 Abs. 5 UStAE).

1. Der Veräußerer A schuldet die in der Rechnung gesondert ausgewiesene Umsatzsteuer von 760 € (§ 14c Abs. 2 Satz 1 UStG), weil er als Kleinunternehmer nach § 19 Abs. 1 Satz 4 UStG zum gesonderten Steuerausweis nicht berechtigt ist (§ 13a Abs. 1 Nr. 4 UStG). Die Steuerschuld ist nach § 13 Abs. 1 Nr. 3 UStG im Zeitpunkt der Ausgabe der Rechnung entstanden.

2. Der Veräußerer B hat bei der Veräußerung seines Klaviers irrtümlich eine Steuerbarkeit für die von ihm bewirkte, tatsächlich nicht steuerbare Lieferung angenommen. Die Lieferung fällt nicht in den Rahmen seines Unternehmens, weil es sich um einen privaten Vermögensgegenstand handelt. B schuldet die in der Rechnung gesondert ausgewiesene Umsatzsteuer nach § 14c Abs. 2 Satz 2 erste Alternative UStG. B ist Steuerschuldner (§ 13a Abs. 1 Nr. 4 UStG) der im Zeitpunkt der Ausgabe der Rechnung entstandenen Steuerschuld (§ 13 Abs. 1 Nr. 3 UStG).

3. Arbeitnehmer C schuldet als Nichtunternehmer (§ 13a Abs. 1 Nr. 4) 760 € Umsatzsteuer, gleichgültig, ob er eine Leistung ausgeführt hat oder nicht (§ 14c Abs. 2 Satz 2 erste Alternative UStG; Abschn. 14c.2 Abs. 2 Nr. 5 UStAE). Die Steuerschuld entsteht auch dann nach § 13 Abs. 1 Nr. 3 UStG im Zeitpunkt der Rechnungsausgabe, wenn sich der Nichtunternehmer rechtsirrtümlich für einen Unternehmer hält.

In allen drei Fällen des Sachverhalts ist eine Berichtigung des nach § 14c Abs. 2 Satz 1 und 2 UStG geschuldeten Steuerbetrages möglich, wenn nach erfolgreicher Überprüfung durch die beteiligten Finanzämter eine Gefährdung des Steueraufkommens ausgeschlossen werden kann (§ 14c Abs. 2 Satz 3 UStG).

6. Vorsteuerabzug

Fall 73

Vorsteuerabzug bei gesondertem Steuerausweis

UStG § 15 Abs. 1 Satz 1 Nr. 1

Der Vorsteuerabzug ist das systemtragende Element einer Umsatzsteuer als Allphasen-Netto-Umsatzsteuer mit Vorsteuerabzug. Die Umsatzsteuer soll als Verbrauchsteuer nur den privaten Endverbrauch belasten. Der Vorsteuerabzug nach § 15 Abs. 1 Satz 1 Nr. 1 UStG steht deshalb grundsätzlich nur einem Unternehmer zu, der eine steuerpflichtige Leistung für sein Unternehmen erwirbt und im Besitz einer nach § 14 UStG ausgestellten Rechnung ist. Eine in diesem Sinne abzugsfähige Vorsteuer ist auch abziehbar, wenn der Unternehmer die Leistung zur Ausführung von Umsätzen bezieht, die den Vorsteuerabzug nicht ausschließen.

Sachverhalt

Fabrikant Hans Umbeer (U) in Unna/Westf. hat von verschiedenen Lieferanten Rechnungen erhalten, die den Anforderungen des § 14 Abs. 4 UStG bzw. des § 33 UStDV entsprechen, soweit sich aus den nachstehend dargestellten Rechnungsauszügen nichts anderes ergibt.

Firma Albrecht (A), Aachen:
Nettopreis 3.000 € zzgl. Umsatzsteuer 570 €
= Rechnungsbetrag 3.570 €

Firma Berthold (B), Bochum: Rechnungsbetrag 2.280 €
Zusatz: „Rechnungsbetrag einschl. gesetzlicher Umsatzsteuer
= 149,16 €."

Firma Clemens (C), Cottbus: Rechnungsbetrag 150 €
Zusatz: „Im Rechnungsbetrag sind 7 % Umsatzsteuer enthalten."

Firma Dietrich (D), Dresden:
Anzahlung 20.000 € zzgl. 3.800 € Umsatzsteuer
= Rechnungsbetrag 23.800 €

Die Lieferanten A bis D haben

	die Lieferung für das Unternehmen des U ausgeführt im Voranmeldungszeitraum	die Rechnung für das Unternehmen des U erteilt im Voranmeldungszeitraum
A:	Dezember 01	Dezember 01
B:	Dezember 01	Januar 02
C:	Dezember 01	Januar 02
D:	März 02	Januar 02

Sämtliche Rechnungen wurden im Februar 02 bezahlt. Die §§ 19 und 20 UStG sind auf die Umsätze des U sowie der Lieferanten A bis D nicht anzuwenden. Die von den Lieferanten A bis D in Rechnung gestellte Umsatzsteuer entspricht der für die jeweiligen Lieferungen gesetzlich geschuldeten Umsatzsteuer. U bezieht alle Leistungen für sein Unternehmen und erbringt ausschließlich steuerpflichtige Umsätze.

Frage

1. Ist der Unternehmer U persönlich zum Vorsteuerabzug berechtigt?
2. Welche der von den Lieferanten A bis D erteilten Rechnungen enthalten einen gesonderten Steuerausweis i. S. des § 14 UStG und berechtigen U zum Vorsteuerabzug?
3. Wann kann der Unternehmer U die gesondert in Rechnung gestellten Umsatzsteuerbeträge als Vorsteuer abziehen?

Antwort

1. Unternehmer U ist persönlich zum Vorsteuerabzug berechtigt (§ 15 Abs. 1 Satz 1 UStG).
2. Die Rechnungen aller Lieferanten enthalten einen gesonderten Steuerausweis i. S. des § 14 UStG. Nur die Rechnungen von A, C und D berechtigen U zum Vorsteuerabzug.
3. Der Unternehmer U kann die gesondert in Rechnung gestellte Umsatzsteuer als Vorsteuer abziehen aufgrund der erhaltenen Lieferung und Rechnung bzw. der geleisteten Anzahlung und Rechnung:

   A: im Voranmeldungszeitraum Dezember 01;

   C: im Voranmeldungszeitraum Januar 02;

   D: im Voranmeldungszeitraum Februar 02.

Begründung

Allgemeines: Im Rahmen einer steuertechnisch als Verkehrsteuer ausgestalteten Umsatzsteuer gewährleistet der Vorsteuerabzug die vom Gesetzgeber beabsichtigte indirekte Verbrauchsbesteuerung (vgl. Fall 1). Durch den Vorsteuerabzug soll außerdem eine Steuerkumulation verhindert und die Wettbewerbsneutralität sichergestellt werden. Der unternehmerische Verbrauch von Gütern und Dienstleistungen soll im Ergebnis nicht mit Umsatzsteuer belastet werden. Die Umsatzsteuer als Verbrauchsteuer soll sich nur bei einer Leistung an den Endverbraucher endgültig auswirken.

Zum Vorsteuerabzug sind ausschließlich Unternehmer i. S. der §§ 2 und 2a UStG (mit Ausnahme der Kleinunternehmer gem. § 19 UStG, vgl. Fall 88, und Differenzbesteuerer, vgl. Fall 89) im Rahmen ihrer unternehmerischen Tätigkeit berechtigt. Abzugsfähig sind nur Steuerbeträge, die nach deutschem Umsatzsteuerrecht geschuldet werden. Wird die deutsche Umsatzsteuer in der Rechnung in einer Fremdwährung ausgewiesen, so ist sie für

Zwecke des Vorsteuerabzugs nach § 16 Abs. 6 Satz 1 UStG umzurechnen. Im Inland ansässige Unternehmer, die mit ausländischen Vorsteuerbeträgen belastet wurden, können den Vorsteuerabzug in dem Staat beantragen, der die Umsatzsteuer erhoben hat. Die persönliche Vorsteuerabzugsberechtigung ist nicht davon abhängig, dass der Unternehmer im Inland Leistungen ausgeführt hat. Für im Ausland ansässige Unternehmer, die im Inland mit Vorsteuerbeträgen belastet wurden, kommt das Vorsteuervergütungsverfahren in Betracht (§ 18 Abs. 9 UStG; §§ 59 bis 61a UStDV).

Die Ermittlung der abziehbaren Vorsteuer erfolgt in zwei Schritten. Zunächst sind die „positiven" Tatbestandsmerkmale nach § 15 Abs. 1 Satz 1 und 2 UStG zu prüfen. Diese Voraussetzungen müssen insgesamt erfüllt sein, vgl. dazu im Einzelnen Abschn. 15.1 bis 15.2d UStAE. Ergibt ich danach eine abzugsfähige Vorsteuer, ist nach § 15 Abs. 1a bis 4 (einschränkend Abs. 4a und 4b) UStG unter Berücksichtigung der „negativen" Tatbestandsmerkmale die abziehbare Vorsteuer zu bestimmen, vgl. im Einzelnen Abschn. 15.12 bis 15.18 UStAE.

1. Hans Umbeer (U) ist als Unternehmer i. S. des § 2 UStG persönlich zum Vorsteuerabzug berechtigt und bezieht alle Eingangsleistungen für sein Unternehmen. Die Unternehmereigenschaft muss (spätestens) im Zeitpunkt des Leistungsbezugs gegeben sein.

2. Voraussetzung für eine abzugsfähige Vorsteuer nach § 15 Abs. 1 Satz 1 Nr. 1 UStG ist u. a., dass der Unternehmer im Besitz einer nach § 14 UStG ausgestellten Rechnung mit den Pflichtangaben nach § 14 Abs. 4 UStG ist (§ 15 Abs. 1 Satz 1 Nr. 1 Satz 2 UStG).

Der Leistungsempfänger muss – unter Beachtung des Grundsatzes der Verhältnismäßigkeit – die Rechnungsangaben auf ihre Vollständigkeit und Richtigkeit überprüfen. Dazu gehört insbesondere, ob die ausgewiesene Steuer der für den Umsatz gesetzlich geschuldeten Steuer entspricht. Im Fall eines unrichtigen Steuerausweises nach § 14c Abs. 1 UStG ist der Vorsteuerabzug unter den übrigen Voraussetzungen in Höhe der für den Umsatz gesetzlich geschuldeten Steuer zulässig.

Die Rechnung des Lieferanten **A** entspricht den Anforderungen für eine Rechnung i. S. des § 14 UStG. Das umsatzsteuerrechtliche Entgelt für die Leistung (Nettopreis = 3.000 €) und der auf das Entgelt entfallende Steuerbetrag (570 €) sind getrennt ausgewiesen (§ 14 Abs. 4 Satz 1 Nr. 8 UStG). Der für einen Vorsteuerabzug erforderliche gesonderte Steuerausweis in einer Rechnung liegt vor.

Die Rechnung des Lieferanten **B** entspricht nicht den Anforderungen des § 14 Abs. 4 UStG. Es fehlen die Angabe des Steuersatzes und des Entgelts für die Leistung (§ 14 Abs. 4 Satz 1 Nr. 7 UStG). Der Vorsteuerabzug wird erst mit der Übermittlung einer vollständigen Rechnung möglich. Der Rechnungsempfänger kann nicht von sich aus die ihm erteilte Rechnung mit steuerlicher Wirkung ändern. Der Vorsteuerabzug kann erst dann in Anspruch genommen werden, wenn der Rechnungsaussteller die Rechnung nach § 31 Abs. 5 UStDV berichtigt hat und die zu berichtigenden Rechnungsangaben an den Rechnungsempfänger übermittelt hat.

Die Rechnung des Lieferanten **C** enthält weder das Entgelt noch den auf das Entgelt entfallenden Steuerbetrag (§ 14 Abs. 4 Satz 1 Nr. 7 und 8 UStG). Die Rechnung ist jedoch eine Kleinbetragsrechnung (§ 33 UStDV), deren Rechnungsbetrag zwar genau 150 € beträgt, aber nicht übersteigt.[1] In der Rechnung ist anstelle des Steuerbetrages der auf das Entgelt anzuwendende Steuersatz (7 %) angegeben. U kann die Steuer aus dem Bruttobetrag herausrechnen und (6,54 % von 150 € =) 9,81 € nach Maßgabe des § 15 UStG als Vorsteuer abziehen (§ 35 Abs. 1 UStDV).

Die Rechnung des Lieferanten **D** über die angeforderte Anzahlung enthält das Teilentgelt und die darauf entfallende Umsatzsteuer von 3.800 €. Der für den vorgezogenen Vorsteuerabzug erforderliche gesonderte Steuerausweis in einer Rechnung liegt vor (§ 14 Abs. 4 Satz 1 Nr. 8 UStG).

3. Nach § 15 Abs. 1 Satz 1 Nr. 1 Satz 1 UStG ist nur die gesetzlich geschuldete Umsatzsteuer für ausgeführte Leistungen als Vorsteuer abzugsfähig. Weitere Voraussetzungen sind, dass der persönlich zum Vorsteuerabzug berechtigte Unternehmer

a) eine Rechnung nach § 14 UStG besitzt

und

b) die Lieferung oder sonstige Leistung von einem Unternehmer für sein Unternehmen ausgeführt worden ist.

Eine abzugsfähige Vorsteuer liegt erst dann vor, wenn sämtliche „positiven" Tatbestandsmerkmale nach § 15 Abs. 1 Satz 1 und 2 UStG erfüllt sind. Fallen z. B. Empfang der Leistung und Besitz der Rechnung zeitlich auseinander, ist der Vorsteuerabzug für den Voranmeldungszeitraum zulässig, in dem erstmalig beide Voraussetzungen erfüllt sind.

Eine spätere Bezahlung der Leistung ist für den Zeitpunkt des Vorsteuerabzugs unerheblich. Es gilt das sog. Soll-Prinzip.

Eine Besonderheit ergibt sich hinsichtlich des Vorsteuerabzugs für geleistete Anzahlungen.[2] Im Hinblick auf die vorgezogene Besteuerung nach § 13 Abs. 1 Nr. 1 Buchst. a Satz 4 UStG und die ergänzende Regelung in § 14 Abs. 5 Satz 1 UStG ist für U bereits dann und insoweit eine abzugsfähige (und ggf. abziehbare) Vorsteuer gegeben, als er vor Ausführung der steuerpflichtigen Leistung für sein Unternehmen eine Anzahlung leistet und eine entsprechende Anzahlungsrechnung vorliegt (§ 15 Abs. 1 Satz 1 Nr. 1 Satz 3 UStG). Beide Voraussetzungen waren im Februar 02 erfüllt. Für den Vorsteuerabzug aus Anzahlungen nach § 15 Abs. 1 Satz 1 Nr. 1 Satz 3

1 Der Bundestag hat am 30.03.2017 das zweite Bürokratieentlastungsgesetz verabschiedet. Darin wird u. a. die Anhebung der Grenze für Kleinbetragsrechnungen von 150 € auf 250 € beschlossen. Zum Zeitpunkt der Drucklegung war das Gesetz noch nicht in Kraft getreten; ggf. ist der Wert im Sachverhalt und in der Lösung ebenfalls von 150 € auf 250 € anzuheben.

2 Vgl. hierzu Fall 86.

UStG ist entscheidend, dass die Anzahlungen in Voranmeldungszeiträumen erbracht werden, die vor dem Voranmeldungszeitraum der Leistung liegen. Soweit nicht der gesamte Rechnungsbetrag angezahlt wird, entsteht der (restliche) Vorsteueranspruch nach § 15 Abs. 1 Satz 1 Nr. 1 Satz 1 und 2 UStG mit Ablauf des Voranmeldungszeitraums, in dem die Leistung an U erbracht wird.

Fall 74

Vorsteuerabzug bei Entrichtung der Einfuhrumsatzsteuer

UStG § 15 Abs. 1 Satz 1 Nr. 2

Gemäß § 1 Abs. 1 Nr. 4 UStG ist die Einfuhr eines Gegenstandes aus dem Drittland in das Inland ein steuerbarer Umsatz. Die gilt unabhängig davon, ob die Einfuhr durch einen Unternehmer für dessen Unternehmen erfolgt oder durch eine Privatperson. Allerdings kann der Unternehmer nach § 15 Abs. 1 Nr. 2 UStG die entstandene Einfuhrumsatzsteuer als Vorsteuer abziehen. Die gilt jedoch nur, soweit keine weiteren Vorsteuerausschlusstatbestände nach § 15 Abs. 2 und Abs. 3 UStG greifen.

Sachverhalt

Hans Großmüller (G) betreibt in Königs Wusterhausen einen Großhandel mit Lebensmitteln, Weinen und Spirituosen. Er ist verpflichtet, monatlich Umsatzsteuer-Voranmeldungen abzugeben.

Durch seinen Einkaufsagenten (E) hat G in der Türkei Gemüsekonserven eingekauft. Bei der Einfuhr und der Überführung der Gemüsekonserven in den zoll- und steuerrechtlich freien Verkehr am 10. August hat E 1.400 € Einfuhrumsatzsteuer entrichtet und von G gegen Aushändigung der Quittung über die Zahlung am 20. August erstattet bekommen.

Während eines Aufenthalts in Russland konnte G einen größeren Posten Spirituosen preisgünstig erwerben. Für die Einfuhrumsatzsteuer auf die am 05. August durch G bewirkte Einfuhr im Inland i. H. von 570 € wurde G auf Antrag ohne Sicherheitsleistung Zahlungsaufschub bis zum 16. September gewährt (§ 21 Abs. 3 UStG).

Frage

1. Wann liegt ein Einfuhrtatbestand i. S. des § 1 Abs. 1 Nr. 4 UStG vor?
2. Welche Steuersätze gelten für die steuerpflichtige Einfuhr?
3. Wer ist zum Abzug der Einfuhrumsatzsteuer berechtigt?
4. Wann kann die Einfuhrumsatzsteuer als Vorsteuer abgezogen werden?

Antwort

1. Eine Einfuhr i. S. des § 1 Abs. 1 Nr. 4 UStG liegt vor, wenn Gegenstände aus dem Drittlandsgebiet in das Inland gelangen und in den zoll- und steuerrechtlich freien Verkehr überführt werden.
2. Die Steuer beträgt für jeden steuerpflichtigen Umsatz, also auch für die Einfuhr, grundsätzlich 19 % der Bemessungsgrundlage (§ 12 Abs. 1 UStG). Sie ermäßigt sich jedoch für die in der Anlage 2 zu § 12 Abs. 2 Nr. 1 und 2 UStG genannten Gegenstände auf 7 % (§ 12 Abs. 2 Nr. 1 UStG).
3. Regelmäßig ist derjenige Unternehmer zum Vorsteuerabzug berechtigt, für dessen Unternehmen der Gegenstand eingeführt wurde und in dessen Verfügungsmacht sich der Gegenstand im Zeitpunkt der Überführung in den zoll- und steuerrechtlich freien Verkehr befindet, vorausgesetzt, dass er den Beleg über die Entrichtung der Einfuhrumsatzsteuer erhält (vgl. auch Abschn. 15.8 Abs. 7 UStAE).
4. Die Einfuhrumsatzsteuer ist bereits abzugsfähig, wenn sie entstanden ist (EuGH vom 29.03.2012 Rs. C-414/10 „Véleclair", § 15 Abs. 1 Nr. 2 UStG).

Begründung

1. Die Einfuhr von Gegenständen im Inland unterliegt als steuerbarer Umsatz der Umsatzbesteuerung durch die Einfuhrumsatzsteuer (§ 1 Abs. 1 Nr. 4 UStG).

Der Einfuhrtatbestand (§ 1 Abs. 1 Nr. 4 UStG) umfasst das Verbringen von Gegenständen aus dem Drittlandsgebiet in das Inland (Einfuhr) und ihre Überführung in den zoll- und steuerrechtlich freien Verkehr. Dieser Umsatz kann von jeder Rechtsperson (natürlichen oder juristischen Person), die Unternehmer oder auch Nichtunternehmer sein kann, verwirklicht werden.

2. Die Einfuhr der Spirituosen ist dem Steuersatz von 19 % zu unterwerfen (§ 12 Abs. 1 UStG). Die Einfuhr der Gemüsekonserven unterliegt dem Steuersatz von 7 % (§ 12 Abs. 2 Nr. 1 UStG, Anlage 2 zu § 12 Abs. 2 Nr. 1 und 2 UStG Nr. 10). Weil die Steuersätze des § 12 UStG sowohl für Umsätze im Inland als auch für die Einfuhr gelten, ist eine gleiche Belastung aller im Inland abgesetzten Erzeugnisse sichergestellt.

3. Unternehmer G ist persönlich zum Vorsteuerabzug berechtigt (§ 15 Abs. 1 UStG). Er kann unter den Voraussetzungen des § 15 Abs. 1 Satz 1 Nr. 2 UStG die Einfuhrumsatzsteuer als Vorsteuer abziehen. Die Vorschrift verlangt nicht, dass der Unternehmer, für dessen Unternehmen die eingeführten Waren bestimmt sind, die Einfuhrumsatzsteuer selbst bei der Einfuhr bezahlt hat. Die Annahme, dass der Unternehmer nur dann zum Vorsteuerabzug berechtigt ist, wenn er zugleich Importeur der Waren und Schuldner der Einfuhrumsatzsteuer ist, ist unzutreffend. Im Regelfall ist derjenige zum Vorsteuerabzug berechtigt, in dessen Verfügungsmacht sich die Ware zum Zeitpunkt der Überführung in den zoll- und steuerrechtlich freien Verkehr befindet. Die von G eingeführten Spirituosen befanden sich im Zeitpunkt der Einfuhr im Inland in seiner Verfügungsmacht; G kann daher die Einfuhrumsatzsteuer als Vorsteuer abziehen. Der Lieferant hatte bereits vor der Einfuhr an G geliefert. Der Einkaufsagent E kann die Einfuhrumsatzsteuer nicht abziehen, weil die Gemüsekonserven für das Unternehmen seines Geschäftsherrn G eingeführt worden sind. G muss die Entrichtung der Einfuhrumsatzsteuer durch einen zollamtlichen Beleg nachweisen (vgl. Abschn. 15.8 UStAE).

4. Die Einfuhrumsatzsteuer ist abziehbar, wenn sie entstanden ist (§ 15 Abs. 1 Satz 1 Nr. 2 UStG). G kann die bei der Einfuhr der Gemüsekonserven am 10. August entrichtete Einfuhrumsatzsteuer für den Voranmeldungszeitraum August geltend machen.

Da G zum vollen Vorsteuerabzug berechtigt ist, konnte ein Zahlungsaufschub nach § 21 Abs. 3 UStG ohne Sicherheitsleistung gewährt werden. Da die Einfuhrumsatzsteuer unabhängig von ihrer Zahlung als Vorsteuer abzugsfähig ist, kann G diese bereits im Voranmeldungszeitraum August geltend machen. Ohne einen Zahlungsaufschub für die Einfuhrumsatzsteuer bei der Einfuhr der Spirituosen im Inland hätte G allerdings die Steuerzahlung bei der Abfertigung der eingeführten Waren am 05. August leisten müssen. Die entrichtete Einfuhrumsatzsteuer hätte er dann von der Umsatzsteuer desselben Monats (August), die er am 10. September entrichten musste, abziehen können. G hätte in diesem Fall jedoch die Einfuhrumsatzsteuer vorfinanzieren müssen. Je nach Dauer des zollrechtlichen Zahlungsaufschubs kann G ggf. die Vorsteuer aus der Einfuhrumsatzsteuer abziehen, bevor er sie gegenüber dem Zoll zahlen muss. Beim laufenden Zahlungsaufschub nach Art. 226 Buchst. b des Unionszollkodex muss die Einfuhrumsatzsteuer z. B. erst zum 16. des nächstfolgenden Kalendermonats entrichtet werden. G hat die zu entrichtende Einfuhrumsatzsteuer durch einen zollamtlichen Beleg über die Entstehung der Einfuhrumsatzsteuer nachzuweisen (§ 64 UStDV).

Fall 75

Nicht abziehbare Vorsteuer

UStG § 15 Abs. 1a; EStG § 4 Abs. 5 Satz 1 Nr. 1 und 2

Mit § 15 Abs. 1a UStG hat der Gesetzgeber eine Vorschrift geschaffen, die einen Vorsteuerausschluss für bestimmte Aufwendungen vorsieht. Dabei knüpft das Gesetz an die Abzugsverbote des § 4 Abs. 5 Satz 1 Nr. 1 bis 4, 7 und § 12 Nr. 1 EStG an. Im Wesentlichen ist danach entsprechend den ertragsteuerrechtlichen Regelungen der Vorsteuerabzug für Geschenke, aber auch für andere als unangemessen angesehene Betriebsausgaben ausgeschlossen. Für Bewirtungsaufwendungen ist der volle Vorsteuerabzug grundsätzlich möglich, wenn sie angemessen und nachgewiesen sind.

Sachverhalt

Der in Bochum ansässige Bauunternehmer **B** hat im Dezember 01 anlässlich des bevorstehenden Weihnachtsfestes 10 Geschenkkartons aus unternehmerischem Anlass eingekauft, in denen sich jeweils ein echter westfälischer Schinken und eine Flasche Schinkenhäger befanden. Der Einkaufspreis für jeden Karton mit Inhalt betrug 60 € netto; davon entfielen auf den Schinken 40 € und auf die Flasche Schinkenhäger 20 €. B erhielt von seinem Lieferanten **L** am 05.12.01 eine ordnungsmäßige Rechnung über 600 € zuzüglich 66 € Umsatzsteuer.

B schenkte im Dezember 01 jeweils einen Geschenkkarton an

- den Prokuristen **P** seines Bauunternehmens (was bei Anschaffung des Kartons bereits beabsichtigt war),
- den Geschäftsführer **G** einer Wohnungsbau GmbH in Dortmund,
- den Rechtsanwalt **R** in Remscheid, der B in einer betrieblich veranlassten Schadensersatzklage vertritt,
- den Elektroeinzelhändler **E** in Essen, dem B das zu seinem Privatvermögen gehörende Geschäftsgrundstück steuerpflichtig vermietet hat.

Die übrigen Geschenkkartons konnte B erst im Januar 02 – wie bei Erwerb der Geschenkkartons beabsichtigt – an verschiedene Geschäftsfreunde verschenken.

Aus Anlass des 25-jährigen Firmenjubiläums hat **B** am 10.05.01 verschiedene Geschäftsfreunde in das Restaurant „Hopfenblüte" (H) in Herne eingeladen und dort bewirtet. **H** hat dem B am 20.05.01 eine Rechnung über der Höhe nach angemessene Aufwendungen von 4.000 € zuzüglich 760 € Umsatzsteuer ausgestellt. Die Rechnung und die übrigen Nachweise entsprechen den Anforderungen für die steuerliche Abzugsfähigkeit der Aufwendungen und der Umsatzsteuer als Vorsteuer. B hat den Rechnungsbetrag von 4.760 € am 25.05.01 auf das Bankkonto des H überwiesen.

Mit dem Malermeister **M** aus Marl suchte **B** am 18.06.01 dasselbe Restaurant auf, um von ihm einen Bauauftrag zu erhalten. Über die Bewirtung hat **H** dem B eine Rechnung über „Speisen und Getränke" i. H. von 95,20 € erteilt. Auf der Rechnung ist lediglich der Steuersatz von 19 % angegeben. B hat die Rechnung bar bezahlt, dem Bedienungspersonal 14,80 € Trinkgeld gegeben, diesen Betrag handschriftlich unter dem Rechnungsbetrag von 95,20 € vermerkt und insgesamt 110 € als Betriebsausgaben gebucht. Schriftliche Angaben zu dem Anlass und den Teilnehmern der Bewirtung wurden nicht gemacht.

Die §§ 19 und 20 UStG sind nicht anzuwenden. Voranmeldungszeitraum ist der Kalendermonat. Die Aufzeichnungspflichten nach § 4 Abs. 7 EStG wurden erfüllt.

Frage

1. Kann B die Aufwendungen für die Geschenke an P, G, R und E in 01 als Betriebsausgaben bzw. Werbungskosten abziehen?
2. Kann B die Bewirtungsaufwendungen als Betriebsausgaben abziehen?
3. In welcher Höhe hat B aus den Rechnungen vom 05.12.01, 20.05.01 und 18.06.01 einen Vorsteuerabzug?

Antwort

1. B kann die Aufwendungen für das Geschenk an P für das Jahr 01 als Betriebsausgaben abziehen. Die Aufwendungen für die Geschenke an G und R kann B in 01 nicht als Betriebsausgaben, die Aufwendungen für das Geschenk an E in 01 nicht als Werbungskosten abziehen.

   Die Aufwendungen für die übrigen Geschenkkartons unterliegen erst für 02 der ertragsteuerlichen Regelung nach § 4 Abs. 5 Satz 1 Nr. 1 EStG.
2. Die durch die Rechnung vom 20.05.01 ordnungsgemäß nachgewiesenen Bewirtungsaufwendungen von 4.000 € kann B nur i. H. von 2.800 € als Betriebsausgaben abziehen. Die am 18.06.01 getätigten Bewirtungsaufwendungen kann er nicht als Betriebsausgaben abziehen, da B keine ordnungsgemäßen Aufzeichnungen nach § 4 Abs. 5 Satz 1 Nr. 2 Satz 2 und 3 EStG gemacht hat.
3. B kann die ihm in der Rechnung vom 05.12.01 und vom 20.05.01 gesondert in Rechnung gestellte Umsatzsteuer i. H. von 47 € bzw. 760 € als Vorsteuer abziehen.

Begründung

Allgemeines: Vorsteuern aus unternehmerisch veranlassten Aufwendungen, die bestimmten ertragsteuerlichen Abzugsverboten unterliegen (sog. Repräsentationsaufwendungen), sind nach § 15 Abs. 1a UStG vom Abzug ausgeschlossen (vgl. Abschn. 15.6 UStAE). Die Vorschrift dient wie die Besteuerung der unentgeltlichen Wertabgaben dem Ziel, einen unbesteuerten Letztverbrauch zu verhindern. Statt zunächst den Vorsteuerabzug zu gewähren und anschließend über die Besteuerung der unentgeltlichen Wertabgabe eine umsatzsteuerliche Gleichbehandlung des Letztverbrauchs sicherzustellen, wählt der Gesetzgeber mit dem Vorsteuerausschluss nach § 15 Abs. 1a UStG eine gesetzestechnische Alternative. Zwar werden diese Eingangsleistungen zunächst für das Unternehmen bezogen (abzugsfähige Vorsteuer nach § 15 Abs. 1 Satz 1 Nr. 1 Satz 1 und 2 UStG), durch die Spezialregelung des § 15 Abs. 1a UStG sind diese Vorsteuerbeträge aber nicht abziehbar. Die Versagung des Vorsteuerabzugs aus bestimmten Aufwendungen soll zu einer umsatzsteuerlichen Belastung des Letztverbrauchs führen, die die Besteuerung einer unentgeltlichen Wertabgabe entbehrlich macht.

1. Nach § 4 Abs. 5 Satz 1 Nr. 1 Satz 1 EStG dürfen Aufwendungen für betrieblich veranlasste Geschenke an Personen, die nicht Arbeitnehmer des Steuerpflichtigen sind, grundsätzlich nicht abgezogen werden. Aus praktischen Gründen hat der Gesetzgeber jedoch eine Freigrenze geschaffen. Die Aufwendungen dürfen nicht als Betriebsausgaben abgezogen werden, wenn die Anschaffungs- oder Herstellungskosten eines Geschenks an einen Empfänger oder, wenn an einen Empfänger im Wirtschaftsjahr mehrere Geschenke gegeben werden, die Anschaffungs- oder Herstellungskosten aller Geschenke an diesen Empfänger den Betrag von 35 € übersteigen (§ 4 Abs. 5 Satz 1 Nr. 1 Satz 2 EStG). Diese Regelung gilt sinngemäß für die Nichtabzugsfähigkeit entsprechender Werbungskosten (§ 9 Abs. 5 EStG).

Bei dem Geschenk an den Prokuristen **P**, der Arbeitnehmer des Steuerpflichtigen B ist, handelt es sich um eine Sachzuwendung, die als Arbeitslohn eine abzugsfähige Betriebsausgabe darstellt. Es liegt keine bloße Aufmerksamkeit vor, weil der (gemeine) Wert von (60 € zuzüglich 6,60 € Umsatzsteuer =) 66,60 € den (gemeinen) Wert von 60 € übersteigt (vgl. Abschn. 1.8 Abs. 3 UStAE). Die Freigrenze des § 8 Abs. 2 Satz 11 EStG i. H. von 44 € monatlich ist auch überschritten.

Bei den Aufwendungen für das Geschenk an den Geschäftsführer **G**, der nicht Arbeitnehmer des B, sondern der Wohnungsbau GmbH in Dortmund ist, sowie bei den Aufwendungen für das Geschenk an den Rechtsanwalt **R** sind jeweils für das Jahr 01 nichtabzugsfähige Betriebsausgaben von 66,60 € anzunehmen (§ 4 Abs. 5 Satz 1 Nr. 1 EStG), weil die Anschaffungskosten den Betrag von 35 € übersteigen. Die Aufwendungen für das Geschenk an den Einzelhändler (Mieter) **E** führen bei B für das Jahr 01 zu nichtabzugsfähigen Werbungskosten (§ 4 Abs. 5 Satz 1 Nr. 1 i. V. m. § 9 Abs. 5 EStG).

Bei der Gewinnermittlung nach § 4 Abs. 1 bzw. § 5 EStG sind die im Dezember 01 angeschafften, aber erst im Januar 02 zugewendeten Geschenke zum 31.12.01 als Vorratsvermögen zu bilanzieren. Die Gewinnminderung durch Zuwendung der Geschenke erfolgt erst im Januar 02 und ist entsprechend § 4 Abs. 5 Satz 1 Nr. 1 EStG erst für 02 außerhalb der Bilanz zu korrigieren (vgl. auch R 4.10 Abs. 2 Satz 3 EStR 2012).

2. Über die von B am 10.05.01 getätigten Bewirtungsaufwendungen für seine Geschäftsfreunde liegt eine Rechnung des Gaststätteninhabers H vom 20.05.01 vor, die den Anforderungen des § 14 Abs. 4 Satz 1 UStG entspricht. Es ist auch davon auszugehen, dass die übrigen ertragsteuerlichen Voraussetzungen gegeben sind (vgl. R 4.10 Abs. 5 bis 9 EStR 2012). Die nachgewiesenen und der Höhe nach angemessenen Aufwendungen dürfen den steuerlichen Gewinn jedoch nur i. H. von (70 % von 4.000 € =) 2.800 €

mindern (§ 4 Abs. 5 Satz 1 Nr. 2 EStG). Die Abzugsbegrenzung trägt dem Umstand Rechnung, dass durch die Bewirtung zwangsläufig auch die Lebensführung der Teilnehmer berührt wird.

Die Bewirtungsaufwendungen anlässlich der Besprechung mit M kann B nicht als Betriebsausgaben abziehen (§ 4 Abs. 5 Satz 1 Nr. 2 EStG). Die für den Vorsteuerabzug ausreichende Angabe „Speisen und Getränke" und die Angabe der für die Bewirtung in Rechnung gestellten Gesamtsumme von 95,20 € reichen für den Betriebsausgabenabzug nicht aus. Insbesondere fehlen Angaben zu dem Anlass und den Teilnehmern der Bewirtung (R 4.10 Abs. 8 EStR 2012). Das durch „Eigenbeleg" nachgewiesene und glaubhaft gemachte Trinkgeld ist auch nicht als Betriebsausgabe abzugsfähig; es hängt mit den nichtabzugsfähigen Bewirtungsaufwendungen zusammen.

3. B hat von den Unternehmern L und H Leistungen für sein Unternehmen erhalten. Für den Vorsteuerabzug nach § 15 Abs. 1 Satz 1 Nr. 1 UStG müssen in einer Rechnung grundsätzlich das Entgelt und die darauf entfallende Steuer getrennt ausgewiesen sein (§ 14 Abs. 4 Satz 1 Nr. 7 und 8 UStG, Abschn. 15.11 Abs. 4 UStAE).

In einer Rechnung über Lieferungen, die verschiedenen Steuersätzen unterliegen, sind die Entgelte und Steuerbeträge nach Steuersätzen zu trennen. Die insoweit ordnungsmäßige Rechnung des L vom 05.12.01 berechtigt B grundsätzlich zum Vorsteuerabzug (§ 15 Abs. 1 Satz 1 Nr. 1 UStG). Nach § 15 Abs. 1a Satz 1 UStG sind Vorsteuerbeträge nicht abziehbar, die auf Aufwendungen entfallen, für die das Abzugsverbot des § 4 Abs. 5 Satz 1 Nr. 1 EStG gilt. Bei dem Geschenk an den Prokuristen P handelt es sich um eine Sachzuwendung, die als Arbeitslohn eine abzugsfähige Betriebsausgabe darstellt. Es liegt keine Aufmerksamkeit vor, weil der gemeine Wert von 66,60 € den lohnsteuerlich relevanten Wert von 60 € übersteigt (vgl. Abschn. 1.8 Abs. 3 UStAE).

Einseitige Sachzuwendungen, die ohne Bezug zum Umfang der durch den Arbeitnehmer zu erbringenden Arbeitsleistung und unabhängig von dem hierfür bezogenen Lohn erfolgen, sind kein Entgelt für die Arbeitsleistung. Mit der Übergabe des Geschenkkartons an P bewirkt B daher grundsätzlich eine unentgeltliche Lieferung i. S. des § 3 Abs. 1b Satz 1 Nr. 2 UStG, die steuerbar (§ 1 Abs. 1 Nr. 1 UStG) und mit 19 % (§ 12 Abs. 1 UStG) bzw. 7 % (§ 12 Abs. 2 Nr. 1 UStG, Anlage 2 zu § 12 Abs. 2 Nr. 1 und 2 UStG Nr. 2) steuerpflichtig ist. P ist Steuerschuldner (§ 13a Abs. 1 Nr. 1 UStG). Bemessungsgrundlage (§ 10 Abs. 4 Satz 1 Nr. 1 UStG) ist der Einkaufspreis zuzüglich der Nebenkosten im Zeitpunkt des Umsatzes von 40 € bzw. 20 €. Die Umsatzsteuer beträgt (2,80 € + 3,80 € =) 6,60 €. Sie entsteht mit Ablauf des Voranmeldungszeitraums Dezember 01 (§ 13 Abs. 1 Nr. 2 UStG).

Nach Auffassung des BFH (Urteil vom 09.12.2010 V R 17/10, BStBl 2012 II S. 53) kann eine Leistung nicht für das Unternehmen bestimmt sein (§ 15 Abs. 1 Satz 1 Nr. 1 UStG) und zugleich privaten Zwecken des Personals dienen (§ 3 Abs. 9a UStG; vgl. auch § 3 Abs. 1b Satz 1 Nr. 2 UStG). Eine Berechtigung zum Vorsteuerabzug bestehe daher nicht, wenn der Unternehmer bei Leistungsbezug eine Verwendung für Entnahmen nach § 3 Abs. 9a UStG beabsichtigt (Entsprechendes müsste nach BFH auch für Entnahmen nach § 3 Abs. 1b Satz 1 Nr. 2 UStG gelten). B hätte nach dieser Rechtsprechung keinen Vorsteuerabzug aus dem Einkauf des Geschenkkartons, wenn er im Zeitpunkt des Einkaufs bereits die Verwendung als Geschenk für seinen Arbeitnehmer P beabsichtigt. Mangels Vorsteuerabzugs käme die Besteuerung einer unentgeltlichen Wertabgabe nach § 3 Abs. 1b Satz 1 Nr. 2 UStG nicht in Betracht (vgl. Abschn. 15.15 UStAE). Für die Frage des Vorsteuerabzugs muss daher fiktiv geprüft werden, ob die bezogene Eingangsleistung unmittelbar und ausschließlich für eine unentgeltliche Wertabgabe verwendet werden soll. Die entsprechende Absicht muss der Unternehmer bereits bei Leistungsbezug haben.

Die für den Erwerb der Geschenke an G, R und E angefallene Umsatzsteuer von (3 × 6,60 € =) 19,80 € ist nicht als Vorsteuer abziehbar (§ 15 Abs. 1a UStG i.V. m. § 4 Abs. 5 Satz 1 Nr. 1 EStG). Die Besteuerung einer unentgeltlichen Wertabgabe i. S. des § 3 Abs. 1b Satz 1 Nr. 3 UStG entfällt (§ 3 Abs. 1b Satz 2 UStG).

Der Vorsteuerabzug für die übrigen im Januar 02 zugewendeten Geschenke ist ebenfalls nach § 15 Abs. 1a UStG ausgeschlossen, weil bereits beim Erwerb der Geschenkkartons die Verwendung als Geschenk für Geschäftsfreunde beabsichtigt war. Würde ein Geschenkkarton in 02 entgegen der ursprünglichen Absicht für vorsteuerunschädliche Zwecke verwendet, wäre § 17 Abs. 2 Nr. 5 UStG entsprechend anzuwenden. Steht dagegen im Zeitpunkt des Erwerbs die Verwendung als Geschenk noch nicht fest, kann der Vorsteuerabzug unter den allgemeinen Voraussetzungen des § 15 UStG beansprucht werden. Wird der Gegenstand dann tatsächlich als Geschenk verwendet, ist eine Vorsteuerkorrektur nach § 17 Abs. 2 Nr. 5 UStG durchzuführen (vgl. Abschn. 15.6 Abs. 5 UStAE).

Aus der Rechnung des H kann B für die Bewirtung der Geschäftsfreunde für den Voranmeldungszeitraum Mai 01 die Umsatzsteuer i. H. von 760 € als Vorsteuer abziehen. Nach § 15 Abs. 1a Satz 2 UStG sind Vorsteuerbeträge auch insoweit abziehbar, als sie auf angemessene und nachgewiesene Bewirtungsaufwendungen entfallen, die nach § 4 Abs. 5 Satz 1 Nr. 2 EStG vom Betriebsausgabenabzug ausgeschlossen sind. Für nicht angemessene Bewirtungsaufwendungen ist der Vorsteuerabzug bereits mangels unternehmerischer Veranlassung des Leistungsbezugs nach § 15 Abs. 1 Satz 1 Nr. 1 UStG ausgeschlossen (vgl. Abschn. 15.6 Abs. 6 UStAE).

Aus den Aufwendungen für die Bewirtung des Malermeisters M steht B kein Vorsteuerabzug zu. B ist nach § 15 Abs. 1 Satz 1 Nr. 1 UStG grundsätzlich zum Vorsteuerabzug berechtigt. H hat über die für das Unternehmen des B erbrachte Bewirtungsleistung eine Kleinbetragsrechnung i. S. des § 33 UStDV ausgestellt. Die Vorsteuer aus den Bewirtungsaufwendungen ist nach § 15 Abs. 1a UStG i.V. m. § 4 Abs. 5 Satz 1 Nr. 2 EStG nicht abziehbar, weil für diese Aufwendungen die betriebliche Veranlassung nicht nachgewiesen wurde (keine Angaben zum Anlass und zu den Teilnehmern der Bewirtung vorhanden) und ein Betriebsausgabenabzug daher ausscheidet.

Fall 76

Vorsteuerabzug bei Reisekosten

UStG § 15 Abs. 1 Satz 1 Nr. 1; UStDV §§ 33 bis 35

Bei den Reisekosten ist grundsätzlich zwischen den eigenen Reisekosten des Unternehmers und den Reisekosten seiner Arbeitnehmer zu differenzieren. Reisekosten des Unternehmers selbst berechtigen unter den übrigen Voraussetzungen des § 15 Abs. 1 UStG zum Vorsteuerabzug. Bei den Reisekosten eines Arbeitnehmers ist vor allem zu prüfen, wer Leistungsempfänger der entsprechenden sonstigen Leistung bzw. Lieferung ist. Sofern der Arbeitgeber als Leistungsempfänger anzusehen ist, ist auch hier unter den übrigen Voraussetzungen des § 15 Abs. 1 UStG ein Vorsteuerabzug möglich.

Sachverhalt

Bruno Balke (B) betreibt in Bochum einen Holzgroßhandel. B und der Prokurist Karl Pohl (P) führten im Monat Oktober 01 verschiedene Geschäfts- bzw. Dienstreisen aus. Am Monatsende legten B und P dem Buchhalter Abrechnungen mit folgenden Angaben und Belegen vor:

1. Ausgaben des Unternehmers Bruno Balke:
   a) Fahrausweis der Deutschen Bahn AG (Tarifentfernung über 50 km) 100,00 €

   Tankstellenquittungen über insgesamt 90 €. B sind diese Kosten durch Benutzung des betrieblichen PKW aus Anlass von Geschäftsreisen entstanden. Dieser PKW wird ausschließlich für unternehmerische Zwecke verwendet. In der Buchführung werden diese Kosten jedoch nicht bei den Reisekosten, sondern bei den laufenden Kfz-Kosten erfasst. Buchungssatz: Kfz-Aufwendungen 75,63 € und Vorsteuer 14,37 € an Einlagen 90 €.

b) Kosten für eine Übernachtung am 14./15.10.01 lt. Hotelrechnung:

Pauschalpreis ohne Umsatzsteuer	150 €		
davon 80 % Übernachtung	120 €	Umsatzsteuer 7 % = 8,40 €	128,40 €
davon 20 % Business-Package	30 €	Umsatzsteuer 19 % = 5,70 €	35,70 €
Gesamtbetrag			164,10 €

b) Verpflegungskosten:

am 14.10.01:	63,00 €	am 15.10.01:	30,00 €	93,00 €
am 25.10.01:	27,00 €	am 27.10.01:	29,00 €	56,00 €

d) Parkgebühren lt. Beleg des Parkhausbetreibers 20,00 €

2. Ausgaben des Arbeitnehmers Karl Pohl:

a) Kfz-Kosten für die Benutzung des P gehörenden PKW auf einer Strecke von 625 km unter Berücksichtigung eines Kilometersatzes von 0,30 € 187,50 €

b) Kosten für eine Übernachtung am 17./18.10.01 lt. Hotelrechnung:

Übernachtung	80 €	Umsatzsteuer 7 % = 5,60 €	85,60 €
Telefon- und Internetnutzung	7 €	Umsatzsteuer 19 % = 1,33 €	8,33 €
Parkgebühren	6 €	Umsatzsteuer 19 % = 1,14 €	7,14 €
Gesamtbetrag			101,07 €

d) Verpflegungskosten:

am 17.10.01:	43,00 €	am 18.10.01:	22,00 €	65,00 €
am 20.10.01:	20,00 €	am 24.10.01:	21,00 €	41,00 €

P werden die Reisekosten aufgrund der Reisekostenabrechnung in voller Höhe erstattet. Die Verpflegungsleistungen und die Übernachtungsleistung an P erfolgten im Auftrag von B.

Sämtliche Belege sind ordnungsmäßig und enthalten die für den Vorsteuerabzug erforderlichen Angaben, insbesondere – soweit es sich um Kleinbetragsrechnungen handelt (§ 33 UStDV) – auch den Steuersatz (7 % bzw. 19 %). Bis auf Kleinbetragsrechnungen und Fahrausweise (§ 34 UStDV), die keine Angaben zum Leistungsempfänger enthalten, sind alle Rechnungen auf den Namen des Unternehmers B ausgestellt. Alle Verpflegungsleistungen sind sonstige Leistungen i. S. des § 3 Abs. 9 UStG.

Frage

In welchem Umfang ist ein Vorsteuerabzug möglich,

1. für Reisekosten des B,
2. für Reisekosten des P?

Antwort

1. Der Vorsteuerabzug aus den Reisekosten des B beträgt insgesamt 71,43 €.
2. Aus den Reisekosten des Arbeitnehmers P ergibt sich für B ein Vorsteuerbetrag von 25,00 €.

Begründung

1. B ist als Unternehmer (§ 2 UStG) nach § 15 Abs. 1 Satz 1 Nr. 1 Satz 1 UStG persönlich zum Vorsteuerabzug berechtigt. Die anlässlich seiner Geschäftsreisen angefallenen Reisekosten beruhen auf Leistungen anderer Unternehmer für sein Unternehmen und sind durch ordnungsgemäße Rechnungen belegt (§ 15 Abs. 1 Satz 1 Nr. 1 Satz 2 UStG).

Übernachtungen in Hotels sind mit 7 % umsatzsteuerpflichtig (§ 4 Nr. 12 Satz 2, § 12 Abs. 2 Nr. 11 Satz 1 UStG). Leistungen, die nicht unmittelbar der Beherbergung dienen, unterliegen dem allgemeinen Steuersatz von 19 % auch dann, wenn es sich bei diesen Leistungen um Nebenleistungen zur Beherbergung handelt (§ 12 Abs. 2 Nr. 11 Satz 2 UStG; Abschn. 12.16 Abs. 4, 5 und 8 UStAE).

Der Hotelier, der ein Hotelzimmer vermietet bzw. andere (selbständige) Leistungen an einen Unternehmer erbringt, die nicht unmittelbar der Beherbergung dienen, ist zur Ausstellung einer Rechnung verpflichtet (§ 14 Abs. 2 Satz 1 Nr. 1 und 2 UStG). Die Rechnung muss u. a. das nach Steuersätzen aufgeschlüsselte Entgelt, den anzuwendenden Steuersatz sowie den auf das Entgelt entfallenden Steuerbetrag enthalten (§ 14 Abs. 4 Nr. 7 und 8 UStG). Wird für bestimmte nicht begünstigte Leistungen (z. B. Abgabe eines Frühstücks, Nutzung von Kommunikationsnetzen oder Überlassung von Plätzen zum Abstellen von Fahrzeugen) kein gesondertes Entgelt vereinbart, lässt die Verwaltung aus Vereinfachungsgründen die Zusammenfassung dieser Leistungen in der Rechnung zu einem Sammelposten (Business-Package, Servicepauschale) zu. Für diesen Sammelposten kann ein Entgeltanteil von 20 % des Pauschalpreises für die Beherbergung angesetzt werden (Abschn. 12.16 Abs. 12 UStAE), der dem allgemeinen Steuersatz unterliegt.

Die abziehbaren Vorsteuern betragen:

a) Fahrausweis, Tarifentfernung über 50 km
Vorsteuer nach § 35 Abs. 2 UStDV
(15,97 % von 100 € =) 15,97 €

Tankstellenquittung
Vorsteuer nach § 35 Abs. 1 UStDV
(15,97 % von 90 € =) 14,37 €

b) Übernachtungskostens 14./15.10.01
Vorsteuer
(8,40 € + 5,70 € =) 14,10 €

c) Verpflegungskosten 14., 15., 25. und 27.10.01
Vorsteuer
(15,97 % von 149 € =) 23,80 €

d) Parkgebühren lt. Beleg des Parkhausbetreibers[1]
Vorsteuer nach § 35 Abs. 1 UStDV
(15,97 % von 20 € =) 3,19 €
abziehbare Vorsteuer insgesamt 71,43 €

2. Hinsichtlich des Vorsteuerabzugs aus den Reisekosten für die Dienstreisen des P sind zu unterscheiden:

a) Ausgaben des Arbeitnehmers P für die Benutzung seines PKW während der Dienstreisen berechtigen B zum Vorsteuerabzug, soweit B als Empfänger der mit diesen Ausgaben im Zusammenhang stehenden Leistungen anzusehen ist. Die Ausübung des Vorsteuerabzugs setzt jedoch voraus, dass B im Besitz einer Rechnung nach § 14 UStG über eine an ihn ausgeführte Leistung ist. Ausreichend ist auch eine Kleinbetragsrechnung (§ 33 UStDV). Möglich wäre daher der Vorsteuerabzug aus einer Tankrechnung, wenn der Arbeitnehmer P während der Dienstreise im Namen und für Rechnung des Unternehmers B (also in dessen Auftrag) Treibstoff für seinen PKW tankt. Ein Vorsteuerabzug aus pauschalen Kilometergeldern ist dagegen mangels konkreter Leistungen eines Unternehmers für das Unternehmen des B nicht zulässig.

b) Hinsichtlich der Übernachtungskosten des Arbeitnehmers P ist B als Empfänger der Übernachtungsleistung anzusehen, weil die Übernachtungsleistung an P im Auftrag des B erfolgte. Die auf B ausgestellte Hotelrechnung berechtigt B somit zum Vorsteuerabzug.

c) Vorsteuern aus Verpflegungskosten des Arbeitnehmers während einer Dienstreise sind nicht abzugsfähig, wenn die entsprechenden Leistungen nicht an den Unternehmer erbracht werden. Der Arbeitgeber kann den Vorsteuerabzug hieraus lediglich in den Fällen in Anspruch nehmen, in denen er die Verpflegungsleistungen an den Arbeitnehmer in Auftrag gegeben hat und die Verpflegungskosten in voller Höhe getragen hat.

Die Verpflegungsleistungen werden nach dem Sachverhalt von B in Auftrag gegeben. Außerdem wurden die Aufwendungen für die Verpflegungsleistungen lt. Sachverhalt durch Rechnungen nach § 14 UStG auf den Namen des B bzw. durch Kleinbetragsrechnungen i. S. des § 33 UStDV belegt und von B getragen. B ist aus diesen Verpflegungskosten zum Vorsteuerabzug berechtigt.

1 Die Vermietungsumsätze des Parkhausunternehmers sind steuerpflichtig (§ 4 Nr. 12 Satz 2 UStG).

Die abziehbaren Vorsteuerbeträge betragen:

b)	Übernachtungskosten 17./18.10.01 Vorsteuer (5,60 € + 1,33 € + 1,14 € =)	8,07 €
c)	Verpflegungskosten 17., 18., 20. und 24.10.01 Vorsteuer (15,97 % von 106 € =)	16,93 €
	abziehbare Vorsteuer insgesamt	25,00 €

Mit der Gestellung der Hotelunterkunft und den an P erbrachten Verpflegungsleistungen bewirkt B an P keine entgeltlichen Leistungen und keine unentgeltlichen Wertabgaben i. S. des § 3 Abs. 9a UStG. Diese Leistungen sind überwiegend durch das betriebliche Interesse des Arbeitgebers B veranlasst (vgl. Abschn. 1.8 Abs. 4 und 13 UStAE).

Fall 77

Vorsteuerabzug für teilunternehmerisch genutzte Fahrzeuge

UStG § 15 Abs. 1 Satz 1 Nr. 1

Fahrzeuge insbesondere PKWs werden selten ausschließlich für das Unternehmen genutzt. Erfolgt eine private Nutzung durch den Unternehmer selbst, hat dieser grundsätzlich ein Zuordnungswahlrecht. Er kann somit bei der Anschaffung des Fahrzeugs entscheiden, ob er es ganz, teilweise oder überhaupt nicht seinem Unternehmensvermögen zuordnet. Gemäß § 15 Abs. 1 Satz 2 UStG ist für eine Zuordnung allerdings erforderlich, dass die Nutzung zu mindestens 10 % auch für unternehmerische Zwecke erfolgt.

Sachverhalt

Der Baustoffhändler E aus Essen hat am 01.04.01 bei dem Autohändler Brombach in Bochum einen PKW für (35.000 € zuzüglich 6.650 € Umsatzsteuer =) 41.650 € erworben. E beabsichtigt, den PKW zu 20 % für private und zu 80 % für unternehmerische Zwecke zu nutzen. In der Regel veräußert E seine erworbenen PKW nach dreijähriger Nutzung wieder. Brombach hat E eine ordnungsgemäße Rechnung i. S. des § 14 UStG erteilt. E führt ausschließlich umsatzsteuerpflichtige Umsätze aus.

Frage

1. In welchem Umfang kann E den PKW seinem Unternehmen zuordnen?
2. Welche umsatzsteuerlichen Auswirkungen ergeben sich, wenn E das Fahrzeug

a) zu 100 %,
b) zu 80 %,
c) nicht dem Unternehmen zuordnet?

Antwort

1. E hat bei der Zuordnung des PKW zu seinem Unternehmen ein Wahlrecht. Er kann das Fahrzeug zu 100 % oder z. B. entsprechend der beabsichtigten unternehmerischen Nutzung zu 80 % seinem Unternehmen zuordnen. E kann den PKW auch seinem unternehmensfremden Bereich (Privatbereich bzw. unternehmensfremde Nutzung) zuordnen.
2. a) E kann die auf die Anschaffungskosten entfallenden Vorsteuerbeträge zu 100 % abziehen. Die unternehmensfremde Nutzung ist als unentgeltliche Wertabgabe nach 3 Abs. 9a Nr. 1 UStG zu erfassen. Im Fall der späteren Veräußerung oder Entnahme liegt ein steuerbarer Umsatz nach § 1 Abs. 1 Nr. 1 Satz 1 UStG vor.
   b) Der Vorsteuerabzug ist nach § 15 Abs. 1 Satz 1 Nr. 1 UStG auf 80 % (= 5.320 €) beschränkt. Der Tatbestand der unentgeltlichen Wertabgabe nach § 3 Abs. 9a Nr. 1 UStG wird bei einer tatsächlichen unternehmensfremden Nutzung von 20 % nicht verwirklicht. Eine spätere Veräußerung oder Entnahme des zu 80 % dem Unternehmen zugeordneten PKW ist nur insoweit steuerbar nach § 1 Abs. 1 Nr. 1 Satz 1 UStG.
   c) Wird der PKW nicht dem Unternehmen zugeordnet, kommt ein Vorsteuerabzug aus der Anschaffung des Fahrzeugs nicht in Betracht (§ 15 Abs. 1 Satz 1 Nr. 1 UStG). Die Verwendung des PKW für unternehmensfremde Zwecke ist wie eine spätere Veräußerung nicht steuerbar nach § 1 Abs. 1 Nr. 1 Satz 1 UStG.

Begründung

Allgemeines: Zu den „positiven" Tatbestandsvoraussetzungen für einen Vorsteuerabzug nach § 15 Abs. 1 Satz 1 Nr. 1 Satz 1 UStG gehört der Bezug der Eingangsleistung für das Unternehmen. Entscheidend für diese Zuordnung ist die Verwendungsabsicht im Zeitpunkt des Leistungsbezugs. Soll ein einheitlicher Gegenstand, z. B. ein PKW, sowohl für unternehmerische als auch für unternehmensfremde (private) Zwecke verwendet werden (sog. teilunternehmerisch genutzter Gegenstand), hat der Unternehmer ein Zuordnungswahlrecht. Soll der Gegenstand zu mindestens 10 % (§ 15 Abs. 1 Satz 2 UStG) dem Unternehmen dienen, kann der Unternehmer den teilunternehmerisch genutzten Gegenstand zu 100 % oder gar nicht seinem Unternehmen zuordnen. Im Unterschied zur ertragsteuerlichen (einheitlichen) Zuordnung zum Betriebsvermögen kann der Unternehmer auch eine anteilige Zuordnung vornehmen.

1. E kann das Fahrzeug, das er sowohl für unternehmerische (80 %) als auch für unternehmensfremde (private; 20 %) Zwecke nutzen will, zu

100 % seinem Unternehmen oder seinem unternehmensfremden Bereich oder teilweise seinem Unternehmen zuordnen (vgl. Abschn. 15.2c Abs. 2 Satz 2 Nr. 2 Buchst. b UStAE). E muss seine Zuordnungsentscheidung darlegen und nachweisen können. Ein gewichtiges Indiz für die (anteilige) Zuordnung des PKW zum Unternehmen ist die Geltendmachung des (ggf. anteiligen) Vorsteuerabzugs (vgl. Abschn. 15.2c Abs. 17 UStAE).

Der Unternehmer trifft seine Zuordnungsentscheidung unabhängig von der ertragsteuerlichen Behandlung als Betriebs- oder Privatvermögen. Im Unterschied zur ertragsteuerlichen Regelung hat E umsatzsteuerrechtlich bei teilunternehmerisch genutzten Gegenständen ein sehr weitgehendes Wahlrecht. E kann z. B. den PKW trotz beabsichtigter unternehmerischer Nutzung von 80 % seinem unternehmensfremden Bereich zuordnen. Ertragsteuerlich ist notwendiges Betriebsvermögen gegeben, wenn der PKW zu mehr als 50 % eigenbetrieblich genutzt werden soll. Auch wäre eine anteilige Zuordnung des PKW zum Betriebsvermögen unzulässig (vgl. R 4.2 Abs. 1 EStR 2012).

2. a) Hat E den teilunternehmerisch genutzten PKW zu 100 % seinem Unternehmen zugeordnet, kann er (soweit die übrigen Voraussetzungen für den Vorsteuerabzug gegeben sind) die auf die Anschaffungskosten des PKW entfallenden Vorsteuerbeträge in voller Höhe abziehen (§ 15 Abs. 1 Satz 1 Nr. 1 UStG; zu § 15 Abs. 1b UStG vgl. Fall 78). Die unternehmensfremde Nutzung des PKW unterliegt als unentgeltliche Wertabgabe unter den Voraussetzungen des § 3 Abs. 9a Nr. 1 UStG der Besteuerung (vgl. Fälle 37 und 63). Im Fall der Veräußerung oder Entnahme des PKW wird ein steuerbarer (§ 1 Abs. 1 Nr. 1 Satz 1 UStG) und regelmäßig steuerpflichtiger Umsatz bewirkt.

2. b) Wird der PKW entsprechend der beabsichtigten unternehmerischen Nutzung zu 80 % dem Unternehmen zugeordnet, ist auch der Vorsteuerabzug aus der Anschaffung nach § 15 Abs. 1 Satz 1 Nr. 1 UStG auf 80 % (= 5.320 €) beschränkt (vgl. Abschn. 15.2c Abs. 4 UStAE). Entspricht die tatsächliche unternehmensfremde Nutzung der beabsichtigten Nutzung (20 %), kommt der Tatbestand der unentgeltlichen Wertabgabe nach § 3 Abs. 9a Nr. 1 UStG nicht in Betracht. Übersteigt der private Nutzungsanteil in den Folgejahren 20 %, verwirklicht E insoweit eine unentgeltliche Wertabgabe nach § 3 Abs. 9a Nr. 1 UStG. Wird dagegen der PKW in den Folgejahren zu mehr als 80 % unternehmerisch genutzt, erfolgt – unabhängig von einer (möglichen) Erhöhung der unternehmerischen Zuordnung – keine Korrektur des Vorsteuerabzugs aus den Anschaffungskosten des PKW (vgl. Abschn. 15.2c Abs. 4 und Abschn. 15a.1 Abs. 6 UStAE). In der Praxis ist eine anteilige Zuordnung daher nicht üblich. Eine spätere Veräußerung bzw. Entnahme des zu 80 % dem Unternehmen zugeordneten PKW ist entsprechend zu 80 % nach § 1 Abs. 1 Nr. 1 Satz 1 UStG steuerbar. Weist E bei seiner Veräußerung für die Lieferung des nicht dem Unternehmen zugeordneten Teils i. H. von 20 % Umsatzsteuer in der Rechnung aus, schuldet er diese nach § 14c Abs. 2 UStG (vgl. Abschn. 15.2 Abs. 21 Nr. 2 Buchst. b Satz 10 UStAE).

2. c) Ordnet E den PKW insgesamt seinem unternehmensfremden Bereich zu, kommt ein Vorsteuerabzug aus der Anschaffung des PKW nach § 15 Abs. 1 Satz 1 Nr. 1 UStG nicht in Betracht. Es mangelt an einer Leistung (Lieferung des PKW) für das Unternehmen des E. Daher kann auch keine unentgeltliche Wertabgabe nach § 3 Abs. 9a Nr. 1 UStG bewirkt werden. Wird der PKW später veräußert oder ausschließlich für unternehmensfremde Zwecke verwendet, liegt kein steuerbarer Umsatz vor. Es wird kein Gegenstand des Unternehmens des E verwendet. Wird der PKW in den Folgejahren dem Unternehmen zugeordnet (eingelegt), ist eine Vorsteuerkorrektur nach § 15a UStG nicht möglich (vgl. Abschn. 15.2c Abs. 4 und Abschn. 15a.1 Abs. 6 UStAE). Zwar entfällt nach der Einlage mangels Vorsteuerabzugs aus der Anschaffung des PKW insoweit die Besteuerung einer unentgeltlichen Wertabgabe (vgl. § 3 Abs. 1b Satz 2 und § 3 Abs. 9a Nr. 1 UStG), die Veräußerung eines dem Unternehmen zugeordneten Gegenstandes ist jedoch – unabhängig von einem Vorsteuerabzug aus dem Erwerb – steuerbar nach § 1 Abs. 1 Nr. 1 Satz 1 UStG; ggf. kommt die Differenzbesteuerung nach § 25a UStG in Betracht (vgl. Fall 89).

Auch wenn der teilunternehmerisch genutzte PKW nicht dem Unternehmen zugeordnet wird, kann der Unternehmer Vorsteuerbeträge aus den Leistungen geltend machen, die er im Zusammenhang mit dem Betrieb des PKW bezieht. Hierunter fallen z. B. Vorsteuerbeträge aus Benzin- und Wartungskosten im Verhältnis der unternehmerischen zur nichtunternehmerischen Nutzung. Vorsteuerbeträge, die unmittelbar und ausschließlich auf die unternehmerische Nutzung eines Gegenstandes entfallen, können unter den übrigen Voraussetzungen des § 15 UStG in voller Höhe abgezogen werden. Dazu zählen z. B. Vorsteuern aus Reparaturaufwendungen für einen PKW infolge eines Unfalls während einer unternehmerisch veranlassten Fahrt. Diese können in vollem Umfang als Vorsteuer geltend gemacht werden, auch wenn der Unternehmer den PKW nicht seinem Unternehmen zugeordnet hat (Abschn. 15.2c Abs. 3 UStAE; vgl. auch Fall 63).

Fall 78

Vorsteuerabzug für teilunternehmerisch und gemischt genutzte Grundstücke

UStG § 15 Abs. 1b

Mit Wirkung zum 01.01.2011 hat der Gesetzgeber einen besonderen Vorsteuerausschlusstatbestand für teilunternehmerisch genutzte Grundstücke nach § 15 Abs. 1b UStG eingeführt. Teilunternehmerisch genutzte Grund-

stücke sind Grundstücke, die sowohl unternehmerisch als auch unternehmensfremd (privat) genutzt werden. Danach ist ein Abzug der Vorsteuer aus den Lieferungen, der Einfuhr und dem innergemeinschaftlichen Erwerb sowie aus den sonstigen Leistungen im Zusammenhang mit einem Grundstück ausgeschlossen, soweit die Steuer nicht auf die Verwendung des Grundstücks für Zwecke des Unternehmens entfällt.

Sachverhalt

Vermieter **P** (Potsdam) hat von dem Bauunternehmer **B** (Berlin) auf eigenem, umsatzsteuerfrei erworbenem Grundstück in Potsdam ein schlüsselfertiges Gebäude errichten lassen, das im Juni 01 fertiggestellt und von P abgenommen wurde. Der Bauunternehmer hat P für seine Leistung noch im Juni 01 eine ordnungsgemäße Rechnung mit gesondert ausgewiesener Umsatzsteuer i. H. von 180.000 € übergeben. Wie bereits bei der Bauabnahme beabsichtigt, vermietet P das Erdgeschoss steuerpflichtig, die erste Etage steuerfrei und nutzt das zweite Obergeschoss für eigene Wohnzwecke. Bereits im Februar 02 musste Malermeister **M** (Meßdorf) Ausbesserungsarbeiten im gesamten Treppenhaus und in der Wohnung des P ausführen. Nach Abschluss der Arbeiten überreichte M am 27.02.02 P jeweils ordnungsgemäße Rechnungen über 1.500 € zuzüglich 285 € Umsatzsteuer für das Treppenhaus und 300 € zuzüglich 57 € Umsatzsteuer für die von P genutzte Wohnung.

Das Erdgeschoss und die beiden oberen Etagen sind mit jeweils 150 m^2 gleich groß und gleichwertig ausgestattet. P will – soweit möglich – das gesamte Grundstück seinem Unternehmen zuordnen.

Frage

1. In welchem Umfang kann P das Grundstück (Grund und Boden und Gebäude) seinem Unternehmen zuordnen?
2. Liegt ein Vorsteuerausschluss vor?

Antwort

1. P hat für die Zuordnung des Grundstücks zu seinem Unternehmen ein Wahlrecht. Er kann das Grundstück zu 100 % seinem Unternehmen oder dem unternehmensfremden Bereich zuordnen. Entsprechend der beabsichtigten Vermietung ist auch eine anteilige Zuordnung zum Unternehmen möglich.
2. Soweit P beabsichtigt, das dem Unternehmen zugeordnete Gebäude steuerfrei zu vermieten bzw. für eigene Wohnzwecke zu nutzen, ist ein Vorsteuerabzug nach § 15 Abs. 2 Satz 1 Nr. 1 bzw. Abs. 1b UStG ausgeschlossen.

Begründung

1. Erwirbt ein Unternehmer einen einheitlichen Gegenstand (z. B. einen PKW oder ein Grundstück) und beabsichtigt er im Zeitpunkt des Leistungsbezugs diesen Gegenstand für unternehmerische und unternehmensfremde Zwecke zu verwenden, kann er diesen Gegenstand zu 100 % oder entsprechend der beabsichtigten unternehmerischen Nutzung anteilig seinem Unternehmen zuordnen. Voraussetzung für dieses Wahlrecht ist, dass die beabsichtigte unternehmerische Nutzung mindestens 10 % beträgt (§ 15 Abs. 1 Satz 2 UStG). Trotz beabsichtigter teilweiser unternehmerischer Nutzung kann der Unternehmer den Gegenstand auch ausschließlich seinem unternehmensfremden Bereich zuordnen (vgl. Abschn. 15.2c Abs. 2 UStAE). Für den Grund und Boden und das Gebäude kann der Unternehmer das Wahlrecht nur einheitlich ausüben.

2. Der umsatzsteuerlichen Beurteilung teilunternehmerisch genutzter Gegenstände liegen – abgesehen vom Zuordnungswahlrecht – völlig unterschiedliche Regelungskonzepte zugrunde. Im Gegensatz zu den teilunternehmerisch genutzten Grundstücken besteht für alle anderen teilunternehmerisch genutzten Gegenstände bei Zuordnung zum Unternehmen grundsätzlich die Möglichkeit, den Vorsteuerabzug in vollem Umfang in Anspruch zu nehmen und die unternehmensfremde Nutzung als unentgeltliche Wertabgabe nach § 3a Abs. 9 Nr. 1 UStG zu versteuern (vgl. Fall 77). Eine Ausnahme stellt die teilunternehmerische nicht wirtschaftliche Verwendung im engeren Sinne dar. In diesem Fall hat der Unternehmer kein Wahlrecht zur vollständigen Zuordnung des betreffenden Gegenstandes (vgl. BFH vom 03.03.2011 V R 23/10, BStBl 2012 II S. 74) und Abschn. 15.2c Abs. 2 UStAE).

Für teilunternehmerisch genutzte Gebäude, mit deren Herstellung nach dem 31.12.2010 begonnen wurde oder die nach dem 31.12.2010 angeschafft wurden, hat der Gesetzgeber mit § 15 Abs. 1b UStG einen neuen Vorsteuerausschlusstatbestand geschaffen (zur Übergangsregelung vgl. § 27 Abs. 16 UStG). Soweit das dem Unternehmen zugeordnete Gebäude unternehmensfremden Zwecken dient (entscheidend ist die Verwendungsabsicht im Zeitpunkt des Eingangsumsatzes), ist die Steuer für Eingangsleistungen, die Einfuhr oder den innergemeinschaftlichen Erwerb im Zusammenhang mit diesem Gebäude vom Vorsteuerabzug ausgeschlossen. Folgerichtig unterliegt die unternehmensfremde Verwendung nicht dem Tatbestand der unentgeltlichen Wertabgabe nach § 3 Abs. 9a Nr. 1 UStG.

Werden Gegenstände, z. B. Grundstücke, auch für Umsätze verwendet, die den Vorsteuerabzug z. B. nach § 15 Abs. 1b oder Abs. 2 UStG ausschließen, liegen sog. gemischt genutzte Gegenstände vor. Ein teilunternehmerisch genutztes Grundstück ist damit gleichzeitig auch ein gemischt genutztes Grundstück.

Für Grundstücksentnahmen sind (wie bisher) § 3 Abs. 1b Nr. 1 UStG und ggf. eine Vorsteuerkorrektur nach § 15a Abs. 8 UStG zu beachten (vgl. auch Fall 82).

Ändern sich die Verwendungsverhältnisse i. S. des § 15 Abs. 1b UStG, wird der Vorsteuerabzug nach § 15a Abs. 6a UStG korrigiert (vgl. Fall 81). Da eine Vorsteuerberichtigung nach § 15a UStG nur möglich ist, soweit das Grundstück dem Unternehmen bei Leistungsbezug zugeordnet wurde, ist eine vollständige Zuordnung zum Unternehmen regelmäßig sinnvoll. Bei einer Erhöhung des unternehmerischen Nutzungsanteils wird der zunächst nach § 15 Abs. 1b UStG vorgenommene Vorsteuerausschluss unter den Voraussetzungen des § 15a UStG korrigiert. Zu beachten ist in diesem Zusammenhang, dass die Zuordnung zum Unternehmensvermögen bis zum 31.05. des auf die Herstellung oder Anschaffung folgenden Jahres erfolgen muss. Es handelte sich dabei um eine Ausschlussfrist, die nicht verlängerbar ist (Abschn. 15.2c Abs. 19 UStAE).

Mit der Abnahme des Gebäudes, der Zuordnung zu seinem Unternehmen und dem Erhalt einer ordnungsgemäßen Rechnung steht P nach § 15 Abs. 1 Satz 1 Nr. 1 Satz 1 und 2 UStG grundsätzlich ein Vorsteuerabzug i. H. von 180.000 € zu (abzugsfähige Vorsteuer). Soweit das Gebäude eigenen Wohnzwecken dienen soll, ist der Vorsteuerausschluss nach § 15 Abs. 1b UStG zu beachten. Die steuerfreie Vermietung der ersten Etage führt zu einem Vorsteuerausschluss nach § 15 Abs. 2 Satz 1 Nr. 1 i. V. m. § 4 Nr. 12 Satz 1 Buchst. a UStG.

Die Aufteilung teilunternehmerischer Leistungsbezüge ist unter entsprechender Anwendung der Aufteilungsgrundsätze nach § 15 Abs. 4 UStG vorzunehmen (§ 15 Abs. 4 Satz 4 UStG; zur Aufteilung von Vorsteuern bei Gebäuden vgl. Abschn. 15.17 Abs. 5 bis 8 UStAE; zur Vorsteueraufteilung vgl. auch Fall 80). Eine sachgerechte Aufteilung kann im Verhältnis der Nutzflächen erfolgen. Zur Anwendung des Aufteilungsschlüssels hat sich der BFH im Urteil vom 10.08.2016 (XI R 31/09, DStR 2016 S. 2280) geäußert. Danach stellt bei einem teilunternehmerisch genutzten Gebäude der objektbezogene Flächenschlüssel regelmäßig eine sachgerechte und „präzisere" Methode für die Berechnung des Rechts auf Vorsteuerabzug dar.

Ordnet P das teilunternehmerisch genutzte Gebäude seinem Unternehmen zu, ist wegen der (beabsichtigten) Verwendung der ersten Etage für eine steuerfreie Vermietung der Vorsteuerabzug nach § 15 Abs. 2 Satz 1 Nr. 1 UStG zu (150 m^2 : 450 m^2 =) ⅓ von 180.000 € ausgeschlossen. Die Nutzung der zweiten Etage für eigene Wohnzwecke führt zu einem weiteren Vorsteuerausschluss nach § 15 Abs. 1b UStG i. H. von (150 m^2 : 450 m^2 =) ⅓ von 180.000 €. Da P beabsichtigt, das Erdgeschoss steuerpflichtig zu vermieten (zum Verzicht auf die Steuerbefreiung bei einer Grundstücksvermietung vgl. Fall 56), liegt kein weiterer Vorsteuerausschluss vor. Die abziehbare Vorsteuer aus der Gebäudeerrichtung beträgt 60.000 € und steht P für Juni 01 zu.

Bei den Ausbesserungsarbeiten (Erhaltungsaufwendungen) ist zu unterscheiden:

Die Arbeiten im Treppenhaus betreffen das gesamte Gebäude. Die darauf entfallende Vorsteuer (285 €) ist nach § 15 Abs. 1 Satz 1 Nr. 1 Satz 1 und 2 UStG abzugsfähig. Soweit die Arbeiten auf die steuerfreie Vermietung der ersten Etage und die Nutzung zu eigenen Wohnzwecken entfallen, greift der Vorsteuerausschluss nach § 15 Abs. 2 Satz 1 Nr. 1 i. V. m. § 4 Nr. 12 Satz 1 Buchst. a und § 15 Abs. 1b UStG. Bei einer sachgerechten Aufteilung nach den Nutzflächen (§ 15 Abs. 4 Satz 1, 2 und 4 UStG) sind (⅓ von 285 € =) 95 € als Vorsteuer für Februar 02 abziehbar (vgl. Abschn. 15.17 Abs. 8 UStAE).

Die Arbeiten in der Wohnung des P werden für das Unternehmen des P ausgeführt, weil sie an einem Gegenstand des Unternehmens erbracht werden (vgl. Abschn. 15.2 Abs. 21 Nr. 2 Buchst. a UStAE). P hat das Gebäude seinem Unternehmen zugeordnet. Die darauf entfallende Umsatzsteuer (57 €) ist nach § 15 Abs. 1 Satz 1 Nr. 1 Satz 1 und 2 UStG abzugsfähig. Da diese Arbeiten ausschließlich die Wohnung des P betreffen, sind sie nur diesem Gebäudeteil zuzuordnen (vgl. Abschn. 15.17 Abs. 8 UStAE), eine Aufteilung der Vorsteuer nach § 15 Abs. 4 UStG unterbleibt. Die abzugsfähige Vorsteuer ist i. H. von 57 € nicht abziehbar, es greift der Vorsteuerausschluss nach § 15 Abs. 1b UStG.

Fall 79

Ausschluss vom Vorsteuerabzug nach § 15 Abs. 2 UStG

UStG § 15 Abs. 2 und 3

Die Möglichkeit des Vorsteuerabzugs knüpft grundsätzlich an die Verwendung der Leistung für einen besteuerten Umsatz an. Ein Vorsteuerabzug ist daher immer dann gegeben, wenn die Eingangsleistung für einen steuerpflichtigen Umsatz bezogen wird. Bei steuerfreien Ausgangsumsätzen ist der Vorsteuerabzug ausgeschlossen (§ 15 Abs. 2 UStG). Allerdings sieht § 15 Abs. 3 UStG für bestimmte steuerfreie Umsätze (z. B. Ausfuhr, innergemeinschaftliche Lieferung) wiederum die Zulässigkeit des Vorsteuerabzugs vor.

Sachverhalt

Architekt **A** lässt auf seinem Grundstück für eigene Wohnzwecke in Aachen ein Einfamilienhaus errichten. Von den am Bau tätigen Unternehmern werden für an A ausgeführte Lieferungen und sonstige Leistungen insgesamt 32.000 € Umsatzsteuer gesondert in Rechnung gestellt.

Ministerialrat **B** lässt auf seinem Grundstück in Bonn ein Mietwohnhaus errichten, das er an private Mieter vermieten will. Von den am Bau tätigen Unternehmern werden für an B ausgeführte Lieferungen und sonstige Leistungen insgesamt 64.000 € Umsatzsteuer in Rechnung gestellt.

Steuerberater **C** lässt in Castrop-Rauxel auf seinem Grundstück ein Geschäftshaus errichten, das er an einen Gewerbetreibenden mit steuerpflichtigen Ausgangsumsätzen vermieten will. Auf die Inanspruchnahme der Steuerbefreiung nach § 4 Nr. 12 Satz 1 Buchst. a UStG will C verzichten (§ 9 UStG). Von den am Bau tätigen Unternehmern werden für an C ausgeführte Lieferungen und sonstige Leistungen insgesamt 80.000 € Umsatzsteuer gesondert in Rechnung gestellt.

Der angestellte Geschäftsführer **D,** wohnhaft in Düsseldorf, lässt in Dordrecht (Niederlande) auf eigenem Grundstück einen Bungalow mit zwei Wohnungen errichten, von denen er die eine im Urlaub für eigene Wohnzwecke nutzen, die andere an ein ortsansässiges Ehepaar auf Dauer vermieten will. Von inländischen Lieferanten, von denen D Installationsmaterial für den Bungalow bezogen hat, erhält D 840 € Umsatzsteuer in Rechnung gestellt. D hat das Grundstück seinem Unternehmen zugeordnet.

Exporteur **E** in Essen bewirkt ausschließlich steuerfreie Ausfuhrlieferungen (§ 4 Nr. 1 Buchst. a UStG). Auf diese Lieferungen entfallen 32.000 € Umsatzsteuer, die Lieferungen und sonstige Leistungen für das Unternehmen des E betreffen und ihm von anderen Unternehmen gesondert in Rechnung gestellt worden sind.

Das Versicherungsunternehmen **F** in Fulda versichert die vom Exporteur E ausgeführten Gegenstände gegen Transportschäden. Auf die nach § 4 Nr. 10 Buchst. a UStG steuerfreien Versicherungsumsätze entfallen 160 € Vorsteuern.

Die §§ 19 und 20 UStG sind nicht anzuwenden.

Frage

Für welchen Unternehmer ist der Vorsteuerabzug ausgeschlossen?

Antwort

A kann keine Vorsteuer abziehen (§ 15 Abs. 1 Satz 1 Nr. 1 UStG im Umkehrschluss). Für die Unternehmer B und D ist der Vorsteuerabzug nach § 15 Abs. 1b bzw. Abs. 2 UStG ausgeschlossen.[1]

1 Ein Übergang der Steuerschuldnerschaft nach § 13b Abs. 2 Nr. 4 UStG kommt für die Unternehmer A bis D nicht in Betracht, weil sie keine Bauleistungen im Sinne dieser Vorschrift erbringen (§ 13b Abs. 5 Satz 2 UStG). Zum Übergang der Steuerschuldnerschaft vgl. die Fälle 86 und 87.

Begründung

Allgemeines: Nach § 15 Abs. 2 i.V. m. Abs. 3 UStG ist der nach § 15 Abs. 1 UStG grundsätzlich mögliche und nicht nach § 15 Abs. 1a bzw. Abs. 1b UStG ausgeschlossene Vorsteuerabzug in bestimmten weiteren Fällen ausgeschlossen. Dieser Ausschluss vom Vorsteuerabzug bewirkt, dass die für Unternehmer grundsätzlich vorgesehene Entlastungswirkung durch den Vorsteuerabzug nicht eintritt. Die vom Vorsteuerausschluss betroffenen Unternehmer werden versuchen, die nicht abziehbaren Vorsteuern im Rahmen ihrer Preisgestaltung in verdeckter Form als „heimliche Umsatzsteuer" auf die Abnehmer ihrer formal „steuerfreien" Umsätze zu überwälzen. Gelingt die Überwälzung nicht, werden diese Unternehmer selbst mit Umsatzsteuer belastet. Innerhalb der Unternehmerkette kann das Vorsteuerabzugsverbot außerdem zu Kumulationseffekten führen.

Der Vorsteuerausschluss ist abhängig von der (beabsichtigten) Verwendung der Eingangsleistung im Zeitpunkt des Leistungsbezugs (§ 15 Abs. 2 und 3 UStG; Abschn. 15.12 Abs. 1 UStAE). Darüber muss der Unternehmer bei jedem Leistungsbezug sofort entscheiden. Nur soweit die Verwendungsabsicht zu einer abzugsfähigen (§ 15 Abs. 1 UStG) und nicht nach § 15 Abs. 1a oder 1b UStG ausgeschlossenen Vorsteuer führt, ist ein Vorsteuerausschluss nach § 15 Abs. 2 und 3 UStG zu prüfen.

Architekt **A** ist Unternehmer i. S. des § 2 UStG. Das von ihm als Bauherrn für eigene Wohnzwecke errichtete Einfamilienhaus gehört wegen seiner ausschließlichen privaten Nutzung nicht zum Unternehmensvermögen des A. Ein Zuordnungswahlrecht wie bei gemischt genutzten Grundstücken besteht nicht (vgl. Fall 78). Die von den am Bau tätigen Unternehmern ausgeführten Lieferungen und sonstigen Leistungen sind nicht für das Unternehmen des A, sondern für dessen Privatbereich bestimmt. Die Umsatzsteuer von insgesamt 32.000 € kann nicht als Vorsteuer abgezogen werden, weil es an einer der Voraussetzungen des § 15 Abs. 1 Satz 1 Nr. 1 UStG (Bezug für das Unternehmen) fehlt. Die Vorschrift des § 15 Abs. 2 UStG ist nicht anzuwenden.

Ministerialrat **B** ist als künftiger Vermieter Unternehmer i. S. des § 2 UStG. Durch die Vermietung von Wohnungen an private Mieter bewirkt er künftig steuerbare, jedoch nach § 4 Nr. 12 Satz 1 Buchst. a UStG steuerfreie Vermietungsleistungen. Ein Verzicht auf die steuerfreie Vermietung ist nach § 9 Abs. 1 UStG nicht möglich, da B die Vermietungsleistungen nicht an Unternehmer erbringt. Für die B gesondert in Rechnung gestellte Umsatzsteuer von insgesamt 64.000 € (abzugsfähig nach § 15 Abs. 1 Satz 1 Nr. 1 Satz 1 und 2 UStG) tritt der Ausschluss vom Vorsteuerabzug nach § 15 Abs. 2 Satz 1 Nr. 1 UStG ein. Für die Versagung des Vorsteuerabzugs kommt es nicht darauf an, dass die steuerfreien Vermietungen bereits bewirkt worden sind. Entscheidend ist die Verwendungsabsicht im Zeitpunkt des Leistungsbezugs.

Steuerberater **C** ist Unternehmer i. S. des § 2 UStG. Er will von einem Verzicht auf die Steuerbefreiung nach § 4 Nr. 12 Satz 1 Buchst. a UStG Gebrauch machen (§ 9 UStG) und infolgedessen die sonst steuerfreien Vermietungen als steuerpflichtige Umsätze behandeln. C muss diese Verwendungsabsicht objektiv belegen und sie in gutem Glauben erklären (vgl. Abschn. 15.12 Abs. 3 Beispiel 3 UStAE). Der beabsichtigte Verzicht auf die Steuerbefreiung hat zur Folge, dass C das Recht auf Vorsteuerabzug erlangt. C kann 80.000 € als Vorsteuer abziehen, weil sie mit künftigen steuerpflichtigen Umsätzen zusammenhängen (§ 15 Abs. 1 Satz 1 Nr. 1 UStG).

Hat der Unternehmer im Zeitpunkt des Leistungsbezugs die durch objektive Umstände belegbare Absicht zur steuerpflichtigen Vermietung, steht ihm der Vorsteuerabzug endgültig zu. Eine spätere Absichtsänderung zu steuerfreien Umsätzen führt – ab diesem Zeitpunkt – zum Vorsteuerausschluss nach § 15 Abs. 2 Satz 1 Nr. 1 UStG für nachfolgende Leistungsbezüge. Absichtsänderungen wirken nicht zurück und führen nicht nachträglich zu einer Änderung des Vorsteuerabzugs (Abschn. 15.12 Abs. 1 UStAE). Entspricht die spätere tatsächliche Verwendung der bezogenen Leistung nicht der Verwendungsabsicht bei Leistungsbezug, ist ggf. eine Vorsteuerberichtigung nach § 15a UStG durchzuführen.

Geschäftsführer **D** ist als Vermieter eines gemischt genutzten Bungalows Unternehmer i. S. des § 2 UStG und daher persönlich zum Vorsteuerabzug berechtigt (§ 15 Abs. 1 UStG). Die künftigen Vermietungen des Bungalows in Dordrecht (Niederlande) führen zu nicht steuerbaren Vermietungsleistungen, weil der Ort dieser sonstigen Leistungen (§ 3a Abs. 3 Satz 1 und 2 Nr. 1 Buchst. a UStG) im Ausland liegt. Nicht steuerbare Umsätze, die im Ausland erbracht werden, gehören grundsätzlich zu den Umsätzen, die zum Vorsteuerabzug berechtigen. Das gilt aber dann nicht, wenn der im Ausland ausgeführte Umsatz, würde er im Inland getätigt, unter die Befreiungsvorschrift des § 4 Nr. 12 Satz 1 Buchst. a UStG fallen würde (§ 15 Abs. 2 Satz 1 Nr. 2 UStG). Ein Verzicht auf diese Steuerbefreiung käme wegen der Vermietung an das Ehepaar zu Wohnzwecken nach § 9 Abs. 1 UStG nicht in Betracht (vgl. Abschn. 15.14 Abs. 1 UStAE). Die (beabsichtigte) Nutzung des zulässig dem Unternehmen zugeordneten Grundstücks für private Zwecke führt insoweit zu einem Vorsteuerausschluss nach § 15 Abs. 1b UStG. D kann den Betrag von 840 € nicht als Vorsteuer abziehen.

Exporteur **E** ist Unternehmer i. S. des § 2 UStG. Er bewirkt ausschließlich steuerfreie Umsätze nach § 4 Nr. 1 Buchst. a UStG. Für steuerfreie Umsätze nach § 4 Nr. 1 bis 7 UStG tritt der Ausschluss vom Vorsteuerabzug nicht ein („echte" Steuerbefreiung; § 15 Abs. 3 Nr. 1 Buchst. a UStG). Vorsteuern, die auf Ausfuhrumsätze i. S. des § 4 Nr. 1 Buchst. a UStG entfallen, sind vom Ausschluss des Vorsteuerabzugs ausgenommen (Abschn. 15.13 Abs. 1 und 2 UStAE). E kann 32.000 € als Vorsteuer abziehen.

Die Versicherungsumsätze des Unternehmers F sind nach § 4 Nr. 10 Buchst. a UStG steuerfrei. Da sie sich unmittelbar auf Gegenstände beziehen, die in das Drittlandsgebiet ausgeführt werden, greift der Vorsteuerausschluss nach § 15 Abs. 2 Satz 1 Nr. 1 UStG nicht. Die Vorsteuern von 160 € sind abziehbar („echte" Steuerbefreiung; § 15 Abs. 3 Nr. 1 Buchst. b UStG; vgl. Beispiel 1 in Abschn. 15.13 Abs. 3 UStAE).

Fall 80

Aufteilung von Vorsteuern

UStG § 15 Abs. 4

Wird ein Grundstück sowohl für steuerfreie als auch für steuerpflichtige Vermietungsumsätze genutzt, muss die Vorsteuer in einen abziehbaren und einen nicht abziehbaren Teil aufgeteilt werden. Gemäß § 15 Abs. 4 Satz 2 UStG ist der Anteil ggf. im Wege einer sachgerechten Schätzung zu ermitteln. Nach § 15 Abs. 4 Satz 3 UStG ist eine Ermittlung des nicht abziehbaren Teils der Vorsteuerbeträge nach dem Verhältnis der Umsätze, die den Vorsteuerabzug ausschließen, zu den Umsätzen, die zum Vorsteuerabzug berechtigen, nur zulässig, wenn keine andere wirtschaftliche Zurechnung möglich ist.

Sachverhalt

Toni Ziegel (Z) ist Dachdeckermeister in Oberhausen. Er führt Dachdeckerarbeiten aus und unterhält daneben eigene, von ihm vermietete Mietwohngrundstücke, für die eine besondere Hausverwaltung eingerichtet ist. Für die Vermietungen nimmt Z die Steuerbefreiung nach § 4 Nr. 12 Satz 1 Buchst. a UStG in Anspruch. Im letzten Voranmeldungszeitraum ergaben sich folgende Umsätze und Vorsteuerbeträge:

Steuerpflichtige Umsätze (Steuersatz 19 %)	54.000 €
Steuerfreie Umsätze i. S. des § 4 Nr. 12 Satz 1 Buchst. a UStG	6.000 €
Summe der Umsätze	60.000 €
Vorsteuerbeträge insgesamt	3.000 €
Davon entfallen auf	
a) steuerpflichtige Umsätze aus der Tätigkeit als Dachdecker	2.500 €
b) steuerfreie Umsätze aus der Wohnungsvermietung	300 €
c) Umsätze zu a) und gleichzeitig zu b)	200 €

Bei einer sachgerechten Schätzung würde der Vorsteuerbetrag von insgesamt 200 € auf die Umsatzgruppen zu a) und b) jeweils zur Hälfte entfallen.

Frage

1. Nach welcher Vorschrift des UStG ist die Aufteilung der Vorsteuerbeträge vorzunehmen?
2. Wie hoch ist die Umsatzsteuer-Vorauszahlung, wenn Z die Vorsteuern unter Berücksichtigung des Schätzungsergebnisses aufteilt?

Antwort

1. Die Aufteilung der Vorsteuern richtet sich nach § 15 Abs. 4 UStG.
2. Die Umsatzsteuer-Vorauszahlung beträgt 7.660 €.

Begründung

1. Bewirkt der Unternehmer neben Umsätzen, die zum Vorsteuerabzug berechtigen (Abzugsumsätze), auch solche Umsätze, die zum Ausschluss vom Vorsteuerabzug führen (Ausschlussumsätze; § 15 Abs. 1b und Abs. 2 i. V. m. Abs. 3 UStG), so ist ggf. eine Aufteilung der Vorsteuern in einen abziehbaren und einen nicht abziehbaren Teil vorzunehmen. Das gilt auch für den Fall, dass die (im Zeitpunkt des Leistungsbezugs beabsichtigten) maßgeblichen Umsätze erst in einem späteren Besteuerungszeitraum bewirkt werden.

Eine Aufteilung nach § 15 Abs. 4 UStG kommt nicht in Betracht für solche Vorsteuerbeträge, die entweder allein den zum Abzug berechtigenden Umsätzen (Abzugsumsätze) oder allein den zum Ausschluss des Vorsteuerabzugs führenden Umsätzen (Ausschlussumsätze) zuzurechnen sind. Die Abziehbarkeit richtet sich insoweit nach § 15 Abs. 1a bis 3 UStG. Die Aufteilung nach § 15 Abs. 4 UStG betrifft nur die Vorsteuern, die teils Abzugsumsätzen und teils Ausschlussumsätzen zuzuordnen sind (Abschn. 15.16 Abs. 2, Abschn. 15.17 Abs. 1 und 2 UStAE). Diese Methode einer Zuordnung der Vorsteuern nach ihrer sachbezogenen, wirtschaftlichen Zugehörigkeit führt zu einem möglichst genauen und damit sachgerechten Ergebnis. Der BFH hat im Urteil vom 10.08.2016 (XI R 31/09, DStR 2016 S. 2280) entschieden, dass bei der Herstellung eines gemischt genutzten Gebäudes für den Vorsteuerabzug keine direkte Zuordnung der Vorsteuern zu bestimmten Gebäudeteilen erfolgen darf. Vielmehr kommt es insoweit auf die prozentualen Verwendungsverhältnisse des gesamten Gebäudes an. Bei der Herstellung eines solchen Gebäudes ermöglicht der objektbezogene Flächenschlüssel regelmäßig eine sachgerechtere und „präzisere" Berechnung des Rechts auf Vorsteuerabzug als der gesamtumsatzbezogene oder der objektbezogene Umsatzschlüssel.

2. Die Aufteilung der Vorsteuern erfolgt nach dem Prinzip der wirtschaftlichen Zurechnung. Dies wird z. B. mit Hilfe einer betrieblichen Kostenrechnung möglich sein. Die Praxis kommt in vielen Fällen ohne eine Aufteilung im Schätzungswege (z. B. nach Erfahrungssätzen des Betriebs, Aufteilung nach dem sog. Umsatzschlüssel, § 15 Abs. 4 Satz 3 UStG[1]) insbesondere für

1 Nach § 15 Abs. 4 Satz 3 UStG ist die Ermittlung der abziehbaren Vorsteuer nach dem Umsatzschlüssel nur zulässig, wenn keine andere wirtschaftliche Zurechnung möglich ist.

die Vorsteuern aus Gemeinkosten nicht aus. Eine Aufteilung Abzugs- bzw. Ausschlussumsätzen zuzuordnender Vorsteuern im Wege einer sachgerechten Schätzung ist darum vom Gesetzgeber ausdrücklich zugelassen worden (§ 15 Abs. 4 Satz 2 UStG). Eine Aufteilung sämtlicher Vorsteuern ausschließlich im Wege der Schätzung lässt sich aus dieser Vorschrift nicht ableiten.

Ausgangspunkt für die Aufteilung der Vorsteuern ist die Verwendungsabsicht im Zeitpunkt des Leistungsbezugs. Bereits in diesem Stadium sind die Vorsteuern z. B. nach Kostenzurechnungsgesichtspunkten aufzuteilen.

Die Umsatzsteuer-Vorauszahlung des Unternehmers Z ist wie folgt zu berechnen:

Steuerbare Umsätze	60.000 €
Abzgl. steuerfreie Umsätze (Vermietungen)	6.000 €
Steuerpflichtige Umsätze (Dachdeckerarbeiten)	54.000 €
Summe der Vorsteuern	3.000 €
Davon nicht abziehbar (300 € + ½ von 200 € =)	400 €
Abziehbare Vorsteuern	2.600 €
Umsatzsteuer (19 % von 54.000 € =)	10.260 €
Abzgl. abziehbare Vorsteuern	2.600 €
Umsatzsteuer-Vorauszahlung (Zahllast)	7.660 €

Fall 81

Berichtigung des Vorsteuerabzugs nach allgemeinen Grundsätzen

UStG § 15a; UStDV § 44 Abs. 3

Der Vorsteuerabzug (§ 15 UStG) bestimmt sich nach der Verwendungsabsicht des Unternehmers im Zeitpunkt des Leistungsbezugs. Der Unternehmer ist zum Vorsteuerabzug berechtigt, soweit er die Eingangsleistung seinem Unternehmen zuordnet (§ 15 Abs. 1 Satz 1 Nr. 1 UStG) und diese Leistung nicht für Zwecke verwenden will, die den Vorsteuerabzug nach § 15 Abs. 1a bis Abs. 3 UStG ausschließen. Entspricht die spätere tatsächliche Verwendung nicht der bei Leistungsbezug berücksichtigten Verwendungsabsicht, kann es hinsichtlich des Vorsteuerabzugs zu ungerechtfertigten Ergebnissen kommen. Nach § 15a UStG wird der Vorsteuerabzug im Ergebnis so korrigiert, dass er der tatsächlichen Verwendung der bezogenen Leistung entspricht.

Sachverhalt

1. Bauunternehmer A aus Aachen hat am 01.04.01 einen neuen Baukran in Betrieb genommen, bei dessen Erwerb 5.700 € Umsatzsteuer gesondert in Rechnung gestellt wurden. Der Baukran hat eine betriebsgewöhnliche Nutzungsdauer von 10 Jahren. Er wurde bis zum 31.03.02 (wie beabsichtigt) ausschließlich bei der Erstellung von Kaufeigenheimen eingesetzt, die A nach § 4 Nr. 9 Buchst. a UStG steuerfrei veräußert hat. Ab 01.04.02 wird der Baukran nur noch zur Ausführung steuerpflichtiger Umsätze verwendet. A hat den Betrag von 5.700 € im Jahr 01 nicht als Vorsteuer abgezogen, weil er bei Erwerb des Krans beabsichtigte, diesen ausschließlich für nach § 4 Nr. 9 Buchst. a UStG steuerfreie Umsätze einzusetzen.
2. Vermieter P aus Potsdam hat auf eigenem Grundstück ein Gebäude errichtet, das im Juni 01 fertiggestellt wurde. Die mit dem Neubau zusammenhängenden Vorsteuern betragen 180.000 €. Das Gebäude hat eine Nutzungsdauer von 50 Jahren. P hat seit dem 01.07.01 das Erdgeschoss steuerpflichtig und die erste Etage steuerfrei vermietet und nutzt das zweite Obergeschoss für eigene Wohnzwecke. Die Nutzung des Gebäudes entspricht der Verwendungsabsicht bei der Gebäudeabnahme im Juni 01. Das Erdgeschoss und die oberen Etagen sind mit jeweils 150 m^2 gleich groß und gleichwertig ausgestattet. P hat das Grundstück seinem Unternehmen zugeordnet und für Juni 01 zutreffend 60.000 € als Vorsteuer geltend gemacht.

   Am 01.07.07 wurde an dem Gebäude ein Fassadenanstrich fertiggestellt (Verwendungsdauer 10 Jahre). Für die Anstricharbeiten wurde P am 02.07.07 ein Betrag von 18.000 € zuzüglich 3.420 € Umsatzsteuer in Rechnung gestellt. P hat für Juli 07 zutreffend 1.140 € als Vorsteuer für den Fassadenanstrich geltend gemacht, da er von einer gleichbleibenden Verwendung des Gebäudes ausging. Zum 01.01.08 trat in der ersten Etage ein Mieterwechsel ein mit der Folge, dass P ab dem 01.01.08 nach Option (§ 9 Abs. 1 und 2 UStG) auch die erste Etage steuerpflichtig vermietet. Gleichzeitig vermietet P ab 01.01.08 steuerfrei das zweite Obergeschoss an das Ehepaar T aus Templin und zog nach Berlin in eine günstig erworbene Eigentumswohnung.

   Die §§ 19 und 20 UStG sind auf die Umsätze der Unternehmer A bis C nicht anzuwenden.

Frage

Welche Auswirkungen hat in den jeweiligen Jahren die Änderung der Verhältnisse auf die beim Leistungsbezug angefallenen Vorsteuerbeträge?

Antwort

Wegen Änderung der Verhältnisse in den Jahren 02 und 08 sind die im Zeitpunkt des Leistungsbezugs angefallenen Vorsteuern wie folgt zu berichtigen:

1. Unternehmer A kann für das Jahr 02 zusätzlich einen Vorsteuerabzug von 855 € geltend machen.
2. Unternehmer P kann für das Jahr 08 zusätzlich einen Vorsteuerabzug von (6.000 € + 114 € =) 6.114 € geltend machen.

Begründung

Allgemeines: Über den Vorsteuerabzug ist auf der Grundlage der Verwendungsabsicht sowohl dem Grunde (abzugsfähige Vorsteuer, § 15 Abs. 1 UStG) als auch der Höhe nach (abziehbare Vorsteuer, § 15 Abs. 1a bis 3 UStG) bereits bei Leistungsbezug abschließend zu entscheiden (Sofortabzug der Vorsteuer; kein Pro-rata-Abzug). Die nach der Vorschrift des § 15 UStG getroffene Entscheidung kann zu ungerechtfertigten Ergebnissen führen, wenn die tatsächliche Verwendung der Eingangsleistung für Umsätze im Rahmen des Unternehmens von der beabsichtigten Verwendung abweicht. Durch § 15a UStG soll der Vorsteuerabzug im Ergebnis so berichtigt werden, dass er der tatsächlichen Verwendung der Eingangsleistung entspricht. § 15a UStG ist insoweit eine systematisch notwendige Ergänzungsvorschrift zu § 15 UStG.

Durch die Berichtigung wird nicht der ursprüngliche Vorsteuerabzug korrigiert, sondern – innerhalb eines Berichtigungszeitraums – die materiell richtige (anteilige) Vorsteuer für den jeweiligen Besteuerungszeitraum ermittelt.

Berichtigungsobjekte i. S. des § 15a UStG sind u. a. bestimmte Wirtschaftsgüter und sonstige Leistungen. Die darauf entfallenden Vorsteuerbeträge sind grundsätzlich mit Ablauf des Voranmeldungszeitraums (ggf. innerhalb eines sog. Berichtigungszeitraums) zu berichtigen, in dem sich durch die tatsächliche Verwendung die für den ursprünglichen Vorsteuerabzug maßgebenden Verhältnisse i. S. des § 15 Abs. 1a bis 3 UStG geändert haben. Zur Berechnung der Vorsteuerberichtigungsbeträge werden die abziehbaren Vorsteuerbeträge ins Verhältnis zu den abzugsfähigen Vorsteuerbeträgen gesetzt und in einem Prozentsatz ausgedrückt. Der Prozentsatz für den ursprünglichen Vorsteuerabzug beruht auf der Verwendungsabsicht im Zeitpunkt des Leistungsbezugs. Dieser Prozentsatz wird verglichen mit dem Prozentsatz, der sich aufgrund der tatsächlichen Verwendung im betreffenden Kalenderjahr des maßgebenden Berichtigungszeitraums ergibt. Der Korrekturbetrag ergibt sich durch Anwendung des Differenzprozentsatzes auf die anteilige abzugsfähige Vorsteuer.

Nach § 15a Abs. 7 UStG ist eine Änderung der Verhältnisse auch bei einem Wechsel der Besteuerungsform gegeben, z. B. beim Übergang von der allgemeinen Besteuerung zur Nichterhebung der Steuer nach § 19 Abs. 1 UStG und umgekehrt.[1]

1 Zur Besteuerung von Umsätzen der Kleinunternehmer vgl. Fall 88.

Vereinfachungen bei der Berichtigung des Vorsteuerabzugs[1] ergeben sich aus den §§ 44 und 45 UStDV, die Anwendungsgrundsätze aus Abschn. 15a.1 UStAE.

1. Bauunternehmer A konnte die Umsatzsteuer von 5.700 € für den Erwerb des Baukrans nicht als Vorsteuer abziehen, weil der Kran ausschließlich bei der Ausführung steuerfreier Umsätze nach § 4 Nr. 9 Buchst. a UStG (Ausschlussumsätze) eingesetzt werden sollte (§ 15 Abs. 2 Satz 1 Nr. 1 UStG; Prozentsatz der abziehbaren Vorsteuer 0 %). Da der Baukran ab 01.04.02 ausschließlich bei der Ausführung steuerpflichtiger Umsätze (Abzugsumsätze) verwendet wird (Prozentsatz der abziehbaren Vorsteuer 100 %), liegt eine Änderung der für den Vorsteuerabzug maßgebenden Verhältnisse vor.

Ab dem Kalenderjahr 02 ist eine Vorsteuerkorrektur nach § 15a Abs. 1 UStG durchzuführen. Der Baukran ist ein Wirtschaftsgut, das (tatsächlich) mehrfach zur Ausführung von Umsätzen verwendet wird. Es ist trotz einer betriebsgewöhnlichen Nutzungsdauer von einem 5-jährigen Berichtigungszeitraum – 01.04.01 bis 31.03.06 – auszugehen (allgemeiner Berichtigungszeitraum nach § 15a Abs. 1 Satz 1 UStG). Der Berichtigungszeitraum beginnt mit der erstmaligen Verwendung des Wirtschaftsgutes zur Ausführung von Umsätzen (Inbetriebnahme 01.04.01). Für jedes volle Kalenderjahr der Änderung des Verwendungszwecks steht A ein nachträglicher Vorsteuerabzug von 100 % von (5.700 € : 5 =) 1.140 € = 1.140 € zu (§ 15a Abs. 5 UStG). Der Differenzprozentsatz beträgt (100 % ⁒ 0 % =) 100 % mehr abziehbare Vorsteuer. Für die Zeit vom 01.04.02 bis 31.03.06 sind insgesamt 4.560 € abziehbar, wenn der Baukran in diesem Zeitraum nur zur Ausführung von Umsätzen, die zum Vorsteuerabzug berechtigen, verwendet wird. Der letztlich versagte Vorsteuerabzug von 1.140 € entfällt auf die Zeit der steuerfreien Verwendung des Baukrans (01.04.01 bis 31.03.02). Der Berichtigungsbetrag nach § 15a UStG beträgt für das Kalenderjahr 02 (5.700 € : 5 = 1.140 €, davon 9/12 =) 855 € und ist in der Jahreserklärung 02 zu berücksichtigen (§ 44 Abs. 3 Satz 1 UStDV).

2. Vermieter P konnte die in Rechnung gestellte Umsatzsteuer von 180.000 € im Kalenderjahr 01 i. H. von 60.000 € als Vorsteuer abziehen. Die steuerfreie Vermietung der ersten Etage führt zu einem Vorsteuerausschluss nach § 15 Abs. 2 Satz 1 Nr. 1 i. V. m. § 4 Nr. 12 Satz 1 Buchst. a UStG. Die Nutzung der zweiten Etage schließt den Vorsteuerabzug nach § 15 Abs. 1b UStG aus. Bei einer sachgerechten Aufteilung (§ 15 Abs. 4 UStG) nach Nutzflächen sind 2/3 der abzugsfähigen Vorsteuer i. H. von 180.000 € (§ 15 Abs. 1 Satz 1 Nr. 1 Satz 1 und 2 UStG) nicht abziehbar; Prozentsatz der abziehbaren Vorsteuer 33 1/3 % (vgl. auch Fall 79).

Mit Beginn der steuerpflichtigen Vermietung der ersten Etage und der steuerfreien Vermietung der zweiten Etage tritt ab dem 01.01.08 für das Gebäude eine Änderung der für den ursprünglichen Vorsteuerabzug maßgebenden Verhältnisse i. S. des § 15a Abs. 1 und 6a UStG ein. Durch die

1 Vgl. Fall 83.

steuerpflichtige Vermietung der ersten Etage erhöht sich der Anteil der abziehbaren Vorsteuer um (150 m^2 : 450 m^2 =) ⅓. Der Vorsteuerausschluss nach § 15 Abs. 2 Satz 1 Nr. 1 i. V. m. § 4 Nr. 12 Satz 1 Buchst. a UStG entfällt; Prozentsatz der abziehbaren Vorsteuer: 66 ⅔ %.

Die Vermietung der zweiten Etage führt zu einer Änderung der für den ursprünglichen Vorsteuerabzug nach § 15 Abs. 1b UStG maßgebenden Verhältnisse (§ 15a Abs. 6a UStG). Auch dieser Gebäudeteil dient jetzt unternehmerischen Zwecken. Damit liegen die Voraussetzungen für einen Vorsteuerausschluss nach § 15 Abs. 1b UStG ab dem 01.01.08 nicht mehr vor. Durch die steuerfreie Vermietung ändern sich unter Berücksichtigung von § 15 Abs. 2 Satz 1 Nr. 1 UStG die für den ursprünglichen Vorsteuerabzug maßgebenden Verhältnisse im Ergebnis aber nicht. Der Vorsteuerausschluss für die zweite Etage nach § 15 Abs. 1b UStG wird ersetzt durch den Vorsteuerausschluss nach § 15 Abs. 2 Satz 1 Nr. 1 i. V. m. § 4 Nr. 12 Satz 1 Buchst. a UStG.

Ab dem 01.01.08 wird das Gebäude zu ⅓ (statt ⅔ wie bei Verwendungsbeginn) für Ausschlussumsätze genutzt. Der Differenzprozentsatz beträgt 33 ⅓ %. Bei der Berichtigung der Vorsteuer nach § 15a Abs. 1 UStG ist von einem 10-jährigen Berichtigungszeitraum – 01.07.01 bis 30.06.11 – auszugehen (verlängerter Berichtigungszeitraum nach § 15a Abs. 1 Satz 2 UStG). Der Vorsteueranspruch erhöht sich vom 01.01.08 bis zum Ablauf des Berichtigungszeitraums zeitanteilig um 33 ⅓ % von 180.000 € für 42 von 120 Monaten.

Für jedes Kalenderjahr der Vorsteuerkorrektur hat P einen zusätzlichen Vorsteueranspruch von 33 ⅓ % von (180.000 € : 10 =) 18.000 € = 6.000 € (§ 15a Abs. 5 UStG). Für die Zeit vom 01.01.08 bis 30.06.11 stehen P insgesamt zusätzlich 21.000 € Vorsteuer zu, wenn das Grundstück bis zum 30.06.11 im Hinblick auf den Vorsteuerabzug unverändert verwendet wird. Der Berichtigungsbetrag nach § 15a UStG beträgt für das Kalenderjahr 08: 6.000 € und ist in der Jahreserklärung 08 (unabhängig von der Vorsteuerberichtigung für den Fassadenanstrich) zu berücksichtigen (§ 44 Abs. 3 Satz 1 UStDV).

Mit dem Anstrich der Fassade wurde eine sonstige Leistung (§ 3 Abs. 9 UStG) ausgeführt. Der Vorsteuerabzug im Zeitpunkt der Fertigstellung des Fassadenanstrichs war zu ⅔ ausgeschlossen; Prozentsatz der abziehbaren Vorsteuer 33 ⅓ %. Die beabsichtigte Gebäudenutzung hatte sich seit der Fertigstellung des Gebäudes noch nicht geändert. Die Anstricharbeiten an einem Wirtschaftsgut i. S. des § 15a Abs. 1 UStG (Gebäude) werden für Zwecke der Vorsteuerkorrektur wie ein eigenständiges Wirtschaftsgut behandelt (eigenständiges Berichtigungsobjekt i. S. des § 15a Abs. 1 und 3 Satz 1 UStG). Der Berichtigungszeitraum ist von dem Berichtigungszeitraum des Gebäudes unabhängig.

Innerhalb des grundsätzlich 10-jährigen Berichtigungszeitraums (01.07.07 bis 30.06.17) ist durch die steuerpflichtige Vermietung der ersten Etage und der steuerfreien Vermietung der zweiten Etage ab 01.01.08 eine Änderung der für den ursprünglichen Vorsteuerabzug maßgebenden Verhältnisse eingetreten; Prozentsatz der abziehbaren Vorsteuer 66 ⅔ %; Differenzprozentsatz 33 ⅓ %. Die im Juli 07 abziehbare Vorsteuer i. H. von 1.140 € ist ab 08 jährlich (§ 15a Abs. 5 Satz 1 UStG) um zusätzliche 33 ⅓ % von (3.420 € : 10 =) 342 € = 114 € zu berichtigen. Für das Kalenderjahr 08 ist der Berichtigungsbetrag in der Jahressteuererklärung zu erfassen (§ 44 Abs. 3 Satz 1 UStDV).

Bleibt die Verwendung des Grundstücks bis zum 31.07.17 unverändert, ist (nach Vorsteuerkorrektur) insgesamt ein Betrag von 2.223 € als Vorsteuer abziehbar. Sollte das Grundstück innerhalb des Berichtigungszeitraums steuerpflichtig veräußert werden, käme auch für die zweite Etage eine Berichtigung des Vorsteuerabzugs in Betracht (§ 15a Abs. 8 Satz 2 UStG; vgl. auch Fall 82).

Fall 82

Berichtigung des Vorsteuerabzugs bei Veräußerung oder Entnahme von Gegenständen

UStG §§ 13b, 15a; UStDV § 44 Abs. 3 Satz 2

Wird ein Wirtschaftsgut veräußert oder entnommen und ist dieser Vorgang im Hinblick auf die Beurteilung der abziehbaren Vorsteuer anders zu beurteilen als im Zeitpunkt des Leistungsbezugs dieses Wirtschaftsgutes, ist eine Berichtigung des Vorsteuerabzugs nach § 15a UStG zu prüfen. Dabei ist zu unterscheiden, ob die Veräußerung oder Entnahme der erste Verwendungsumsatz dieses Wirtschaftsgutes darstellt oder im Anschluss an bereits erfolgte Verwendungen zur Ausführung von Umsätzen erfolgt.

Sachverhalt

Unternehmer Steinmann (S), Hersteller von Modeartikeln, hat ein in Steinfurt belegenes unbebautes Grundstück für 30.000 € erworben, um darauf eine Lagerhalle für seine Modeartikel zu errichten. Der Veräußerer hatte auf die Steuerfreiheit nach § 4 Nr. 9 Buchst. a UStG verzichtet (§ 9 Abs. 1 und 3 UStG). Die von S nach § 13b Abs. 2 Nr. 3, Abs. 5 UStG geschuldete Umsatzsteuer (5.700 €) hat S zutreffend im August 01 in voller Höhe als Vorsteuer (§ 15 Abs. 1 Nr. 4 UStG) geltend gemacht. Da sich das Grundstück im Rahmen der Bauplanung als ungeeignet herausstellte, veräußerte S das Grundstück im Januar 02 steuerfrei (§ 4 Nr. 9 Buchst. a UStG) an den nichtunternehmerisch tätigen Kleingartenverein G.

Im Februar 02 erwarb S ein weiteres Grundstück steuerfrei nach § 4 Nr. 9 Buchst. a UStG, um darauf ein Verwaltungsgebäude zu errichten. Mit der Herstellung hatte S am 02.04.02 begonnen, nachdem vier Wochen vorher die Baugenehmigung erteilt worden war. Das Grundstück wurde ab 01.07.02 für eigenbetriebliche Zwecke genutzt. Die bei der Herstellung angefallenen Vorsteuern von 50.000 € hat S im Jahr 02 zutreffend in voller Höhe abgezogen.

S hat das in der Bilanz seines Gewerbebetriebs ausgewiesene bebaute Grundstück seiner Ehefrau übertragen. In dem notariell beurkundeten Kaufvertrag vom 10.04.06 wurde zwischen S und seiner Ehefrau vereinbart, dass Besitz, Gefahr, Nutzungen und Lasten des bebauten Grundstücks mit Wirkung vom 01.07.06 auf die Ehefrau übergehen. Der Eigentumsübergang wurde am 12.10.06 im Grundbuch eingetragen. Die Ehefrau des S beabsichtigt, das bebaute Grundstück steuerfrei (§ 4 Nr. 12 Satz 1 Buchst. a UStG) zu vermieten.

§ 1 Abs. 1a, §§ 19 und 20 UStG sind nicht anzuwenden. Es ist davon auszugehen, dass S auf die Steuerbefreiung nach § 4 Nr. 9 Buchst. a UStG nicht verzichten will. Voranmeldungszeitraum ist der Kalendermonat.

Frage

1. Wie ist der Sachverhalt hinsichtlich des im Jahr 01 vorgenommenen Vorsteuerabzugs für das steuerpflichtig erworbene und in 02 steuerfrei veräußerte Grundstück zu beurteilen?
2. Welche Konsequenzen ergeben sich im Jahr 06, wenn S das Grundstück
   a) gegen einen angemessenen Kaufpreis von 150.000 € oder
   b) durch Schenkung seiner Ehefrau zu Eigentum überträgt?
3. Wie ist der Sachverhalt umsatzsteuerrechtlich zu beurteilen, wenn S – abweichend vom Sachverhalt – nach § 9 UStG auf die Steuerbefreiung (§ 4 Nr. 9 Buchst. a UStG) für die Grundstückslieferung an die Ehefrau zu einem Kaufpreis von 150.000 € verzichtet?

Antwort

1. Die steuerfreie Veräußerung des unbebauten Grundstücks an G führt zu einer Vorsteuerberichtigung nach § 15a Abs. 2 UStG. Die Vorsteuer ist für den Voranmeldungszeitraum Januar 02 (§ 44 Abs. 3 Satz 2 UStDV) i. H. von 5.700 € zurückzuzahlen.
2. a) Veräußert S das Grundstück an seine Ehefrau, bewirkt er eine steuerbare und nach § 4 Nr. 9 Buchst. a UStG steuerfreie Lieferung. Dadurch ändern sich die für den ursprünglichen Vorsteuerabzug maßgebenden Verhältnisse. Es ist eine Berichtigung des Vorsteuerabzugs vorzunehmen. S muss für den Voranmeldungszeitraum 07/06 Vorsteuer i. H. von 30.000 € zurückzahlen.

b) Übereignet S das Grundstück seiner Ehefrau im Wege der Schenkung, liegt eine steuerfreie Entnahme des Grundstücks vor. Die für den ursprünglichen Vorsteuerabzug maßgebenden Verhältnisse ändern sich. Die Vorsteuer ist zu korrigieren und i. H. von 30.000 € für den Voranmeldungszeitraum 07/06 zurückzuzahlen.

3. Veräußert S das Grundstück unter Verzicht auf die Steuerbefreiung nach § 4 Nr. 9 Buchst. a UStG an seine Ehefrau, bewirkt er eine steuerbare und steuerpflichtige Lieferung. Eine Berichtigung des Vorsteuerabzugs nach § 15a UStG kommt nicht in Betracht. Die Ehefrau des S schuldet als Leistungsempfänger die Umsatzsteuer aus der steuerpflichtigen Grundstückslieferung i. H. von 28.500 € (§ 13b Abs. 2 Nr. 3, Abs. 5 Satz 1 UStG).

Begründung

Allgemeines: Wird ein mit Umsatzsteuer behaftetes Wirtschaftsgut veräußert oder entnommen, kann sich dadurch eine Änderung der Verhältnisse i. S. des § 15a UStG ergeben. Dabei ist zu unterscheiden zwischen Wirtschaftsgütern, die nur einmalig oder mehrfach zur Ausführung von Umsätzen verwendet werden.

Wird ein Wirtschaftsgut erstmalig und einmalig z. B. durch Veräußerung für einen Umsatz verwendet und ergibt sich dadurch eine Änderung der Verhältnisse i. S. des § 15a UStG, ist eine Vorsteuerberichtigung nach § 15a UStG für den Voranmeldungszeitraum durchzuführen, in dem das Wirtschaftsgut veräußert wird (§ 44 Abs. 3 Satz 2 UStDV). Ein Berichtigungszeitraum i. S. des § 15a Abs. 1 UStG ist dabei nicht zu berücksichtigen.

Wird ein zur Ausführung von Umsätzen verwendetes und noch verwendungsfähiges Wirtschaftsgut während des Berichtigungszeitraums (§ 15a Abs. 1 UStG) veräußert oder nach § 3 Abs. 1b UStG geliefert (Entnahme) und ändern sich dadurch die für den ursprünglichen Vorsteuerabzug für dieses Wirtschaftsgut maßgebenden Verhältnisse, ist eine Korrektur des Vorsteuerabzugs nach § 15a Abs. 8 UStG durchzuführen. Die Berichtigung ist so vorzunehmen, als wäre das Wirtschaftsgut in der Zeit von der Veräußerung oder Entnahme bis zum Ablauf des Berichtigungszeitraums unter entsprechend geänderten Verhältnissen weiterhin für das Unternehmen verwendet worden (§ 15a Abs. 9 UStG).

Grundsätzlich erfolgt die (anteilige) Vorsteuerberichtigung im Voranmeldungsverfahren. Da mit dem Ausscheiden des Wirtschaftsgutes die für den Vorsteuerabzug maßgebenden Verhältnisse bis zum Ablauf des Berichtigungszeitraums feststehen (vgl. § 15a Abs. 9 UStG), besteht keine Veranlassung, die abschließende Berichtigung länger hinauszuschieben. Die Vorsteuerkorrektur ist für das Kalenderjahr der Veräußerung oder Entnahme und die folgenden Kalenderjahre des Berichtigungszeitraums bereits bei der Berechnung der Steuer für den Voranmeldungszeitraum durchzuführen, in dem die Lieferung bzw. Entnahme stattgefunden hat

(§ 44 Abs. 3 Satz 2 UStDV). § 44 Abs. 2 UStDV ist nach Verwaltungsauffassung zu beachten (Abschn. 15a.11 Abs. 3 Satz 4 UStAE).

1. Mit der Veräußerung des unbebauten Grundstücks an den Kleingartenverein erbringt U eine steuerfreie Lieferung (§ 3 Abs. 1, § 4 Nr. 9 Buchst. a UStG). Eine Option nach § 9 Abs. 1 UStG kommt mangels Unternehmereigenschaft des G nicht in Betracht. Durch die steuerfreie Veräußerung ergibt sich eine Änderung der Verhältnisse i. S. des § 15a UStG (§ 15 Abs. 2 Satz 1 Nr. 1 i.V. m. § 4 Nr. 9 Buchst. a UStG). Die bei Leistungsbezug zutreffend abziehbare Vorsteuer ist für den Voranmeldungszeitraum Januar 02 i. H. von 5.700 € (§ 44 Abs. 3 Satz 2 UStDV) zurückzuzahlen.

2. a) Durch die Veräußerung des bebauten Grundstücks bewirkt Unternehmer S an seine Ehefrau eine Lieferung gegen Entgelt. Mit Übergang von Besitz, Gefahr, Nutzungen und Lasten wird am 01.07.06 das wirtschaftliche Eigentum (§ 39 Abs. 2 Nr. 1 AO) und damit die Verfügungsmacht i. S. des § 3 Abs. 1 UStG an dem Grundstück verschafft. Auf den Zeitpunkt des Eigentumsübergangs nach §§ 873, 925 BGB (12.10.06) kommt es nicht an. Die Lieferung (§ 3 Abs. 1 UStG) fällt in den Rahmen des Unternehmens (Hilfsgeschäft) und wird im Inland am Ort der Belegenheit des Grundstücks, in Steinfurt, ausgeführt (§ 3 Abs. 7 Satz 1 UStG). Der Umsatz ist steuerbar (§ 1 Abs. 1 Nr. 1 UStG) und, weil ein Verzicht (§ 9 UStG) auf die Steuerbefreiung nach § 4 Nr. 9 Buchst. a UStG nicht vorliegt, steuerfrei. Das Entgelt (§ 10 Abs. 1 UStG) ist der Kaufpreis von 150.000 €.

Die steuerfreie Veräußerung führt zu einer Änderung der für den ursprünglichen Vorsteuerabzug maßgebenden Verhältnisse (§ 15a Abs. 1 und 8 UStG) und löst hinsichtlich des Gebäudes eine Berichtigung des Vorsteuerabzugs nach § 15a UStG aus. Der Berichtigungszeitraum beträgt 10 Jahre; er reicht vom 01.07.02 bis zum 30.06.12 (§ 15a Abs. 1 Satz 2 UStG). Die Berichtigung ist bereits bei der Berechnung der Steuer für den Voranmeldungszeitraum durchzuführen, in dem die Veräußerung stattgefunden hat (Juli 06; § 44 Abs. 3 Satz 2 UStDV). Die Berichtigung ist so durchzuführen, als wäre das Grundstück vom 01.07.06 bis zum 30.06.12 im Unternehmen des S zur Ausführung steuerfreier Umsätze, die den Vorsteuerabzug nach § 15 Abs. 2 Satz 1 Nr. 1 UStG ausschließen, verwendet worden (§ 15a Abs. 9 UStG). Für jedes volle Kalenderjahr dieses Zeitraums hat S ein Zehntel der Vorsteuern von 50.000 € zurückzuzahlen (§ 15a Abs. 5 Satz 1 UStG), für die Zeit vom 01.07.06 bis zum 30.06.12 insgesamt (6/10 von 50.000 € =) 30.000 €. Der S verbleibende Vorsteuerabzug von (50.000 € ⁒ 30.000 € =) 20.000 € entspricht der Verwendung des Grundstücks für steuerpflichtige Umsätze in der Zeit vom 01.07.02 bis zum 30.06.06.

2. b) Der Schenkung des Grundstücks an die Ehefrau geht die Grundstücksentnahme durch S voraus. S entnimmt zunächst das Grundstück aus seinem Unternehmen und schenkt (liefert, § 3 Abs. 1 UStG) es seiner Ehefrau anschließend außerhalb seines Unternehmens. Die Lieferung des Grundstücks nach § 3 Abs. 1b Satz 1 Nr. 1 und Satz 2 UStG wird am 01.07.06 in Steinfurt ausgeführt (§ 3f Satz 1 UStG). Die Entnahme des

Grundstücks ist steuerbar (§ 1 Abs. 1 Nr. 1 UStG) und steuerfrei (§ 4 Nr. 9 Buchst. a UStG; Abschn. 4.9.1 Abs. 2 Nr. 6 UStAE). Eine Option zur Steuerpflicht (§ 9 UStG) kommt bei Entnahmen nicht in Betracht. Die Entnahme ist kein Umsatz an einen anderen Unternehmer (§ 9 Abs. 1 UStG).

Die steuerfreie Entnahme führt zu einer Änderung der Verhältnisse i. S. des § 15a Abs. 1 und 8 UStG. Der Vorsteuerabzug ist wie bei einer steuerfreien Veräußerung (§ 15a Abs. 9 UStG, § 44 Abs. 3 Satz 2 UStDV; vgl. unter 2. a)) für den Voranmeldungszeitraum Juli 06 i. H. von 30.000 € zuungunsten des S zu korrigieren.

3. Unternehmer S kann im Fall der entgeltlichen Übertragung des Grundstücks auf seine Ehefrau – abweichend vom Sachverhalt – nach § 9 Abs. 1 UStG auf die Steuerbefreiung nach § 4 Nr. 9 Buchst. a UStG verzichten. Die Grundstückslieferung erfolgt für das Unternehmen der Ehefrau. Die von der Ehefrau beabsichtigte steuerfreie Vermietung ist für die Option des S unschädlich (§ 9 Abs. 2 UStG). Der Verzicht auf die Steuerbefreiung ist in dem nach § 311b Abs. 1 BGB notariell zu beurkundenden Vertrag zu erklären (§ 9 Abs. 3 Satz 2 UStG). Die steuerpflichtige Veräußerung des Grundstücks führt zu keiner Änderung der für den ursprünglichen Vorsteuerabzug maßgebenden Verhältnisse (§ 15a Abs. 1 und 8 UStG). Eine Berichtigung nach § 15a UStG entfällt.

Die Ehefrau des S schuldet als Leistungsempfänger (Unternehmer, da Vermietung beabsichtigt) die Umsatzsteuer aus der steuerpflichtigen Grundstückslieferung (§ 13b Abs. 2 Nr. 3, Abs. 5 Satz 1 UStG). Wird ein Kaufpreis von 150.000 € vereinbart, beträgt die Bemessungsgrundlage (§ 10 Abs. 1 UStG) 150.000 € und die Umsatzsteuer (19 % von 150.000 € =) 28.500 €. S ist zur Ausstellung einer Rechnung verpflichtet, in der er neben den übrigen Angaben nach § 14 Abs. 4 UStG auch auf die Steuerschuldnerschaft des Leistungsempfängers (Ehefrau) hinweist (§ 14a Abs. 5 Satz 1 und 2 UStG). Enthält der notarielle Kaufvertrag diese Angaben, ist er als Rechnung i. S. des § 14 Abs. 1 UStG anzusehen. Ein gesonderter Steuerausweis ist nicht zulässig (§ 14a Abs. 5 Satz 3 UStG). Weist S dennoch die Steuer im notariellen Kaufvertrag gesondert aus, schuldet er diese Steuer nach § 14c Abs. 1 UStG).

Die Steuer für die steuerpflichtige Grundstückslieferung entsteht grundsätzlich mit Ausstellung der Rechnung durch den leistenden Unternehmer S (§ 13b Abs. 2 UStG). Da eine Steuer nicht vor Verwirklichung des steuerbegründenden Tatbestandes (hier Lieferung des Grundstücks) entstehen kann, entsteht die Steuer erst mit Übergang von Nutzen und Lasten am 01.07.06.

Die Ehefrau des S kann bei einer beabsichtigten steuerfreien Vermietung keinen Vorsteuerabzug beanspruchen (§ 15 Abs. 2 Satz 1 Nr. 1 i. V. m. § 4 Nr. 12 Satz 1 Buchst. a UStG).

Wird das Grundstück innerhalb des Berichtigungszeitraums – entgegen der Absicht im Zeitpunkt des Erwerbs – steuerpflichtig vermietet (vgl. zur Option Fall 55), erfolgt eine Korrektur des Vorsteuerabzugs nach § 15a Abs. 1 UStG (vgl. Fall 81).

Fall 83

Vereinfachungen bei Berichtigung des Vorsteuerabzugs

UStG § 15a; UStDV § 44

Die im Einzelfall aufwendige Durchführung der Vorsteuerberichtigung nach § 15a UStG kann in bestimmten Fällen vereinfacht werden. Dazu enthält § 44 UStDV in Abs. 1 eine Mindestgrenze, in Abs. 2 eine Bagatellgrenze und in Abs. 3 eine verfahrensrechtliche Vereinfachung für die Durchführung der Berichtigung.

Sachverhalt

Ein amtlich anerkannter Verband der freien Wohlfahrtspflege bewirkt sowohl steuerfreie Umsätze (§ 4 Nr. 16 und Nr. 18 UStG) als auch steuerpflichtige Umsätze (§ 12 Abs. 1 und Abs. 2 Nr. 8 UStG). Er hat in der ersten Hälfte des Monats Januar 01 folgende Wirtschaftsgüter angeschafft und in Gebrauch genommen:

1. einen Computer – Nutzungsdauer 4 Jahre – Anschaffungskosten 1.000 € zuzüglich 190 € Umsatzsteuer,
2. eine Großkücheneinrichtung – Nutzungsdauer 10 Jahre – Anschaffungskosten 40.000 € zuzüglich 7.600 € Umsatzsteuer,

Die Vorsteuern für den Computer und die Großkücheneinrichtung sind nach der beabsichtigten Verwendung im Zeitpunkt des Leistungsbezugs für den Voranmeldungszeitraum Januar 01 in 10 % abziehbare Vorsteuern und 90 % nicht abziehbare Vorsteuern aufzuteilen. In den Jahren 02 bis 05 sollen sich nach der tatsächlichen Verwendung folgende Änderungen für die Aufteilung der Vorsteuern ergeben:

	02	03	04	05
Abziehbare Vorsteuern	15 %	20 %	25 %	30 %
Nicht abziehbare Vorsteuern	85 %	80 %	75 %	70 %

Frage

Ist der für den Computer bzw. die Großkücheneinrichtung im Jahr 01 vorgenommene Vorsteuerabzug in den Jahren 02 bis 05 zu berichtigen, und wann ist diese Berichtigung ggf. durchzuführen?

Antwort

1. Für den Computer kommt eine Berichtigung des Vorsteuerabzugs nicht in Betracht.
2. Bei der Großkücheneinrichtung ist für das Kalenderjahr 02 der Vorsteuerabzug nicht zu berichtigen. Für die Jahre 03 bis 05 ergeben sich durch Berichtigung des Vorsteuerabzugs nachträglich 152 €, 228 € und 304 € als abziehbare Vorsteuern.

Begründung

Allgemeines: Die Vorschriften der §§ 44 und 45 UStDV haben den Zweck, die Berichtigung des Vorsteuerabzugs in steuertechnischer Hinsicht zu erleichtern; zu Einzelheiten vgl. Abschn. 15a.11 UStAE; zu § 44 Abs. 3 Satz 2 UStDV vgl. Fall 82.

1. Eine Berichtigung des Vorsteuerabzugs nach § 15a UStG ist nicht durchzuführen, weil die auf die Anschaffungskosten des Computers entfallende Vorsteuer von 190 € den Betrag von 1.000 € nicht übersteigt (§ 44 Abs. 1 UStDV). Bei der Bestimmung der 1.000 €-Grenze ist auf die abzugsfähige Vorsteuer nach § 15 Abs. 1 UStG abzustellen. Die Vereinfachung besteht im vollständigen Wegfall der Berichtigung. Es ist ohne Bedeutung, in welchem Umfang sich die für den Vorsteuerabzug maßgebenden Verhältnisse ändern. Unternehmer und Verwaltung sollen nicht mit Fällen belastet werden, die im Verhältnis zum erforderlichen Arbeitsaufwand von untergeordneter Bedeutung sind.

2. Haben sich bei einem Wirtschaftsgut in einem Kalenderjahr die für den ursprünglichen Vorsteuerabzug maßgebenden Verhältnisse um weniger als 10 %-Punkte geändert, so entfällt bei diesem Wirtschaftsgut für dieses betreffende Kalenderjahr die Berichtigung des Vorsteuerabzugs. Das gilt nicht, wenn der Betrag, um den der Vorsteuerabzug für dieses bestimmte Kalenderjahr zu berichtigen ist, 1.000 € übersteigt (§ 44 Abs. 2 UStDV).

Bei der Großkücheneinrichtung beträgt die Änderung der Verhältnisse (Differenzprozentsatz) gegenüber dem Zeitpunkt des Leistungsbezugs im Januar 01

im Jahr 02: 5 %-Punkte,

im Jahr 03: 10 %-Punkte,

im Jahr 04: 15 %-Punkte und

im Jahr 05: 20 %-Punkte.

Auf die einzelnen Kalenderjahre des 5-jährigen Berichtigungszeitraums (Januar 01 bis Dezember 05; § 45 UStDV) entfällt ein anteiliger Vorsteuerbetrag (abzugsfähige Vorsteuer) von (7.600 € : 5 =) 1.520 €. Die Änderung gegenüber dem Zeitpunkt des Leistungsbezugs im Januar 01 beträgt:

im Jahr 02: 5 % von 1.520 € = 76 €,

im Jahr 03: 10 % von 1.520 € = 152 €,

im Jahr 04: 15 % von 1.520 € = 228 € und

im Jahr 05: 20 % von 1.520 € = 304 €.

Die Änderung der Verhältnisse im Jahr 02 gegenüber Januar 01 beträgt nur 5 (also weniger als 10) %-Punkte und auch nicht mehr als 1.000 €, sodass eine Berichtigung des Vorsteuerabzugs für das Jahr 02 entfällt.

Die Änderung der Verhältnisse in den Jahren 03 bis 05 beträgt 10, 15 und 20 %-Punkte, sodass eine Berichtigung von 152 €, 228 € und 304 € in den Jahren 03, 04 und 05 vorzunehmen ist. Die Vorsteuerberichtigung erfolgt grundsätzlich bereits im Voranmeldungsverfahren für das betreffende Jahr. Übersteigt der für dieses Jahr zu ermittelnde Vorsteuerberichtigungsbetrag für ein Wirtschaftsgut nicht 6.000 €, so ist die Vorsteuerberichtigung im Rahmen der Steuerfestsetzung für den Besteuerungszeitraum durchzuführen, in dem sich die für den ursprünglichen Vorsteuerabzug maßgebenden Verhältnisse geändert haben (§ 44 Abs. 3 Satz 1 UStDV). Die Vorsteuerberichtigungen erfolgen daher in den Jahreserklärungen 03 bis 05. Aufgrund der Berichtigung des Vorsteuerabzugs können diese Beträge nachträglich als Vorsteuern abgezogen werden.

7. Entstehung der Steuer und Steuerschuldner

Fall 84

Entstehen der Steuerschuld – Teilleistungen

UStG § 13 Abs. 1 Nr. 1 Buchst. a und b

Die Besteuerung erfolgt grundsätzlich nach vereinbarten Entgelten (Soll-Besteuerung). Die Umsatzsteuer entsteht für den Voranmeldungszeitraum, in dem die Leistung bzw. Teilleistung erbracht worden ist. Wird in einem früheren Voranmeldungszeitraum das Entgelt ganz oder teilweise vereinnahmt, entsteht die Umsatzsteuer insoweit nach Maßgabe der vereinnahmten Beträge. Statt dieser kombinierten Soll-Ist-Besteuerung kann der Unternehmer auf Antrag die Ist-Besteuerung wählen. In diesem Fall entsteht die Umsatzsteuer für den Voranmeldungszeitraum, in dem das Entgelt oder die Anzahlung vereinnahmt worden ist.

Sachverhalt

Baustoffhändler **A** hat an Bauunternehmer B 1.000 m^3 Sand zum Preis von netto 20 €/m^3 zuzüglich 19 % Umsatzsteuer zu liefern. Im März werden auf der Baustelle 800 m^3 und im September weitere 200 m^3 angeliefert; A stellt über die gelieferten Teilmengen gesonderte Rechnungen aus.

Bauunternehmer **B** hat sich verpflichtet, auf dem Grundstück des Bauherrn H ein Gebäude zu errichten. Das Gebäude wird im August fertiggestellt und vom Bauherrn abgenommen. Die baubehördliche Abnahme erfolgt im Oktober. Die Schlussrechnung wird im November erstellt. Die Abschlusszahlung wird im März des nächsten Jahres geleistet.

Tiefbauunternehmer **C** hat es übernommen, zu Einheitspreisen 500 m Kabelgraben auszuheben und zu verfüllen. Die Kabel werden vom Auftraggeber gestellt. Die Arbeiten werden im Mai für 200 m beendet, abgenommen und abgerechnet; die Restarbeiten sind im Oktober abgeschlossen, abgenommen und abgerechnet.

Bauherr F überträgt dem Bauunternehmer **D** im März als Gesamtleistung die Beton- und Maurerarbeiten in einem auf seinem Grundstück zu errichtenden Gebäude. D verlangt und erhält für die Monate April bis November in Höhe der jeweils nachgewiesenen vertragsgemäßen Leistungen Abschlagszahlungen. D fordert die Zahlungen jeweils an, ohne die Umsatzsteuer gesondert auszuweisen. Er erteilt die Schlussrechnung, in der die Steuer gesondert ausgewiesen ist, erst nach Ausführung der gesamten Leistung im Monat Dezember.

Malermeister **E** übernimmt im September den Auftrag, den Anstrich der Heizkörper im Mietwohnhaus des Rentners Sorgenfrei zu erneuern.

S besorgt die für den Anstrich erforderliche Spezialfarbe. E beginnt am 25. Oktober mit den Arbeiten und beendet sie am 13. November. Er führt folgende Arbeitsgänge aus: Entfernen der alten Farbe, Entrosten, erster Anstrich, zweiter Anstrich. Bis zum 31. Oktober werden die ersten drei Arbeitsgänge beendet. Auf die bis zu diesem Tag ausgeführten Arbeiten entfallen etwa zwei Drittel des gesamten Rechnungsbetrages. E erteilt seinem Auftraggeber S am 15. November eine Rechnung über 2.400 € zuzüglich 456 € Umsatzsteuer = 2.856 €, die S am 10. Dezember bezahlt.

Die Leistungen der Unternehmer A bis E sind steuerbar und steuerpflichtig. Voranmeldungszeitraum ist jeweils der Kalendermonat (§ 18 Abs. 2 UStG).

Frage

1. Wann entsteht die Steuerschuld für die von den Unternehmern A bis E bewirkten Leistungen bei der Besteuerung nach vereinbarten Entgelten?
2. Wann entsteht die Steuerschuld für die von E bewirkte Leistung bei der Besteuerung nach vereinnahmten Entgelten?

Antwort

1. Die Steuerschuld entsteht nach § 13 Abs. 1 Nr. 1 Buchst. a UStG

für die Leistungen des	mit Ablauf des Kalendermonats
Baustoffhändlers A	März bzw. September;
Bauunternehmers B	August;
Tiefbauunternehmers C	Mai bzw. Oktober;
Bauunternehmers D	Dezember;
Malermeisters E	November.

Für die vor Ausführung der Werklieferung an D geleisteten Abschlagszahlungen entsteht die Umsatzsteuer jeweils mit Ablauf der Voranmeldungszeiträume April bis November, in denen er die Entgelte vereinnahmt hat (§ 13 Abs. 1 Nr. 1 Buchst. a Satz 4 UStG).

2. Die Steuerschuld des E entsteht nach § 13 Abs. 1 Nr. 1 Buchst. b UStG mit Ablauf des Kalendermonats Dezember.

Begründung

1. Die Umsatzsteuer ist grundsätzlich nach vereinbarten Entgelten zu berechnen (§ 16 Abs. 1 Satz 1 UStG). Die Vorschrift des § 13 Abs. 1 Nr. 1 Buchst. a UStG regelt das Entstehen der Steuerschuld für Lieferungen und sonstige Leistungen bei der Besteuerung nach vereinbarten Entgelten (sog. Soll-Besteuerung; vgl. Abschn. 13.1 UStAE). Danach entsteht die Steuerschuld grundsätzlich mit Ablauf des Voranmeldungszeitraums, in dem die steuerbare und steuerpflichtige Lieferung oder sonstige Leistung ausgeführt worden ist. Diese Regelung gilt auch für Teilleistungen. Wird das Entgelt für eine steuerpflichtige Leistung ganz oder teilweise in einem

Voranmeldungszeitraum vor Erbringung der Leistung bzw. Teilleistung vereinnahmt, entsteht die Umsatzsteuer aufgrund dieser Anzahlung bereits für den Voranmeldungszeitraum der Vereinnahmung (§ 13 Abs. 1 Nr. 1 Buchst. a Satz 4 UStG; Abschn. 13.5 UStAE).

Die Annahme von Teilleistungen setzt voraus, dass eine Leistung nach wirtschaftlicher Betrachtungsweise teilbar ist. Ferner ist Voraussetzung, dass sie nicht als Ganzes, sondern in Teilen geschuldet und bewirkt wird. Eine Leistung ist in Teilen geschuldet, wenn für bestimmte Teile das Entgelt gesondert vereinbart ist (§ 13 Abs. 1 Nr. 1 Buchst. a Satz 3 UStG). Vereinbarungen dieser Art werden im Allgemeinen anzunehmen sein, wenn für einzelne Leistungsteile gesonderte und endgültige Entgeltsabrechnungen durchgeführt werden. Teilleistungen kommen nicht nur in der Bauwirtschaft und in der anlageerrichtenden Industrie, sondern z. B. auch bei Miet- oder Wartungsverträgen vor. Die Miet- oder Wartungsleistungen sind bei gesonderter Entgeltabrechnung als Teilleistung am Ende des jeweiligen Abrechnungszeitraums als erbracht anzusehen. Im Übrigen vgl. Abschn. 13.4 UStAE und die dort aufgeführten Beispiele.

Unternehmer **A** hat in den Monaten März bzw. September Teillieferungen ausgeführt. Teillieferungen sind anzunehmen, wenn es sich um eine teilbare Lieferung aus mehreren einzelnen Gegenständen oder aus vertretbaren Sachen (z. B. Sand) handelt und diese Lieferungen in Teilen (800 m^3 und 200 m^3) geschuldet und bewirkt werden. Die Umsatzsteuer für diese Teillieferungen entsteht mit Ablauf der Monate März und September (§ 13 Abs. 1 Nr. 1 Buchst. a Satz 1 und 2 UStG).

Unternehmer **B** hat eine Werklieferung ausgeführt. In der Bauwirtschaft ist eine Werklieferung, die auf dem Grund und Boden des Auftraggebers als Gesamtleistung geschuldet wird, in dem Zeitpunkt bewirkt, in dem der Auftraggeber die Verfügungsmacht am fertigen Werk erhält. Das gilt auch dann, wenn das Eigentum an den verwendeten Baustoffen nach den §§ 946, 93, 94 BGB zur Zeit der Verbindung mit dem Grundstück an den Auftraggeber übergeht (§ 3 Abs. 4 Satz 2 UStG). Der Werkvertrag (§§ 631 ff. BGB) ist im August mit Übergabe und Abnahme des fertiggestellten Werkes durch den Besteller erfüllt. Die baubehördliche Abnahme ist nicht ausschlaggebend. Die Umsatzsteuer entsteht mit Ablauf des Voranmeldungszeitraums August (§ 13 Abs. 1 Nr. 1 Buchst. a Satz 1 UStG).

Unternehmer **C** hat eine Werkleistung ausgeführt. Werkleistungen in der Bauwirtschaft, die als Ganzes geschuldet werden, sind im Zeitpunkt der Vollendung bewirkt. Der Zeitpunkt der Ausführung der Teilleistung ist der Zeitpunkt der Vollendung des Leistungsteils. Die Leistung des Unternehmers C ist teilbar; der erste und der zweite Leistungsteil wurden jeweils in Mai bzw. Oktober gesondert abgenommen und auch gesondert und endgültig abgerechnet. Die Umsatzsteuer für diese Teilleistungen entsteht mit Ablauf der Voranmeldungszeiträume Mai und Oktober (§ 13 Abs. 1 Nr. 1 Buchst. a Satz 1 UStG).

Unternehmer **D** hat im Dezember eine Werklieferung ausgeführt. Die Abschlagszahlungen beruhen auf vorläufigen Berechnungen und werden nicht für die Abnahme von Teilleistungen gezahlt. D erteilte die Schlussrechnung nach Ausführung der gesamten Leistung. Die Steuerschuld entsteht zum Teil bereits vor dem Ablauf des Voranmeldungszeitraums, in dem die gesamte vertraglich geschuldete Werklieferung des D ausgeführt ist. Die Istversteuerung von Anzahlungen[1] kommt in Betracht. Dazu gehören auch die jeweils ohne gesonderten Steuerausweis angeforderten Abschlagszahlungen ohne Rücksicht auf ihre Höhe. Die Umsatzsteuer entsteht für die Voranmeldungszeiträume April bis November nach Maßgabe der vereinnahmten Anzahlungen (§ 13 Abs. 1 Nr. 1 Buchst. a Satz 4 UStG).

Unternehmer E hat im November eine Werkleistung (§ 3 Abs. 9, Abs. 4 UStG im Umkehrschluss) ausgeführt; der erforderliche Hauptstoff wurde vom Auftraggeber S gestellt. Die Werkleistung des E wird als Ganzes geschuldet. Sie wird im Zeitpunkt ihrer Vollendung (13. November) ausgeführt. Eine Teilleistung liegt nicht vor. Die Umsatzsteuer entsteht mit Ablauf des Voranmeldungszeitraums November (§ 13 Abs. 1 Nr. 1 Buchst. a Satz 1 UStG).

2. Auf Antrag und unter den Voraussetzungen des § 20 UStG kann der Unternehmer die Umsatzsteuer nach vereinnahmten Entgelten berechnen (sog. Ist-Besteuerung). Bei dieser Besteuerungsart ist der Ablauf des Voranmeldungszeitraums maßgebend, in dem die Entgelte vereinnahmt worden sind (§ 13 Abs. 1 Nr. 1 Buchst. b UStG; Abschn. 20.1 UStAE). Auch Anzahlungen unterliegen bei der Ist-Besteuerung für den Voranmeldungszeitraum ihrer Vereinnahmung der Besteuerung. Die Umsatzsteuer für die im November erbrachte Werkleistung entsteht für den Voranmeldungszeitraum Dezember, in dem S den gesamten Rechnungsbetrag bezahlt (§ 13 Abs. 1 Nr. 1 Buchst. b UStG).

Fall 85

Anzahlungsbesteuerung und Vorsteuerabzug bei Anzahlungen

UStG § 13 Abs. 1 Nr. 1 Buchst. a, § 14 Abs. 5, § 15 Abs. 1 Satz 1 Nr. 1

Die Umsatzsteuer wird grundsätzlich nach vereinbarten Entgelten berechnet (§ 16 Abs. 1 Satz 1 UStG). Danach entsteht die Umsatzsteuer mit Ablauf des Voranmeldungszeitraums, in dem die steuerpflichtige Leistung erbracht worden ist (§ 13 Abs. 1 Nr. 1 Buchst. a Satz 1 UStG). Auch bei der Sollbesteuerung entsteht die Umsatzsteuer nach Maßgabe der vereinnahmten

1 Zur Istversteuerung von Anzahlungen vgl. Fall 85.

Entgelte, wenn das Entgelt ganz oder teilweise in einem früheren Voranmeldungszeitraum vereinnahmt wurde (§ 13 Abs. 1 Nr. 1 Buchst. a Satz 4 UStG). Entsprechend erfolgt der Vorsteuerabzug grundsätzlich nach dem Soll-Prinzip unabhängig von der Bezahlung des Rechnungsbetrages (§ 15 Abs. 1 Satz 1 Nr. 1 Satz 1 und 2 UStG). Spiegelbildlich zur Anzahlungsbesteuerung ist der Vorsteuerabzug aus Anzahlungen demgegenüber an die geleistete Anzahlung gekoppelt (Ist-Prinzip), wenn über die Anzahlung eine ordnungsgemäße Rechnung erstellt worden ist (§ 15 Abs. 1 Satz 1 Nr. 1 Satz 3 UStG).

Sachverhalt

Der Textilunternehmer Fritz Kaufmann (K) hat dem selbständigen Stuckateur Hans Putz (P) die Innen- und Außenputzarbeiten an seinem in Köln belegenen Geschäftshaus nach Maßgabe der Verdingungsordnung für Bauleistungen (VOB) als Gesamtleistung übertragen.

P erteilte dem Auftraggeber K folgende Abschlagsrechnungen (Auszüge):

am 20.04.01: 20.000 € zzgl. 3.800 € Umsatzsteuer,
am 20.05.01: 8.000 € zzgl. 1.520 € Umsatzsteuer,
am 20.06.01: 12.000 € zzgl. 2.280 € Umsatzsteuer.

K hat an den Unternehmer P folgende Abschlagszahlungen (Anzahlungen) geleistet:

am 10.05.01: 23.800 €, am 10.06.01: 9.520 €,
am 25.06.01: 7.140 € und am 15.07.01:27.140 €.

Die von P am 15.08.01 beendeten Arbeiten wurden von K noch am selben Tag abgenommen. P erteilte dem K am 10.09.01 folgende Schluss-(End-) Rechnung (Auszug):

Innen- und Außenputzarbeiten lt. Angebot	60.000 €
zzgl. 19 % Umsatzsteuer	11.400 €
insgesamt	71.400 €
abzgl. geleisteter Abschlagszahlungen	
von 40.000 € zzgl. 7.600 € Umsatzsteuer	47.600 €
verbleiben von Ihnen noch zu zahlen	23.800 €

K hat sein bisher privat genutztes Einfamilienhaus ab dem 01.10.01 an den Versicherungsvertreter Hans Hug (H) vermietet, der das Gebäude zu 70 % für eigene Wohnzwecke und zu 30 % für seine Vertretertätigkeit nutzt. Die vereinbarte Miete beträgt monatlich 2.000 €. Auf Wunsch des K leistete H für die Monate Oktober bis Dezember 01 bereits am 28.09.01 eine Mietvorauszahlung von 6.000 € auf das Bankkonto des K.

Am 25.09.01 bestellte K beim Autohaus Rennefarth (R) in Köln einen neuen PKW für 42.000 € zuzüglich 7.980 € Umsatzsteuer. Noch am selben Tage gab K einen gebrauchten PKW in Zahlung, dessen Wert nach einem Gutachten eines amtlichen Sachverständigen noch 17.850 € betrug. Das Neufahrzeug holte K am 12.10.01 bei R in Köln ab. Das Autohaus R erteilte K am 15.10.01 vereinbarungsgemäß folgende Abrechnung (Auszug):

Lieferung eines neuen PKW einschl. Überführungskosten	42.000 €
zzgl. 19 % Umsatzsteuer	7.980 €
insgesamt	49.980 €
abzgl. Wert Ihres gebrauchten PKW 15.000 € zzgl. 2.850 € Umsatzsteuer (19 %)	17.850 €
verbleiben von Ihnen zu zahlen	32.130 €

Wie bereits den veräußerten gebrauchten PKW hat K auch den neuen PKW zutreffend seinem Unternehmen zugeordnet. R beabsichtigt, den gebrauchten PKW des K im Rahmen seines Unternehmens zu veräußern.

Die §§ 19 und 20 sind bei allen Unternehmern nicht anzuwenden. Voranmeldungszeitraum ist jeweils der Kalendermonat.

Frage

1. Wann und in welcher Höhe ist für P eine Umsatzsteuer entstanden?
2. Was muss P bei Erteilung der Endabrechnung beachten?
3. Wann und in welcher Höhe kann K aus Rechnungen des P Vorsteuern abziehen?
4. Muss K die Mietvorauszahlung der Istversteuerung von Anzahlungen unterwerfen?
5. Welche Auswirkungen bei der Umsatzsteuer und Vorsteuer ergeben sich für R aus dem Erwerb des gebrauchten PKW bzw. aus der Lieferung des neuen PKW?
6. Welche Auswirkungen bei der Umsatzsteuer und Vorsteuer ergeben sich für K aus dem Erwerb des neuen PKW bzw. aus der Lieferung des gebrauchten PKW?

Antwort

1. Für den Unternehmer P ist eine Umsatzsteuer entstanden mit Ablauf des Voranmeldungszeitraums 05/01 von 3.800 €, 06/01 von 2.660 €, 07/01 von 1.140 € und 08/01 von 3.800 €.
2. Bei Erteilung der Endrechnung muss P darauf achten, dass in dieser Rechnung die vor Ausführung der Werklieferung vereinnahmten Teilentgelte und die darauf entfallende, in Teilrechnungen gesondert ausgewiesene Umsatzsteuer abgesetzt werden (§ 14 Abs. 5 UStG).
3. Der Auftraggeber K kann die ihm gesondert in Rechnung gestellte Umsatzsteuer nach § 15 Abs. 1 Satz 1 Nr. 1 Satz 1 bzw. 2 UStG wie folgt abziehen:

   im Voranmeldungszeitraum 05/01: 3.800 €, 06/01: 2.660 €, 07/01: 1.140 € und 09/01: 3.800 €.

4. Eine Istversteuerung kommt für die Mietvorauszahlung nicht in Betracht.
5. Für den Unternehmer R ist mit Ablauf des Voranmeldungszeitraums 09/01 eine Umsatzsteuer von 2.850 € und mit Ablauf des Voranmeldungszeitraums 10/01 eine Umsatzsteuer von 5.130 € entstanden. Im Voranmeldungszeitraum 10/01 kann R 2.850 € als Vorsteuer abziehen.
6. Für den Unternehmer K ist mit Ablauf des Voranmeldungszeitraums 09/01 eine Umsatzsteuer von 2.850 € entstanden. Im Voranmeldungszeitraum 10/01 kann K 7.980 € als Vorsteuer abziehen.

Begründung

1. Bei der Besteuerung nach vereinbarten Entgelten entsteht die Umsatzsteuer grundsätzlich mit Ablauf des Voranmeldungszeitraums, in dem die steuerpflichtige Leistung (Teilleistung) ausgeführt worden ist (Soll-Besteuerung). P hat seine steuerpflichtige Leistung am 15.08.01 erbracht. Die darauf entfallende Umsatzsteuer beträgt nach dem Sachverhalt 11.400 €. Sie entsteht spätestens mit Ablauf des Voranmeldungszeitraums August 01 (§ 13 Abs. 1 Nr. 1 Buchst. a Satz 1 UStG). Der Gesetzgeber hat mit der Istversteuerung von Anzahlungen eine (verbrauchsteuerkonforme) „Ausnahme" geschaffen (§ 13 Abs. 1 Nr. 1 Buchst. a Satz 4 UStG; vgl. auch Abschn. 13.5 UStAE). Wird die Gegenleistung oder ein Teil davon für eine bestimmte künftige Lieferung oder sonstige Leistung vor Ausführung dieser Leistung vereinnahmt, entsteht insoweit die Steuer bereits mit Ablauf des Voranmeldungszeitraums der Vereinnahmung der Anzahlung. Die Anzahlungsbesteuerung setzt daher voraus, dass alle maßgeblichen Elemente der künftigen Leistung zum Zeitpunkt der Anzahlung bekannt sind. Die Anzahlungsbesteuerung greift nur dann, wenn die (Teil-)Leistung in einem späteren Voranmeldungszeitraum bewirkt wird. Für die Ermittlung der Steuer ist – unter Berücksichtigung des maßgeblichen Steuersatzes – von der vereinnahmten Anzahlung auszugehen.

Für das Entstehen der Umsatzsteuer (§ 13 Abs. 1 Nr. 1 Buchst. a Satz 4 UStG) kommt es auf den Zeitpunkt der Vereinnahmung der Anzahlung an. Ob und ggf. wann eine Rechnung über die Anzahlung erstellt wird, ist für die Ist-Besteuerung von Anzahlungen bedeutungslos. Danach entsteht nach Maßgabe der vereinnahmten Anzahlungen die Umsatzsteuer für die Voranmeldungszeiträume Mai, Juni und Juli 01 i. H. von jeweils 3.800 €, 2.660 € und 1.140 €. Der Unternehmer P ist verpflichtet, die vor der Ausführung der Werklieferung an ihn gezahlten (Teil-)Entgelte sowie die darauf entfallenden Steuerbeträge besonders aufzuzeichnen (§ 22 Abs. 2 Nr. 2 UStG). Die restliche Umsatzsteuer i. H. von (11.400 € ⁒ 7.600 € =) 3.800 € entsteht mit Ablauf des Voranmeldungszeitraums August 01 (§ 13 Abs. 1 Nr. 1 Buchst. a Satz 1 UStG).

2. Wird eine Schluss- bzw. Endrechnung erteilt, sind in dieser Rechnung die vor Ausführung der Lieferung oder sonstigen Leistung vereinnahmten Teilentgelte und die auf sie entfallenden Steuerbeträge abzusetzen, wenn über die Teilentgelte (Abschlagszahlungen) Rechnungen i. S. des § 14 Abs. 1 bis 4 UStG ausgestellt worden sind. Bei mehreren Anzahlungen genügt es, wenn der Gesamtbetrag der vorausgezahlten Entgelte oder Teilentgelte und die Summe der darauf entfallenden Steuerbeträge abgesetzt werden. Statt der vorausgezahlten Entgelte oder Teilentgelte können auch die Gesamtbeträge der Anzahlungen abgesetzt und die darin enthaltenen Steuerbeträge zusätzlich angegeben werden. Wird in der Endrechnung der Gesamtbetrag der Umsatzsteuer für die Leistung angegeben (11.400 €), so braucht der restliche Umsatzsteuerbetrag (3.800 €) nicht angegeben zu werden.

Aus Vereinfachungsgründen wird im Übrigen auch zugelassen, dass der Unternehmer statt einer Endrechnung eine „Restrechnung" über das restliche Entgelt oder den verbleibenden Restpreis erteilt. In der Restrechnung sind die im Voraus vereinnahmten Entgeltsteile oder Teilentgelte und die darauf entfallenden Umsatzsteuerbeträge nicht anzugeben. Zulässig ist auch eine Vorausrechnung, mit der der Unternehmer im Voraus das Entgelt und die Umsatzsteuer für die noch nicht erbrachte Leistung in Rechnung stellt. Eine Vorausrechnung macht zusätzliche Abschlagsrechnungen und eine Endrechnung für den Vorsteuerabzug entbehrlich, wenn sie alle erforderlichen Rechnungsangaben enthält. Weitere Einzelheiten und Beispiele sind in Abschn. 14.8 UStAE enthalten.

Werden – entgegen der Verpflichtung nach § 14 Abs. 5 Satz 2 UStG – in einer Endrechnung die vor der Leistung vereinnahmten Teilentgelte und die auf sie entfallenden Steuerbeträge nicht abgesetzt oder angegeben, obwohl über die Teilentgelte Rechnungen i. S. des § 14 Abs. 1 bis 4 UStG ausgestellt worden sind, so hat der Unternehmer den in dieser Rechnung ausgewiesenen gesamten Steuerbetrag an das Finanzamt abzuführen. Der Teil der in der Endrechnung ausgewiesenen Steuer, der auf die vor der Leistung vereinnahmten Teilentgelte entfällt, wird in diesen Fällen – bis zu einer ggf. vorgenommenen Berichtigung nach § 14c Abs. 1 Satz 2 i. V. m. § 17 Abs. 1 UStG – zusätzlich nach § 14c Abs. 1 Satz 1 UStG geschuldet. Der Leistungsempfänger kann jedoch nur den Teil des in der Endrechnung ausgewiesenen Steuerbetrags als Vorsteuer abziehen, der auf das nach Ausführung der Leistung zu entrichtende restliche Entgelt entfällt.

3. Die Istbesteuerung von Anzahlungen (§ 13 Abs. 1 Nr. 1 Buchst. a Satz 4 UStG) korrespondiert mit § 15 Abs. 1 Satz 1 Nr. 1 Satz 3 UStG (vgl. auch Abschn. 15.3 UStAE). Nach dieser Regelung steht abweichend von § 15 Abs. 1 Satz 1 Nr. 1 Satz 1 UStG einem Unternehmer der Vorsteuerabzug bereits vor Bezug der Leistung zu, „wenn die Rechnung vorliegt und die Zahlung geleistet worden ist" (abzugsfähige Vorsteuer). Die abziehbare Vorsteuer (kein Vorsteuerausschluss) beurteilt sich nach der beabsichtigten unternehmerischen Verwendung der (angezahlten) Leistung im Zeitpunkt der Anzahlung.

Die von K erbrachten Abschlagszahlungen betreffen eine Leistung des P, die K für sein Unternehmen beziehen will (Arbeiten am Geschäftshaus des K).

Die von P für seine Leistung gesetzlich geschuldete Umsatzsteuer beträgt 11.400 €. Der Unternehmer K kann 3.800 €, (1.520 € + 1.140 € =) 2.660 € und 1.140 € als Vorsteuer abziehen, sobald ihm die Abschlagsrechnungen mit gesondertem Steuerausweis vorliegen und er die Zahlungen geleistet hat (§ 15 Abs. 1 Satz 1 Nr. 1 Satz 3 UStG). Der Vorsteuerabzug folgt insoweit dem für die Versteuerung von Anzahlungen vorgeschriebenen Ist-Prinzip. Ist die tatsächlich geleistete Anzahlung geringer, als sie in der Abschlagsrechnung angefordert wurde, so ist nur die auf die tatsächlich geleistete Anzahlung entfallende Vorsteuer abziehbar. Die in der Endrechnung ausgewiesene Umsatzsteuer von (11.400 € ./. 7.600 € =) 3.800 € kann K als Vorsteuer abziehen, sobald die Leistung des P an ihn ausgeführt worden ist und ihm die Endrechnung des P vorliegt (§ 15 Abs. 1 Satz 1 Nr. 1 Satz 1 und 2 UStG). Auf die Bezahlung des Restbetrages kommt es nicht an; insoweit gilt für den Vorsteuerabzug das Soll-Prinzip. Ein Vorsteuerausschluss nach § 15 Abs. 2 UStG ist nach dem Sachverhalt nicht erkennbar. Der Vorsteuerabzug ergibt sich für die Voranmeldungszeiträume Mai, Juni und Juli i. H. von jeweils 3.800 €, 2.660 € und 1.140 € nach § 15 Abs. 1 Satz 1 Nr. 1 Satz 3 UStG. Die restliche Vorsteuer i. H. von (11.400 € ./. 7.600 € =) 3.800 € kann K für den Voranmeldungszeitraum September 01 geltend machen (§ 15 Abs. 1 Satz 1 Nr. 1 Satz 1 und 2 UStG).

4. Wird eine Anzahlung für eine Leistung vereinnahmt, die voraussichtlich unter eine Befreiungsvorschrift des § 4 UStG fällt, ist die Anzahlung nicht der Ist-Versteuerung zu unterwerfen. Die durch Vermietung des Einfamilienhauses von K ausgeführte sonstige Leistung (§ 3 Abs. 9 UStG) ist nach § 4 Nr. 12 Satz 1 Buchst. a UStG steuerfrei. Ein Verzicht auf diese Steuerbefreiung ist nicht möglich, soweit der Mieter Hug die Räume privat nutzt (§ 9 Abs. 1 UStG) bzw. für nach § 4 Nr. 11 UStG steuerfreie Umsätze verwendet oder zu verwenden beabsichtigt, die nach § 15 Abs. 2 Satz 1 Nr. 1 UStG den Vorsteuerabzug ausschließen (§ 9 Abs. 2 UStG). Eine Anzahlungsbesteuerung für die von K erhaltene Mietvorauszahlung entfällt daher.

5. Anzahlungen können außer in Barzahlungen auch in Lieferungen oder sonstigen Leistungen bestehen, die im Rahmen eines Tausches oder tauschähnlichen Umsatzes als Entgelt oder Teilentgelt hingegeben werden. Mit der Lieferung (§ 3 Abs. 1 UStG) des gebrauchten PKW durch K hat R bereits am 25.09.01 eine Anzahlung auf die von ihm am 12.10.01 in Köln (§ 3 Abs. 6 Satz 1 und 2 UStG) ausgeführte Lieferung des neuen PKW erhalten. Die Lieferung des neuen PKW wird gegen die vereinbarte Lieferung eines gebrauchten PKW und einer Barzahlung (Tausch mit Baraufgabe, § 3 Abs. 12 Satz 1 UStG) im Leistungsaustausch erbracht. Die steuerbare Lieferung (§ 1 Abs. 1 Nr. 1 UStG) ist mit 19 % (§ 12 Abs. 1 UStG) steuerpflichtig. R ist Steuerschuldner (§ 13a Abs. 1 Nr. 1 UStG). Die Bemessungsgrundlage beträgt nach § 10 Abs. 1 Satz 1, 2 und Abs. 2 Satz 2, 3 UStG 42.000 € und die Umsatzsteuer 7.980 €. Diese Umsatzsteuer entsteht mit der vereinnahmten Anzahlung (Lieferung des gebrauchten PKW) bereits für den Voranmeldungszeitraum September 01 i. H. von 2.850 €

(§ 13 Abs. 1 Nr. 1 Buchst. a Satz 4 UStG). Die restliche Umsatzsteuer von (7.980 € ⁒ 2.850 € =) 5.130 € entsteht mit Ablauf des Voranmeldungszeitraums Oktober 01 (§ 13 Abs. 1 Nr. 1 Buchst. a Satz 1 UStG).

R hat aus der Lieferung des gebrauchten PKW einen Vorsteuerabzug i. H. von 2.850 €. Die Lieferung erfolgt für das Unternehmen des R und K schuldet für diese Lieferung Umsatzsteuer i. H. von 2.850 € (siehe unter 6.). Vereinbarungsgemäß hat R über die Lieferung des K mit einer Gutschrift abgerechnet (§ 14 Abs. 2 Satz 2 UStG), die die Wirkung einer Rechnung hat. Da R die Gutschrift über die als Anzahlung empfangene Lieferung des gebrauchten PKW erst am 15.10.01 erteilt hat, kann er die in der Gutschrift gesondert ausgewiesene Umsatzsteuer von 2.850 € erst für den Voranmeldungszeitraum Oktober 01 als Vorsteuer abziehen (§ 15 Abs. 1 Satz 1 Nr. 1 Satz 2 UStG). Ein Vorsteuerausschluss (§ 15 Abs. 2 UStG) ist nach dem Sachverhalt nicht erkennbar.

6. K hat an R einen gebrauchten PKW geliefert. Die Lieferung (§ 3 Abs. 1 UStG) wurde am 25.09.01 als Hilfsgeschäft im Rahmen des Unternehmens des K in Köln (§ 3 Abs. 6 Satz 1 und 2 UStG) ausgeführt. Sie erfolgt im Leistungsaustausch gegen die vereinbarte Lieferung eines neuen Fahrzeugs abzüglich einer von K zu zahlenden Baraufgabe (§ 3 Abs. 12 Satz 1 UStG). Der Umsatz ist steuerbar (§ 1 Abs. 1 Nr. 1 UStG) und mit 19 % steuerpflichtig (§ 12 Abs. 1 UStG). K ist Steuerschuldner (§ 13a Abs. 1 Nr. 1 UStG). Die Bemessungsgrundlage (§ 10 Abs. 2 Satz 2 und 3 UStG) beträgt 15.000 € (49.980 € ⁒ 32.130 €). Die Umsatzsteuer von 2.850 € ist mit Ablauf des Voranmeldungszeitraums September 01 entstanden (§ 13 Abs. 1 Nr. 1 Buchst. a Satz 1 UStG).

Aus der Lieferung des neuen PKW (siehe unter 5.) für sein Unternehmen und aufgrund der von R erteilten Rechnung vom 15.10.01, in der die Umsatzsteuer gesondert ausgewiesen wurde, ergibt sich für K für den Voranmeldungszeitraum Oktober 01 ein Vorsteuerabzug von 7.980 € (§ 15 Abs. 1 Satz 1 Nr. 1 Satz 1 und 2 UStG). Ein Vorsteuerausschluss nach § 15 Abs. 2 UStG ist nach dem Sachverhalt nicht erkennbar.

Fall 86

Leistungsempfänger als Steuerschuldner

UStG § 13b Abs. 1, Abs. 2 Nr. 1 und 4

Grundsätzlich schuldet der leistende Unternehmer die Umsatzsteuer gem. § 13 Abs. 1 Nr. 1 UStG. Der Gesetzgeber hat aber in § 13b UStG eine Ausnahme geschaffen, die in unterschiedlichen Fällen zu einer Verlagerung der Steuerschuld auf den Leistungsempfänger führt (reverse-charge-Verfahren). Gemeinsam ist diesen Fällen, dass es sich um Sachverhalte handelt, die entweder in der Vergangenheit besonders betrugsanfällig waren oder ein hohes allgemeines Ausfallrisiko bei der Umsatzsteuer aufweisen.

Sachverhalt

Der in Hengelo/Niederlande ansässige Unternehmer Hoogezand (H) stellt Schwimmbecken für Frei- und Hallenbäder her. Er führt auch erforderliche Reparaturen aus. H hat folgende Leistungen erbracht:

Auftraggeber **A:** Reparaturarbeiten (Werkleistung) an einem Schwimmbecken, das sich im Einfamilienhaus des Nichtunternehmers A in Ahaus befindet. Die Reparaturarbeiten wurden am 15.02.01 abgeschlossen. H hat am 03.03.01 eine Rechnung über 2.000 € zuzüglich 380 € Umsatzsteuer = 2.380 € erstellt.

Auftraggeber **B:** Neubau (Werklieferung) eines Schwimmbeckens im Hotelgebäude des Unternehmers B in Bentheim.

Das neue Schwimmbecken wurde nach Abschluss der Arbeiten am 10.04.01 abgenommen. H hat B am 08.05.01 eine Rechnung über 50.000 € ohne gesonderten Steuerausweis erteilt.

Um weitere Kundenkreise zu erschließen, vermittelt H nach erfolgreicher Fertigstellung des Schwimmbeckens und entsprechend den mit B getroffenen Vereinbarungen auch Hotelgäste. Für im August 01 vermittelte und ausgeführte Hotelleistungen rechnete B im September mit einer Gutschrift über 400 € ohne gesonderten Steuerausweis gegenüber H ab.

Auftraggeber **C:** C ist selbständiger Dachdeckermeister, der Bauleistungen i. S. des § 13b Abs. 2 Nr. 4 Satz 1 UStG erbringt.

a) Reparaturarbeit (Werkleistung) am Schwimmbecken im Einfamilienhaus des Unternehmers C, der das in Coesfeld belegene Haus selbst bewohnt. Die Reparaturarbeit wurde mit Abschluss der Arbeiten am 10.08.01 ausgeführt. Den vereinbarten Werklohn i. H. von 2.000 € hatte C auf Drängen des H bereits bei der Auftragsvergabe am 09.07.01 bezahlt. H hat C am 02.09.01 eine Rechnung über 2.000 € ohne gesonderten Steuerausweis erstellt.

b) Abweichend vom Ausgangssachverhalt erbringt der in Münster ansässige Unternehmer Meinrich (M) die Reparaturarbeit. C hat M den Auftrag zur Reparatur unter Verwendung seiner Bescheinigung auf dem Vordruck USt 1 TG (Muster vgl. BMF vom 01.10.2014, BStBl 2014 I S. 1322) erteilt.

Auftraggeber **D:** Neubau (Werklieferung) eines Schulschwimmbeckens der Stadt Dinslaken. Die Arbeiten wurden am 13.10.01 von D abgenommen.

H hat D am 04.12.01 einen Betrag von 120.000 € ohne gesonderten Steuerausweis in Rechnung gestellt.

Soweit sich aus dem Sachverhalt nichts Gegenteiliges ergibt, sind die Voraussetzungen für die Steuerschuldnerschaft des Leistungsempfängers als gegeben zu unterstellen.

Die §§ 19 und 20 UStG sind nicht anzuwenden. Voranmeldungszeitraum ist der Kalendermonat.

Frage

1. Schulden die Auftraggeber A bis D als Leistungsempfänger die Umsatzsteuer für die Leistungen des H bzw. des M?
2. Wann entsteht die Umsatzsteuer?
3. Wie hoch ist der Vorsteueranspruch der Auftraggeber?

Antwort

1. Die Auftraggeber B bis D schulden die Umsatzsteuer für die Leistungen des H bzw. des M. A ist kein Unternehmer und schuldet nicht die Umsatzsteuer für die Werkleistung des H.
2. Die Umsatzsteuer entsteht für
   - H für die Werkleistung an A mit Ablauf des Voranmeldungszeitraums Februar 01,
   - B am 08.05.01,
   - C mit Ablauf des Voranmeldungszeitraums Juli 01,
   - D mit Ablauf des Kalendermonats November 01.
3. Nur B hat einen Vorsteueranspruch i. H. von 9.500 €.

Begründung

Allgemeines: Zur Sicherung des Steueraufkommens und zur Verwaltungsvereinfachung schuldet der Leistungsempfänger für bestimmte steuerpflichtige Umsätze die Steuer. Dies gilt jedoch nur, wenn der Leistungsempfänger Unternehmer (auch Kleinunternehmer, § 19 Abs. 1 Satz 3 UStG) oder in den Fällen des § 13b Abs. 1 und 2 Nr. 1 bis 3 UStG eine juristische Person des öffentlichen Rechts ist (§ 13b Abs. 5 Satz 1 UStG). Ausgenommen sind Umsätze eines (im Inland oder in den Gebieten des § 1 Abs. 3 UStG ansässigen) Kleinunternehmers, bei dem die Steuer nach § 19 Abs. 1 UStG nicht erhoben wird (§ 13b Abs. 5 Satz 8 UStG). Bemessungsgrundlage ist der in der Rechnung oder Gutschrift ausgewiesene Betrag ohne Umsatzsteuer. Auch beim Tausch oder tauschähnlichen Umsatz schuldet der Leistungsempfänger die Steuer (Abschn. 13b.1 Abs. 2 Satz 2 UStAE). Der leistende Unternehmer ist in diesen Fällen verpflichtet, eine Rechnung ohne gesonderten Steuerausweis zu erstellen und in der Rechnung auf die Steuerschuldnerschaft des Leistungsempfängers hinzuweisen (§ 14a Abs. 5 UStG; Entsprechendes gilt für die durch den Leistungsempfänger erstellte Gutschrift, Abschn. 13b.14 Abs. 1 UStAE). Fehlt dieser Hinweis, ist das für den Übergang der Steuerschuldnerschaft ohne Bedeutung, da diese kraft Gesetzes erfolgt (Abschn. 13b.14 Abs. 1 UStAE). Weist er dennoch Umsatzsteuer in einer Rechnung gesondert aus, schuldet er diese nach § 14c Abs. 1 UStG (Abschn. 13b.14 Abs. 1 Satz 5 UStAE).

Für steuerpflichtige sonstige Leistungen, die ein im übrigen Gemeinschaftsgebiet ansässiger Unternehmer nach § 3a Abs. 2 UStG im Inland bewirkt, entsteht die Steuer mit Ablauf des Voranmeldungszeitraums, in dem diese Leistungen ausgeführt werden (§ 13b Abs. 1 UStG). Die Steuer für Leistungen i. S. des § 13b Abs. 2 UStG entsteht mit Ausstellung der Rechnung, spätestens mit Ablauf des der Ausführung der Leistung folgenden Kalendermonats. Unter den Voraussetzungen des § 15 Abs. 1 Satz 1 Nr. 4 UStG ist der Leistungsempfänger zum Abzug dieser Steuer als Vorsteuer berechtigt. Das Vorliegen einer Rechnung nach §§ 14 und 14a UStG ist für den Vorsteuerabzug nach § 15 Abs. 1 Satz 1 Nr. 4 UStG nicht erforderlich (zum Vorsteuerabzug des Leistungsempfängers vgl. Abschn. 13b.15 UStAE). Im Fall der Umrechnung fremder Währungen ist die Umsatzsteuer bzw. Vorsteuer nach dem Durchschnittskurs des Monats umzurechnen, in dem die Leistung ausgeführt oder das Entgelt oder ein Teil des Entgelts vor Ausführung der Leistung vereinnahmt wird (§ 16 Abs. 6 Satz 1 UStG).

Der leistende Unternehmer muss die Umsätze, für die der Leistungsempfänger die Umsatzsteuer schuldet, entsprechend § 13b Abs. 1 und 2 UStG in seinen Umsatzsteuervoranmeldungen bzw. in der Jahreserklärung angeben. Der Leistungsempfänger erklärt die Steuer nach § 13b UStG und die ggf. korrespondierende Vorsteuer in seinen Steueranmeldungen. Zum Anwendungsbereich des § 13b UStG vgl. Abschn. 13b.1 UStAE.

Der Leistungsempfänger ist u. a. Steuerschuldner, wenn die folgenden Voraussetzungen erfüllt sind:

1. Ein im übrigen Gemeinschaftsgebiet ansässiger Unternehmer erbringt eine nach § 3a Abs. 2 UStG im Inland ausgeführte steuerpflichtige sonstige Leistung (§ 13b Abs. 1 UStG) bzw. ein im Ausland ansässiger Unternehmer erbringt im Inland eine steuerpflichtige Werklieferung oder eine nicht unter § 13b Abs. 1 UStG fallende steuerpflichtige sonstige Leistung (§ 13b Abs. 2 Nr. 1 UStG):
   a) Der leistende Unternehmer muss im Zeitpunkt der Leistungsausführung im übrigen Gemeinschaftsgebiet bzw. im Ausland ansässig sein (§ 13b Abs. 7 Satz 2 bzw. Satz 1 UStG).
   b) Der Leistungsempfänger muss Unternehmer oder eine juristische Person des öffentlichen Rechts sein (§ 13b Abs. 5 Satz 1 UStG).
2. Ein Unternehmer erbringt Werklieferungen und sonstige Leistungen als Bauleistungen i. S. von § 13b Abs. 2 Nr. 4 UStG:
   a) Der leistende Unternehmer muss steuerpflichtige Werklieferungen und sonstige Leistungen erbringen, die der Herstellung, Instandsetzung, Instandhaltung, Änderung oder Beseitigung von Bauwerken

dienen. Planungs- und Überwachungsleistungen gehören nicht dazu (§ 13b Abs. 2 Nr. 4 Satz 1 UStG; zur Abgrenzung vgl. Abschn. 13b.2 Abs. 5 bis 7 UStAE).

b) Der Leistungsempfänger muss Unternehmer sein und selbst Bauleistungen i. S. des § 13b Abs. 2 Nr. 4 Satz 1 UStG erbringen (§ 13b Abs. 5 Satz 2 UStG; vgl. Abschn. 13b.3 UStAE).

Führt ein Unternehmer im Zusammenhang mit einem Grundstück eine steuerpflichtige Werklieferung oder eine steuerpflichtige sonstige Leistung aus, ist er verpflichtet, innerhalb von 6 Monaten nach Ausführung der Leistung eine Rechnung zu erstellen (§ 14 Abs. 2 Satz 1 Nr. 1 UStG). Diese Verpflichtung besteht unabhängig davon, ob der Leistungsempfänger Unternehmer ist und die Leistung für sein Unternehmen bezieht. Ziel dieser Regelung ist die Bekämpfung der Schwarzarbeit und der damit zusammenhängenden Steuerhinterziehung (Eindämmung sog. „Ohne-Rechnung-Geschäfte"). Zur Ausstellung entsprechender Rechnungen und zu Aufbewahrungspflichten der nichtunternehmerischen Leistungsempfänger vgl. Abschn. 14.1 Abs. 3, Abschn. 14.2 und Abschn. 14b.1 Abs. 4 UStAE.

1. Auftraggeber **A** in Ahaus ist zwar Empfänger einer im Inland ausgeführten Werkleistung (§ 3a Abs. 3 Nr. 1 Satz 1, Satz 2 Buchst. c UStG) des in den Niederlanden ansässigen Unternehmers H, die steuerbar und steuerpflichtig ist (vgl. § 13b Abs. 2 Nr. 1 UStG). Als Nichtunternehmer schuldet A jedoch nicht die Steuer für die steuerpflichtige Werkleistung des H (Umkehrschluss aus § 13b Abs. 5 Satz 1 und 2 UStG).

Auftraggeber **B** in Bentheim schuldet als Leistungsempfänger der von H bewirkten Werklieferung die Umsatzsteuer gem. § 13b Abs. 2 Nr. 1, Abs. 5 Satz 1 UStG. H erbringt an B am 10.04.01 eine Werklieferung (§ 3 Abs. 1 und 4 UStG), die in Bentheim ausgeführt wird (§ 3 Abs. 7 Satz 1 UStG). Der im Leistungsaustausch ausgeführte Umsatz ist steuerbar (§ 1 Abs. 1 Nr. 1 UStG) und mit 19 % (§ 12 Abs. 1 UStG) steuerpflichtig. Da H ein im Ausland (Niederlande) ansässiger Unternehmer (§ 13b Abs. 7 Satz 1 UStG) und der Leistungsempfänger B Unternehmer ist (§ 13b Abs. 5 Satz 1 UStG), schuldet B die Umsatzsteuer gem. § 13b Abs. 2 Nr. 1 i. V. m. Abs. 5 Satz 1 UStG. Bei einer Bemessungsgrundlage (§ 10 Abs. 1 UStG) von 50.000 € und einem Steuersatz von 19 % (§ 12 Abs. 1 UStG) beträgt die Umsatzsteuer für B 9.500 €.

Außerdem schuldet B als Empfänger von Vermittlungsleistungen des H die Umsatzsteuer nach § 13b Abs. 1, Abs. 5 Satz 1 UStG. H bewirkt im August 01 an B Vermittlungsleistungen (§ 3 Abs. 9 UStG), die in Bentheim ausgeführt werden (§ 3a Abs. 2 UStG; vgl. Abschn. 3a.3 Abs. 9 Nr. 2 UStAE). Die gegen eine vereinbarte Provision im Leistungsaustausch ausgeführten Leistungen sind (zumindest als Hilfsgeschäfte) steuerbar (§ 1 Abs. 1 Nr. 1 UStG) und mit 19 % steuerpflichtig (§ 12 Abs. 1 UStG; Abschn. 12.16 Abs. 5 UStAE). B schuldet als Unternehmer die Umsatzsteuer nach § 13b Abs. 1 i. V. m. Abs. 5 Satz 1 UStG. H ist ein Unternehmer, der im übrigen Gemeinschaftsgebiet (Niederlande) ansässig ist (§ 13b Abs. 7 Satz 1 UStG). Die Bemessungsgrundlage (§ 10 Abs. 1 UStG) beträgt 400 € und die Umsatzsteuer 76 €.

Auftraggeber **C** in Coesfeld schuldet als Leistungsempfänger der von H bewirkten Werkleistung die Umsatzsteuer gem. § 13b Abs. 5 Satz 1 UStG. H erbringt am 10.08. eine Werkleistung (§ 3 Abs. 9 UStG), die in Coesfeld ausgeführt wird (§ 3a Abs. 3 Nr. 1 Satz 1 und 2 Buchst. c UStG). Der im Leistungsaustausch ausgeführte Umsatz ist steuerbar (§ 1 Abs. 1 Nr. 1 UStG) und mit 19 % (§ 12 Abs. 1 UStG) steuerpflichtig.

a) C schuldet als Leistungsempfänger die Umsatzsteuer für die Werkleistung, weil H ein im Ausland (Niederlande) ansässiger Unternehmer ist (§ 13b Abs. 7 Satz 1 UStG) und auch C Unternehmer ist (§ 13b Abs. 2 Nr. 1 i. V. m. Abs. 5 Satz 1 UStG).

b) C schuldet als Leistungsempfänger die Umsatzsteuer für die Werkleistung, weil M mit der Reparaturarbeit eine sonstige Leistung an einem Bauwerk (Schwimmbecken im Einfamilienhaus des C) erbringt und C als selbständiger Dachdeckermeister ein Unternehmer ist, der Bauleistungen i. S. von § 13b Abs. 2 Nr. 4 Satz 1 UStG ausführt. M kann davon ausgehen, dass C nachhaltig Bauleistungen erbringt, wenn C eine im Zeitpunkt der Ausführung der Reparaturarbeit gültige Bescheinigung nach § 13b Abs. 5 Satz 2 UStG vorlegt (Abschn. 13b.3 Abs. 3 UStAE).[1]

Es ist in den Fällen a) und b) unerheblich, dass die Werkleistung für den unternehmensfremden Bereich des C bezogen wird (§ 13b Abs. 5 Satz 6 UStG). Die Bemessungsgrundlage (§ 10 Abs. 1 UStG) beträgt 2.000 €. Damit ergibt sich eine Umsatzsteuer von 380 €.

Auftraggeber **D**, die Stadt Dinslaken, schuldet als Leistungsempfänger der von H bewirkten Werklieferung die Umsatzsteuer gem. § 13b Abs. 5 Satz 1 und 6 UStG. H erbringt am 13.10.01 eine Werklieferung (§ 3 Abs. 1 und 4 UStG), die in Dinslaken ausgeführt wird (§ 3 Abs. 7 Satz 1 UStG). Der im Leistungsaustausch ausgeführte Umsatz ist steuerbar (§ 1 Abs. 1 Nr. 1 UStG) und mit 19 % (§ 12 Abs. 1 UStG) steuerpflichtig. D schuldet als Leistungsempfänger die Steuer für diese Werklieferung, weil H ein im Ausland (Niederlande) ansässiger Unternehmer (§ 13b Abs. 7 Satz 1 UStG) und D eine juristische Person des öffentlichen Rechts ist (§ 13b Abs. 2 Nr. 1 i. V. m. Abs. 5 Satz 1 UStG). Nach § 13b Abs. 5 Satz 10 UStG ist ein Wechsel der Steuerschuldnerschaft ausgeschlossen, soweit eine juristische Person des öffentlichen Rechts die Leistung für den nichtunternehmerischen Bereich bezieht. Zwar erfüllt die Stadt Dinslaken diese Voraussetzung. Die Ausnahme vom Wechsel der Steuerschuldnerschaft gilt jedoch nur für die Fälle des 13b Abs. 2 Nr. 4, Nr. 5 Buchst. b und Nr. 7 bis 11 UStG. Die Bemessungsgrundlage beträgt 120.000 € (§ 10 Abs. 1 UStG), die Umsatzsteuer (19 % von 120.000 € =) 22.800 €.

1 Vordruckmuster USt 1 TG, vgl. BMF-Schreiben vom 01.10.2014 (BStBl 2014 I S. 1325).

2. H schuldet die Umsatzsteuer für die Werkleistung an A (§ 13a Abs. 1 Nr. 1 UStG). Die Umsatzsteuer entsteht mit Ablauf des Voranmeldungszeitraums Februar 01 (§ 13 Abs. 1 Nr. 1 Buchst. a Satz 1 UStG).

B schuldet die Umsatzsteuer für die Werklieferung und die Vermittlungsleistungen des H (§ 13b Abs. 5 Satz 1 UStG). Die Umsatzsteuer für die Werklieferung entsteht mit Ausstellung der Rechnung am 08.05.01 (§ 13b Abs. 2 UStG). Für die Vermittlungsleistungen entsteht die Umsatzsteuer mit Ablauf des August 01 (Voranmeldungszeitraum, § 13b Abs. 1 UStG).

C schuldet in den Fällen a) und b) die Umsatzsteuer für die Werkleistung des H (§ 13b Abs. 5 Satz 1 und 3 UStG). Die Umsatzsteuer entsteht mit Ablauf des Voranmeldungszeitraums Juli 01 (§ 13b Abs. 4 Satz 2 UStG).

D schuldet die Umsatzsteuer für die Werklieferung des H (§ 13b Abs. 5 Satz 1 und 3 UStG). Die Umsatzsteuer entsteht mit Ablauf des Kalendermonats November 01 (§ 13b Abs. 2 UStG).

3. Auftraggeber **A** ist als Nichtunternehmer nicht nach § 15 Abs. 1 Satz 1 UStG zum Vorsteuerabzug berechtigt.

Auftraggeber **B** kann für den Voranmeldungszeitraum Mai 01 die Umsatzsteuer von 9.500 € als Vorsteuer abziehen (§ 15 Abs. 1 Satz 1 Nr. 4 UStG). Ausschlussgründe nach § 15 Abs. 2 UStG liegen nicht vor.

Auftraggeber **C** kann die Umsatzsteuer nicht gem. § 15 Abs. 1 Satz 1 Nr. 4 UStG als Vorsteuer abziehen, weil er die Werkleistung für seinen unternehmensfremden Bereich bezogen hat.

Auftraggeber **D** kann die Umsatzsteuer nicht gem. § 15 Abs. 1 Satz 1 Nr. 4 als Vorsteuer abziehen, weil die Werklieferung für den nichtunternehmerischen Bereich bezogen wird. Für die Stadt Dinslaken als juristische Person des öffentlichen Rechts würde das gleiche Ergebnis gelten, wenn sie nicht Unternehmer wäre (§ 15 Abs. 1 Satz 1 UStG).

Fall 87

Lieferung sicherungsübereigneter Gegenstände

UStG § 13b Abs. 2 Nr. 2

Im Vorfeld einer Insolvenz kommt es häufiger vor, dass die Gläubiger Sicherungsgut verwerten. Umsatzsteuerrechtlich stellt die Sicherungsübereignung zum Zeitpunkt des Sicherungsübereignungsvertrages noch keine Lieferung nach § 3 Abs. 1 UStG dar. Erst mit der Verwertung des Sicherungsgutes kommt es zu einer Lieferung. Erfolgt dabei die Verwertung durch den Sicherungsnehmer, kommt es zu mehrfachen Umsätzen. Grund-

legend ist zwischen einem sog. Doppelumsatz und einem Dreifachumsatz zu unterscheiden. Da sowohl beim Doppel- als auch beim Dreifachumsatz eine Lieferung vom Sicherungsgeber an den Sicherungsnehmer vorliegt, hat der Gesetzgeber daraus einen Fall des Wechsels der Steuerschuldnerschaft nach § 13b UStG gemacht. Es besteht hier nämlich ein Steuerausfallrisiko, da der Sicherungsgeber im Regelfall keine Liquidität für die Zahlung der Umsatzsteuer aus seiner Ausgangslieferung haben wird.

Sachverhalt

Holzgroßhändler Niemann (N) aus Nordenau hatte am 05.01. an den Zimmermeister Gebhardt (G) aus Garbeck vierseitig grob zugerichtetes Holz geliefert. Trotz Einräumung eines dreimonatigen Zahlungsziels hatte G den vereinbarten Kaufpreis von 10.000 € zuzüglich 1.900 € Umsatzsteuer bis zum Fälligkeitstermin 10.05. nicht entrichtet. Um Zwangsmaßnahmen zu vermeiden, übereignete G dem N am 10.05. eine noch fast neue Holzbearbeitungsmaschine zur Sicherheit. G konnte die Maschine leihweise behalten und weiter benutzen. Der gemeine Wert der Maschine betrug im Zeitpunkt der Übereignung 16.660 €.

Nach Ablauf des letztmalig zum 10.10. eingeräumten Zahlungsziels war G ebenso wenig in der Lage, den Kaufpreis für die Holzlieferung zu entrichten. N ließ daher die Maschine am 15.10. durch einen Spediteur bei G abholen. Sie wurde vorläufig im Lagerschuppen des N untergestellt. Am 16.10. gab N eine Zeitungsanzeige auf, mit der er die Maschine zum Kauf anbot. Am 10.11. meldete sich der Bauschreiner Degenhardt (D) aus Drolshagen als Käufer. N verkaufte die Maschine gegen Barzahlung von 16.660 € an D, der die Maschine sogleich auf eigenem LKW abtransportierte. N rechnete mit G wie folgt ab:

Abrechnung vom 15.11. (Auszug):

Verwertungserlös		16.660 €
abzgl. 19 % Umsatzsteuer		2.660 €
Erlös aus dem Verkauf der Maschine netto		14.000 €
abzgl. Verwertungskosten (ohne Umsatzsteuer)		
Transportkosten Garbeck – Nordenau	148 €	
Zeitungsanzeige	152 €	./. 300 €
verbleiben als Ihr Verwertungserlös netto		13.700 €
abzgl. Forderung lt. Rechnung vom 10.01. d. J.		
Holzpreis netto	10.000 €	
zzgl. 19 % Umsatzsteuer	1.900 €	./. 11.900 €
verbleiben		1.800 €
abzgl. Verzugszinsen (2 % von 11.900 € =)	238 €	
eigene Mahnkosten	162 €	./. 400 €
Saldo zu Ihren Gunsten		1.400 €

In der Buchführung und in den Umsatzsteuer-Voranmeldungen hat N folgende Beträge ausgewiesen:

Voranmeldungszeitraum	Umsatzsteuer	Vorsteuer
Januar	1.900 €	0 €
Oktober	0 €	57 €
November (2.660 € + 2.603 € =)	5.263 €	2.603 €

Die im Voranmeldungszeitraum Oktober eingegangenen Rechnungen des Spediteurs und des Zeitungsverlags entsprechen den Anforderungen des § 14 UStG.

Frage

Wie sind umsatzsteuerrechtlich zu beurteilen

1. die am 10.05. vollzogene Sicherungsübereignung,
2. der Eintritt der Verwertungsbefugnis durch Ablauf des Zahlungsziels am 10.10.,
3. die tatsächliche Verwertung der Maschine durch N am 10.11.,
4. die Nachberechnung von Verzugszinsen und eigenen Mahnkosten lt. Abrechnung vom 15.11.,
5. der im Voranmeldungszeitraum Oktober von N vorgenommene Vorsteuerabzug von 57 €,
6. die im Voranmeldungszeitraum November von N i. H. von 2.603 € abgezogene Vorsteuer?
7. Wie ist der Sachverhalt zu beurteilen, wenn ein Sicherungsgeber im eigenen Namen, aber für Rechnung des Sicherungsnehmers nach Eintritt der Verwertungsreife das Sicherungsgut an einen Dritten veräußert?

Antwort

1. Die am 10.05. vollzogene Sicherungsübereignung stellte noch keine Lieferung i. S. des § 3 Abs. 1 UStG dar.
2. Der Eintritt der Verwertungsbefugnis am 10.10. aufgrund der Verwertungsklausel des Sicherungsübereignungsvertrages führte ebenfalls noch nicht zu einer Lieferung.
3. Erst durch die tatsächliche Verwertung des Sicherungsgutes am 10.11. wurden zwei Umsätze bewirkt: Eine Lieferung des Sicherungsgebers G an den Sicherungsnehmer N sowie eine Lieferung des Sicherungsnehmers N an den Dritterwerber D. Für die steuerpflichtige Lieferung des G schuldet N als Leistungsempfänger die Steuer nach § 13b Abs. 5 UStG.

4. Durch die Nachberechnung hat sich hinsichtlich der am 05.01. ausgeführten Lieferung von Holz keine Änderung der Bemessungsgrundlage ergeben; es handelt sich insoweit um Schadensersatz.
5. N konnte die wirtschaftlich mit der Verwertung im Zusammenhang stehende Vorsteuer von 57 € abziehen.
6. Ebenso konnte N die sich aus der Lieferung nach § 13b Abs. 2 Nr. 2 UStG ergebende Umsatzsteuer von 2.603 € als Vorsteuer abziehen.
7. Veräußert der Sicherungsgeber im eigenen Namen, aber für Rechnung des Sicherungsnehmers das Sicherungsgut an einen Dritten, liegt ein sog. Dreifachumsatz vor. Zunächst liefert der Sicherungsgeber an den Sicherungsnehmer, gleichzeitig (eine juristische Sekunde später) liefert dieser als Kommittent an den Sicherungsgeber (Kommissionär). Anschließend liefert der Sicherungsgeber an den Dritten.

Begründung

1. Die Übereignung der Holzbearbeitungsmaschine wurde am 10.05. durch Einigung und Vereinbarung eines Besitzmittlungsverhältnisses (Leihe) vollzogen (§ 929 Satz 1, § 930, § 868 BGB). Damit übertrug der Schuldner (Sicherungsgeber) G dem Gläubiger (Sicherungsnehmer) N zwar bürgerlich-rechtlich Eigentum, N war aber verpflichtet, von dem ihm übertragenen Eigentumsrecht nur gemäß den zwischen ihm und G getroffenen Abmachungen Gebrauch zu machen. Mit der Übereignung bezweckte G lediglich eine Sicherung der Kaufpreisforderung des N, nicht aber eine Leistung an ihn. Eine Verschaffung des wirtschaftlichen Eigentums (§ 39 Abs. 2 Nr. 1 Satz 1 AO) und damit eine Lieferung des G an N lag noch nicht vor (Abschn. 3.1 Abs. 3 UStAE).

2. Die schuldrechtlichen Abreden bei Sicherungsübereignungen enthalten regelmäßig eine sog. Verwertungsklausel. Sie haben etwa folgenden Inhalt: „Der Sicherungsnehmer ist zur Verwertung (nach den für das Vertragspfandrecht geltenden Vorschriften des BGB) berechtigt, wenn der Sicherungsgeber mit mehr als ... Raten in Verzug gerät."

Nicht nur bis zum Tage des Wirksamwerdens der Verwertungsklausel (10.10.) bzw. des Abholens der Maschine durch N am 15.10., sondern bis zum Tage der tatsächlichen Verwertung (10.11.) hatte G als Sicherungsgeber die Möglichkeit, durch Bewirken der geschuldeten (Geld-)Leistung die Verwertung des Sicherungsgutes zu verhindern. Der Eintritt der Verwertungsbefugnis führte daher noch nicht zur Annahme einer Lieferung des Sicherungsgebers G an den Sicherungsnehmer N.

3. N erlangte die Verfügungsmacht über die ihm zur Sicherung übereignete Holzbearbeitungsmaschine im Zeitpunkt der Verwertung (10.11.), indem G eine Lieferung (§ 3 Abs. 1 UStG) für das Unternehmen des N ausführte. Zum gleichen Zeitpunkt (eine juristische Sekunde später) lieferte N die Maschine an den Dritterwerber D weiter (sog. Doppelumsatz). Es lagen zwei Lieferungen vor, eine Lieferung des Sicherungsgebers an den Sicherungsnehmer und eine weitere Lieferung des Sicherungsnehmers an den Dritterwerber (Abschn. 1.2 Abs. 1 UStAE). Die Lieferung des Sicherungsgebers G an den Sicherungsnehmer N geht der Lieferung des N an den Dritterwerber D zwar voran, jedoch nicht im Wege eines Reihengeschäfts i. S. des § 3 Abs. 6 Satz 5 UStG, weil die Holzbearbeitungsmaschine nicht unmittelbar von N zu D gelangt. Der Ort der Lieferung des G an N ist Nordenau (§ 3 Abs. 7 Satz 1 UStG).

N handelte im eigenen Namen und für eigene Rechnung. Die Annahme der Maschine erfolgte zahlungshalber. Eine Hingabe der Maschine an Zahlungs statt oder ein Tausch i. S. des § 3 Abs. 12 Satz 1 UStG hinsichtlich der von N an G ausgeführten Holzlieferung und der Lieferung der Holzbearbeitungsmaschine durch G an N ist nicht anzunehmen. Die von N an D ausgeführte Lieferung der Maschine wurde am 10.11. in Nordenau (Abgangsort) bewirkt, weil der Abnehmer D die Maschine befördert hat (§ 3 Abs. 6 Satz 1 und 2 UStG). Sie ist als Hilfsgeschäft steuerbar (§ 1 Abs. 1 Nr. 1 UStG) und mit 19 % steuerpflichtig (§ 12 Abs. 1 UStG). N ist Steuerschuldner (§ 13a Abs. 1 Nr. 1 UStG). Die Bemessungsgrundlage (§ 10 Abs. 1 UStG) beträgt (16.660 € : 1,19 =) 14.000 €, die Umsatzsteuer 2.660 €. Durch die Zahlung des D von 16.660 € vereinnahmte N das Entgelt von 14.000 € zuzüglich 2.660 € Umsatzsteuer für die Lieferung der Maschine an D. Mit der Einbehaltung des Betrages von 300 € erhielt N die ihm entstandenen Verwertungskosten ersetzt. Für die mit 19 % steuerpflichtige Lieferung des G schuldet N als Leistungsempfänger die Umsatzsteuer (§ 13b Abs. 2 Nr. 2 i. V. m. Abs. 5 Satz 1 UStG; Abschn. 13b.1 Abs. 2 Satz 1 Nr. 4 UStAE; außerhalb eines Insolvenzverfahrens). Bei einer Bemessungsgrundlage von 13.700 € (§ 10 Abs. 1 UStG) ergibt sich eine Umsatzsteuer i. H. von 2.603 €. Sie entsteht mit Ausstellung der Gutschrift am 15.11.01 (§ 13b Abs. 2 UStG). Mit der Einbehaltung eines Teilbetrages von 11.900 € vereinnahmte N das Entgelt für die Holzlieferung. Den für Verzugszinsen und eigene Mahnkosten berechneten Betrag von insgesamt 400 € hat N zum Ausgleich des ihm durch verspätete Zahlung entstandenen Schadens sowie des weiteren Verzugsschadens zurückbehalten (§ 288 BGB). Die Weiterleitung des am Ende der Abrechnung ausgewiesenen Betrages von 1.400 € an G stellt lediglich die Tilgung einer Geldforderung dar.

4. Durch die in der Abrechnung vom 15.11. vorgenommene Nachberechnung von Zinsen und eigenen Mahnkosten hat sich hinsichtlich der am 05.01. ausgeführten Holzlieferung keine Änderung der Bemessungsgrundlage ergeben. Die Einräumung eines weiteren Zahlungsziels ist keine übliche Nebenleistung zu der von N ausgeführten Holzlieferung. Eine als selbständige Leistung zu behandelnde Kreditgewährung liegt auch nicht vor. Die wegen verspäteter Zahlung berechneten Verzugszinsen (§ 288 BGB) sind ebenso wie Fälligkeits- und Prozesszinsen (vgl. §§ 288, 291 BGB, § 353 HGB) als Schadensersatz und nicht als Teil des Entgelts für eine Leistung zu behandeln. Die eigenen Mahnkosten sind wie gerichtliche Mahnkosten, die dem Gläubiger ersetzt werden, als nicht steuerbare Schadensersatzleistungen anzusehen. Insoweit kann N einen weiteren Verzugsschaden geltend machen (§ 288 Abs. 2 BGB). Weitere Einzelheiten ergeben sich aus Abschn. 1.3 Abs. 6 UStAE.

5. Durch Ausführung des Transports der Maschine sowie durch die Veröffentlichung der Anzeige haben der Spediteur bzw. der Zeitungsverlag sonstige Leistungen für das Unternehmen des N im Voranmeldungszeitraum Oktober ausgeführt. Aus den im selben Zeitraum bei N eingegangenen Rechnungen dieser Unternehmer konnte N den Vorsteuerabzug von 57 € in Anspruch nehmen (§ 15 Abs. 1 Satz 1 Nr. 1 Satz 1 und 2 UStG). Die Leistungen des Spediteurs und des Zeitungsverlages stehen in wirtschaftlichem Zusammenhang mit der steuerpflichtigen Verwertung (Lieferung) der Holzbearbeitungsmaschine.

6. N kann für den Voranmeldungszeitraum November 01 die Umsatzsteuer für die Lieferung des G i. H. von 2.603 € abziehen (§ 15 Abs. 1 Satz 1 Nr. 4 UStG). Ausschlussgründe nach § 15 Abs. 2 UStG liegen nicht vor.

Schematische Darstellung des Doppelumsatzes

Sicherungsgeber (G)	erste Lieferung ——————→ § 3 Abs. 1, Abs. 7 Satz 1 UStG	Sicherungsnehmer (N) schuldet Umsatzsteuer nach § 13b Abs. 2 Nr. 2, Abs. 5 Satz 1 UStG; N hat Vorsteuerabzug nach § 15 Abs. 1 Satz 1 Nr. 4 UStG
Sicherungsnehmer (N) schuldet Umsatzsteuer nach § 13a Abs. 1 Nr. 1 UStG	zweite Lieferung ——————→ § 3 Abs. 1, Abs. 6 Satz 1 UStG	Dritter (D) hat Vorsteuerabzug nach § 15 Abs. 1 Satz 1 Nr. 1 UStG

7. Die Verwertung des Sicherungsgutes nach Eintritt der Verwertungsreife durch den Sicherungsgeber im eigenen Namen, aber für Rechnung des Sicherungsnehmers ist in der Praxis üblich. Dadurch erspart sich der Sicherungsnehmer eine eigene, möglicherweise aufwendige und z. B. bei Kreditinstituten nicht unternehmenstypische Verwertungstätigkeit. In diesem Fall kommt es (Unternehmereigenschaft des Sicherungsgebers sowie des Sicherungsnehmers unterstellt) zu einem sog. Dreifachumsatz (Abschn. 1.2 Abs. 1 UStAE). Mit der Verwertung durch den Sicherungsgeber bewirkt dieser zunächst eine Lieferung des Sicherungsgutes an den Sicherungsnehmer (erste Lieferung). Gleichzeitig (eine juristische Sekunde später) liefert im Rahmen eines Kommissionsgeschäfts der Sicherungsnehmer (Kommittent) das Sicherungsgut an den Sicherungsgeber (Kommissionär; zweite Lieferung, § 3 Abs. 3 UStG), bevor dieser (wiederum eine juristische Sekunde später) das Sicherungsgut an den Dritten liefert (dritte Lieferung). Wie beim Doppelumsatz (es werden im Folgenden jeweils steuerpflichtige Lieferungen unterstellt) schuldet der Sicherungsnehmer nach § 13b Abs. 2 Nr. 2 UStG die Umsatzsteuer aus der vom Sicherungsgeber an ihn ausgeführten Lieferung (= erste Lieferung) und hat einen entsprechenden Vorsteuerabzug (§ 15 Abs. 1 Satz 1 Nr. 4 UStG). Zusätzlich schuldet der Sicherungsnehmer die Umsatzsteuer aus seiner Lieferung als Kommittent an den Sicherungsgeber (Kommissionär; zweite Lieferung). Der Sicherungsgeber schuldet die Umsatzsteuer aus seiner Lieferung als Kommissionär an den Dritten (dritte Lieferung) und hat nach § 15 Abs. 1 Satz 1 Nr. 1 UStG einen entsprechenden Vorsteuerabzug aus der vom Sicherungsnehmer (Kommittent) an ihn ausgeführten Lieferung (zweite Lieferung).

Der Sachverhalt lässt sich schematisch wie folgt darstellen:

- Die **erste** Lieferung erfolgt vom Sicherungsgeber an den Sicherungsnehmer. Für diese Lieferung schuldet der Sicherungsnehmer die Umsatzsteuer gem. § 13 b Abs. 2 Nr. 2, Abs. 5 Satz 1 UStG, sofern sie außerhalb des Insolvenzverfahrens erfolgt.
- Im zweiten Schritt führt der Sicherungsgeber eine Lieferung gegenüber dem Dritten aus. Bei dieser Lieferung ist jedoch § 3 Abs. 3 UStG (Kommissionsgeschäft) zu beachten. Durch die Veräußerung im eigenen Namen, aber auf Rechnung des Sicherungsnehmers liegen die Voraussetzungen einer Verkaufskommission vor, sodass zwischen dem Kommittenten (Sicherungsnehmer) und dem Kommissionär (Sicherungsgeber) auch eine Lieferung vorliegt.

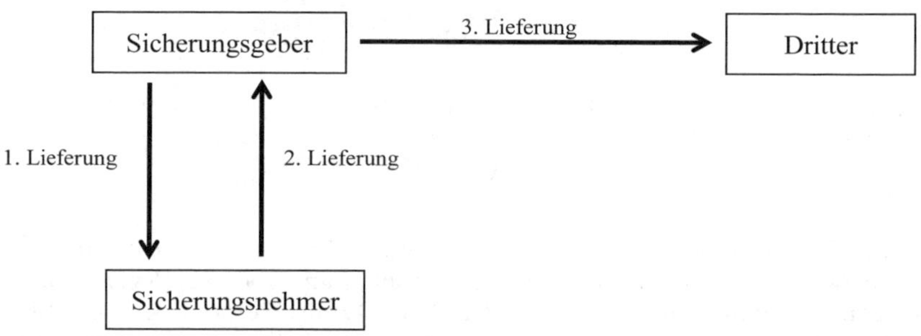

Zu weiteren Einzelheiten zur Verwertung von Sachen vgl. Abschn. 1.2 UStAE.

Zusammengefasst kann die Verwertung von Sicherungsgut außerhalb des Insolvenzverfahrens zu folgenden Umsätzen führen:

- Veräußerung durch den Sicherungsnehmer im eigenen Namen und auf eigene Rechnung führt zu einem **Doppelumsatz.**
- Veräußerung durch den Sicherungsgeber im Namen und auf Rechnung des Sicherungsnehmers führt zu einem Doppelumsatz.
- Veräußerung durch den Sicherungsgeber im eigenen Namen, jedoch auf Rechnung des Sicherungsnehmers führt zu einem Dreifachumsatz.
- Eine Veräußerung durch den Sicherungsgeber im eigenen Namen und auf eigene Rechnung führt **nur** zu einem Ausgangsumsatz bei diesem.

8. Ausgewählte Sonderregelungen

Fall 88

Besteuerung von Umsätzen der Kleinunternehmer

UStG §§ 19 und 23; UStDV §§ 69 und 70

Kleinunternehmer sind Unternehmer mit einem niedrigen Gesamtumsatz. Die von ihnen für Umsätze i. S. des § 1 Abs. 1 Nr. 1 UStG geschuldete Umsatzsteuer wird nicht erhoben. Eine weitere Rechtsfolge ist u. a., dass ein Kleinunternehmer nicht zum Vorsteuerabzug berechtigt ist. Diese Sonderregelung dient der Verwaltungsvereinfachung. Sie wirkt im Ergebnis wie eine Steuerbefreiung ohne Vorsteuerabzug. Da die Kleinunternehmerregelung im Einzelfall für den Unternehmer nachteilig sein kann, hat er die Möglichkeit, durch Option auf die Anwendung dieser Regelung zu verzichten. Unabhängig von einer Option kommt die Kleinunternehmerregelung für die Kalenderjahre nicht in Betracht, in denen der für Kleinunternehmer maßgebende Gesamtumsatz überschritten wird.

Sachverhalt

Pensionsinhaber **A** in Allendorf hatte nach Umsätzen im Jahr 01 von 16. 000 € im Jahr 02 (wie zu Jahresbeginn erwartet) Einnahmen (einschließlich Umsatzsteuer) von 20.000 €. Diese Umsätze wurden zutreffend nach § 19 UStG besteuert. Im Jahr 03 werden die Umsätze (ohne Umsatzsteuer) voraussichtlich 15.000 € betragen. Im Fall der Besteuerung will A die Steuer nach vereinnahmten Entgelten berechnen (§ 20 UStG) und die Vorsteuern mit 6,7 % des Umsatzes abziehen (§ 23 UStG).

Zeitschriftenhändler **B** in Butzbach hat im Jahr 02 aus seinem Betrieb, den er am 10.10.02 eröffnet hatte, Einnahmen (einschließlich Umsatzsteuer) von 3.000 € erzielt. Die Umsätze wurden unter Berücksichtigung der Regelung des § 19 Abs. 1 UStG nicht besteuert. Im Jahr 03 werden die Umsätze (ohne Umsatzsteuer) voraussichtlich 45.000 € betragen und zu 90 % dem ermäßigten Steuersatz unterliegen (§ 12 Abs. 2 Nr. 1 UStG, Anlage 2 zu § 12 Abs. 2 Nr. 1 und 2 UStG Nr. 49). Im Fall der Besteuerung will B die Steuer nach vereinnahmten Entgelten berechnen (§ 20 UStG) und die Vorsteuern mit 6,3 % des Umsatzes abziehen (§ 23 UStG).

Facharzt Dr. **C** in Coburg hatte im Jahr 01 folgende Umsätze:

a) nach § 4 Nr. 14 Buchst. a UStG steuerfreie Umsätze aus ärztlichen Hilfeleistungen 430.000 €

b) mit 7 % steuerpflichtige Umsätze aus schriftstellerischer Tätigkeit (einschließlich Umsatzsteuer) 12.840 €

Im Jahr 03 werden sich voraussichtlich folgende Umsätze ergeben:

a) aus ärztlichen Hilfeleistungen 500.000 €

b) aus schriftstellerischer Tätigkeit (einschließlich Umsatzsteuer) 37.450 €

Im Fall der Besteuerung will C die Steuer nach vereinnahmten Entgelten berechnen (§ 20 UStG) und Vorsteuern mit 2,6 % des steuerpflichtigen Umsatzes aus schriftstellerischer Tätigkeit abziehen (§ 23 UStG).

Frage

1. Müssen die Unternehmer A, B und C im Jahr 03 die steuerpflichtigen Umsätze nach allgemeinen Grundsätzen der Besteuerung unterwerfen?
2. Können die Unternehmer B und C im Jahr 03 die steuerpflichtigen Umsätze nach allgemeinen Grundsätzen der Besteuerung unterwerfen?
3. Wie hoch ist die von den Unternehmern A, B und C jeweils an das Finanzamt zu entrichtende Umsatzsteuer, wenn die im Sachverhalt angegebenen voraussichtlichen Umsätze des Kalenderjahres 03 auch tatsächlich erzielt und bei B und C aufgrund des Verzichts auf die Anwendung des § 19 Abs. 1 UStG besteuert werden?

Antwort

1. Nur Unternehmer A muss im Jahr 03 die steuerpflichtigen Umsätze nach allgemeinen Grundsätzen der Besteuerung unterwerfen.
2. Die Unternehmer B und C können im Jahr 03 die steuerpflichtigen Umsätze nach allgemeinen Grundsätzen der Besteuerung unterwerfen. An ihre Entscheidung für den Verzicht auf die Anwendung des § 19 Abs. 1 UStG sind B und C nach Unanfechtbarkeit der Steuerfestsetzung für mindestens 5 Kalenderjahre gebunden.
3. Die an das Finanzamt zu entrichtende Umsatzsteuer beträgt für Unternehmer A = 6.150 €, B = 855 €, C = 1.540 €.

Begründung

Allgemeines: Die Vorschrift des § 19 UStG dient der Verwaltungsvereinfachung. Sie enthält eine besondere Regelung für die Behandlung der Umsätze von Kleinunternehmern. Die Kleinunternehmerregelung greift nur für Unternehmer, die im Inland oder in den in § 1 Abs. 3 UStG bezeichneten Gebieten ansässig sind (§ 19 Abs. 1 Satz 1 UStG). Wird eine Bagatellgrenze nicht überschritten, wird einerseits die von einem Kleinunternehmer für Umsätze i. S. des § 1 Abs. 1 Nr. 1 UStG geschuldete Umsatzsteuer nicht erhoben (§ 19 Abs. 1 Satz 1 UStG; vgl. aber auch § 19 Abs. 1 Satz 3 UStG). Andererseits ist ein Kleinunternehmer u. a. nicht zum Vorsteuerabzug berechtigt (§ 19 Abs. 1 Satz 4 UStG; vgl. auch Abschn. 19.1 UStAE). Im Ergebnis wirkt diese Regelung wie eine Steuerbefreiung ohne Vorsteuerabzug. Sie kann sich im Einzelfall für den Kleinunternehmer nachteilig auswirken. Der Kleinunternehmer hat daher die Möglichkeit, durch Abgabe einer Erklärung gegenüber dem Finanzamt auf die Anwendung des § 19 Abs. 1 UStG zu verzichten (§ 19 Abs. 2 UStG; Abschn. 19.2 UStAE). Er unterliegt dann der Besteuerung nach den allgemeinen Grundsätzen des Umsatzsteuergesetzes (zum Wechsel der Besteuerungsform vgl. auch Abschn. 19.5 UStAE).

Der für einen Kleinunternehmer maßgebende Gesamtumsatz bestimmt sich nach § 19 Abs. 3 UStG. Zum Gesamtumsatz gehören alle steuerbaren Umsätze i. S. des § 1 Abs. 1 Nr. 1 UStG abzüglich bestimmter steuerfreier Umsätze. Diese Umsätze sind mit ihren Bemessungsgrundlagen nach § 10 UStG (Nettowerte) anzusetzen. Anzahlungen gehören zum Gesamtumsatz des Jahres, in dem sie vereinnahmt werden. Zur Ermittlung der Umsatzgrenzen nach § 19 Abs. 1 UStG ist diesem Gesamtumsatz die Umsatzsteuer hinzuzurechnen, soweit die enthaltenen Umsätze steuerpflichtig sind. Im Gesamtumsatz enthaltene Umsätze von Wirtschaftsgütern des Anlagevermögens sind auszuscheiden. Der verbleibende Gesamtumsatz ist nach vereinnahmten Entgelten zu berechnen.

Die Kleinunternehmerregelung ist anzuwenden, wenn der nach § 19 Abs. 1 Satz 2 UStG bezeichnete Umsatz zzgl. der darauf entfallenden Umsatzsteuer im vorangegangenen Kalenderjahr (tatsächlich) 17.500 € nicht überstiegen hat und im laufenden Kalenderjahr voraussichtlich 50.000 € nicht übersteigen wird. Maßgebend für den voraussichtlichen Jahresumsatz ist die zu Beginn des Jahres vorzunehmende Beurteilung der Verhältnisse für das laufende Kalenderjahr. Beide Voraussetzungen (17.500 € bzw. 50.000 €) müssen gemeinsam erfüllt sein. Mangels Vorjahresumsatzes ist bei einer Unternehmensgründung auf den voraussichtlichen Umsatz des laufenden Jahres abzustellen. Maßgebend ist hier die Grenze von 17.500 €. Dazu ist der voraussichtliche Gesamtumsatz in einen Jahresgesamtumsatz umzurechnen.

1. Pensionsinhaber **A** hatte im Jahr 02 einen Gesamtumsatz zuzüglich der darauf entfallenden Steuer von 20.000 €, also aus Sicht des Jahres 03 einen Vorjahresumsatz von mehr als 17.500 €. Er muss die im Jahr 03 tatsächlich erzielten Umsätze nach allgemeinen Grundsätzen der Besteuerung unterwerfen, kann in den erteilten Rechnungen die Umsatzsteuer ausweisen und Vorsteuern abziehen. Die Kleinunternehmerregelung kommt für das Jahr 03 auch dann nicht zur Anwendung, wenn der voraussichtliche Umsatz für das laufende Jahr 17.500 € (hier: 15.000 €) nicht übersteigen wird. Übersteigt der voraussichtliche Umsatz im Jahr 04 nicht 50.000 €, kann A für das Jahr 04 wieder die Kleinunternehmerregelung in Anspruch nehmen. Der Übergang von der allgemeinen Besteuerung zur Kleinunternehmerbesteuerung und umgekehrt kann zu einer Vorsteuerberichtigung nach § 15a UStG führen (vgl. § 15a Abs. 7 UStG).

Zeitschriftenhändler **B** hat seine Tätigkeit als Unternehmer nur in einem Teil des Kalenderjahres 02 ausgeübt. Der tatsächliche Gesamtumsatz muss daher in einen Jahresgesamtumsatz umgerechnet werden. Angefangene Kalendermonate sind bei der Umrechnung als volle Kalendermonate zu behandeln, es sei denn, dass die Umrechnung nach Tagen zu einem niedrigeren Jahresgesamtumsatz führt (§ 19 Abs. 3 Satz 3 und 4 UStG). B hatte im Jahr 02 einen Jahresgesamtumsatz zuzüglich der darauf entfallenden Steuer von (3.000 € × 12/3 =) 12.000 €. Dieser Gesamtumsatz zuzüglich der darauf entfallenden Steuer des Jahres 02 übersteigt nicht den Betrag von 17.500 €. Da auch der Gesamtumsatz zuzüglich der darauf entfallenden Steuer des Jahres 03 den Betrag von 50.000 € voraussichtlich nicht übersteigen wird, sind die Voraussetzungen für die Nichterhebung der von B geschuldeten Steuer für die von ihm im Jahr 03 tatsächlich erzielten Umsätze gegeben (§ 19 Abs. 1 UStG).

Facharzt Dr. **C** hatte im Jahr 02 einen Gesamtumsatz zuzüglich der darauf entfallenden Steuer von 12.840 €. Beim Gesamtumsatz nach § 19 Abs. 3 UStG bleiben die nach § 4 Nr. 14 UStG Buchst. a steuerfreien Umsätze von 430.000 € außer Betracht. Der Gesamtumsatz zuzüglich der darauf entfallenden Steuer beträgt für das Jahr 03 voraussichtlich (35.000 € + 2.450 € =) 37.450 €.

Der Gesamtumsatz zuzüglich der darauf entfallenden Steuer von 12.840 € hat im Jahr 02 den Betrag von 17.500 € nicht überstiegen. Auch der Gesamtumsatz zuzüglich der darauf entfallenden Steuer von voraussichtlich 37.450 € im Jahr 03 übersteigt nicht den Betrag von 50.000 €. Damit sind die Voraussetzungen für die Nichterhebung der Steuer von den im Jahr 03 durch C tatsächlich erzielten, an sich steuerpflichtigen Umsätzen aus schriftstellerischer Tätigkeit gegeben (§ 19 Abs. 1 UStG).

2. Die Vorschrift des § 19 UStG sieht grundsätzlich die Besteuerung von Umsätzen der Kleinunternehmer vor. Diese Umsätze werden jedoch aus Vereinfachungsgründen nach § 19 Abs. 1 UStG im Ergebnis von der Besteuerung „ausgenommen", die für Umsätze i. S. des § 1 Abs. 1 Nr. 1 UStG geschuldete Umsatzsteuer wird nicht erhoben (§ 19 Abs. 1 Satz 1 UStG).

Die Unternehmer **B** und **C** können gegenüber dem Finanzamt erklären, dass sie auf die Anwendung des § 19 Abs. 1 UStG verzichten. Die Erklärung gilt vom Beginn des Kalenderjahres an, für das die Unternehmer B und C sie abgegeben haben. Sie bleiben an die gegenüber dem Finanzamt abgegebene Erklärung nach Eintritt der Unanfechtbarkeit der Steuerfestsetzung (formelle Bestandskraft) für das betreffende Jahr mindestens für 5 Kalenderjahre (03 bis 07) gebunden (§ 19 Abs. 2 UStG). Die Frist von 5 Kalenderjahren beginnt mit dem ersten Kalenderjahr, für das die Erklärung gilt.

3. Unter Berücksichtigung der nach Durchschnittssätzen abziehbaren Vorsteuern (§ 23 UStG; §§ 69 und 70 UStDV und der Anlage dazu) ist die von den Unternehmern A bis C jeweils an das Finanzamt zu entrichtende Umsatzsteuer für den Besteuerungszeitraum 03 wie folgt zu berechnen:

Pensionsinhaber A:

Tatsächlicher, maßgebender Jahresumsatz (ohne Umsatzsteuer)	50.000 €
Umsatzsteuer (19 % von 50.000 € =)	9.500 €
Vorsteuerabzug (6,7 %[1] von 50.000 € =)	3.350 €
An das Finanzamt zu entrichtende Umsatzsteuer	6.150 €

Zeitschriftenhändler B:

Tatsächlicher, maßgebender Jahresumsatz (ohne Umsatzsteuer)	45.000 €
Umsatzsteuer (19 % von 4.500 € =)	855 €
Umsatzsteuer (7 % von 40.500 € =)	2.835 €
Umsatzsteuer insgesamt	3.690 €
Vorsteuerabzug (6,3 %[2] von 45.000 € =)	2.835 €
An das Finanzamt zu entrichtende Umsatzsteuer	855 €

Facharzt Dr. C:

Tatsächlicher, maßgebender Jahresumsatz (ohne Umsatzsteuer)	35.000 €
Umsatzsteuer (7 % von 35.000 € =)	2.450 €
Vorsteuerabzug (2,6 %[3] von 35.000 € =)	910 €
An das Finanzamt zu entrichtende Umsatzsteuer	1.540 €

Fall 89

Differenzbesteuerung für die Umsätze von beweglichen körperlichen Gegenständen

UStG § 25a

Die Differenzbesteuerung ist eine besondere Besteuerungsform, bei der die Umsatzsteuer nach der sog. Vorumsatzmethode ermittelt wird. Dabei wird die Steuer aus der Differenz zwischen dem Verkaufspreis und dem Einkaufspreis herausgerechnet, sodass der leistende Unternehmer nur den erzielten Mehrwert versteuert. Im innergemeinschaftlichen Warenverkehr gelten Besonderheiten.

1 Anlage zu den §§ 69 und 70 UStDV Abschn. A III. 2.
2 Anlage zu den §§ 69 und 70 UStDV Abschn. A II. 17.
3 Anlage zu den §§ 69 und 70 UStDV Abschn. A IV. 5.

Sachverhalt

Kraftfahrzeughändler H in Hannover handelt mit Neu- und Gebrauchtfahrzeugen. H hat am 07.03.01 in Laatzen von L einen gebrauchten PKW für 20.000 € erworben, den L bisher ausschließlich für seine selbständige Tätigkeit als Arzt und für private Fahrten eingesetzt hatte.

H hat den PKW mit der Absicht erworben, ihn im Rahmen seines Kfz-Handels weiterzuverkaufen.

H hat den gebrauchten PKW in Hannover wie folgt verkauft:

a) H hat den PKW mit vier neuen Reifen ausgestattet, die er für 500 € zuzüglich 95 € gesondert in Rechnung gestellter Umsatzsteuer eingekauft hatte. Anschließend hat H den PKW am 08.04.01 zum Preis von 22.000 € an den Angestellten A aus Adenbüttel veräußert.

b) H hat den PKW erst am 09.07.01 zum Preis von 19.000 € an den Beamten B aus Bröckel veräußern können.

c) H hat den PKW am 10.05.01 an den Gebrauchtwagenhändler C aus Celle veräußert und dafür 21.000 € erzielt. In der dem C erteilten Rechnung hat H eine Umsatzsteuer von 159,66 € gesondert ausgewiesen.

d) H hat den PKW am 02.04.01 an den Fahrzeughändler D aus Deventer (Niederlande), alternativ an den Fahrzeughändler E aus Elektrostal (Russland) veräußert. D bzw. E holen das Fahrzeug selbst ab, bezahlen den Kaufpreis i. H. von 21.000 € bar und verbringen den PKW anschließend nach Deventer bzw. Elektrostal.

Frage

1. Welche subjektiven Voraussetzungen müssen beim Kraftfahrzeughändler H für die Anwendung des § 25a UStG vorliegen?
2. Welche Voraussetzungen gelten bei der Differenzbesteuerung für den Erwerb eines gebrauchten Kraftfahrzeugs?
3. Welche Bemessungsgrundlage und welche Umsatzsteuer ergeben sich, wenn H auf die Lieferung des gebrauchten PKW an A, B und C die Vorschrift des § 25a UStG anwendet?
4. Welche Besonderheiten gelten bei Anwendung der Differenzbesteuerung im grenzüberschreitenden Warenverkehr? Wo ist der Ort der Lieferung, wenn H im vierten Sachverhalt den PKW an die Privatperson D aus Deventer liefert und das Fahrzeug zu D transportieren lässt?
5. Welche Folgen hat der Ausweis von 159,66 € Umsatzsteuer in der C erteilten Rechnung?
6. Kann H bei der Lieferung an C auf die Differenzbesteuerung verzichten?

Antwort

1. Kraftfahrzeughändler H muss ein sog. Wiederverkäufer i. S. des § 25a Abs. 1 Nr. 1 UStG sein.
2. Der Kraftfahrzeughändler muss das Fahrzeug im Gemeinschaftsgebiet für sein Unternehmen erworben haben. Ferner ist Voraussetzung, dass für die Lieferung des Fahrzeugs an den Kraftfahrzeughändler Umsatzsteuer nicht geschuldet oder nach § 19 Abs. 1 UStG nicht erhoben oder aber die Differenzbesteuerung vorgenommen worden ist (§ 25a Abs.1 Nr. 2 UStG).
3. Bei Anwendung des § 25a UStG ergeben sich für die Lieferung an den

Abnehmer A:	Bemessungsgrundlage	1.680,67 €,	USt	319,33 €;
Abnehmer B:	Bemessungsgrundlage	0,00 €,	USt	0,00 €;
Abnehmer C:	Bemessungsgrundlage	840,34 €,	USt	159,66 €.

4. Bei Anwendung der Differenzbesteuerung bleibt die Steuerbefreiung für Ausfuhrlieferungen (§ 4 Nr. 1 Buchst. a UStG) unberührt. Eine steuerfreie innergemeinschaftliche Lieferung (§ 4 Nr. 1 Buchst. b UStG) und die Anwendung der Versandhandelsregelung (§ 3c UStG) sind ausgeschlossen.
5. H schuldet die in der Rechnung an C gesondert ausgewiesene Umsatzsteuer nach § 14c Abs. 2 UStG neben der sich für die Lieferung des gebrauchten Kraftfahrzeugs an C ergebenden Umsatzsteuer nach § 25a UStG.
6. H kann auf die Differenzbesteuerung verzichten.

Begründung

Allgemeines: Bei der Differenzbesteuerung handelt es sich um eine besondere Besteuerungsform, die u. a. Auswirkungen auf den Steuersatz und die Bemessungsgrundlage hat und bei der Besonderheiten im grenzüberschreitenden Warenverkehr zu beachten sind. Die Differenzbesteuerung nach § 25a UStG beruht auf der Methode des Vorumsatzabzugs (vgl. auch Fall 1). Die Steuer wird aus der Differenz von Verkaufspreis und Einkaufspreis berechnet. Im Ergebnis wird nur der vom Händler geschaffene Mehrwert besteuert.

Durch die Differenzbesteuerung soll eine Mehrfachbesteuerung vermieden und eine wettbewerbsneutrale Besteuerung von Lieferungen (insbesondere gebrauchter) beweglicher körperlicher Gegenstände sichergestellt werden, bei deren Erwerb für den Händler aus den in § 25a Abs. 1 Nr. 2 UStG genannten Gründen ein Vorsteuerabzug nicht möglich war. Der Händler soll insoweit einem privaten Anbieter gleichgestellt werden, dessen Veräußerung nicht der Umsatzsteuer unterworfen wird. Die Differenzbesteuerung findet überwiegend im Handel mit gebrauchten Gegenständen Anwendung. Ausdrücklich ausgenommen sind Edelsteine und Edelmetalle (§ 25a Abs. 1 Nr. 3 UStG). Zu den „Gebrauchtgegenständen" gehören insbesondere Kraftfahrzeuge, für deren Verkauf der Unternehmer, z. B. Kraftfahrzeughändler, zwischen verschiedenen Gestaltungsmöglichkeiten wählen kann. Dazu zählen u. a.:

Eigengeschäft: Der Kraftfahrzeughändler erwirbt das Kraftfahrzeug und veräußert es im eigenen Namen und für eigene bzw. im Fall eines Kommissionsgeschäfts für fremde Rechnung. Er bewirkt eine Lieferung, die grundsätzlich steuerbar und steuerpflichtig ist. Bemessungsgrundlage ist die Gegenleistung, ohne die darin enthaltene Umsatzsteuer (§ 10 Abs. 1 Satz 1 und 2 UStG).

Agenturgeschäft: Der Kraftfahrzeughändler vermittelt den Verkauf des Kraftfahrzeugs. Er tritt in fremdem Namen und für fremde Rechnung, d. h. des Fahrzeugverkäufers, auf. Der Kraftfahrzeughändler tätigt eine sonstige Leistung, die grundsätzlich steuerbar und steuerpflichtig ist. Bemessungsgrundlage ist die vom Auftraggeber gezahlte Vermittlungsprovision, ohne die darin enthaltene Umsatzsteuer (§ 10 Abs. 1 Satz 1 und 2 UStG).

Differenzbesteuerung: Der Kraftfahrzeughändler verkauft das Kraftfahrzeug im eigenen Namen und für eigene bzw. im Fall eines Kommissionsgeschäfts für fremde Rechnung. Er bewirkt eine regelmäßig steuerbare und steuerpflichtige Lieferung. Bemessungsgrundlage ist die sog. Bruttomarge, d. h. der Betrag, um den der Verkaufspreis den Einkaufspreis für das Kraftfahrzeug übersteigt; die Umsatzsteuer gehört nicht zur Bemessungsgrundlage (§ 25a Abs. 3 Satz 1 und 2 UStG).

Bei der Differenzbesteuerung ergibt sich dieselbe Bemessungsgrundlage wie beim Agenturgeschäft, soweit die Bruttomarge der Vermittlungsprovision entspricht. Die Differenzbesteuerung nach § 25a UStG macht jedoch die arbeitsaufwendige Gestaltung eines Agenturverhältnisses für den Verkauf von gebrauchten Kraftfahrzeugen und von anderen Gebrauchtgegenständen weitgehend überflüssig. Diese Gestaltungsform wurde vor Einführung der Differenzbesteuerung vor allem dann gewählt, wenn im Fall des Erwerbs dieser Gegenstände kein Recht zum Vorsteuerabzug bestanden hätte. Zum Anwendungsbereich der Differenzbesteuerung vgl. auch Abschn. 25a.1 UStAE.

1. Voraussetzung für die Anwendung der Differenzbesteuerung ist nach § 25a Abs. 1 Nr. 1 Satz 1 UStG, dass der Unternehmer Wiederverkäufer ist. Als Wiederverkäufer gilt nach § 25a Abs. 1 Nr. 1 Satz 2 UStG ein Unternehmer, der gewerbsmäßig mit beweglichen körperlichen Gegenständen handelt oder solche Gegenstände im eigenen Namen öffentlich versteigert. In diesem Sinne ist ein Kraftfahrzeughändler, der regelmäßig gebrauchte Fahrzeuge an- und verkauft Wiederverkäufer i. S. des § 25a UStG. Es ist gleichgültig, ob der Unternehmer überwiegend mit gebrauchten oder mit neuen Kraftfahrzeugen handelt. Entscheidend ist im Einzelfall die Wiederverkaufsabsicht im Zeitpunkt der Anschaffung des Gegenstandes. Da H das Fahrzeug des L in Wiederverkaufsabsicht erworben hat, ist er bei einem Weiterverkauf als Wiederverkäufer i. S. des § 25a UStG anzusehen.

2. Der Wiederverkäufer muss das Kraftfahrzeug im Inland oder im übrigen Gemeinschaftsgebiet erworben haben (§ 25a Abs. 1 Nr. 2 Satz 1 UStG). Liegt der Ort der Lieferung an den Wiederverkäufer im Drittlandsgebiet, scheidet die Differenzbesteuerung aus, es sei denn, es handelt sich um Kunstgegenstände, Sammlungsstücke oder Antiquitäten i. S. des § 25a Abs. 2 Satz 1 Nr. 1 UStG. Der Wiederverkäufer muss den Gegenstand für sein Unternehmen erworben haben. Es ist nicht ausreichend, wenn der Unternehmer den Gegenstand zunächst für den unternehmensfremden Bereich erwirbt und ihn anschließend in sein Unternehmen einlegt. Es ist ohne Bedeutung, ob das Kraftfahrzeug im Zeitpunkt des Erwerbs oder Verkaufs zugelassen ist.

Ferner ist zu beachten, dass für die Lieferung des Kraftfahrzeugs an den Händler Umsatzsteuer nicht geschuldet oder nicht erhoben wird (§ 25a Abs. 1 Nr. 2 Satz 2 Buchst. a UStG). Das bedeutet, dass der Händler

- das Kraftfahrzeug von einem Nichtunternehmer (Privatperson oder Körperschaft öffentlichen Rechts, ausgenommen Betriebe gewerblicher Art) erworben hat oder
- das Kraftfahrzeug zwar von einem Unternehmer, jedoch aus dessen nichtunternehmerischem Bereich geliefert erhalten hat oder
- das Kraftfahrzeug von einem Unternehmer erworben hat, dessen Lieferung an den Händler unter eine Steuerbefreiung fällt, die zum Ausschluss des Vorsteuerabzugs führt (z. B. von einem Arzt oder Versicherungsvertreter), oder
- das Kraftfahrzeug von einem Kleinunternehmer i. S. des § 19 Abs. 1 UStG erworben hat.

§ 25a UStG kann auch angewendet werden, wenn der Händler das Kraftfahrzeug von einem anderen Unternehmer (z. B. Händler) erworben hat, der für seine Lieferung die Differenzbesteuerung vorgenommen hat (§ 25a Abs. 1 Nr. 2 Satz 2 Buchst. b UStG). Die Differenzbesteuerung ist daher auch im Handel zwischen Wiederverkäufern möglich.

H kann als Wiederverkäufer für den Verkauf des gebrauchten PKW die Differenzbesteuerung (§ 25a UStG) anwenden, weil er das Fahrzeug in Laatzen von L erworben hat. Arzt L schuldet für die Lieferung des PKW an H (Hilfsgeschäft) keine Umsatzsteuer. Der Umsatz des A ist steuerfrei nach § 4 Nr. 28 UStG.

3. Unter § 25a UStG fallen Lieferungen i. S. des § 1 Abs. 1 Nr. 1 UStG. Die Befreiungsvorschriften, ausgenommen für eine nach § 4 Nr. 1 Buchst. b i. V. m. § 6a UStG steuerfreie innergemeinschaftliche Lieferung, bleiben unberührt. Die Steuer ist ausschließlich mit dem allgemeinen Steuersatz nach § 12 Abs. 1 UStG zu berechnen (§ 25a Abs. 5 Satz 1 UStG). Bemessungsgrundlage ist der Betrag, um den der Verkaufspreis den Einkaufspreis übersteigt. Die in diesem Unterschiedsbetrag enthaltene Umsatzsteuer ist herauszurechnen (§ 25a Abs. 3 Satz 1 und 3 UStG). Der Verkaufspreis entspricht in Übereinstimmung mit § 10 Abs. 1 Satz 1 und 2 UStG dem Entgelt zuzüglich Umsatzsteuer. Einkaufspreis ist der Betrag, den der Käufer (Wiederverkäufer) für den Erwerb des Gegenstandes vom Verkäufer aufwendet. Dazu zählen auch vom Veräußerer berechnete Nebenkosten. Nebenkosten, die nach dem Erwerb des Gegenstandes angefallen sind (z. B. Reparaturkosten), mindern nicht die Bemessungsgrundlage.

3.1. Für die Lieferung an A beträgt die Bruttomarge (22.000 € ⁒ 20.000 € =) 2.000 €, die Bemessungsgrundlage nach § 25a Abs. 3 Satz 1 und 3 UStG (2.000 € : 1,19 =) 1.680,67 €. Die Aufwendungen für die nach dem Erwerb angeschafften Reifen gehören nicht zum Einkaufspreis und mindern daher nicht die Bemessungsgrundlage. Die Umsatzsteuer von (19 % von 1.680,67 € =) 319,33 € ist mit Ablauf des Voranmeldungszeitraums 04/01 entstanden (§ 13 Abs. 1 Nr. 1 Buchst. a UStG).

Die neuen Reifen wurden für das Unternehmen des H geliefert. Die ihm gesondert in Rechnung gestellte Umsatzsteuer von 95 € kann er als Vorsteuer abziehen (§ 15 Abs. 1 Satz 1 Nr. 1 und 2 UStG). Ein Vorsteuerausschluss nach § 15 Abs. 2 UStG liegt nicht vor. Insbesondere führt die Anwendung der Differenzbesteuerung nicht zu einem Vorsteuerausschluss.

3.2. H hat den zum Einkaufspreis von 20.000 € erworbenen PKW an B nur für 19.000 € verkaufen können. Es ergibt sich eine negative Bruttomarge von 1.000 € (kein Mehrwert). Eine Besteuerung nach § 25a UStG entfällt.

3.3. Die Bruttomarge für die Lieferung an C beträgt (21.000 € ⁒ 20.000 € =) 1.000 €, die Bemessungsgrundlage nach § 25a Abs. 3 Satz 1 und 3 UStG (1.000 € : 1,19 =) 840,34 €. Die Umsatzsteuer von (19 % von 840,34 € =) 159,66 € ist mit Ablauf des Voranmeldungszeitraums 05/01 entstanden (§ 13 Abs. 1 Nr. 1 Buchst. a UStG). Die Vorschriften über den gesonderten Ausweis der Steuer in einer Rechnung (§ 14 Abs. 4 Satz 1 Nr. 8 UStG) finden keine Anwendung (§ 14a Abs. 6 Satz 2 UStG). Ein Vorsteuerabzug des Käufers ist insoweit nicht möglich. Es entsteht eine „heimliche" Umsatzsteuer (vgl. Fall 55).

Zu den Folgen des unberechtigten Steuerausweises in der von H erteilten Rechnung wird auf die Ausführungen zu 5. verwiesen.

4. Auch im Rahmen der Differenzbesteuerung sind die Vorschriften über Steuerbefreiungen grundsätzlich anwendbar. Ausgenommen ist jedoch die Steuerbefreiung für innergemeinschaftliche Lieferungen (§ 25a Abs. 5 Satz 2 UStG). H hat an die Fahrzeughändler D bzw. E am 02.04.01 jeweils eine steuerbare Lieferung erbracht (§ 1 Abs. 1 Nr. 1 UStG). Die Lieferung an E ist nach § 4 Nr. 1 Buchst. a i. V. m. § 25a Abs. 5 Satz 2 UStG steuerfrei. Die Bemessungsgrundlage (Marge) beträgt (21.000 € ⁒ 20.000 € =) 1.000 €.

Im innergemeinschaftlichen Warenverkehr sind bei Anwendung der Differenzbesteuerung Besonderheiten zu beachten. Die Lieferung an den Fahrzeughändler D ist nicht steuerfrei nach § 4 Nr. 1 Buchst. b UStG. Diese

Steuerbefreiung ist bei Anwendung der Differenzbesteuerung ausgeschlossen (§ 25a Abs. 7 Nr. 3 UStG). Bei einer Bemessungsgrundlage von (1.000 € : 1,19 =) 840,34 € beträgt die Umsatzsteuer 159,66 €. Da die Lieferung an D in Deutschland der Besteuerung unterliegt, entfällt für D in den Niederlanden die Besteuerung eines innergemeinschaftlichen Erwerbs (§ 25a Abs. 7 Nr. 2 UStG analog). E könnte bei einer Weiterlieferung in den Niederlanden ggf. die Differenzbesteuerung anwenden (§ 25a Abs. 1 Nr. 2 Satz 1 und Satz 2 Buchst. b UStG analog). Verzichtet H auf die Differenzbesteuerung (§ 25a Abs. 8 UStG) ist seine Lieferung an D unter den Voraussetzungen von § 6a UStG als innergemeinschaftliche Lieferung steuerfrei (§ 4 Nr. 1 Buchst. b UStG) und unterliegt bei D in den Niederlanden grundsätzlich der Erwerbsbesteuerung (§ 1a UStG analog).

Liefert H das gebrauchte Fahrzeug an die Privatperson D aus Deventer (Niederlande) und befördert bzw. versendet H das Fahrzeug selbst nach Deventer, beeinflusst die Differenzbesteuerung die Bestimmung des Lieferortes. Wird ein Gegenstand vom Lieferer aus dem Inland in das übrige Gemeinschaftsgebiet befördert oder versendet und unterliegt dort nicht der Erwerbsbesteuerung, greift unter den weiteren Voraussetzungen des § 3c UStG die sog. Versandhandelsregelung (vgl. Fall 22). Die Lieferung gilt dort als ausgeführt, wo die Beförderung oder Versendung endet. Damit ist die Lieferung im Inland nicht steuerbar. Wendet der Wiederverkäufer H auf seine Lieferung an die Privatperson D die Differenzbesteuerung an, ist eine Ortsverlagerung nach § 3c UStG ausgeschlossen. Die Differenzbesteuerung erfolgt daher im Inland (Ursprungslandprinzip). Verzichtet H auf die Anwendung der Differenzbesteuerung (vgl. zu 6.), verlagert sich der Ort seiner Lieferung an D nach Deventer (Niederlande). Der Umsatz ist im Inland dann nicht steuerbar (§ 1 Abs. 1 Nr. 1 UStG).

5. Liegen die Voraussetzungen für die Differenzbesteuerung vor, darf der Wiederverkäufer in der Rechnung die Umsatzsteuer nicht gesondert ausweisen (§ 14a Abs. 6 Satz 2 UStG). Weil H in seiner Rechnung an C die Umsatzsteuer i. H. von 159,66 € gesondert ausweist, schuldet H neben der Umsatzsteuer für die Lieferung des gebrauchten Kraftfahrzeugs an C auch die gesondert ausgewiesene Steuer nach § 14c Abs. 2 UStG (Abschn. 25a.1 Abs. 16 UStAE). Ein Vorsteuerabzug aus der gesondert ausgewiesenen, aber nach § 14c Abs. 2 UStG geschuldeten Umsatzsteuer kommt für C nicht in Betracht.

6. Liegen die Voraussetzungen für die Differenzbesteuerung vor, ist diese Besteuerungsform grundsätzlich anzuwenden. Für den Wiederverkäufer können sich aus der Anwendung der Differenzbesteuerung steuerliche Nachteile ergeben. Der Steuersatz beträgt nach § 25a Abs. 5 Satz 1 UStG 19 %, eine Ermäßigung des Steuersatzes kommt auch bei der Lieferung eines in der Anlage 2 zu § 12 Abs. 2 Nr. 1 und 2 UStG genannten Gegenstandes nicht in Betracht. Die Lieferung an einen vorsteuerabzugsberechtigten Unternehmer berechtigt diesen nicht zum Vorsteuerabzug der auf die Marge entfallenden Umsatzsteuer, weil der Wiederverkäufer diese

Umsatzsteuer nicht gesondert ausweisen darf (§ 14a Abs. 6 Satz 2 UStG). Der Wiederverkäufer kann daher bei jeder einzelnen Lieferung nach § 25a Abs. 8 UStG auf die Anwendung der Differenzbesteuerung verzichten.

Verzichtet der Unternehmer H bei der Lieferung des PKW an den Gebrauchtwagenhändler C auf die Differenzbesteuerung, muss er den Umsatz den allgemeinen Vorschriften der Besteuerung unterwerfen. In diesem Fall kann H die für die Lieferung geschuldete Umsatzsteuer dem G gesondert in Rechnung stellen, der sie als Vorsteuer abziehen kann. Der Verzicht ist an keine besondere Form gebunden. Es genügt, dass sich H entsprechend verhält, d. h. eine Rechnung i. S. des § 14 UStG mit gesondertem Ausweis der Umsatzsteuer (in diesem Fall 19 %) aus dem Verkaufspreis (§ 10 Abs. 1 Satz 1 und 2 UStG) erteilt.

Fall 90

Innergemeinschaftliche Dreiecksgeschäfte

UStG § 25b

Zur Vereinfachung des Warenverkehrs innerhalb des Binnenmarktes hat der Gesetzgeber das sog. innergemeinschaftliche Dreiecksgeschäft geschaffen (§ 25b UStG). Die Regelung erspart bei einer Lieferung, im Rahmen eines Reihengeschäftes, von einem Mitgliedstaat in einen anderen Mitgliedstaat für den mittleren Unternehmer eine Registrierung im Bestimmungsmitgliedstaat der Ware. Damit kann der mittlere Unternehmer einer Registrierungspflicht entgehen, wenn er im Bestimmungsmitgliedstaat nicht ansässig ist. Es kommt zu einer Verlagerung der Steuerschuld für die letzte Lieferung auf den letzten Abnehmer.

Sachverhalt

Die drei Unternehmer A, B und C sind in drei verschiedenen Mitgliedstaaten ansässig und dort umsatzsteuerlich erfasst. Sie treten jeweils unter der USt-IdNr. ihres Sitzstaates auf. Die zwischen A und B sowie zwischen B und C abgeschlossenen Umsatzgeschäfte (Kaufverträge) über die Lieferung einer Maschine werden dadurch erfüllt, dass A die Maschine unmittelbar an C versendet.

Frage

1. Welche Auswirkungen ergeben sich für den deutschen Unternehmer, wenn er im Mitgliedstaat Deutschland

   a) der erste Lieferer (A),

b) als Zwischenhändler der erste Abnehmer (B),

c) der letzte Abnehmer (C) in der Reihe ist?

2. Welche besonderen Vorschriften muss der Unternehmer (B) als Zwischenhändler beachten?

Antwort

1. a) Als erster Unternehmer in der Reihe führt A im Abgangsmitgliedstaat eine steuerfreie innergemeinschaftliche Lieferung aus.

   b) Als Zwischenhändler bewirkt B im Ankunftsmitgliedstaat einen innergemeinschaftlichen Erwerb, der nach § 25b Abs. 3 UStG als besteuert gilt. Für die Lieferung des B an C im Ankunftsmitgliedstaat schuldet nicht der Lieferer (Zwischenhändler) B, sondern der letzte Abnehmer C die Umsatzsteuer (§ 25b Abs. 2 UStG).

   c) Als letzter Abnehmer ist C Schuldner der Umsatzsteuer für die von B im Ankunftsmitgliedstaat ausgeführte Lieferung (§ 25b Abs. 2 UStG). C kann diese Steuer unter den übrigen Voraussetzungen des § 15 UStG als Vorsteuer abziehen (§ 25b Abs. 5 UStG).

2. B muss als Zwischenhändler insbesondere die Vorschriften über die Rechnungserteilung (§ 14a Abs. 7 UStG), über die Zusammenfassende Meldung (§ 18a Abs. 1 und Abs. 7 Satz 1 Nr. 4 UStG) sowie über die Aufzeichnungspflichten (§ 25b Abs. 6 Satz 1 Nr. 1 UStG) beachten.

Begründung

1. Allgemeines: Das innergemeinschaftliche Dreiecksgeschäft ist ein Sonderfall der Reihengeschäfte. Liegen die Voraussetzungen des § 25b UStG vor, tritt für den mittleren der drei beteiligten Unternehmer (= erster Abnehmer = Zwischenhändler) eine Vereinfachung ein. Der Vorteil besteht darin, dass sich der Zwischenhändler nicht im Bestimmungsmitgliedstaat des Liefergegenstandes registrieren lassen muss.

Liegen die folgenden Voraussetzungen sämtlich vor, ist ein innergemeinschaftliches Dreiecksgeschäft anzunehmen:

- Es muss sich um ein Reihengeschäft mit drei Beteiligten handeln. Sie müssen grundsätzlich Unternehmer sein (§ 25b Abs. 1 Satz 1 Nr. 1 UStG). Der letzte Abnehmer kann auch eine juristische Person sein, wenn die Voraussetzungen des § 25b Abs. 1 Satz 2 UStG vorliegen. Ein innergemeinschaftliches Dreiecksgeschäft kann auch im Rahmen eines Reihengeschäfts mit mehr als drei Beteiligten vorliegen, wenn die drei unmittelbar nacheinander liefernden Unternehmer am Ende der Lieferkette stehen (Abschn. 25b.1 Abs. 2 Satz 2 und Beispiel UStAE).
- Die Unternehmer müssen in jeweils verschiedenen Mitgliedstaaten für Zwecke der Umsatzsteuer erfasst sein (§ 25b Abs. 1 Satz 1 Nr. 2 UStG). Die Erfassung wird deutlich durch die Verwendung der USt-IdNr. des entsprechenden Mitgliedstaates. Es ist nicht erforderlich, dass die Unter-

nehmer in diesen Mitgliedstaaten ansässig sind. Sind mehrere der beteiligten Unternehmer in demselben Mitgliedstaat registriert, liegt kein innergemeinschaftliches Dreiecksgeschäft vor.

- Weitere Voraussetzung ist, dass der Gegenstand der Lieferungen bei der Beförderung oder Versendung vom ersten Lieferer an den letzten Abnehmer und von einem Mitgliedstaat in einen anderen Mitgliedstaat gelangt (§ 25b Abs. 1 Satz 1 Nr. 3 UStG). Diese Voraussetzung ist im Hinblick auf § 3 Abs. 8 UStG auch dann erfüllt, wenn der erste Lieferer den Gegenstand zuvor in das Gemeinschaftsgebiet eingeführt hat. Gelangt der Gegenstand allerdings aus dem Drittlandsgebiet unmittelbar in den Mitgliedstaat des letzten Abnehmers, liegt kein innergemeinschaftliches Dreiecksgeschäft vor.
- Der Gegenstand der Lieferung muss durch den ersten Lieferer oder den ersten Abnehmer (Zwischenhändler) befördert oder versendet werden (§ 25b Abs. 1 Satz 1 Nr. 4 UStG). Dies gilt für den ersten Abnehmer nur dann, wenn er in seiner Eigenschaft als Abnehmer befördert oder versendet, d. h. die Beförderung oder Versendung der Lieferung an ihn zugeordnet wird. Wird die Beförderung oder Versendung dagegen dem ersten Abnehmer (mittlerer Unternehmer) zugeordnet, weil er als Lieferer auftritt, liegt kein innergemeinschaftliches Dreiecksgeschäft vor. Wird der Gegenstand der Lieferungen durch den letzten Abnehmer befördert oder versendet (Abholfall), ist die Anwendung der Vereinfachungsregelung des § 25b UStG ausgeschlossen.

Die besonderen Rechtsfolgen des innergemeinschaftlichen Dreiecksgeschäfts ergeben sich unter den weiteren Voraussetzungen des § 25b Abs. 2 UStG:

- Der Lieferung des Zwischenhändlers an den letzten Abnehmer muss ein innergemeinschaftlicher Erwerb des Zwischenhändlers im Ankunftsmitgliedstaat (Bestimmungsmitgliedstaat) vorausgegangen sein (§ 25b Abs. 2 Nr. 1 UStG).
- Der Zwischenhändler ist im Ankunftsmitgliedstaat nicht ansässig. Außerdem verwendet er gegenüber dem ersten Lieferer und dem letzten Abnehmer dieselbe USt-IdNr., die ihm weder vom Abgangsmitgliedstaat noch vom Ankunftsmitgliedstaat erteilt worden sein darf (§ 25b Abs. 2 Nr. 2 UStG).
- Der Zwischenhändler erteilt dem letzten Abnehmer eine Nettorechnung i. S. des § 14a Abs. 7 UStG (§ 25b Abs. 2 Nr. 3 UStG). In dieser Rechnung ist auf das Vorliegen eines innergemeinschaftlichen Dreiecksgeschäfts und die Steuerschuldnerschaft des letzten Abnehmers hinzuweisen (§ 14a Abs. 7 Satz 1 UStG).
- Der letzte Abnehmer muss eine USt-IdNr. des Ankunftsmitgliedstaates verwenden (§ 25b Abs. 2 Nr. 4 UStG).

Weitere Einzelheiten zu den Voraussetzungen für ein innergemeinschaftliches Dreiecksgeschäft sowie Beispiele enthält Abschn. 25b.1 UStAE.

a) Der deutsche Unternehmer A bewirkt an B (Zwischenhändler) eine Lieferung (§ 3 Abs. 1 UStG), die mit dem Beginn der Versendung im Inland als ausgeführt gilt (§ 3 Abs. 6 Satz 1, 3 und 4 UStG). Der Gegenstand der Lieferungen (Maschine) gelangt unmittelbar aus dem Abgangsmitgliedstaat des A in den Ankunftsmitgliedstaat des C (§ 25b Abs. 1 Satz 1 Nr. 3 UStG). Die Versendungslieferung des A ist steuerbar (§ 1 Abs. 1 Nr. 1 UStG) und als innergemeinschaftliche Lieferung steuerfrei (§ 4 Nr. 1 Buchst. b i. V. m. § 6a UStG).

Für A ergeben sich aus dem innergemeinschaftlichen Dreiecksgeschäft keine besonderen Rechtsfolgen. Als erster Lieferer kann er im Regelfall auch gar nicht beurteilen, ob ein innergemeinschaftliches Dreiecksgeschäft i. S. des § 25b UStG vorliegt. Er wird deshalb über seine innergemeinschaftliche Lieferung nach §§ 14, 14a Abs. 3 UStG abrechnen, sie nach § 18b UStG gesondert erklären und in seiner Zusammenfassenden Meldung angeben (§ 18a UStG).

b) Die Lieferung des deutschen Unternehmers B an C, der Versendungslieferung des A an B folgend, wird im Ankunftsmitgliedstaat des C ausgeführt, wo die von A bewirkte Versendung der Maschine endet (§ 3 Abs. 6 Satz 5 i. V. m. Abs. 7 Satz 2 Nr. 2 UStG). B kann als Zwischenhändler regelmäßig erkennen bzw. darauf hinwirken, dass die Voraussetzungen der für ihn verfahrensmäßig günstigen Regelung nach § 25b UStG vorliegen. In diesem Fall muss sich B nicht im Mitgliedstaat des C registrieren lassen, um dort seinen innergemeinschaftlichen Erwerb und seine dort bewirkte steuerpflichtige Lieferung an C zu erklären. Sein innergemeinschaftlicher Erwerb gilt im Mitgliedstaat des C als besteuert (§ 25b Abs. 3 UStG) und die Steuerschuld für seine steuerpflichtige Lieferung geht auf den letzten Abnehmer C über (§ 25b Abs. 2 UStG).

B hat außerdem einen innergemeinschaftlichen Erwerb in dem Mitgliedstaat verwirklicht, dessen USt-IdNr. er verwendet hat. Dieser von B entsprechend seinem Auftreten mit deutscher USt-IdNr. bewirkte innergemeinschaftliche Erwerb gilt dann als besteuert, wenn B als Zwischenhändler nachweist, dass der Erwerb im Ankunftsmitgliedstaat nach § 25b Abs. 3 UStG als besteuert gilt und B seiner Erklärungspflicht nach § 18a Abs. 7 Satz 1 Nr. 4 UStG nachgekommen ist (§ 3d Satz 2 UStG).

c) Als letzter Abnehmer in der Reihe kann der deutsche Unternehmer C aus der Rechnung des Zwischenhändlers B erkennen, dass er keinen innergemeinschaftlichen Erwerb zu versteuern hat, sondern Steuerschuldner für die Lieferung des B ist (§ 13a Abs. 1 Nr. 5 i. V. m. § 25b Abs. 2 UStG). Die Umsatzsteuer entsteht grundsätzlich mit Ablauf des Voranmeldungszeitraums, in dem die Lieferung des B an C ausgeführt worden ist (§ 13 Abs. 1 Nr. 1 Buchst. a Satz 1 UStG). Die Steuer kann C unter den übrigen Voraussetzungen des § 15 UStG als Vorsteuer abziehen (§ 25b Abs. 5 UStG). Die Aufzeichnungspflichten hat C nach den Angaben in der ihm von B erteilten Rechnung i. S. des § 14a Abs. 7 UStG zu erfüllen (§ 25b Abs. 6 Satz 1 Nr. 2 UStG).

2. Liegen die Voraussetzungen für ein innergemeinschaftliches Dreiecksgeschäft nach § 25b UStG vor, muss B als Zwischenhändler folgende Formvorschriften beachten:

- B muss dem letzten Abnehmer C eine Rechnung i. S. des § 14a Abs. 7 i. V. m. § 14 Abs. 2 und 4 UStG erteilen, in der die Steuer nicht gesondert ausgewiesen ist (§ 14a Abs. 7 Satz 3 UStG). Die Rechnung muss die USt-IdNr. des B und die USt-IdNr. des C enthalten (§ 14a Abs. 7 Satz 2 UStG). Außerdem ist auf das Vorliegen eines innergemeinschaftlichen Dreiecksgeschäfts und die Steuerschuld des letzten Abnehmers C hinzuweisen (§ 14a Abs. 7 Satz 1 UStG). Der Hinweis könnte z. B. lauten: „Innergemeinschaftliches Dreiecksgeschäft; Steuerschuldner ist der Rechnungsempfänger." Es ist sinnvoll, den Hinweis zusätzlich in der Sprache des Mitgliedstaates des C zu machen.
- Ferner muss B eine Zusammenfassende Meldung abgeben und dabei auch solche Lieferungen angeben, die er in einem anderen Mitgliedstaat (hier: Ankunftsmitgliedstaat) im Dreiecksgeschäft ausgeführt hat. Die Angaben sind für den Zeitraum zu machen, in dem diese Lieferungen ausgeführt worden sind (§ 18a Abs. 7 Satz 1 Nr. 4 und Abs. 8 Satz 2 UStG).
- B muss seine an den letzten Abnehmer C bewirkte Lieferung gesondert erklären (§ 18b Satz 1 Nr. 3 UStG). Die Angaben sind in dem Voranmeldungszeitraum zu machen, in dem diese Lieferung ausgeführt worden ist (§ 18b Satz 3 UStG).
- Für B gelten die Aufzeichnungspflichten nach § 22 i. V. m. § 25b Abs. 6 Satz 1 Nr. 1 UStG.

Übersicht 1

Wirkungsweise der Allphasen-Netto-Umsatzsteuer mit Vorsteuerabzug

Unternehmer A erbringt eine Leistung für (1.000 € + 190 € Umsatzsteuer =) 1.190 € an Unternehmer B. Dieser bewirkt seine Leistung an den (End-) Verbraucher V für (3.000 € + 570 € Umsatzsteuer =) 3.570 €.

A und B schulden dem Finanzamt die auf ihre Umsätze entfallende Umsatzsteuer abzüglich der in Rechnung gestellten Vorsteuer (A: 190 €; B: 380 €). Überwälzung der Umsatzsteuer auf die jeweiligen Leistungsempfänger B und V unterstellt, sind A und B nicht mit Umsatzsteuer belastet, da sie die an das Finanzamt abzuführende Umsatzsteuer mit dem Kaufpreis von B bzw. V erhalten haben. B kann die an A gezahlte Umsatzsteuer grundsätzlich als Vorsteuer geltend machen. Der (End-)Verbraucher V wird mit der Umsatzsteuer belastet. Als Nichtunternehmer hat er keinen Vorsteuerabzug.

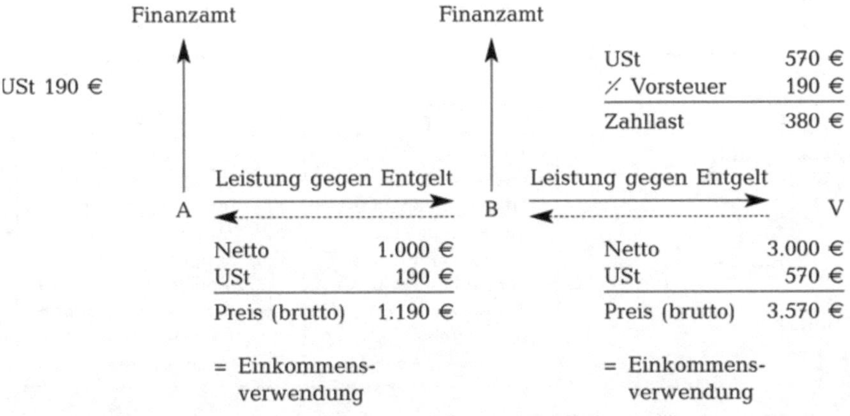

In diesem Fall versteuert A im Ergebnis seinen Mehrwert von 1.000 € (Umsatzsteuer = 190 €) und B seinen Mehrwert von (3.000 € ⁒ 1.000 € =) 2.000 € (Umsatzsteuer = 380 €). Der Verbraucher V trägt die gesamte Umsatzsteuer i. H. von (190 € + 380 € =) 570 €.

Übersicht 2

Steuerbare – nicht steuerbare Umsätze; steuerpflichtige, steuerfreie Umsätze

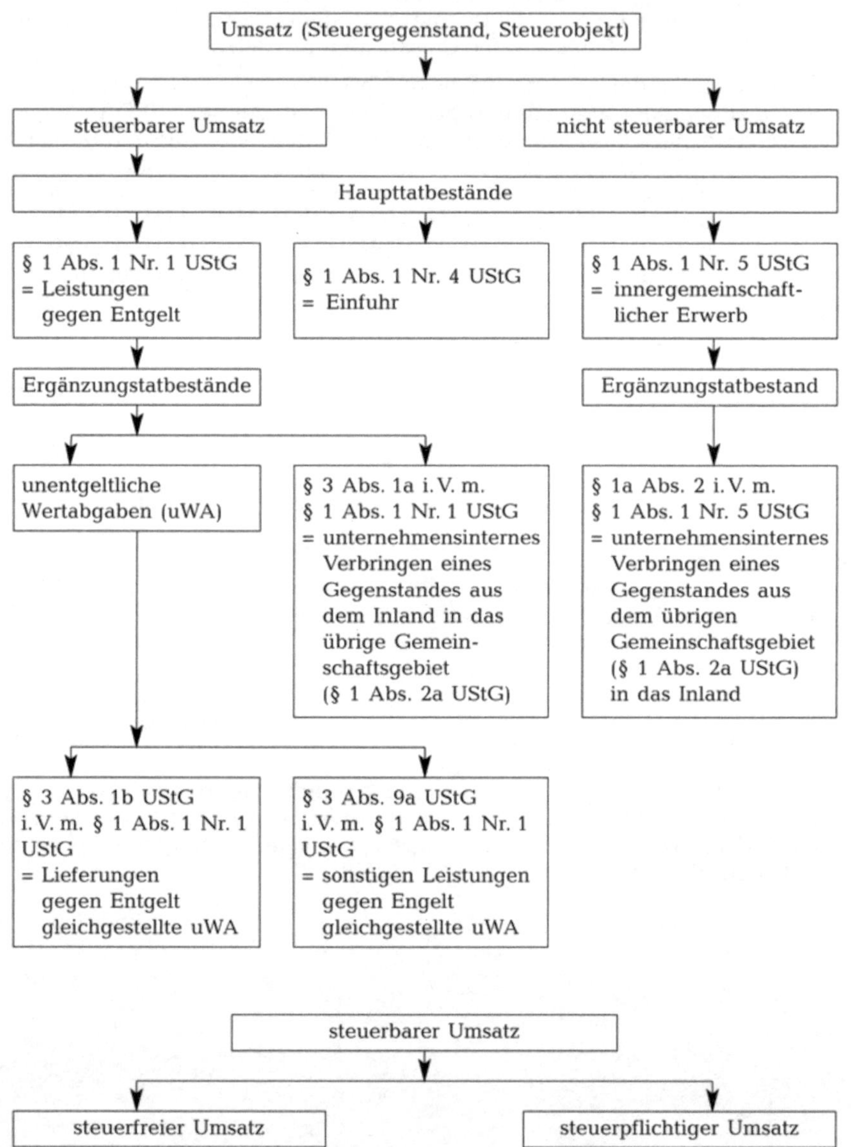

Gebietsbegriffe nach dem UStG

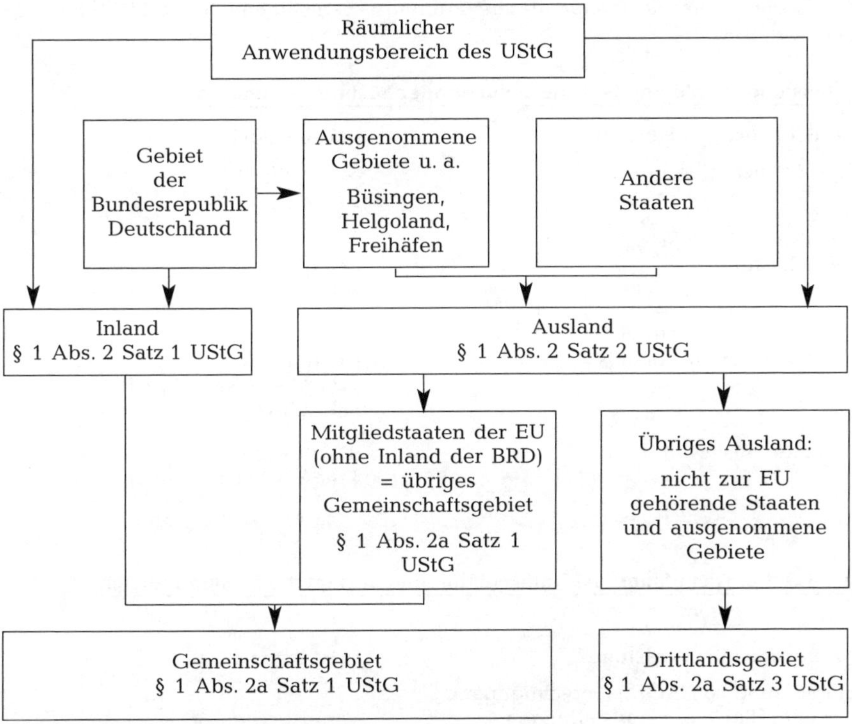

Räumlicher Anwendungsbereich des UStG
Gebiet der Bundesrepublik Deutschland
Ausgenommene Gebiete u. a.
Büsingen, Helgoland, Freihäfen
Andere Staaten
Inland
§ 1 Abs. 2 Satz 1 UStG
Ausland
§ 1 Abs. 2 Satz 2 UStG
Mitgliedstaaten der EU (ohne Inland der BRD) = übriges Gemeinschaftsgebiet
§ 1 Abs. 2a Satz 1 UStG
Übriges Ausland:
nicht zur EU gehörende Staaten und ausgenommene Gebiete
Gemeinschaftsgebiet
§ 1 Abs. 2a Satz 1 UStG
Drittlandsgebiet
§ 1 Abs. 2a Satz 3 UStG

Grenzüberschreitender Warenverkehr

Inland
§ 1 Abs. 2 Satz 1 UStG
Ausfuhr
§ 6 UStG
Einfuhr
§ 1 Abs. 1 Nr. 4 UStG
Drittlandsgebiet
§ 1 Abs. 2a Satz 3 UStG
Innergemeinschaftl. Erwerb
§ 1 Abs. 1 Nr. 5 UStG
Innergemeinschaftl. Lieferung
§ 6a UStG
Übriges Gemeinschaftsgebiet
§ 1 Abs. 2a Satz 1 UStG

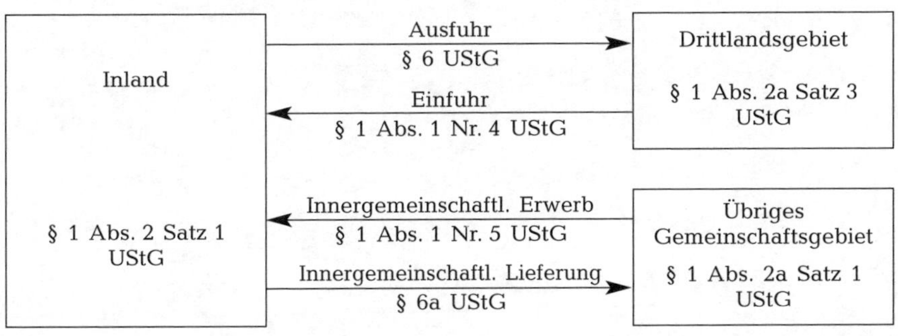

Übersicht 4

Vereinfachtes Schema zur Bestimmung des Ortes der sonstigen Leistung

Die Grundsatzregelungen in § 3a Abs. 1 und Abs. 2 UStG kommen vorbehaltlich der Sonderregelungen §§ (3f), 3b, (3e) und 3a Abs. 3 bis 5 (und 6 bis 8) UStG zur Anwendung. Die Übersicht 4 folgt diesem Prüfungsschema (ohne Berücksichtigung der Klammerzusätze).

I. Leistungsempfänger ist Unternehmer oder Nichtunternehmer:

Art der sonstigen Leistung	Leistungsort
Personenbeförderung	Streckenprinzip, § 3b Abs. 1 Satz 1, 2 UStG
grundstücksbezogene Dienstleistung	Belegenheitsprinzip, § 3a Abs. 3 Nr. 1 Satz 1 UStG
kurzfristige Vermietung eines Beförderungsmittels	Übergabeort, § 3a Abs. 3 Nr. 2 Satz 1 und Satz 2 Buchst. a oder b UStG
Restaurationsleistung	Bewirtungsort, § 3a Abs. 3 Nr. 3 Buchst. b UStG

II.1 Leistungsempfänger ist Unternehmer und bezieht die Leistung für sein Unternehmen:

Art der sonstigen Leistung	Leistungsort
Einräumung von Eintrittsberechtigungen zu kulturellen etc. Veranstaltungen	Veranstaltungsort, § 3a Abs. 3 Nr. 5 UStG
keine weitere Ausnahmeregelung	Grundregel, Sitzort des Leistungsempfängers, § 3a Abs. 2 UStG

II.2 Leistungsempfänger ist Nichtunternehmer:

Art der sonstigen Leistung	**Leistungsort**
Güterbeförderung, die keine innergemeinschaftliche Güterbeförderung ist	Streckenprinzip, § 3b Abs. 1 Satz 1, 3 UStG
innergemeinschaftliche Güterbeförderung	Abgangsort, § 3b Abs. 3 UStG
lanfgristige Vermietung eines Beförderungsmittels	Sitzort des Leistungsempfängers, § 3a Abs. 3 Nr. 2 Satz 3 UStG; *bei einem Sportboot ggf. Übergabeort,* § 3a Abs. 3 Nr. 2 Satz 4 UStG
Veranstaltungsleistungen: Kultur, Sport, Wissenschaft, Unterhaltung etc.	Tätigkeitsort, § 3a Abs. 3 Nr. 3 Buchst. a UStG
Arbeiten an beweglichen körperlichen Gegenständen oder die Begutachtung dieser Gegenstände	Tätigkeitsort, § 3a Abs. 3 Nr. 3 Buchst. c UStG
Vermittlungsleistungen	Ort des vermittelten Umsatzes, § 3a Abs. 3 Nr. 4 UStG
Katalogleistungen an Nichtunternehmer im Drittlandsgebiet	Sitzort des Leistungsempfängers, § 3a Abs. 4 Satz 1 UStG
Telekommunikationsleistungen, Rundfunk- und Fernsehleistungen, auf elektronischem Weg erbrachte sonstige Leistungen	Sitzort des Leistungsempfängers, § 3a Abs. 5 Satz 1 UStG
keine weitere Ausnahmeregelung	Grundregel, Sitzort des leistenden Unternehmers, § 3a Abs. 1 UStG

Abkürzungen

Abs.	Absatz
Abschn.	Abschnitt
abzgl.	abzüglich
a. F.	alte Fassung
AfA	Absetzung für Abnutzung
AG	Aktiengesellschaft
AO	Abgabenordnung
Art.	Artikel
BewG	Bewertungsgesetz
BFH	Bundesfinanzhof
BGB	Bürgerliches Gesetzbuch
BGBl	Bundesgesetzblatt
BMF	Bundesministerium der Finanzen
BStBl	Bundessteuerblatt
Buchst.	Buchstabe
BZSt	Bundeszentralamt für Steuern
bzw.	beziehungsweise
d. h.	das heißt
EU	Europäische Union
EStG	Einkommensteuergesetz
EStR	Einkommensteuer-Richtlinien
EuGH	Europäischer Gerichtshof
EUSt	Einfuhrumsatzsteuer
FVG	Finanzverwaltungsgesetz
GbR	Gesellschaft bürgerlichen Rechts
ggf.	gegebenenfalls
GmbH	Gesellschaft mit beschränkter Haftung
GrEStG	Grunderwerbsteuergesetz
HFR	Höchstrichterliche Finanzrechtsprechung
HGB	Handelsgesetzbuch
i. d. R.	in der Regel
i. H.	in Höhe
i. S.	im Sinn(e)
i. V. m.	in Verbindung mit
KG	Kommanditgesellschaft
km	Kilometer
KostO	Kostenordnung
KStG	Körperschaftsteuergesetz
lfd.	laufende(r)
LKW	Lastkraftwagen
lt.	laut
m	Meter
m^2	Quadratmeter
m^3	Kubikmeter
MwStSystRL	Mehrwertsteuer-Systemrichtlinie
Nr.	Nummer
OHG	Offene Handelsgesellschaft
PKW	Personenkraftwagen
S.	Seite
sog.	so genannt
SvEV	Sozialversicherungs-entgeltverordnung
Tz.	Textziffer
u. a.	unter anderem
USt	Umsatzsteuer
UStAE	Umsatzsteuer-Anwendungs-erlass
UStDV	Umsatzsteuer-Durchführungsverordnung
UStG	Umsatzsteuergesetz
USt-IdNr.	Umsatzsteuer-Identifikations-Nummer
u. U.	unter Umständen
vgl.	vergleiche
Westf.	Westfalen
z. B.	zum Beispiel
z. T.	zum Teil
zzgl.	zuzüglich

Paragraphenschlüssel

Stichwortverzeichnis

E

F

G

M

N

O

P

R

S

W

Z